중앙아시아 키르기스스탄 이주 한인의 고려말

—

중앙아시아 키르기스스탄 이주 한인의 고려말

곽충구 · 김한별

역락

머리말

국립국어원에서는 해외에 거주하는 한인들의 언어를 조사하고 그 결과물 가운데 구술 발화 일부를 한글 자모로 전사한 다음 그것을 표준어로 대역하고 주석을 붙여 총서로 펴낸 바 있다. 그 후속 편으로 간행되는 이 책에는 중앙아시아 키르기스스탄의 비슈케크에 거주하는 한인 동포의 고려말이 실려 있다.

이 책에 수록된 고려말은 '지역어 조사 연구'를 위한 조사 질문지의 초안이 작성된 후 질문지의 구성과 내용 및 형식을 점검하고 또 국외 지역에 대한 예비조사를 수행하기 위하여 2004년에 조사한 것이다. 2012년에 들어서서, 국립국어원은 중앙아시아 한인들의 언어와 그들이 살아온 역사의 자취를 기록으로 남긴다는 취지로 그때에 조사된 구술발화를 한글 자모로 전사할 계획을 세우고 그 작업을 저자들에게 의뢰하였다. 이후 전사자료에 대한 주석과 색인 작업을 마치고 출판에 붙이고자 하였으나 이런 저런 사정으로 오랜 동안 출판을 미루어 왔다. 그러다가 점차 사라져가는 중앙아시아 고려말과 중국 조선어 방언을 기록으로 보존해야 한다는 저자들의 생각이 모아져 이 책과 함께 3권의 자료집을 출판하게 되었다. 소멸 단계의 고려말을 기록으로 남길 수 있게 되어 퍽 다행스럽게 생각한다.

키르기스스탄에는 1만 7천여 명의 한인들이 살고 있다(2018년 외교부 자료 기준). 이들은 러시아의 극동 지역에서 살다가 1937년에 단행된 구소련의 강제 이주 정책에 의하여 우즈베키스탄이나 카자흐스탄으로 이주하였다가 다시 키르기스스탄으로 재이주한 사람들과 그 후손이다.

구술자는 세 분이다. 박블라디미르 할아버지는 조부가 함북 부령군에서 연해주로 이주한 가정에서 출생한 분으로 함북 북부 방언의 특징을 보여 준다. 선대 거주지가 육진방언권과 인접한 곳이어서 육진방언의 특징이 나타나기도 한다. 다정다감한 분으로 명료하고도 구체적으로 이주사와 중앙아시아에서의 생활사를 구술하였다. 그의 아내인 안타샤 할머니 역시 또렷한 발음으로 이주 후 한인들의 생활사를 들려주었다. 마지막으로 윤베라 할머니는 남북한에서 간행된 출판물을 많이 접하고 또 한국인과 자주 교류해서 그런지 표준어를 비교적 많이 구사하였다.

고려말은 원동으로의 이주 전 선대 거주지, 이주 후 원동 시절 한인촌의 주민 구성(동향인 집단 여부), 거주 지역(도시, 농촌), 구술자의 학력 그리고 중앙아시아 이주 후 집단농장과 같은 한인공동체에서 살았는지 또는 도시에서 이민족과 혼거하였는지 등 여러 변인에 따라 조금씩 차이를 보인다. 또 모국어와 유리된 채 다른 이데올로기 환경에서 독자적으로 변화해 온 고려말만의 특징을 간직하고 있다. 위 세 분의 구술 내용은 그러한 고려말의 실상과 그 언어적 성격을 어느 정도는 보여 줄 수 있을 것이다.

그동안 중앙아시아의 한인들에 대해서는 인류학, 사회학, 언어학 등 여러 분야에서 학술적인 조사 연구가 있었다. 그러나 이 책에 수록된 고려말은 중앙아시아 한인들의 육성을 통해서 고려말의 현재의 모습, 그 변화 그리고 이 언어와 함께 간고한 삶을 살아온 중앙아시아 한인들의 이면사를 살필 수 있다는 점에서 앞서의 조사 연구와 다르다. 지금까지 잘 알려지지 않은 원동에서의 생활사, 강제 이주 그리고 중앙아시아에서의 생활사가 고려인들의 입을 통해서 보다 생생하게 전해지기를 바란다.

2021. 1.
저자 씀

차례

제1부

현지 조사, 고려말, 자료 정리

1. 조사 경위

국립국어원은 2007년부터 해외 한국어 조사에 착수하였다. 이 사업은 중앙아시아, 중국, 일본 등에 거주하는 재외 동포의 한국어를 연차적으로 조사하고 수집된 전사 자료와 음성 파일을 영구 보존하는 데에 그 목적을 두었다.

사업 1차 연도인 2007년에는 재외 동포의 한국어 중에서도 소멸 위기에 놓인 육진방언을 조사하기로 하고 중국 길림성과 카자흐스탄 알마티에서 조사하였다. 그리고 그 조사 결과물 중에서 구술 발화 일부(두 지점 각 10시간씩 총 20시간 분량)를 한글 자모로 전사하여 표준어 대역을 붙이고 음운, 문법, 어휘에 대한 주석을 곁들여 2008년도에 2권의 책으로 출판하였다.

사업 2차 연도인 2008년에는 우즈베키스탄의 타슈켄트에서 조사하였다. 이 조사는 한인 공동체에서 한인들이 일상적으로 구사하는 고려말을 조사하기 위하여 한인들이 집단으로 거주하는 집단농장에서 이루어졌다. 이 조사의 구술 발화 일부가 2009년도에 총서로 간행되었다.

사업 3차 연도인 2009년에는 키르기스스탄의 비슈케크에서 조사된 구술 발화가 책자로 간행되었다.

이 구술 발화는 일정한 형식에 구애됨이 없이 주어진 주제에 대하여 제보자가 자유롭게 구술한 내용을 채록한 것이기 때문에 재외 한인들이 일상적으로 말하는 고려말을 보여 줄 것이다. 참고로 지금까지 간행된 총서의 서지를 아래에 보인다.

- 「중국 이주 한민족의 언어와 생활—길림성 회룡봉」, 『국립국어원 해외 지역어 구술 자료 총서』 1-1, 2008, 태학사.
- 「중앙아시아 이주 한민족의 언어와 생활—카자흐스탄 알마티」, 『국립국어

원 해외 지역어 구술 자료 총서』 2-1, 2008, 태학사.
- 「중앙아시아 이주 한민족의 언어와 생활—우즈베키스탄 타슈켄트」, 『국립 국어원 해외 지역어 구술 자료 총서』 2-2, 2009, 태학사.
- 「중앙아시아 이주 한민족의 언어와 생활—키르기스스탄 비슈케크」, 『국립 국어원 해외 지역어 구술 자료 총서』 2-3, 2011, 태학사.

　사업 4차 연도인 2010년에는 카자흐스탄 탈디쿠르간에서 조사하였다. 조사와 집필을 마친 후 오랜 동안 출간을 미루고 있다가 이번에 『중앙아시아 이주 한인의 고려말—카자흐스탄 탈디쿠르간—』이란 이름으로 이 책자와 함께 간행하게 되었다.

　마지막으로 이 책에 수록된 키르기스스탄 고려말의 조사 및 출판 경위에 대해서 언급해 둔다. 2012년, 국립국어원은 2004년에 키르기스스탄에서 조사한 고려말 자료를 한글 자모로 전사해 줄 것을 저자들에게 의뢰하였다. 이 조사 자료는 '지역어 조사 연구'를 위한 조사 질문지의 초안이 작성된 후 질문지의 내용과 구성을 점검하고 또 국외 지역에 대한 예비조사를 수행하기 위해 조사한 것이다. 조사 개요는 아래와 같다.

(1) 조사 지점: 키르기스스탄(Кыргызстан) 공화국 비슈케크(Бишкек)시
(2) 조사 장소: 제보자 댁
(3) 제보자:
　　박블라디미르(Пак Владимир Васильевич. 남, 1928년생)
　　안타샤(Ан, Таша/Татьяна. 여, 1929년생)
　　윤베라(Юн Вера Николавна. 초명은 윤영혜. 여, 1923년생)
　　박스베틀라나(Пак Светлана. 여, 1955년생)
(4) 조사자: 소강춘
(5) 조사 일시: 2004. 12. 14. ~ 12. 28.(15일간)
(6) 전사: 곽충구, 김수현, 김한별
(7) 표준어 대역, 미주: 곽충구, 김한별

2. 조사 지역 개관

키르기스스탄은 중앙아시아 서남부에 위치한 나라로 동으로는 만년설의 텐산산맥이 중국과 국경을 이루고 있으며, 북쪽으로는 카자흐스탄, 서쪽으로는 우즈베키스탄, 남쪽으로는 타지키스탄과 접하고 있다(<지도 1> 참조). 전 국토의 40%가 해발 3,000m 이상의 고원 산간 지대이며 남으로 파미르 고원이 펼쳐져 있다.

구소련 시절 소비에트 연방에 속하였다가 1991년에 독립하여 현재는 독립국가연합의 회원국이다. 한국과는 1992년에 수교하였다. 수도는 비슈케크(Бишкек)이다. 비슈케크는 소련 시절 '프룬제(Фрунзе)'로 불렸으나 독립국가연합 출범 이후 이름을 현재와 같이 바꾸었다.

<지도 1> 키르기스스탄

중앙아시아의 여러 나라처럼 키르기스스탄도 다민족 국가이다. 외교부

(2018: 10)에 따르면, 키르기스족이 총 인구의 73%를 차지하며 주로 남부에 거주하는 우즈베크족은 15%, 러시아인은 6%에 달한다. 그 밖에 둥간족, 우크라이나인, 위구르족, 타타르족, 카자흐족, 독일인, 튀르키예족이 있다. 한인 교포의 비율은 0.3% 정도가 된다. 공용어는 키르기스어와 러시아어이며 러시아의 키릴 문자를 쓴다.

종교는 이슬람교가 80%, 러시아 정교회가 15%, 개신교를 비롯한 기타 종교가 5% 정도 된다. 최근 한국의 목사들이 주로 한인 교포들을 대상으로 기독교를 전파하고 있다.

농업은 시르다리아강과 널인강의 강물을 이용한 관개 시설이 잘 되어 있어 곡물과 면화 생산이 이루어지고 있으며 목축업도 성하다.

키르기스스탄에는 1만 7천여 명의 한인이 살고 있다(외교부 2018: 72). 2009년에 키르기스스탄에서 실시한 인구·주택 조사 결과(National Statistical Committee of the Kyrgyz Republic 2012: 31-57)에 의하면 행정구역별 한인 인구 분포는 아래 표와 같다.

행정구역	한인 인구(단위: 명)		
	전체	도시	농촌
바트켄주(州)	82	76	6
잘랄아바트주	237	204	33
이식쿨주	133	96	37
나린주	1	1	-
오시시(市)	327	319	8
오시주	47	9	38
탈라스주	70	29	41
추이주	4,388	1,356	3,032
비슈케크시	12,014	11,982	32
총계	17,299	14,072	3,227

위 조사 결과는 키르기스스탄 한인 중 절반 이상이 비슈케크시에 거주하고 있고, 또 그 대부분이 도시에 거주하고 있음을 보여 준다. 이들 한인은 러시아의 극동 지역에서 이주한 후 대체로 인접 우즈베키스탄이나 카자흐스탄에서 재이주한 사람들이다. 그들 한인 자손들의 일부는 러시아, 우즈베키스탄, 카자흐스탄 등에 살고 있다.

한인들은 돌잔치, 결혼, 회갑, 상사(喪事) 등 대소사 때 자주 교류하면서 끈끈한 유대를 다지고 민족 정체성을 유지해 나가고 있다. 키르기스스탄에는 7, 8개의 고려노인단이 있었으나 4개의 노인단(고려노인회, 비슈케크 동백 노인회, 무궁화 노인회, 동정 노인회)이 통합하여 '무궁화'라는 새 노인단을 만들어 활동하고 있다. 노인 세대는 노인단을 통하여 고국의 소식을 접하고 또 서로 친목을 도모하며 민족 구성원 간의 유대를 다지고 있다. 이 밖에 일부 한인들은 한국에서 파견된 목사들이 세운 교회에 나가 역시 친목을 다지고 있다. 요컨대, 키르기스 한인들은 가족의 대소사, 노인단, 교회 이 세 축을 중심으로 공동체를 형성하면서 서로 교류한다고 할 수 있다.

대략 80세 이상의 노인 세대는 러시아어와 고려말을 쓴다. 러시아어는 이민족과의 대화, 공식적인 자리, 행정 사무 등을 볼 때는 물론 가족과의 대화에서도 쓴다. 고려말은 오로지 노인들끼리 서로 대화할 때에만 사용하여 그 사용 범위가 크게 축소되었다. 고려노인단에서도 회장이 인사말이나 축사를 할 때에는 러시아어를 쓰고 개인들끼리 대화할 때에는 고려말을 쓴다고 한다. 이주 1세대의 자손들은 고려말을 거의 구사하지 못한다. 그의 일부는 러시아나 이웃 독립국가연합 소속 국가들에 흩어져 살고 있는데, 민족의 전통이나 관습은 존중하지만 이민족과 더불어 살고 있기 때문에 민족 간의 통용어 구실을 하는 러시아어를 일상적으로 구사할 수밖에 없다.

3. 조사 과정

현지 거주 방시몬 목사와 고려인협회의 박스베틀라나 씨의 도움을 받아 3인의 제보자를 선정하고 조사에 임하였다. 질문지는 국립국어원이 2004년에 초안을 만든 『지역어 조사 질문지』를 사용하였다. 조사는 소강춘 교수(전주대)에 의해 이루어졌다. 음운·어휘·문법 항목의 조사는 면담 조사로 진행되었으며 구술 발화는 조사자가 조사 항목을 제시하면 제보자가 그에 대하여 자유롭게 이야기하도록 하는 방식을 취하였다.

4. 제보자의 이력과 언어적 특징

4.1. 박블라디미르(Пак Владимир Васильевич, 남, 1928년생)

조부가 1915년 함경북도 부령군(富寧郡) 삼해면(三海面)에서 러시아 극동 연해주로 이주하였다. 제보자는 그 이주 가정에서 1928년에 출생하였다. 연해주 수찬[Сучан, 현 파르티잔스크(Партизанск)] 인근의 남향동에서 살다가 1937년 9월 카자흐스탄으로 이주하였다. 전문학교를 졸업하고 영사기 기사의 일을 하면서 농사를 지었다. 곧고 바른 품성을 지닌 분으로 구소련 시절 공산당원으로 활동하기도 하였다. 구술 능력이 뛰어나 질문에 대하여 상세하게 답변해 주었다. 그리고 "그 어느 해인가 그 김대중 대통령이 평양을 방문했을 적에 그 선언문을 쓴 것을 읽어 보고서 (…중략…) 내 한평생 춤을 춘 적이 없는데, 그때 내가 일어나 손을 높여 춤을 췄습니다. 야아! 이게 오래지 않아 통일이 되겠다고서."라고 할 정도로 고국에 대한 사랑도 각별하였다. 2008년에 작고하였다.

이 제보자는 비슈케크 한국교육원이 이주사를 주제로 개최한 웅변대회에서 장원을 한 바 있다. 이때 한국어로 쓴 글이 ДОРОГА ЖИЗНИ ЧЕРЕЗ ПОКОЛЕНИЕ(세대를 건너지른 인생의 길)(키르기스 한국교육원 발행, 2008)에 수록되어 있다.

제보자의 고려말은 대체로 함북 북부 지역 방언의 특징을 보여 준다. 그러나 표준어 사용도 많은 편이다. 예컨대, 제보자는 '하압소'할 자리에서 쓰는 서술형 종결어미는 '-습니다'와 '-습구마[스꾸마]'를 아울러 썼다.[1] 또 동일한 조사자에게 하압소체와 하오체 어미를 함께 썼다.

모음체계는 9~10모음체계(/i/, /e/, /ɛ/, /i̵/, /ə/, /a/, /u/, /o/, /ü/, /ö/)로 추정된다. 전설원순모음 /ö/는 '죄꼼[čö:k'om], 쇠[牛]' 등에서 분명하게 드러난다.[2]

육진방언의 특징이 몇 예 나타나기도 하는데, 이는 선대 거주지의 방언 특징으로 보인다. 그 예는 아래와 같다.

• 이릏기 발써 몸 비재이구 그래무 언, <u>테아기</u>두 하귀[아귀] 기래게 데무 애기 설이 하는 모애~이라구.
• 기래구서느 이 구차해서 그 <u>펭디</u>에다 모시지 못할 그런 분네덜으느 저어짝에….
• 시반 이야기르 한거 들으이까 무스 거저 놀옴질이나 한 <u>한가집디</u>
• 이 집우 <u>니벨하구</u> 간단 말이오.

위 용례에서 '테하다'(<테하다, 체하다), '펭디'(<평디, 平地), 종결어미 '-읍디'는 비구개음화형이며, '니벨'(<니별, 이별(離別))은 어두 'ㅣ' 앞에서 'ㄴ'이 유지되어 있는 예이다.[3] 한편, 유기음화 환경에서 유기음으로

---

1) 또한 '-습니다', '-습구마'의 변이형도 다양하게 나타난다. '-습니다'는 '-슴다', '-습구마'는 '-습굼[스꿈]', '-스', '-슴' 등의 변이형이 보인다.
2) 음소의 대립과 분포 등을 체계적으로 살필 수 있는 조사 자료가 없어 불충분하지만 위와 같이 기술해 둔다. 비(非)육진 동북방언은 대체로 10모음체계이다.
3) 제보자의 발화에서 ㄱ-구개음화, ㅎ-구개음화는 거의 다 이루어졌다. 제보자의 원적지

실현되어야 할 음성이 된소리로 발음되는 경우가 종종 나타나는데, 이런 경우는 '놓구[노꾸]'처럼 표기하였다. 이는 고려말에서 흔히 나타나는 현상이다.

이 밖에 제보자는 '까금(價金), 당금(當今), 부요(富饒), 의체(義諦), 음특(陰慝), 차정(差定)' 따위와 같이 잘 쓰이지 않는 한자어를 이따금 구사하였다.

4.2. 안타샤(Ан Таша(Татьяна), 여, 1929년생)

러시아 연해주 수이훈주(州)(Суифунский область)의 '하마탕수두거'라는 곳에서 출생하였다. 선대 거주지는 제보자의 진술에 의하면 '함북 내매'라 하였는데, 이는 함북(咸北) 온성군(穩城郡)의 '남양(南陽)'을 말한 것이다. 할아버지가 먼저 연해주로 들어오고 그 뒤 가족이 모두 들어와 합류하였다. 처음 하마탕수두거에서 살다가 '구루물레(농평동)'라고 하는 곳으로 이주하였는데, 그곳은 수이훈주 내 러시아와 중국의 접경 지역으로 추측된다. 제보자는 원동에서 초등학교를 다니다가 1937년에 중앙아시아로 강제 이주를 당하였다. 카자흐스탄의 크즐오르다(Кызылорда)로 이주하여 잠시 그곳에서 머물다가 우즈베키스탄의 타슈켄트에 정착하였다. 그리고 1979년 현재의 키르기스스탄 비슈케크로 다시 이주하였다. 제보자의 약력을 보이면 아래와 같다.

1929. 3. 6.   러시아 연해주 수이훈주(州) 하마탕수두거에서 출생.
1937.   중앙아시아로 강제 이주. 카자흐스탄 크즐오르다에서 내림.
1939.   움집에서 살다가 집을 짓고 나옴.
1941.   부친이 독소전쟁(獨蘇戰爭)의 노무원으로 징용됨.

인 함북 부령은 육진(六鎭)에 속한 곳이지만 육진방언보다는 동북방언에 가깝다.

1941~1944.	초등학교 4학년 과정 수료(1학년 때 고려말을 배움). 콜호스에 서 일하면서 모진 고생을 함.
1948.	타슈켄트로 이주.
1951. 4.	영사기 기사(技士)인 박 콘스탄틴 바실리에비치 씨와 결혼.
1951.	맏아들 출생.
	남편과 함께 영화를 상영하며 농사를 지음.
1953.	우즈베키스탄 타슈켄트에서 할머니 홍(洪) 씨 작고.
1958.	부친 안국섭 씨 작고.
1979.	키르기스스탄으로 이주.
	타지키스탄 접경 지역에서 고본질(수박 농사)을 함.
1980.	모친 리영순 씨 카프카즈(Кавказ)의 바쿠(Баку)에서 작고.
2008.	남편 작고.

모음체계는 /ㅟ/[ü], /ㅚ/[ö]가 없는 8모음체계이다(/i/, /e/, /ɛ/, /ɨ/, /ə/, /a/, /u/, /o/). 단, [ö]가 몇 예가 나타난다. 예: 죄꼼[čök'om](<죠꼼, 조끔), 욍기다[öŋgida](<옮기다).

4.3. 윤베라(Юн Вера Николавна, 초명은 윤영혜, 여, 1923년생)

제보자의 부계(父系) 선대 거주지는 함경북도 부령군(富寧郡)이고 모계 선대 거주지는 함경북도 회령(會寧)이다. 연해주의 평사 우란하라는 곳에 서 출생하였다. 그 후 연해주의 여러 곳을 전전하다가 1935년 연해주 수찬(Сучан, 현 파르티잔스크)의 한인촌 흥남동에 정착하여 7학년을 다니다 가 1937년 카자흐스탄으로 이주하였다. 1938년 타슈켄트, 옴스크, 카라간 다로 옮겨 가 살다가 1959년에 키르기스스탄 비슈케크로 다시 이주하였 다. 고려노인회에서 한국의 전통 음악과 춤 등을 가르쳤다. 제보자의 약 력을 보이면 아래와 같다.

1897.	함북 부령(富寧)에서 부친 출생.
1908.	조부가 12세의 부친을 데리고 연해주로 이주.
	모친은 함북 회령(會寧) 출신으로 연해주 평사 우란하로 이주.
1923. 2. 19.	우란하에서 출생.
	이후 강개골, 태양동으로 이주.
1935.	수찬(현 파르티잔스크) 인근의 한인촌 홍남동으로 다시 이주.
1937. 9.	15세가 되던 해에 중앙아시아 카자흐스탄으로 강제 이주.
1938.	타슈켄트로 이주. 옴스크로 잠시 이주.
1938.	카라간다로 이주. 타슈켄트로 다시 이주.
	카라간다로 재이주. 카라간다에서 20세 되던 해 남편을 만나 결혼.
1959.	건강이 좋지 않아 공기가 좋은 키르기스스탄으로 이주.
1973.	남편 작고.

　제보자는 남북한에서 간행된 출판물을 많이 접한 데다, 기독교 신자로서 성경을 공부하고 한국인과 접촉이 많았던 분이어서 표준어를 많이 구사하였다. 보통의 고려말 화자에 비해 고려말 어휘량이 풍부하고 어휘 사용 능력이 좋은 편이기는 하나 발화 실수가 잦고 말끝을 흐리는 경향이 있다. 모음체계는 박블라디미르 씨처럼 9~10모음체계로 추정된다. [ö]가 몇 예 보인다. 예: 물외, 죄. 그리고 박블라디미르 씨처럼 아래 예에서 보듯 육진방언의 특징이 적게나마 나타나기도 한다. 역시 선대 거주지가 육진방언권에 접한 함북 부령군이기 때문으로 보인다.

데디구(던지고)
듣두댏구(듣지도 않고)
넣구(넣고)

　그리고 표준어의 영향으로 변이가 많은 편이다. 예: 교회~절당, 사람~

사름, 맨들다~만들다, 아이~애[兒], 다르다~따다, 달러~돌라, 하나님~하느님 …. 다른 사람과 달리 주격 조사 '-가'를 많이 쓰고 고려말의 전통적인 격조사 대신 표준어 조사를 쓰는 경우도 자주 있었다. 예: -으/-르→-을/-를. 종결어미도 '-습구마, -습둥' 따위는 전혀 사용하지 않았으며, 표준어의 '-ㅂ니다/-습니다'를 썼다. 때문에 다른 고려말 화자에 비해 특징적인 고려말 어휘를 많이 보여 주지는 않는다. 그러나 한국인과 접촉이 많은 고려말 화자의 언어적 특징을 보여 준다는 점에서 이 구술 발화 자료는 의의를 가질 수 있다. 이 구술자는 '고려, 고렷사람, 고려말' 등을 거의 쓰지 않고 '조선, 조선사람, 조선말'이란 말을 썼다. 때문에 '조선'의 지시 의미를 파악하는 데 다소간 어려움이 있었고 대역 작업에서도 어려움이 따랐다. 2004년 이 조사가 이루어질 때는 '고려'라는 말보다 '조선'이라는 말을 많이 썼던 것이 아닌가 한다. 지금은 주로 '고려, 고렷사람, 고려말'이라는 말을 쓴다.

5. 고려말 개관 및 조사지의 고려말 사용 정황

5.1. 고려말 개관

러시아와 중앙아시아의 여러 나라에 살고 있는 한인들은 자신들의 모국어를 고려말이라 부른다. 러시아 혁명 전 연해주의 한인 신문, 잡지, 교과서는 '대한국', '한국', '한인'이라는 말을 썼지만 러시아 혁명 후가 되는 1920년대부터는 '고려', '고려말', '고려인'이라는 말을 쓰기 시작하였다. 민족주의에 바탕을 둔 애국계몽운동 시기가 끝나고 소비에트 사회주의 혁명이 전개되면서 '고려'라는 말이 등장한 것이다. 이주 후에는 조선, 고려라는 말을 함께 썼으나 구소련의 해체 이후 공식적으로 고려, 고려인이라는 말을 쓰기 시작하였다. 고려말, 고려음식, 고렷법(한민족의 전통 예법이나 관습), 고렷글(한국어로 쓰인 글), 고렷사람/고렷사름(러시아와 중앙아시아에 사는 한인), 고려촌(한인들이 모여 사는 마을) 등은 한인들이 일상적으로 쓰는 말이다.

강제 이주 전 러시아 극동 지역의 한인들은 대부분 한인들끼리 공동체를 이루어 살았다. 때문에 자연스럽게 모국어를 습득할 수 있었다. 그러다가 이주 후 한국어 교육이 폐지되고 러시아어로 공부하면서 본격적으로 러시아어를 배우고 말하게 되었다. 그러나 이때도 한인들은 주로 집단 농장에서 공동체를 이루어 살았기 때문에 일상적으로는 고려말을 사용하였다. 때문에 이 시기에 다수의 한인들과 함께 살던 소수의 현지 이민족 중에는 고려말을 배워 고려말을 구사하는 이들도 있다. 이때 공동체 안에서 쓰이던 고려말은 이질적인 방언 요소들이 서로 통합 조정되는 과정을 밟게 된다.[4] 먼저, 중부방언과 같은 소수의 비(非)함경도 방언은 함경도 방언(비육진방언)으로 동화되었다. 또 함경도의 여러 지역 방언형들 중에서 다수형은 살아남고 소수형은 사라지기 시작함으로써 코이네(koine)의 길을 걷기 시작하였다. 예컨대, '몯아바니(큰아버지), 모수다(부수다), 보름(바람)' 따위와 같은 원순모음화를 겪은 방언형들은 다수의 화자들이 말하는 '맏아바니, 마수다, 바름'으로 통일되기 시작한 것이다. 문법형태소는 '-지비', '-습메다', '-소다'와 같은 함북 남부와 함남 북부 지역에서 쓰이는 종결어미가 사라지고 육진방언의 '-소', '-습구마', '-습둥' 따위가 남았고 음운은 표준어의 음운특징과 가까운 동북방언의 음운특징으로 통일되었다. 이에는 이주 전 연해주에서 배운 규범적인 한국어의 영향도

---

4) 이러한 조정은 이주 전 연해주에서도 있었다. 20세기 초 제정 러시아에서 간행된 한국어 문헌에는 ㄷ구개음화에 대한 과도교정형이 다수 보인다. 이는 소수의 비육진방언 화자들이 다수의 육진방언 화자들의 영향을 받은 때문이다(곽충구 2004a, 2007a). 그 무렵 육진방언은 ㄷ구개음화가 이루어지지 않았다.

있었을 것이다. 그러나 지금도 화자마다 선대(先代)의 원적지(함경도) 방언 특징을 어느 정도는 가지고 있다.

1960년대에 이르러 공동체를 벗어나 도시로 진출하면서 고려말의 위상은 흔들리게 되었다. 공동체에 남은 한인들은 주로 모국어를 썼지만 공동체를 벗어난 고려인들의 고려말은 가정방언(family dialect)의 형태로 남게 되었다. 즉, 밖에서는 지배언어(dominant language)이자 민족 간의 공용어인 러시아어를 쓰고 집에서는 고려말을 쓰게 된 것이다. 게다가 새로운 정치, 사회, 경제, 문화 또는 과학 기술 관련 어휘들이 모두 러시아어로 되어 있으니 불가불 러시아어를 쓸 수밖에 없는 상황에 놓이게 되었다. 이 결과 집거지역이든 산거지역이든 지금은 대략 80세 이상의 노인층만이 고려말을 유창하게 구사할 수 있다. 이들 노년층은 이중언어자(bilinguist)이거나 현지 이민족의 언어까지 구사할 수 있는 다중언어자이다. 이 노인층은 자신들끼리 만나 어울리거나 또는 단오와 같은 명절에 한인끼리 만나 대화를 나눌 때만 고려말을 쓴다. 가정에서는 러시아어와 고려말을 뒤섞어 쓰는 경우도 혹간 있지만 젊은 세대가 고려말을 모르니 러시아어를 쓸 수밖에 없다. 70대는 어느 정도 듣고 이해할 수는 있지만 고려말이 매우 서툴다. 러시아어와 초보적인 고려말 어휘를 뒤섞어 쓰는 경향이 있고 러시아어 조음 습관에 젖어 있어 발음이 명료하지 않다. 한인 집거지역에서 사는 이들은 도시에서 사는 이들보다 사정이 좀 낫다. 이렇게 된 까닭은 80대 이상의 세대는 이주와 정착 및 독소전쟁(獨蘇戰爭)의 와중에서 한인들만의 지역 공동체 안에서 모국어를 쓰고 자랐지만 70대 이하는 대체로 1950년대의 안정된 사회 환경에서 러시아어로 공부하고 새로운 사회에 적극적으로 적응하면서 살아왔기 때문이다. 본국과의 접촉도 없는 데다가 한국어 교육마저 일찍이 폐지되었고 또 사회가 발전하면 그에 따라 관련 어휘도 증가하여야 하나 그 자리를 러시아어가 메운까닭에 고려말은 점점 설 자리를 잃게 된 것이다. 이주 초기에는 모국어로 쓴 문학 관련 출판물도 나왔고 『고려일보』(<『레닌기치』<『선봉』)와 같은 신문이 지금까지 간행되고 있지만 이것이 고려말을 유지 발전시킬 수 있는 동력은 되지 못하였다.

고려말은 본디 함북방언에 그 뿌리를 두고 있다. 두만강 유역의 육진방언, 동북방언(주로 함북 및 함남 북부 지역어)가 서로 영향을 주고받으면서 발전한 것이다. 고려말은 일종의 언어섬을 이루어 독자적으로 발전하였지만 그 근간은 함북방언이기 때문에 함북방언 외의 다른 한국어 방언 특징은 보이지 않는다. 또한 고려인 사회에서 자생적으로 생겨난 어휘도 드물다. 이 고려말에는 순수고유어가 많다. '도배(도움)', '도배꾼'(도우미), '돌갈기'(석회), '땅집'(단독주택), '몸글(신분증)', '집글(집문서)', '불술기/부술기(기차)', '즘승이사'(수의사), '줄씨'(계통, 연줄), '아슴채잏다'(고맙다)와 같은 예가 그것이다. '불술기'는 개화기 무렵 함북 지방에서 만들어진 신조어로 한어(漢語) '火車'를 번역 차용한 말이다. 또 고려말은 현재 북한의 함북방언이나 조선족의 그것보다 더 보수적이다. 때문에 예전에 함경도에서 쓰였던 '불술기', '공리사'(구판장, 상점), '붕간'(←糞間, 변소), '끼생게'(더부살이), '뭇'(작살), '강동'(연해주) 따위가 지금도 쓰이고 있다.

이 고려말의 어휘 체계는 단순하지 않다. 고려말은 '고유어＋러시아어 차용어＋현지 민족어'로 구성되어 있다. 고유어는 함북의 육진방언과 동북방언에서 유래한 것으로 옛 함경도의 생활 문화(친족 관계, 통과의례, 음식 등)을 잘 보여 준다. 고려말에는 일찍이 이주 전 러시아어와 한어(漢語)에서 차용한 말이 있다. 전자의 예로 '비지깨(спичка, 성냥), 가란다시(карандаш, 연필), 거르만(карман, 주머니), 메드레(ведро, 물통)' 따위가 있고 후자의 예로 '강차이(鋼鍤, 삽), 노배(蘿卜, 무), 마우재(毛子, 러시아인), 커우대(口袋, 마대), 밴세(匾食, 匾食, 만두의 일종), 챤(船, 배)' 따위가 있다.

고려말은 고려인들이 이주 후 살아온 역사와 문화를 반영하고 있다. 예컨대, '이동식 임차농업'이라 할 수 있는 '고본질(股本-)'이 그런 예이다. 또 민족 간의 접촉으로 '부에, 부우덱이'(러시아인), '사께'(카자흐인), '베께'(우즈베크인)와 같은 이민족을 지칭하는 말도 생겨나고 또 혼혈인을 지칭하는 말도 생겨났다. '짜구배'는 한인이 다른 민족과 결혼하여 낳은 2세를 이르는 말이고, '올구배'는 그 혼혈인이 다시 한인과 결혼하여 낳은 사람을 이르는 말이다. 신문물이나 새로운 제도 또는 개념어들은 러시아어를 차용해서 쓴다. 예컨대, '게로이(герой, 노동영웅), 마시나(машина, 자동차), 할러지리니ㄲ(холодильник, 냉장고), 뻰시(пенсия, 연금), 오뻬라찌(операция, 手術)' 따위가 그런 예이다. 한편, 고려말을 쓰는 한인들은 이중언어자이기 때문에 혼종어가 쓰이기도 한다. 예컨대, 장의차는 '상뒤마시나'라 하는데 이는 상여를 뜻하는 함북방언 '상뒤(<샹뒤<향뒤<향도+-이)'와 자동차를 뜻하는 러시아어 '마쉬나(машина)'의 합성어이다. 문화접변으로 생겨난 '떡뻬치카'는 '빵을 굽는 화덕'을 이르는 말이다. 러시아어의 영향도 있다. 예컨대, 러시아어를 번역 차용한 '골이 일으 하다'(←голова работает, 머리를 쓰다)나 13,000을 '열 세 천'이라 하는 따위가 그것이다. 그리고 현지 민족어를 차용해서 쓰기도 한다. 또 기왕에 쓰던 단어에 새로운 개념을 넣어 쓰기도 한다. 예컨대 '빵'을 '떡'이라 한다든가 교회를 '결당'이나 '절당'이라 하는 것이 그런 예이다.

　고려말에는 한인들이 살아온 역사와 문화 그리고 그들의 세계관이 담겨 있다. 현재의 추세로 미루어 보건대 이 고려말은 조만간 소멸할 것이다. 따라서 사멸해 가는 고려말을 전면적으로 조사하여 보존하는 일이 필요하다. 한때 현지 학자가 고려말을 규범화하려는 시도를 한 바 있고 또 오랜 동안 고려말을 수집하고 사전을 편찬하고 있는 이들도 있다. 최근 국립국어원에서 고려말을 국가별로 전면적으로 조사하여 책자로 펴내고 있는 것은 퍽 다행스러운 일이다. 이제는 단순히 고려말을 표준어와 대응시켜 이해하려는 태도에서 벗어나 고려말 어휘 및 문법 형태를 고려말의

체계 속에서 정밀하게 관찰하고 분석하여 기술할 필요가 있다. 또 국내외 학자들의 글 속에 들어 있는 고려말 어휘는 그 '표기', '뜻풀이', '어원' 등이 일정하지 않고 오류도 발견된다. 이를 바로 잡거나 통일하는 일도 필요하다. 그것이 고려말을 보존하는 지름길이다.

5.2. 조사지의 고려말 사용 정황5)

저자의 관찰에 의하면 키르기스스탄의 한인들은 우즈베키스탄이나 카자흐스탄처럼 일상적으로 러시아어를 구사한다. 그러나 노인들은 한인들 끼리 모이면 고려말을 쓰고 집에서는 가족들과 러시아어로 대화한다. 대체로 70세 이상의 노인 세대는 고려말을 유창하게 구사한다. 그러나 가정에서는 자손들이 러시아어만을 쓰기 때문에 어쩔 수 없이 러시아어를 쓴다. 60대는 고려말 구사가 서툴기 때문에 고려말을 쓰는 것을 꺼려한다. 고려노인협회의 총무 일을 맡아 보는 67세(조사 당시)의 남따말라(여) 씨는 저자에게 고려말과 러시아어를 섞어 썼는데 러시아어와 고려말에 대한 이해가 없으면 대화가 어렵다. 박올가 할머니의 딸은 육십 초반이지만 고려말을 몰라 어머니와는 러시아어로 대화를 한다. 형편이 이러하기 때문에 키르기스스탄의 노인들은 60대 이하 세대의 고려인과 대화할 때에는 러시아어를 구사하고 자신들끼리 말할 때에는 고려말을 쓴다. 안타샤 할머니의 아들과 딸은 모두 러시아와 우즈베키스탄에 거주하는데 이들은 일상적으로 러시아어를 구사한다. 그러나 키르기스스탄의 어머니를 만나면 고려말로 대화한다 한다. 요컨대, 70세 이상의 고려인들은 고려말을 쓰지만 60대 이하는 일상적으로 러시아어를 쓴다. 화자의 직업이나 교육

---

5) 이 글은, 「중앙아시아 이주 한민족의 언어와 생활─키르기스스탄 비슈케크」, 『국립국어원 해외 지역어 구술 자료 총서』 2-3, 2011, 태학사, 32-34에서 전재한 것이다. 등장 인물들의 나이는 조사 당시(2009년)의 나이다.

정도 또는 거주지가 한인공동체인가 아닌가에 따라서 다소 변수가 있기는 하지만 이곳 키르기스스탄의 고려인들 중 70대 이상은 모국어 구사가 유창하고 60대는 모국어를 잃었거나 상실해 가고 있는 것이다.

그러면 왜 60대 이하의 한인들은 자신들의 모국어를 구사하지 못할까? 70대는 이주 무렵 러시아의 극동 지역 또는 중앙아시아의 한인공동체에서 태어나고 자라난 세대이다. 그들은 그 공동체 안에서 언어습득기를 보내고 또 민족의 정체성을 어느 정도 유지하며 살아온 사람들이다. 러시아어를 능숙하게 구사하기도 어려웠을 뿐만 아니라 이민족과의 접촉도 많지 않았다. 반면, 60대 이하 세대들은 이주 후 중앙아시아에서 태어나고 본격적으로 교육을 받고 자라난 세대이다. 70대가 이주 후 적어도 1950년까지 독소전쟁(獨蘇戰爭)의 와중에서 가난과 기근으로 고생을 하며 한인공동체에서 생존만을 위해 살았던 세대라고 한다면 60대는 비교적 안정된 사회 속에서 정규 교육을 받고 또 새로운 정치, 사회, 문화에 적응하면서 살아나간 세대였다. 또 60대가 초등학교를 이수할 즈음인 1960년 무렵은 도시로의 이주가 증가하던 시기였다. 주변 환경이 지배언어(dominant language)였던 러시아어를 쓸 수밖에 없는 상황으로 바뀐 것이다(곽충구 2009b).

안타샤 할머니는 함께 동거하는 손녀 내외와는 러시아어를 쓴다. 그러나 이따금 고려말을 쓰기도 하였는데, 어린 증손녀는 할머니의 고려말을 이해하는 듯하였다. 제보자와 증손녀의 대화 장면을 소개하면 다음과 같다.

(증손녀) 아매!{할머니!}
(제보자) 야!{응!}
(증손녀) 모쥐노 꾸샤찌(можно кушать!){식사하세요!}
(제보자) 아! 나느 먹었다.{아! 나는 먹었다.}

(증손녀) 믜이 하찜 꾸샤쩨(мы хотим кушать).{우리 밥 먹고 싶어요.}

(제보자) 먹어라! 먹어라!{먹어라! 먹어라!}

(증손녀) 꾸샤이쩨(Кушайте).{잡수세요.}

6. 전사 및 표기

6.1. 전사와 표기의 원칙

구술 발화의 전사 및 표기는 원칙적으로 한글 자모를 이용하고, 그 표기는 형태 음소 표기를 하되 필요한 경우 음성적 표기를 가미하였다. 따라서 현행 「한글 맞춤법」의 표기 원리를 준용(準用)한 셈이다. 여기서 '전사'라 함은 음성을 그에 대응하는 문자로 옮겨 적는 것을 말하고, '표기'란 전사된 것을 일정한 원리에 맞추어 적는 것을 뜻하는 말로 쓴다.

국립국어원의 '국내 지역어 조사'에서는 구술 발화를 모두 음성 전사하였다. 이는 조사 대상 언어를 기록하고 분석 및 연구하기 위한 당연한 조치라고 생각한다. 그럼에도 불구하고 이 책에서 일부 형태 음소 표기를 채택한 것은 두 가지 이유에서이다. 그 하나는 구술 발화 자료에 대한 정보 처리를 용이하게 할 수 있도록 하기 위함이다. 다른 하나는 한글 자모를 이용하여 전사하면 일반 독자는 물론이거니와 국어학을 전공하는 이들도 전사된 내용을 분석적으로 이해하기 어렵고 또 그렇기 때문에 필요한 언어적 정보를 쉬 얻어낼 수 없을 것이라는 우려 때문이었다. 예컨대, 조사 대상 언어에 대한 충분한 사전 지식이 주어지지 않는 한 어간과 어미를 식별하기 어렵고 그들 어간과 어미의 의미, 형태 기능 정보를 파악하기가 어렵다.

반면에, 형태음소 표기를 하면 독해의 능률을 높이고 분석을 좀 더 용이하게 할 수는 있겠지만, 그 표기가 내포하고 있는 발음 정보는 정확하게 드러내기 어렵다. 따라서 이 책에서는 형태음소 표기를 하면서 필요한 음성적 정보를 제공하는 방법으로 표기를 하기로 하였다. 그런데 표준어를 정해 놓은 원칙에 따라 표기하는 정서법과 달리 방언의 형태 음소 표기는 어려운 점이 많다. 방언은 음운, 형태, 어휘 등 모든 영역에서 많은 변이를 보일 수 있기 때문이다. 또한 형태음소 표기를 하려면 체언이나 용언은 그들 교체를 통하여 일일이 기저 어간을 확인하여야 하고, 또 그와 통합되는 조사나 어미도 역시 그 이형태를 일일이 확인하는 절차를 거쳐야 한다. 또한 그 과정에서 수반되는 음성 정보를 확인하고 그것을 적절히 표기에 반영해야 한다. 뿐만 아니라 파생어나 합성어의 표기를 위해서는 그 방언의 조어법에 대한 이해가 필요하다. 요컨대, 조사 대상 방언의 전 체계를 낱낱이 파악하고 분석적으로 이해해야만 형태음소적 표기가 가능한 것이다. 그러나 구어를 대상으로 패러다임(paradigm)상에 나타나는 다양한 이형태 교체와 그와 관련된 여러 음운 현상을 모두 파악하고 그것을 표기에 반영한다는 것은 결코 쉬운 일이 아니다. 바로 여기에 방언에 대한 형태음소 표기의 어려움이 있다. 그러한 이유로 이 책의 표기에는 다소 불완전한 면도 발견될 것이다. 변이형 및 교체형에 관한 정보는 이 책의 뒤에 붙인 색인을 참고할 수 있을 것이다.

6.2. 음성 전사

1) 기본 원칙

① 한글 자모를 이용하되, 그것만으로 표기하기 어려울 때에는 옛 글자 'ᅙ'을 사용하였다. 예: 듫다(듣다, 聽). 싫다(싣다, 載).

② 컴퓨터 자판에서 구현할 수 없는 겹받침 'ㄹㅆ', 'ㅂㅆ'은 각각 'ㄳ', 'ㅄ'으로 적었다. 예: 돐생진, 곬(溝), 없다.

2) 몇 가지 음성과 그 전사

① [ɨ]([i]와 [ɨ]의 중간음)

'ᅴ'[ɨ]는 'ㅣ'와 'ㅡ'의 중간 정도에서 조음되는 전설 비원순 고모음을 전사한 것이다. 이 방언에는 이중모음 'ᅴ'[iy]가 존재하지 않기 때문에 [ɨ]를 'ᅴ'로 전사하였다. 'ᅴ'는 대체로 'ㅣ'와 가까운 소리여서 'ㅣ'로 적을 수도 있다.

② [~]

선행 모음이 비모음(鼻母音)임을 표시한다. 대체로 비음성이 거의 들리지 않는다. 발화 환경이나 속도에 따라 비음성이 수의적으로 실현되기도 한다. 예: 코~이(콩-이), 코~오(←콩+으, 콩-을).

③ [ɾ]

음절말 위치의 'ㄹ'이 [ɾ]로 실현되는 예가 있다. 이는 모두 'ㄹ'로 전사하였다. 간혹 한글 전사 바로 뒤에 [ ]를 두고 그 발음을 보이기도 하였다.

> 예: 두 볼두[poɾdu] 놓구, 세 볼두[poɾdu] 놓구(두 벌도 놓고 세 벌도 놓고)
> 닭이[taɾgí] 쉰:개(닭이 쉰 마리)

④ 운율적 요소

장음을 동반하는 상승조(上昇調), 하강조(下降調), 저장조(低長調)는 동일 모음을 반복하여 전사하였다. 음운론적으로는 2모라(mora)정도의 길이로 해석할 수 있을 것인데, 어떤 예들은 중부방언의 노년층에서 들을 수 있는 음장보다도 길어 2음절로 간주할 수도 있다. 예: 대애지. 쇄애지. 왜애지. 어떤 경우는 [:], [::]로 인상적 전사를 하였고 이보다 짧게 느껴질 때에는 [·]로 전사하였는데, 이는 대개 표현적 장음을 전사한 것이다.

⑤ 러시아어 단어

구술자가 말한 러시아어 단어의 발음은 고려말에 나타나지 않는 음성들이 많다. 그것을 일일이 국제 음성 기호로 전사하지는 않았다. 예: [z], [f], [v], [β]. 유성 마찰음 [z]는 무성음 [s]로 조음되기도 한다. 구술자의 러시아어 발음은 표준적인 러시아어 발음에서 멀어진 것도 있으나, 발화음 그대로 한글 자모로 전사하고 러시아어 단어를 괄호 속에 두었다. 이때 필요한 경우 옛한글 자소를 사용하기도 하였다. 예: 어부라조봐니(образование).

6.3. 활용과 곡용 어간

체언과 용언은 패러다임상에서의 교체를 통하여 기저형을 확인하고자 노력하였다. 조사나 어미의 통합형에 대한 표기는 이 기저형을 어간으로 고정시키고 표기하였다. 이 방언은 고어적이기 때문에 어간말 자음 및 그 체계가 표준어와 차이가 크다. 그 표기 예는 아래와 같다.

- 곧/굳[處]: 곧이[고디], 곧을[고들], 곧에[고데], 곧만[곰만], 곧부터[곧뿌터, 곱뿌터], 곧개[곤까, 곡까](곳-과). cf. 딛[時], 빋[債], 몯[釘], 붇[筆].
- 꽃[花]: 꽂이[꼬지], 꽂의[꼬즈], 꽂에[꼬제], 꽂만[꼼만], 꽂부터[꼳뿌터, 꼽뿌터], 꽂개[꼳까, 꼭까](꽃-과).
- 겇[表]: 겇이[거치], 겇의[거츠], 겇에[거체], 겇만[검만], 겇부터[걷뿌터, 겁뿌터], 겇개[걷까, 걱까](겉-과).
- 숱[炭]: 숱이[수티], 숱의[수트], 숱에[수테], 숱만[숨만], 숱부터[숟뿌터, 숩뿌터], 숱개[숟까, 숙까](숯-과).

그러나 아래와 같이 비자동적 교체를 보이는 어간의 경우 모음으로 시작하는 조사 앞에서의 교체형은 소리나는 대로 표기하였다.

- 나무두(나무도), 낭기, 냉기(나무가), 낭그(나무를), 낭글르(나무로), 낭게셔 (나무에서) ….
- 자르두(자루[袋]도), 잘기(자루가), 잘그(자루를), 잘게(자루에), 잘그느(자루 는) ….
- 짜르다[短], 짜르구(짧고), 짤가서(짧아서), 짜르이(짧으니) ….

그리고 복수의 어간(개신형과 보수형)을 가지고 있는 단어, 가령 '싣다 [載]'와 '싫다'의 경우 자음 어미 앞에서는 기저 어간 형태인 '싫-'와 '싣 -'으로 표기하였지만, 모음으로 시작하는 조시 앞에서는 '실'로 표기하였다.

- 싫구(싣고), 싫지(싣지), 실어서, 실으이(실으니).
- 싣고, 싣지, 실어서, 실으이(실으니).

한편, 아래와 같이 불규칙한 어간 교체를 보이는 예는 소리 나는 대로 표기하였다.

- 같애셔[가태셔], 같으니[가트니]~같아니[가타니], 같으구[가트구], 같지 [갇찌]

음운 현상에서, 자음 동화는 표기에 반영하지 않았다. 단, 자음군 단순화는 실제 발화음을 [ ]에 적어서 보였다. 예: 야듧개[야듭깨]. 그리고 어간말 자음 'ㄴ, ㅁ, ㄹ' 뒤에서의 경음화 및 원순 모음화는 표기에 반영하였다. 육진방언을 포함한 동북방언권의 노년층에서 이 경음화는 화자에 따라 실현되기도 하고 실현되지 않기도 한다. 연령이 낮을수록 그 실현이 현저하다. 예: 신으 신구[싱구] ~ 신으 신꾸[싱꾸].

이 구술자의 발화에서, 형태소 경계에서의 구개음화는 실현되지 않는다. 예: 밭이[바티], 밭으[바트], 밭에셔[바테셔]. 혹 구개음화가 이루어진 예가 있으면 '밭이[바치]'와 같이 표기한다.

6.4. 문법 형태의 표기

표음주의 표기를 원칙으로 하였다. 예컨대, 대격 조사의 경우 '으, 우, 르, 루, 오'와 같은 이형태가 있는데 이들은 소리 나는 대로 표기하였다. 예: 긑으(끝-을), 밥우(밥-을), 죽우(죽-을), 너르(너-를), 줄우(줄-을), 코오(코[鼻]-를).

6.5. 복합어

한자어, 파생어, 합성어는 원칙적으로 아래와 같이 어원을 밝혀 적었다. 파생어의 표기는 대체로 현행 「한글 맞춤법」을 준용하였다. 다만, 그 표기와 발음이 다른 경우, 자동적으로 예측이 가능하지 않거나 표기와 발음이 현저히 다를 때에는 [ ] 속에 한글 자모로 그 발음을 적어 넣었다. 한글 자모로 전사하기 어렵거나 또는 주요한 음성 특징을 보여 주고자 할 때에는 [ ] 속에 음성 기호로 보였다.

- 겇모양(겉모양), 붇글씨(붓글씨), 천지꼳(진달래꽃).
- 헗이[허리], 많이[마이, 마~이], 옭기다[엉기다], 섧기다[생기다], 곪기다 [굉기다], 멕이다.

'-하다'가 결합된 파생어에서 'ㅎ'이 조음되지 않는 경우는 '똑똑아구'(똑똑-하고)처럼 표기하였고, 어기의 말자음과 'ㅎ'이 어울려 유기음화가 일어난 예는 '급하구'(급(急)-하고)처럼 표기하였다. 다만, 유기음화가 일어나지 않고 'ㅎ'이 조음되는 예는 그 발화음을 [ ]에 음성 기호로 적어 넣었다.

- 이 집이서 점심 잘 갖춰서 대접하구[tɛjəbɦagu]. 오놀오느 이집 오오 이래 문 또 그 집이 가 이튿날에는 점심 잘 갖춰 대접아구(=[tɛjəbagu]).

6.6. 합성어 이상의 단계에서의 표기

'여기 사람[여기싸람]'은 '여깃 사람'과 같이 'ㅅ'을 넣어 표기하였다.

6.7. 띄어쓰기

채록할 때 띄어쓰기는 크게 고려하지 않았다. 발화 단위 중심으로 적는 것을 원칙으로 하되 의미의 불투명이 우려되는 경우 띄어쓰기도 하였다.

6.8. 기타

① 말을 더듬을 때 자주 쓰이는 '저' 뒤에는 '…'를 부가하였다.
② 구술자가 시늉을 하며 말한 경우 그 동작을 ( ) 속에 보였다. 예: 아아 이거. (방망이질을 하는 시늉을 하며).
③ 웃음, 혀 차는 소리 따위는 '(웃음)', '(쯧쯧)'과 같이 표기하였다.
④ 발화 실수는 미주나 표준어 대역에서 밝혔다.
⑤ 조사자와 구술자의 발화가 겹칠 때, 겹치기 전후 위치에서 조사자와

구술자의 발화를 따로따로 구분하여 전사하였으나, 상대의 말에 호응하기 위하여 쓰인 '아', '음' 따위와 같은 말이 의미를 파악하는 데 지장을 줄 수 있다고 판단한 경우는 삭제하였다. 그러나 그 예는 매우 적다.

⑥ 방언형을 특별히 확인한다거나 그 밖에 방언을 드러내 보일 필요가 있다고 판단한 경우는 ' '를 표기하였다.

> -'바다'라구 함둥, '바당'이라구 함둥?(바다'라고 합니까? '바당'이라고 합니까?)
> =바당이, 바당물이. 여기 마우재덜이 에: 새비랑 먹어보메: 기딱스레 하압꾸마. 맛으 딜에셔.('바당', '바당물'. 여기 러시아 사람들이 새우를 먹어보며 맛이 기막히다고 합니다. 맛을 들여서.)

7. 표준어 대역과 주석

7.1. 표준어 대역

① 표준어 대역은 전사한 원문을 축자적으로 옮기고자 하였다. 단, 비문이 되거나 의미가 불투명해질 우려가 있을 때는 의역을 하거나 ( )를 두고 보충 설명을 하였다.

② 발화에서 생략된 말. 대역에서는 의미의 소통을 위해 ( ) 속에 넣어 삽입하였다.

③ 발화 실수는 전후 문맥을 고려하여 표준어 대역에서 바르게 고쳤다.

④ 구술자들은 '조선'(조선, 조선사람, 조선말 등)이라는 말을 자주 썼다. 또 이따금 '고려'라는 말을 썼다. '조선'(또는 '고려')이 남북한을 아우른 '하나의 모국'을 뜻하는 말로 쓰인 경우는 '조선'(또는 '고려')으로 옮겼다. 다만, '조선'이 '남한' 또는 '북한'을 지시하는 말로 쓰였을 때에는

각각 '한국', '북한'으로 옮겼다. '내지'(內地)는 '본국'(本國)으로 옮겼다.

7.2. 주석

주석은 각 장마다 미주를 달았다. 독자로서는 각주가 이용하기에 편리하나 책의 체제상 불가피하게 미주로 만족할 수밖에 없었다. 주석은 주로 어휘의 의미를 풀이해 놓았지만, 그 밖에 음운 현상과 문법 형태의 기능에 대해서도 간략하게 설명해 놓았다. 어휘는 그 양이 방대하여 대역에서 대응 가능한 표준어를 제시하는 것으로 그친 경우가 허다하나 방언의 어휘와 대응 표준어의 의미 및 용법이 동일한 것은 아니다. 풀이는 대부분 곽충구(2019a)의 『두만강 유역의 조선어 방언 사전』(태학사)을 참조하였다.

7.3. 본문의 글자체와 전사에 사용된 부호

고딕체	조사자.
명조체	구술자.
*	어떤 단어의 처음 한 두 음절만을 발음하고 그친 경우.
**	발화 실수.
***	뜻을 알 수 없는 말.
****	청취가 불가능한 부분.
+	색인에서 방언과 대응 표준어에 의미 차이가 있는 경우.

제2부

구술 자료

01 박블라디미르의 이주와 정착 생활

소: 혹시요. 옛날에 저 원동에서 이사 오셨거나 원동에 계실 때든지.

박: 에.

소: 혹시 집을 지어보셨어요 집, 이런 집으?

박: 부모가[1] 같이[가치] 잇다나이 집이사 잇엇습지[2] 머 재빗집이.[3]

소: 음 재빗집이.

박: 예.

소: 집을 만들어 보진 않으셨죠이~?

박: 내 발써 그직[찍]에 멫살으로 먹엇갯는지 우리 부치이 새집우 팔간집우[4] *샌 재빌르 팔간집우 저엇습덤.[5]

소: 오디서요?

박: 원도~서.[6]

소: 원동서.

박: 예. 연해주에서.

소: 연해주에서.

박: 부잘노브스키 구역이란 거기서 남행도[7] 조합에서.[8]

소: 음. 그면은 어르신은 거기서:: 멫살때 이리 오셨어요?

박: 내 시방 우리 부치이 이 일천팔백 구십 이연새~입니다. 그래….

소: 구십이년생.

박: 예. 에 야듧에 마흔다슷에 여기르 이주르 햿스.[9]

소: 아버지가 마흔다섯에.

박: 마흔다슷에 예.

소: 그때 그때 아바이는 그때는 연, 멫살이셨어요?

박: 내?

소: 예.

박: 아홉살에.

소: 아홉살에.

소: 혹시요. 옛날에 저 원동(遠東)에서 이사 오셨거나 원동에 계실 때든지.

박: 예.

소: 혹시 집을 지어 보셨어요 집, 이런 집을?

박: 부모와 같이 있다 보니 집이야 있었지요 뭐 자기 집이.

소: 음 자기 집이.

박: 예.

소: 집을 만들어 보지는 않으셨지요?

박: 내 벌써 그 때에 몇 살을 먹었겠는지 우리 부친이 새 집을 팔 칸 집을 손수 팔 칸 집을 지었더군요.

소: 어디서요?

박: 원동에서.

소: 원동서.

박: 예. 연해주에서.

소: 연해주에서.

박: 부잘노브스키 구역이라는 거기서 남향동 조합(콜호스)에서.

소: 음. 그러면은 어르신은 거기서 몇 살 때 이리 오셨어요?

박: 내 시방 우리 부친이 1892년생입니다. 그래 ….

소: 92년생.

박: 예. 에 여덟에 마흔다섯 살에 여기로 이주를 했습니다.

소: 아버지가 마흔다섯에.

박: 마흔다섯에 예.

소: 그때 그때 할아버지는 그때는 몇살이셨어요?

박: 나?

소: 예.

박: 아홉 살에.

소: 아홉 살에.

박: 예. 아홉살에.

소: 그면은 그쪽에서 원동에서 학교 몇학년 다니셨었어요?

박: 에?

소: 원동에서 학교 몇학년 필업했냐고.

박: 예. 저 삼학년 필햇스.

소: 삼학년.

박: 예. 삼학년으 이 조선글으 삼학년 일것습지.10) 삼학년 이르다서리 이주르 햇습지.

소: 음. 그면은 그 이후로는 그 뒤로는 우리 조선글 안배우셨어요?

박: 모알아11) 들엇습니다.

소: 삼학년 삼학년 필하구 여기 와 여기 오셔가지고는 조선글을 안 안 읽었냐고.

박: 조선글으 일것습니다. 사십년도꺼지. 사십년도꺼지 일것습니다.12)

소: 핵교가 있었어요?

박: 예 핵고르 어 떼르 떠서 부친덜 모다서13) 저 땃굴처르 핵고르 짛구서르.

소: 어.

박: 임실르 그렇기 수리르 하구서르 에 육학년 필햇습니다. 조선글으

소: 육학년 필했어요?

박: 예 육학년 필햇스.

소: 오. 그르문 그르문 맨 처음에 오셨을 때는 어디로 오셨어요 따쉬껜뜨로?

박: 내 전번에두 말씀햇지만은 삐지제샤뜨삐아뜨(ПЯТЬДЕСЯТ ПЯТЬ) 쉰 다슷번째 정거자아라는데다서느 우리르 차에서 네레와놓구 그다음번에 하물자동차다 실어서 무인지겨~이 거저 왕대깔이14) 가뜩 선 그런데르 집 하낟두[하나뚜] 없는 데르 그런 데르 가애다15) 우리르 부리와놧습니다.

박: 예. 아홉 살에.

소: 그러면은 그쪽에서 원동에서 학교 몇 학년까지 다니셨었어요?

박: 예?

소: 원동에서 학교 몇 학년 필업(畢業)했냐고.

박: 예. 저 삼학년을 필했습니다.

소: 삼학년.

박: 예. 삼학년을 이 조선글을 삼학년까지 공부했지요. 삼학년까지 공부하다가 이주를 했지요.

소: 음. 그러면은 그 이후로는 그 뒤로는 우리 조선글 안 배우셨어요?

박: 못 알아 들었습니다.

소: 삼학년 삼학년 필하고 여기 와, 여기 오셔가지고는 조선글을 안 배우셨냐고.

박: 조선글을 배웠습니다. 40년도까지. 40년도까지 배웠습니다.

소: 학교가 있었어요?

박: 예 학교를 어 떼를 떠서 부친들이 모여서 저 땅굴처럼 학교를 짓고서.

소: 어.

박: 임시로 그렇게 수리를 하고서 에 육학년을 필했습니다. 조선글을.

소: 육학년 필했어요?

박: 예 육학년 필했습니다.

소: 오. 그러면 그러면 맨 처음에 오셨을 때는 어디로 오셨어요? 타슈켄트로?

박: 내 전번에도 말씀드렸지만 55, 쉰다섯 번째 정거장이라는 데다가 우리를 차에서 내려놓고 그다음번에 화물자동차에다 실어서 무인지경을 그저 큰 갈대가 가뜩 선 그런 데로 집이 하나도 없는 데로 그런 데로 가져다 우리를 부려 놓았습니다.

소: 어. 그면은 거기가 그 오십 오십 세번째?

박: 쉰, 오십 다슷번채.

소: 오십 다슷번째.

박: 예. 예.

소: 거기가 지금으로 말하문 어디에요?

박: 거기두 긔게 에….

소: 까자흐스탄이에요?

박: 아~이! 우즈벡스탄 따쉬껜뜨 에 따쉬껜뜨 주 양기율(Янгиюль) 구역이라는데 그거 쉰다슷번채 정거자이 잇습니다. 지금두 잇습니다. 그 정거자이.

소: 음. 그게, 우즈베키스탄으로 가셨구나!

박: 예. 예. 우즈벡스딴으르 와 네렛습니다.

소: 그 우즈베키스탄에서는 그 저 벳일 허셨어요? 농새일?

박: 나느 공부르 하다서리 이 내 멫 살, 사십육년도이까데 옐야듧살[예랴듭쌀]입지.

소: 음.

박: 옐야듧살[예랴듭쌀]이 대애서 그전에 전장시기에 자란덜까16) 같이 [가치] 반나래르17) 공부르 하구 반나래르 전장에 나가서 깍질18)르 따 패기질했습니다.

박: 내마 기랜게 아이라 학생덜이 거저 열두[yərdu]어 서너살 덴 학생덜이 다 그릏게 노력햇습니다.

박: 긔직[찍]에느 "모든 이무느 승리로 승리를 위하여 모든 이무느 전선으 위하여" 이 부름에 따라서 요런 저 짜짜만 아덜으 아이덜하구람 나가 싹 일햇습니다.

소: 아: .

박: 음식두 방저~이 머, 먹지못하메 배르 곯으메서리 그릏기 일햇습니다.

소: 어. 그러면은 거기가 그 오십 오십 세 번째?

박: 쉰, 오십 다섯 번째.

소: 오십 다섯 번째.

박: 예. 예.

소: 거기가 지금으로 말하면 어디에요?

박: 거기도 그게 에….

소: 카자흐스탄이에요?

박: 아니! 우즈베키스탄 타슈켄트 에 타슈켄트주 얀기욜 구역이라는 데 그거 쉰다섯 번째 정거장이 있습니다. 지금도 있습니다. 그 정거장이.

소: 음. 그게, 우즈베키스탄으로 가셨구나!

박: 예. 예. 우즈베키스탄으로 와 내렸습니다.

소: 그 우즈베키스탄에서는 그 저 벼농사 하셨어요? 농사 일?

박: 나는 공부를 하다가 이 내가 몇 살 (때인가 하면) 46년도니까 18살 이지요.

소: 음.

박: 18살이 되서 그전에 전쟁 시기에 어른들과 같이 반나절을 공부를 하고 반나절을 전쟁에 나가서 괭이로 땅 파기를 했습니다.

박: 나만 그런 게 아니라 학생들이 그저 열두서너 살 된 학생들이 다 그렇게 일했습니다.

박: 그적에는 "모든 의무는 승리로, 승리를 위하여. 모든 의무는 전선을 위하여" 이 부름에 따라 요런 저 자그마한 아이들을, 아이들하고랑 나가 싹 일했습니다.

소: 아.

박: 음식도 방정히 머, 먹지 못하며 배를 곯으면서 그렇게 일했습니다.

기래다서리 내 옐야듧살[예라듭쌀]에 미하일노브까라느 그 촌에 이상 사춘 헹네덜 거기 살앗습니다. 기래 보내기르 좀 일없이 보내구 우리느 몹시 그때까리[19] 구차히 보냈습니다. 그저 시겍,[20] 술[21] 오락가락 하나 다림없엇습니다. 기래 사십육년도에 사춘덜이 가깨비[kak'ɛβi] 가까이 오라해서 기래 거기 이새르 가서 내 팔춘 형님이 지도르 해가지구서르 베르수문 데서 삼년도안 내 일햇습니다.

소: 아 베농사르.

박: 예. 예. **베농사난데. 개 총각으 거기서 삼년동안으 그 세 번채 해애 베수확으 많이[마이] 걷어서 부요한 생활이 ***뜨렝뻬~이 댓습니다.

소: 네.

박: 기래 내 한뉘르[22] 이릏기 깍지질해서느 아이 데갯다 무슨 기술으 소유해야 데갯다구 기래 따쉬껜뜨 가서 우즈벡스탄 수도 따쉬껜뜨 가서 그 영화기술 핵골 일년동안 일거서 그 핵고르 졸업햇습니다. 기래 졸업하구서르 거기서 나르 음, 일신치르치끄란 그 구역으르 파견해서 보냈습니다. 기래 거그 가서 일에 턱 착수르 해서 그 한 기관에서 서른한해도안[또안] 일햇습니다.

소: 그면은 결혼을 언제 하셨어요?

박: 예?

소: 결혼. 혼세. 서방은 언제 가셨냐고.

박: 예에! 서방으,[23] 내 그 파견받아서 일할라 온 곳에서 저분네르 만나서 오십일년도에 장가르 갓습니다.

소: 장가를.

박: 에.

소: 그면은 그때 몇살 때세요.

박: 긔찍에 음 스물세살.

그러다가 내 열여덟 살에 미하일노브까라는 그 촌에 손위 사촌 형네들이 거기 살았습니다. 그래 보내기를 좀 괜찮게 보내고 우리는 몹시 그 무렵에 구차히 보냈습니다. 그저 끼니는 숟가락 (하나만) 오락가락 하(는 것과) 다름없었습니다. 그래 1946년도에 사촌들이 가까이 가까이 오라 해서 그래 거기 이사를 가서 내 팔촌 형님이 지도를 해서 벼를 심은 데서 삼년 동안 내가 일했습니다.

소: 아 벼농사를.

박: 예. 벼농사를 하는 데. 그래 총각으로 거기서 삼년 동안을 (살았는데) 그 세 번째 해에 벼 수확을 많이 거둬서 부요(富饒)한 생활이 ***이 됐습니다.

소: 네.

박: 그래 내가 한평생 이렇게 괭이질해서는 안 되겠다 무슨 기술을 소유해야 되겠다고 그래 타슈켄트에 가서 우즈베키스탄 수도 타슈켄트에 가서 그 영화 기술 학교에서 일년 동안 공부를 해서 그 학교를 졸업했습니다. 그래 졸업하고서 거기서 나를 음, 일신치르치끄라는 그 구역으로 파견을 보냈습니다. 그래 거기 가서 일에 턱 착수를 해서 그 한 기관에서 31년 동안 일했습니다.

소: 그러면은 결혼을 언제 하셨어요?

박: 예?

소: 결혼. 혼사. 장가는 언제 가셨냐고.

박: 예! 장가를, 내 그 파견의 명을 받고 일하러 온 곳에서 저 분(=보조 제보자 안따샤)을 만나서 1951년도에 장가를 갔습니다.

소: 장가를.

박: 에.

소: 그러면은 그때 몇 살 때이세요.

박: 그적에 음 스물세 살.

소: 스물세살.

박: 예. 예.

소: 아매는 스물두살?

박: 예. 스물두살.

소: 음. 그면은 아매는 어디 오디 사셨어요?

박: 아매느 에 까자끄스탄 기게 (쯧) 엘 따그(так) 그 드레찌(третий) 제삼인테르나쩌오날(Третийинтернатионал)이란 그 조합에서 어 부모네가 같이 잇다서리 그 내 파견받아 와서 일하는 그 고자~에서 멀재잏게 친삼춘네 살앗습니다.

소: 어:.

박: 기래 거 살, 거기 긔직[찍]에두 저분네두 거기서 못 몹쎄[mops'ɪ] 생활하기 바뿌이까데[24] 삼추이 오라구해서 저분네 그 데려왓습짐.[25] 기래 와서 어찌해 멘목으 익혀서[26] 서르 만나서 그렇게 약호이 뎃엇습니다. (웃음).

소: (웃음). 그면은 그때 양쪽집에서 잏게 소개한 게 아니고 둘이 만나서 연애한거에요?

박: 어허 예 그렇게 해서 (웃음).

소: 그때도 연애가 되 가능했어요?

박: 그때 내 다 연애해서 다 한가지갯습지 무스. (웃음) 거저 이래 기래 만나서 서르 저녁이무 서르 대멘해보구 서르 그담 차차차차 서르 아름답게 보메서르 사랑하게 댓습지. (웃음).

소: (웃음) 몇년 몇년 만나고 만나다가 결혼하셨어요?

박: 이티만에 겔혼햇다.

소: 이태만에.

박: 예 예. 이티만에 겔혼으 햇스꾸.[27]

소: 그 오래 만나셨구마.

박: (웃음).

소: 스물세 살.

박: 예. 예.

소: 할머니는 스물두 살?

박: 예. 스물두 살.

소: 음. 그러면은 할머니는 어디 어디 사셨어요?

박: 할머니는 에 카자흐스탄 그게 (쯧) 그러니까 그 세 번째, 제3인터네셔날이란 그 조합에서 어 부모네와 같이 있다가 그 내가 파견 받아 와서 일하는 곳에서 멀지 않게 친삼촌네에서 살았습니다.

소: 어.

박: 그래 그거 살, 거기 그적에도 저분네도 거기서 몹씨 생활하기 힘드니까 삼촌이 오라고 해서 저분네를 그 데려왔지요 뭐. 그래 와서 어찌해서 면목을 익혀서 서로 만나서 그렇게 약혼을 했습니다. (웃음).

소: (웃음). 그러면은 그때 양쪽 집에서 이렇게 소개한 게 아니고 둘이 만나서 연애한 거에요?

박: 어허 예 그렇게 해서 (웃음).

소: 그때도 연애가 되, 가능했어요?

박: 그때 내가 (나뿐만 아니라) 다 연애해서 다 한가지겠지요, 뭐. (웃음) 그저 이래 그래 만나서 서로 저녁이면 서로 대면해 보고 서로 그다음 차차차차 서로 아름답게 보면서 사랑하게 됐지요. (웃음).

소: (웃음) 몇 년 몇 년 만나고 만나다가 결혼하셨어요?

박: 이태만에 결혼했다고.

소: 이태만에.

박: 예 예. 이태만에 결혼을 했습니다.

소: 그 오래 만나셨습니다.

박: (웃음).

소: 어: .

박: 기래 저분네두 구차하구 어 옷이랑 특벨이 입지 못하구 기래 놓오~이 어디르 나댕기지애잏구 거저 어 집구석에 그야르 앉구잇으나 다림없엇댓습니다. 기래 나두 어 이상 헝님네 집와서 잇으메서리 나두 또 구와 같은 헹페이 대앳습지. 기래 재빌르 일하멘서리 월급우 타~이까데 조끔 생활헹페이 피와졋습지.[28]

소: 음.

박: 기래 오십일년도에 잔체르 지내구 그해애 자아 자아 맏아들이 낳앗습니다, 에. 기래 어저느 쉰세해째 저 노친가 같이 집엇소.

소: (웃음).

박: 기래 여기서두 그 졸로또이(золотой) 스바지바(Свадьба) 쉰해또안으 같이 살무 그 크게 연헤르 챙깁니다 여기서.

소: 예, 예.

박: 누구던지 다 그릏게. 개두 우리두 그때 헹펜에 그거 엠매던지 채래 헹페이 대앳습지. 기린데 자아 저렇기.

소: 음.

박: 애석하게[애서가게] 홀 죽다나이 그 졸로또이(золотой) 스바지바(Свадьба)두 못세구.

소: 인저 그면은 칠십오년 사, 사시면 그때 세면 되죠.

박: 예?

소: 칠십오(년).

박: 아이구! 이제 무슨 무스 전 전새~이 나서 …. 나는 저기 기래두 (기침) 재비 칠십오주연으 요 멀재잏게서르 까페에서.

소: 음.

박: 손님덜 한 육십명 초대르하구서르 잘 지나갓습니다. 그 내 저 무궁화서 이 전벡에[29] 거는 시게두 내게다 선사르 하구.

소: 어.

박: 그래 저분네도 구차하고 어 옷이랑 특별히 입지 못 하고 그래 놓으니 어디로 나다니지 않고 그저 어 집구석에 그 모양으로 앉아 있는 것과 다름없었습니다. 그래 나도 어 손위 형님네 집에 와 있으면서 나도 또 그와 같은 형편이 됐지요. 그래 스스로 일하면서 월급을 타니까 조끔 생활 형편이 펴졌지요.

소: 음.

박: 그래 1951년도에 혼인 잔치를 치르고 그 해에 저 아이 저 아이 맏아들을 낳았습니다. 에 그래 이제는 53년째 저 노친과 같이 근근이 살아 왔소.

소: (웃음).

박: 그래 여기서도 그 금혼식을, 50년 동안을 같이 살면 그 크게 연회(宴會)를 챙깁니다, 여기서.

소: 예, 예.

박: 누구든지 다 그렇게. 그래도 우리도 그때 형편이 그게 얼마든지 차릴 형편이 되었지요. 그런데 저 아이가 저렇게.

소: 음.

박: 애석하게 홀 죽다 보니 그 금혼식도 못 쇠고.

소: 이제 그러면은 75세까지 사, 사시면 그때 쇠면 되죠.

박: 예?

소: 75세.

박: 아이고! 이제 무슨, 뭐 전생(前生)에 나서 ….30) 나는 저기 그래도 (기침) 자기 75주년을 요 멀지 않게 (있는) 카페에서.

소: 음.

박: 손님들을 한 육십명 초대를 하고서 잘 지나갔습니다. 그 내 저 무궁화 (노인단)에서 이 바람벽에 거는 시계도 내게다 선사를 하고.

소: 음.

박: 그라모트(грамота)두 표차장두[표차짱두] 내게 선사르 하구 기랫습니다. 갠데 저분네 올해 칠십오주연으 간단해개래두 어트기 웨때자가이[31] 당체 아~이 그 그만두라구. 내 저기 상떼같은 아르 개애다 문, 문어놓구 어전 열한내 데지만으 무슨 전새~이 나서 저기 그 채래갯는가구 딱 나눕어서[32] 못 채랫소.

소: 음. 그 그 팔칸집을 지면은요 원동에서 졌던 그 집하고 원동에서 살던 집하고 우즈베키스탄에서 살던 집하고 같았어요 달, 달랐어요?

박: 원도~에서 그 재빌르 잏인[33] 집우 국가에선 우리 이주르 해오기 전에 한주일으 한주일 어간에 무슨 짐 짐이랑 가주구 못갈 짐우 뻬짠느(специальный) 이릏기[이르끼] 저 국가서 꼼미씨이(комиссия) 와서 거긔 다서 싹 바치구 거거서 까금: 매애서 돈으 글잣돈[글짜똔] 이래 받앗습지. 기래 집두 싹 이래 돌아보구서르 어 집값이랑 다 국가서 물어줫댓습니다.

소: 원동에서요?

박: 예. 들어올직[찍]에 **집밧으[집빠스] 싹 물어줫댓습니다. 기랜데 그렇게 많이[마이] 물재잏구 기래다나이 그돈 가주구서르 달반도안으 차에앉아 오멘서리 그돈 가주구 살앗습지.

소: 그러면은 그때에 그때 그 화차에 앉아서 올때요.

박: 예.

소: 음식을 어트게 먹었어요?

박: 음식으느 정거장마다 와서 설적에무[설쩍에무] 달아네레가서 빵두 싸먹구 기랫습지. 기래 내 앞서두 얘:기르 하지마는 그 가축 싫는[실른] 차라~에다서리 그게 가축 싫은 차라~이 스무펭방메떼르입니다. 기랜데 보통 열[уǝr]다슷명, 어떤 데느 어떤 차라~에느 이십에메~이 사람덜이 앉앗습니다. 기래 사람 한나게 한펭방메떼르씨 자리 채레졋습니다. 기래 거기 무슨 난료[날로] 잇갯는가. 그직[찍]에 에 시월 동짓달에.

소: 음.

박: 증서(證書)도, 표창장도 내게 선사를 하고 그랬습니다. 그런데 저 분이 올해 칠십오 주년을 간단하게라도 어떻게 기억해 때우자고 하니 당최 아니 그 그만두라고. 내 저기 생때같은 아이를 가져다 묻, 묻어 놓고 이제 열한 해 되지만은 무슨 전생에 나서 저기 그 차리겠는가 하고 딱 못 하겠다고 버텨서, 못 차렸소.

소: 음. 그 그 팔간집을 지으면요 원동에서 지었던 그 집하고, 원동에서 살던 집하고 우즈베키스탄에서 살던 집하고 같았어요 달랐어요?

박: 원동에서 그 스스로 지은 집은 국가에서는 우리가 이주를 해 오기 전에 한 주일을, 한 주일 사이에 무슨 짐 짐이랑, 가지고 못 갈 짐을 특별히 이렇게 저 국가에서, 위원회가 와서 거기다가 싹 바치고 거기서 가금(價金, ＝값)을 매겨서 몇 푼 돈을 이래 받았지요. 그래 집도 싹 이렇게 돌아보고서 어 집값이랑 다 국가에서 물어줬습니다.

소: 원동에서요?

박: 예. (원동에) 들어올 적에 집값을 싹 물어줬었습니다. 그런데 그렇게 많이 물어주지 않고 그러다 보니 그 돈 가지고서 반달 동안을 기차에 앉아 오면서 그 돈 가지고 살았지요.

소: 그러면은 그때에 그때 그 화차(貨車)에 앉아서 올 때요.

박: 예.

소: 음식을 어떻게 먹었어요?

박: 음식은 정거장마다 와서 설 적에면 달려 내려가서 빵도 사 먹고 그랬지요. 그래 내 앞서도 얘기를 했지마는 그 가축 싣는 차량에다가, 그게 가축 실은 차량이 20평방미터입니다. 그런데 보통 열다섯 명이 어떤 데는 어떤 차량에는 이십여 명의 사람들이 (차량에) 탔습니다. 그래 사람 하나에게 1평방미터씩 자리가 주어졌습니다. 그래 거기 무슨 난로가 있겠는가. 그적에 에 시월 동짓달에.

소: 시월이었어요?

박: 예. 난로두 없지. 먹는물두 없지 거저 정거자~에 와서 서게다무 그 릇으 가주구서르 물잇는데르 찻아서 물질라가다두 차떠나갯다무 그 물으 데비 쏟아데디구서르 달아와서 또 차에 앉습지. 일, 이르 이룽기 고께 다 하메서르[다아메서르] 왔습니다.

소: 그러면은 여기에 도착하시니까 몇월달이었어요?

박: 예?

소: 요기에 왔을 때는 그 오십오역, 그 여 역에 도착했을 때는 몇월달이었 냐고. 동짓달이었어요?

박: 예에. 동짓달 동짓달 초새애[34] 들어섯습니다. 기래 발써 긔직[찍]에 거저 밤우 자구 나무 거저 서리 거저 백사지 디오. 발써 칩앗습니다. 모질 이.[35]

소: 음. 그러면 그때 어트게 사셨어요? 그면 바로 집도 없었을 거 아냐.

박: 집우 와서 이 깔으 가주구서르.

안: 아이 이 곰만와서느 어: 그렁게 잇엇댓소 어 바라이(баран-이)덜 사는.

박: 저어[36] 저어느 글쩨 그랫지만, 어떤 고자~에서 온분네느:: 그 가축 으 옇엇던 그 집으 내구서 대수 그 오얏물[오얌물]으 대수 쳐내때리구서 르 무스 거기 무스 약새질햇갯는가[37] 바름질햇갯는가. 그런 데다서리 전 꼴호즈(колхоз) 헤원으 다 거기다 차옇어나 다림없어 절럼베이[절럼뻬이] 생게서 싹 쓰 쓸어냇슴.[38] 어떤 고자~에서느. 개 우리네느 집두 없는 그 런 무인지겨~에 깔밭에게다서리 제에뿌레 거저 흔한거느 이리. 이리 어트 게 많은지 거저 낫으무 이리무리덜이 거저 기래 아덜이 호분자[hoβunja] 나서지 못햇습니다. 이리 무섭어서.

소: 음.

박: 긔래 좀 저기 어른네덜으 모다서 그 왕대깔으 가주구서르, 여기 시 방 이 끼르기즈랑 까자끄덜하구 유르따(юрта)처리[39] 치재:?[40]

소: 시월이었어요?

박: 예. 난로도 없지. 먹는 물도 없지 그저 정거장에 와서 서게 되면 그릇을 가지고서 물 있는 데를 찾아서 물 길러 가다가도 기차가 떠나겠다 하면 그 물을 도로 쏟아 버리고 달려와서 또 기차에 타지요. 이, 이렇, 이렇게 고생을 다 하면서 왔습니다.

소: 그러면은 여기에 도착하시니까 몇 월이었어요?

박: 예?

소: 요기에 왔을 때는 그 역에 도착했을 때는 몇 월이었냐고. 동짓달이었어요?

박: 예. 동짓달 동짓달 초승에 들어섰습니다. 그래 벌써 그적에 그저 밤에 자고 나면 그저 서리 그저 백사지(白沙地)가 되오. 벌써 추웠습니다. 몹시.

소: 음. 그러면 그때 어떻게 사셨어요? 그러면 바로 집도 없었을 거 아냐.

박: 집을 와서 이 갈대를 가지고서.

안: 아니 이 금방 와서는 어 그런 게 있었었소. 어 양(羊)들이 사는.

박: 당신 당신은 글쎄 그랬지만, 어떤 고장에서 온 분네는 그 가축을 넣었던 그 집을 (세를) 내고서 대충, 그 외양간두엄을 대충 쳐내고서 뭐 거기에다가 뭐 약(藥)을 쳤겠는가, 바름질을 했겠는가. 그런 데에다 전 콜호스 회원을 다 거기에다 처넣은 것과 다름없어 전염병이 생겨서 (시신을) 싹 쓸, 쓸어 냈습니다. 어떤 고장에서는. 그래 우리네는 집도 없는 그런 무인지경의 갈대밭에다가 집어던져 그저 흔한 것은 이리. 이리가 어떻게 많은지 그저 나가면 이리 무리들이 그저, 그래 아이들이 혼자 나서지 못했습니다. 이리가 무서워서.

소: 음.

박: 그래 좀 저기 어른들을 모아서 그 큰 갈대를 가지고서, 여기서 시방 이 키르기스스탄과 카자흐스탄 사람들이 유르트처럼 (막을) 치잖소?

그 유르따(юрта) 헹식을르 기래 대수 으지겔[41] 해서 어 소먹이던 집에서 느 안으 이래 대수 바름질꺼지 하구 기랴구 따에다서 온돌꺼지 놓구. 기 래 우리 부친으느 안으 싹 바르구 온돌꺼지 놓오~이까데 동짓달에 아 칩 지. 기래놓오~이 애잇는 아낙네들이 글쎄 전체루 우리집에 싹 마따든단[42] 말입꾸마.

소: 아아.

박: *아아더 아아덜 얼어죽을 헹페이 데···. 기래 우리네 어떨 직에느 구석에 앉어서 난 부억마[43] 부억앞이[44] 내자리 채례졋닷습니다. 어디메 눕을 데 없어서. 기래구 어떤분네덜으느 애기르 가매우에다서 시릇다리[45] 놓구서르 거기다 다 애기르 다 눕헤서 그렇게 밤우 위앳습니다. 기래 거 저 내 앞서두 얘:기르 하지만 우리르 거저 죽으무 죽구 살무 살구 거저 거저 그래이 거저 내애쳣습니다. 기랜데 이 우즈벡민족덜이 아주 유한사 람덜입니다.

소: 음.

박: 긔직[찍]에 칠십객이 난 이런 분네덜이 나기르 타구 댕기메 이 시 방 우즈벡 리뾰쉬까(лепёшка)[46] ***까즈베르 가재임두? 그 떡으 가르기 사[47] 가루사 좋온 가루 아~이입지 머. 그러지마는 이렇[irə?] 크:게 굽어 서 그런 나기르 타구 댕기메서리 다쑤루 아아덜으 길가에[길까에] 댕기는 게나 집우 찾아댕기매 굼머죽지[48] 말라구 그 떡으[49] 빠~아 댕기매 농가 줫습니다. 기래 그 사름덜 신세 엠매던지 많앳다구서 말할 수 잇습니다.

소: 음.

박: 기래구서르 따따:산 봄날이 떡 돌아오~이까데 그 하목 하느라구 깔 으 뻬에서 이래 싹 이래 무질 해 이래 세왓습지.

소: 음.

박: 기래 그 우즈벡분네덜이 저어네 이릏게 깔 이릏게 세운게 이게 옳 지 못하다구[ɣu]. 이거 뱀굴으 만든다구.

그 유르트 형식으로 그렇게 대충 의지할 곳을 만들어 어 소 먹이던 집에서는 안을 이렇게 대충 바람벽을 칠하고 그리고 땅에다 온돌까지 놓고. 그래 우리 부친은 안을 싹 바르고 온돌까지 놓으니까 동짓달에 아 춥지. 그리해 놓으니 아이가 있는 아낙네들이 글쎄 모두 우리 집에 싹 몰려든단 말입니다.

소: 아아.

박: 아이들, 아이들 얼어 죽을 형편이 돼…. 그래 우리네 어떨 적에는 구석에 앉아서 난 부엌보다 부엌 앞에 내 자리가 차려졌었습니다. 어디 누울 데 없어서. 그리고 어떤 분네들은 아기를 가마 위에다 시룻다리 놓고서 거기에다 아기를 다 눕혀서 그렇게 밤을 지냈습니다. 그래 그저 내가 앞서도 얘기를 했지만, 우리를 그저 죽으면 죽고 살면 살고 그저 그저 그렇게 그저 그저 내쳤습니다. 그런데 이 우즈베키스탄 민족들이 아주 유(柔)한 사람들입니다.

소: 음.

박: 그적에 칠십객이 지난 이런 분네들이 나귀를 타고 다니며, 이 시방 우즈베키스탄의 리뾰쉬카라는 빵 ***로 가잖습니까? 그 빵을 가루이기야 하지만, 가루야 좋은 가루 아니지요, 뭐. 그렇지마는 이렇게 크게 구워서 그 나귀를 타고 다니면서 대부분 아이들에게, 길가에 다니는 것이나 집을 찾아다니며 굶어 죽지 말라고 그 떡(＝빵)을, 빵을 다니며 나누어 줬습니다. 그래 그 사람들 신세가 말할 수 없이 많았다고 할 수 있습니다.

소: 음.

박: 그리고서 따뜻한 봄날이 떡 돌아오니까 그 화목(火木, ＝땔나무)을 하느라고 갈대를 베어서 이래 싹 이래 무지를 해서 이래 세웠지요.

소: 음.

박: 그래 그 우즈베키스탄 분네들이 당신들이 이렇게 갈대를 이렇게 세운 게 이게 옳지 않다고. 이러다간 뱀의 소굴을 만든다고.

소: 음.

박: 기래. 우리 게 무슨 소린가 햇더~이 야::~이! 여름날이 돌아오~이 그 깔단[kʼartʼan] 안으르 깔단[깔딴] 한나씩에다 뱀이 세네개씨[50] 스르르 슬릅구 빠져나오구. 기래구서르 우리 할머니 원도~에서 낙매르 해서 홀 낙매르 한게 일어 못서구서르 그야~ 눕운 데테 잇다 이주르 햇습지. 기래 할머니르 새집에 나가서 세사~아 바르게 하갯다구 우리 부치이 밤우 쉬지 않구서르 지부이래 껑지삑[51]이 해서 깔르 집우 저엇습짐.

박: 기래 그터르 끝내 나가지 못하구 우리 할머닌 상세낫습니다[52].

소: 음.

박: 기래 그터르 나갓는데, 아이! 여름에 따밑으르 물으 올라오메서리 거저 지바~이 거저 이렇게 물이 거저 즐벅하압짐.

박: 기래 거기다서리 깔으 통[53] 뻬에서 깔단[깔딴]으 이릏기 해서 거기다서리 놓구서르 그 위에서 자릴 대수 페구서 사람덜이 유햇습지. 기래 한주일씨 지나가무 그 깔이 썩으라구 붙어서.

소: 음.

박: 그 깔으 또 싹 걷어내앱지 머. 아이구::! 그 깔으 걷어내무 그 밑에 배앰이덜 어느세 들어와서 거저 뱀이 욱실욱실하단 말입굼. 그 밑에.

소: 아.

박: 기래구서르 먹는 물으 우물 이래 팟습지. 게 우물으 파안게 아이 지대 얕아노오이까데 거저 바가질르 엎데서 그 우물이 이래 이래 뜨구 햇습지.

박: 아츰에 그 물 물뜰라 나가게 담 그 우물 안으르두 뱀이 여라무씨 거저 우 욱실욱실 그 물뱀이[물뺌이] 어째 그릏게 많앳는지. 기래 더르느 그 뱀이르 걷어 걷어 내때리구 더르느 뱀이 물밑으르 들어감 그 붙들시[54] 잇습니까? 그래 뱀이가 같이 물으 그 한데 먹엇습니다 우리. 기래구서르 학질이 돌아서 햐아::! 기딱 기래 이래 떠 떠는 베~이.

소: 음.

박: 그래 우리 그게 무슨 소린가 했더니 아니! 여름날이 돌아오니 그 갈대 단 안으로 갈대 한 단씩에 뱀이 서너 마리씩 스르르 스르르 빠져나오고. 그러고서 우리 할머니 원동에서 넘어져서 훌쩍 넘어져서 일어서지 못하고 그냥 누운 데서 그처럼 있다가 이주를 했지요. 그래 할머니를 모시고 새 집으로 나가서 세상을 바라보게 하겠다고 우리 부친이 밤에 쉬지 않고서 지붕을 이렇게 껑지벽을 해서 갈대로 집을 지었지요, 뭐.

박: 그래 그 터(=새로 지은 집터)로 끝내 나가지 못하고 우리 할머니는 돌아가셨습니다.

소: 음.

박: 그래 그 터로 나갔는데, 아니! 여름에 땅 밑으로 물이 올라오면서 그저 지반이 그저 이렇게 물이 그저 질벅하지요.

박: 그래 거기다가 갈대를 모두 베어서 갈대 단을 이렇게 해서 거기다가 놓고서 그 위에 자리를 대충 펴고서 사람들이 유했지요. 그래 한 주일씩 지나가면 그 갈대가 썩느라고 붙어서.

소: 음.

박: 그 갈대를 또 싹 걷어내지요 뭐. 아이고! 그 갈대를 걷어 내면 그 밑에 뱀들이 어느새 들어와서 그저 뱀이 욱실욱실하단 말입니다. 그 밑에.

소: 아.

박: 그러고서 먹는 물을, 우물을 이렇게 팠지요 그래 우물을 판 게, 아니 지대가 얕다 보니까 그저 바가지로 엎드려서 그 우물을 이래 이래 뜨고 했지요

박: 아침에 그 물 물뜨러 나가게 되면 그 우물 안으로도 뱀이 여남은 마리씩 그저 욱실욱실 그 물뱀이 어찌 그렇게 많았는지. 그래 더러는 그 뱀을 걷어내서 걷어내서 내던지고 더러는 뱀이 물 밑으로 들어가면 그 붙들 수가 있습니까? 그래 뱀과 같이 물을 그 한데 먹었습니다, 우리. 그리고서 학질이 돌아서, 야아! 기가 막히고 그래 이렇게 떠 떠는 병.

소: 예: :.

박: 학질이 돌아서 상세난 분네덜두 많구 아이덜 다쑤루. 나두 학질으 멫축 해앳는지 걔두 어쩨 죽재앻구서리 걔두 그직[찍]엔 발쎄 이 으음 이 사덜[isadər] 돌아댕기메서리 긔직[찍]에 히닌(хинин, =키니네)이라구서르 샛하얀 그런 약으. 그 학질이 들지 말라구서르 그런 약으 돌아댕기메 농가주웁덤.55) 기래 이것: :저거 궁닐 하무. 기래구서르 젠자ᄋ이 시작되기[t'ögi]전에 **잔체르56) 무슨 이 뜨락또르(трактор)나 잇엇댓습두 그때. 쉐르 둥굴쉐르 너어씨 이릏기 메와서 웨가대기르57) 가주구서르 그 그 깔밭으 일궈서 기래 조선사람덜이 거긔다서리 베르 심머서 베 그뤃기 잘 데엣습니다.

박: 차차차차 그 깔밭으 싹 그렇게 소유르 하구서르 기래 따ᄋ이 온저이 데이까데 그담뻔에 정부에서 거기다서 목하르 시무라 붙엇습니다.

소: 음.

박: 기래 저어 시방 따시껜뜨 우리 살던 그 예질 치르치그(Чирчик), 쓰레드니 치르치그(Средний Чирчик), 웨르크니 치르치크, 뿌슈껜뜨, 씨르다리아(Сырдарья), 치나즈(Чиназ), 얀기욜(Янгиюль), 그짝 모태애느 전체르 그 깔밭으 우리 고롓사름덜 들어와서 싹 소율 하는 따입니다. 기애 지마 거기서 이날이때꺼지 그 목하 고등수확 걷어서 이 시방두 그, 그렇게 솜 소문이 난 곧, 곧입니다[고집니다].

소: 그러면 그렇게 우리가 우리 고려인들이 고롓사람들이 땅을 다 일궈 놓으면 깔밭 일궈논 땅은.

박: 예.

소: 고롓사람들이 마음대로 질수 있었어요?

박: 기래 그쩍에 조합이 조직이 뎃습지. 조합 시방 꼴호즈(колхоз) 꼴호즈(колхоз) 하쟴?58)

소: 예.

소: 예.

박: 학질이 돌아서 돌아가신 분네들도 많고 아이들도 대부분. 나도 학질을 몇 축을 앓았는지 그래도 어째 죽지 않고서 그래도 그적에는 벌써 이 음 의사들이 돌아다니면서 그적에 키니네라고 새하얀 그런 약을. 그 학질이 들지 마라고서 그런 약을 돌아다니며 나눠주더군요. 그래 이것저것 궁리를 하면. 그리고 전쟁이 시작되기 전에 모두 무슨 이 트랙터나 있었습니까, 그때? 소를 황소를 넷씩 이렇게 메워서 외가대기를 가지고서 그 그 갈대밭을 일궈서 그래 조선 사람들이 거기다가 벼를 심어서 벼가 그렇게 잘 되었습니다.

박: 차차차차 그 갈대밭을 싹 그렇게 소유를 하고서 그래 땅이 온전히 되니까 그다음 번에 정부에서 거기다가 목화를 심으라 (명령서가) 붙었습니다.

소: 음.

박: 그래 저 시방 타슈켄트 우리가 살던 그 예질 치르치크, 쓰레드니 치르치크, 웨르크니 치르치크, 푸슈켄트, 시르다리야, 치나즈, 얀기욜 그쪽 언저리는 모두, 그곳의 갈대밭을 우리 고려 사람들이 들어와서 싹 소유를 하는 땅입니다. 그러지만 거기서 이날 이때까지 그 목화는 높은 수확을 거두어서 이 시방도 그, 그렇게 소, 소문이 난 곳, 곳입니다.

소: 그러면 그렇게 우리가 우리 고려인들이 고려 사람들이 땅을 다 일궈 놓으면 일궈 놓은 땅은.

박: 예.

소: 고려 사람들이 마음대로 지을 수 있었어요?

박: 그래 그적에 조합이 조직이 됐지요. 조합(=집단농장)을 시방 꼴호스 꼴호스 하잖습니까?

소: 예.

박: 조합이 **도죽59)데구 기래구 숩호즈(COBX03)60) 또 그거느 에 조합마 줴꼼 따구서르 노동자들이 일합지.

소: 으음.

박: 농민덜 일하는 게 애니라 노동자덜이. 기래 거저 긔직[찍]에느 기게 우리 이 헌법에 기때애두 스딸린 헌법에 히비61) 자란거마이 노력하문 그 노력비르 따라서 채레진 법입지머.

소: 으음.

박: 개 놓오이 그거 노력비 많으무 이 가슬 그 결산에 가서 그 베에던지 무스 다른거 이래 많이[마이] *채 타 타오구. 기래구 힘이 약해서[약해서] 노력비 작은 집에서느 그와 같이 또 작게 타구. 기래 삼십구연도부터 그거 이 힌밥우 먹으메서리 일없게 보냇습니다.

소: 아아 그면 이년 고생하셨네.

박: 예. 기래다가서리 그다음번에 긔직[찍]에두 발써 고럿 우리 조선사름덜 소무이 낫습니다. 저사람덜 깔밭에다서르 *뜨 제에뿌린 사람덜이 따아 저렇게 일궈서 어전 부재 데나 다림없다구. 타국 사름덜은 우릴 발써 따게 예겟습니다. 저 사람덜이 노력이 들어가서 특별한 사람덜이라구. 기래다 그다음번에 그 조국젠재~이62) 낫습지 사십일년도에.

소: 예.

박: 와아! 기래놓오이 거저 그 전선으르 그 구인덜으 거 저기 *알 무스 거 잘 멕에야 젠장두 하압지. 기래놓오이 그 국가 매수르 한다 하메서리 그 그 조합 창고[창꼬]에서 거저 싹싹 쓸어서 국가서 싹 가져갓습니다. 기래놓오이 조합사람덜이 또 굶살으[굼사르]63) 하게 댓습굼[대쓰꿈].

소: 음.

박: 기때까레 한주야나 두주야르 굶는게 게 보통식이 뎃습니다.

박: 조합이 조직되고 그리고 숩호스(=국영농장) 또 그거는 에 집단농장과 조끔 다르고 노동자들이 일하지요.

소: 으음.

박: 농민들이 일하는 게 아니라 노동자들이. 그래 그저 그적에는 그게 우리 이 헌법에 그때에 스탈린 헌법에 시비(是非)가 모자람이 없이 넉넉할 만큼 노력하면 그 노력비에 따라서 몫이 분배되는 법이지요 뭐.

소: 으음.

박: 그래 놓으니 그거 노력비가 많으면 이렇게 이 가을의 그 결산에 가서 그 벼든지 무슨 다른 거 이렇게 많이 타 타오고 그리고 힘이 약해서 노력비가 적은 집에서는 그와 같이 또 적게 타고. 그래 1939년도부터 그거 이 흰밥을 먹으면서 괜찮게 보냈습니다.

소: 아아 그러면 2년 고생하셨네.

박: 예. 그러다가 그 다음 번에 그적에도 벌써 고려, 우리 조선 사람들이 소문이 났습니다. 저 사람들이, 갈대밭에다 내던진 사람들이 땅을 저렇게 일궈서 이제는 부자가 된 것이나 다름없다고. 타국 사람들은 우리를 벌써 다르게 여겼습니다. 저 사람들이 노력을 많이 한 특별한 사람들이라고. 그러다가 그 다음 번에 그 조국전쟁(=독소전쟁)이 났지요. 1941년도에.

소: 예.

박: 야아! 그래 놓으니 그저 그 전선으로 그 군인들이 거 저기 무엇을 잘 먹여야 전쟁도 하지요. 그래 놓으니 그 국가에서 매수를 한다 하면서 그 그 조합 창고에서 그저 싹싹 쓸어 국가에서 싹 가져갔습니다. 그래 놓으니 조합원이 또 굶는 생활을 하게 되었지요.

소: 음.

박: 그 무렵에 한 주야(晝夜)나 두 주야(晝夜)를 굶는 게 그게 보통이었습니다.

소: 아.

박: 나두 세주야꺼지 **굽어 *구 굶살이르 하이까데 무스 아무생각두 어, 없습니다. 거저 따에 거저 맥이64) 모자라 척 눕으이까데 거저 무슨 먹을 궁니두 없구. 기래 어떠기 데서 메~이 질자구 기랫는지 이날 이때꺼지 개두 죽재앓구서 살아낫스.

소: 그러면 그 전쟁때 전쟁 조국전쟁 때 우리 동포들도 군인으로 많이 갔어요? 군대 갔어요?

박: 우리 조선동포덜으 그 노시아 도시 근처에 사는 분네덜으느 으렐르 그 독일놈덜 그 도시르 차질하구 기래다나이 으렐르 군대모집에 들엇습지.

소: 음.

박: 많스꾸마. 거기 이 영우~이 덴 사람덜두[사람덜뚜] 잇구. 기래구 이 웨바~에[vebãe] 잇는 사람덜으느 군대르 아이 갓어. 우리르 예 저기 일본 일본과 한패라구서르.

소: 아아.

박: 기래 원도~에서 (기침) 이주르 해 들어온 그 근거느 물어보이까데 그 후루쇼프(Хрущёв)때.

소: 네.

박: 우리 저기 에 항 뽈리또젤(Политотдел)이란65) 그 그 조합에 이중 노력영우~이 황만곰이라구서르.

소: 음.

박: 저기 관리위원장질 햇습지. 게 그분네 후루쏘프(Хрущёв) 그 소문난 조합이라구 해서 거기르 볼라 왓습죄. 기래 볼라 와서 정슴 식, 식사르 하메서리 그 항만곰이 그분네 그 후루쏘프(Хрущёв)가 물어밧습지. 조선 사람우[조선싸람우] 어째서 무슨 젤르 그렇게 실어왔는가구. 기래이 기직에 베리아(Берия), 베리아(Берия) 미시라 햇는가 하이.

소: 아.

박: 나도 세 주야(晝夜)까지 굶어, 굶, 굶는 생활을 하니까 무슨 아무 생각도 어, 없습니다. 그저 땅에 그저 힘이 모자라 척 누으니까 그저 무슨 먹을 생각도 없고. 그래 어떻게 명(命)이 길려고 그랬는지 이 날 이 때까지 그래도 죽지 않고서 살아났습니다.

소: 그러면 그 전쟁 때에 전쟁 조국전쟁 때에 우리 동포들도 군인으로 많이 갔어요? 군대 갔어요?

박: 우리 조선 동포들은 그 러시아 도시 근처에 사는 분네들은 으레 그 독일 놈들이 그 도시를 차지하고 그러다 보니 으레 군대 모집할 때 들어갔지요.

소: 음.

박: 많습니다. 거기 이 영웅이 된 사람들도 있고. 그리고 이 외방(外方)에 있는 사람들은 군대를 안 갔어. 우리를 예 저기 일본 일본과 한패라고서.

소: 아아.

박: 그래 원동에서 (기침) 이주를 해서 들어온 그 근거는 물어보니까 그 흐루시초프 때.

소: 네.

박: 우리 저기 에 그때 폴리타젤이라는 그 그 조합에 이중(二重) 노력영웅이 황만금이라고서.

소: 음.

박: 저기 관리위원장을 했지요. 그래 그분네 흐루시초프가 그 소문난 조합이라고 해서 거기를 보러 왔지요. 그래 보러 와서 점심 식, 식사를 하면서 그 황만금이 그분네 그 흐루시초프에게 물어봤지요. 조선 사람을 어째서 무슨 죄로 그렇게 실어 왔는가 하고. 그러니 그적에 베리야, 베리야가 무엇이라 했는가 하니.

소: '비리야'가 뭐여요?

박: 베리야(Берия) 그직[찍]에 무슨일 했는가이 이게 고렷말르 하게 *
덤 이 시방 이 미리쯔(милиця)랑 다 차질 한[차지란] 분네꿈. 미니스뜨
르(министр) 우누뜨리니쩨(внутренних дел)오. 이 내간 그 구인델 싹
차질 한 분네. 그 분네 스딸린 기랫답데.66) 일본가 젠자하게데무 조선사
람가 일본사람우 어트기 가리갯는가구. 가릴 수 없다구.

소: 아. 아.

박: 기래 놓오~이 어트갯으무 좋갯는가구 기래이 그 어 베리야 미시라
구 햇던가하이 조선사람우 이 **중구아시아르 멀리쭉이 이주르 시기무
델게 아인가구. 기래서 우리르 실어왓다구서리 이런말으 듧구[들꾸]. 오부
솀(вообщем).

소: 음.

박: 기래 젠자~이 떡 시작데~이 우리네느 쬐끄매서 열서너다슷씨 먹은
아동덜입지.

소: 음.

박: 반날애 정습 전으 핵고에서 글 이르구, 정습 후에느 머 정습이나
잇슴두?67) 먹을게 없어놓이까 깍지르 메구서 나가 밭에68) 나가서 그런
베르 시물 따 깍지르 가주구서르 그것두 팠습니다. 숱한 학생 아덜 거저
요론 여라무살쯤 먹은 아덜으. 기래 젠장 시기에두 그렇게 힘들여 보냇지
만 젠자이 끝이[끄티]69) 나서 사십육년도에 기직[찍]에 어터게서 더 바뻬
보냇습니다.

소: 사십육년도에요?

박: 예. 사십오연도.

소: 전쟁 끝났죠?

박: 오월 오월 초아으렛날에 끝이 낫는데 사십육년도에 그 이듬해 더그
나 바뻬 보냇어.

소: '비리야'가 뭐에요?

박: 베리야가 그적에 무슨 일을 했는가 하니 이게 고려말로 하게 되면 이 시방 이 경찰을 다 차지를 한 분네입니다. 내무부장관이오. 이 내어간 (=징집한) 그 군인들을 싹 차지를 한 분네. 그 분네가 스탈린에게 그랬답니다. 일본과 전쟁하게 되면 조선 사람과 일본 사람을 어떻게 가리겠는가 하고. 가릴 수 없다고.

소: 아. 아.

박: 그래 놓으니 어떻게 했으면 좋겠는가 하고 그러니 그 어 그 어 베리야가 뭐라고 했는가 하니 조선 사람을 이 중앙아시아로 멀찍이 이주를 시키면 될 게 아닌가 하고 그래서 우리를 실어 왔다는 이런 말을 듣고. 대략.

소: 음.

박: 그래 전쟁이 떡 시작되니 우리네는 쪼끄마해서 열서너 다섯씩 먹은 아동들이지요.

소: 음.

박: 반나절을 점심 전을 학교에서 공부를 하고, 점심 후에는 뭐 점심이나 있습니까? 먹을 게 없어 놓으니까 괭이를 메고서 나가 밭에 나가서 그런 벼를 심을 땅을 괭이를 가지고서 그것도 팠습니다. 숱한 학생 아이들이 그저 요런 여남은 살쯤 먹은 아이들을. 그래 전쟁 시기에도 그렇게 힘들여 보냈지만 전쟁이 끝이 나서 1946년도에 그적에 어떻게 해서 더 바삐 보냈습니다.

소: 1946년도에요?

박: 예. 1945년도.

소: 전쟁 끝났죠?

박: 5월 5월 초아흐렛날에 끝이 났는데 1946년도에 그 이듬해 더구나 힘들게 보냈어.

소: 왜 그랬어요 그때는?

박: 마 어째 기랬는지 거저 통 파게데구 기래놓이 이 조합에서 무스거 식뇨나 조꼼 잇는거 싹 국가 매수한다메 국가다 싹 바첯습짐.

소: 아니 국가에서 가지가면 국가에서 뭘 뭘 뭘 주야 될 거 아니에요.

박: 아, 무스거 주갯습니까. 아 전 저기 그 아 구라파 *떠 노시아따이 절바이 아이 저기 저 독일놈덜이 싹 폭격하구 재무질70) 만들어 놓구 나갓는데 (기침).

소: 어::. 그리고 언제 언제부터 그러면 괜찮아졌어요? 언제부터 인자 생활이 쫌 좋아졌어요?

박: 예에. 기래 거저 사십 칠 칠년 거저 사십팔년 그때부턴 발써 쪼꼼 **일엇댓습니다(←일없엇댓습니다).

소: 그때부턴 인제 배 안 골팠어요?

박: 예?

소: 그때부터는 배 안 고팠어요?

박: 예. 그직[찍]엔 이제 일없엇댓습니다.

소: 아. 그러면 조선전쟁땐 어땠어요?

박: 조선전쟁때느 우리 거저 거저 기랫지. 야::! 무식한[musigan] 말르 제종자찌리 무슨 이 무시기 모자라서 싸움할까. 기래매 이짝두 역세두[뚜] 아이 두구 저짝 거저 앉아서 거 뻬리즈바릴(переживали-ㄹ) 햇습지. 거 속으 태윗습지. 어떡허다[어떠거다] 이릏게 뎃는가:.

소: 음. 그때는 이쪽에서 뭐 군인에 나가거나 그런 일은 없었어요?

박: (기침) 우리느 모르지마느 에 무슨 말이 그 조선전쟁 끝이[끄티] 나서 무슨 말이 잇엇는가이 이 노시아에서 긔직[찍]에 북조선에느 비행기란 게 없재앳습니까?

소: 예.

소: 왜 그랬어요 그때는?

박: 막 어째 그랬는지 그저 온통 파괴되고 그래 놓으니 이 조합에서 뭐 식료나 조끔 있는 거 싹 국가가 매수한다며 국가에다 싹 바쳤지요, 뭐.

소: 아니 국가에서 가져가면 국가에서 뭘 뭘 뭘 줘야 될 거 아니에요.

박: 아, 무엇을 주겠습니까. 아 전쟁 저기 그 아 유럽 러시아 땅의 절반이 아니 저기 저 독일 놈들이 싹 폭격하고 잿더미를 만들어 놓고 나갔는데 (기침).

소: 어. 그리고 언제 언제부터 그러면 괜찮아졌어요? 언제부터 인제 생활이 좀 좋아졌어요?

박: 예. 그래 그저 1947년 그저 1948년 그때부터는 벌써 쪼끔 괜찮았습니다.

소: 그때부터 인제 배 안 고팠어요?

박: 예?

소: 그때부터는 배 안 고팠어요?

박: 예. 그적에는 이제 괜찮았습니다.

소: 아. 그러면 한국전쟁 때는 어땠어요?

박: 한국전쟁 때는 우리 그저 그저 그랬지. 야! 무식한 말로 자기 종자(種子)끼리 무슨 이 무엇이 모자라서 싸움할까. 그러며 이쪽도 역성을 안 들고 저쪽도 그저 그렇게, 앉아서 그 세월을 보냈지요. 그 속을 태웠지요. 어떡하다 이렇게 됐는가.

소: 음. 그때는 이쪽에서 뭐 군대에 나가거나 그런 일은 없었어요?

박: (기침) 우리는 모르지마는 에 무슨 말이 그 한국전쟁 끝이 나서 무슨 말이 있었는가 하니 이 러시아에서 그적에 북한에는 비행기라는 게 없지 않았습니까?

소: 예.

박: 기래 노시아에서 에 이 비행사덜이 비행기르 타구 가서 조꼼 도배르71) 해줫단 이런 말두 잇구. 무슨 보지 못하다이. 그 시방 와서 그런 얘애기 잇습니다.

소: 음. 로시아에서 군인이 많이 갔지요.

박: 예?

소: 로시아에서 군인이 많이 왔다고.

박: 저기 중국에서.

소: 중국에서도 오고.

박: 조선으르, 예. 중국에서 많이[마이] 왔습니다.

소: 중국에서는 우리 동포들이 많이 왔고.

박: 예::. 기래 그 어느 핸가 그 김대주~이 대통려~이 펭야~아 **방문해쓰게(←방문을 직에) 그 선언 쓴거 읽어보구서르 우리 조선문제느 나라에 주인 제 조선사람찌리 해결해야 덴다는 그거 이르구서르72) 내 하니르73) 춤추대서두 내 일어나 손높에 춤췻습니다. 야아! 이게 오라재애 해바~이 데갯다구서.

박: 기랜게 어트기데 또 이날이때꺼지 이릏기 부산:하게[부사:나게] 덴지.

소: 해방이 될라면 쫌 조선이 쫌 더 잘살아야 될 거에요.

박: 예.

소: 에 좀 생활이 높 좋아져야지 서로가 잋게 통일이 쉽지.

박: 야: 이 북조선에느 우리 거저 이 신문에 난거 읽어보구 아압지. 어저는 몇번채 가물이 들어 그래 물이 져 그래 기래구서르 줴꼼한 나라 무슨 제 조선사람찌리 남조선으 무섭아 그랫는지 구이느 왜 그렇게 많이[마이] 쥐구 잇단 말이. 북조선서. 한 밀리온(миллион) 이새라 햇습니다. 한 밀리온(миллион) 이새.

소: 에.

박: 그래 러시아에서 에 이 비행사들이 비행기를 타고 가서 조끔 도와 줬다는 이런 말도 있고. 뭐 보지 못하다 보니. 그 시방 와서 그런 얘기가 있습니다.

소: 음. 러시아에서 군인이 많이 갔지요.

박: 예?

소: 러시아에서 군인이 많이 왔다고.

박: 저기 중국에서.

소: 중국에서도 오고.

박: 조선으로, 예. 중국에서 많이 왔습니다.

소: 중국에서는 우리 동포들이 많이 왔고.

박: 예. 그래 그 어느 해인가 그 김대중 대통령이 평양을 방문했을 적에 그 선언 쓴 거 읽어 보고서 우리 조선 문제는 나라의 주인인 자기 조선 사람끼리 해결해야 된다는 그거 읽고서 내 한평생 춤추지 않았어도 내가 일어나 손 높여 춤췄습니다. 야아! 이게 오래지 않아 해방이(=통일이) 되겠다고서.

박: 그런 게 어떻게 되어 또 이날 이때까지 이렇게 부산하게 됐는지.

소: 해방이 되려면 좀 조선이 좀 더 잘살아야 될 거에요.

박: 예.

소: 에 좀 생활이 좋아져야지 서로가 이렇게 통일이 쉽지.

박: 응. 이 북조선에는 우리 그저 이 신문에 난 거 읽어 보고 알지요. 이제는 몇 번째 가뭄이 들어 그러고 물이 넘쳐서 그러고 그리고서 조끄마한 나라(에서) 무슨 제 조선 사람끼리, 남조선을 무서워하여 그랬는지 군인은 왜 그렇게 많이 쥐고 있단 말이오. 북조선에서. 1백만 이상(以上)이라 했습니다. 1만백 이상.

소: 에.

박: 일본같은 나라느 아이 전체르 일백쉰다슷천[일빽쉰다스천]인데 구~이. 아이 조선에 글쎄 스물셋 밀리오~(миллион)이 데나마나한 북조선에 한 밀리온(миллион) 이새~이 군대라이 그 군대르 멕이자무 그 *헗스 허허 헗갯습니까?74)

소: 그러니까 바쁘죠.

박: 바쁘재앦구 그래. 기래 거저 난 이래 늡어서 자꾸 앓으멘서리 무슨 네일75) 죽갯는지 모레 죽갯는지.

소: (웃음).

박: 야아! 저 조서이 통일 덴단 소리나 듣구 죽엇으무:: 거저 이 궁니 많앳습지. 우리 친척덜이 웨갈르 펭야~에 게세서 그거 조선전쟁 나기 전에느 펜지이 거래(去來) 서르 잇엇습니다. 난 긔직[쩍]에 무스 거기 대해서 주력 아이하구 기래다나 우리 형님이 이 조선글으 십년제르 필햇습니다.

소: 음::.

박: 기래 이 저기 한문두 쉐꼼 베우구.76)

소: 음. 음.

박: 기래 어떠게 줄으 나서 **펜짓걸이 서르 잇엇습니다.

소: 예.

박: 기래다서리 조선전쟁 훌 끝이[끄티]나서 종무소식입지. 기래 그런 우리 형님 기래 아무래 조선젠자~에 폭격에 다해서 무스 모도 상세난 모얘:라구 기래 거저 그담번에 서르 펜짓글이 없는게 무스 그 후손덜이 시방 잇는지 없는지 알수 없습니다.

소: 원래 고향은 어디에요?

박: 우리 빠빠(папа) 그랩덤마. 조선 부령 산해메이란 데르.

소: 부령.

박: 예, 부령.

박: 일본 같은 나라는 아니! 모두 155,000인데, 군(軍)이. 아니! 조선에 글쎄 (인구가) 2,300만이 되나마나한 북조선에 100만 이상이 군대라니 그 군대를 먹이자면 그게 쉽(습니까), 쉬 쉬 쉽겠습니까?

소: 그러니까 힘들죠.

박: 힘들지 않고 그래. 그래 그저 난 이래 누워서 자꾸 앓으면서 무슨 내일 죽겠는지 모레 죽겠는지.

소: (웃음).

박: 야아! 저 조선이 통일 된다는 소리나 듣고 죽었으면 그저 이 생각이 많았지요. 우리 친척들이 외가 쪽으로 평양에 계셔서 그 한국전쟁이 나기 전에는 편지 거래(去來)가 서로 있었습니다. 난 그적에 무슨 거기에 대해서 주력 안 하고 그러다 보니 우리 형님이 이 조선 글을 (가르치는 학교의) 10학년을 필했습니다.

소: 음.

박: 그래 이 저기 한문도 조끔 배우고.

소: 음. 음.

박: 그래 어떻게 줄을 놔서 편지글이 서로 있었습니다.

소: 예.

박: 그러다가 한국전쟁이 끝나서 종무소식(終無消息)이지요. 그래 그런 우리 형님 그래 아마도 한국전쟁 때에 폭격에 당해서 뭐 모두 죽은 모양이라고. 그래 그저 그 다음번에 서로 편지글이 없는 게 뭐 그 후손들이 시방 있는지 없는지 알 수 없습니다.

소: 원래 고향은 어디에요?

박: 우리 아버지 그러더군요. 조선 부령(富寧郡) 삼해면(三海面)이란 데를.

소: 부령.

박: 예, 부령.

소: 네.

박: 예.

소: 그러면 부령에서 원동으로는 그 빠빠(папа) 몇살때 넘어가셨대요?

박: 그건 내 알수 없습니다.

소: 음.

박: 그 기직[찍]에 어 시방 이래 책에두 나구. 저기 그 일본압박으 너무 겐디기 **바꾸구 그 생활헹페이 너무 가난하이까데 그 두만가 건네서 노시 노시아 따으르 들어온 분네딜 많습지. 그때까레 저 우리 부친두.

소: 음.

박: 말씩 들어왔습니다.

소: 음. 그면은 모친은요, 모친도 그 막 그 함경도 분이고요?

박: 우리 모친 고향은 내 알수 없습니다.

소: 으음. 그러면은 그 어머니 아버지는 여기서 몇살때 돌아가셨어요?

박: 우리 아버지느 오십삼년도에 한갑 세구 그 이듬해,

소: 으음.

박: 상세나구. 어머니느 칠십팔년도에 **야은아웁세만에[야은아웁쎄마네].

소: 아.

박: 예 거저 몇달으 더: 게시무 구십세 대앳갯습니다. 기랜데 우리 어시 게77) 대해서 우리 마마(мама)게 딸이 사헹제구 아들이 삼헹제엡지. 기래 그때까레 둘째딸이 어터게 *뎁 불언간 베~이 들어서 홀 상세나구 기래구 서리 여슷이 다아 죽재앻구 잇어서 그 어시게 대구 우리 빠빠(папа) 돌아 간 후에 저 어머니게 대애서 우리 데게 ***위촐하구 잘모셋습니다.

소: 으음.

박: 기래 늘쌍 거저 우리 마마(мама) 말씀하는거느 느으 애비느 이 쩰 리비조르(телевизор) 어떤것두 모르구.

소: 으흠.

소: 네.

박: 예.

소: 그러면 부령에서 원동으로는 그 아버지 몇 살 때 넘어가셨대요?

박: 그건 내가 알 수 없습니다.

소: 음.

박: 그 그적에 어 시방 이래 책에도 나고. 저기 그 일본 압박을 너무 견디기 힘들고 그 생활 형편이 너무 가난하니까 그 두만강을 건너서 러시, 러시아 땅으로 들어온 분네들 많지요. 그때 무렵에 저 우리 부친도.

소: 음.

박: 말인 즉 들어왔습니다.

소: 음. 그러면은 모친은요, 모친도 그 막 그 함경도 분이고요?

박: 우리 모친 고향은 내 알 수 없습니다.

소: 으음. 그러면 그 어머니 아버지는 여기서 몇 살 때 돌아가셨어요?

박: 우리 아버지는 1953년도에 환갑 쇠고 그 이듬해,

소: 으음.

박: 돌아가시고. 어머니는 1978년도에 여든아홉 살 만에.

소: 아.

박: 예 그저 몇 달을 더 계시면 구십 세 되었겠습니다. 그런데 우리 부모에 대해서 우리 어머니에게 딸이 4형제고 아들이 3형제이지요. 그래 그때까지 둘째 딸이 어떻게 돼 불현듯 병이 들어서 홀쩍 죽고 그리고서 여섯이 다 죽지 않고 있어서 그 부모에게 대해서, 우리 아버지 돌아간 후에 저 어머니에게 대해서 우리 되게 **하고 잘 모셨습니다.

소: 으음.

박: 그래 늘 그저 우리 어머니 말씀하는 거는 너희 아비는 이 텔레비전이 어떤 것인지도 모르고.

소: 으흠.

박: 기래다 상세낫는데 난 오래살길래서 이릏긴 낙으 본다구서르. 기래 야든아옵에 벨르[78] 무스 이래 숨이차서 늘쌍 기랫습니다. 기래던겐데 불 불언간(不言間)에 거저 벨르 해롭시댆구서르[79] 세사아 떠낫습니다.

소: 으음. 그러면 그 아바이[80] 그 형제분들은 지금 다 어디 사세요?

박: 우리 음 아바이 삼헹제랍덤.

소: 예.

박: 갠데 에 맏헤~에느 조선따에서 아매 원도 원도~에서 포시질하다가 서리[81] 일본 후우재[82]덜께 초에 맞아서 상세낫다구서리 기랩덤.

소: 으음.

박: 기래구서르 우리 빠빠(папа) 삼헹제서 에엔[83] *점 막뒤입지.

소: 으음.

박: 기래 두번째 헤~이느 멀재앻게서르 마감에 그 내 베질으 삼년도안 의[삼년또아느] 해얫다:: 할 적에.

소: 예.

박: 그 맏아바이네 게신 우리 그 백부께서느 그 촌에서 하 한동네서 살 앗댓습니다.

소: 아아.

박: 기래다서리 우리 맏아바이느 으음 어느해애 우리 빠빠(папа) 상세 나서 한 오연 드 더 게셋습니다. 기래다서리 그분네두 자손덜이 무던해서 펜아이 잇다서르 상세낫습니다.

소: 그 아바이 형제분들은? 짐 저 어르신 형제분들은 지금 어디 사세요? 형제가 형제가 삼.

박: 예에. 저기 우리 사춘네.

소: 에.

박: 사춘네.

소: 아니 친형제 친형제.

박: 그러다 돌아가셨는데 난 오래 살아서 이렇게 낙을 본다고서. 그래 여든아홉에 별나게 뭐 이래 숨이 차서 늘 그랬습니다. 그랬는데 갑, 갑자기 그저 별로 편찮으시지도 않고서 세상을 떠났습니다.

소: 으음. 그러면 그 아버지 그 형제분들은 지금 다 어디 사세요?

박: 우리 음 아버지 삼형제라 하더군요.

소: 예.

박: 그런데 에 맏형은 조선 땅에서, 아마 원동 원동에서 포수(砲手) 일을 하다가 일본 강도들에게 총에 맞아서 돌아가셨다고 그러더군요.

소: 으음.

박: 그리고서 우리 아버지 삼 형제에서 맨 막둥이지요.

소: 으음.

박: 그래 둘째 형은 멀지 않게 마지막에 그 내 벼농사를 삼년 동안을 했다 할 적에.

소: 예.

박: 그 큰아버지네 계신 우리 그 백부께서는 그 촌에서 하 한 동네에서 살았었습니다.

소: 아아.

박: 그러다가 우리 큰아버지는 음 어느 해에 우리 아버지가 돌아가신 후 한 5년 더 계셨습니다. 그러다가 그 분도 자손들이 무던해서 편안히 있다가 돌아가셨습니다.

소: 그 아버지 형제분들은? 지금 저 어르신 형제분들은 지금 어디 사세요? 형제가 형제가 삼(형제).

박: 예. 저기 우리 사촌들.

소: 에.

박: 사촌들.

소: 아니 친형제 친형제.

박: 삼, 그거 시방 우리 백부 자소이 삼헹제 **댑습니다. 기랜게 어전 다 돌아가서 없습니다.

소: 백부님 말고.

박: 에.

소: 어르신 형제 형제가 혹 어르신 형제.

박: 삼헹젠게 다 어전 돌아가구 없습니다.

소: 음.

박: 없슴.

소: 아버지 형제 말고.

박: 예, 예.

소: 예.

박: 그 자손덜이 말햇구마.

소: 예.

박: 싹 어전 돌아가시구 없습니다.

소: 그문 빠빠 밑으로는 몇명이에요 자식 자식이.

박: 그 두부이 잇, 삼헹제던게 두부이 들어왓습짐. 한분 그 그릏기.

소: 그 어 지금 현재 형님 게세요 안 게세요?

박: 낻?

소: 예.

박: 헝님이 저기 **지방84) 사진두 잇습니다. 그러께 야든한나에 세사~아 바렛습니다.

소: 그러면은 그 위에 형님이고 여기에 있는 그 쩌쪽에 일흔여덟살 먹은 그분이 누님이세요?

박: 예, 예, 예.

소: 그럼.

박: 예.

박: 셋, 그거 시방 우리 백부 자손이 삼형제 됩니다. 그런데 이제는 다 돌아가셔서 없습니다.

소: 백부님 말고.

박: 에.

소: 어르신 형제 형제가 혹 어르신 형제.

박: 삼형제인데 다 이제는 돌아가시고 없습니다.

소: 음.

박: 없습니다.

소: 아버지 형제 말고.

박: 예, 예.

소: 예.

박: 그 자손들을 말했습니다.

소: 예.

박: 싹 이제는 돌아가시고 없습니다.

소: 그러면 아버지 밑으로는 몇 명이에요 자식 자식이.

박: 그 두 분이 있, 3형제이던 게 두 분이 들어왔지요, 뭐. 한 분 그 그렇게.

소: 그 어 지금 현재 형님 계세요 안 계세요?

박: 나?

소: 예.

박: 형님이 저기 시방 사진도 있습니다. 지지난 해 여든하나에 세상을 버렸습니다.

소: 그러면은 그 위에 형님이고 여기에 있는 저쪽에 일흔여덟 살 먹은 그 분이 누님이세요?

박: 예, 예, 예.

소: 그럼.

박: 예.

소: 다 여기 사세요? 혀 형제간이?

박: 저 절먹동새애느 전 우즈베키스탄에.

소: 절먹동생이?

박: 예, 예. 절먹동새애.

소: 그면은 아들이 멧이고 멧이여? 아들 넷, 딸넷, 아들셋.

박: 아 아들이 너어에 딸이 서.

소: 딸.

박: 저 **앝 딸, 딸이 너어에 아들이 서이.

소: 서이. 아들 너어.

박: 예. 예.

소: 그면은 딸 넷은 넷중에서 지금.

박: 두분네 돌아가시구 두분네 여기 계십니다.

소: 다 손 위에에요 밑에에요?

박: 에 여긴 여기 계십니다 게.

소: 아니! 나이가, 나이가 어 어르신 위, 보다 위에 누나에요 동생이에요?

박: 누나느:: 어 정말 ***가압시장세라구서 말이 잇재앤슴둥?

소: 예. 예.

박: 내마 어.

소: 두살 위.

박: 두살 이새구.[85]

소: 야.

박: 기래구 그 내 절먹느비느 이 삼십이연새~이까데 내마 네살이 지하
오.

소: 네살 지하고.

박: 예. 예.

소: 그먼 남자 형제는 없어요?

소: 다 여기 사세요? 혀 형제간이?

박: 저 막냇동생은 저 우즈베키스탄에.

소: 막냇동생이?

박: 예, 예. 막냇동생.

소: 그러면 아들이 몇이고 몇이야? 아들 넷, 딸 넷, 아들 셋.

박: 아 아들이 넷에 딸이 셋.

소: 딸.

박: 저 딸, 딸이 넷에 아들이 셋.

소: (딸이) 셋. 아들이 넷.

박: 예. 예.

소: 그러면은 딸 넷은 넷 중에서 지금.

박: 두 분네 돌아가시고 두 분네가 여기 계십니다.

소: 다 손위에요, 밑이에요?

박: 예 여기 여기 계십니다, 게.

소: 아니! 나이가 나이가 어 어르신 위, 위의 누나에요 동생이에요?

박: 누나는 어 정말 ***'가압시장세'라고 그런 말이 있잖습니까?

소: 예. 예.

박: 내보다 어.

소: 두 살 위.

박: 두 살 손위이고.

소: 예.

박: 그리고 그 내 막냇누이는 이 33년생이니까 나보다 네 살이 손아래
이오.

소: 네 살 손아래이고.

박: 예. 예.

소: 그러면 남자 형제는 없어요?

박: 남자 형제 글쎄 음 맏형님으느 세사~아 떠나구.

소: 떠났고.

박: 동새애 정말 우즈벡스딴에 잇는게 삼십오연새~이까데 음 예순아옵이. 금 금년에.

소: 거기가 거기가 절먹동생이야?

박: 예.

소: 어. 그면은 거기는 우즈베키스탄에 잘살아요?

박: 시방 헹페이 어디메 벨르 잘사는 데 없습니다. 거저 자본국가 떡데다나이까데 좀 자손덜이 약빠른 그 그런 가문에서느 잘보내구. 좀 약빠르지 못하구 …. 사램이두 한가지[항까지] 아이재입니까?

소: 예.

박: 거저 자손덜은 다 같아두 약빠른사람덜으느 세간**배채르 그렇기 잘해서 부잴르 산 분네덜이 여기두 많습니다 이 끼르기즈두.

소: 음.

박: 기래 좀 재배들이르86) 잘하지 못한 분네덜으느 거저 우리처리 이렇기 살구. 기래 시방 앞서두 조꼼 말이 잇엇지만 저 우리 큰아 자아 세간**배채르 그렇기 잘햇슴.87) 재배들이르 그릏기 잘하구. 자아 재비르 총리88) 시기에 이 료꼬이마시나(легковоймашина)르 세개 세개르 **쥐구[꾸] 잇엇습니다. 기래구 집우 재빌르 세칸들이 집우 수리르 해서 사구. 앞우루 딸이 출가르 가무 주갯다구서르 두칸들이 집우 싸서 싹 거저 쩰리비조르(телевизор) 무시기구 싹 거또븨(готовы) 싸, 싸놓고. 기래구서르 또 한칸들이르 또 또 싸낫습니다. 기래 기래지. 아버지 돈으 해서 미실 하갯는가구 무스거 싸나야 덴다구.

박: 기래 싹 재배들이 해놓구서르 그담 재비르 숨이 가던….

소: 옛날에 팔칸집 지면:.

박: 남자 형제 글쎄 음 맏형님은 세상을 떠나고.

소: 떠났고.

박: 동생이 정말 우즈베키스탄에 있는 게 1935년생이니까 음 예순아홉. 금 금년에.

소: 거기가 거기가 막냇동생이야?

박: 예.

소: 어. 그러면은 거기는 우즈베키스탄에서 잘살아요?

박: 시방 형편이 어디 특별히 잘사는 데 없습니다. 그저 자본주의 국가가 떡 되니까 좀 자손들이 약빠른 그 그런 가문에서는 잘 보내고. 좀 약빠르지 못하고 (하면 못 살고) …. 사람도 한가지가 아니지 않습니까?

소: 예.

박: 그저 자손들은 다 같아도 약빠른 사람들은 세간 배치를 그렇게 잘해서 부자로 사는 분들이 여기도 많습니다. 이 키르기스스탄에도.

소: 음.

박: 그래 좀 미리 마련하여 갖추어 들이는 일을 잘하지 못 한 분네들은 그저 우리처럼 이렇게 살고. 그래 시방 앞서도 조끔 말이 있었지만 저 우리 큰아이 저 아이 세간살이를 그렇게 잘했습니다. 미리 마련하여 갖추어 들이는 일을 그렇게 잘하오. 저 아이 자기가 사장일 때 이 승용차를 세 대, 세 대를 가지고 있었습니다. 그리고 집을 자기가 세 칸들이 집을 수리를 해서 사고. 앞으로 딸이 출가하면 주겠다고 두 칸들이 집을 사서 싹 그저 텔레비전이고 뭐고 싹 준비를 (해서) 사, 사 놓고. 그리고서 또 한 칸들이를 또 또 사 놓았습니다. 그래 그러지. 아버지! 돈을 벌어서 무엇을 하겠는가 하고. 무엇을 사 놔야 된다고.

박: 그래 싹 미리 마련하여 갖추어 들이는 일을 해 놓고서 그다음 제 스스로 숨이 끊어지더구먼.

소: 옛날에 8칸 집을 지으면.

박: 예.

소: 팔칸집을 지면 이렇게 이 이 벽에다가 벽 위에다가 뭐 뭐 세간같은거
넣어놓은 이런 이런 방을 만들지 않았어요? 벽에다가 문을 문을 내가지고 뭐
넣고 하는 그런 창고 만들지 **않안 않았었는가요?

박: 기억으 못하갯습니다.

소: 예.

박: 기래구서르 내 *앨 아이때 원도~서 그 생각이 나는 거느 우리 할아
버지 돌아가시이까데, 어째 긔직[찍]에느 이 미신으 대게 믿으메서리 우
리 할아버지네, 헝, **헝겁으(←헝겊) 싸드래두 고 쪼백으 오레서 이 구석
에다서리 그거 걸어놓구 걸어놓구.

소: 음.

박: 사적에다서리 기래 우리 세상모를 직에 저게 미시게 긔게 귀신 뚜
깨라구서르[t'ʉk'ɛ] 다치지 말라구 기랩지.89)

소: 어어.

박: 귀신 뚜깨라구서리.

소: 귀신 뚜깨라고요?

박: 예예. 그 그렇기.

소: 오: :.

박: 기래 그다음번에 우리 할아버지 상세나이까데 우리 빠빠(папа) 귀
신은 무슨 세사~에 없는 귀시이 잇갯는가! 그거 싹 꺼내서 (웃음) 싹 어디
개다서리 (웃음) 뿌려데데.

소: (웃음) 혹시: : 이렇게 옛날에 방에다가 방에다가 불을 담아놓고. 방에
여기다 불 담아서 방에다가 놓구요.

박: 예 그.

소: 있었던거.

박: 예 저기.

박: 예.

소: 8칸 집을 지으면 이렇게 이 이 벽에다가 벽 위에다가 뭐 뭐 세간 같은 거 넣어 놓은 이런 이런 방을 만들지 않았어요? 벽에다가 문을 문을 내 가지고 뭐 넣고 하는 그런 창고를 만들지 않았, 않았었는가요?

박: 기억을 못 하겠습니다.

소: 예.

박: 그리고서 내 아, 아이 때 원동에서 그 생각이 나는 것은 우리 할아버지 돌아가시니까, 어째 그적에는 이 미신을 되게 믿으면서 우리 할아버지네, 천, 천을 사더라도 고 조각을 오려서 이 구석에다가 그거 걸어 놓고 걸어 놓고.

소: 음.

박: 사방에다가 그래 우리 세상 모를 적에 저게 무슨 그게 귀신 뚜껑이라고서 건드리지 말라고 그러지요.

소: 어어.

박: 귀신 뚜껑이라고서.

소: 귀신 뚜껑이라고요?

박: 예, 예. 그 그렇게.

소: 오.

박: 그래 그 다음 번에 우리 할아버지가 돌아가시니까 우리 아버지가 귀신은 무슨 세상에 없는 귀신이 있겠는가! 그거 싹 꺼내서 (웃음) 싹 어디 가져다가 (웃음) 내던져.

소: (웃음) 혹시 이렇게 옛날에 방에다가 방에다가 불을 담아 놓고. 방에 여기다 불 담아서 방에다가 놓고요.

박: 예 그.

소: 있었던 거.

박: 예 저기.

소: 뭐라고 그랬어요?

박: 이 이 이거처리 이룽기사 곱게 아이하구서르.

소: 예에.

박: 거저 보통해에서 그 가저~에서 그거 어데 하룻도이[하르또이]90) 하룻도이 할또 하릿도이라구서 기랩드. 거기다서르 숟우 **붙는거 **닮아서 기랜 게울이무 이래 거기서 불우 쬐웁덤.

소: 그렇지요?

박: 예.

소: 예.

박: 게 우리 할아버지 때애라 기랫습니다.

소: 그럴때 그 불으 담아놨을때요. 하릿동에에.

박: 예.

소: 이렇게 무슨 그 수저같은걸로 이렇게 불을 눌루고.

박: 예, 예.

소: 젓가락 같은 걸로 이렇게.

박: 예, 예, 예.

소: 불을 눌루고 그랬죠?

박: 예, 예.

소: 그거 따로 이름 이름 기억하세요?

박: 이름 기억할수 없습니다. (웃음).

소: 그래요? 음. 이런거 이런거 혹시 이런거 보셨어요? 삐뚜룸헌거?

박: 바아두 그게 글씨 무시라구 이 이름 뭐 말할수 없습니다.

소: 이것은요?

박: 에따(это).

소: 원동에가 잃게 들이 뜰이91) 널: 넓:지 않았어요?

박: 아이, 아이 넙엇습니다. 거저 산골짝에 조꼼 펭드~이92) 잇으 잇는데

소: 뭐라고 그랬어요?

박: 이 이 이거처럼 이렇게야 곱게 안 하고서.

소: 예.

박: 그저 보통 말해서, 그 가정에서 그거 어디 화로를 '하룻도이', '할또이', '하릿도이'라고 그러더군요. 거기다가 숯을, (불이) 붙은 거 담아서 그래 겨울이면 이래 거기서 불을 쬐더군요.

소: 그렇지요?

박: 예.

소: 예.

박: 그게 우리 할아버지 때에 그랬습니다.

소: 그럴 때 그 불을 담아 놨을 때요. 화로에.

박: 예.

소: 이렇게 무슨 그 숟가락 같은 걸로 이렇게 불을 누르고.

박: 예, 예.

소: 젓가락 같은 걸로 이렇게.

박: 예, 예, 예.

소: 불을 누르고 그랬지요?

박: 예, 예.

소: 그거 따로 이름 이름 기억하세요?

박: 이름 기억할 수 없습니다. (웃음).

소: 그래요? 음. 이런 거 이런 거 혹시 이런 거 보셨어요? 비슷한 거?

박: 봐도 그게 글쎄 무엇이라고 이 이름이 뭐(라고) 말할 수 없습니다.

소: 이것은요?

박: 음.

소: 원동이 이렇게 들이, 들이 넓, 넓지 않았어요?

박: 아니, 안 넓었습니다. 그저 산골짝에 조끔 평평히 있, 있는 데

그 그런 데 거기느 이 곡식으 수무자아두 벤죽땅 밭에다서리 그런 데다 수뭅덤.

소: 으음.

박: 긔래 내 아때 큰 소낙비랑 자주루 오구 그램 또 기게 곡식 수문 따이 싹 밀게선 네려오메서르 그렇기 페~야데구 마압덤.

소: 으음.

소: 그 쳇집은 글면은 그때 당시에 그 그걸 엘수있는 사람들이 있었어요?

박: 저기 노시앗분네덜이 와서. 그 재르 예엣습니다.

소: 어.

박: 우리 조선사람덜으느 거기 들어가서 그 아는 사람덜 없었던 모야~입니다. 기래길래 타국민족덜이 와서 그 핵교르 짛는것두 이 핏자~을르 [피짜~을르] 이래 짛는데 타국민족덜이 싹 와 져엇습니다.

소: 으음. 그러면 그때에 그때 거기 가서 구경하신 거에요 그러면? 귀경가서?

박: 우리 다 아이덜 거저 발으 뺏구 달아댕기메 그 일하는게랑 이래 보지 무스. 그저 기거하메.

소: 으음. 으음. 그럼 그때도 조합이 조합이 잘됐었나보네요이~.

박: 기직[찍]에 조합이 한창 첫을93) 땝니다.

소: 어.

박: 한창 시반.

소: 세울때.

박: 예. 기래 조합이 처져서 무사히 살만하이 조국전재~이 낫습지.

소: 으음. 오 그걸 그러니까 여기 저 우즈벡스탄에서 그 학 학 핵교를 질때 그때 쳇집을 졌다는 거에요?

박: 예 예.

그 그런 데 거기는 이 곡식을 심자고 해도 산 가장자리 땅 밭에다가 그런 데다 심더군요.

소: 으음.

박: 그래 내 아이 때 큰 소낙비랑 자주 오고 그러면 또 그게 곡식 심은 땅이 싹 밀려선 내려오면서 그렇게 평야(平野)가 되고 말더군요.

소: 으음.

소: 그 기와집은 그러면은 그때 당시에 그 그것을 일 수 있는 사람들이 있었어요?

박: 저기 러시아 분네들이 와서 그 기와를 이었습니다.

소: 어.

박: 우리 조선 사람들은 거기 들어가서 그 아는 사람들 없었던 모양입니다. 그러기에 타국 민족들이 와서 그 학교를 짓는 것도 이 벽돌로 이래 짓는데 타국 민족들이 싹 와 지었습니다.

소: 으음. 그러면 그때에 그때 거기 가서 구경하신 거에요 그러면? 구경가서?

박: 우리 다 아이들 그저 발을 벗고 뛰어다니며 그 일하는 거랑 이래 보지 뭐. 그저 기거(起居)하며.

소: 으음. 으음. 그럼 그때도 조합이 조합이 잘됐었나 보네요.

박: 그적에 조합이 한창 추었을(위로 올라섰을) 때입니다.

소: 어.

박: 한창 시방.

소: 세울 때.

박: 예. 그래 조합이 추어져서 무사히 살 만하니 조국전쟁(=독소전쟁)이 났지요.

소: 으음. 오 그걸 그러니까 여기 저 우즈베키스탄에서 그 학 학 학교를 지을 때 그때 기와집을 지었다는 거예요?

박: 예 예.

소: 원동에서가 아니고?

박: 원동 아이구! 원 원동서 내 기래재앰두? 소핵고르.

소: 으음.

박: 네번채해애 그꺼지 잇는 핵고르 짖인게 무틸르[94] 짖구[지꾸] 엥게
느 이 양철으 가주구서르.

소: 아아. 무티르 짓는다는 말은 뭘로, 무티는 뭐에요? 뭐요?

박: 그 *어뚱, 그거 거저 촌에선 그 무티집이 무티집 하압덤. 이 저기
이 전봇대르 스 스 세우재이오?

소: 예.

박: 이따우[95] 무티르 이렇기 어기물게서 이 이룽기 *싸 쌓아올라 올라
가구.

소: 아아! 낭글르?[96]

박: 예, 예 낭글르.

소: 아아. 그게 무티집이라고요?

박: 예, 무티집이라구서르 거저 그렇기 말하압덤. 여기 우리 **비슈베
크두 시방 그 무티집이 잇으 잇습구매[이쓰꾸마].

소: 음.

박: 여기 여기두 그런 집이 잇습굼[이쓰꿈].

소: 음.

안: 어전, 저 아츰부터 아이 잡샀갯는데 식사르 하구.[97]

소: 아, 저 먹었어요.

안: 아이 식사르 하구 그담에 또 다시.

소: 아바이 식사 안 하셨어요?

안: 아이 햇.

박: 아이 난 먹엇습니다.

소: 저는 먹고 왔어요.

소: 원동에서가 아니고?

박: 원동 아니고 원 원동에서 내 그러지 않습니까? 소학교를.

소: 으음.

박: 4학년까지 있는 학교를 지은 게 통나무로 짓고 이엉은 이 양철을 가지고서.

소: 아아. '무티' 짓는다는 말은 뭘로, '무티'는 뭐에요? 뭐요?

박: 그 어떻게 (말하나), 그거 그저 촌에서는 그 통나무집 통나무집 하더군요. 이 저기 이 전봇대를 세 세 세우잖소?

소: 예.

박: 이런 종류의 통나무를 이렇게 어긋물려서 이 이렇게 쌓, 쌓아 올라, 올라가고.

소: 아아! 나무로?

박: 예, 예 나무로.

소: 아아. 그게 통나무집이라고요?

박: 예, '통나무집'이라고서 그저 그렇게 말하더군요. 여기 우리 비슈케크에도 시방 그 통나무집이 있, 있습니다.

소: 음.

박: 여기 여기도 그런 집이 있습니다.

소: 음.

안: 이제, 저 아침부터 안 잡수었겠는데 식사를 하고.

소: 아, 저 먹었어요.

안: 아니 식사를 하고 그다음에 또 다시.

소: 할아버지 식사 안 하셨어요?

안: 아니 했.

박: 아니 난 먹었습니다.

소: 저는 먹고 왔어요.

안: 아이 내 싹 갖차놧소.

소: 아니 먹고왔다니까!

박: (웃음).

소: 이따 점심.

안: 어저느 정심때 대지. 열두시 대앳소.

소: 또 이제 와 밥 막 밥먹고 왔어요 저.

안: (웃음).

박: 갠 저느[98] 빨리 가 가보고.

소: 이따가 먹게.

안: 이따가?

소: 에.

안: 그램 내 저게 덮어놓갯으니 개구 구담에.

소: 에.

안: 아바이[99] 딜에다가서리 야?

소: 에.

안: 자 따마라에서.

소: 어디 가시게요?

안: 내.

박: 저 상점으르 그….

소: 바자르 가요?

안: 아아.

소: 왜?

박: 그 수도나사 잘못데서.

안: 그거 가서.

박: 그거 가 싸오자구.[100]

소: 으음.

안: 아니 내가 싹 갖춰 놨소.

소: 아니 먹고 왔다니까!

박: (웃음).

소: 이따 점심.

안: 이제는 점심 때가 되지. 열두 시가 되었소.

소: 또 이제 와 밥 막 밥 먹고 왔어요 저.

안: (웃음).

박: 그러니 당신은 빨리 가 가 보고.

소: 이따가 먹게.

안: 이따가?

소: 에.

안: 그러면 내 저기에 (상을) 덮어 놓겠으니 그리고 그다음에.

소: 에.

안: 할아버지가 들여다가서 응?

소: 에.

안: 자 따마라에서.

소: 어디 가시게요?

안: 나.

박: 저 상점으로 그….

소: 시장 가요?

안: 아아.

소: 왜?

박: 그 수도 나사가 잘못되어서.

안: 그거 가서.

박: 그거 가 사 오려고.

소: 으음.

소: 그거 그걸 다 낭그르 진것을 '무티집'이라고 그래요?

박: 예 '무티집'이라구 그랩덤.

소: 으음. 그면 이 그 뭐야 우즈베키스탄에서 질 때는 뭘로 졌고?

박: 우즈벡스탄서 우리 에엔 첫감에느 그 물차~[101])에다서리 집으 져 그 물뱀이[물뻬미] 그저 그래두 긔직[찍]에느 깔으 가주구서 깔으 저……

소: 아니! 아니! 중핵교 질때.

박: 예 중해교 질때느 핏자~을르.[102]) 이 굽운 피 아이구 거저 흙피르 가주구서리 쌓앗습짐.

소: 흙 벽 벽돌로.

박: 예, 예, 예. 벽돌.

소: 그걸로, 그걸 뭐라고 한다고요?

박: 그거[kiɤə] 거저 고레서 거 '핏재~이' '핏재~이' 햇스. '핏재~이'라구.

소: 그건 그건 그건 로시아 말이네?

박: 무슨 말인지 모릅지. (웃음) 네에 말인지 (웃음).

소: 오오.

박: 우리 고려 사람덜이 '핏장집'이라구 그랩. '핏자~이'라구서르 그렇기.

소: 아아 핏장집이 뭐에요?

박: 그분네덜 그러습짐. 피, 그거 그 끼리 끼리뻬취(кирпич), 자~ 끼리 뻬취(кирпич).

안: 끼리뻬취(кирпич)르 이릏기 져어서 그렇기 하지. 영기덜[103]) 지뻘건 집덜이 베우재오?

소: 어.

안: 기게 피장집이오.

박: 여기 여기 이 이 삼층집이지만 짓재애지. 삼층집 지은 젙에.

소: 그거 그걸 다 나무로 지은 것을 '무티집'(=통나무집)이라고 그래요?

박: 예 '무티집'(=통나무집)이라고 그러더군요.

소: 으음. 그러면 이 그 뭐야 우즈베키스탄에서 지을 때는 뭘로 지었고?

박: 우즈베키스탄에서 우리 맨 처음에는 그 물창에다가 집을 지어 그 물뱀이 (나왔는데) 그저 그래도 그때에는 갈대를 가지고서 갈대를 저……

소: 아니! 아니! 중학교를 지을 때.

박: 예 중학교를 지을 때는 벽돌로. 이 구운 벽돌(=내화벽돌)이 아니고 그저 흙벽돌을 가지고서 쌓았지요.

소: 흙 벽 벽돌로.

박: 예, 예, 예. 벽돌.

소: 그걸로, 그걸 뭐라고 한다고요?

박: 그거 그저 고려에서 그거 '핏재~이'(=벽돌)' '핏재~이'(=벽돌)' 했습니다. '핏재~이'(=벽돌)'이라고.

소: 그건 그건 그건 러시아 말이네?

박: 무슨 말인지 모르지요. (웃음) 누구의 말인지 (웃음).

소: 오오.

박: 우리 고려 사람들이 '핏장집'(=벽돌집)이라고 그럽니다. '핏자~이'(=벽돌)이라고서 그렇게.

소: 아아 '핏장집'이 뭐에요?

박: 그 분네들이 그러지요, 뭐. '피'(=벽돌)를 그거 '끼리 끼리삐춰, '장'을 끼리삐춰'(=벽돌)라고.

안: 벽돌로 이렇게 지어서 그렇게 하지. 여기들 시뻘건 집들이 보이잖소?

소: 어.

안: 그게 벽돌집이오.

박: 여기 여기 이 이 3층 집이지만 짓지 않지. 3층 집 지은 그 곁에.

소: 옆에.

박: 에 저거느 우리 보통말 저거 '굽은 핏재~이'라구 하압끄.

박: 마우재.104)

소: 구운거.

박: 예, 굽어. 마우재말르 게 '존느 끼리뻬취(жжёный кирпич)'지. 기래구 굽재앤거느 거 거저 거저 씌레지(сырец)느 거 거저 '핏재~이'라구 우리 이렇기 말합지.

소: 아아. 그걸 '핏장'이라고 그래요?

박: 예.

소: 으음. 우린 '벽돌'이라고 하는데.

박: 예. 글쎄.

안: 아이 영게서느 또 어떤사람덜으느 '벡돌집'이라 하지.

소: 네.

안: '벡돌집'이라구.

소: 예.

안: 아 그 그런 핏장집우 '벽돌집'이라구서 어떤 사람덜은 그렇게 말하우.

박: '벡돌집'이 옳지무 옴빵.

안: 야~.105)

소: 벽돌집허고 핏장집허고 같······.

안: 야~. 햐! 누(ну), 누(ну), 누(ну). 그렇기 말하오. 어떤 사람덜은.

소: 음.

안: 게 갈직[찍]에 꼭 식새르 하구 기래구 가오 냐~?

소: 네.

안: 야.

소: 저희 다 네시 반쯤 갈게요.

소: 옆에.

박: 에 저거는 우리 보통 말로 저거 '구운 벽돌'이라고 합니다.

박: 러시아 사람.

소: 구운 거.

박: 예, 구워서. 러시아 말로 그게 '존느끼리삐취(=내화벽돌)'지. 그리고 굽지 않은 것(=반제품)은, 그 그저 굽지 않은 것은 그 그저 '핏재~이'라고 우리 이렇게 말하지요.

소: 아아. 그걸 '핏장'이라고 그래요?

박: 예.

소: 으음. 우리는 '벽돌'이라고 하는데.

박: 예. 글쎄.

안: 아니 여기서는 또 어떤 사람들은 '벽돌집'이라 하지.

소: 네.

안: '벽돌집'이라고.

소: 예.

안: 아 그 그런 '핏장집'을 '벽돌집'이라고서 어떤 사람들은 그렇게 말하오.

박: '벽돌집'이 옳지 뭐 원판.

안: 응.

소: 벽돌집하고 '핏장집'하고 같⋯⋯.

안: 응. 하! 그럼, 그럼, 그럼. 그렇게 말하오. 어떤 사람들은.

소: 음.

안: 그래 갈 적에 꼭 식사를 하고 그러고 가오 응?

소: 네.

안: 응.

소: 저희 다 네 시 반쯤 갈게요.

안: 아?

소: 오후 네시 반쯤.

안: 네시만에?

소: 네시 네시에서 다섯시 사이에.

안: 아˘아˘.

소: 그 목사님이 태….

안: 데릴라 오오?

소: 델러 오기로 하셨어요.

안: 아˘아˘.

박: 예.

안: 게 내 여기다 싹 갖차놨소.

소: 네.

안: 게 잡숫구서리 기래구 가오.

소: 그래요. 예.

안: 아하.

소: 음.

안: 아˘아˘. 엊그제 왔던 그 목사님.

소: 예.

안: 아˘:: 모실라 온다구?

소: 예.

안: 아˘아˘.

소: 저 어디 못가요 (웃음).

안: 아˘아˘ (웃음). 기램 잇소

소: 예.

소: 그러면 그 기와를 기와를 기와가 기와를 보면 이렇게 생긴 것도 있고. 이렇게 이렇게 생겨있죠이˘? 이게 넓 이마씩 여기 넓게 생겠잖아요.

안: 응?

소: 오후 네 시 반쯤.

안: 네 시쯤에?

소: 네 시 네 시에서 다섯 시 사이에.

안: 아아.

소: 그 목사님이 태….

안: 데리러 오오?

소: 데리러 오기로 하셨어요.

안: 아아.

박: 예.

안: 그래 내가 여기다 싹 (음식을) 갖춰 놨소.

소: 네.

안: 그래 잠숫고서 그러고 가오.

소: 그래요. 예.

안: 아하.

소: 음.

안: 아아. 엊그제 왔던 그 목사님이.

소: 예.

안: 아 모시러 온다고?

소: 예.

안: 아아.

소: 저 어디 못 가요.

안: 아아 (웃음). 그러면 있소.

소: 예.

소: 그러면 그 기와를 기와가 기와를 보면 이렇게 생긴 것도 있고. 이렇게 이렇게 생겨 있지요? 이게 넓 이만큼씩 여기 넓게 생겼잖아요.

박: 여기느 거저 거저 크재앻게서리 이 이 집이 그 건넷집이 시방 그 그 기왈르 예엔집이구마. 싹 져 싹 져, 젓다구.

소: 그 그야 빤듯빤듯해요 이렇게?

박: 아이 이렇게 홈이 나게.

소: 홈이 났죠?

박: 예 나래 나래 저기 나가압짐.

소: 네.

박: 이거 우에 곧 질건네 집인….

소: 그러면 그거 그 기와에 이름 이름이 딸로 이 어 딸로 없어요?

박: 우리느 그 더 여기선 ‘재앳집’이라구서리 ‘재앳집’이라구.

소: ‘재앳집’ 어.

안: 기애구 ‘쉬피리(шифер)’라지. 거 쉬피리(шифер)라구.

박: 아이 저기 시, 쉬피리(шифер) 아이구.

소: 마우재 말이죠 그건.

안: 마우갯말이지.

박: 쉬피리(шифер)느 요 우 우리지부˜ 예엔 그 그게 쉬피리(шифер)구.

안: 기래구.

박: 그거 시방 기왓집이라는게 그게 재르 여언집으 그 기왓집이라구 하오.

소: 음.

안: 아˜아˜! 아˜. 재르 이인 집우. 옳소.

소: 음.

안: 좨앳집이.

소: 좨앳집이.

안: 어! 허. 그런것두 잇소 여기.

소: 음.

박: 여기는 그저 그저 크지 않게 이 이 집이 건넛집 시방 그 그 기와로 (지붕을) 인 집입니다. 싹 지어, 싹 지어, 지었다고.

소: 그 그냥 반듯반듯해요 이렇게?

박: 아니 이렇게 홈이 나게.

소: 홈이 났지요?

박: 예 나중에 나중에 저기 나가서 보지요 뭐.

소: 네.

박: 이거 위로 곧게 길 건너 집인데.

소: 그러면 그거 그 기와에 이름 이름이 따로 이 어 따로 없어요?

박: 우리는 그 저 여기서는 '재앳집'(=기와집)이라고서 '재앳집'(=기와집)이라고.

소: '기와집'. 어.

안: 그리고 '함석'이라지. 그 함석이라고.

박: 아니 저기 함, 함석 아니고.

소: 러시아 말이지요 그건.

안: 러시아 말이지.

박: 함석은 요 우 우리 지붕을 인 그 그게 함석이고.

안: 그리고.

박: 그거 시방 기왓집이라는 게 그게 기와를 인 집을 그 기와집이라고 하오

소: 음.

안: 아아! 아. 기와를 인 집을. 옳소.

소: 음.

안: 기와집.

소: 기와집이.

안: 어! 허. 그런 것도 있소 여기.

소: 음.

박: 아이 우리 건네 저기 저.

소: 음.

박: 저 스베딴네 부리맨까(времянка) 기래, 것도.

안: 아하!

소: 으음.

소: 여기서요 으음:. 뭐야 내애 내 제에 아버지.

박: 응.

소: 아버지에 아버지에 누나를.

박: 예.

소: 아버지에 누나를 제가 부를 때 뭐라고 불러요?

박: 이 이사~이무, 아버지 그 누나 이새~이무 에 거저 가저~에서느 그래 '맏어머니' 갯스. '맏아매' '맏아매'106) 하우.

소: 아니 이 그 이, 원동에서 써, 썼던 말대로 그양 해주세요.

박: 예예 '맏아매' 라구서.

소: '맏아매'라고 그래요?

박: 예. 아버지 이상 느비무 '맏아매' 라구서리 그렇.

소: '맏아매'라고?

박: 예. '맏아매'라 하오.

소: 그러면 제 인자 그 결혼을 하면 결혼을 하, 결혼을 한 사람을 두 사람을 뭐라고 그래요? 결혼한 남자를 뭐라고 그래요? 혼새를 하면.

박: 예.

소: 남자 여자가 혼새를 하잖아요.

박: 예.

소: 그 처음 한 남자를 뭐라고 불러요?

박: 결혼한 아아 게 이 이새~은 저어 내 나쁘리메르(например) 헤에 겔혼하게뎀 그야르 거 허, '헝님이' '헝님이' 하압짐. 기래구서르 그 여자

박: 아니 우리 건너 저기 저.

소: 음.

박: 저 스베따네 가건물이 그래, 그것도.

안: 아하!

소: 으음.

소: 여기서요 으음. 뭐야 내 내 저의 아버지.

박: 응.

소: 아버지의 아버지의 누나를.

박: 예.

소: 아버지의 누나를 제가 부를 때 뭐라고 불러요?

박: 손위면, 아버지 그 누나, (아버지) 손위면 에 그저 가정에서는 그래 '맏어머니'이겠소. '맏아매', '맏아매' 하오.

소: 아니 이 그 이, 원동에서 써, 썼던 말대로 그냥 해 주세요.

박: 예예 '맏아매'라고서.

소: '맏아매'라고 그래요?

박: 예. 아버지 이상 누이면 '맏아매'라고서 그렇게.

소: '맏아매'라고?

박: 예. '맏아매'라 하오.

소: 그러면 제 이제 그 결혼을 하면 결혼을 하, 결혼을 한 사람을 두 사람을 뭐라고 그래요? 결혼한 남자를 뭐라고 그래요? 혼사를 하면.

박: 예.

소: 남자 여자가 혼사를 하잖아요.

박: 예.

소: 그 처음 한 남자를 뭐라고 불러요?

박: 결혼한 아이가 그게 이 이상이면 저 내 예를 들면, 형이 결혼하게 되면 그 사람을 그 혀, '형님', '형님' 하지요 뭐. 그리고 그 여자

데는 분네느 '아주머니'라구107) 기랫지.

소: '아주머니'.

박: 예. '아주머니'라구[aʒʉmənⁱ].

소: 아주머니가 원, 원래 지금 그 형님에 부인 아니에요?

박: 예, 예, 예.

소: 그러 '아주머니'라고 그래요?

박: 예 '아즈머니'라구.

소: '아주머니'.

박: 예.

소: 그러면 그러면 그러면 우리 동네에서 그야 동네 동네 동네에서 나이가 많은 사람을 제가 부를 때 여, 여자를 부를 때 뭐라고 불러요? 친척이 아닌 사람을?108)

박: 여자르?

소: 아.

안: 이름 부르는게. 여기서느. 싹 이름 부르우. 이름 오치스토(начисто) 부르지 여기서. 남에 사름덜. 기게 기래. 이름.

소: 남에 사람들.

안: 그래 우리 여서 남이 사름덜은 싹 이름 오치스토(начисто) 부르오. 에 내 이름가 내 빠빠(папа) 이름 한데 부르우.

소: 어.

안: 그렇기 부르우. 어, 우리 이 이 노인단에서 싹 그러오. 아:: '로사 니꼴라에브나(Роза Николаевна)' '로사(Роза)'지. 갠데 애비 '니꼴라이' 지.

소: 음.

안: 게 '로자 니꼴라에브나(Роза Николаевна)'. 나르 이럽, 내 '따이 샤'지. '따이샤 국세예브나'. 우리 빠빠(папа) '국섭'이오.

되는 분네는 '아주머니'라고 그랬지.

소: '아주머니'.

박: 예. '아주머니'라고.

소: 아주머니가 원, 원래 지금 그 형님의 부인 아니에요?

박: 예, 예, 예.

소: 그렇게 '아주머니'라고 그래요?

박: 예 '아주머니'라고.

소: '아주머니'.

박: 예.

소: 그러면 그러면 그러면 우리 동네에서 그냥 동네 동네 동네에서 나이가 많은 사람을 제가 부를 때, 여 여자를 부를 때 뭐라고 불러요? 친척이 아닌 사람을?

박: 여자를?

소: 아.

안: 이름 부르는데. 여기서는. 싹 이름을 부르오. 다 이름을 부르지 여기서. 남의 사람들. 그게 그래. 이름(을 부르지).

소: 남의 사람들.

안: 그래 우리 여기서 남의 사람들은 싹 다 이름을 부르오. 에 내 이름과 내 아버지 이름을 함께 부르오.

소: 어.

안: 그렇게 부르오. 어, 우리 이 이 노인단에서 싹 그러오. 아, '로사 니꼴라에브나'는 (이름이) '로사(Роза)'지. 그런데 그 아비의 (이름은) '니꼴라이'지.

소: 음.

안: 그래 '로자 니꼴라에브나'라 하지. 나를 이럽니다. 내 (이름이) '따샤'지. 그래서 '따이샤 국세예브나'. 우리 아버지가 '안국섭'이오.

소: 오.

안: 기래 '따이샤 국세예브나' 이렇기 부르오.

소: 음.

안: 이래 남우느. 이 거저 마우재 아이오? 여기 사림이.

소: (웃음).

박: (웃음).

안: 어전 마우재오.[109]

소: (웃음) 그러면 그러면 고모 알죠? 고모.

박: 에.

안: 고모르.

소: 고모.

박: 아~ 애비누비르.

소: 어 애비 **느부리르.

소: 애비 누비 부를때 내가 고모를 부를때 '고모' 그렇게 불러요::?

박: '고모'라구 아이하구서르 내 이제 말씀하재앦….

소: '아재' 그래요?

박: 에 저기 이새느 '맏아매' '맏아매' 하구.

소: 이하는?

박: 이하느[110] '아재' '아재' 하지. '아재'라구.[111]

안: 아 조선에서느 뭐라 하?[112]

소: '우리 고모'라고 그래요.

안: '고모'라구.

소: 예.

박: 글쎄.

안: '고모'라구 부르구.

소: 음.

소: 오.

안: 그래 '따이샤 국세예브나' 이렇게 부르오.

소: 음.

안: 이래 남은. 이 그저 러시아 사람 아니오? 여기 사람이.

소: (웃음).

박: (웃음).

안: 이젠 러시아 사람이오.

소: (웃음) 그러면 그러면 고모 알죠? 고모.

박: 에.

안: 고모를.

소: 고모.

박: 응 아비 누이를.

소: 어 아비 누이를.

소: 아비의 누이를 부를 때 내가 고모를 부를 때 '고모' 그렇게 불러요?

박: '고모'라고 안 하고서 내 이제 말씀하지 않….

소: '아재' 그래요?

박: 에 저기 손위는 '맏아매', '맏아매' 하고.

소: 이하는?

박: 이하는 '아재', '아재' 하지. '아재'라고.

안: 아 조선에서는 뭐라 하오?

소: '우리 고모'라고 그래요.

안: '고모'라고.

소: 예.

박: 글쎄.

안: '고모'라고 부르고.

소: 음.

안: 그담에느 어 이상분네느?

소: 똑같이 '고모'에요.

안: '고모'라구.

소: 예.

안: 어~어~.

소: 그러니까 봐요. 여기가 여기가 제가 있어요 내.

안: 응.

소: 내가.

박: 에.

안: 아~.

소: 저 위에가 보면 아, 아버지가 있고 어머니가 있지요?

박: 예. 예.

소: 제가 아버지를 부를때 뭐라고 불러요?

박: 우리 우리때느 그 '아버지'[113] '아버지' 해앳습짐.

소: 그렇죠 이 이쪽은?

박: '어머니'라구 햇스.[114]

소: '어머니'라고 그랬죠이~?

박: 예.

소: 그면 이 아버지를 낳주시, 낳아주신 아버지가 있고 어머니가 있지요?

박: 예.

소: 그문 내가 내가 이 아버지를 낳아주는 아버지를 부를때 뭐라고 불러요?

박: '할아버지' '할아버지'라구 그랫지. '할아버지'.

소: '할아버지'라고 그래요?

박: 예.

소: 보통때 뭐라고 불러?

박: '아바이' '아바이' 하압덤. (웃음) 아바이.

안: 그다음에는 어 손위분네는?

소: 똑같이 '고모'예요.

안: '고모'라고.

소: 예.

안: 어어.

소: 그러니까 봐요. 여기가 여기가 제가 있어요, 내가.

안: 응.

소: 내가.

박: 에.

안: 응.

소: 저 위로 올라가면 아, 아버지가 있고 어머니가 있지요?

박: 예. 예.

소: 제가 아버지를 부를 때 뭐라고 불러요?

박: 우리 우리 때는 그 '아버지' '아버지' 했지요 뭐.

소: 그렇죠 이 이쪽은?

박: '어머니'라고 했지요.

소: '어머니'라고 그랬죠?

박: 예.

소: 그러면 이 아버지를 낳아 주, 낳아 주신 아버지가 있고 어머니가 있지요?

박: 예.

소: 그러면 내가 내가 이 아버지를 낳아 준 아버지를 부를 때 뭐라고 불러요?

박: '할아버지' '할아버지'라고 그랬지. '할아버지'.

소: '할아버지'라고 그래요?

박: 예.

소: 보통 때 뭐라고 불러?

박: '아바이', '아바이' 하더군요. (웃음) 아바이.

소: 그러니까 '아바이'죠이~?

박: 예 예.

박: '아바이', '아매'.

소: 이게 '아바이'고 이게 '아매'.

박: '아매', '아매'.

소: 예 '아매'.

안: 야덜이 야덜이 '아매'라구.

박: 야덜이 시방.

소: 음, 음.

소: 글면 어머니를 낳아주신 아버지하고 어머니는 뭐라고 불러? 내가.

안: 다 다 그렇기 부르오.

박: 거저 에 '웨할마니'구 '웨한아비'구 이래 이렇기 말하오.

소: 원래르.

박: 웨.

소: 웨할, 웨하. 웨하, '웨할아버지'고.

박: 예, 예.

소: '웨할머니'죠이~.

박: '웨할마니'구. 기랜데 보통 부른건 거저 다 '아바이'구 '아매'우.

소: 다 '아바이'가 '아매'고.

박: 예 다 '아바이', '아매'.

소: 에. 그러면 제가 우리 아버지에 아버지에 누나.

박: 예.

소: 아버지에 누나를 부를때는 뭐라고 불러요? 이게 '맏아매'요?

박: '맏아매'. 지하무 '아재'.

소: 여기 인제 동생 있지, 동생?

소: 그러니까 '아바이'이지요?

박: 예 예.

박: '할아버지', '할머니'.

소: 이게 '할아버지'고 이게 '할머니'.

박: '할머니', '할머니'.

소: 예 '할머니'.

안: 얘들이 얘들이 '아매'라고.

박: 얘들이 시방.

소: 음, 음.

소: 그러면 어머니를 낳아 주신 아버지하고 어머니는 뭐라고 불러? 내가.

안: 다 다 그렇게 부르오.

박: 그저 에, '웨할마니'이고 '웨한아비'고 이래 이렇게 말하오.

소: 원래는.

박: 외.

소: 외할, 외하. 외하, '외할아버지'고.

박: 예, 예.

소: '외할머니'지요.

박: '웨할마니'이고. 그런데 보통 부르는 건 그저 다 '아바이'이고 '아매'이오.

소: 다 '아바이'와 '아매'이고.

박: 예 다 '아바이', '아매'라 하지.

소: 에. 그러면 제가 우리 아버지의 아버지의 누나.

박: 예.

소: 아버지의 누나를 부를 때는 뭐라고 불러요? 이게 '맏아매'에요?

박: '맏아매'. 손아래면 '아재'.

소: 여기 인제 동생이 있지, 동생?

박: 동생.

소: 여, 여자 동생.

박: 여기 여동새.

소: 여자동생이문 내가 뭐라고 불러요?

안: '아재'라구.

박: '아재', '아재'라구.

소: 이게 '아재'에요?

박: 예, '아재'.

소: 오~: 여기를 이 촌 지 지, 손위에 있는 누나를 갖다가 내가 '아재'라고 못불러?

박: 아버지 이새~이무 어, '맏아매'라구 불러야 데오.

소: 아, 여기는 '맏아매'요?

박: 예, 예, 예. '맏아매'.

소: 그렇게 불러요?

박: '맏아매'.

소: 오.

안: '맏아매'지.

소: 여기가 '맏아매'고.

박: 예. 이, 이상 느비무, 느비무 '맏아매'.

소: 그면은 어머니에 어머니에 여자 여자 여자 헝님을 내가 부를때는?

박: 어 그분네두 '맏아매'라구 우리 부루우.

소: 여기도 '맏아매'고.

박: 예, '맏아매'구.

소: 여기 *손아, 지하인 여자를 부를때는?

박: 또 *악 '아재'라구 부릅지.

소: 여기도 '아재'고.

박: 동생.

소: 여, 여자 동생.

박: 여기 여동생.

소: 여자 동생이면 내가 뭐라고 불러요?

안: '아재'라고.

박: '아재', '아재'라고.

소: 이게 '아재'에요?

박: 예, '아재'.

소: 오 여기를 이 촌 지 지, 손위에 있는 누나를 보고 내가 '아재'라고 못 불러?

박: 아버지 손위면 어, '맏아매'라고 불러야 되오.

소: 아, 여기는 '맏아매'요?

박: 예, 예, 예. '맏아매'.

소: 그렇게 불러요?

박: '맏아매'.

소: 오.

안: '맏아매'지.

소: 여기가 '맏아매'고.

박: 예. 손, 손위 누이면, 누이면 '맏아매'.

소: 그러면은 어머니의 어머니의 여자 여자 여자 형님을 내가 부를 때는?

박: 어 그분네도 우리는 '맏아매'라고 부르오.

소: 여기도 '맏아매'이고.

박: 예 '맏아매'이고.

소: 여기 손아(래), 손아래인 여자를 부를 때는?

박: 또 아(재) (그것도) '아재'라고 부르지요.

소: 여기도 '아재'고.

박: 예, 예.

소: 오˜오˜.

안: 그렇소. 여기느 그렇기, 여긴 거저 마우재오.

박: (웃음).

소: 그러면.

안: 그러재오? 거저 기러재이무 또 야˜.

소: 에.

안: 이짝 우리::, 이 우리 아덜으느 시방 고렷말, 조선말 하오.

소: 예.

안: 우리 아덜은 조선말 하는데 우리 다른 지[115] 아덜으느 조선말 한마디두 모르우.

소: 음.

안: 지금운 내 딸이 내가 조선말 하지.

소: 음.

안: 아들이 조::기 거저 먼데 잇는 아들이 어전 스, 스물 일굽해[일구패]르 거기서 살지. 싹 로시아 사림인데 우리 아들이가 식기[116] 너이오.

소: 음.

안: 너어밖에 없소. 싹 로시앗사름덜이.

소: 예.

안: 그렇기 살지.

소: 에.

안: 아 긔랜데 아, 우리 아들으느 여기와서 내가 조선말 하오.

소: 아아.

안: 내 로시아말으 모르재이오?

소: 예.

안: 내 모르다나이 우리 아들이 내가 조선말 하오 메느리 내가 조선말 하오

박: 예, 예.

소: 오오.

안: 그렇소. 여기는 그렇게, 여기 (고려인)은 그저 러시아 사람이오.

박: (웃음).

소: 그러면.

안: 그렇잖소? 그저 그렇지 않으면 또 응.

소: 에.

안: 이쪽 우리, 이 우리 아이들은 시방 고려말, 조선말 하오.

소: 예.

안: 우리 아이들은 조선말을 하는데 우리 다른 집 아이들은 조선말 한 마디도 모르오.

소: 음.

안: 지금은 내 딸이 나와 조선말 하지.

소: 음.

안: 아들이 조기 그저 먼 데 있는 아들이 이젠 스, 스물일곱 해를 거기서 살지. 싹 러시아 사람인데 우리 아들이 식구가 넷이오.

소: 음.

안: 넷밖에 없소. 싹 러시아 사람들이.

소: 예.

안: 그렇게 살지.

소: 에.

안: 아 그런데 아, 우리 아들은 여기 와서 나와 조선말 하오.

소: 아아.

안: 내가 러시아 말을 모르잖소?

소: 예.

안: 내 모르다 보니 우리 아들이 나와 조선말 하오 며느리 나와 조선말 하오

소: 그면 며느리허고 아들하고는 무슨 말하고?

안: 노시앗말 하지.

소: 노시아 말 하고?

안: 노시앗말. 아덜으느 고려말 한::마디두 모르우.

소: 저 저애들또 모르고?

안: 저것덜두 모르우.

소: 으음.

안: 저것덜이 한 이티 잇구야 어, 어따(это) 우리 조선말 하지. 걔 이
내 손예 저 딸이 딸이 아들으느 싹 조, 조선말 하구.

소: 으음.

안: 기랜데 저 아들네 아덜으느 모르오.

소: 음.

안: 아, 손예 스물다슷살인게 응 머 조선사람 못본게 어디서 말하갯어?

소: 으음.

안: 그저 노시앗말이지무.

소: 으음. 그면 그 손네 결혼 했어 안 했어요?

안: 아하, 아이햇어. 스물다슷살인게 아, 서방재 없소. 거기 마우재게르
아이 가갯다구.

소: 음.

안: 걔 마우재::게르 아이 가무 앗, 노시앗사림이무 기래 아이 가무 조
선사림이 거기 없지. 어디메 가갯어. 게 어저 스물다슷살 먹엇스.

소: 음. (웃음).

안: 기래 어저 어띠무 여그서 나와야 데갯으이.

소: 에.

소: 그러면 며느리와 아들은 (서로) 무슨 말을 하고?

안: 러시아 말 하지.

소: 러시아 말 하고?

안: 러시아 말. (아들의) 아이들은 고려말을 한마디도 모르오.

소: **저 저 애들도 모르고?**

안: 저것들도 모르오.

소: 으음.

안: 저것들이 한 이태 있어야만 어, 음 우리 조선말을 하지. 그래 이 내 손녀의 저 딸과 아들은 싹 조, 조선말 하고.

소: 으음.

안: 그런데 저 아들네 아이들은 (조선말을) 모르오.

소: 음.

안: 아, (모스크바에 사는) 손녀가 스물다섯 살인데 응 뭐 조선 사람을 못 본 것이 어디서 (조선말을) 말하겠어?

소: 으음.

안: 그저 러시아 말이지 뭐.

소: 으음. 그러면 그 손녀 결혼했어요 안 했어요?

안: 아하, 안 했어. 스물다섯 살인데 아, 신랑이 없소. 거기 러시아 사람에게로 (시집을) 안 가겠다고.

소: 음.

안: 그래 러시아 사람에게로 안 가면 앗, 러시아 사람이면 그래 안 가면 조선사람이 거기 없지. (그러니) 어디로 가겠어. 그래 이제 스물다섯 살 먹었소.

소: 음. (웃음).

안: 그래 이제 어쩌면 여기서 나와야 되겠으니.

소: 에.

안: 모르갰소. 기램 내 가오 냐~?

소: 예, 예, 예.

안: 응, 내 가오.

소: 예.

소: 그러면은요이~ 자, 여자를 부를때는:: 그렇게 그러게 '아재'하고 '맏아매'라고 불렀는데.

박: 예 예.

소: 아버지에 형님을 제가 부를때는 뭐라고 불러요?

박: '맏아바이'라구. '맏아바이'.

소: 이거 '맏아바이'.

박: 예.

소: 음. 아버지에 남자 동생을 부를 때는?

박: 그 사, 삼추이지만 '아즈바이'라 하압짐. '삼춘', '아즈바이'.117)

소: '아주바이'.

박: 예.

소: '아주바이'. '아주바이'하고 그면 '삼춘'허고 같은 말이에요?

박: 예, 예, 예.

소: 그면은 삼춘은 결혼을 안했, 장가를 안갔으면은 '삼춘'이라구 그런가요?

박: 쏠론노(все равно) 저, 으 어쨋든 '삼추이'라구 부른다구.

소: 예 '삼춘'이고.

박: 쏠론노(все равно) '아즈바이'라구 부르구.

소: 어, 장가를 가면, 결혼을 하면?

박: 기래두 기래두 그야아르118) 그야아르 그렇기 부릅지.

소: 아아 결혼을 해도 '삼춘'이라고 불를수 있어요?

박: 예.

안: 모르겠소. 그러면 나 가오 응?

소: 예, 예, 예.

안: 응, 나 가오.

소: 예.

소: 그러면은요 이 자, 여자를 부를 때는 그렇게 그렇게 '아재'하고 '맏아매'라고 불렀는데.

박: 예 예.

소: 아버지의 형님을 제가 부를 때는 뭐라고 불러요?

박: '맏아바이'라고. '맏아바이'.

소: 이거 '맏아바이'.

박: 예.

소: 음. 아버지의 남자 동생을 부를 때는?

박: 그 사, 삼촌이지만 '아즈바이'라 하지요 뭐. '삼촌', '아즈바이'.

소: '아주바이'.

박: 예.

소: '아주바이'. '아주바이'하고 그러면 '삼촌'하고 같은 말이에요?

박: 예, 예, 예.

소: 그러면은 삼촌은 결혼을 안 했으면, 장가를 안 갔으면은 '삼촌'이라고 그러는가요?

박: 어쨌든 저, 으 어쨌든 '삼촌'이라고 부른다고.

소: 예 '삼촌'이고.

박: 어쨌든 '아즈바이'라고 부르고.

소: 어, 장가를 가면, 결혼을 하면?

박: 그래도 그래도 그런 식으로 그런 식으로 그렇게 부르지요.

소: 아아 결혼을 해도 '삼촌'이라고 부를 수 있어요?

박: 예.

소: 결혼 안해도 '삼춘'이라고 부를 수 있고?

박: 예, 예.

소: 그담에 결혼을 안 해도 '아주바이'라고 부를수 있고?

박: 예, 예, 예. 다(да). 그렇습지.

소: 또 결혼해도 '아주바이'라고 불를 수 있고?

박: 예.

소: 어머니에 남자 오빠는? 어머니에 남자 손위에 남자 오빠를 부를땐 내가 뭐라고 불러요?

박: 맏아바입짐.

소: 거기도 똑같이 '맏아바이'요?

박: 예, 예, 예.

소: 어: :, 어머니.

박: 어머니 지, 지하무 그것두 또 아즈바입지 '아즈바이'.

소: 거기도 '아주바이'고?

박: 예, 아즙. 예.

소: 예. 그러면은요 에 제가 아들을 낳고 딸을 났어요.

박: 예.

소: 그면은 아바이가 아바이가 내 아들을 부를 때 뭐라고 불러요?

소: 이렇게 부를때.

박: 이 아들이 아바이 부를 직에?

소: 아니! 아바이가 이 아들을 부를 때. 제.

박: 소, 소, 손잡지. '손자'.

소: 그렇지?

박: 손, 예 손……

소: '손자'죠?

박: '손자', '손녀'.

소: 결혼 안 해도 '삼촌'이라고 부를 수 있고?

박: 예, 예.

소: 그다음에 결혼을 안 해도 '아주바이'라고 부를 수 있고?

박: 예, 예, 예. 그렇지요.

소: 또 결혼해도 '아주바이'라고 부를 수 있고?

박: 예.

소: 어머니의 남자 오빠는? 어머니 손위의 남자 오빠를 부를 땐 내가 뭐라고 불러요?

박: '맏아바이'지요 뭐.

소: 거기도 똑같이 '맏아바이'요?

박: 예, 예, 예.

소: 어, 어머니.

박: 어머니 손아래면 그것도 또 '아즈바이'지요 '아즈바이'.

소: 거기도 '아주바이'이고?

박: 예, 아즈(바이). 예.

소: 예. 그러면은요 에 제가 아들을 낳고 딸을 낳았어요.

박: 예.

소: 그러면은 할아버지가 할아버지가 내 아들을 부를 때 뭐라고 불러요?

소: 이렇게 부를 때.

박: 이 아들이 할아버지 부를 적에?

소: 아니! 할아버지가 이 아들을 부를 때. 제 (아들).

박: 손, 손, '손자'지요. '손자'.

소: 그렇지?

박: 손(자), 예 손(자)……

소: '손자'죠?

박: '손자', '손녀'.

소: 에 '손자', 소······.

박: '손녀'.

소: '손녀', 에.

소: 근데 이 아들이 제 제 아, 아 아바이 아바이 이게 아바이가 아바이 여기라고 허시고요. 아바이 아들이, 아들이 결혼을 했어요 결혼을. 그래서 여자를 얻어왔어. 결혼을 했어요이~? 그면 여기서 이 여자를 뭐라고 불러요?

박: '메느리'라구 여기선 부릅짐. '메느리'.

소: '메느리'.

박: 예.

소: 예 '메느리'라고 부르죠이~?

박: 예.

소: 그면은 메느리고, 만약에 이, 여자가 이 또, 여기서 난 여자, 여자 딸이 있는데 여자딸이 겔혼해서 남자를 얻어왔으면, 이 남자를 뭐라고 불러요? 아바읠?

박: 싸, '싸위[s'auy]'라구 부릅지 '싸위[s'auy]'.

소: 네?

박: 싸.

소: '싸우'.

박: 예, '싸우'.

소: '싸우'에요 '싸우재'에요?

박: '싸우'. 보통 '싸우'라구서 부르우.119)

소: 보통 '싸우'라고 그래요이~? 에예예. 그면은 아들한테서 나는, 난 아들은 '손자'하고 '손재'고.

박: 응.

소: 딸은 '손녜'죠?

소: 에 '손자', 소······.

박: '손녀'.

소: '손녀', 에.

소: 그런데 이 아들이 제 제 아, 제 아, 할아버지 할아버지 이게 할아버지 가 할아버지 여기라고 하시고요. 할아버지 아들이 아들이 결혼을 했어요 결혼 을. 그래서 여자를 얻어 왔어. 결혼을 했어요? 그러면 여기서 이 여자를 뭐라 고 불러요?

박: '메느리'라고 여기서는 부르지요 뭐. '며느리'.

소: '메느리'.

박: 예.

소: 예 '메느리'라고 부르죠?

박: 예.

소: 그러면은 며느리고 만약에 이, 여자가 이 또, 여기서 난 여자, 여자 딸 이 있는데 여자 딸이 결혼해서 남자를 얻어 왔으면, 이 남자를 뭐라고 불러 요? 할아버지?

박: 사, '싸위'(=사위)라고 부르지요 '싸위'.

소: 네?

박: '싸(위)'.

소: '싸우'.

박: 예, '싸우'.

소: '싸우'에요 '싸우재'에요?

박: '싸우', 보통 '싸우'라고 부르오.

소: 보통 '싸우'리고 그래요? 예예예. 그러면은 아들한테서 나는, 난 아들은 '손자'하고 '손재'고.

박: 응.

소: 딸은 '손녀'죠?

박: '손녀'구.

소: 에, 보통말로 한번 해줘보세요.

박: 보통 그렇기 말하압짐 무스. '손자'구 '손녀'구.120)

소: '손녀'고. 그면은 여자 여자 딸 딸 아바이 딸, 딸이 난 아, 아들은 뭐라고 부르고 여….

박: 또.

소: 또 딸은 뭐라고 해요?

박: '웨손자' '웨손녀'.121)

소: '웨손자' '웨손녀'.

박: 예.

소: 으음 음. 이:: 이애들이 이 이, 이 손녀가 결혼을 해서 또 남자를 얻어오면 이 남자를 뭐라고 불러요? 손녜 남편.

박: 시방 시아스.122) 음 저 에떠(это) '손비'123) '손비 남페이'라구.124)

소: '손비'?

박: 송, '손비'. 비.

소: '손비'?

박: '손비 남페이'라구.

소: 야 야 야는?

박: '손비', '손부[솜부] 싸우' '쏜비[쏨비] 싸우'라구서 부르우.

소: '손비 싸우'라고도 불루고. 그믄 '손비'가 누구야 '손비'는?

소: 야가 '손비' 아니에요? 야, '손비'라고 그냥하믄.

박: 예.

소: 예, 야가 '손비'지요이~?

박: 예, '손비'.

소: 그면은 아들이 여자를 얻어왔어. 손자, 손자에 여자는 여자 메느리 손, 손자 메느리는 뭐라고 불러?

박: '손녀'고.

소: 에, 보통 말로 한번 해 줘 보세요.

박: 보통 그렇게 말하지요 뭐. '손자'고 '손녀'고.

소: '손녀'고. 그러면은 여자 여자 딸 딸 할아버지 딸, 딸이 낳은 아, 아들은 뭐라고 부르고 여(자)….

박: 또.

소: 또 딸은 뭐라고 해요?

박: '외손자', '외손녀'.

소: '외손자', '외손녀'.

박: 예.

소: 으음 음. 이 이 애들이 이 이, 이 손녀가 결혼을 해서 또 남자를 얻어 오면 이 남자를 뭐라고 불러요? 손녀 남편.

박: 시방 시동생. 음, 저, 음 '손비', '손비 남편'이라고.

소: '손비'?

박: 손, '손비'. 비.

소: '손비'?

박: '손비 남편'이라고.

소: 이 아이 이 아이 이 아이는?

박: '손비', '손부 싸위', '쏜비 싸우'라고 부르오.

소: '손비 싸우'라고도 부르고. 그러면 '손비'가 누구야 '손비'는?

소: 이 아이가 '손비' 아니에요? 이 아이, '손비'라고 그냥 한다면.

박: 예.

소: 예, 이 아이가 '손비'지요?

박: 예, '손비'.

소: 그러면은 아들이 여자를 얻어 왔어. 손자, 손자의 여자는 여자 며느리 손, 손자 며느리는 뭐라고 불러?

박: '손비 메느리'라구 부릅지.125)

소: 아아::. '손비 메느리' 에. 음. 자, 이 애들이요 여기 애들이 아바이를 갖다가 할아버지를 '아바이'라고 부르죠이~?

박: 예.

소: 할아버지를 '아바이'라고 부르죠이~? 그러면 아버지, 이 아바이보다 형님인, 인, 아버지보다 형님인 그사람을 부를때는 뭐라고 불러요? 이이이, 이 손자가.

박: 예.

소: 손자가 이 아버지에 아버지를 부르면 '할아버지'라고 부르죠?

박: 예, '할아버지'라구.

소: '할아버지', '아바이'라구 부르죠? '아바이'.

박: 예예예예예. '아바이'라구.

소: 아바이에 형님을 부를때는 뭐라고 불러요?

박: 시방 자아덜 거 보통 싹 '아바이' '아바이' 하짐. (기침).

소: 그때는 '큰아바이' 이렇게 안 불러?

박: '큰아바이'라두 부르지. '큰아바이'라구두 부르, 부릅니다. '큰아바이'라구 부름….

소: 아바이 형제간이 세이면 세 세, 세분이면 아바이 형제간이 세분인데 우리 아바이가 여기, 여기 가운데에요.

박: 으~.

소: 근데 우리 아바이보다 위에 있는 아바이는 뭐라고 불러요?

박: 이상?

소: 예, 이상.

박: 큰아바입지.

소: '큰아바이'고.

박: 예.

박: '손비 메느리'라고 부르지요.

소: 아아. '손비 메느리'에. 음. 자, 이 애들이요 여기 애들이 할아버지를 갖다가 할아버지를 '아바이'라고 부르죠?

박: 예.

소: 할아버지를 '아바이'라고 부르죠? 그러면 아버지, 이 할아버지보다 형님인, 인 아버지보다 형님인 그 사람을 부를 때는 뭐라고 불러요? 이이이, 이 손자가.

박: 예.

소: 손자가 이 아버지의 아버지를 부르면 '할아버지'라고 부르죠?

박: 예, '할아버지'라고.

소: '할아버지', '아바이'라고 부르죠? '아바이'.

박: 예예예예예. '아바이'라고.

소: 할아버지의 형님을 부를 때는 뭐라고 불러요?

박: 시방 저 아이들 그 보통 싹 '아바이', '아바이' 하지 뭐. (기침).

소: 그때는 '큰아바이' 이렇게 안 불러?

박: '큰아바이라'고도 부르지. '큰아바이'라고도 부르, 부릅니다. '큰아바이'라고 부릅….

소: 할아버지 형제간이 셋이면 세 세, 세 분이면 할아버지 형제간이 세 분인데 우리 할아버지가 여기, 여기 가운데에요.

박: 응.

소: 근데 우리 할아버지보다 위에 있는 할아버지는 뭐라고 불러요?

박: 손위?

소: 예, 손위.

박: '큰아바이'지요.

소: '큰아바이'고.

박: 예.

소: 요 아래는?

박: 무 보통 말한게 '작은아바이'라구두 부르구.

소: '작은아바이'.

박: 예.

소: 예. 그러게 '아바이'는 '할아버지'를 '아바이'를 합, '아바이'라고 그래요?

박: 예, 예.

소: 아바이 형, 아바이 형제간이 세부, 세 분인데 그 중에서 맨 위에를 '큰아바이'.

박: '큰아바이'.

소: 여기를 '작은아바이'.

박: '작은아바이'.

소: 예. 음.

박: 시방 *어리 여기 사람덜 무스거 뭐 나두 무스거 모르는가이 처냄이 부인으 미시라구 부르는거 모릅니다.

소: 처남에 처남에 부인.

박: 어 거저 처남이 부이라구서 그렇기 기래.

소: '처남댁'이라고 그래요. 저희는 '처남댁'.

박: 으응.

소: 그 보통 부를 때는 뭐라고 불러요 글면? 처남에…. 아니죠! 처남에 처남에 처남에 부인.

박: 으응.

소: 오오오. 보통 부를 때는 뭐라고 부르세요 그냥?

박: 여기서 시방은 거저 이름 부릅지 무스. 이름 부릅굼[부루꿈].

소: 그래요?

박: 처냄이 부이이라구 아이하구 내느 저기 그런 매부 한부이 돌아가셨[sʸət]지마는 저, 저, 저 노친¹²⁶⁾ 시방 우리 매비게는 처냄이 부이이 아입니까?

소: 요 아래는?

박: 뭐 보통 말하는 게 '작은아바이'라고도 부르고.

소: '작은아바이'.

박: 예.

소: 예. 그러니까 할아버지는 '할아버지'를 '아바이'라고 그래요?

박: 예, 예.

소: 할아버지 형, 할아버지 형제가 세 분, 세 분인데 그 중에서 맨 위를 '큰아바이'.

박: '큰아바이'(=큰할아버지).

소: 여기를 '작은아바이'(=작은할아버지)라 하고.

박: '작은아바이'.

소: 예. 음.

박: 시방 어리석게도 여기 사람들이 무엇을 뭐, 나도 무엇을 모르는가 하니 처남의 부인을 무엇이라고 부르는지 모릅니다.

소: 처남의 처남의 부인.

박: 어 그저 처남의 부인이라고서 그렇게 그래.

소: '처남댁'이라고 그래요. 저희는 '처남댁'.

박: 으응.

소: 그 보통 부를 때는 뭐라고 불러요 그러면? 처남의…. 아니죠! 처남의 처남의 처남의 부인.

박: 으응.

소: 오오오. 보통 부를 때는 (처남의 아내를) 뭐라고 부르세요 그냥?

박: 여기서 시방은 그저 이름 부르지요 뭐. 이름을 부릅니다.

소: 그래요?

박: 처남의 부인이라고 안 하고, 나는 저기 그런 매부 한 분이 돌아가셨지마는 저, 저, 저 노친이 시방 우리 매부에게는 처남의 부인이 아닙니까?

소: 네.

박: 갠디 이름 그야 부르우.

소: 아아. 그래요?

박: 이:~.

소: 오오. 그면은 '매비'는 누구에요 '매부'는?

박: '매분' 여기서 그것두 보토~ '매부' '매부' 하압짐. 이새~이구 지하구 싹 '매비'라구.

소: 저희? 아아. 우리 누나에 남편임 뭐에요?

박: '매부'라구 합짐.

소: '매부'라고 하나요?

박: 예, 예.

소: 제 여동생에 남편은?

박: 쏘론느(все равно) '맵' 또 그게 그 '매부'라구 하구.

소: 거그도 '매부'구요?

박: 예, 예.

소: 으음. 그문 이상도 '매부'고 지하도 '매부'고?

박: 예. 지하두 '매부'. 예.

소: 으으음.

박: 기래 지 지하매부. 이상 처넴이르 여기선 '헝님'이라구 그랩….

소: 아.

박: '헝님'이라구.

소: '헝님'이라고 그냥 하고요이~? 으응.

소: 그 집을 엣날에 그 저 집을 지면은요, 이르끼 집을 보면, 이께 빗방울이 떨어지는 데 있잖아요. 빗방울이 떨어지는데.

박: 응.

소: 네.

박: 그런데 이름을 그냥 부르오.

소: 아아. 그래요?

박: 응.

소: 오오. 그러면은 '매비'는 누구에요 '매부'는?

박: '매부'는 여기서 그것도 보통 '매부' '매부' 하지요 뭐. 손위고 손아래고 싹 '매비'라고.

소: 저희? 아아. 우리 누나의 남편이면 뭐에요?

박: '매부'라고 하지요, 뭐.

소: '매부'라고 하나요?

박: 예, 예.

소: 제 여동생의 남편은?

박: 어쨌든 '매부' 또 그게 그 '매부'라고 하고.

소: 거기도 '매부'고요?

박: 예, 예.

소: 으음. 그러면 손위도 '매부'고 손아래도 '매부'고?

박: 예. 손아래도 '매부'. 예.

소: 으으음.

박: 그래 손 손아래 매부. 손위 처남을 여기서는 '형님'이라고 그럽(니다)….

소: 아.

박: '형님'이라고.

소: '형님'이라고 그냥 하고요? 으응.

소: 그 집을 옛날에 그 저 집을 지으면은요, 이렇게 집을 보면 이렇게 빗방울이 떨어지는 데가 있잖아요. 빗방울이 떨어지는 데.

박: 응.

소: 빗방울이 떨어지는 데 거기를 뭐라고 불러요? 이게 이게 인제 이 옛날 집이면 이게 집, 이게 집이죠이˘?

박: 예.

소: 집에 옛날.

박: 글세 알아 들엇습니다.

소: 여기 물방울이 떨어지는 데 있지요 여기?

박: 옌, 옛날집에서사.

소: 어.

박: 그런게 없엇습지 무스. 거저 거저 거 사적에서 거 주르르르 이룷기 이래 떨어지지. 한곧으로 떨어 아이 지짐. 여기선 마우잿말르 기게 '졸로브(жёлоб)'라구선 밑에다 이렇기 대애무.

소: 아니 그걸, 그거 옛날에는 그렇게 안데 안데고 집이 이룧게 있으면.

박: 야˘.

소: 집이 이룧기 이룧기 있으면 비가 오면 비가 오면 요기서 비가 내려와가 지고 여그서 여그 끝에서 비가 뚝뚝뚝 떨어지잖아요.

박: 글쎄. 응.

소: 그리고 여기 인자 거시 겨울이 데면 여기 얼, 얼음이 달리죠?

박: 예 보통 고조, '고조리'라구 합지 여기서.

소: '고조리'라고 하지요이˘?

박: '얼음고조리'라구.

소: 이˘. '얼음고조리'라고 그래요. '고조리'라고 하는데, 고조리가 달리는 데 에서 물이 떨어지는거 아니에요, 빗물이.

박: 녹으메서 떨어지···.

소: 그렇지.

박: 녹으무 떨어져···.

소: 빗방울이 떨어지는 데 거기를 뭐라고 불러요? 이게 이게 인제 이 옛날 집이면 이게 집, 이게 집이죠?

박: 예.

소: 집에 옛날.

박: 글쎄 알아들었습니다.

소: 여기 물방울이 떨어지는 데가 있지요 여기?

박: 옛, 옛날 집에서야.

소: 어.

박: 그런 게 없었지요 뭐. 그저 그저 그 사방에서 그 주르르르 이렇게 이래 떨어지지. 한곳으로 안 떨어지지 뭐. 여기서는 러시아 말로 그게 жёлоб(=물받이)라고서 밑에다 이렇게 대면.

소: 아니 그걸, 그거 옛날에는 그렇게 안 되, 안 되고 집이 이렇게 있으면.

박: 응.

소: 집이 이렇게 이렇게 있으면 비가 오면 비가 오면 요기서 비가 내려와 가지고 여기서 여기 끝에서 비가 뚝뚝뚝 떨어지잖아요.

박: 글쎄. 응.

소: 그리고 여기 인제 그것이 겨울이 되면 여기 얼, 얼음이 달리죠?

박: 예 보통 '고조(리)'(=고드름), '고조리'(=고드름)라고 하지요 여기서.

소: '고조리'라고 하지요?

박: '얼음 고조리'라고.

소: 예. '얼음고조리'라고 그래요. '고조리'라고 하는데, 고드름이 달리는 데서 물이 떨어지는 거 아니에요, 빗물이.

박: 녹으면서 떨어지…

소: 그렇지.

박: 녹으면 떨어져…

소: 그문 인제 아니 비가 오드라도 비가 빗물이 거그서 그리 떨어지죠?

박: 떨어지짐.

소: 여름에는 겨울에는 이게 인자 얼어서 인자 얼음이 데, 데고.

박: 예.

소: 여기 여기 떨어지는 여기를 뭐라고 불러요 여기를?

박: 그거 모르겠습니다. 무시라구 부르는지.

소: 오오. '처마'라고 하는말 못들어보셨어요?

박: 예 '첨마'란 말이 잇슴, 잇습니다. 노래두 그 첨마 끝이라구서[끄티 라구서].

소: 에에에. 처마 끝이가 어딘지는 몰라? 예, 여기가 여기가 짐 처마 끝이 거든요?

박: 예예예.

소: 빗물이 떨어지는데? 으으음.

소: 그면 여기가 여가 지붕이구요이~.

박: 예. 지붕.

소: 지붕이지요이~.

박: 예.

소: 지붕에 맨 위에 여기를 뭐라고 불러요?

박: 그 거저 가정말르느 '지붕꼭대기'라구 이룽기 '지붕꼭대기'라구서.

소: '지붕꼭대기'요?

박: 지붕 지붕꼭대기라구서 이룽기.

소: 그 혹시 낭그로 낭그로 엣날에 집 지은 거 혹시 보셨어요?

박: 알아 못들엇습니다.[127]

소: 이 집을 질 때.

박: 예.

소: 벡돌로 안 짓고.

소: 그러면 인제 아니 비가 오더라도 비가 빗물이 거기서 그리 떨어지죠?

박: 떨어지지 뭐.

소: 여름에는 겨울에는 이게 인제 얼어서 인제 얼음이 되, 되고.

박: 예.

소: 여기 여기 떨어지는 여기를 뭐라고 불러요 여기를?

박: 그거 모르겠습니다. 무엇이라고 부르는지.

소: 오오. '처마'라고 하는 말 못 들어 보셨어요?

박: 예 '첨마'(=처마)란 말이 있습, 있습니다. 노래도 그 처마 끝이라고서.

소: 예예예. 처마 끝이 어디인지는 몰라? 예, 여기가 여기가 지금 처마 끝이거든요?

박: 예예예.

소: 빗물이 떨어지는 데? 으음.

소: 그러면 여기가 여기가 지붕이고요.

박: 예. 지붕.

소: 지붕이지요.

박: 예.

소: 지붕의 맨 위, 여기를 뭐라고 불러요?

박: 그 그저 가정에서 하는 말로는 '지붕 꼭대기'라고 이렇게 '지붕 꼭대기'라고.

소: '지붕 꼭대기'요?

박: 지붕 지붕 꼭대기라고서 이렇게.

소: 그 혹시 나무로 나무로 옛날에 집 지은 거 혹시 보셨어요?

박: 못 알아들었습니다.

소: 이 집을 지을 때.

박: 예.

소: 벽돌로 안 짓고.

박: 예.

소: 나무로 짓는 집 집, 나무 나무로 이렇게 세워가지고 혹시 그릏게.

박: 그런 집은 난 못 귀거햇습니다.

소: 오.

박: 그 아깨 내 '무티집이' **'무티지' **아나두(←하재앳슴두)? 그건 이릏기 무티르 이릏기, 이릏기 하나 가르 놓구 그 다음 그 우에 층댄 또 이 이릏기 놓 이 홈 이래 조꼼씨 파구서르 이래 덧물게서128) 이릏기. 에 세와짓는 건 난 못밧습니다.

소: 아: : 나무를 잉게 밑에 돌 놓고 이릏게 세워가지고.

박: 예.

소: 요롷게 이릏게 해서 집을 잉게 짓는거 그런 집.

박: 그건 못 못밧 못밧습니다.

소: 어: : 그럼 우리 우리 우리 원동에서는 다 그릏게 집을 졌거든요? 근데 팔칸집은 다 그릏게 그릏게 짓는데 이쪽으로 오셔가지고는 이제 그릏게 안짓는고만요. 로시아식으로 짓는고만.

박: 원동에서 그 '꽁지벡이' '껑지벡이' 한 게, 어디메 헌 조앳자ᅟ이 잇으무, 내.

소: 여기 여그다 여기다 써두 데요.

박: 거기다서리 어뜨끼.

소: 뒤에다 하나 써 써도 돼: .

박: 이 이릏기 이릏기 낭그 이릏기 세우구서르.

소: 예.

박: 이릏기 총총 배게 세우구서르 또 이러 이릏기 가르 이릏기 또 세우구 여기르 이릏기 싹 얽어매구서르.129)

소: 예.

박: 기래구서르 이이입 이 구머ᅟ에다 여기다서리 흙으 제게서.

박: 예.

소: 나무로 짓는 집 집, 나무 나무를 이렇게 세워 가지고 혹시 그렇게.

박: 그런 집은 난 구경하지 못했습니다.

소: 오.

박: 그 아까 내가 통나무집이 통나무집 하잖았습니까? 그건 이렇게 통나무를 이렇게 이렇게 하나를 가로로 놓고 그다음 그 위의 층은 또 이 이렇게 이래 놓고 이 홈을 이래 조끔씩 파고서 이래 덧물려서 이렇게 (짓지). 에 (나무를) 세워 짓는 건 나는 못 봤습니다.

소: 아 나무를 이렇게 밑에 돌 놓고 이렇게 세워가지고.

박: 예.

소: 요렇게 이렇게 해서 집을 이렇게 짓는 거 그런 집.

박: 그건 못 못 봤, 못 봤습니다.

소: 어 그럼 우리 우리 우리 원동에서는 다 그렇게 집을 지었거든요? 그런데 8칸 집은 다 그렇게 그렇게 짓는데 이쪽으로 오셔가지고는 이제 그렇게 안 짓는구먼요. 러시아식으로만 짓는구먼.

박: 원동에서 그 '꿍지벽',130) '꿍지벽' 한 것이, 어디 헌 종잇장이 있으면, 내가.

소: 여기 여기다 여기다 써도 돼요.

박: 거기다가 어떻게 (쓰겠소).

소: 뒤에다(=뒷면에다) 하나 써 써도 돼요.

박: 이 이렇게 이렇게 나무를 이렇게 세우고서.

소: 예.

박: 이렇게 총총 배게 세우고서 또 이렇 이렇게 가를 이렇게 또 세우고 여기를 이렇게 싹 얽어매고서.

소: 예.

박: 그리고서 이 이 구멍에다 여기다가 흙을 두들겨 패서 (넣지).

소: 예. 예.

박: 기램 기래구서르 안팎으 이래.

소: 예, 예, 예.

박: 매질하압지.131) 이거 '껑지벡이' '껑지 껑지벡이' 하압덤. 원도~서 싹 이렇게 집우 짖습덤.

소: 오: :.

박: 우리 그 저 연해주에 이시직[찍]에.

소: 그러게 여기 여기 여기다간 인제 이렇게 좀 좀 큰 큰낭그를 놓고.

박: 그렇기 크재앤 거저 요 요막씨 이래 이런 낭그. 기래길래 이릏기 가름재애꺼지132) 대에 얽어매구 바름질하게 담 전벡이 거저 에따(это) 열 대애 산치(санти) 두껍우 데갠지 그 그렇습덤.

소: 음: : 이거 이런 이런 집을 뭐라고 한다고요?

박: '꽁지[k'oŋǰi]', 이 벡으 '꽁지[k'oŋǰi]벡이' '껑지벡이' 하압덤마.

소: '껑지벡이'.

박: 예. '껑지벡'이라구.

소: 음: : 그러면은요 그 벡을 발라놓으면 안쪽에, 방 안쪽에.

박: 응.

소: 그냥 흑 흐 흑이 그대로 있는거에요?

박: 이게 저기 전벡이 얇아 노오이까데 야, 겨을이무 서리 샛하얗게 들옵(데).

소: 아아.

박: 안으르. 기래 불으 어 하목으 큰 이래 낭그 진 대르 지와서133) 이래 톱을르 케서 싹 패애서 거저 주야동안[주야똥안] 쉴새없이 그양 불으 때앱덤마.134) 기래구서르 온돌으 놓온거느 그런 돌으 통까서.135) 기래 세 칸 네칸 지나가서 구새르 세운게 **열린 시방 저기 그런 여러: 가지 저기 쇠, 쇠 쉴르두

소: 예. 예.

박: 그래 그리고서 (벽면의) 안팎을 이렇게.

소: 예, 예, 예.

박: 매질을 하지요. 이거 '꿍지벽', '꿍지, 꿍지벽' 하더군요. 원동에서 싹 이렇게 집을 짓더군요.

소: 오.

박: 우리 그 저 연해주에 있을 적에.

소: 그러게 여기 여기 여기다가는 인제 이렇게 좀 좀 큰 큰 나무를 놓고.

박: 그렇게 크지 않고 그저 요 요만큼씩 이렇게 이런 나무를. 그러기에 이렇게 가름대에까지 대서 얽어매고 벽에 흙을 바르게 되면 전벽이 그저 음 한 15센티미터 정도의 두께가 되겠는지 그 그렇지요.

소: 음 이거 이런 이런 집을 뭐라고 한다고요?

박: '꿍지', 이 벽을 '꿍지벽', '꿍지벽' 하더군요.

소: '꿍지벽'.

박: 예. '꿍지벽'이라고.

소: 음 그러면은요 그 벽을 발라 놓으면 안쪽에, 방 안쪽에.

박: 응.

소: 그냥 흙 흙 흙이 그대로 있는 거에요?

박: 이게 음 저기 전벽이 얇다 보니까 응, 겨울이면 서리가 새하얗게 들어오데.

소: 아아.

박: 안으로. 그래 불을 어 화목(火木)을 큰, 이래 나무를 긴 대(=줄기)를 베어 쓰러뜨려서 이렇게 톱으로 켜서 싹 도끼로 패서 그저 주아(晝夜)동안 쉴 새 없이 그냥 불을 때더군요. 그리고서 온돌을 놓은 것은, 그런 돌을 통째로 가져다 치거나 두들겨서. 그래 세 칸 네 칸 지나가서 굴뚝을 세운 게 여기는 시방 저기 그런 여러 가지 저기 쇠, 쇠 쇠로도 (만들어)

이래 구새라구 기래지만.

소: 예.

박: 그때까레느 그런게 잇습니까?

소: 음.

박: 그런 낭그 깎아서 널처리 기래서 네모에 나게서르 구새르 세칸 네칸 건네가서 그 구새르 나무구새르 세운것두 겨을이무 어떻기 불으 맷는지 그 구새애 불이난 페다이 다스 잇엇습니다. 내 시방 본같습니다.[136]

소: 음.

박: 그야~아르 그르기 불으 때재이무 그 원동 치베 겨을엣 보내기드 겐디기 바빳습니다. 저 전벅이 얇지[얍찌].

소: 음.

박: 기래서두 불으 때무 전벅 안에서 내 보니까 물이 줄줄줄 떨어집지. 불우 좀 슬 때무 전벅이 안데서 얼어서 얼 어림이.

소: 으음.

박: 그렇기 우리 부치이랑. 우리 부친때 그렇기[그러끼].

소: 그러면 원동에서는 그렇게 땔낭그는 많이 있었어요?

박: 낭기 많앳습니다. 예, 낭기 많앳습니다. 거저 그 참나무랑 몇 십여연씨 묵은 게 절르 이르끼 말라서 또 그랜 그:것두 가서 톱을르 동네 어른덜이 통[137] 이래 패르 져서 동삼낭그, 겨을낭그 하 하목 할직에느 패르 져서 이래 댕기메서리 이 낭그 싹 케서 톱을르 케서 싹 패애서 이래 가레 놓온게 어징가난 지바~이 그렇기 무지 무지 컷습니다. 그거 한해 게을동안으 거 다 때앱덤.

소: 그 여기는 지금 그룿기 불 긇기 많이 안때죠?

박: 여기느 그 그렇기 원동 치비처리 더 덜 칩습.

소: 그 원동보다도 여기가 지금 날씨가 더 따뜻한가요?

이래 굴뚝이라고 그러지만.

소: 예.

박: 그때 무렵에는 그런 게(=쇠로 만든 굴뚝이) 있습니까?

소: 음.

박: 그런 나무를 깎아서 널처럼 그렇게 해서 네모 모양이 나게 해서 굴뚝을, 세 칸 네 칸 건너가서 그 굴뚝을 나무 굴뚝을 세운 것도 겨울이면 어떻게나 불을 땠는지 그 굴뚝에 불이 난 폐단이 다수 있었습니다. 내 지금도 보는 것 같습니다.

소: 음.

박: 그 모양으로 그렇게 불을 때지 않으면 그 원동 추위에, 겨울을 보내기도, 견디기 힘들었습니다. 저 전벽이 얇지.

소: 음.

박: 그래서 불을 때면 전벽 안에서 내 보니까 물이 줄줄줄 떨어지지요. 불을 좀 적게 때면 전벽 안쪽에서 얼어서 얼 얼음이.

소: 으음.

박: 그렇게 우리 부친이랑. 우리 부친 때 그렇게.

소: 그러면 원동에서는 그렇게 땔나무는 많이 있었어요?

박: 나무가 많았습니다. 예, 나무가 많았습니다. 그저 그 참나무랑 몇 십여 년씩 묵은 게 저절로 이렇게 말라서 또 그런 그것도 가서 톱으로 동네 어른들이 모두 이래 패를 지어서 겨울 땔나무, 겨울 땔나무 화, 화목 (火木)을 할 적에는 패를 지어서 다니면서 이 나무 싹 켜서 싹 (도끼로) 패서 이래 가려 놓은 게 어지간한 지방에서 그렇게 더미가 더미가 컸습니다. 그거 한해 겨울 동안을 그거 다 때더군요.

소: 그 여기는 지금 그렇게 불 그렇게 많이 안 때지요?

박: 여기는 그 그렇게 원동 추위처럼 (춥지 않고) 더 덜 춥습니다.

소: 그 원동보다도 여기가 지금 날씨가 더 따뜻한가요?

박: 여기 덜 칩습덤 원동마. 기랜데 어 어느해, 내 어전 생각데지. 밤에 영하 서른도꺼지 네려가서 이 저기 땅밑에 수돗물 저기 뚜르바(труба)덜써 싹 얼어서 난시 낫댓습구마.

소: 어:: 거기까지 얼었어요 수돗물이?

박: 그렇, 예.

소: 이 까스관은 안 안얼어요?

박: 예?

소: 까스관은 그렇게 해도 안 얼어요?

박: 까스 아이 아이어업구마 예.

소: 어:: 그러면 만약 물안나오면 어트게요 여기는? 물이 안 나오고 얼어 가지고 물이 안나오문 어둫게요 인제 여기는?

박: 저기 그 전기 그 거기서 일하 일한 엘레뜨(электрик)들 와서 그 스바르까(сварка)란 아빠라트(аппарат)르 가주구서르 이룽기[이르끼] 앞 뒤에다서르 홀 홀 자라게 다무 몇 쎄꾼드(секунд) 어간에 그 어림이 녹스 녹습덤마.

소: 그래요?

박: 예.

소: 어::.

박: (기침).

소: 터지진 않구요?

박: 터 아이. 게 오래두문사 터집지. 오래두무사. 기래 조 그 뚜루바(труба) 오란 게구 좀 싹구 그런거느 그 가장바닭 터진데두 잇습짐. 기래 그 거 파구서르 또 거 터진자리르 베에 내때리구 거거다 다른거 또 (하품).

소: 결혼식을 할때요 결혼식 할 때.

박: 예.

소: 결혼식 할 때 여자네 집으로 선물같은 거 보내죠?

박: 여기 덜 춥더군요 원동보다. 그런데 어 어느 해, 내 이제 생각나지, 밤에 영하 30도까지 내려가서 이 저기 땅 밑에 수돗물 저기 관(管)들이 싹 얼어서 난시(亂時) 났습니다(=난리가 났습니다).

소: 어 거기까지 얼었어요 수돗물이?

박: 그렇게, 예.

소: 이 가스관은 안 안 얼어요?

박: 예?

소: 가스관은 그렇게 해도 안 얼어요?

박: 가스 아니 안 업니다 예.

소: 어 그러면 만약 물 안 나오면 어떻게 해요 여기는? 물이 안 나오고 얼어가지고 물이 안 나오면 어떻게 해요 인제 여기는?

박: 저기 그 전기 그 거기서 일하, 일하는 전공(電工)들이 와서 그 용접하는 기구를 가지고서 이렇게 앞뒤에다가 홀 홀 쏘이게(?) 되면 몇 초 사이에 그 얼음이 녹, 녹더군요.

소: 그래요?

박: 예.

소: 어.

박: (기침).

소: 터지지는 않고요?

박: 터지지 않지. 그래 오래 두면야 터지지요. 오래 두면야. 그래 좀 관(管)이 오래된 것이고 좀 삭고 그런 거는 그 가장자리가 터진 데도 있지요 뭐. 그래 그거 파고서 또 그 터진 자리를 베어 내던지고 거기다 다른 거 또 (하품).

소: 결혼식을 할 때요 결혼식 할 때.

박: 예.

소: 결혼식 할 때 여자네 집으로 선물 같은 거 보내지요?

박: 그 결혼할 적엔 아무것두, 어 허락받은 다음에 결혼이 덴 다음에느 선물으 가제갑니다.

소: 여기서요?

박: 예.

소: 그 옛날에 그 원동 풍습 대로 하는게 아니고 여기는 새로운 풍습대로 해요?

박: 그 원동 그 풍습이 보통 여기 여기서두 그 풍습대르 합니다.

소: 그러면 이렇게 '함' '함'이라고 하는거 들어보셨어요 '함'?

박: 예예.

소: 함에다 뭐 선물 넣어갖고 이렇게 지고 가잖아요.

박: 그 그런 그런 식은 없습니다.

소: 그문 어떡해요?

박: 어전 저기.

소: 결혼 할라면 어떻게 해요 여기는?

박: 겔혼할라 갈직[찍]에느 거저 에 신부 아부지나 아부지 돌아가구 없으무[업스무] 헝님이나 기래 가서 어 허락받구서르 그 여기서 청치 청치 하압굼[하아꿈]. 청치르 가제가압지. 그게 에 잔체 먼저 음식두 좀 일거놓구 기직[찍]에 친척덜 모다서 이 헝겇이다던지138) 무슨 뽀다로크(подарок)르 긔직[찍]에 거 신부인데르 가제가압덤.

소: 음 '청취'라고 하는 것이 잏게 선물이여?

박: 긔게 음식으 일궈놓구서르139) 기랩지. 음식으 일거놓구 그다음 친척덜 모다서 어 저기 어느 시누이 덴 분네느 '무슨 무스거 가져왔소' 또 '누긴 무스거 가져왔소' 이래 통 친척덜 모다서 이 체모단(чемодан)다 옇어서 기래 그 신부인데르140) 가제가압지.

소: 아아. 음식도 하고요.

박: 음식도 하구.

박: 그거 결혼할 적에는 아무것도 어 허락 받은 다음에 결혼이 된 다음에는 선물을 가져갑니다.

소: 여기서요?

박: 예.

소: 그 옛날에 그 원동 풍습대로 하는 게 아니고 여기는 새로운 풍습대로 해요?

박: 그 원동 그 풍습이 보통 여기 여기서도 그 풍습대로 합니다.

소: 그러면 이렇게 '함', '함'이라고 하는 거 들어보셨어요, '함'?

박: 예예.

소: 함에다 뭐 선물 넣어 가지고 이렇게 지고 가잖아요.

박: 그 그런 그런 식은 없습니다.

소: 그러면 어떻게 해요?

박: 이제는 저기.

소: 결혼하려면 어떻게 해요 여기는?

박: 결혼하러 갈 적에는 그저 신부 아버지나, 아버지가 돌아가시고 없으면 형님이나 그래 가서 어 허락 받고서 그 여기서는 '청초(請招)',[141] '청초(請招)' 합니다. '청초(請招)'를 가져가지요. 그게 에 잔치를 하기 전에 먼저 음식도 좀 이루어 놓고 그때에 친척들 모아서 이 천이라든지 무슨 선물을 그때에 그 신부한테 가져가더군요.

소: 음 '청초(請招)'라고 하는 것이 이게 선물이야?

박: 그게 음식을 만들어 갖추어 놓고서 그러지요. 음식을 만들어 갖추어 놓고 그다음 친척들을 모아서 어 저기 어느 시누이 된 분은 '무슨 무엇을 가져왔소.' 또 '누구는 무엇을 가져왔소.' 이렇게 모든 친척들이 모여서 이 트렁크에다 넣어서 그래 그 신부한테 가져가지요.

소: 아아. 음식도 하고요.

박: 음식도 하고.

소: 그럼 인자 그 음식은 어디 어 거 거기 신부네집 가서 먹는거에요?

박: 예, 예. 게 신부네집에서 거 재비 요구대르 다아 이래 **청재르 하는게 아이라 가깝운 그 신부짝에서두 가깝운 친척덜으랑.

소: 예.

박: 에 그래 치미르 보내는 그 그런 집덜으 이래 초대르 해서 기래 그 음식으 기래 쓰읍짐.

소: 오:. 금 인제 그렇게 초대를 해서 해서 인자 나눠주고 그문 여기서 겔혼하는 그 그 그 이야기를 쭉 좀 해줘보소 어떻게 하는가? 결혼하는 풍습을. 근데 그렇게 해서 인자 허가를 맡아서 그걸 **청재를 보내고 나면.

박: 예.

소: 여자는 여자에 집에서 남자네집으로는 아무것도 안보내요?

박: 아무것두 아이 보냄.142) 기래구 저기 그 여자집에서 그 남자짝에 할아버지나 머 할머니 잇게다무 어, 보암즉한[보암즈간] 음식으 이래 보낸 페단두 잇습니다. 음식으, 음식으

소: 주로 인자 그 뭐 그때 어떤 음식을 보내요?

박: 어, 조선사람덜이 에 보통 벨거벨거 하는 음식은 그 이 여기서 '찰떡이143)' '찰떡이' 하재오?

소: 예.

박: 차알떡이두 그. 보통 찰떡입짐.

소: 어어. 찰떡은 인자 그리갑 아바이나 *맏압, 참! 맏아바이 아바이들 계시면은, 아바이나 아매 계시면은 보내는거요이~?

박: 예.

소: 예. 그먼 잔치는 어디 어 누구 누구 집에서 해요? 남자네 집에서 해요?

박: **단처느 잔체느 어, 신부집가 신랑집에서 뜨, 딸르딸르 하압짐.

소: 그럼 이제 그 음식은 어디 어 거 거기 신부네 집 가서 먹는 거에요?

박: 예, 예. 그게 신부네 집에서 거 자기 요구대로(=자기가 원하는 대로) 다 이래 청대(請待)를 하는 게 아니라 가까운, 그 신부 쪽에서도 가까운 친척들이랑.

소: 예.

박: 에 그래 추미(芻米)를 보내는 그 그런 집들을 이래 초대를 해서 그래 그 음식을 그래 쓰지요 뭐.

소: 오오. 그러면 인제 그렇게 초대를 해서 해서 인제 나눠 주고 그러면 여기서 결혼하는 그 그 그 이야기를 쭉 좀 해 줘 보세요 어떻게 하는가? 결혼하는 풍습을. 그런데 그렇게 해서 인제 허가를 맡아서 그걸 청대(請待)를 보내고 나면.

박: 예.

소: 여자는 여자의 집에서 남자네 집으로는 아무것도 안 보내요?

박: 아무것도 안 보냅니다. 그리고 저기 그 여자 집에서 그 남자 쪽에 할아버지나 뭐 할머니가 있게 되면 어, 봄직한 음식을 이래 보낸 폐단도 있습니다. 음식을, 음식을.

소: 주로 인제 그 뭐 그때 어떤 음식을 보내요?

박: 어, 조선사람들이 에 보통 별것, 별것 하는 음식은 그 이 여기서 '찰떡', '찰떡' 하잖소?

소: 예.

박: 찰떡도 그. 보통 (보내는 음식은) 찰떡이지요, 뭐.

소: 어어. 찰떡은 이제 그렇게 해서 할아버지나 큰아버지, 참! 큰아버지나 할아버지들이 계시면, 할아버지나 할머니가 계시면 보내는 거에요?

박: 예.

소: 예. 그러면 잔치는 어디 어 누구누구 집에서 해요? 남자네 집에서 해요?

박: 잔치는 잔치는 어, 신부 집과 신랑 집에서 따, 따로따로 하지요 뭐.

소: 두번이나 해요?

박: 예 또, 아이 할렐에[144] 하는데 에, 신부집에서 먼저 객덜 먼저 모듭굼[모두꿈].

소: 음. 네.

박: 신라~이 신부집우르 가무 그 신부집에서 먼저 잔체르 지내구 그담번에 그 신부르 모세가주구서 와서 거저 신라~이집에서 또.

소: 으음. 그러면요이~ 거리가 그렇게 같은 같은 부락이면 가서 하고 올수 있는데.

박: 예.

소: 멀리 떨어져있으면 어트기 해요?

박: 멀리 떨어져잇으무 또 날짜르 저, 정해놓습니다.

소: 아아.

박: (기침) 신부집에 가서 어, 잔체르 지내구 그담 신라~이집우느 거리 멀게다무 먼저 이틀후에라든지 사흘후에라던지 그날에 날으 정해놓습짐.

소: 그렇게 잔치할때는 주로 대개 어떻, 어떻게 잔치를 해요? 주로 주로 음식 같은거 어트게 장만해서 어트게.

박: 음식이라는거 거저 고렷사람이 시방 제:일 큰 음식으느 *지만 '인절미'라구두 하구 '찰떡'이라 하재애?[145]

소: 예예.

박: 찰떡에.

소: 예.

박: 그담 증페에.

소: 음.

박: 기래구서르 과줄이랑.

소: 과줄이 뭐여?

소: 두 번이나 해요?

박: 예 또, 아니 하루에 하는데 에, 신부 집에서 먼저 객(客)들을 먼저 모읍니다.

소: 음. 네.

박: 신랑이 신부 집으로 가면 그 신부 집에서 먼저 잔치를 지내고 그 다음 번에 그 신부를 모셔 가지고 와서 그저 신랑 집에서 또.

소: 으음. 그러면요 거리가 그렇게 같은, 같은 부락이면 가서 하고 올 수 있는데.

박: 예.

소: 멀리 떨어져 있으면 어떻게 해요?

박: 멀리 떨어져 있으면 또 날짜를 저, 정해 놓습니다.

소: 아아.

박: (기침) 신부 집에 가서 어, 잔치를 지내고 그다음 신랑 집은 거리가 멀게 되면 먼저 이틀 후에라든지 사흘 후에라든지 그 날에 날을 정해 놓지요 뭐.

소: 그렇게 잔치할 때는 주로 대개 어떻, 어떻게 잔치를 해요? 주로 주로 음식 같은 거 어떻게 장만해서 어떻게.

박: 음식이라는 거 그저 고려 사람이 시방 제일 큰 음식은 지금(?) '인절미'라고도 하고 '찰떡'이라 하잖소?

소: 예예.

박: 찰떡에.

소: 예.

박: 그다음 증편에다.

소: 음.

박: 그리고서 과줄이랑.

소: 과줄이 뭐야?

박: 과줄으 그게 음 그런 찹쌀가루루 이게 익반죽해서 얍다ː맣게 밀어서.

소: 예.

박: 말리와서 거기다서리 꿀으 발라서 거 깨두 이래 놓구.

소: 아! 오.

박: 그게 과줄으, 과줄 하는게 그게 그전엔 큰 음식으르 그거 첫댓슴다.146) 집집마다 그거 과줄한, 야아! 저집에서 이번 잔체에 과줄햇더라구 서르 소무이 들썽나게 그러, 그렇기 기랫슴.

소: 오오.

박: 갠데 시바ˇ으느 싹 그런 음식으 해애서 파는집이 잇다나이까 돈만 잇으무 그 음식으 무스 갖추긴 어렵재입니다.

소: 예.

박: 돈마 잇으무 벨란 음식이 다 잇습니다. 여기.

소: 예에 에. 그먼 인자 그렇게 해서요 과줄허고 또 다른것은 인제 다른 음식은?

박: 아까 저 우.

소: 아아. 외손자가 전화하신거여?

박: 어여 시방 저 딸이 아들이.

소: 어어 모스크바에 있어요?

박: 거기르 벌이르 가느라구서 떠낫슴.

소: 오ː! 몇살인데?

박: 올해 올해 서, 서른살.

소: 서른살에요? 그 혼, 혼새는 했구요?

박: 에?

소: 잔치는 했고?

박: 잔체르 하구 저기 딸이 *서인, 서이 낫습니다 딸이.

박: 과줄을 그게 음 그런 찹쌀가루를 이겨 익반죽해서 얄따랗게 밀어서.

소: 예.

박: 말려서 거기다가 꿀을 발라서 그 깨도 이래 놓고.

소: 아! 오.

박: 그게 과줄을, 과줄이라 하는 게 그게 그전에는 큰 음식으로 그거 쳤었습니다. 집집마다 그거 과줄 한 (것을 보고), 야아! 저 집에서 이번 잔치에 과줄을 했더라고 서로 소문이 들썩거리게 그렇, 그렇게 그랬습니다.

소: 오오.

박: 그런데 시방은 싹 그런 음식을 해서 파는 집이 있다 보니 돈만 있으면 그 음식을 무슨 갖추기는 어렵지 않습니다.

소: 예.

박: 돈만 있으면 별난 음식이 다 있습니다. 여기.

소: 예에 에. 그러면 인제 그렇게 해서요 과줄하고 또 다른 것은 인제 다른 음식은?

박: 아까 저 위.

소: 아아. 외손자가 전화한 거야?

박: 어, 시방 저 딸의 아들이.

소: 어어 모스크바에 있어요?

박: 거기로 벌이를 한다고 떠났습니다.

소: 오:! 몇 살인데?

박: 올해 올해 서, 서른 살.

소: 서른 살이에요? 그 혼, 혼사는 했고요?

박: 에?

소: 잔치는 했고(=결혼은 했고)?

박: 잔치를(=결혼을) 하고 저기 딸이 셋인(데), 셋을 낳았습니다, 딸.

소: 으음.

박: 기 저 저 저기 할머니지만 딸으 두울우, 큰거느:: 머 핵고르 댕기다 나이 모오구 저 두울으 데리구 오재앳슴? 기랜게.

소: 으음.

박: 어터게 데서 아아덜 서이나 지체놓구147) 저어찌리 무슨 이맞재앤지 이혼햇습니다.

소: 으음.

박: 기래 거기 잇재애구서르 바름두 쉐우메 벌이르 간다구 시반 모스크 발 간게 거기서 시방 즈본이(звонить)질하….

소: 으음.

소: 그면 인자 잔치를 그렇게 하면 동네사람들이 그 초대받은 사람들은 그 담 빈손으로 가는 거요? 뭘 가지고 가는 거에요?

박: 다쑤루 돈으 가주구, 돈으 가주구.

소: 으음.

박: 여기서 시방 여기 풍습이 고렷사람덜 풍습이 무슨 제사라던지 한갑이라던지 잔체라던지 네일 무스 생일이라던지 보통 돈으 싹 가주구 가….

소: 얼마정도씩 가져가요?

박: 돈으 어저느 모도 ***열띡허 그런지 에엔148) 작게 가주구 간 분네 백솜씨 가주구 갑구.

소: 오:!

박: 백솜씨. 기래 우리느 말이사 바른 대르 저 우리 노친넨 네에149) 집이던지 빼애놓재앻구 이래 댕기구 그래~이 야아! 이어 이 게을에느 청재 어터기 많은지. 어떤 집우느 이래 두루 맞띠왐 일이 맞띠와서150) 못가는 것두 어떤달에느 한해 뻰시(пенсия)르 타는게 그 거기 예름에 싹 나가구.

소: 으음.

박: 그래 저 저 저기 할머니지만 딸을 둘을, 큰 놈은 뭐 학교를 다니다 보니 못 오고 저 둘을 데리고 오지 않았습니까? 그런데.

소: 으음.

박: 어떻게 돼서 아이들 셋이나 낳아 놓고 저희끼리 무슨 의(意)가 맞지 않는지 이혼했습니다.

소: 으음.

박: 그래 거기 있지 않고서 바람도 쏘이며 벌이를 (하러) 간다고 시방 모스크바를 간 게 거기서 시방 전화질 하(고)….

소: 으음.

소: 그러면 인제 잔치를 그렇게 하면 동네 사람들이 그 초대 받은 사람들은 빈손으로 가는 거에요? 뭘 가지고 가는 거에요?

박: 대부분 돈을 가지고, 돈을 가지고.

소: 으음.

박: 여기서 시방 여기 풍습이 고려 사람들 풍습이 무슨 제사라든지 환갑이라든지 결혼잔치라든지 내일 무슨 생일이라든지 하면 보통 돈을 싹 가지고 가….

소: 얼마 정도씩 가져가요?

박: 돈을 이제는 모두 열없어(?) 그런지 가장 적게 가지고 간 분네가 백 솜151)씩 가지고 갑니(다).

소: 오:!

박: 100솜씩. 그래 우리는 말이야 바른 대로 (하자면) 저 우리 노친네는 뉘 집이든지 빼놓지 않고 이래 다니고 그러니 야아! 이거 이 겨울에는 청대(請待)가 어떻게 많은지. 어떤 집은 이래 두루 갑자기 맞닥뜨리면 일이 맞닥뜨려서 못 가는데도 어떤 달에는 한 해 연금을 타는 것이 그 거기 경비(經費)로 싹 나가고.

소: 오오. 뻰시 두분이 다 뻰시 타요?

박: 예. 내 에 이, 일천 일백[일빽]서른셋슴 타구.

소: 예.

박: 저 노치이 구백마흔다슷슴 타구.

소: 그면은 한, 한 이천솜 가지면.

박: 예예예.

소: 이천솜 가지면은 생활하기에. 할 만해요?

박: 내 그 예름 아이구 맨 그거 가주구서 살자무 두분네 에 엠매던지. 내 담배르 아이 펫지 수울 아이 마시지 엠매던지 살만합니다. 기랜데 기래구서 저 자손덜이 드문드문 도, 도배르 해주지.

소: 예.

박: 갠데 그 여림에 나가는게 야아! 기딱차우 (웃음).

소: 오오.

박: *한다, 한나 뻰시느 보통.

소: 오오.

박: 여름에 쬐꼼. 그 다쑤루 분네드 밭에 나가서 일하메서 시가이 없어 노이까데 그 새~일두 이 가슬에 밀깁지 늘쌍.

소: 예에에.

박: 개 여름에 쬐꼼 좀 주분주분하지 이 가을겨울에느 뻘건줄이 청자오.

소: (웃음).

박: (웃음).

소: 그러면은 그돈 그돈이 굉장히 큰돈이겠네이?

박: 예에. 기래 글세 재빌르 또 무슨 새~일으 채린다던지 기래무 그만한 도이 *싸, 싹 들어오옵지. 내 작년에 그 일흔다슷 살의[싸르] 먹는 그거 세는데, 이 아홉천 사백솜 들언지. 객으 육십며~으 청재르 햇습지.

소: 오오. 연금 두 분이 다 연금 타요?

박: 예. 내 에 이, 1,133솜을 타고.

소: 예.

박: 저 노친이 945솜 타고.

소: 그러면은 한, 한 2,000솜을 가지면.

박: 예, 예, 예.

소: 2,000솜 가지면 생활하기에. 할만 해요?

박: 내 그 경비 아니고(=말고) 맨 그거(=연금) 가지고서 살자면 두 분네 어, 얼마든지 (삽니다). 내가 담배를 안 폈지 술을 안 마시지 얼마든지 살 만합니다. 그런데 그리고 저 자손들이 드문드문 도, 도움을 주지.

소: 예.

박: 그런데 그 경비에 나가는 게 야아! 기가 차오 (웃음).

소: 오오.

박: 한 달, 한 사람의 연금은 보통.

소: 오오.

박: 여름에 조끔 (적고). 그 대부분의 분네들이 밭에 나가서 일하면서 시간이 없다 보니 그 생일잔치도 이 가을로 미루지 늘.

소: 예에에.

박: 그래 여름에 조끔 좀 멈칫멈칫하지 이 가을 겨울에는 뻘건 줄(=공휴일)이 청대(請待)오.

소: (웃음).

박: (웃음).

소: 그러면은 그 돈 그 돈이 굉장히 큰돈이겠네요?

박: 예. 그래 글쎄 자기 스스로 또 무슨 생일(상)을 차린다든지 그러면 그 만한 돈이 싹 들어오지요. 내가 작년에 그 일흔다섯 살을 먹는 생일을 쇠는데, 이 9,400솜 들었는지. 객(客)을 60명 청대(請待)를 했지요.

겐게 거이 열천만한게 내 저기 돈쓴거마 거저 수월하게 말하무 이익보나 다림없어. (웃음).

소: 돈, 돈 쓰고 남았겠네요?

박: 예.

소: 오.

박: 기래 거기 저기 어떤분네덜으느 내가 친밀이 기랜 분네덜으느 아, 오백솜두 가주구 오구 삼백솜두 가주구 오구. 기애 손지 저 시방 저 죽은 아 아들이 한낸게 그거 이게 안죽 총객인게 걔두 할아버지 저기 칠십오세 르 맞는날이라구서르 그 재빌르 기래두 벌어서 천냐˜아 가주구 왓습굼[와 쓰꿈].

소: 천솜.

박: 천솜[천쏨]

소: 음. 자!, 결혼을 하고나면 잔치를 하고 나면 그 '신랑신부'라고 그러죠 이˜? 남자 여자를?

박: *글 잔체때 그저 그렇기 말합지.

소: 예. '신랑신부'란 말 쓰죠?

박: 게 저 발써 저기 *웨 우리 이 저기 *소, 이 노시아에 사는 고렷사 람덜이 말이 어트게 버드러진지 이 잔체후엔 보통 저기 '신랑신부'라 하 는게 애이라 '에미네스나'라구[152] '에미네스나'라구 이룾기 말하:.[153]

소: '에미네스나'?

박: '에미네스나'라구 (웃음) 이렇기 말하:.

소: 그 로시아 말이에요 그게?

박: 그 무슨 말인지 모르지. 노시앗말은 아이오 기.

소: 오오. 금 잠깐만요이˜. '에미네스나'는 이게 남자를 말하는 거에요 여자 여자를 말하는 거에요?

그런데 거의 10,000솜 정도 (들어와서) 내가 저기 돈 쓴 거보다, 그저 수월하게 말하면 이익을 본 것과 다름이 없어. (웃음).

소: 돈, 돈 쓰고 남았겠네요?

박: 예.

소: 오.

박: 그래 거기 저기 어떤 분네들은 나와 친밀히 (지낸) 그런 분네들은 아, 500솜도 가지고 오고 300솜도 가지고 오고. 그래 손자 저 시방 저 죽은 아이 아들이 하나인데, 그거 이게 아직은 총각인데 그래도 할아버지가 저기 75세를 맞는 날이라고서 그 자기 스스로 그래도 벌어서 1,000냥(=솜)을 가지고 왔습니다.

소: 1,000솜.

박: 1,000솜.

소: 음. 자!, 결혼을 하고 나면, 잔치를 하고 나면 그 '신랑 신부'라고 그러죠? 남자와 여자를?

박: 그(때), 잔치 때 그저 그렇게 말하지요.

소: 예. '신랑 신부'라는 말을 쓰죠?

박: 그게 저 벌써 저기 외지(外地) 우리 이 저기 소(련), 이 러시아에 사는 고려 사람들의 말이 어떻게나 비뚤어졌는지, 이 잔치 후에는 보통 저기 '신랑 신부'라 하는 게 아니라 '에미네스나'(=부부)라고 '에미네스나'라고 이렇게 말하오.

소: '에미네스나'?

박: '에미네스나'라고 (웃음) 이렇게 말하오.

소: 그 러시아 말이에요 그게?

박: 그 무슨 말인지 모르지. 러시아 말은 아니오 그(것이).

소: 오오. 그러면 잠깐만요. '에미네스나'는 이게 남자를 말하는 거예요, 여자를 말하는 거예요?

박: 두울으 한데 그렇기 말하짐.

소: 아아. 신랑신부를.

박: 예 신랑신부르. 저어네 '에미네스나' 어떤가 하구 이 이 이렇김 문안하는것두 문안하짐.

소: 오오. 그면은 그때 에미네스나 중에 남자 남자 남자를 뭐라고 불러? 남자는 '신랑'이고 여자가 '신부'잖아요.

박: 이….

소: 에?

박: 이게 정마 '에미네' 이게 아무래 '신부'갯습지.

소: 그렇죠.

박: 이게 '스나'란 이게 아매 '남페이'갯습죠. 에미네스나 에미네스나.

소: 으응. 여자가 결혼해가지고 바로덴 여자를 뭐라고 불러요?

박: 여기.

소: '새애기'라고 불르나?

박: 그, 그저 그전에느 '가비'라구 하압짐.

소: 에?

박: 갑, 이 이 이혼짜라구서리 이 이릏기.

소: 이혼한 사람 말고.

박: 예.

소: 결혼해가지, 결혼한 *바, 결혼한 여자.

박: 에.

소: 결혼을 바로 한 여자를 뭐라고 불르냐고. 그 아들이 결혼을 했어요.

박: 어.

소: 그라가지고 여자를 데리고 왔어.

박: 응.

박: 둘을 한데 그렇게 말하지 뭐.

소: 아아. 신랑 신부를.

박: 예 신랑 신부를. 당신네 '에미네스나'(=부부)는 어떻게 지내나 하고, 이 이 이렇게 뭐 문안하는 사람도 (있고), 문안하지, 뭐.

소: 오오. 그러면은 그때 '에미네스나' 중에 남자 남자 남자를 뭐라고 불러? 남자는 '신랑'이고 여자가 '신부'잖아요.

박: 이….

소: 에?

박: 이게 정말 '에미네' 이게 아마도 '신부'겠지요.

소: 그렇죠.

박: 이게, '스나'라는 이게 아무래도 '남편'이겠지요 '에미네스나' '에미나스나'.

소: 으응. 여자가 바로 결혼을 했을 때 그 여자를 뭐라고 불러요?

박: 여기.

소: '새애기'(=새색시)라고 부르나?

박: 그, 그저 그전에는 '과부'라고 하지요 뭐.

소: 에?

박: 과부, 이 이 이혼한 사람이라고서 이 이렇게.

소: 이혼한 사람 말고.

박: 예.

소: 결혼해 가지고, 이제 막 결혼한, 결혼한 여자.

박: 에.

소: 결혼을 바로 한 여자를 뭐라고 부르냐고. 그 아들이 결혼을 했어요.

박: 어.

소: 그래가지고 여자를 데리고 왔어.

박: 응.

소: 그면은 바로 데리고온 그 여자를 부를때 동네사람들이 뭐라고 불러요? '새애기'라고 불른가?

박: '새애기'라구서 보통 부르지 새… (웃음).

소: '새애기'는 언제까지 '새애기'라고 불러?

박: '새애기'라는게 시집가기전에 새애깁짐.

소: 시집가면?

박: 시집가문 발써 새애기 아입짐.

소: 글먼 그다음에 뭐라고 불러 시집가면?

박: 시집감 미시라 부르갯는지. 이 노시앗사람덜두[뚜] 이 노시아두 그런 시집 아이 간 여자느 '제부쉬까(девушка)'구154) 발써 시집 안가무155) '쉔쉬나(женщина)'라구 하재앰?

소: 으음.

박: 기래 시집간 여자르 보통 가즈 '안까이'라구 부릅지.

소: 그렇죠 '안까이'라고.

박: '안까이'라구, 예. '안까이'라구 그러….

소: 근데 안까이는 시집 가가지고 쪼끔 지나야지 '안까이'지. 바로 결혼헌지 바로 그때는 '안까이'라고 않잖아요.

박: 기찍엔 무시라구 부르던지 잘 기억데지….

소: 오오. 으음.

박: (기침).

소: 그럼 이제 결혼을 하고 나서 여자네 집에서 잔치허고 나서 남자네 집으로 와 잔치를 하죠이~?

박: 에.

소: 그리고 나면 대개 옷, 나 여자네 집에 가 살아요 남자네 집에 가 살아요?

박: 남자집에 가 살아야….

소: 남자집에 가 살아요이~? 예.

소: 그러면은 바로 데리고 온 그 여자를 부를 때 동네 사람들이 뭐라고 불러요? '새애기'라고 부르는가?

박: '새애기'(＝새색시)라고서 보통 부르지 새… (웃음).

소: '새애기'는 언제까지 '새애기'라고 불러?

박: '새애기'라는 게 시집가기 전에 '새애기(＝처녀)'지요 뭐.

소: 시집가면?

박: 시집가면 벌써 처녀가 아니지요 뭐.

소: 그러면 그다음에 뭐라고 불러 시집가면?

박: 시집가면 무엇이라 부르겠는지. 이 러시아 사람들도 이 러시아도 그 시집 안 간 여자는 '처녀'고 벌써 시집가면 '부인'이라고 하잖습니까?

소: 으음.

박: 그래 시집간 여자를 보통 갓 '안까이(＝아낙네)'라고 부르지요.

소: 그렇죠 '안까이(＝아낙네)'라고.

박: '안까이'라고, 예. '안까이'라고 그러(지요)….

소: 그런데 '안까이'는 시집 가 가지고 쪼끔 지나야지 '안까이'지. 바로 결혼한 바로 그때는 '안까이'라고 안 하잖아요.

박: 그적에는 무엇이라고 부르던지 잘 기억나지 (않습니다)….

소: 오오. 으음.

박: (기침).

소: 그럼 이제 결혼을 하고 나서 여자네 집에서 잔치하고 나서 남자네 집으로 와 잔치를 하죠?

박: 예.

소: 그리고 나면 대개 여자네 집에 가 살아요, 남자네 집에 가 살아요?

박: 남자 집에 가 살아야….

소: 남자 집에 가 살아요? 예.

박: 남자집에, 예.

소: 그러면은 따로 방을 하나씩 내주는 거에요?

박: 여러 카임 기게 마우재덜이 스빨년(спáльня-ㄴ, =침실-은) 이게 너어 잠자리다[잠짜리다]. 기래 한칸으 이렇기 지적해 주구.

소: 으음. 우리는, 우리나라 사람들은, 우리 고려인들은, 동포들은?

박: 고려인덜두 시방 시반 그렇습지.

소: 따로 집 안 사주고?

박: 헹페이 허락덴 분네느: 에따(это) 잔체르 지내구 오라재애서 딸르 집으 져, 싸서 세간 내온다구156) 이래구.

소: 으음. 세간 내준다고.

박: 어 세간 내….

소: 세간 내온다고 그러죠이~?

박: 예.

소: 그러면 세간 내지 않으면은 집에서 데리고 사는거죠이~?

박: 기래 무간알르 집이 배잡운 것두 거저 어느 칸으 정해노구 이게 너어 잠자리다 이래 이랩지. 게 거저 무슨 도이 푼푼하구 그런 집덜으느 헹펜 보멘서리 한집에 그렇기 으, 음 배잡아서 살기 바뿌무 인차 집으 싸서 세간내구.

소: 으음. 요즘 여기 집값은 어때요?

박: 집값이 여기 데게 비쌉니다.

소: 으음. 요정도 집이먼 얼마쯤 가요?

박: 알수 없습니다. 그 단칸들이 집이 그전에느 이 세천 세천반, 극상해157) 네천돌라(доллар)르 펫는데 시방 어저느 열두천 열세천 돌라(доллар)르. 한간들일.

소: 어 오오.

박: **집바시 그렇기 두배 세배 올, 올라갓습지.

박: 남자 집에, 예.

소: 그러면은 따로 방을 하나씩 내주는 거에요?

박: 방이 여러 칸이면, 그게 러시아 사람들 말로 스빨년(спа́льня-ㄴ = 침실-은), 이게 너희 잠자리다. 그래 한 칸을 이렇게 지적해 주고.

소: 으음. 우리는, 우리나라 사람들은, 우리 고려인들은, 동포들은?

박: 고려인들도 시방 시방 그렇지요.

소: 따로 집 안 사주고?

박: 형편이 허락된 분네는 음 잔치를 지내고 오래지 않아서 따로 집을 지어, 사서 살림을 낸다고 이러고.

소: 으음. 살림 내준다고.

박: 어 살림 내….

소: 살림 낸다고 그러지요?

박: 예.

소: 그러면 살림을 내지 않으면은 집에서 데리고 사는 거죠?

박: 그래 무간(無間)으로(=허물없이 가깝게), 집이 비좁지만도, 그저 어느 칸을 정해 놓고, '이게 너희 잠자리다' 이러 이러지요. 그래 그저 무슨 돈이 푼푼하고 그런 집들은 형편 보면서 한집에 그렇게 으, 음 비좁아서 살기 힘들면 이내 집을 사서 살림을 내고.

소: 으음. 요즘 여기 집값은 어때요?

박: 집값이 여기 되게 비쌉니다.

소: 으음. 요정도 집이면 얼마쯤 가요?

박: 알 수 없습니다. 그 단칸들이 집이 그전에는 이 3,000, 3,500, 값이 최고로 오른 해는 4,000달러를 받았는데 시방 이제는 12,000, 13,000달러를 (받습니다). 한 칸들이를.

소: 어 오오.

박: 집값이 그렇게 두 배 세 배 올, 올라갔지요.

소: 이것은 인제 몇칸들이에요?

박: 이게 지바~ 다슷칸들입짐, 이기.

소: 어오. 그먼 이런데는 이런집은 그냥 그 그런데 비하면은.

박: 아~이! 내 이제 말한건 그 저 저, 에 층, 층댓집이. 에따쥐니담(этаж ный дом) 말이오. 크바르찌라(квартира)지.

소: 층대집이?

박: 크바르찌라(квартира)지.

소: 오.

박: (기침) 이 땃집우느 이 시방 에 우리 집 따우느 레몬뜨(ремонт)랑 온저이 해놓구[해노꾸] 기라게 데무 거이 옐야듧천[야듭천] 스무천 돌라 (доллар)르.

소: 음. 그러면은 저 층집이 더 이런데보다 비싸요?

박: 층집이[층찌비] 층집으느 시방 파는게, 파구 싸는게 한펭방메뜨르 값이 엠매랑게 잇습니다.

소: 으음.

박: 기래 그, 그거 따라서 어 값으 부릅짐.

소: 그럼 이제 그 신랑신부가 그 결혼해가지고 와서 자 저 엠매 에미, 에미 네스나가 이렇게 오면.

박: 예.

소: 따로 오디 여행갓다 와요, 그냥 바로 집으로 와요?

박: 그 서방재 집에 와서 잔체르 지내구 또 삼일이란게 잇습니다. 삼일 이란게.

소: 에.

박: 잔체르 지내 사흘만에 또 음식으 갖촤가주구서르 신부네 집우르 또 또 그 가구.

소: 오오.

소: 이것은 인제 몇 칸들이에요?

박: 이게 시방 다섯 칸들이지요 뭐, 이게.

소: 어 오. 그러면 이런 데는 이런 집은 그냥 그 그런데 비하면은.

박: 아니! 내 이제 말한 건 그 저 저, 에 층, 층집(=아파트)이. этажны й дом(층집)이란 말이오. 아파트지.

소: '층대집'?

박: 아파트지.

소: 오.

박: (기침) 이 단독주택은 이 시방 에 우리 집과 같은 종류는 수리랑 온전히 해 놓고 그러게 되면 거의 18,000, 20,000달러를.

소: 음. 그러면은 저 층집이 더 이런 데보다 비싸요?

박: 층집이 층집은 시방 파는 게, 팔고 사는 게 1평방미터의 값이 얼마라는 게 있습니다.

소: 으음.

박: 그래 그, 그거 따라서 어 값을 부르지요 뭐.

소: 그럼 이제 그 신랑 신부가 그 결혼해 가지고 와서 자 저 부부가 이렇게 오면.

박: 예.

소: 따로 어디 여행 갔다 와요, 그냥 바로 집으로 와요?

박: 그 신랑 집에 와서 잔치를 지내고 또 삼일(三日)이라는 게 있습니다. 삼일(三日)이라는 게.

소: 에.

박: 잔치를 지내(고) 사흘만에 또 음식을 갖춰 가지고서 신부네 집으로 또 또 그 가고.

소: 오오.

박: (기침).

소: 그때 신부네 집을 가면 신부네 집에선 어특해요?

박: 신부네 집에서느 또 우리느 신랑잿집에서느 음식으 가제갈 뿌이지 누기르 객덜으 처˘알 건리두 아무 건리두 없습니다. 그 신부집에서 또.

소: 음.

박: 누기르 청잘할 분네덜으 초댈할 분덜 초댈하구 재비 가깝운 친척덜 모듭짐.

소: 으음.

박: 개 서방재짝으선 거저 음식으 해애갓달뿌이지 거기 무슨 누기르 가나 오나르 거, 거기 참에없습니다.

소: 그러면 결혼을 시키고 글면 남자가 돈이 더 많이 들어요? 여자가 돈이 돈이.

박: 남자 도이 더마이 듬. 음. 기래구서르 에 여자덜두[여자덜뚜] 잘사는 가문에서느 그 예다이란게.

소: 예.

박: 그 신라˘이짝에 친척이 많으무 그 예단에 도이 적재앓게 드우. 스혜˘이구 시누이구 거저 무스 **시아즈구 그 친척덜이 그 남펜짝에 많게 데무 싹 그거 이름 저어서 이릏기 선물 디리다나이 도이 적재앓게 듭니다. 기래 조꼼 가정헹페이 딱한[따간] 분네덜으 거저 이 노스끼이(HOCK и)던지 손수거이던지 이래 거저 선물 디리구 값진건 못디립짐.

소: 으음. 그면은 첫날밤은 어디서 보내는 거에요? 첫날밤은.

박: *첫날반으 신랑집에서 보내지.

소: 신랑집에서요?

박: 야˘ 신랑잿집에서 보내지.

소: 그럴때 옛날 에 우리 한국에서는 장난을 많이 치그든요? 신랑들 뭐 잠 못자기도 하고 막 놀리기도 하고. 근데 여기도 여기도 그런거 있어요?

박: (기침).

소: 그때 신부네 집을 가면 신부네 집에서는 어떻게 해요?

박: 신부네 집에서는 또 우리는 신랑 집에서는 음식을 가져갈 뿐이지 누구를 객(客)들을 청할 권리도 아무 권리도 없습니다. 그 신부 집에서 또.

소: 음.

박: 누구를 청대(請待)를 할 분네들을 초대를 할 분들 초대를 하고 자기 가까운 친척들 모이지요 뭐.

소: 으음.

박: 그래 신랑 쪽에서는 그저 음식을 해 갔다 할 뿐이지 거기 무슨 누구를 가라거나 오라거나 그런 일에는 참예(參預)하지 않습니다.

소: 그러면 결혼을 시키고 그러면 남자가 돈이 더 많이 들어요? 여자가 돈이 돈이.

박: 남자가 돈이 더 많이 듭(니다). 음. 그리고서 에 여자들도 잘사는 가문에서는 그 예단이라는 게.

소: 예.

박: 그 신랑 쪽에 친척이 많으면 그 예단에 돈이 적잖게 듭니다. 시형(媤兄)이고 시누이고 그저 무슨 시아주비고 그 친척들이 그 남편 쪽에 많게 되면 싹 그거 이름을 적어서 이렇게 선물을 드리다 보니 돈이 적잖게 듭니다. 그래 조끔 가정 형편이 딱한 분네들은 그저 이 양말이든지 손수건이든지 이래 그저 선물 드리고 값진 건 못 드리지요, 뭐.

소: 으음. 그러면은 첫날밤은 어디서 보내는 거에요? 첫날밤은.

박: 첫날밤을 신랑 집에서 보내지.

소: 신랑 집에서요?

박: 응 신랑 집에서 보내지.

소: 그럴 때 옛날 에 우리 한국에서는 장난을 많이 치거든요? 신랑들 뭐 잠 못 자기도 하고 막 놀리기도 하고. 그런데 여기도 여기도 그런 거 있어요?

박: 어쩐답니까?

소: 뭐 잉게 그 한국 건 이게 문이:.

박: 에.

소: 종이 종이로 뒌 문이잖아요.

박: 에.

소: 거마 문, 문을 막 이러 뚫어서 안으로 막 쳐다보기도 하고 그러거든요?

박: 여::기선 거저 지난밤엔 오늘밤에 너어 잘덴 이카이다. 여기서 발써 이상부네덜으 자르랑[čariraŋ] 싹 페놓구[gʊ] 기래구서르 **잘색할때느 그 거기 들어가 밤우 자압지.

소: 으음. 근데 으음.

박: 기래구서르 그 내 저기 재빌르 띠와158) 본 일으느 어 두칸들입지. 기래 친척덜이 사춘네구 무스 통 그 잔체에오다나이 아 집이 배자와서 어터게 데 우리네르 저기 첫날밤우 거저 무슥으 돌볼게 없이 무사이 자라구 그랜지 이시기덜으 싹 피해서 가압구마. 다른 집우루.

소: 아.

박: 우리 우리 둘으 거저 지쳐 놓구.

소: 어! 오오.

박: 다른 집으르 잘라가압덤.

소: (웃음).

박: (웃음).

소: (웃음). 여기는 주로 첫 애기를 가지면 여자들이, 여자가 애기를 배면.

박: 예.

소: 애기를 '갖는다' 그래요, 애를 어뜨게 애기를 '밴다'고 그래요?

박: 애기르 '선다'구서리. 애기르.

소: 애기를 '섰다' 애기를 '서면'.

박: 예 예.

박: 어찌한답니까?

소: 뭐 이렇게 그 한국 것은 이게 문이.

박: 예.

소: 종이 종이로 된 문이잖아요.

박: 예.

소: 그 막 문, 문을 막 이렇게 뚫어서 안을 막 쳐다보기도 하고 그러거든요?

박: 여기서는 그저 지난밤에는 오늘 밤에 너희가 잘 데는 이 칸이다. 여기서 벌써 손위 분네들이 자리랑 싹 펴놓고 그러고서 잘 생각할 때는 그 거기 들어가 밤(에) 자지요.

소: 으음. 근데 으음.

박: 그러고서 그 내 저기 스스로 겪어 본 일은 어 두 칸들이지요. 그래 친척들이 사촌네고 뭐 모두 그 잔치(에) 오다 보니 아 집이 비좁아서 어떻게 돼 우리네를 저기 첫날밤을 그저 무엇을 돌보고 할 것이 없이 무사히 자라고 그랬는지 이 시기(=시간)를 싹 피해서 갑니다. 다른 집으로.

소: 아.

박: 우리 우리 둘을 그저 남겨 놓고.

소: 어! 오오.

박: 다른 집으로 자러 가더군요 뭐.

소: (웃음).

박: (웃음).

소: (웃음). 여기는 주로 첫 아기를 가지면 여자들이, 여자가 아기를 배면.

박: 예.

소: 아기를 '갖는다' 그래요, 애를 어떻게 아기를 '밴다'고 그래요?

박: 아기를 '선다'고서. 아기를.

소: 아기를 '섰다', 아기를 '서면'.

박: 예, 예.

소: 애기 들어서면.

박: 에.

소: 예. 막 여러가지 음식을 먹죠? 막 토하기도 하고.

박: 예.

소: 그걸 뭐한다고 그래요?

박: 그거 미시라구 말하는지. 으 이룽기 발써 몸 비재이구 그래무 얼, 테하기[테아기]두 하구[아구] 기래게 데무 애기설이르 하는 모애~이라구 이래 이랩지.

소: 음:. '애기설이' 한다고이~.

박: '애기설이'르 한다구 기랩지.

소: 어:. 그면 애기서레하면 막 여러가지 음식 같은것도 막 좀 먹, 좀 신음식이네 뭐네 이룽게 보통때 먹는 음식을, 다른 음식을 달라고 그러잖아요이~.

박: 다른, 다른 음식으 달라구. 내 저 지나간 **이지마느 아~이 기게 저 우즈벡스탄 칠월달에겟는지, 아~이! 포도 멕게엡다구서르[159] 즈, 저 노친네 시방.

소: 예.

박: 자아르 설메서리.

소: 에.

박: 아, 포도 멕겝다구 어떠끼 기랜지 그애 너무 멕게와서 예 눈에서 눈물이 나 또옥똑 떨어집.

소: 에.

박: 아 기래 그저 포도 익재얭지 어디메 가 싸겟슴두? 기래 그 크림 따따르(крым татар)민족으 내 멘목이나 좀 아는집 그집에 포도 낭기 많습지무. 기래 그집우르 떡 찾아가이 에엔 이쯔, 이쪽이 덴 포도르 채 익, 익재인거.

소: 예.

소: 아기 들어서면.

박: 예.

소: 예. 막 여러 가지 음식을 먹죠? 막 토하기도 하고.

박: 예.

소: 그걸 뭐한다고 그래요?

박: 그거 무엇이라고 말하는지. 어 이렇게 벌써 몸이 비지[쏟] 않고 그러면, 어, 체하기도 하고 그러게 되면 임신을 하는 모양이라고 이러 이러지요.

소: 음. 임신을 한다고요.

박: 임신을 한다고 그러지요.

소: 오오. 그러면 임신을 하면 막 여러 가지 음식 같은 것도 막 좀 먹, 좀 신 음식이네 뭐네 이렇게 보통 때 먹는 음식을, 다른 음식을 달라고 그러잖아요.

박: 다른, 다른 음식을 달라고. 내가 저 지나간 일이지마는 그게 저 우즈베키스탄 7월 달이겠는지, 아니! 포도가 먹고 싶다고 저, 저 노친네가 시방.

소: 예.

박: 저 아이를 임신하면서.

소: 예.

박: 아, 포도가 먹고 싶다고 어떻게나 그랬는지 그냥 너무 먹고 싶어서 예 눈에서 눈물이 나 똑똑 떨어집(니다).

소: 예.

박: 아 그래 그저 포도 익지 않았지 어디 가 사겠습니까? 그래 그 크림 타타르 민족을, 내 면목이나 좀 아는 집 그 집에 포도나무가 많지요, 뭐. 그래 그 집으로 떡 찾아가니 가장 일찍, 일찍이 된 포도를 채 익, 익지 않은 거.

소: 예.

박: 그런일에 저 제에 왔는데 그제 아주마이 댕기메서 골라서 주더구마.

소: (웃음).

박: 걔 내 자 자전거르 타구 갓댓습지.

소: 에에.

박: 기래 집으로 와서 *이륵 가여160) 그 사름이 영 그 좋다구 기래던게아, **메다두(←몇 알두) 먹재이메서.

소: (웃음).

박: (웃음) 내 그 잊어지재이 (웃음).

소: (웃음) 거, 그렇, 그 그러면 화 안나요이~?

박: (웃음) 게엔데 기래두 아, 하날라구 어찌갯습두?

소: 에.

박: 게 가즈 만낫지 서르 그러끼 야아! 저분네 젊어서 낼래서 데게 고사햇습니다. 내 어, 서바~아 간 이듬해부터 이 미르161) 앓, 앓기 시잭햇습니다.

소: 누가요?

박: 내.

소: 어어~ 오오.

박: 그 노, 고려말르 그 미시라한두162) 야즈바(язва)꺼지 생게서.

소: 으음.

박: 어터게 사램이 예비구 기랫던지 이 걸어댕기는 백골이라구 나르 기랫스. 기래 이사덜이 기래지. 이릏기 베~이 들어가주구서르 지눕일163) 아이 하구 일이랑 그야~아르 하는 게 심자~이 하두 든든하길래 이렇다구. 갠겐데[갱겐데] 인, 이 노인네 와서 심재~이 자꾸 방저~이 이래 앉어서 내 시방 고사하재앰두?

소: 음.

박: 그런 일에 (포도를) 쥐어(=가지고) 왔는데 그때 아주머니가 다니면서 골라서 주더구먼.

소: (웃음).

박: 그래 내가 자, 자전거를 타고 갔었지요.

소: 예예.

박: 그래 집으로 와서, 이렇게 가져와, 그 사람이 아주 그 좋다고 그러던 사람이 아, 몇 알도 먹지 않으면서.

소: (웃음).

박: (웃음) 내 그 잊히지 않소. (웃음).

소: (웃음) 그, 그럴, 그 그러면 화 안 나요?

박: (웃음) 그런데 그래도 아, 화나려고 (해도) 어쩌겠습니까?

소: 예.

박: 그게 갓 만났지 서로 그렇게, 야아! 저분네 젊어서 나 때문에 되게 고생했습니다. 내 어, 장가를 간 이듬해부터 이 벌써 앓, 앓기 시작했습니다.

소: 누가요?

박: 내가.

소: 어어 오오.

박: 그거 러시아, 고려말로 그 무엇이라 하는지 궤양까지 생겨서.

소: 으음.

박: 어떻게나 사람이 여위고 그랬던지 나를 이 걸어 다니는 백골이라고 그랬습니다. 그래 의사들이 그랬지. 이렇게 병이 들어가지고 드러눕지를 안 하고 일이랑 그 모양으로(=그처럼) 하는 게 심장이 하도 튼튼하기 때문에 이렇다고. 그랜 것인데 이, 이 노인이 돼서 심장이 자꾸 방정히 (뛰지 않아) 이렇게 앉아서 내가 시방 고생하잖습니까?

소: 음.

박: **어전날 밤에느 초잠자다 일어나이 이 심재164) 부추메165) 호흡이 맞갖재애서 떠어 앉아서 지난때 많스꼬.

소: 으음.

박: 기래 그 위[wi]르 앓으라부터166) 이 음식부터 가레라구서르 좀 보드랍운 음식으 이런거 먹으라구서르.

소: 으음.

박: 기래 그 시방 우리 조선말르느 그 미시라 한지. 노시앗사람들이 *시 '블로쉬까(блошка)' '블로쉬까(блошка)' 하는 거. 그거 촌에 그런 음식이 잇습니까? 그 우레브스그란 그 *스(станция) 정거자ˇ으르 기게 아무래 대애예일굽낄로메뜨르 데엡지. 그런데르 동삼에두, 아이구! 그거 거기 가서 떡으 한주일마임 먹게서르 그렇기 싸서 지구 댕기메. 저 노친네 젊어선 낼래서. 걔두 어쩨 고상질 아이하구서르 이날이때꺼지 살안지. 기래 내 시방두 또 옛말하압굼. 내 메ˇ이 질어 그런지 제 신세에 내 벨르 살아난같다구[사라난가따구] 불쌍덴 말으….

소: 으음. 그면은 그때 오셔서 바로 그 경제적으로는 그렇게 어렵지 않으셨겠네요. 두분이 다 그 돈을 벌었으니까?

박: 예.

소: 돈을 받, 둘이 돈을 탔을거 아녜요?

박: 예.

소: 해서 닫, 단위(單位)에167) 다니면서.

박: 기래이 이 가정에서 그 돈으 어 타ː구 쓰구 하는데느 저분네 젊어서부터 기랫지. 나느 돈같은 거 쥐게데무 씀씀이 헤퍼서.

소: 네.

박: 에 인차 쓰, 없어진다구서 돈으느 나르 내게다서리 또 기래놓구 딱 요구델 일이 잇으무 내가 말합지. 엠매만한 무슨 일에 돈쓸 일이

박: 어떤 날 밤에는 초저녁잠을 자다 일어나니 이 심장이 박동이 세게 일어나며 호흡이 알맞지 않아서 떡 앉아서 지난 때가 많습니다.

소: 으음.

박: 그래 그 위(胃)를 앓게 되면서 이 음식부터 가리라고서 좀 부드러운 음식을 이런 거 먹으라고서.

소: 으음.

박: 그래 그 시방 우리 조선말로는 그 무엇이라 하는지. 러시아 사람들이 시(방) '블로쉬까' '블로쉬까' 하는 것. 그거 촌에 그런 음식이 있습니까? 그 우례브스크라는 그 정(거장), 정거장으로 그게 아마도 대애예닐곱(5, 6, 7) 킬로미터 되지요. 그런 데로 겨울에도, 아이고! 그거 거기 가서 떡을 한 주일만이면 먹게 그렇게 싸서 지고 다니며. 저 노친네 젊어서는 나 때문에. 그래도 어째 고생을 안 하고서 이날 이때까지 살았는지. 그래 내가 시방도 또 옛날 일을 말합니다. 내가 명이 길어 그런지 당신 신세에 (=당신에게 신세를 져) 내 특별히 살아난 것 같다고 딱하게 여기는 말을….

소: 으음. 그러면은 그때 오셔서 바로 그 경제적으로는 그렇게 어렵지 않으셨겠네요. 두 분이 다 그 돈을 벌었으니까?

박: 예.

소: 돈을 둘이 돈을 탔을 거 아니에요?

박: 예.

소: 그래서 다, 직장에 다니면서.

박: 그러니 이 가정에서 그 돈을 어 타고 쓰고 하는 것은 저분네가 젊어서부터 그랬지. 나는 돈 같은 거 쥐게 되면 씀씀이가 헤퍼서.

소: 네.

박: 예 이내 써서 없어진다고 돈은 나에게, 내게다 또 그리해 놓고 딱 요구되는 일이 있으면 나에게 말하지요. 얼마만한 무슨 일에 돈 쓸 일이

잇으이 그렇다구. 기램 내 그마이 돈 이래 내주우. 그 풍습이 이날이때꺼 네려와서 저 **삐시**(пенсия)르 타두 저 노친네 재빌르 그야 내 댕기지 못 한다는, 쓰는데 재빌르 맡아가주구 쓰라구 기래우. 내 가지게 담 *쓰 거 푸 사라 이가168) 없구 그 도이 다 나간다구.

소: 예.

박: 걔 상기두 시방 내게다 돈 맽게 놓구[노꾸]서르 어드르 갈직[찍]에 무 엠매만한거 요구덴다구서르 기래 저기 누(ну) 실지르 들어서, 예르 들어서 삼백솜만 한게 요구덴다 하게 담 또 가서 보메서 무시게 또 다른게 또 쌀게 잇갠지 걔 삽, 더 보태 사백솜 주지. 기래 가 무슥으 싸구서느 다음은 다섯솜 짙어두 꼭 내앤데 개애다 데비 *받, 데비 바치지무.

소: 어어~.

박: 이거 아바이 이거 내 무슥으 무슥으 싸구서르 이 짙은 도이라구서르. 내엔데 갖다 데비 또 바쳐요.

소: 어어~.

박: (웃음) 그야르 옇어덧다서리 그 소소한 저기 무스 쌀일이 또 잇갠지 기래라가무 감이 없어. 어전 풍습이 그 어전 **쁘리브치까**(привычка) 그렇기 뎄어.

소: 어어~. 대개 다 여자들이 돈을 가지고 있고 남자가 타서 쓰는데요이~? 반대네.

박: (웃음) 기랜데 어, 저분네느 젊어서부터 어터게데서 그렇기.

소: 으음.

박: 이 시방두 시방두 기랜데.

소: (웃음).

박: 아바이 저기 돈 쥐구 잇으이 그렇지 내 그거 가지무 돌아온 **삐**시르 탈때꺼지 늘쌍 모자랄게라구 (웃음).

있으니 그렇다고. 그러면 내 그만큼 돈을 이렇게 내주고. 그 풍습(＝습관)이 이날 이때까지 내려와서 저 연금을 타도 저 노친네는 자기 스스로, 그냥 내가(＝자기가) 다니지 못한다는 (말을 하고) (나에게서 돈을 타) 쓰는데, 자기가 돈을 맡아 가지고 쓰라고 그러오. 내가 가지게 되면 쓴(다고), 거푸 (말하기를) 곳간이 없고 돈이 다 나간다고.

소: 예.

박: 그게 아직도 시방 나에게다 돈 맡겨 놓고서 어디로 갈 적에는 얼마만한 거 요구하는 것이 있다고, 그래 저기 음 실제로 예를 들어서, 예를 들어서 300솜 만한 것이 필요하다 하게 되면 또 가서 이것저것 보면서 무엇을 또 다른 것이 또 살 것이 있겠거니 하고, 그래 사라고, 더 보태서 400솜을 주지. 그래 가 무엇을 사고서는 그 다음에 5솜이 남아도 꼭 나한테 가져다 도로 바, 도로 바치지, 뭐.

소: 어어.

박: 이거 할아버지 이게 내 무엇을 무엇을 사고서 이 남은 돈이라고서. 나한테 도로 또 바쳐요.

소: 어어.

박: (웃음) 그 모양으로 넣어 두었다가 그 소소한 저기 무슨 살 일이 또 있겠는지 해서 (그때 쓰라고) 그러라고 하면 감이 없어. 이젠 풍습(＝습관)이 그 이젠 습관이 그렇게 됐어.

소: 어 오. 대개 다 여자들이 돈을 가지고 있고 남자가 타서 쓰는데요? 반대네.

박: (웃음) 그런데 어, 저분네는 젊어서부터 어떻게 돼서 그렇게.

소: 으음.

박: 이 시방도 시방도 그런데.

소: (웃음).

박: 할아버지가 저기 돈을 쥐고 있으니 그렇지 내가 그거 가지면 돌아오는(＝다음) 연금을 탈 때까지 늘 모자랄 거라고 (웃음).

소: 어어~.

박: (기침).

소: 그러면은 그 아매도 그쪽에 같 그어서 그 이 공작(工作, ＝gōngzuò)을169) 이, 일으 오래하셨어요?

박: 그 내 저기 영화기술질할직에 거기서 그 이 저 끼노(кино) 그 영화 그 페끼르 파는데서 표르 파는데서 스물다스해르 일했소.

소: 오오.

박: 스물다스해르. 기래 한기관에서 오래 일했다 해서 어 뻬시르 그 저 분네두 구백마흔다슷솜. 여자덜이 그렇기 여기서 타는게 그리 쉽재애오.

소: 여기 지금 젊은사람들이 그 회사에 다녀도 한 천솜쯤밖에 못받는거 같던데?

박: 그것두.

소: 천솜 못받는 사람도 있고.

박: 더받는 사람덜 잇구 못받는 사람덜두 잇구.

소: 그렇게 일도 않고 구백솜 **구백서, 구백솜 넘게 받으먼 많이 받는거네.

박: 예에. 그 *앗, 아주 늘그막에사 기게 큰 도뱁짐.

소: 그러니까요 에. 근데 인제 요즘 여기고 물가가 짐 많이 올라가는가봐요이~?

박: 많이[마이] 올라가. 많이[마이] 올라.

소: 게란같은 경우도 뭐 얼마전에는 한 이십솜 갔는데 지금은 사, 사십솜.

박: 예, 예. 시방 그렇기[그러끼]. 음. 이 시방 저 전화 값으 저기 달달이 무는데 저어 전화 놔아실직[찍]에 한달에 스물다슷솜 댓댓슴. 시방 예순야듧[야듭]솜.

소: 어어.

박: 그렇게 올라갓슴.

소: 멫년만에 긓게 올라간거에요?

박: 이 한 삼년어간에 그렇게 올라가….

소: 오오.

박: (기침).

소: 그러면 그 할머니도 그쪽에서 같이, 거기서 그 이 일을 이, 일을 오래 하셨어요?

박: 그 내 저기 영화 기술 일을 할 적에 거기서 그 이 저 영화 그 영화 그 표를 파는 데서 표를 파는 데서 25년을 일했소.

소: 오오.

박: 25년을. 그래 한 기관에서 오래 일했다 해서 어 연금을 그 저분네도 945솜을 (받소). 여자들이 그렇게 여기서 타는 게 그리 쉽잖소.

소: 여기 지금 젊은 사람들이 그 회사에 다녀도 한 1,000솜쯤밖에 못 받는 거 같던데?

박: 그것도.

소: 1,000솜 못 받는 사람도 있고.

박: 더 받는 사람들 있고 못 받는 사람들도 있고.

소: 그러니까 일도 않고 900솜, 900솜 넘게 받으면 많이 받는 거네.

박: 예에. 그 아, 아주 늘그막에야 그게 큰 도움이지요 뭐.

소: 그러니까요 에. 그런데 인제 요즘 여기도 물가가 지금 많이 올라가는가 봐요?

박: 많이 올라가. 많이 올라(가오).

소: 계란 같은 경우도 뭐 얼마 전에는 한 20솜 갔는데 지금은 4, 40솜.

박: 예 예 시방 그렇게. 음. 이 시방 저 전화 값(=요금)을 저기 다달이 무는데 저 전화를 놓았을 적에는 한 달에 25솜 됐었습니다. 시방 68솜.

소: 어어.

박: 그렇게 올라갔습니다.

소: 몇 년만에 그렇게 올라간 거에요?

박: 이 한 3년 사이에 그렇게 올라가….

소: 그면은 **뻬세(пенсия)는 많이 안 올랐어요?

박: 뻬시(пенсия) 저기 작게 타던 사람우느 많이[마이] 올라보내구.

소: 어어.

박: 시방 이 저기 정부에서 그 뻬시(пенсия)르 올랴보넬 적에느 이 열 다슷 파센트씨 올랴보낸다 이랩지.

소: 예에.

박: 기랜데 우리마이 탄 사람덜으 거저 한 이십솜씨 이러끼 올라가구 기래구 한 삼백솜씨 사백솜씨 이렇기 타는 사람덜 거느 또 많이[마이] 올라가구. 기래 거저 굼머죽지 말라구 그 구차한 사람덜으 조끔 살가주잔 그점 잽깁지[재낍지].

소: 으음.

박: 개 우리마이 탄 사람 거 올랴보낸다:: 말뿌이지 벨르 올라간게 없어.

소: (웃음).

박: (웃음).

소: 그러면은 물가는 막 올라가고.

박: 흐흠.

소: **뻬세(пенсия)는 안 올라가고 그러니까 쓰자, 가면 갈수록 좀 생활이 바쁘겠네요?

박: 기래 나느 이, 이 여름에느 이 터전에서 터전에서 배추르 시머서 시래기르 말리와서 그 싸잔분네덜이 그렇기 많습지무. 시래기두 이 올해 아매 열대애옐예스낄로 아매 팔, 한낄로에 일백쉰솜씨.

소: 어어.

박: 기래구서르 고치르 고치잎부터 그거 어, 절궈서 저기 달란 사람덜 이 가뜩해애서 고치잎두 또 적재앟게 뜯어서 기래. 기래 여기서 이 터전

소: 그러면 연금은 많이 안 올랐어요?

박: 연금을 저기 적게 타던 사람은 많이 올려 보내고(=인상해서 주고).

소: 어어.

박: 시방 이 저기 정부에서 그 연금을 올려 보낼(=인상해 줄) 적에는 이 15퍼센트씩 인상해 준다고 이러지요.

소: 예.

박: 그런데 우리만큼 탄 사람들은 그저 한 20솜씩 이렇게 올라가고 그리고 한 300솜씩 400솜씩 이렇게 타는 사람들 것은 또 많이 올라가고. 그래 그저 굶어 죽지 말라고 그 구차한 사람들을 조끔 살려 주자는 그 점을 잡기지(=견지하기) 뭐.

소: 으음.

박: 그래 우리만큼 타는 사람들의 연금을 인상해 준다는 말뿐이지 별로 올라간 게 없어.

소: (웃음).

박: (웃음).

소: 그러면은 물가는 막 올라가고.

박: 흐흠.

소: 연금은 안 올라가고 그러니까 쓰자 하면, 가면 갈수록 좀 생활이 힘들겠네요?

박: 그래 나는 이, 이 여름에는 이 터전에서 터전에서 배추를 심어서 시래기를 말려서 그 사자는 분네들이 그렇게 많지요, 뭐. 시래기도 이 올해 아마 열대, 열여섯 킬로그램(=15, 16kg)을 아마 팔(았을 터인데), 1kg에 150솜씩 (받았지).

소: 어어.

박: 그리고서 고추를 고춧잎부터 그거 어, 절여서 저기 달라는 사람들이 가뜩해서 고춧잎도 또 적잖게 뜯어서 그래. 그래 여기서 이 터전

에서두 쬐꼼 도배 많이[마이] 뎀.

소: 음. 이게 몇평방이나 데요?

박: 이게 두평방메트르 데나마나 한데 기랜데 엠, 물으 대는거느 이 수돗물으 대앱짐ㅁ. 수돗물으 허갈 아이 하압굼. 물으 대는 거, 허가없이 대다가느 에 짝 들기우게다무170) 몇백냐~씨171) 벌, 벌금하압지무. 기래 난 해마다 저 고르보도까~으 가서 그런거 게약 저기 에 에떠(это) 도급으로 자꾸 자랍짐.

소: 에에.

박: 게 한, 한여름에 물으 넉달도안[또안] 댓는데 따아는 몇펭방메뜨른데 어, 도이 엘매란거 거그서 까금쳐서 저래 돈으 물구선 기래구 난 시름 놓구 물으 댑지. 기래 물으 대는 허갈 맡아두 밤 열두시부터 새박 다섯시꺼지 그어간에 대야뎁지.

소: 아아.

박: 기직[찍]에 사람덜이 자구 기래놓옴 물이 덜 요구데엡지.

소: 예에.

박: 기랜게 무스 내같은 벵들에' 밤으 자재애구서르 어째우. 나느 그저 암때나 낮에두 대구 아츰에두 대구 (웃음).

소: 음. 그렇게 대면은 그먼은 아까 백솜이면은 한 몇천솜씩은 허겄네요?

박: 내 어 에 또 올해 올해.

소: 한 이삼십천씩 해요?

박: 아 올해 저기 내 물값으 물으 댄 값으 엠매물엇는가이 양백육십솜 물엇습지. 양백육십솜. 기랜데 기 밭에서 나온거느 거이 네천만:한 수입이 나왓습지.

소: 으음.

박: 게 이익이 많습, 내게.

에서도 조끔 도움이 많이 됩니다.

소: 음. 이게 몇 평방미터나 되요?

박: 이게 2평방미터 되나마나 한데 그런데 에, 물을 대는 거는 이 수돗물을 대지요, 뭐. 수돗물을 허`가를 안 합니다. 물 대는 거, 허가 없이 대다가는 에 (물을 댄 것을) 짝 들키게 되면 몇 백 냥씩 벌금, 벌금을 물지요, 뭐. 그래 나는 해마다 저 고르보도 강을 가서 그런 거 계약을, 저기에 음 도급(都給)으로 (물을 대서 고추가) 자꾸 자라지요, 뭐.

소: 예.

박: 그래 한, 한여름에 물을 넉달 동안 댔는데 땅은 몇 평방미터인데 어, 돈이 얼마라는 거 거기서 가금(價金, =값) 쳐서 곧바로 돈을 물고서 그리고 나서 시름 놓고 물을 대지요. 그래 물을 대는 허가를 맡아도 밤 열두 시부터 새벽 다섯 시까지 그 사이에 대야 되지요.

소: 아아.

박: 그 때에(=시간에) 사람들이 자고 그러면 물이 덜 필요하지요.

소: 예.

박: 그런데 뭐 나 같은 환자가 밤에 자지 않고서 어찌하오. 나는 그저 아무 때나, 낮에도 대고 아침에도 대고 (웃음).

소: 음. 그렇게 대면 그러면 아까 100솜이면은 한 몇 1,000솜씩 하겠네요?

박: 내 어 에 또 올해, 올해.

소: 한 20,000, 30,000솜씩 해요?

박: 아 올해 저기 내 물값을, 물을 댄 값을 얼마나 물었는가 하니 260솜 물었지요. 260솜. 그런데 그 밭에서 나온 거는 거의 4,000솜 만큼의 수입이 나왔지요.

소: 으음.

박: 그래 이익이 많지요, 나에게.

소: 으음. 으음. 그면은 어:: 그면은 그정도면은 여름, 여름 한철에는 그냥 잘 또 돕, 뭐야 그 그 잔치도 별로 없고 그러니까 돈도 안 들어가고.

박: 네. (웃음).

소: 그렇게 헤니까 그때는 쫌.

박: (웃음).

소: 돈을 모아놓수 있겠네요이~?

박: 예에.

소: 예.

박: 기래 거저 에오! 시방 거저 죽을날이 가찹은것두 좀 섭섭한거느 조선 따에 못갓다온게 그게 모질이 섭섭해. 내, 구십년도에 그 북조선으 그 펭야 으르 여기서 그 뿌쬬우까(путёвка)르 가주구 가 방문한 사람덜 많습지. 기래 자아 기직[찍]에 내가 저 우리 노친네르 그 뿌쬬브까(путёвка)르 두개르 얻엇습지. 펭야으로 가는 거. 게 얻엇는데 그해애 저어 우즈벡스딴가 아프간 스딴 그 그 그라니짜(граница) 가서 수박질172) 하다나이 못갓다구서르 그

소: 어어.

박: 우리 뿌쬬봇까(путёвка)르 가주구 내 이상 누이가 또 멘목 가깝안 여자 두분네 우리 뿌쬬우까(путёвка) 가주구 대비르 갓다왓지.

소: 요즘은 인자 그거 안나와요?

박: 시방 아이 나오오.

소: 그때는 그거 가지면은 그냥 돈 안, 안내고 갔어요? 돈 안물고?

박: 아무래 아이 물엇단같습다.

소: 오~:. 그 거 **우즈벡스티나에 나에 저 로시아나 이런데 가가지고 한철 에 그 수박질 같은거 하면 얼마씩이나 벌어요?

박: 구십, 이 구십이연도에 이 시방 노시아 루블리(рубль)에 시방 싹 어전 거 값이 떨어져서 그럴림세 내 수박질해서 양백쉰천 양백쉰천 루블 리(рубль) 벌어가주구 왓습짐.

소: 으음. 으음. 그러면은 어 그러면은 그 정도면 여름 한철에는 그냥 잘 또 돕, 뭐야 그 잔치도 별로 없고 그러니까 돈도 안 들어가고.

박: 네. (웃음).

소: 그렇게 하니까 그때는 좀.

박: (웃음).

소: 돈을 모아 놓을 수 있겠네요?

박: 예.

소: 예.

박: 그래 그저 어유! 시방 그저 죽을 날이 가깝지만 좀 섭섭한 거는 조선 땅에 못 갔다 온 게 그게 몹시 섭섭해. 내, 1990년도에 그 북한으로 그 평양으로 여기서 그 여행권을 가지고 가 방문한 사람들이 많지요. 그래 저 아이(=큰아들)가 그적에 나와 저 우리 노친의 여행권 두 장을 얻었지요. 평양으로 가는 거. 그래 얻었는데 그해에 저 우즈베키스탄과 아프가니스탄 그 국경에 가서 수박 농사를 짓다 보니 못 갔다고, 그.

소: 어어.

박: 우리 여행권을 가지고 내 손위 누이와 또 면목 가까운(=알고 지내는) 여자 두 분네가 우리 여행권을 가지고 대신 갔다 왔지.

소: 요즘은 인제 그거 안 나와요?

박: 시방 안 나오오.

소: 그때는 그거 가지면은 그냥 돈 안, 안 내고 갔어요? 돈 안 물고?

박: 아마도 안 물었다는 것 같습니다.

소: 오. 그 거 우즈베키스탄에 에 이래 저 러시아나 이런 데 가 가지고 한철에 그 수박 농사 같은 거 하면 얼마씩이나 벌어요?

박: 1990, 이 1992년도에 이 지금 러시아 루블이 시방 싹 이젠 그 값이 떨어져서 그럴 무렵 내가 수박 농사를 해서 250,000, 250,000루블을 벌어 가지고 왔지요, 뭐.

소: 그면은 그 똘라로 건 얼마나 데요?

박: 기때까레 기게 돌라르(доллар)무 내 그것두 헤게르 아이 해밧지, 엠매나 데갯는지. 기찍에 양백쉰처이 발써 이 노시아 루블리(рубль) 값이 떨어질직[찍]에 데노이. 기랜데 자아게서 기별왓지. 그 돈으 변:게 잇으무 쥐구 잇지 말구 빨리 여기르 제인데르 전해달라구서리 기래 내 그 돈 가주구 제이 왓다갓지. 그돈 가주구서르 야아 돌아댕기메 마쉬나(машина)두 싸구 집두 싸구. 그돈 하나뚜 어떤사람우느[싸라무느] 그돈 미처 바꾸지 못해서 거저 쉐에뿌린 사람두 많앳스.

소: 아아.

박: 기래구 여긔 그 둥간(дунгане)173) 민족분네덜으느 아, 그분네덜은 본래 그 용사질으174) 잘하는 분네. 한분으느 한 커우대르175) 가주구 갓어 하, 한마대르 가주구 왓습지 돈. 기래.

소: 루블을?

박: 루블리(рубль)르. 기래 그거 바꾸는것두 어, 멫천꺼지 바꾸구 그나마진 아이 받습지 무슨.

소: 음.

박: 아이, 기래 그거 거저 뿌레데디무 *델(←데디무) 지나가구 지나간 지난 사람두 이돈 가지라구 하이, 그사람덜두 재빗것두 무 시방 바꾸지 못해 그거 해서 무실 해[무시래]. 기래 앙앙 울메 그 돈으 막 쓰, 쏘, 쏟아 데디구 가더라구서 그런 얘기두 잇엇스.

소: 그러면 그때 또 그때는 딸라를 갖고 있으면, 똘라를 갖고 있으면 제일 좋은데.

박: 기직[찍]에느 돌라(доллар)란게 이거 오, 오부셈(в общем) 없엇댓소

소: 오오.

박: 그 루블리(рубль)르 없애데디메176) 이 지방[ziβaŋ] 재빗도이 쏨 지방 *낫(←나지), *낫(←나지), 나지메177) 기랫지.

소: 그러면은 그 달러(dollar)로 그건 얼마나 되요?

박: 그때 시기에 그게 달러(dollar)면 내 그것도 회계(會計, ＝계산)를 안 해 봤지, 얼마나 되는지. 그 때에 250,000이, 벌써 이 러시아 루블 값이 떨어질 적이 되니까. 그런데 저 아이에게서 기별이 왔지. 그 돈을 번 것이 있으면 손에 쥐고 있지 말고 빨리 여기로 저 있는 데로 전해 달라고. 그래 내 그 돈을 가지고 일부러 갔다 왔지. 그 돈을 가지고서 이 아이가 돌아다니며 자동차도 사고 집도 사고. 그 돈을 하나도, 어떤 사람은 그 돈을 미처 바꾸지 못해서 그저 내던진 사람도 많았습니다.

소: 아아.

박: 그리고 여기는 그 둥간 민족분네들은 아, 그분네들은 본래 그 농사일을 잘하는 분네. 한 분은 한 마대를 가지고 갔어 한, 한 마대를 가지고 왔지요 돈을. 그래.

소: 루블을?

박: 루블을. 그래 그거 바꾸는 것도 어, 몇 천까지 바꾸고 그 나머지는 안 받지요, 뭐.

소: 음.

박: 아니, 그래 그거 그저 내던지면, 버리면, 지나가고 지나가는 사람도 이 돈을 가지라고 하니 그 사람들도 자기 것도 뭐 바꾸지 못해 (버릴 지경인데) 그거 해서(＝그걸 주워서) 무엇을 해. 그래 앙앙 울며 그 돈을 막 쏘, 쏘, 쏟아 버리고 가더라고 그런 얘기도 있었습니다.

소: 그러면 그때 또 그때는 달러를 갖고 있으면, 달러를 갖고 있으면 제일 좋은데.

박: 그적에는 달러라는 게 이거 일, 전반적으로 없었소.

소: 오오.

박: 그 루블을 없애버리며, 이 지금 자기 돈(＝키르기스스탄의 화폐)인 솜이, 지금 나타, 나타나며 그랬지(＝달러가 쓰이게 됐지).

소: 음. 글면 언제까지 루블을 썼어요?

박: 구십이연도에 마감 썻습짐. 구십이연도에두 약빠른 사람이 쓰구.

소: 글면은 그 루블을 가지고 로, 로시아에 가서 쓸수 있잖아.

박: 긔직[찍]에 노시아에서두 그, 도~이 그 시방 조조이 너무 나와서 시방 그 루블리(рубль)르 **마스보(←마스고) 없애치느라구 난시르 칠직[찍]에지무. 기래노이 까딱 못해 어드르 다른 데가서 쓰쥬두 못하구. 이렇기 떡 만들어 낫짐.

소: 으음. 여기는요 여기는 그:: 사람이 죽으면 죽으면은 어떻게 갖다가 묻어요? 풍습이 어트, 어트게 데있어요?

박: 여기 시방 사람덜 홀 죽으무 예전처리 칠성널에 늡헤놓지.178)

소: 예?

박: 칠성널이란 게 잇짐. 그럼.

소: 어: .

박: 시방은 그 이 사~이르 이래 앞두에다 놓구 거기다서리 요만:한 널이에 놓구 그우에다 늡헤놓지. 기래 내 그 이 칠성널이라는 거느 어째서 이거 다른데 늡히재구 이 칠성널에다 늡히는가구 우리 헝님이 생존일적에 내 우리 헝님이가 물어밧습. 기래 우리 헝님 대답은 기랫지. 옛날에 이학이 발, 발달뎄지 못해서 사램이 죽엇다구서리 내애친 사램이두 고치 살아난 페단두 잇엇다구.

소: 예.

박: 기래 그 사램이 학실히 죽엇는가: 아이 죽엇는가 알자구서르 그 좁, 좁게 한 그 칠성널에다 늡헤 논다구. 게 조꼼이래두 그 사램이 숨이 잇어 움즉이게 데무 그 칠성널에서 떨어진다구. 기래 그거 알길래서 필경 그렇기 한갇다구서르.

소: 으음.

소: 음. 그러면 언제까지 루블을 썼어요?

박: 1992년도에 마지막으로 썼지요, 뭐. 1992년도에도 약빠른 사람이 쓰고.

소: 그러면은 그 루블을 가지고 러, 러시아에 가서 쓸 수 있잖아.

박: 그때에 러시아에서도 그 돈이 그 시방 조조히(=매우 급하게) 너무 나와서 시방 그 루블을 폐지해 없애 치우느라고 난리를 칠 적이지, 뭐. 그러니 꼼짝 못하고 어디로 다른 데 가서 쓰지도 못하고. 이렇게 떡 만들어 놨지, 뭐.

소: 으음. 여기는요 여기는 그 사람이 죽으면은 어떻게 갖다가 묻어요? 풍습이 어떻, 어떻게 되어 있어요?

박: 여기 시방 사람들이 죽으면 예전처럼 칠성판(七星板)에 눕혀 놓지.

소: 예?

박: 칠성널(七星板)이란 게 있지 뭐. 그럼.

소: 어.

박: 시방은 그 이 상(床)을 이래 앞뒤에다 놓고 거기다가 요만한 널을 놓고 그 위에다 눕혀 놓지. 그래 내가 그 이 칠성판(七星板)이라는 거는 어째서 이거 다른 데 눕히지 않고 이 칠성판(七星板)에다 눕히는가 하고 우리 형님이 생존해 있을 적에 내가 우리 형님에게 물어 봤지요. 그래 우리 형님 대답은 그랬지. 옛날에 의학이 발, 발달되지 못해서 사람이 죽었다고 내친 사람도 다시 살아난 폐단도 있었다고.

소: 예.

박: 그래 그 사람이 확실히 죽었는가 안 죽었는가 알자고서 그 좁, 좁게 한 그 칠성널에다 눕혀 놓는다고. 그래 조끔이라도 그 사람이 숨이 있어 움직이게 되면 그 칠성널에서 떨어진다고. 그래 그거 알려지기 때문에 필경 그렇게 한 것 같다고서.

소: 으음.

박: 기래 시방 칠성널에다 늡헤놓구서르 싸악 그담 몸으 싹 씻더구마. 어떤 집에서느 그 수울으 가주구서르 수울으 소개애다 묻헤서[무처서] 이래 이랫스. 거 오분 일신으 싹 씻구.

소: 으음.

박: 기래구서르 거저 그 그 어전 미시 나두 어저 싹 잊어뿌렛스. 그 석반 석반 디린 다음에 아츰 점슴 저약꺼저[179] 산사름으 음식 권하는거처리 사ᵁ에다 차레서 그 송자앞에다 놓구서르 절두하구 무스 기랫더굼. 기래구서르 사흘만에 내다 모실즉에느 또 이 마단에 내다서리 또 이래 칠성널에 늡헤놓구 무슨 축우 또 부르더구마. 기게 무스 거저 수월이 말하무 이 집우 니벨하구 간단 무스 그 그 으체라구 기랫짐.

박: 기래구서 그다음은 산에 가서 놓구서르 모도 축가르 하압지. 그런 이 사램이 살아서 어텋단 어텋기 어쨋단 애:기두 하구. 기래구서르 무덤에다서리 굴짝에다 엏구서르 묻구서르 그다음 또 그 못제르 또 지 지내더구마.

박: 기래 그전에 (기침) 우리.

소: 이룽, 이룽게 분봉을 만들어요 안만들어요?

박: 아이 만드우. 아이 만드구 시방 거 펭등하구서르 거기다서리 무라모르니쁠리따(мраморная плита)르 덮짐 우에다. 기래구서르 비석으 세우우.

소: 아아. 그냥 평지에 평지 위.

박: 펭지.

소: 오.

박: 그전에 저기 한 십오연 전에두 이렇기 두웅그랗게 이렇기 무덤 해앳습지. 기랭게 시바ᵁ아느 다쑤루 펭등하구서르 그. 그전에 원동서 그런 그 어른덜이 말씀한게 그 살아서 생존에 악하야[180] 하구 그런 사람운 죽어서 귀시이 뻬친다구.[181] 기래.

박: 그래 시방 칠성판(七星板)에다 눕혀 놓고서 싹 그다음 몸을 싹 씻더구먼. 어떤 집에서는 그 술을 가지고서 술을 솜에다 묻혀서 이래 이랬습니다. 그 온몸을 싹 씻고.

소: 으음.

박: 그리고서 그저 그 그 이젠 뭐 나도 이제 싹 잊어버렸습니다. 그 석반(夕飯) 석반 드린 다음에 아침 점심 저녁까지 산 사람에게 음식 권하는 것처럼 상에다 차려서 그 송장 앞에다 놓고서 절도 하고 뭐 그랬다더군요. 그리고서 사흘만에 내다 모실 적에는 또 이 마당에 내다가 또 이래 칠성판(七星板)에 눕혀 놓고 무슨 축(祝, =祝文)을 또 부르더군요. 그게 무슨 그저 수월히 말하면 이 집을 이별하고 간다는 무슨 그 그 의체(義諦, =근본 뜻)라고 그랬지 뭐.

박: 그리고서 그다음은 산에 가서 놓고서 모두 축가를 하지요. 그런 이 사람이 살아서 어떻다 하는 어떻게 (살았고) 어쨌다 하는 얘기도 하고. 그러고서 무덤의 광중(壙中)에다 넣고서 묻고서 그다음 또 그 묘제(墓祭)를 또 지, 지내더군요.

박: 그래 그전에 (기침) 우리.

소: 이렇, 이렇게 봉분(封墳)을 만들어요, 안 만들어요?

박: 안 만드오. 안 만들고 시방 거 평평하고 거기다가 대리석판을 덮지, 뭐, 위에다. 그러고서 비석을 세우오.

소: 아아. 그냥 평지에 평지 위.

박: 평지.

소: 오.

박: 그전에 저기 한 15년 전에도 이렇게 둥그렇게 이렇게 무덤을 했지요. 그런데 시방은 대부분 평평하고 그. 그전에 원동에서 그런 그 어른들이 말씀한 것이 그, 그 살아서 생전에 악한 짓을 한 그런 사람은 죽어서 귀신이 (되어 사람들에게) 들린다고. 그래.

소: 음.

박: 그런 사람덜 무덤은 묻구서르 그 세엣 모역에다서리 가매깨지개랑 쉐꼬재르 꼽아놓덤. 기래구 그 무덤 우에 꼭대게다두 이만한 돌으 지둘과 놓구. 귀시이 삐치지 말라구.

소: 어 오.

박: 기랜다짐.

소: 오오.

박: 기래 아 그 **스, 가매깨지개 셋자~이랑 어째 그래 꼽는가구서. 기래 기게 귀신겐 기게 비새라구. 귀시이 그거 무섭아 나 모온다구[182] 이랫지.

소: 으음.

박: 아, 기랜데 그다음 그 윗네 기래지. 우리 마마(мама) 기래짐. 저기 너어넨 앞으루 내 죽게대무 무라무르(мрамор) 꼭 해애라. 꼭 해라. 무라무(мрамор)란게 시방 그 에 돌비석으 그래 하라는 게짐. 기래, "마마(мама)! 그전에 그 저기 귀시이 삐친다구서리 모 꼭대기다 돌이랑 올레놧단데, 아! 비석 큰 거 그렇게 덮어서 어찌갯는가." 하구서 기래. "시방 다 그렇게 하는데 무스 꼭 기어쿠 그렇게 해라." 해서.

소: (웃음).

박: 우리 우리 빠빠(папа) 상세낫을적엔 그런게 없엇지. 게 우리 마마(мама) 상세나서 그렇기 떡 해앳짐. 기래구서르 우리 빠빠(папа) 산으 또 그렇게 하자구서리 기래. 동네노인덜이 기래지무. 까아딱 다치지 말라구. 자손덜께 아무 유화~이 없, 없지. 이렇기 기랠적에 무덤 다치지 말라구. 기래 우리 빠빠 (папа)거느 그 비석이랑 아이 세웟짐. 게 여긴 시방 거저 보통 거저 이 펭등하구서르 우에다서리 그, 스, 베또닡(бетонит) 그 쁠리딸(плита-르) 놓구 기래구 비석 세우구 이랫스.

소: 그러면 내 내애갈땐 어트게 내가요?

소: 음.

박: 그런 사람들 무덤은 묻고서 그 묘(墓) 가장자리 세 곳에다 솥 깨진 것과 쇠꼬챙이를 꽂아 놓더군요. 그리고 그 무덤 위에 꼭대기에다가도 이 만한 돌을 가져다 지질러 놓고. 귀신이 (되어) 들리지 말라고.

소: 어 오.

박: 그런다지. 뭐.

소: 오오.

박: 그래 아 그 솥 깨진 쇳조각이랑 어째 그렇게 꽂는가 하고서. 그래 그게 귀신에게는 그게 비상(砒霜)이라고. 귀신이 그거 무서워 못 나온다고 이랬지

소: 으음.

박: 아, 그런데 그다음 그 윗분들이 그러지. 우리 어머니가 그러지 뭐. 저기 너희는 앞으로 내가 죽게 되면 대리석으로 꼭 해라. 꼭 해라. '무라 무르(мрамор)'라는 것이 시방 그 돌 비석처럼 그렇게 하라는 거지, 뭐. 그래, "어머니! 그전에 그 저기 귀신이 든다고 묘 꼭대기에다 돌을 올려놓 았다는데 아, 비석 큰 것을 그렇게 덮어서 어찌하겠는가." 하고서 그랬지. "시방 다 그렇게 하는데 무슨 꼭 기어코 그렇게 해라." 해서.

소: (웃음).

박: 우리 우리 아버지가 돌아가셨을 적에는 그런 게 없었지. 그래 우리 어머니 돌아가셔서 그렇게 떡 했지 뭐. 그리고서 우리 아버지 산소를 또 그렇게 하자고 그래. 동네 노인들이 그러지 뭐. 까딱 건드리지 말라고 자 손들에게 아무 유환(有患)이 없, 없지. 이렇게 그럴 적에 무덤 건드리지 말라고. 그래 우리 아버지 것은 그 비석이랑 안 세웠지 뭐. 그래 여기는 시방 그저 보통 (무덤이) 평평하고 위에다가 그 콘크리트제 돌로 만든 작 은 판석(板石)을 놓고 그리고 비석을 세우고 이랬습니다.

소: 그러면 내 내갈 때는 어떻게 내가요?

박: 내갈 적에느 저어 뽀고론니(похороны) 뿌리올끄, 그 사램이 상세 나무 그 자동차랑 염일하는 그런 기과이 잇스. 그 기관가 말하무 거기서 관두 거그서 가져오구 그담 그 삐짠느(специальный) 그 관으 싫구 내가는 압또부스(автобус) 오지무.

소: 그러면 관이 그렇게 한번 나가면은 돈은 얼마씩 줘? 지방에다.

박: 그거 우린 음 이 마감 욜께(ёлка) 쓰재얋다나이 모르나 그 어 관값이 딸리 잇구, 그.

소: 차값이 딸로 있고.

박: 차값이 딸르 잇구. 기래구서 또 음악으 또 싹으 낸데 그 으, 음악 그 그것두 또 딸르 물구.

소: 이렇게 음악 연주해줘요? 사람들이 와서?

박: 와서, 거기서 거기 싹 그 뽀고론니(похороны) 부르 싹 잇지 무스.

소: 오오.

박: 그 음악으 노는 사람덜이랑 기래 조꼼 헹페이 생활헹페이 페온 사람덜으느 저레 그자리에서 그 음악두 저기 사까스(заказ) 하압짐.

소: 으음.

박: 개 도오 잇느 이 노시앗분네덜으느 사람두 벨르 없스. 사람이 거저 죽엇다하게데무 그 상디 끝에 상딧 두에 거저 사람이 거저 스:물스물대앳몡밖에 더 아이데오. 기앤데 야아! 저 우리 아 그렇게 불쎄르 죽엇다하이 동미두 어터게 많앳는지 여기 머 돌아지는 저기서부터 이 울리짜(улица) 이 료꼬이 마시나(легковой машина) 꼭 섯댓소, 한종일. 기래구서르 자리 모자래서 저어 차이꼽스 울리짜(улица) 저 아래꺼지두 막 어째 료꼬이 마시나(легковой машина) 일백 열너이 왓다던지 기직[찍]에. 그 마시날(машина-르) 세에 본 사람덜이. 기래구서르 자아 동미덜이 이 ***갸~이 사람덜가 싹 상논 하구서르 이 간술 자아느 싫귀[실꾸] 나갈 직에 이 울리짜(улица)르 싹 막아서 다른 마시나덜(машина)이 뜨란스(транс)르 못댕기게 햇스

박: 내갈 적에는 저 장의소(葬儀所), 그 사람이 죽으면 그 자동차랑 염(殮) 일 하는 그런 기관이 있습니다. 그 기관에 말하면 거기서 관도 거기서 가져오고 그다음 그 특별히 그 관을 싣고 내가는 버스가 오지, 뭐.

소: 그러면 관이 그렇게 한번 나가면은 돈을 얼마씩 줘? 지방 관청에다?

박: 그거 우린 음 이 마감재 전나무를 쓰지 않다 보니 모르나 그거 관 값이 따로 있고, 그.

소: 차 값이 따로 있고.

박: 차 값이 따로 있고. 그리고서 또 음악을 또 삯을 내는데 그 어, 음악 그 그것도 또 따로 물고

소: 이렇게 음악 연주해 줘요? 사람들이 와서?

박: 와서, 거기서 거기 싹 그 추모곡을 부르(는 사람이) 싹 있지, 뭐.

소: 오오.

박: 그 음악을 연주하는 사람들이랑 그래 조끔 형편이, 생활 형편이 핀 사람들은 계제에 그 자리에서 그 음악도 저기 예약을 하지요 뭐.

소: 으음.

박: 그래 돈 있는 이 러시아 분네들은 (문상하는) 사람도 별로 없습니다. 사람이 그저 죽었다 하게 되면 그 상여 끝에 상여 뒤에 그저 사람이 그저 스물, 스물 댓 명밖에 더 안 되오. 그런데 야아! 저 우리 아이 그렇게 갑자기 죽었다 하니 동무도 어떻게 많았는지 여기 뭐 돌아가는 저기서부터 이 거리를 이 승용차가 꽉 차게 섰었소, 한종일. 그러고서 자리가 모자라서 저 차이꼽스 거리 저 아래까지도 막 어째 승용차 114대가 왔다던가, 그 때에. 그 자동차를 세어 본 사람들이 (말하기를). 그러고서 저 아이 동무들이 이 ** 사람들과 싹 상론(相論)하고서 이 간술 저 아이는 싣고 나갈 적에 이 거리를 싹 막아서 다른 자동차들이 통로로 못 다니게 했습니다.

소: 그러면 인자 거기 요, 요즘에는 그:: 사람 그 시체를 태우지 태우는 것은 없어요 여기?

박: 태우는 거 시방 이 사~이 자리 모자란다구서르 엄, 태우자구서르 이 정부에서 그야~르 문제르 세운기 이날이때꺼지 안죽으 태우는 법이 없스.

소: 그면은 까작, 여 여기 여 키르기즈도 다 무, 다 묻어요?

박: 끼르기즈두 다 다 묻스. 갠데 이 이 끼르기즈덜으느 시바 이 정부 일꾼덜이나 거저 이 노시앗사람 그 풍습입지. 이래 상세나무 사마~이 데게 다무 사흘만에 내다 묻구. 옴판 이사람덜 이 무슬만(мусульмане)들 풍습우느 어, 해 넘어가기 전에 숨이 가게 데무 그날르 당날르 개애다 묻는법입지.

소: 무슬림 애들은요?

박: 예. 이 이 이사람덜 풍습이. 기랜데 시방 ***저으메 보게담 조꼼 책임일이나 하구 정부 일꾼덜이랑 사마~이 데게 데무 사흘만에 내다 묻습지.

소: 으음. 그러면은 그:: 그렇게 그렇게 그 장내를 치룰때요 거기에도 가면은 돈들 가지요?

박: 온 분네덜이 인사하러온 분네덜이 다수루 돈 가주가.

소: 음. 그면은 산에 가서 그 못자리 사람 들어가는 자리요, 사람 무 묻는 자리. 그것도 돈주고 사요?

박: 예. 거기 거기 저기 딸르 그 북망산에서 일하는 그런 부리가다(бригада) 잇습지. 사람이 일구야듧이.

소: 음.

박: 기래 그 파기느 벨라루시(бурильная машина?)르 가주구 뜨락또르(трактор) 가주구 파압지. 그 판 다음에 사람이 무스 또 그 백으 잘: 이렇기.

소: 그러면 인제 거기 요, 요즘에는 그 사람 그 시체를 태우지 태우는 것은 없어요 여기?

박: 태우는 거 시방 이 산이 못자리가 모자란다고 어, 태우자고서 이 정부에서 그냥 문제를 세운 게 이날 이때까지 아직은 태우는 법이 없습니다.

소: 그러면은 카자흐, 여 여기 여기 키르기스스탄도 다 묻, 다 묻어요?

박: 키르기스스탄도 다 다 묻습니다. 그런데 이 이 키르기스 민족들은 시방 이 정부 일꾼(=공무원)은 그저 이 러시아 사람 그 풍습이지요. 이렇게 죽으면 사망이 되게 되면 사흘 만에 내다 묻고. 원판 이 사람들 이 무슬림들의 풍습은 어, 해 넘어가기 전에 숨이 끊어지게 되면 그날로 당일로 가져다 묻는 법이지요.

소: 무슬림 애들은요?

박: 예. 이 이 이 사람들 풍습이. 그런데 시방 *** 보게 되면 조끔 책임(이 있는) 일이나 하고 정부 일꾼(=공무원)들이랑 사망이 되게 되면 사흘 만에 내다 묻지요.

소: 으음. 그러면은 그 그렇게 그렇게 그 장례를 치를 때요 거기에도 가면은 돈들 가져가요?

박: 온 분네들이 인사하러 온 분들이 대부분 돈을 가지고 가.

소: 음. 그러면은 산에 가서 그 못자리, 사람 들어가는 자리요. 사람 묻 묻는 자리 그것도 돈 주고 사요?

박: 예 거기 거기 저기 따로 그 북망산에서 일하는 그런 작업반(бригада)이 있지요. 사람이 일고여덟이.

소: 음.

박: 그래 그 파기는 굴착기(?)를 가지고 트랙터를 가지고 파지요. 그 판 다음에 사람이 뭐 또 그 벽을 잘 이렇게.

소: 음.

박: 삽우 가주구서 자알 이룽기 다깨질하구 그다음 묻는것두 그 삽우르 가주구 흙으 떠서 묻구.

소: 에.

박: 싹 긔게 그거 싹 그 거그두 엠매만한 돈 물어야 뎁지. 그사람덜이.

소: 그 사람들이 해줘요?

박: 예.

소: 다?

박: 예. 기래 시방 여기서 묻는게 이 시방 초날에 그 여기다서 묻는게 이 뜨락에 좋온자리르 좋온자리에다 모시자무 일구야듦천 그 무덤자리르 [무덤짜리르] *일굽야드천 쏨으 물어야 뎁지.

소: 구래요?

박: 에 기래구서르 그거 무스거 싹 그거 어 굴짝으 온저이 하구 기래구 그 파묻구 기래는데 그 작게 들어서 옐일굽천 예라듦천[예라듭천] 쏨 들어야 *덴다주. 기래구서느 이 구차해서 그 펭디에다 모시지 못할 그런 분네덜으느 저어짝에 **산꼭짜그 올라가서 자라니(заранее) 발써 무덤 이래 파논게 가뜩하짐. 게 거긴 돈 한글째두 아이 드짐.

소: 음.

박: 기래구 저 거기갖다가서 구차한 사람덜은 거저 거기 갖다 무 묻짐.

소: 아::.

박: 기래 이 조선사람덜으느 내 아는 바에 자손덜이랑 잇는 분네덜으느 없지못해서[183] 이 촌으로 또 가제가는 분네덜이 잇슴. 그 촌에느 그 땃값으 거저 한 팔백쏨나 천쏨 거저 물무 데엡지. 기래노이 그거 제사람덜이 묻힌 곧이라 해서 사이라[184] 해서 거기르 또 멘목을르 가서 두루

소: 음.

박: 삽을 가지고서 잘 이렇게 닦음질 하고 그 다음 묻는 것도 그 삽을 가지고 흙을 떠서 묻고.

소: 에.

박: 싹 그게 그거 싹 그 거기도 얼마 만한 돈을 물어야 되지요. 그 사람들이.

소: 그 사람들이 해 줘요?

박: 예.

소: 다?

박: 예. 그래 시방 여기서 묻는 게, 이 시방 초일(初日)에 그 여기다 묻는 게 이 뜰(=묘원(墓園))에 좋은 자리를, 좋은 자리에다 모시자면 7, 8천, 그 무덤 자리를 (사자면) 7, 8천 솜을 물어야 되지요.

소: 그래요?

박: 에 그리고서 그거 무엇을 싹 그거 어 광중(壙中)을 온전히 하고 그리고 그 파묻고 그러는데 그 작게 들어서 17,000, 18,000솜 들어야 된다지. 그러고서 이 구차해서 그 평지에다 모시지 못하는 그런 분들은 저쪽 산꼭대기를 올라가서, 미리 벌써 무덤 이래 파놓은 게 가득하지 뭐. 게 거기는 돈 한 푼도 안 들지, 뭐.

소: 음.

박: 그리고 저 거기 가져다가 구차한 사람들은 그저 거기 가져다 묻 묻지, 뭐.

소: 아.

박: 그래 조선 사람들은 내가 아는 바로는 자손들이랑 있는 분들은 연고가 있어서 이 촌으로 또 가져가는 분들이 있습니다. 그거 촌에는 그 땅값을 그저 한 800솜에서 1,000솜 그저 물면 되지요. 그러니 그거 제 사람들이 묻힌 곳이라 해서, 산이라 해서 거기를 또 안면이 있다고 가서 두루

사정하구서리 기래 가져간 분네 잇구. 기래 여 도시에다 모신거느 내 알기느 조선사람덜이 그 산골짜기르[산꼴짜기르] 아이 들에가구 어드서 돈 **얻든 싹 그 좋온자리에다 그렇기 싹 묻어[쌍묻어].

소: 그렇게 음. 그면은 돌아가시고 나면 (기침) 그 부모님도 돌아가시고 나면 이제 제사 지내요 제사?

박: 제 제사르 삼년제세꺼지[185] 지내짐.

소: 삼년까지만?

박: 아아! 두 두번 지내침.

소: 아:: 그리고나서부턴 안 지내요?

박: 기래구서르 거저 저기 그 사망덴 날에 그 객덜으 초대르 아이하구서르 거저 음식으 갖차가주구 닭이나 잡아가주구 산으르 간 페단 많습지.

소: 아::.

박: (기침).

소: 그면은 삼년상 치를 때까지는 사람들이 와요?

박: 예. 시방 시바~은 또 집우루 또 초대르 하재잏구 삼년싸~이랑 돌아오게다무 그 산에가서 위촐하구 객덜으 어느 레스뜨란(ресторан)이나 까페(кафе)르 처~합짐ㅁ. 그 까페(кафе)에서 다 음식으 싹 싸까슬(заказ) 해서 그렇기 겡자이 거기서 모둡짐 사람덜이.

소: 음:: 그러면은 그때도 가서 돈 가져가고이~?

박: 그직[찍]에두 저기 그.

소: 출가한 사람들은?

박: 그 그 제사 때 돈을 이래 또 많재애두 이래 가제다놧지 무스.

소: 그러면은 그러면은 돈 가지고 어트게 갈 갈데가 많:겠네.

박: 많재오! 그럼 (웃음).

소: 잔치허는데 가야지 제사한데 가야지 상세난데 가야지 에?

박: 기래.

사정 하고서 그래 가져간 분들이 있고. 그래 여기 도시에다 모신 거는 내 알기로는 조선 사람들이 그 산골짜기로 안 들여가고 어디서 돈을 얻어서 싹 그 좋은 자리에다 그렇게 싹 묻어.

소: 그렇게 음. 그러면은 돌아가시고 나면 (기침) 그 부모님도 돌아가시고 나면 이제 제사 지내요 제사?

박: 제 제사를 대상(大祥)까지 지내지.

소: 3년까지만?

박: 아아! 두 번 지내지.

소: 아 그리고 나서부터는 안 지내요?

박: 그리고서 그저 저기 그 사망 된 날에 그 객(客)들을 초대를 안 하고 서 그저 음식을 갖춰 가지고 닭이나 잡아 가지고 산으로 간 폐단 많지요.

소: 아.

박: (기침).

소: 그러면은 삼년상 치를 때까지는 사람들이 와요?

박: 예. 시방 시방은 또 집으로 또 초대를 하지 않고 삼년상이랑 돌아 오게 되면 그 산에 가서 제사로 모시고 객(客)들을 어느 식당이나 카페로 청하지요, 뭐. 그 카페에서 다 음식을 예 예약을 해서 그렇게 굉장히 거기 서 모이지요 뭐, 사람들이.

소: 음 그러면은 그때도 가서 돈 가져가고요?

박: 그 때에도 저기 그.

소: 출가한 사람들은?

박: 그 그 제사 때 돈을 이래 또 많지 않아도 이래 가져다 놨지, 뭐.

소: 그러면은, 그러면은 돈을 가지고 어떻든 갈 갈 데가 많겠네.

박: 많잖고! 그럼 (웃음).

소: 잔치하는 데 가야지 제사하는 데 가야지 상사난 데 가야지 에?

박: 그래.

소: 또 또 생일날 가야지 뭐.

박: 긔래 내 긔래재오? 저 우리 노친네느 어떨 제엔 기땅맥혜서 어터게 청자 많은지 그 딱 거저 친척이나 그런집우느 거저 으렐르 가야 데지. 기래 죄꼼 멘목으 좀 서럭서럭핸[서럭서러간] 그런 집에서 어 초댓자ˉ이랑 오게 데무 이 전할르 피탈 대앱지. 저어 그날에 야: 방정맞게두 내 무슨 친척 아무깨내 무슨 새일이라던지 무슨 일이 잇어서 못가갯다 하구서리 탈으 대짐. 그렇재애구 무슨 다른 이유가 없이 아이 가무 노옴내짐.

소: 으음. (웃음).

박: (웃음).

소: (웃음) 그면은 그면은 인자 그땐 인자 닥 닥이나 이런거 해가지고 갈때는 그냥 가족 식구들끼리만 가고 식귀들끼리만.

박: 에에.

소: 또 또 생일날 가야지, 뭐.

박: 그래 내 그러지 않소? 저 우리 노친은 어떨 때에는 기가 막혀서 어떻게나 청하는 자가 많은지 그 딱 그저 친척이나 그런 집은 그저 으레 가야 되지. 그래 조끔 면목이 좀 서먹서먹한 그런 집에서 어 초대장이랑 오게 되면 이 전화로 핑계를 대지요. 저 그 날에 응 방정맞게도 내 무슨 친척 아무개네 무슨 생일이라든지 무슨 일이 있어서 못 가겠다 하고서 탈을 대지요 뭐. 그렇지 않고 무슨 다른 이유가 없이 안 가면 노여워하지, 뭐.

소: 으음. (웃음).

박: (웃음).

소: (웃음) 그러면은, 그러면은 인제 그때는 인제 닭, 닭이나 이런 거 해 가지고 갈 때는 그냥 가족 식구들끼리만 가고 식구들끼리만.

박: 예.

1) '-가'는 주격 조사가 아닌 공동격 조사. 함북방언 및 고려말에서는 주격 조사 '-가'가 거의 쓰이지 않는다. 그리고 '-가'는 선행하는 명사의 말음에 관계없이 결합된다. 다시 말하면, 이형태 '-와'는 존재하지 않는다. 접사 '-덜' 뒤에서는 '-까'가 쓰인다.

2) '-습지'는 표준어 '-지요'에 대응되는 종결어미로, '하압소'할 자리에서 어떤 사실을 긍정적으로 서술하거나 묻거나 제안하는 뜻을 나타낸다. 선행 어간이 모음, 유음으로 끝나면 '-읍지'가 결합되고 유음을 제외한 자음으로 끝나면 '-습지'가 결합된다. 육진 방언권에서는 '-읍디/-습디'라 한다.

3) '재비'는 재귀대명사 '자기(自己)'의 방언. 여기에 '-르르', '-르르서(<-르르셔)'가 결합 되면 '자기 스스로', '손수'의 뜻을 지닌 부사가 된다.

4) 함경도 지역에서 볼 수 있는 전통적인 가옥을 이르는 말. '田' 자(字) 모양의 양통식집이 나. 정시(정시구들, 바당, 부수깨, 외양산, 방앗산)와 그 뒤에 '田' 사형의 방(샛방, 앞방, 굿방, 고방)이 넷이 있다.

5) '-읍덤/-습덤'은 '하압소'할 자리에 쓰여, 과거 어느 때에 직접 경험하여 새로이 알게 된 사실을 현재의 말하는 장면에 그대로 옮겨 와 전달할 때 쓰는 종결어미. '-읍더구마 /-습더구마'가 줄어든 말로 보인다.

6) 원동(遠東)은 러시아어 'Дальний Восток'의 번역어. 아시아의 극동 지역을 말하나 흔히는 러시아 영내의 연해주를 일컫는다. 중앙아시아 고려인(또는 함경도인, 중국의 조선족)은 '연해주'라는 말을 쓰지 않고 '강동' 또는 '원동'이라는 말을 쓴다. '강동'은 '두만강의 동쪽 땅'을 뜻한다.

7) 이주 전 연해주의 수찬(Сучан)(현, 파르티잔스크(Партизанск)) 인근에 있었던 한인촌 (韓人村).

8) 콜호스(집단농장)를 고려말로는 '조합'이라 한다.

9) '-스'는 흔히 혼잣말처럼 중얼거리며 말할 때 많이 쓰이는 종결어미. '하압소', 하오 할 대상에게 쓰인다. 여성들의 말에서 많이 나타난다.

10) '글으 이르다'는 '공부하다'라는 뜻이다. 고려말에서는 '공부하다'라는 동사가 잘 쓰 이지 않는다. 한편, '이르-[讀, 謂]'는 어미 '-어X' 앞에서는 '읽'으로 교체되고 자음 으로 시작하는 어미 앞에서는 '이르'로 교체된다.

11) 동북, 육진방언과 고려말에서는 부정 부사 '못'이 첫소리가 모음인 용언 앞에서는 '모', 첫소리가 'ㅎ'을 제외한 자음인 용언 앞에서는 '못'이 쓰인다. 단, 첫소리가 'ㅎ'

일 때에는 '모'와 '못'이 수의적으로 쓰인다.

12) 공식적으로는 소련 당국이 1938년에 한국어 교육을 폐지하였지만 그 후에도 한동안 비공식적으로 한국어 교육이 이루어졌다 한다.

13) '모두-'는 '모이-', '모으-'의 뜻을 지닌 동사. 자동사와 타동사로 쓰인다.

14) '왕대+깔'로 분석된다. '깔'은 '갈대'의 방언. 함북방언의 '왕대'는 '여왕벌'을 뜻하므로 '왕대깔'은 '몸집이 큰 갈대'를 뜻하는 말일 것으로 생각된다. 또는 '갈대'의 한 종류일 수도 있으나 확인하지 못하였다.

15) 1756년 함남 갑산 지방에 유배되었던 이광명(李匡明)이 쓴『이쥬풍쇽통(夷州風俗通)』에는 '가이-'가 자주 쓰였다. 예: 그 아이는 모래박 <u>가이</u>고 숙간으로 들어가 귀보리쌀 조뿔 <u>가여다가</u>(그 아우는 '모랭기'(=나무를 파서 만든 그릇)를 가지고 광으로 들어가 귀리쌀 좁쌀을 가져다가). '가이-'는 동남방언에서도 쓰인다. 현재의 함경도 방언에서는 대체로 '개애-'라 한다.

16) '자란이'는 '자라-+-ㄴ+이'로 분석된다. 자란이>자라이. 표준어 '어린이'와 그 형태론적 구성이 같다. 구술자의 방언은 'ㄴ'이 탈락한 '자라이'다. 그런데 특이하게도 '이'는 합성어의 선행 어기 또는 접사 '-덜'과 결합할 때 탈락되는 것이 일반적이다. 예: 저굴섶이(저고리 섶). 이때 'ㄴ'이 출현한다. 때문에 '자라이+-덜'이 '자란덜'이 된 것이다. '-까'는 접사 '-덜' 뒤에 결합되는 공동격 조사 '-가'의 이형태이다. 한편, 동북 및 육진방언, 고려말에서는 '자란이'와 '어른'이 모두 쓰이는데 '자란이'는 '성인(成人)'이라는 뜻만 갖고 있다.

중앙아시아 이주 전 연해주에서는 '자란이'라는 말이 규범어로서 널리 쓰였다. 1924년 연해주에서는 문맹퇴치 운동이 전개되었는데 그때 사용된 교과서 이름이『자란이독본』이다. 또한 신문『선봉』에도 자주 쓰였고, 1930년에 간행된 吳昌煥의『高麗文典』의 예문에도 '자란이'가 보인다.

17) '반(半)+날+해'로 분석된다. 반나절(또는 한나절)의 뜻을 가진 명사.

18) '깍지'는 '괭이'의 방언. 꽉지>깍지. 함북방언에서는 반모음 /w/의 탈락이 현저하게 나타난다.

19) '까리'는 '어떠한 일을 하기에 좋은 또는 적절한 때나 기회(機會)'라는 뜻을 가진 명사. 북한 지역에서 널리 쓰인다.

20) '시걱'은 때에 맞추어 먹는 밥. =끼니. 합성어로 '시걱간', '시걱거두매', '시걱때' 등이 있다.

21) '술'은 '숟가락'의 함경도 방언. 젓가락은 '절'이라 한다.

22) '한뉘'는 '한평생'의 방언. 한뉘+-르(대격 조사).

23) 함경도 방언에서는 '장가가다'란 말보다는 '서방가다', '서방가다'란 말을 주로 쓴다.

본문의 '서방으'는 구술자가 '서방으 가다'(=장가를 가다)를 말하려다가 미처 끝내지 못하고 화제를 바꾼 것이다. 한편, '서방으'는 대개 [서바‐아]로 조음된다. '서방으'는 격식적 발화에 가깝다 할 수 있다.

24) '바뿌다'(또는 '바쁘다')는 함경도 방언이나 고려말에서 흔히 쓰이는 다의어로 표준어의 그것과 의미가 좀 다르다(곽충구 2007b). 다음과 같은 뜻을 지닌다. ① 하기가 까다로워 힘에 겹다. =어렵다. ② 힘에 부치거나 참기가 어렵다. ③ 병 따위가 깊어 고치기 힘들다. ④ 몸이 몹시 피곤하다. =고단하다. ⑤ 생활 형편이 지내기 어렵다. ⑥ 열이 나거나 하여 몸이 괴롭다. ⑦ 일이 많거나 하여 딴 겨를이 없다. 위 본문에서는 ②의 뜻으로 쓰였다. 고려말에서는 주로 ⑤의 뜻으로 쓰이고 중부방언에서는 ⑦의 뜻으로 쓰인다.

25) '-짐'은 '-지 무'가 줄어든 말. '무'는 '뭐'의 방언. 문장의 맨 뒤에 놓이는 '무'(표준어의 '뭐')는 어떤 사실을 약간 강조하거나 일깨워 주면서 얼버무리고 넘어갈 때 쓰이는 말이다. 따라서 종결어미 '-짐(<딤)'은 '-지(<디)'와 약간의 의미차를 보인다.

26) '멘목'(<면목)은 표준어 '면목(面目)'과 뜻과 용법이 조금 다르다. 그리고 표준어의 면목보다 사용 빈도가 높다. 흔히 '서로 얼굴을 익히며 쌓아온 친분 관계'의 뜻으로 쓰이며 '멘목(또는 면목)으 닉히다(또는 익히다)'(서로 얼굴을 익히며 친분 관계를 쌓다)와 같은 관용구가 많이 쓰인다.

27) 어미 '-스꾸(=-습구)'는 하압소체 서술형 종결어미 '-습구마'가 줄어든 말이다. '-습구마'는 ‐스꿈(=-습굼), -스끄(=-습그) 등 여러 변이형을 가지고 있다. '-습구마'는 용언 어간, 어미 '-엇-', '-갯-'과 계사 뒤에 결합되어 현재의 동작이나 상태를 서술하는 기능을 한다(곽충구 2014, 2017).

28) '피와지다'는 '펴우->페우->피우-'에 '-아 지다'가 결합된 동사이다. '펴우-'는 '사는 형편이 나아지다'의 뜻을 지닌 동사로 함경도 방언이다.

29) '전벽'은 '바람벽'의 함경도 방언. 전벽(前壁) 또는 전벽(甎壁)에서 비롯된 말일 것이다.

30) '전생에서 무슨 좋은 일을 많이 했다고 이승에서 그리 오래 살겠는가 …' 정도의 뜻으로 한 말로 보인다.

31) 본디 '에때우다'이나 구술자는 '웨때다'로 발음하였다. '잔치나 끼니 따위를 간단히 해치우다'의 뜻.

32) '나늡다'는 '어떤 일을 단념하거나 못하겠다고 버티다'의 뜻을 지진 동사. '나눕다'는 북한의 문화어이다.

33) '짓-'의 고려말은 '짖-'이다. 짖[作]+-은→짖인[지인](완전순행동화).

34) 초새애←초승+-에.

35) 모질이<모딜이. '몹시', '매우' 등의 뜻을 지닌 부사. '모질-(<모딜-)'에서 파생된

부사로 함경도 지역에서 널리 쓰인다. '모질'과 같은 변이형도 쓰인다. 고려말의 '모질다'는 표준어의 그것과 의미가 좀 다르다. '굵고 실하다' 또는 '어떤 일의 형편이 심하다'는 뜻을 갖는다.

36) 고려말에서 '저'는 하오할 대상을 가리키는 이인칭대명사 또는 재귀대명사.

37) '약새질'은 '약사(藥事)+-이+-질'일 것으로 생각된다. 즉, 소독을 하거나 약을 처방하는 등 의약과 관련된 일을 하지 않았다는 말. 구술자는 어려운 한자어를 종종 구사하였다. 예: '가금(價金), 부요(富饒), 의체(義諦)' 등.

38) 전염병에 걸려 죽은 사람이 많아 시신(屍身)을 쓸어내 듯 그렇게 치웠다는 말. 한편, 종결어미 '-슴'은 '르'을 제외한 받침 있는 용언 어간이나 선어말어미 '-엇-, -갯-' 뒤에 붙어, 하오할 자리 때로 '하압소'할 자리에서, 어떤 사실을 있는 그대로 나타내는 종결어미이다. 때로 의문문에도 쓰인다.

39) 유르트(юрта)는 가죽이나 펠트로 만든, 가볍고 쉽게 옮길 수 있게 된 둥근 천막. 중앙아시아의 카자흐족이나 키르기스족 또는 시베리아의 유목민들이 사용한다(<우리말샘>에서 전재). '유르따처럼'의 '-처럼'는 '-처럼'의 방언. 육진방언은 '-텨르', '-텨리' 등이 쓰이고 비육진 함경도 방언에서는 그 구개음화형인 '-처르', '-처리', '-처름' 등이 많이 쓰인다.

40) '치-+-지 애이오(<애이오<아니오)'가 줄어든 말. 주로 하오할 자리에서 쓰인다. 어떤 사실을 화자가 청자에게 확인해 주거나 강조할 때 쓰인다.

41) '으지게'는 '의지하여 있을 만한 곳'을 이르는 말인데, 대개 바람을 가리거나 비를 그을 수 있는 곳을 말한다.

42) '마따든다'는 『조선말 대사전』의 '맞다들다'와 같은 말일 것으로 생각되나 뜻 차이가 있다. '마따든다'는 문맥상 '북적댈 정도로 사람들이 많이 모여들다'이지만 '맞다들다'는 '정면으로 마주치거나 직접 부딪치다'로 풀이되어 있다. 여기서는 일단 '마따들다'로 표기한다.

43) '-마'는 비교의 대상이 되는 말에 붙는 조사 '-보다'의 방언. 예: 내마 네 크다(나보다 네가 크다).

44) 함경도 방언과 고려말에서는 '부엌'을 '부수깨'라 한다. 구술자가 표준어를 사용한 것이다. '부수깨'는 또 '부엌 아궁이'를 뜻하기 한다. 함경도 지방의 가옥 구조에서, 정지방과 벽이 없이 이어진 움푹 파인 공간으로 그 안에서 불을 때거나 밥을 짓는다. 부수깨는 대략 어른의 무릎에서 허리에 이를 정도의 깊이를 가진 장방형의 공간이다. 대략 1m(세로)×2.5m(가로) 정도가 된다.

45) 떡을 찔 때 '시룻밑, 시루방석, 떡가루'를 밑에서 받치는 기구. 열 십(十) 자(字)나 우물 정(井) 자(字) 모양이다(곽충구 2019a). 솥 안에 이 '시룻다리'를 놓고 그 위에 시루방

석, 시룻밑을 놓고 또 그 위에 떡가루를 놓는다. 본문에서는 이주 초기, 겨울철에는 너무 추워서 아기를 이 시룻다리에 올려놓고 잠을 잤다는 사실을 말한 것이다.

46) 납작하고 둥글게 구운 빵.

47) '가루'[粉]는 모음으로 시작하는 조사 앞에서는 '갈', 자음으로 시작하는 조사 앞에서는 '가르'로 교체된다.

48) 어간말자음군 'ㄲ>ㅁㅁ'은 함북방언에서 볼 수 있는 특징적인 음변화의 하나이다.

49) 초기 연해주로의 첫 이주부터 지금까지 고려인들은 '빵'을 '떡'이라 부른다. 구술자는 교육을 많이 받은 분이어서 '떡'과 '빵'을 아울러 쓰고 있다. 초기 이주 단계에서는 '빵'과 같은 외국어를 고유어로 대치하는 경향이 많았다. 예: 절당, 결당(교회), 셔당, 서당(학교) 등.

50) 함경도 방언에서는 닭, 개 등 동물을 셀 때에 '마리'라 하지 않고 '개'라 한다. 본문에서는 뱀 '서너 마리'를 '세네 개'라 하였다.

51) 볏짚 따위를 섞은 진흙을 손으로 주무르고 뭉쳐서 쌓은 벽. 창고 따위를 지을 때 이 벽을 만든다.

52) '상세나다'는 '사람이 죽다'라는 뜻의 동사. 상수(喪事)+이>상시>상세. '상새나다'라 하는 화자도 있다. 대체로 화자보다 손위이거나 동등한 대상에게 이 말을 쓴다. 따라서 표준어로 옮길 때, 주체가 화자의 손위일 때에는 '돌아가시다'라 옮기고 대등할 때에는 '돌아가다' 또는 '죽다'로 옮긴다.

53) '통'은 '모두', '전부'라는 뜻을 가진 부사. '온통'의 '통'도 이 부사이다. 예: 통 자란이 덜이 모닷다(모든 어른들이 모였다).

54) '붙들시'는 '붙들-+수+-이(주격 조사)'로 분석된다. 붙들 수+-이>붙들쉬>붙들시 (=붙들 수가).

55) '-읍덤'은 모음이나 유음으로 끝난 용언 어간에 결합되어, '하압소'할 자리에서 과거 어느 때에 직접 경험하여 새로이 알게 된 사실을 현재의 말하는 장면에 그대로 옮겨와 전달할 때 쓰는 종결어미. '-읍더구마'가 줄어든 말로 보인다. 유음을 제외한 자음 뒤에서는 '-습덤'이 쓰인다.

56) '전체르'의 발화 실수. '모두'라는 뜻으로 쓰인 부사어.

57) 논을 갈아엎는 데 쓰는 농기구의 하나. 보습은 하나이고 소 한 마리에 메우며 몸체는 가대기에 비해 작다. 북한의 문화어는 '외가대기'이다.

58) '하잼'은 '하재임둥?'이 줄어든 말. '-음둥'은 '하압소'할 자리에서 쓰이는 의문형 종결어미.

59) '조직(組織)'의 발화 실수.

60) 소련의 국영 농장. 러시아 혁명 직후, 국가에 의하여 전부 몰수되어 소비에트의 소유가 된 소수의 대규모 개인 농장에서 발전된 형태이다. 생산 수단은 모두 국유화되고, 노동자는 국가로부터 임금을 받지만 개인적으로 채마밭을 경작할 수도 있다(<우리말샘>에서 전재).

61) '히비'는 '시비(是非)'의 방언으로 함북 지방에서 널리 쓰인다. 흔히 '히비르 농구다'(시비를 가리다)라는 말을 쓴다. '자라다'는 '모자람이 없이 넉넉하다'의 뜻을 지닌 형용사. 따라서 위 '히비 자란거마이'는 '시비가 모자람이 없이 넉넉한 것만큼'의 뜻이 된다. 조합의 구성원들이 서로 옳거니 그르거니 생산적인 논의를 많이 한다는 뜻으로 한 말로 보인다.

62) 제2차 세계대전 중 독일과 소련 사이에 일어난 전쟁을 일컫는 말이다. 1941년 6월에 독일이 소련을 기습 공격하면서 시작되었다. 1945년 5월 8일 독일의 무조건 항복으로 전쟁이 끝났다.

63) '굶살'은 '굶-+살-+-이'의 접미사 '-이'가 대격 조사 '-으' 앞에서 탈락한 것. 이 같은 접사 '-이'의 탈락은 앞서 [미주 16]에서 언급한 바 있다.

64) '맥'은 '기운, 힘'을 뜻하는 말이다. 중부방언에서는 '맥이 풀리다'와 같은 관용적 표현에서만 쓰이지만, 고려말에서는 '힘' 대신 이 말이 쓰인다. 대개 '들다', '없다'와 함께 쓰여 '맥이 들다(힘이 들다)', '맥이 없다(힘이 없다)'의 형태로 나타난다. 한편 '맥'은 '힘'을 뜻하는 원뜻에서 의미가 파생된 '능력', '(술 따위의) 농도'의 뜻으로 쓰이기도 한다.

65) 폴리타젤(Политотдел)은 우즈베키스탄 내에서도 잘 알려진 집단농장이다. 이 집단농장은 타슈켄트로부터 15km 정도 떨어진 치르치크 강가에 위치하고 있다. 1925년에 설립되었는데 1953년 한인 교포 황만금 씨가 농장장으로 취임하면서 가장 높은 생산량을 달성하여 유명해졌다. 총 거주 인구 7,000여 명 가운데 한인은 2,300여 명에 달한다. 면화, 옥수수, 황마, 야채, 과일 등을 재배한다. 황만금 씨는 폴리타젤(Политотдел) 콜호스의 농장장으로 노동 영웅 칭호를 받았다. 황만금 씨는 1921년 연해주의 빈농 가정에서 태어났다. 1937년 하바롭스크시(市)의 중학교를 졸업하자마자 부모와 함께 우즈베키스탄으로 강제 이주를 당했다. 1947년 타슈켄트주의 '레닌의 길(Ленинский путь)'이라는 콜호스의 대표가 되었고, 1953년에는 폴리타젤 콜호스의 대표가 되었다. 그는 목화 재배에 과학적인 방법을 도입하여 엄청난 수확고를 올렸다. 1958년 1월 11일 소련 사회주의 노동 영웅 칭호를 받았다. 그는 이 밖에도 10월 혁명 훈장 및 레닌 훈장을 세 번이나 받았다. 그는 '우즈베키스탄공화국 공훈 목화 재배업자' 칭호를 받았으며 1983년도에는 식물을 해충으로부터 구제하는 방법을 도입한 공헌으로 소연방인민위원회상을 받았다[한 세르게이 미하일로비치・한 발레리 쎄르게이비치 저, 김태항 역(1999: 322-323). 국립민속박물관(1999: 59-60)을 참고].

66) '기래-+-앗+다구 하+-웁데'가 줄어든 말. '-웁데/-습데'는 하오할 자리에서 화자가 과거에 보고 들은 사실을 현재에 와서 남에게 말할 때 쓰이는 서술형 종결어미이다. 어간이 모음이나 유음으로 끝나면 '-웁데'가 결합되고, 유음을 제외한 자음으로 끝나면 '-습데'가 결합된다.

67) '-습둥'은 'ㄹ'를 제외한 자음으로 끝난 명사 뒤에 결합되어, '하압소'할 자리에서 의문을 나타내는 종결어미이다. 표준어의 '-습니까?'에 대응되는 방언형이다. '-습둥'의 '둥'은 보통 [tu] 또는 둥[tū]으로 발음된다. 예: 먹습두?(먹습니까?), 좋습두?(좋습니까?).

68) 고려말에서 '밭'은 '식물이 자라는 평평한 곳'이라는 뜻으로 쓰인다. 때문에 '논'을 '밭' 또는 '논밭', '베밭'이라 한다.

69) 구술자의 발화에서, 형태소 내부(파생어 포함)에서는 ㄷ구개음화가 이루어졌지만 형태소 경계(굴절)에서는 구개음화가 이루어지지 않는다.

70) '재+무지(<무디, =무더기)+-ㄹ'로 분석된다. '잿더미'의 뜻.

71) '도움'의 뜻을 지닌 '도배'는 '돕-'에시 파생된 명사. 함경도 지역에서 널리 쓰인다. '도배꾼'은 '도우미'란 뜻이다.

72) '이르다[讀, 謂]'는 어미 '-어X' 앞에서는 '읽'으로 교체되고 자음 어미 앞에서는 '이르'로 교체된다.

73) '하니'는 '한뉘'의 변음. '한뉘'는 '한평생', '한세상'을 뜻하는 말이다.

74) '헗다'는 '힐하다'의 준말. 주로 '일이 힘들지 않고 수월하다'라는 뜻으로 쓰인다.

75) 네일<너일(來日). 구술자의 발화에서는 이중모음 'ㅕ'가 'ㅖ'로 변화한 예가 많다. 앞서 나온 '어느세', '상세나다'가 그런 예이다. 대체로 치조음 뒤에서 'ㅕ>ㅖ'의 변화를 볼 수 있는데 이 같은 현상은 육진방언을 포함한 함북 방언에서 현저하다.

76) '베우다'는 '배우다[學]'의 방언으로 '비호다>베우다'의 변화를 겪은 것이다. '베우다'는 함남과 함북 남부 지역어에 주로 분포한다.

77) '어시'는 '부모'의 방언. 중세국어 '어싀'의 반사형으로 함경도 방언에서 흔히 쓰이는 말이다.

78) '벨르'는 '따로 특별히, 별나게' 따위의 의미를 갖는다. 뒤에 부정하는 말을 동반하지 않는다는 점에서 고어적이다.

79) '해롭다'는 '편찮다'의 방언. 함경도 방언에서 흔히 쓰인다.

80) '아바이(<아바니)'는 지역마다 지시하는 대상이 다르다. 함남 지방에서는 '할아버지'를 뜻하지만 함북 북부의 일부 지역에서는 '아버지'를 뜻한다. 이때 조부는 '클아바이', '클아바니'라 한다. 조사자는 '할아버지'의 뜻으로 '아바이'란 말을 쓴 듯하나

구술자는 '아버지'로 이해하였다. 구술자는 '아버지'를 '아바이'라 한 듯하다. 구술자는 뒤에서 할아버지를 '할아버지'라 하였는데 이는 물론 표준어이다.

81) '포시질'은 '포슈(砲手)+-이+질>포쉬질>포시질'의 변화형.

82) 한어(漢語) 紅鬍賊 또는 紅胡子[hónghú·zi]에서 온 말로 이전에 만주 일원을 무대로 강도짓을 일삼던 '날강도(-强盜)' 또는 '비적(匪賊)'을 이르던 말(곽충구 2019a). 본문에서 '일본 후우재'라 한 것은 '일본인 강도'가 아니고, 1920년대 초 러시아 내전 시기에 연해주에 진출한 일본군이 한인 독립군을 공격하기 위해 매수한 중국인 마적단(후우재)을 말한 것이다. 1920년 봄 김경천이 이끄는 독립군이 80여 명의 마적을 소탕한 바 있다. 구술자의 백부는 이 무렵에 사망한 것으로 생각된다.

83) '엔:'(<왼)은 '가장', '맨'의 뜻을 지닌 부사.

84) '시방(時方)'의 발화 실수.

85) 이상+-이>이생이>이새~이>이새:. 고려말, 함경도 방언에서는 '손위'를 '이상, 이새'(육진방언에서는 '이샹, 이새')라 하고 '손아래'는 '기하, 지하, 기해, 지해'라 한다.

86) 미리 마련하여 갖추어 들이는 일.

87) 종결어미 '-슴'은 'ㄹ'을 제외한 받침 있는 용언 어간이나 선어말어미 '-엇-, -갯-' 뒤에 붙어, 하오할 자리 때로 '하압소'할 자리에서, 어떤 사실을 있는 그대로 나타내는 종결어미이다. 때로 의문문에도 쓰인다. 모음이나 유음으로 끝난 어간 뒤에서는 '-음'이 결합된다.

88) 전체를 모두 관리한다는 뜻의 '총리(總理)'로, 여기서는 '사장'을 뜻한다. 중국의 조선족 교포들은 '기업을 관리 감독하고 최종적으로 의사 결정을 하는 사람'을 '총경리(總經理)'라 하는데 이와도 관련이 있을 듯하다.

89) 옛날 함경도 지방에서는 개밋독(<가밋독<감(龕)+-이+-ㅅ+독[甕]) 또는 귀신단디(또는 귀신단지)라 부르는 조그마한 단지(=신줏단지)를 고방의 시렁 등에 올려놓고 귀신을 위하였다. 옷을 짓기 위해 천을 사더라도 그 천 조각을 먼저 귀신단지에 놓고 빌었다 한다(곽충구(2019a)를 참조). 본문에서 구술자가 말한 것은 이를 두고 한 말이다. 한편, 구술자는 이를 '귀신뚜깨'라 하였다고 했는데, '귀신단지의 뚜껑'을 말한 것이 아닌가 한다.

90) '하룻도이'는 '화로(火爐)+-ㅅ+동이[盆]'가 변해서 된 말.

91) 함북방언에서는 '들[野]'을 '뜰' 또는 '두루'라 하기 때문에 조사자가 '뜰'이라 한 것이다.

92) '펭든-하다'(평평하다)에서 파생된 부사.

93) '첫을'을 '츠-+-엇-+-을'로 분석된다. '츠-'는 '추-'(=위로 치밀어 올리다)의 방언.

94) 무티+-을르(조격 조사). '무티'는 '통나무'의 방언. 오구라 신페이(小倉進平)는 '무티'가 한어(漢語) '木頭'를 차용한 말일 것이라 한 바 있다.

95) 북부방언(평안, 함경)의 '따우', '따위'는 표준어의 '따위'와 그 뜻과 용법이 조금 다르다. 대체로 '종류', '유형' 등의 의미로 쓰인다.

96) '나무'는 자음으로 시작하는 조사 앞 또는 합성어의 선행 어기일 때에는 '나무', 모음으로 시작하는 조사 앞에서는 '낭ㄱ'으로 교체된다. 예: 나무두(나무-두, 나무-도), 낭기(낭ㄱ-이, 나무-가), 낭그(낭ㄱ-으, 나무-를), 낭글르(낭ㄱ-을르, 나무-로), 낭게(낭ㄱ-에, 나무-에) 등.

97) 제보자의 아내인 안타샤 할머니가 와 점심 식사를 하라고 권하는 바람에 잠시 대화가 중단됨.

98) 고려말에서 '저'는 하오할 대상을 가리키는 이인칭대명사 또는 재귀대명사. 그 위에서 조사자가 말한 '저'는 화자가 자기를 낮추어 말할 때 쓰는 일인칭대명사.

99) 아바이<아바니. '아바이'는 '할아버지'의 방언. 본문에서는 '남편'을 지칭하는 말로 쓰였다.

100) '싸다'는 '사다[買]'의 함경도 방언.

101) 물이 고여 질퍽한 곳.

102) '피+-ㅅ+장(<당)'으로 분석된다. '피'는 한어(漢語) '坯[pi]'를 차용한 말.

103) '여기'의 방언 '영기'(또는 '영게')에 복수 접미사 '-덜'이 결합한 것.

104) '마우재'는 한어(漢語) '毛子[máozi]'를 차용한 말로서, '러시아 사람'이란 뜻을 지닌 명사. 좀 낮추는 뜻이 있다.

105) 냥[nyā]>양[yā]. 구술자인 안타샤 할머니는 '냥[nyā]'과 '양[yā]'을 수의적으로 쓴다. 발화의 맨 앞에 놓일 때는, 대등한 사람 또는 손아래라도 해라할 처지가 아닌 사람의 부름에 대답하거나 묻는 말에 긍정하여 대답할 때 쓰는 말이고, 발화 도중에 쓰일 때는 대등한 사람 또는 손아래라도 해라할 처지가 아닌 사람과 말을 나눌 때, 말을 이어가면서 중간 중간에 상대방의 주의를 환기하거나 강조할 때 삽입하는 요소로서, 하오할 대상과 어울려 쓰이는 말이다. 발화의 맨 끝에 놓일 때는 상대편의 대답을 재촉하거나 다짐을 두는 말로 쓰인다. 동북방언의 상대 경어법은 대체로 '하압소', '하오', '해라'의 세 등급으로, '냥'은 하오할 자리에서 쓰인다. 대등한 사이 또는 부모가 장성한 아들에게 또는 동네의 노인이 젊은이에게 쓴다. 참고로 '하압소' 할 자리에서는 '예'라 하고 해라할 자리에서는 '옹' 또는 '엉'이라 한다. '야ㅇ' 또는 비음성이 없는 '야' 등의 형태로 나타난다. 육진방언에서는 보통 '냐ㅇ[nyā]'이라 하고 동북방언에서는 'ㄴ'가 탈락한 '야ㅇ[yā]'이라 한다. 구술자는 야ㅇ이라 하는데 혹간 '냐ㅇ'을 쓰기도 하였다. 표준어 대역에서 '응'이라 하였지만 이것이 적절한 처리

가 아님은 물론이다.

106) 함경도 방언의 친족명칭은 부계와 모계를 구분하지 않는 특징이 있다. '맏아매'는 아버지 형의 아내(=큰어머니), 아버지 손위의 고모, 어머니 손위의 이모, 어머니 오라버니의 아내 등을 가리킨다. 함경도 지역의 친족명칭에 대해서는 곽충구(1993, 2019a) 등을 참고할 것.

107) 구술자가 표준어를 제시한 것이다. 실제 호칭어는 '아즈바이'(<아즈바니)가 될 것이다.

108) 조사자는 '할머니'의 고려말 호칭어를 조사하고자 질문을 했는데, 구술자는 여자의 성과 이름을 (러시아식으로) 어떻게 말하는지를 조사자가 알고자 질문한 것으로 잘못 이해하였다. 때문에 구술자 안타샤 할머니는 계속 '성+이름+아버지 이름'으로 구성되는 러시아식 이름에 대해 설명하고 있다. 조사자의 질문이 매끄럽지 못하다.

109) 여기에 거주하는 한인은 러시아의 문화와 관습에 동화되어 이젠 러시아 사람과 다를 바 없다는, 자조 섞인 말.

110) 조사자가 말한 표준어를 받아 쓴 것이다. '손아래'라는 말은 '기하, 지하, 기해, 지해'라 한다.

111) 아버지 손위 고모는 '맏아매'라 하지만 손아래의 고모는 '아재'라 한다. 한편, '아재'는 '고모' 외에 어머니의 여동생, 어머니 남동생의 아내 등을 가리킨다. 함경도 지역의 친족명칭에 대해서는 곽충구(1993, 2019a) 등을 참고할 것.

112) '하아'는 '하-+-오'가 완전순행동화를 겪은 것. 여성들의 발화에서 많이 나타난다.

113) '아버지'는 표준어이다. 실제로는 '아바지', '아부지'라 한다. '아바지'는 북한의 전 지역에서 쓰이는 호칭어이다. '아바지'는 격식적인 표현에 쓰이고 '아부지'는 비격식적인 표현에 쓰인다.

114) '어머니'는 표준어이다. 실제로는 '어마이' 또는 '제에마'와 같은 호칭어를 쓴다. 어릴 때에는 '어마'라 한다.

115) '지'는 '집'의 속격형. 자음으로 시작하는 명사 앞에서는 '짓', 모음으로 시작하는 명사 앞에서는 '지'로 실현된다.

116) 고려말 및 함경도 방언에서는 개음절로 끝난 명사 뒤에는 '-이'가 결합되어 그 명사의 일부가 된다. 예: 손예(<손녜<손녀+-이). 염티, 염튀(염통), 치매(치마). '식기'는 '식구(食口)+-이>식귀>식기'의 변화를 겪은 것이다.

117) 대체로 결혼 여부에 관계없이 '삼춘'이라 한다. '아즈바이'는 대체로 결혼한 사람에게 쓰인다. 숙부, 고모부(아버지 누이동생의 남편), 이모부(어머니 누이동생의 남편)를 '아즈바이'라 한다.

118) 그 양(樣)+-으로. '그런 식으로' 또는 '그런 모양으로'의 뜻.

119) 앞에서 올바른 방언형 '싸위'가 제시되었음에도 불구하고 조사자가 '싸우'를 제시하
는 바람에 결국 구술자가 조사자가 제시한 '싸우'를 쓴다고 하였다. 고려말이나 함경
도 방언에서는 일반적으로 '싸위'라 한다.

120) 흔히 손자는 '손지, 손재', 손녀는 '손네, 손네, 손예'라 하며, 손자 손녀를 통틀어
이를 때에는 '손군[송군]'이라 한다. 뒤에서 구술자는 '손지'라는 말을 썼다. '손지
[송군]'은 함경도 방언권에서만 쓰이는 특이한 어휘이다.

121) 흔히 외손자와 외손녀를 통틀어 이를 때에는 '웨손군[송군]' 또는 '왜손군'이라 한다.

122) '시아스'(=시동생)은 '시(媤)+아스[弟]'로 분석된다. 지금은 대체로 '시애끼'라 한다.
'아스'는 중세국어 '아ᅀᆞ'의 반사형이다. 본디 함경도 방언에서는 자음으로 시작하
는 조사가 연결되면 '아스', 모음으로 시작하는 조사가 연결되면 '앗'으로 교체되었
다. 예: 아스두(아우-도), 아끼, 애끼(앗-이, =아우-가), 아끄(앗-으, =아우-를), 아
께(앗-에, =아우-에). 지금은 '아스/앗'은 사어가 되어 거의 쓰이지 않는다. 다만
'시애끼'라는 말에 화석처럼 '애끼'가 남아 있다.

123) '손비'는 손자며느리의 방언. 손부(孫婦)+-이>손뷔>손비.

124) 구술자는 '손비'를 '손녀'로 잘못 이해하고 있다. 착각일 것이다. 그래서 '손서(孫壻)'
를 '손비의 남편'이라 한 것이다. 손녀의 남편, 즉 '손서(孫壻)'를 함경도 방언이나
고려말에서는 '손세'(<손셰<손셔(孫壻)+-이)라 한다.

125) 질문이 간명하게 이루어지지 못한 감이 있다. 또 원하는 응답형이 도출되었지만
조사자는 그것을 인지하지 못하고 계속 부연하여 질문하고 있다. '손비 메느리'가
아니고 '손비' 또는 '손재'(또는 '손지') 메느리'가 옳다.

126) '노친'은 나이 많은 여자 노인을 대접하여 이르는 말. 위 본문에서는 구술자의 아내
를 가리켜 말한 것이다.

127) 고려말, 함경도 방언에서는, 부정 부사 '못', '아이'가 합성 동사의 어기와 어기 사이,
또는 본용언과 보조 용언 사이에 놓인다.

128) 통나무를 가로로 놓은 다음 그 위에 다시 통나무를 세로로 겹쳐 놓되 겹치는 부분은
홈을 파서 두 통나무가 서로 물리도록 한다는 말. '물기다'는 '물리다'의 방언.

129) 이전에 집을 지을 때 흙벽은 싸리나무나 갈대 또는 나뭇가지 따위를 가로세로로
얽은 뒤—이를 외(椳)라 한다—거기에 진흙에 볏짚 따위를 섞어 손으로 이기고 뭉친
흙덩이를 발라서 만든다. 그리고 벽면을 판판하게 고른 뒤에 매질을 한다[곽충구
(2019)를 참조]. 구술자는 이를 '껑지벽'이라 한 것이다. 흙이나 옷 따위를 뭉쳐서
둥실하게 하는 것을 북한어로 '꿍지다'라 한다. 때문에 함북 지방에서는 이러한 벽을
'꿍지벽'이라 한다. '꿍지벽'이라는 말은 북한어에도 없는 말이지만 여기서는 어원
을 따져 '꿍지벽'이라 옮겨 둔다.

130) 볏짚 따위를 섞은 진흙을 손으로 주무르고 뭉쳐서 쌓은 벽. 창고 따위를 지을 때 이 벽을 만든다.

131) '매질하다'는 '벽 거죽에 매흙을 바르다'의 뜻.

132) '가름재'는 '가름장+-이>가름쟁이>가름재이>가름재'의 변화. '가름장'은 '가로대' 를 말하는데, 육진방언에서는 '가름댱(--杖)'이라 한다.

133) '지우-'는 '지-[落]'의 사동사로 '넘어뜨리다, 쓰러뜨리다'의 뜻을 지닌다. 함경도 방언이다.

134) '-읍덤마'는 모음이나 유음으로 끝난 용언 어간에 결합되어, '하압소'할 자리에서 과거 어느 때에 직접 경험하여 새로이 알게 된 사실을 현재의 말하는 장면에 그대로 옮겨 와 전달할 때 쓰는 종결어미. 구술자는 '-읍덤'을 많이 썼는데 여기서는 '-읍덤 마'라 하였다. '-읍덤', '-읍덤마'는 모두 '-읍더구마'의 변종이다. 유음을 제외한 자음 뒤에서는 '-습덤마'가 쓰인다.

135) '통까다'는 '돌덩어리를 망치로 치거나 정으로 쪼다'의 뜻일 것으로 생각된다. 위 본문은 '돌덩어리를 깨서 구들장을 만들었다'는 뜻.

136) 함북방언과 고려말에서는 '같다, 가툴하다' 앞에서 의존명사 '것'이 생략된다.

137) '통'은 '모두' 또는 '전체'의 뜻을 지닌 명사 또는 관형사. 예: 통 자란이덜이(모든 어른들이). 통 집이 앉아 잇으명(모두 집에 앉아 있으며).

138) '헝겆'은 '천'(실로 짠 물건)의 방언. '헝겊'이 아니다. 김동환의 <국경의 밤>에도 나온다.

139) '일구다'는 '어떤 결과나 상태를 갖추거나 만들다'의 뜻.

140) '-인데'는 어떤 행동이 미치는 대상임을 나타내는 격조사. '-한테'와 비슷한 문법 기능을 갖는다. '-잇는 데'가 문법화한 것이다.

141) 정혼(定婚)을 한 후 신랑 집에서 신부 집을 방문하여 인사를 드리고 혼인날을 받는 의식. 반찬, 떡, 돼지고기, 술 따위를 가지고 간다. 함경도 지방에서 행해지는 전통 의례이다. 청초(請招)+-이>청취>청치.

142) 종결어미 '-음'은 모음이나 유음으로 끝난 어간 뒤에 붙어, 하오할 자리 때로 하압소 할 자리에서, 어떤 사실을 있는 그대로 나타내는 종결어미이다. 때로 의문문에도 쓰인다. 'ㄹ'을 제외한 받침 있는 용언 어간이나 선어말어미 '-엇-, -갯-' 뒤에는 '-슴'이 결합된다.

143) 함경도의 대표적인 음식의 하나. 중앙아시아 고려인 사회에서도 이 떡을 중시하여 잔치 때에는 꼭 이 떡을 해 먹는다. 찹쌀을 쪄서 떡메로 친 다음 네모지게 썰거나 혹은 손으로 적당히 떼어내어 그것을 팥고물이나 꿀, 물엿 따위에 묻혀 먹는 음식이 다. 접시나 사발에 떡과 고물을 함께 놓으면, 먹는 사람이 떡에 팥고물을 알맞게

찍어서 먹는다.

144) '하루'가 단독형으로 쓰일 때에는 '할랄' 또는 '할랄'이라 한다. 그러나 합성어의
선행어기는 '하르'이다. 그리고 파생어에서는 '하르-/핥-'와 같은 교체를 보여 준다.
예: 하르살이(하루살이), 하르갈이(하루갈이), 초하룻날(초하룻날), 초하르-두(초하루
도)/초할리(초하루-가).

145) 찰떡을 인절미와 같은 것으로 말하고 있다. 이에 대해서는 곽충구(2019a)의 '찰떡'
항목에서 다음과 같이 언급하고 있다. "고물이 쉬기 때문에 고물을 묻히지 않는다.
크기가 다르기는 하지만 고물에 묻혀 내놓으면 인절미와 비슷한 음식이 된다. 그러
나 크기나 모양이 직육면체가 아닌 경우도 있고 크기도 보통의 인절미보다 크다.
일부 국어사전에서 이 떡을 '인절미'로 풀이해 놓았지만 인절미처럼 고물에 묻히지
않으며 모양도 인절미와는 다르다. 이전에는 차좁쌀로 찰떡을 하였다."

146) '-슴다'는 '습니다'가 줄어든 말. 북한과 중국 조선족의 젊은이들은 모두 이 어미를
쓴다.

147) '지치다'는 '남기다'의 뜻을 지닌 동사. 동사 '짙-'에서 파생된 사동사이다. 함북
육진방언에서는 '기티다', '긑다'라 하여 중세국어와 같다.

148) :윈>웬:>엔:. '맨', '가장'의 뜻을 지닌 부사.

149) 뉘[誰]+-에>뉘>네.

150) 갑자기 어떤 일, 사건, 장면, 상황 따위에 마주치다.

151) '솜'은 키르기스스탄의 화폐 단위. 1993년 5월에, 1솜(сом) = 200 루블의 비율로
기존의 루블을 대체하면서 도입되었다. 2021년 4월 현재 1솜은 한국 원화로 13원
가량이 된다.

152) 본디 '에미네'는 '성년 여자', '아낙네'를 홀하게 이르는 말이고 '스나'는 '성년 남자',
'남의 남편'을 홀하게 이르는 말이다.

153) '말하아'는 '말하-+-오'가 완전순행동화를 겪은 것. 흔히 여성들의 발화에서 많이
나타난다.

154) 고려말의 '새애기'는 보통, 계집아이, 소녀, 처녀, 아가씨 등의 의미로 쓰이는데 이에
걸맞은 러시아어가 바로 девушка이다. 갓 시집온 여자를 '새애기'라 하기도 하는
데, 흔히 '각시, 새각시, 새새애기, 새댁'이라 한다.

155) '시집 안가무'는 구술자의 발화 실수이다. 문맥상 '시집가무'(시집가면) 정도가 되어
야 한다.

156) '세간 내오다'는 '따로 살림을 차려 나가다'의 뜻.

157) 극상(極上) 해. 값이 최고로 올랐을 때의 해.

158) '띠우다'는 "어떤 일, 사건, 장면 따위가 나타나다. 일이 생기다. 일이 일어나다. 마주치다."의 뜻.

159) 기본형은 '멕겜다'이다. '먹겜다'도 쓰인다. 구술자의 경우 어미 '-아X'가 결합되면 '멕게와서'가 된다. 한편, '보-'에는 '-곘-'이 결합된다. 이는 함북방언에서만 볼 수 있는 특이한 조어법이다.

160) '가이다'는 '가지다'의 뜻. 흔히 '개:다'라 한다. 예: 개애왔다(가져왔다).

161) '미르'(또는 '미루')는 '미리[預]'의 함경도 방언이다. 그러나 본문의 '미르'는 문맥상 '미리'의 뜻으로 볼 수는 없다. 아마도 '늙어서 앓을 중병을 젊어서 일찍 미리 앓았다'의 뜻으로 한 말이 아닌가 한다.

162) '미시'는 '무스(=무엇)+-이>무슥>무시>미시'의 변화를 겪은 것.

163) '지눕이'는 '꼼짝 못하고 누워 지내는 일' 또는 '그런 사람'을 뜻하는 명사.

164) 심장(心臟)+-이>심쟁이>심재이>심재:.

165) '부추다'는 '심장의 박동이 빠르고 세차게 뛰다'의 뜻을 지닌 동사.

166) '앓을라 할 때부터'가 줄어든 말. '-을라'는 '-으려'의 방언.

167) '單位(dān wèi)'는 중국어로서 '직장', '기관', '부서' 등의 뜻이 있다.

168) 구술자의 발화에서 주격 조사 '-가'는 쓰이지 않는다. 흥미롭게도 '-이가'가 쓰였다.

169) 앞서의 '單位'처럼 '工作'도 중국어이다. 조사자는 조선족이 쓰는 이 말이 고려말에서도 쓰이는 것으로 착각한 듯하다.

170) 덮고 있는 것을 위로 들어 올리면 그 밑에 있던 것이 드러나듯이, 은폐되거나 숨겨진 사실이 드러날 때 '짝들기우다', '짝들기다'라 한다. '짝들기우다'는 '들-[擧]'에 접미사 '-기우-'가 결합된 것이다. '짝'은 벌리거나 드러내는 뜻을 지닌 부사일 것이다. 강원도 방언에서는 '들리다'라 한다. 이는 접미사 '-리-'가 결합된 것이다.

171) 중앙아시아의 한인들은 거주국의 기본 화폐 단위를 전통적인 용어를 써서 '냥'이라 한다. 위에서 구술자는 '100솜'을 '100냥'이라 하고 있다.

172) '수박질'은 '수박+-지이-ㄹ(대격 조사)'(=수박 농사-를)로 분석된다. '지이'(=농사)는 '짛-'[作]에 명사 파생 접미사 '-이'가 결합된 파생어. 중세국어 '지싀'에 대응된다. 고려말과 함경도 방언에서는 이 '지이'가 생산적으로 쓰인다. 예: 베지이(벼농사), 왜지이(오이 농사), 집지이(집짓기), 파지이(파 농사) 등.

173) '둥간'은 19세기 후기 중국에서 이주한 회족(回族)을 이르는 말. 중앙아시아의 카자흐스탄, 키르기스스탄, 우즈베키스탄에 약 11만 명의 둥간족이 거주하고 있다. 이들이 사용하는 둥간어는 중국의 산시성(山西省)과 깐수성(甘肅省)에서 쓰던 한어(漢語) 방언의 변종이다. '둥간족'에 대해서는 이기갑(2008: 1055)을 참고할 것.

174) 육진방언에서 '農'의 자음(字音)은 특이하게도 '눙'이다. 예: 눙새, 눙새질. 이 '눙'의 어두음 'ㄴ'이 탈락하여 '웅'이 된 것이다.

175) '커우대'는 '마대(麻袋)'를 뜻하는 한어(漢語) '口袋[kǒudài]'를 차용한 말. 이른 시기에 함경도 방언에 차용되어 지금도 함경도, 중국 조선족, 고려말에서 널리 쓰인다.

176) '던지다'와 어원이 같은 '데디다', '데지다'는 '버리다[棄]'의 뜻으로 쓰이며 또 보조용언으로도 쓰인다. 고려말이나 동북, 육진방언에서는 '던지다'를 '뿌리다'라 한다. '뿌레데디다'는 '내던지다'의 뜻이다.

177) '나지다'는 '전에는 없던 것 또는 잃었던 것이 나타나거나 새로 생기다'의 뜻. 육진방언에서는 '나디다'라 한다. 따라서 '나지다'는 구개음화를 겪은 어형이다.

178) 눕다>늡다. 함북방언에서는 순자음 앞의 'ㅜ'가 비원순화하는 음운현상이 있다. '드비'(두부)도 그 한 예이다. 이 같은 예는 곽충구(1994)를 참고할 것.

179) 저녁[夕]-꺼정>저약-꺼저. 육진방언에서 '겨냑'이라 한다.

180) '악하(惡-)+-ㄴ+앙(樣)+-으(대격 조사)'로 분석된다. '악한 짓을'의 뜻이다.

181) '삐치다'는 '귀신이(에) 들리다', '참견하다'의 뜻을 가지고 있다. 여기시는 죽어서 귀신이 되어 다른 사람에게 해를 끼친다는 뜻으로 쓰였다.

182) 함경도 방언 및 고려말에서는 부정부사 '못', '아이(<아니)'는 합성동사의 어기 사이에 놓인다. 때문에 '못 나온다'라 할 것을 '나 모 온다'라 한 것이다. 한편, 부정부사 '못'은 첫소리가 모음인 용언 앞에서는 '모', 첫소리가 'ㅎ'을 제외한 자음인 용언 앞에서는 '못'이 쓰인다. 첫소리가 'ㅎ'일 때에는 '모'와 '못'이 함께 쓰인다.

183) '없지 못해서'는 전후 문맥으로 보아 '선대의 무덤이 없지 않아서', 즉 '연고가 있어서'의 뜻으로 파악된다.

184) '사이라'는 '산+-이라'의 변음. '산'은 '산(山)' 또는 '산소'를 뜻하는데 여기서는 전자의 뜻으로 쓰인 것이다. 함경도 방언과 고려말에서는 '무덤'을 흔히 '산' 또는 '모(mo, 墓)'라 한다.

185) 고려말에서 소상(小祥)은 '돐제', '돐제세'라 하고 대상(大祥)을 '삼년제세'라 한다. 이는 중국 조선족 사회에서도 동일하다.

02 안타샤의 이주와 정착 생활

소: 그러면은 그렇게 인자 쳐서 그 가 내면은.

안: 아.

소: 그 정부에서 또 돈, 돈을 많이 주나?

안: 돈으 주지. 돈 주지 우리네느. 한낄로에 엠매씨주던것두 내 잊어뿌
렛소.

소: 오.

안: 한낄로에 엠매씨 그렇게 줘.

소: 그러면 그게 그:: 베농사 하는 거보단 나아?

안: 그래.

소: 돈 더 많, 많이.

안: 더 받소. 많이[마이] 받소 돈으 야.

안: 그래 이랫소. 우리네느. 니베 치구,

소: 음.

안: 어: 에엔 뻬레(пере) 우르쟈이(урожай), 느베치기.

소: 음.

안: 그다음에느 우리네 음 목해밭으르 나가오.

소: 네.

안: 목하밭으 멫 겍따르(гектар) 가지오. 거저 요거 네 겍따르(гектар)
세 겍따르(гектар) 그렇게 가지오.

소: 어.

안: 께납(конопля)밭으 한 겍따르씨(гектар) 이릏기 가지우.

소: 음.

안: 기래 거저 돈우 기래 벌지 무. 개 아바이네 끼노(кино)서 일해구.
나느 어 그런 데서. 기래두 기게 도이 많재이오. 영게 와서 우리 돈으 데
게 벌었어::.

소: 여기 와서?

소: 그러면 그렇게 인제 누에를 쳐서 그걸 관(官)에 가 내면.

안: 응.

소: 그 정부에서 또 돈, 돈을 많이 주나?

안: 돈을 주지. 돈 주지 우리에게. 1킬로에 얼마씩 주던 것도 내가 잊어 버렸소.

소: 오.

안: 1킬로에 얼마씩 그렇게 줘.

소: 그러면 그게 그 벼농사 하는 것보다는 나아?

안: 그래.

소: 돈 더 많, 많이.

안: 더 받소. 많이 받소, 돈을, 응.

안: 그래 이랬소. 우리네는. 누에를 치고,

소: 음.

안: 어 가장 수확이 많은 것이 누에치기.

소: 음.

안: 그다음에는 우리네 음 목화밭으로 나가오.

소: 네.

안: 목화밭을 몇 헥타르를 가지오. 그저 요거 4헥타르 3헥타르 그렇게 가지오.

소: 어.

안: 삼[麻]밭을 1헥타르씩 이렇게 가지오.

소: 음.

안: 그래 그저 돈을 그렇게 벌지 뭐. 그래 우리 할아버지(=남편)는 극장에서 일하고. 나는 어 그런 데서 (표를 팔고). 그래도 그게 돈이 많지 않소. 여기(=비슈케크) 와서 우리 돈을 되게 벌었어.

소: 여기 와서?

안: 여기 와서, 푸룬세(Фрунзе).

소: 뭐허셔가지고.

안: 어따(это) 루꾸(лук)지일¹⁾ 해서.

소: 무꾸?

안: 루꾸(лук)지일 해서. 파지일 해서.

소: 파, 파?

안: 파 파지일 야~.

소: 아.

안: 파지일 해서 그때애 어: 쎄쎄쎄에르(CCCP)²⁾ 직이. 노시앗도이 즉 [쯱]이.

소: 어.

안: 스물다스[스물따스]천씨 벌엇소. 서른천씨 벌엇소 다시.

소: 어어.

안: 기래서 이 집우 이기 스물다스[스물따스]천짜리 집이오.

소: 음. 그때 사신 거에요?

안: 루블릿(рубль+-ㅅ) 적, 루블리(рубль)르 할 직에 이게 스물다스 [사물따스]천이오.

소: 아.

안: 시방 이집 파자무 야? 이 우리지 이집우 파자무. 스물다스[스물따 스] 돌라(доллар)르 스물다슷천 돌라(доллар)르 받소. 이집.

소: 음.

안: 파자무.

소: 아.

안: 시방 집값이 모지³⁾ 잇소.

소: 으흠.

안: 그렇소. 게 여기 와서 저 죽, 저 죽은 아들이 집우 싸줫지.

안: 여기 프룬제(＝비슈케크)에 와서.

소: 뭐하셔 가지고.

안: 음 파 농사를 해서.

소: 무?

안: 파 농사를 해서. 파 농사를 해서.

소: 파, 파?

안: 파, 파 농사, 응.

소: 아.

안: 파 농사를 해서 그때에, 어 구소련일 적에. 러시아 돈일 적에.

소: 어.

안: 25,000(루블)씩 벌었소. 30,000(루블)씩 벌었소, 다시.

소: 어어.

안: 그래서 이 집을 이게 25,000(루블)짜리 집이오.

소: 음. 그때 사신 거에요?

안: 루블(을 사용할) 적에, 루블을 사용할 적에 이게 25,000루블이오.

소: 아.

안: 시방 이 집을 팔자면 응? 이 우리 집 이 집을 팔자면. 25달러를 (아니!) 25,000달러를 받소. 이 집.

소: 음.

안: 팔자면.

소: 아.

안: 시방 집값이 몹시 있소(＝아주 비싸오).

소: 으흠.

안: 그렇소. 그래 여기 와서 저 죽, 저 죽은 아들의 집을 사 주었지.

소: 음.

안: 마시나(машина)르 싸줫지. 저:기 잇는 아덜으는 국가서 집우 줫소.

소: 으음.

안: 기래구 거저 이런 빨라스(палас)두 싸주구 이런거 이런것두 싸주구. 거저 그랫댔어.

소: 그먼 이 집은 그때 돈 벌어갖고 사신거에요?

안: 으음! 그때 돈 벌어서.

소: 파해가, 파해 가지고?

안: 파 가주구서르 기랫지.

소: 으음.

안: 우리네 저 따쉬껜드 살적에느 구차해앳소. 쯧. 도이낭 없지.

소: 아니, 그때도 아바이는: 그 끼노에서 끼노에서 근무했얹, 그 일하면.

안: 게 그거느. 고까짓 돈.

소: 거기서는 돈 많이 안받어?

안: 으흠! 멫 알으⁴⁾ 못 받소. 일일이 그 파지일해서 돈 잘 벌었어. 파지일해서.

소: 그러면.

안: **잉~어*(←잉게), 우리 어느해 왓는가이 야. 팔십년도에 왓소.

소: 팔십년도에.

안: 야아. 여기르 팔십년도에 왓소.

소: 그러면은, 그때가 뻬레스트로이까(перестройка) 이전이죠?

안: 없엇지. 그때느 없엇지.

소: 금 그때 쏘련이지.

안: 쏘련이지.

소: 에.

안: 노시아때느 노시앗도이지. 루블리(рубль) 떡이오.⁵⁾

소: 음.

안: 자동차를 사 줬지. 저기 있는 아이들은 국가에서 집을 줬소.

소: 으음.

안: 그리고 그저 이런 융단(絨緞)도 사 주고 이런 거, 이런 것도 사 주고. 그저 그랬었어.

소: 그러면 이 집은 그때 돈 벌어 갖고 사진 거에요?

안: 응! 그때 돈 벌어서.

소: 파 농사를 지어서, 파 농사를 지어서?

안: 파를 가지고서 그랬지.

소: 으음.

안: 우리네 저 타슈켄트에 살 적에는 구차했소. 쯧. 돈이랑 없지.

소: 아니, 그때도 할아버지는 그 극장에서 극장에서 근무했었, 그 일하면.

안: 게 그것은. 고까짓 돈.

소: 거기서는 돈 많이 안 받아?

안: 음. 몇 푼을 못 받소. 일일이 그 파 농사를 지어서 돈을 잘 벌었어. 파 농사를 지어서.

소: 그러면.

안: 여기로, 우리 어느 해에 왔는가 하니 응. 80년도에 왔소.

소: 1980년도에.

안: 응. 여기를 1980년도에 왔소.

소: 그러면은, 그때가 페레스트로이카(= 개혁) 이전이지요?

안: 없었지. 그때는 없었지.

소: 그럼 그때 소련이지.

안: 소련이지.

소: 에.

안: 러시아 때는 러시아 돈이지. 루블 (쓸) 적이오.

소: 에. 어 그러니까 그때 쏘련때도:.

안: 아.

소: 마음대로 어디로 다닐 수 있었어요?

안: 그래.

소: 어.

안: 그랫지. 게 우리.

소: **직장을 옮길 수가 있어?**

안: 기래. 그래 따시껜서 사다 서:른해르 따시껜 살았어.

소: 음.

안: 기래두 그룽기 잘 못살았어. 영게와서 아덜 싹 처세왔어.6) 마쉬나 (машина)르 싸줫지.

소: 음.

안: 집우 싸줫지. 저 둘째아들이 좀 작게 가젯소. 저 딸이 좀 돈으 작게 가젯소. 이 만, 둘째아들, 맏아들은 돈으 많이[마이] 가젯소. 어 돈 많이 [마이] 썼어.

소: 그먼 아들이 아들이 멫이에요?

안: 아들 두울이 딸이 한내.

소: 딸이 하나.

안: 아. 저기 한내.

소: 그문 지금 둘째아들은 어디있어?

안: 니줸따길리(Нижний Тагил) 쓰베르뜰로브(Свердлов)라구 잇소. 노시아에 사오.

소: 노시아에?

안: 노시아에 잇소.

소: 거긴 돈좀 많이 벌었어?

안: 아: 기래 우리넬 주이. 어저느 우리네르 대비 주우.

소: 에. 어 그러니까 그때 소련 때도.

안: 응.

소: 마음대로 어디로 다닐 수 있었어요?

안: 그래.

소: 어.

안: 그랬지. 그래 우리.

소: 직장을 옮길 수가 있어?

안: 그래. 그래 타슈켄트에서 살다가, 30년을 타슈켄트에서 살았어.

소: 음.

안: 그래도 그렇게 잘 못 살았어. 여기 와서 아이들을 싹 일으켜 세웠어. 자동차를 사 줬지.

소: 음.

안: 집을 사 주었지. 저 둘째아들이 좀 적게 가졌소. 저 딸이 좀 돈을 적게 가졌소. 이 맏(아들이), 둘째아들(보다), 맏아들은 돈을 많이 가졌소. 어 돈을 많이 썼어.

소: 그러면 아들이 아들이 몇이에요?

안: 아들 둘에 딸이 하나.

소: 딸이 하나.

안: 응. 저기 하나.

소: 그러면 지금 둘째아들은 어디 있어?

안: 스베르들로브스크 주의 니즈니타길리라고 있소. 러시아에 사오.

소: 러시아에?

안: 러시아에 있소.

소: 거기는 돈 좀 많이 벌었어?

안: 응. 그래 우리네를 주지. 이제는 우리네게 도로 주오.

소: 음.

안: 이 딸이두 우리넬 대비 주구:. 아들두 우리네르 대비 주구.

소: 그렇지.

안: 그전에느: 젊었일 직에 가:덜이 조꼼.

소: 다 그렇지 머, 어~.

안: 아. 우리네 다 셍겟지.

소: 음. 음. 음.

안: 좀 처세우느라구. 아덜으.

소: 으음.

안: 기랜게 이제 와서느 늙어 어저느 늙어서 네일 죽어두 일없구.

소: (웃음).

안: 난 날마다 죽자구 그른게 아이 죽어지오.[7]

소: 워트게 죽어집니까 그게?

안: 야아! 어트게 죽엇으무 좋갯는데.

소: (웃음) 근데 시집 시집오실 때.

안: 응.

소: 시집올 때 시집올 때.

안: 아~.

소: 둘이 연애하셨다면서요?

안: 아~, 우리 시혜~이 나르 그릏게 게 영 사랑햇댓소. 우리 시혜~이.
기래메서리 동새애 잇다구서르 동새애게르 가 보내자구 나르 애르 썻지.
우리 저 아바이 헤~이.

소: 아아.

안: 아바이 헤~이 나르 그릏게 영 곱아햇소,[8] 그전에.

소: 워틓게 알았어?

안: 나느:: 까작스딴(Казахстан)에 잇다가 와서는 이.

소: 음.

안: 이 딸도 우리네에게 도로 주고. 아들도 우리네에게 도로 주고.

소: 그렇지.

안: 그전에는 젊었을 적에 그 아이들이 조끔.

소: 다 그렇지 뭐, 응.

안: 응. 우리네가 다 (그 아이들을) 뒷바라지했지.

소: 음. 음. 음.

안: 좀 일으켜 세우느라고. 아이들을.

소: 으음.

안: 그런데 이제 와서는 늙어 이제는 늙어서 내일 죽어도 괜찮고.

소: (웃음).

안: 난 날마다 죽자고 그러는데 안 죽어지오.

소: 어떻게 죽어집니까 그게?

안: 야! 어떻게 죽었으면 좋겠는데.

소: (웃음) 그런데 시집, 시집오실 때.

안: 응.

소: 시집올 때 시집올 때.

안: 응.

소: 둘이 연애했다면서요?

안: 응, 우리 시형이 나를 그렇게 아주 사랑했었소. 우리 시형이. 그러
면서 동생이 있다고 나를 동생에게로 보내자고 애를 썼지. 우리 저 할아
버지(=남편)의 형이.

소: 아아.

안: 할아버지(=남편) 형이 나를 그렇게 아주 좋아했소, 그전에.

소: 어떻게 알았어?

안: 나는 카자흐스탄에 있다가 와서는 이.

소: 음.

안: 이 우즈벡스딴(Узбекистан)으로 왔지.

소: 예.

안: 새애길르.

소: 에.

안: 기래 와서, **물시혜~ 나르 데게 기래서. 울 시헬르 해서 저 저 우, 저 영갬게르 시집갔어.

소: 아아. 그먼 그 그 그러니까 그 시형 아주바이는 어트게 만났어요?

안: 어, 한 꼴호즈(колхоз) 살았지. 저 우리 아바이느 다른 데서 잇엇소. 글으 이르구9) 따시껜서 글 이르메 에따(это) 다른: 셀로(село)에 잇엇소.

소: 음.

안: 미하일로브까(михайловка)란데.

소: 음.

안: 기래구 우리네느 노보지즈니(новая жизнь)라는데 우리 시혜~이랑 한동네 살앗지.

소: 으음.

안: 기래구 우리 시혜~:느 목하밭에서 목하르 뜯구 게 가슬이 뎃소. 목하르 뜯구. 난 거기서 시격 끓엣소.

소: 뭐여?

안: 시격으 뽀바리(повар)질 했어.

소: '시격으'가 뭐에요?

안: 어. 어따(это) 임석으10) 끓이지.

소: 아아.

안: 임석으 끓이지. 어 스똘로브(столовая)서. 기래서 사름덜 숱한게 대접시기구.

소: 그때가 멫살 때에요?

소: 음.

안: 이 우즈베키스탄으로 왔지.

소: 예.

안: 처녀로.

소: 에.

안: 그래 와서, 우리 시형이 나를 되게 그래서(=좋아해서). 우리 시형을 통해서 저 저 우(리) 저 영감에게로 시집갔소.

소: 아아. 그러면 그 그 그러니까 그 시형, 시형은 어떻게 만났어요?

안: 어, 집단농장에서 살았지. 저 우리 할아버지(=남편)는 다른 데서 있었소. 공부를 하고 타슈켄트에서 공부를 하며 음 다른 마을에 있었소.

소: 음.

안: 미하일로브카라는 데.

소: 음.

안: 그리고 우리네는 노보이 지즈니라는 데서 우리 시형이랑 한 동네에 살았지.

소: 으음.

안: 그리고 우리 시형은 목화밭에서 목화를 뜯고 그래 가을이 됐소. 목화를 뜯고. 난 거기서 밥을 했소.

소: 뭐야?

안: 끼니를. 요리사의 일을 했어.

소: '시격으'가 뭐에요?

안: 어. 음 음식을 끓이지.

소: 아아.

안: 음식을 만들지. 어 식당에서. 그래서 숱한 사람들에게 대접하지.

소: 그때가 몇 살 때에요?

안: 내 그때 스무살 댓댓소.

소: 스무살 때 가서 밥을, 밥을 한거여?

안: 야˜아. 기래 해서 사름덜으 대접시케. 그래 그때 울 아즈바이르 잘 알앗지. 그래.

소: 그면은 그때 밥을 한번에 그 그면 농장에 농장에.

안: 농자˜이. 그래 농자˜이지.

소: 농장에서 밥을 한 거에요?

안: 어˜.

소: 그문 농장에서 밥하면 한번에 몇, 먹는 사람이 몇명이나 됐어요?

안: 둘이서[tuɾisə] 끓이오.

소: 두솥?

안: 둘이서 끓이오.

안: 어, 내가 내 *더 저기 동미.

소: 예.

안: 둘이서 끓이지. 새아가덜11) 둘이.

소: 예.

안: 걔 끓에서 어, 한 삼, 삼십에멩씨 잡숫소.

소: 어.

안: 그 목하 뜯는 사름덜이.

소: 예에.

안: 기래 우리 시형두 거기서 목하르 뜯으메 기래메 나르 잘 알앗지.

소: 에에.

안: 기래메서 그야˜:: 동새애 잇다메서리 동새애게르 나르 가라메.

소: 음.

안: 아 기랜게 글쎄 그래 내 저 동새애게르 갓단마, 모르구.

소: 어.

안: 내가 그때 스무살 됐었소.

소: 스무 살 때 가서 밥을, 밥을 한 거야?

안: 응. 그렇게 해서 사람들에게 대접을 해. 그래 그 때 우리 시형을 잘 알았지. 그래.

소: 그러면은 그때 밥을 한 번에 그 그러면 농장에, 농장에.

안: 농장. 그래 농장이지.

소: 농장에서 밥을 한 거에요?

안: 응.

소: 그러면 농장에서 밥하면 한 번에 몇, 먹는 사람이 몇 명이나 됐어요?

안: 둘이서 끓이오.

소: 두 솥?

안: 둘이서 끓이오.

안: 어, 나와 내 더, 저기 동무.

소: 예.

안: 둘이서 끓이지. 처녀들 둘이.

소: 예.

안: 그래 끓여서 어, 한 삼, 삼십여 명씩 잡쉈소.

소: 어.

안: 그 목화를 뜯는 사람들이.

소: 예.

안: 그래 우리 시형도 거기서 목화를 뜯으며 그러며 나를 잘 알았지.

소: 에에.

안: 그러면서 그냥 동생이 있다면서 동생에게로 나를 가라며.

소: 음.

안: 아 그런데 글쎄 그런 내가 저 동생에게 갔단 말이오, 모르고.

소: 어.

안: 멘목두 없이.[12]

소: 오.

안: 그릏기 갓어.

소: 근데 그 끼노(кино)에서 다니메 표, 포 그 표 팔고 그랬다면서요?

안: 냐~아::. 끼노(кино)르 노는데서 어, 표르 팔앗지. 내, 내.

소: 그문 그러면.

안: 그땐 시집가서.

소: 시집가서?

안: 가아서. 어 내 시집가서.

소: 시집가서.

안: 시집우 가서 아덜 두울 서이 다 낳아서.

소: 아:.

안: 음 기랫소. 음. 고렇게 잇엇댓소.

소: 그면 맨 처음에 어트게 만났어요?

안: 웨엔 처임에 우리 시허~을르 만낫다재이오? 우리 시허~을르 기렇게 편지르 썼습데. 이래 펜지르.

소: 아.

안: 펜지써서 받지. 기래 아이.

소: 아바이가 펜지써서.

안: 야~아. 야~.

소: 뭐라고 썼습디까?

안: 아이 그래 뭐하러. 그전에. 어전 잊에뿌렛소.

소: (웃음).

안: (웃음).

안: 기래 펜질르 서르서르.

소: 에.

안: 얼굴을 익혀 알고 지내는 바가 없이.

소: 오.

안: 그렇게 갔어.

소: 그런데 그 극장에서 다니며 표, 표 그 표 팔고 그랬다면서요?

안: 응. 영화를 상영하는 데서 어, 표를 팔았지. 내가, 내가.

소: 그러면 그러면.

안: 그때는 시집가서.

소: 시집가서?

안: 가서. 어 내가 시집가서.

소: 시집가서.

안: 시집을 가서 아이들 둘 셋 다 낳아서.

소: 아.

안: 음. 그랬소. 음. 고렇게 있었었소.

소: 그러면 맨 처음에 어떻게 만났어요?

안: 맨 처음에 우리 시형으로(=시형을 통하여) 만났다 하지 않았소? 우리 시형 편으로 그렇게 편지를 썼습디다. 이래 편지를.

소: 아.

안: 편지 써서 받지. 그래 아니.

소: 할아버지가 편지 써서.

안: 응. 응.

소: 뭐라고 썼습디까?

안: 아이 그래 뭐하러. 그전에. 이제 잊어 버렸소.

소: (웃음).

안: (웃음).

안: 그래 편지로 서로서로.

소: 에.

안: 어 기래서 대앳지.

소: 러, 그래가지고 그 멫년이나 만나, 만났어?

안: 기래구:. 기래구.

소: 바로 결혼했어?

안: 그래 기게:: 쉰: 해.

소: 음.

안: 오십년도에 여 오십년도에 만나서.

소: 음.

안: 어::. 오십년도에 만나서 오십일년도에 갔어 시집으

소: 음.

안: 그릏기 갔어. 한해만에 갓소.

소: 한 해만에.

안: 아하.

소: 글면은 그때에 그때 한해동안에.

안: 아아.

소: 멫번이나 만났어?

안: 어:: 저 우리 아바이가 똘가두 아이 가오. 그양 오오.

소: 어:.

안: 그애 고 가찹이 살앗소. 그담에느

소: 아:.

안: 그담에느 저 우리 아바이 어디메 살앗든(가) 헤~이집에 와 잇엇소.

소: 아:.

안: 헤~이 집에 와 살았어.

소: 거기에?

안: 아~:.

소: 헤~이 집으로.

안: 어 그래서 (혼사가) 되었지.

소: 그러, 그래 가지고 그 몇 년이나 만나, 만났어?

안: 그리고. 그리고.

소: 바로 결혼했어?

안: 그래 그게 1950년.

소: 음.

안: 1950년도에 여 1950년도에 만나서.

소: 음.

안: 어. 1950년도에 만나서 1951년도에 갔어 시집을.

소: 음.

안: 그렇게 갔어. 한 해만에 갔소.

소: 한해만에.

안: 아하.

소: 그러면은 그때에 그때 한 해 동안에.

안: 응.

소: 몇 번이나 만났어?

안: 어 그래 우리 할아버지(=남편)가 쫓아도 안 가오. 그냥 오오.

소: 어.

안: 그래 고 가깝게 살았소. 그다음에는.

소: 아.

안: 그다음에는 저 우리 할아버지가 어디 살았던가 하면 형 집에 와 있었소

소: 아.

안: 형 집에 와 살았어.

소: 거기에?

안: 응.

소: 형 집으로.

안: 혜~이 잇엇어. 저 우리 시혜~이.

소: 아아! 형한테 와있었다고?

안: 야아. 걔 혀~이 집에 살앗지.

소: 아. 아바이집에.

안: 야~아. 기랫다나이까데 거저. 에이구! 어저느 그것두 무스.

소: (웃음).

안: 신, 어저느 시, 신:세 해데오.

소: 에. 그럴때 시집 시집허고, 시집오니까.

안: 자, 잔체는[13] 그때 구차해서 냐~.

소: 예.

안: 잔체르 요만:한 사~에다 사~아 반앗어.

소: 오.

안: 무스거 갖출게… 돌필르.[14]

소: 어.

안: 돌피:.

소: 에.

안: *메, 에따(это) 베, 베 잇재오?

소: 예.

안: 그거 갈, 그거 쩧어서.

소: 에.

안: 그게 쌀으 해애서 그걸르 냐~ 증펜하구.

소: 네.

안: 돌피: 베: 한데 그걸르.

소: 예.

안: 어: 증펜하구.

소: 에.

안: 형이 있었어. 저 우리 시형이.

소: 아! 형한테 와 있었다고?

안: 응. 그래 형의 집에 살았지.

소: 아. 할아버지 집에.

안: 응. 그랬다 보니까 그저. 어이구! 이제는 그것도 무슨.

소: (웃음).

안: 쉰, 이제는 쉰, 쉰세 해가 되오.

소: 에. 그럴 때 시집 시집하고, 시집오니까.

안: 자, 잔치는 그때 구차해서, 응.

소: 예.

안: 잔치를 요만한 상에다 상을 받았어.

소: 오.

안: 무엇을 갖출 게 (있겠소). 돌피로.

소: 어.

안: 돌피.

소: 에.

안: 메(진 거), 음 벼, 벼 있잖소?

소: 예.

안: 그거 갈아, 그거 찧어서.

소: 에.

안: 그것으로 쌀을 내서 그걸로 응 증편을 하고.

소: 네.

안: 돌피와 벼를 한데에 섞어 그걸로.

소: 예.

안: 어 증편 하고.

소: 에.

안: 찰떡으느[15] 옥쉬쌀르 찰떡하구.

소: 어.

안: 옥쉬쌀르 가줄으 하구.

소: 아.

안: 그렇게 사~아 **받앗닸어 줴에꼬맣게 사~아.

소: 아:.

안: 긔래 사~아 아이 받으무 기신질 못하구 시집우 시집갓다는 말이 없다구 이릏게 하메서리.

소: 에.

안: 우리 그땐 내 아매 잇엇소.

소: 네.

안: 기래서 그렇게 사~아 받앗소.

소: 아아. 그때문 이제 곤란했네.

안: 야아! 구차하재잏구!

소: **구차했네.**

안: 야아! 구차햇어. 모:지 구차햇어.

소: 그럼 그때가 오십일년도면은 전체적으로.

안: 오십년도.

소: 나라가 전부다 그 구차할땐가?

안: 기래두 어떤 사름은 잘살앗지. 우리넨 구차햇스. 우리네느 까자흐스탄(Казахстан) 칠리(Чилли)란 데서 살앗소.

소: 음.

안: 기래 거긔서 내 여기 우리 삼추이 데려왓지. 내 삼추이.

소: 음.

안: 빠빠(папа) 동새애 나르 데려왔어. 기래서.

소: **우즈벡스탄(Узбекистан)으로 데려간 거에요?**

안: 찰떡은 옥수수쌀로 찰떡 하고.

소: 어.

안: 옥수수쌀로 과줄을 하고.

소: 아.

안: 그렇게 상을 받았었어. 조끄맣게 상을.

소: 아.

안: 그래 상을 안 받으면 죽어서 귀신 노릇을 못 하고 시집을, 시집갔
다고 할 수 없다고 이렇게 하면서.

소: 에.

안: 우리 그때는 내 할머니가 있었소.

소: 네.

안: 그래서 그렇게 상을 받았소.

소: 아아. 그 때는 이제 곤란했네.

안: 야! 구차하고 말고!

소: 구차했네.

안: 야! 구차했어. 몹시 구차했어.

소: 그럼 그때가 1951년도면 전체적으로.

안: 1950년도.

소: 나라가 전부 다 그 구차할 때인가?

안: 그래도 어떤 사람은 잘 살았지. 우리네는 구차했소. 우리네는 카자
흐스탄의 칠리라는 데서 살았소.

소: 음.

안: 그래 거기서 내가 여기, 우리 삼촌이 데려왔지. 내 삼촌이.

소: 음.

안: 아버지 동생이 나를 데려왔어. 그래서.

소: 우즈베키스탄으로 데려간 거예요?

안: 아?

소: 빠빠(папа) 삼춘이.

안: 야~.

소: 그 까자흐스탄(Казахстан)에서.

안: 내.

소: 우즈베키스탄(Узбекистан)으로 데려간 거여?

안: 야~아. 기애서 까자흐스딴(Казахстан)서 우즈벡스탄(Узбекистан) 나르 한나 데려왔지.

소: 음.

안: 걔구 마마(мама)랑 싹 까자흐스딴(Казахстан) 칠리(Чилли)란 데 살앗댔어. 기래 그담엔 내 혼세르 데~이까데 우리 삼추이 주구 혼세 데~이까데 우리 마마랑 다 왔데.

소: 음.

안: 갠데 우리 마마(мама)느 저 싸이르 그릏기 좋아 아이했어.

소: 왜?

안: 모르지. 어째 그랫는지.

소: 어:. 같이 안살아 봤어요?

안: 아하. 아이살아밧어.

소: 에.

안: 걔 우리 마마(мама)느 내 혼세 데서 마마(мама)라 왓소.

소: 어:.

안: 내 삼추이 우리 *마(мама), 나르 시집 줫지.

소: 그 시집, 시집 딱 오니까:.

안: 아아.

소: 시어머니허고 시, 시아바이 같이 계셨어요?

안: 야~아!

안: 응?

소: 아버지 삼촌이.

안: 응.

소: 그 카자흐스탄에서.

안: 나.

소: 우즈베키스탄으로 데려간 거야?

안: 응. 그래서 카자흐스탄에서 우즈베키스탄으로 나를 하나 데려왔지.

소: 음.

안: 그리고 어머니랑 싹 카자흐스탄 칠리라는 데 살았었어. 그래 그다음에는 내가 혼사를 하게 되니까 우리 삼촌이 (시집에) 주고(=결혼을 허락하고) 혼사가 되니까 우리 어머니랑 다 왔데.

소: 음.

안: 그런데 우리 어머니는 서 사위를 그렇게 안 좋아 했어.

소: 왜?

안: 모르지. 어째 그랬는지.

소: 어. 같이 안 살아 봤어요?

안: 아하. 안 살아 봤어.

소: 에.

안: 그래 우리 어머니는 내가 혼사를 치르게 되어서 어머니가 왔소.

소: 어.

안: 내 삼촌이 우리 어(머니) (대신), 나를 시집에 줬지.

소: 그 시집, 시집 딱 오니까.

안: 응.

소: 시어머니하고 시, 시아버지 같이 계셨어요?

안: 응!

소: 사이가 좋았어?

안: 야 우리 시애비,[16] 좋온 시어마잇댓소.

소: 에.

안: 기, 기래 내 내 세간살이 잘 못해두. 우리 시에미 싹 시게서 그렇게 세간살이 잘 했어. 기래 거기서 베왔어, 나두. (웃음).

소: 대개 그 시어미 시어머니하고 메느리하고 사이가 안 좋잖아.

안: 아~이. 우리 시어마이가 나느 정마 사이 그릏게 좋앗소.

소: 오.

안: 좋앗소. 우리 시어마이 좋온 시어마이 뎃댓소. 게 나 시방두 에우오.[17]

소: 음.

안: 우리 어마이 좋다구.

소: '에운다'는 말이 무슨 말이에요?

안: 아.. 그냥 궁닐[18] 하지. 어마이 궁니르 그양 하지.

소: 아아. 자꾸 생각한다고?

안: 야아!

소: '생각난다'란 말이에요?

안: 야아. 아하. 그렇소.

소: 보고싶고?

안: 그래.

소: 으음.

안: 좋온 시어마이댓소.

소: 으음.

안: 야든아홉에 상새낫소.

소: 야든아홉에.

안: 하.. 오래 앉앗지[19] 야.

소: 사이가 좋았어?

안: 응 우리 시아버지, 좋은 시어머니였었소.

소: 에.

안: 그, 그래 내가, 내가 살림살이를 잘 못해도. 우리 시어머니가 싹 시켜서 그렇게 살림살이를 잘했어. 그래 거기서 배웠소, 나도. (웃음).

소: 대개 그 시어머니, 시어머니하고 며느리하고 사이가 안 좋잖아.

안: 아니. 우리 시어머니와 나는 정말 사이가 그렇게 좋았소.

소: 오.

안: 좋았소. 우리 시어머니 좋은 시어머니 됐었소. 그래 나 시방도 자꾸 말하오.

소: 음.

안: 우리 어머니 좋다고.

소: '에운다'는 말이 무슨 말이에요?

안: 아. 그냥 생각을 하지. 어머니 생각을 그냥 하지.

소: 아아. 자꾸 생각한다고?

안: 응!

소: '생각난다'라는 말이에요?

안: 응. 아하. 그렇소.

소: 보고 싶고?

안: 그래.

소: 으음.

안: 좋은 시어머니였었소.

소: 으음.

안: 여든아홉에 돌아가셨소.

소: 여든아홉에.

안: 응. 오래 사셨지 응.

소: 네.

안: 야든아홉에 상새낫어.

소: 그러면 결혼하고나서 얼마있다가 첫애 났어요? 애기는 몇?

안: 아: 한해만에.

소: 한해만에.

안: 야아. 한해만에 낫어.

소: 으음.

안: 오십년도에 대애서 오십일년도에 낫어, 첫애기.

소: 음.

안: 기래구 우리 아들이 이거보! 다스해 어간에 내 너어낫소 너어.

소: 너어.

안: 너어.

소: 일년마다 하나씩 났네, 그게?

안: 어 가, 가아 글쎄 곤이에 낫댓소.

소: (웃음).

안: 야아:! 그릏게. 기래구 내 저 딸이[20] 야 스물다슷살에 낫소. 저 딸
으

소: 오오.

안: 게 스물여슷살에 낳안거느 인차 죽엇소. 그거느.

소: 어어.

안: 그것두 선스나. 인차 죽엇소.

소: 어.

안: 거저: 다스해 너어 낫소. 게 그거느 한나느 그저 인차 죽엇소.

소: 음.

안: 개 그저 서이. 저기 내 스물다슷살에 난 게오. 기래구 옵셔(вообще).
기래구 없어.

소: 네.

안: 여든아홉에 돌아가셨어.

소: 그러면 결혼하고 나서 얼마 있다가 첫애 낳았어요? 아기는 몇?

안: 아 한 해만에.

소: 한 해만에.

안: 응. 한 해만에 낳았어.

소: 으음.

안: 1950년도에 (임신이) 돼서 1951년도에 낳았어, 첫아기.

소: 음.

안: 그리고 우리 아들이, 이것 보오! 다섯 해 사이에 내가 넷을 낳았소, 넷을.

소: 넷을.

안: 넷을.

소: 일 년마다 하나씩 낳았네요, 그게?

안: 어 그 아이, 그 아이를 글쎄 곧바로 낳았었소.

소: (웃음).

안: 응! 그렇게 그리고 내 저 딸을 응 스물다섯 살에 낳았소. 저 딸을.

소: 오오.

안: 그래 스물여섯 살에 낳은 아이는 이내 죽었소. 그 아이는.

소: 어어.

안: 그 아이도 사내아이. 이내 죽었소.

소: 어.

안: 그저 다섯 해에 넷을 낳았소 그래 그 아이는 하나는 그저 이내 죽었소

소: 음.

안: 그래 그저 셋. 저기 내가 스물다섯 살에 난 아이오. 그리고 전혀. 그리고 없어.

소: 그 건강했는가보네.

안: 야?

소: 건강했다, 몸이 튼튼했다고.

안: 누(ну), 야아!

소: 어? 일년마다 그냥 일년 일년 좀 지나문.

안: 야̌. 냐̌아, 나. 그랫소. 기래구 거저 다스 너어 낳, 이쑈[ещё], 더 오부셰(вообще)두 못 채워 밧소. 기래구서르 딱 그저 그래나이 더 아이 낫소.

소: 음.

안: *시게(←시방 저게) 저게 내 스물다슷살에 낳안 게오 저 딸이. 신: 살이오, 올해.

소: (웃음).

안: 야아! 기차지.

소: 글면 애기를 가제가지고. 애기를 애기 애기 애기 서, 서서 제일 먹고 싶었던 게 뭐에요?

안: 아우:! 나느 말 마오. 이게 빼오.

소: 에 갠찮아요.

안: 빼구서느 말으 하.

소: 괜찮아.

안: 아, 거저 벨거 다 먹자하오. 아이! 먹기마 하무 내 그영:: 눕어 있어.

소: 음.

안: 한번두 일어서 댕게 못밧소 기래구 우리 시에미 다 벨거 다 갖차놓구 야 일어나 먹구. 어, 우리 시에미 무슥으 아이 갖차노무 또 못먹구 그랫어.

소: 토하기도 많이 하고?

안: 어, 그래 거저 벨거 다 먹자지. 기래구서 이거 오꼬쉬까(окошка) 다 막아놓구 기래구 딱 눕어서.

소: 그 건강했는가 보네.

안: 응?

소: 건강했다, 몸이 튼튼했다고.

안: 음, 응!

소: 어? 일 년마다 그냥 일 년 일 년 좀 지나면.

안: 응. 응, 나는. 그랬소. 그리고 그저 다섯, 넷을 낳(고), 조금 더, 더 전혀 못 채워 봤소. 그리고서 딱 그저, 그러다 보니 더 안 낳았소.

소: 음.

안: 그게 저 아이가 내가 스물다섯 살에 낳은 아이오 저 딸이. 쉰 살이오, 올해.

소: (웃음).

안: 야아! 기가 막히지.

소: 그러면 아기를 가져 가지고. 아기를 아기 아기 아기가 서, 서서 제일 먹고 싶었던 게 뭐에요?

안: 아이고! 나는, 말을 마오! 이거(=마이크) 빼오.

소: 에 괜찮아요.

안: 빼고서는 말을 하(오).

소: 괜찮아.

안: 아, 그저 별거 다 먹자 하오. 아이! 먹기만 하면 내 그냥 누워 있소.

소: 음.

안: 한 번도 일어서서 다니지 못 해 봤소. 그리고 우리 시어머니가 다 별거 다 갖춰 놓으면 일어나 먹고. 어, 우리 시어머니가 무엇을 안 갖춰 놓으면 또 못 먹고. 그랬어.

소: 토하기도 많이 하고?

안: 어, 그래 그저 별거 다 먹자 하지. 그리고서 이거 창(窓) 다 막아 놓고 그리고 딱 누워서.

소: 어.

안: 기래서 자덜 섫어서 난 아덜이오, 저게.

소: 오. 그릏게 그릏게.

안: 그:릏기 알, 앓앗소. 앓구서르 그래 들엇, 그래 낫소. 자덜이.

안: 어, 그양 나무: 어트기 살갯소. 그릏게 난 아덜이오. 자덜이.

소: 글면 인자 그 그 누베농사하고 그릏게 하고:. 혹시 바느질은 많이 안 했어요?

안: 반:질으 지내 모르우.

소: 그럼 바느질은 다 누가 했어?

안: 아이 돈 주무 해입히는데. 아 돈주무 다 해입히지.

소: 시어머니는 바느질 잘 잘 아하셨어요?

안: 모르우. 시어마이두 모르우. 우리 내 아매 바느질 잘했어.

소: 아아.

안: 내 자랄 직이사 우리 아매 싹 해입헷지.

소: 아아.

안: 개구 우리 내 야덜 자랄 직에느: 거저 아매 잇으, 생전에 아매두 집어 입히구 거저 기랫지. 이: 나느 바느질 아이 했어.

소: 그래요?

안: 야하.

소: 음. 여자가 바느질 안허문 어트게 해요?

안: 그래말에유.[21] 기래 우리 아바이 이러지. 아이! 나르 나르 야단으 하지.

소: 예.

안: 아이! 여자가 바느질 아이하구 무슨 여잔가 하구.

소: 그러게.

소: 어.

안: 저 아이들이 그래서 임신해서 낳은 아이들이오, 저게.

소: 오. 그렇게 그렇게.

안: 그렇게 앓, 앓았소. 앓고서 그래 들어서서, 그래 낳았소. 저 아이들이.

안: 어, 그냥 나면 어떻게 살겠소. 그렇게 낳은 아이들이오. 저 아이들이.

소: 그러면 인제 그 그 누에 농사는 그렇게 하고. 혹시 바느질은 많이 안 했어요?

안: 바느질은 아주 모르오.

소: 그럼 바느질은 다 누가 했어?

안: 아니 돈을 주면 해 입히는데. 아 돈 주면 다 해 입히지.

소: 시어머니는 바느질 잘 잘 안 하셨어요?

안: 모르오. 시어머니도 모르오. 우리 내 할머니가 바느질 질했어.

소: 아.

안: 내가 자랄 적에야 우리 할머니가 싹 해 입혔지.

소: 아아.

안: 그리고 우리 내 아이들이 자랄 적에는 그저 할머니가 있으니, 생전에 할머니도 기워 입히고 그저 그랬지. 이 나는 바느질을 안 했어.

소: 그래요?

안: 응.

소: 음. 여자가 바느질 안 하면 어떻게 해요?

안: 그러게 말이오. 그래 우리 할아버지(=남편)가 이러지. 아니! 나에게 나에게 야단을 치지.

소: 예.

안: 아니! 여자가 바느질 안 하면 무슨 여자인가 하고.

소: 그러게.

안: 아 그래 우리 아바이 그러지. 기래 셋쟁기두22) 꽂으 맨들라무 꽂으 맨들구. 벨거 다 맨든다구 셋쟁기르 가주구.

소: 에 에 에.

안: 낭그 가주구 벨거 다 맨든다구. 썩썩 베에서 하는 허, 헝겊으 가주구 어째 옷으 못 맨드는가 하구.

소: (웃음).

안: 게 그게 옳지무. 내비 무슨 말이 잇소.

소: (웃음).

안: 그랫댓소.

소: 아아. 글면 인자 농새일은 그 거기서 목해농사허고.

안: 아아.

소: 그담에 누베농사하고 다른건 안해봤어요?

안: 어째 아이하재앻구. 그담엔 또 어쨀줄 아오? 기래구서리 까프까즈(Кавказ) 댕기멘서 농새질 햇소.

소: 까프까즈(Кавказ)에 가서.

안: 까프까즈(Кавказ) 가서 냐˙. 그래 가서 농새질해서 쮀꼼 돈 벌어가주구 와서, 그 집 재비 재빗집우 팔구 까프까즈(Кавказ) 가 돈 벌어가주구 온 돈으. 그거 가지구 영게 와서 옐야듧[옐야듭]천 주구 집우 싸, 네트(нет)! 열네천 주구 쌋소.

소: 음.

안: 이집이 아이구 저:기다가서르. 다른데 가서. 기래 싸서 그거느 초이데노이까데 야 구룸물르 물으 퍼먹지 그릏기 아이 좋습데. 게 거기서 이태 살앗어. 게 그집우 옐야듭천에 팔구 이집우 스물다슷천[스물따스천] 주구 쌋소

소: 으음.

안: 아 그래 우리 할아버지(=남편)가 그러지. 그래 쇠로 된 연장도 꽃을 만들라 하면 꽃을 만들고. 별거 다 만든다고. 쇠로 된 연장을 가지고.

소: 에, 에, 에.

안: 나무를 가지고 별거 다 만든다고. (그런데) 썩썩 베어서 하는 천, 천을 가지고 어째 옷을 못 만드는가 하고.

소: (웃음).

안: 그래 그게 옳지, 뭐. 그다음에 무슨 말이 있겠소.

소: (웃음).

안: 그랬었소.

소: 아아. 그러면 인제 농사일은 그 거기서 목화농사하고.

안: 응.

소: 그다음에 누에 농사하고 다른 건 안 해봤어요?

안: 어째 안 하지 않고. 그다음에는 또 이찌했는 줄 아오? 그리고서 카프카즈 다니면서 농사일 했소.

소: 카프카즈에 가서.

안: 카프카즈 가서 응. 그래 가서 농사일을 해서 조끔 돈 벌어 가지고 와서, 그 집 자기 자기 집을 팔고 카프카즈 가서 벌어 가지고 온 돈을. 그거 가지고 여기 와서 18,000(루블) 주고 집을 사, 아니! 14,000(루블) 주고 샀소.

소: 음.

안: 이 집이 아니고 저기다가 다른 데 가서. 그래 사서 거기는 촌이 되다 보니까 응 우물물로 물을 퍼 먹지 그렇게 안 좋데. 그래 거기서 이태를 살았어. 그래 그 집을 18,000(루블)에 팔고 이 집을 25,000(루블) 주고 샀소.

소: 으음.

안: 기래 어저느 거저 내사 글이 없지. 마우잿말은 모르지. 거저 밭에 일이사 잘하짐.

소: 으음.

안: 밭엣일[바텐닐]이사 잘하지.

소: 그 학교는 어디까지 배웠어요?

안: 무슨?

소: 학교, 핵교는 어디 어디 나오고 어디 필했냐고.

안: 아, 학교느 네번채밖에[네번채빠께] 모 일것소.

소: 아아.

안: 그전에 웨인니브레미(война время). 그전에 전재 아이 어 마흔해 때 전재 나재앳소?

소: 예에.

안: 그래실직엔 어 로시아(Россия) 네임스크 싸움할 직에. 개다나이까 데 아이 모:질 바삐 살앗소. 그때는 죽자:했어. 아이 제르 아오? 제르. 이래 쌀으 찧인[찐:]²³⁾ 제.

소: 제, 예.

안: 야. 그것두 없엇소, 먹재애두.

소: 여기도요?

안: 네엣(нет)! 딱 까자그스딴(Казахстан)에서 까자그스딴(Казахстан)에서.

소: 음.

안: 크즐오르다(Кызылорда)르 아오? 그런 소리 들었어?

소: 예.

안: 까자흐스딴(Казахстан) 크즐오르다(Кызылорда)서.

소: 아니 우리 우리 우리 *하, 우리 조 조선이 그랬었어요.

안: 그랫소?

안: 그래 이제는 그저 나야 배운 것이 없지. 러시아어는 모르지. 그저 밭의 일이야 잘하지, 뭐.

소: 으음.

안: 밭일이야 잘하지.

소: 그 학교는 어디까지 배웠어요?

안: 무슨?

소: 학교, 학교는 어디 어디 나오고 어디 필했냐고.

안: 아, 학교는 4학년까지밖에 공부를 못 했소.

소: 아아.

안: 그전에 응 전쟁 시기. 그전에 전쟁이 아니 어 1940년에 전쟁이 나지 않았소?

소: 예.

안: 그랬을 적에 어 러시아 옴스크 싸움할 적에. 그러다 보니까 아이, 무척 힘들게 살았소. 그때는 죽자 했어. 아이, 겨를 아오? 겨를. 이래 쌀을 찧은 겨.

소: 겨, 예.

안: 응. 그것도 없었소, 먹자고 해도.

소: 여기도요?

안: 아니! 딱 카자흐스탄에서, 카자흐스탄에서.

소: 음.

안: 크즐오르다를 아오? 그런 소리 들었어?

소: 예.

안: 카자흐스탄 크즐오르다에서.

소: 아니 우리 우리 한(국), 우리 조 조선이 그랬었어요.

안: 그랬소?

소: 일본 일본이 전쟁을 하니까 일본이 싸악.

안: 아.

소: 뺏어갔잖아.

안: 아.

소: 일본이 로시아하고 전쟁허고 미국허고 전쟁하느라고.

안: 야아.

소: 돈을 쌀을 다 뺏어가니까 한국에서 먹기가 바:뻤죠.

안: 아아:.

소: 그러니까 머 제도 먹고. 소나무 껍질도 벳게먹고.

안: 우리네느 전체르 그 풀으 먹엇소. 풀은 무시긴가 야. 제 없어서 여림임 동삼이무 제르 먹구.

소: 음.

안: 여림이무 삼년도˜[또˜]안으 그런…. 갠게 어째 죽재이오. 어 이 ** 지방(←시방)두 산단 말이지.

소: 음.

안: 삼년도˜[또˜]안으 그건 고사:˙했소. 지내 오늘 죽갯는가 네일 죽갯는가. 내 한주일 제두 없구. 일리(или) 어 그게 어느때이갯는가이 야? 어: 이월이 뎃소. 삼월두 그거 까자그스딴(Казахстан)으느 사월 오월꺼지 칩소.

소: 으음.

안: 기래 삼월달이 뎃는 에, 이월이 뎃는데 먹을기 지내 없지. 기래 어 저느 그 추끼(чулки)르 이룧기 이래 틀지. 군대르 가는 거.

소: 음.

안: 장갑으 틀구 추끼(чулки)르 틀구 그룧기 틀어서 군대르 보내지.

소: 음.

안: 기래무 어 장갑 하나 틀어두 떡이 한낄로구 추끼(чулки)르 하나 틀어두 떡이 한낄로구, 그래. 기랜게.

소: 일본 일본이 전쟁을 하니까 일본이 싹.

안: 응.

소: 빼앗아 갔잖아.

안: 응.

소: 일본이 러시아하고 전쟁하고 미국하고 전쟁하느라고.

안: 응.

소: 돈을, 쌀을 다 빼앗아 가니까 한국에서 먹기가 힘들었죠.

안: 아아.

소: 그러니까 뭐 겨도 먹고. 소나무 껍질도 벗겨 먹고.

안: 우리네는 모두가 그 풀을 먹었소. 풀은 무엇인가 응. 겨 없어서 여름이면 겨울이면 겨를 먹고.

소: 음.

안: 여름이면 삼 년 동안을 그런… 그런데 어째 죽지 않소. 어 이 시방도 산다는 말이지.

소: 음.

안: 삼년 동안을 그런 고생했소. 아주 오늘 죽겠는지 내일 죽겠는지. 내게 한 주일 (동안) 겨도 없고. 혹은 어 그게 어느 때이겠는가 하니 응? 어 2월이 됐소. 3월도 그 카자흐스탄은 4월, 5월까지 춥소.

소: 으음.

안: 그래 3월이 됐는… 에, 2월이 됐는데 먹을 게 너무 없지. 그래 이제는 그 양말을 이렇게 이래 짜지. 군대로 가는 거.

소: 음.

안: 장갑을 짜고 양말을 짜고 그렇게 짜서 군대로 보내지.

소: 음.

안: 그러면 어 장갑 하나를 짜도 빵이 1킬로그램이고 양말을 하나 짜도 빵이 1킬로그램이고, 그래. 그런데.

소: '추끼'가 뭐여?

안: 노스키(носки)르 이런 노스끼(носки)르.

소: 아아.

안: 이거 미시기라 하오? 조선말르.

소: '양말'.

안: '양마'.

소: '양말'.

안: 양말. 이거 틀어서 그래 보내지.

소: 음. 음.

안: 에따(это) 군인 구인덜은 야 구인덜인데 보내무 또 이 오지. 기랜데 쓰르다리아(Сырдарья) 물으 아오? 쓰르다리아(Сырдарья). 가ˇ이 강물이 그런게 잇소. 큰: 게. 그 쓰르다리아(Сырдарья) 물이 얼재이무 녹을 때나 거기르 건네 못댕기지.

소: 음.

안: 기램 그떡으느 그짝에서두 건넨 모 오지. 우리짝으르.

소: 음.

안: 기래무 그룾기 곪우오.24)

안: 그 떡이 오무 아이 곪짐[굼찜]. 기래.

소: 으음.

안: 그거 털이낭 국가서 주우. 이거 틀라구.

소: 네. 에.

안: 기래 그거 틀어서느 보내기마 하무 떡이 오짐. 개 그 가ˇ이 얼지 못하거나[motʰagɔna] 녹으때무 떡이 모오오.

소: 음.

안: 기래무 그렇게 **구물지[구물찌]. 내 한주일 곪우이[굼무이] 야. 야 아! 낱이라 이랫댓소. 붓어서.

소: '추끼(чулки)'가 뭐야?

안: 양말을 이런 양말을.

소: 아아.

안: 이거 무엇이라 하오? 조선말로.

소: '양말'.

안: '양말'.

소: '양말'.

안: 양말. 이거 짜서 그래 보내지.

소: 음. 음.

안: 음 군인 군인들은 응 군인들한테 보내면 또 이 빵이 오지. 그런데 시르다리야 강을 아오? 시르다리야. 강이 강물이 그런 게 있소. 큰 게. 그 시르다리야 물이 얼지 않으면, 녹을 때에는 거기를 건너서 못 다니지.

소: 음.

안: 그러면 그 빵은 그쪽에서도 건너는 못 오지. 우리 쪽으로.

소: 음.

안: 그러면 그렇게 굶으오.

안: 그 빵이 오면 안 굶지 뭐. 그래.

소: 으음.

안: 그거 털이랑 국가에서 주오. 이거 짜라고.

소: 네. 에.

안: 그래 그거 짜서 보내기만 하면 빵이 오지 뭐. 그래 그 강이 얼지 못 하거나 녹을 때면 떡이 못 오오.

소: 음.

안: 그러면 그렇게 굶지 뭐. 내가 한 주일을 굶으니, 응. 야! 낯이랑 이 랬었소. 부어서.

소: 붓어서.

안: 붓어서. 게 죽자아구 하는데 어전 죽, 어전 죽자하구서 그래는데 아매 어디가서 제르 가제왓습데.

소: 어:.

안: 그거 닭아서 먹은게 아! 데비 살아서 이전 이릏기 뎃어.

소: (웃음).

안: 기차지 냐~!

소: 무슨 제요? 쌀제요?

안: 쌀제르.

소: 쌀제를?

안: 그래 쌀제.

소: 어:.

안: 야아! 기래 이릏기 살앗어, 이때꺼지.

소: 아니 그때도 그때 농장에서.

안: 그때 농재애~ 없소. 그때 꼬호즈(колхоз) 농재~:란 게 없소. 거저 꼴호즈(колхоз) 꼬호즈(колхоз)르 베르 져서느 싹 국가르 가제가지. 국가가 가제가무 그 쌀으 쩧어서느 국가르 가제가지. 기램 그 제 주짐.

소: 왜 사람을 먹고 살만큼 주, 줘 주야데잖아.

안: 아, 아이. 그거 그렇게 아이 기래오. 싹 국가르 가제가오.

소: 어:.

안: 개 그 제르 먹구 사짐. 기래 그 제르 먹구서리. 그담에느 야 가, 에 따(это) 뽈리(поля)에 나가 나, 이래 밭에 나가 일하재오?

소: 예.

안: 밭에 나가 일하는 사름덜으느 죽으, 코~이 잇재오? 코~오.

소: 예.

안: 메지코~이.

소: 부어서.

안: 부어서. 그래 죽자고 하는데 이제 죽, 이제 죽자 하고서 그러는데 할머니가 어디 가서 겨를 가져왔데.

소: 어.

안: 그거 볶아서 먹은 게 아! 다시 살아서 이제 이렇게 됐어.

소: (웃음).

안: 기가 막히지 응!

소: 무슨 겨요? 쌀겨요?

안: 쌀겨를.

소: 쌀겨를?

안: 그래 쌀겨.

소: 어.

안: 야아! 그래 이렇게 살았어, 이때까지.

소: 아니 그때도 그때 농장에서.

안: 그때 농장이 없소. 그때 콜호스 농장이라는 게 없소. 그저 콜호스 콜호스를 벼(농사)를 지어서는 싹 국가로 가져가지. 국가가 가, 가져가면 그 쌀을 찧어서는 국가로 가져가지. 그러면 그 겨를 주지, 뭐.

소: 왜 사람을 먹고 살 만큼 줘, 줘 줘야 되잖아.

안: 아, 아니. 그거 그렇게 안 그러오. 싹 국가로 가져가오.

소: 어.

안: 그래 그 겨를 먹고 살지 뭐. 그래 그 겨를 먹고서. 그다음에는 응 가서, 어 들에 나가 나가, 이래 밭에 나가 일하잖소?

소: 예.

안: 밭에 나가 일하는 사람들은 죽을, 콩이 있잖소? 콩을.

소: 예.

안: 메주콩.

소: 예.

안: 자ᵔ아 하는 메지코ᵔ.

소: 예.

안: 그거 갈아서 죽우 쓰, 그 쌀으 약:간 옇구 죽으 써서 그래 멕이오. 기램 밭에 나가 일하는 사름덜으 멕에….

소: 음.

안: 나느 어저느 그 죽우 밭으르 마마(мама)르 따라가서느: 그죽으 먹기마 새벋어뎌서25) 그런거 보레두 아이 먹소 보오, 시방.

소: 맛이 없어?

안: 어후:!

소: 제보다 제보다도 맛없어? (웃음).

안: 제랑 기차오 지내. 야, 야. 그거 궁니르 하무.

소: 글면은 나물을, 나물을 많이.

안: 나물으 세투리란 게 잇엇소.

소: 세투리.

안: 쉐투리.

소: 예.

안: 그 쉐투릴 먹구 졸배라구 잇소 또. 가시 잇는게. 가시 잇소.

소: 가시 있는거.

안: 야. 그런 졸배르 야 그거 모:지 데와서 그거 싹 그 가시르 내보내구. 그게 찔기찔그 한걸르 제르 옇소. 거기다 제르.

소: 오:.

안: 그 쌀제르.

소: 오:.

안: 그래 옇어서 떡으 맨드오. 기래무 그거 이래 찌오, 이래서.

소: 예.

안: 장을 하는 메주콩.

소: 예.

안: 그거 갈아서 죽을 쑤, 그 쌀을 약간 넣고 죽을 써서 그래 먹이오. 그러면 밭에 나가 일하는 사람들을 먹여….

소: 음.

안: 나는 이제는 그 죽을 밭으로 어머니를 따라가서는 그 죽을 먹기만 하면 싫증이 뻗쳐서 그런 거 보려고도 (아니 하고), 아니 먹고 그리고 아니 보오, 시방.

소: 맛이 없어?

안: 어휴!

소: 겨보다 겨보다도 맛없어? (웃음).

안: 겨라는 게 기가 막히오, 너무. 응, 응. 그거 생각을 하면.

소: 그러면은 나물을, 나물을 많이.

안: 나물은 씀바귀라는 게 있었소.

소: 씀바귀.

안: 씀바귀.

소: 예.

안: 그 씀바귀를 먹고 조뱅이라고 있소 또. 가시가 있는 게. 가시가 있소.

소: 가시 있는 거.

안: 응. 그런 조뱅이를 응 그거 몹시 데쳐서 그거 싹 그 가시를 내보내고. 그게 찔깃찔깃 한 것에 겨를 넣소. 거기에다 겨를.

소: 오.

안: 그 쌀겨를.

소: 오.

안: 그리해서 넣어서 떡을 만드오. 그러면 그거 이래 찌오, 이래서.

소: 오.

안: 이래 찌기마하무 한나게 딱 한내 돌아가오.

소: 어:.

안: 요막씨 크기. 요, 요막씨 큰게 한내 한나씨.

소: 글면 그게 밥 한, 한끼에 하나에요?

안: 하, 한번에 한나 먹지.

소: 예에.

안: 기래 그게 무슨 먹은 같으갯어? 그래구서 그래구 숨붙어 살앗단 말이오. 기차지 냐?

소: 그렇게 삼년을 사셨다고?

안: 구래! 그다음에느 야. 아아! 전재 끝이[ㄲ티] 낫는대두 또 구차해애서 그렇기 자라이덜. 그담에 칠리(Чилли)르 오이까데 칠리(Чилли)란 데르. 크즐오르다(Кызылорда)에 잇다가 칠리(Чилли)르 오이까데 칠리(Чилли)느 개두 쌀으 먹습데.

소: 음.

안: 기래 와서 따시껜드(ташкент)르 오이까디 더어 낫습데.

소: 음.

안: 게 거기 와서느 개두 일없게 살앗소.

소: 아:.

안: 서른해르 따쉬껜드(ташкент)서 살앗소.

소: 그러니까 제일 구차한데서 살았구만 그러니까 전쟁때에.

안: 전재때 저 까자그스딴(Казахстан) 제일 구차햇소.

소: 제일 구차한데 살았구만.

안: 야아. 그랫소.

소: 음:.

안: 야아:! 어트기 살앗는지 모르갯소. 그렇게 살앗소.

소: 오.

안: 이래 찌기만 하면 한 명에게 딱 하나가 돌아가오.

소: 어.

안: 요만큼씩 크게. 요, 요만큼씩 큰 게 하나에 하나씩.

소: 그러면 그게 밥 한, 한 끼에 하나에요?

안: 하, 한 번 급식에 하나를 먹지.

소: 예.

안: 그래 그게 무슨 먹은 것 같겠어? 그리고서 그리고 숨이 붙어 살았단 말이오. 기가 막히지 응?

소: 그렇게 삼 년을 사셨다고?

안: 그래! 그다음에는 응. 아! 전쟁이 끝이 났는데도 또 구차해서 그렇게 어른들이. 그다음에 칠리로 오니까 칠리라는 데를. 크즐오르다에 있다가 칠리로 오니까 칠리는 그래도 쌀을 먹데.

소: 음.

안: 그래 와서 타슈켄트로 오니까 더 낫데.

소: 음.

안: 그래 거기 와서는 그래도 괜찮게 살았소.

소: 아.

안: 30년을 타슈켄트에서 살았소.

소: 그러니까 제일 구차한 데서 살았구먼 그러니까 전쟁 때에.

안: 전쟁 때 저 카자흐스탄이 제일 구차했소.

소: 제일 구차한 데서 살았구먼.

안: 응. 그랬소.

소: 음.

안: 야! 어떻게 살았는지 모르겠소. 그렇게 살았소.

소: 그러면 우리만 그런거여: 우리 동포들만 그런거여:? 쏘련 사람들 다 그랬어요?

안: 어 저어 어마랑 기랬지. 저 어머니랑 기랬으기오 냐˘. 그전에느. 저 어는 고사˘ 애이햇지. 그런 고사˘.

소: 네.

안: 아이 햇지. 어머니 고사˘햇지.

소: 음.

안: 그렇지.

소: 그러면 로, 로시앗사람들도 다 그렇게 똑같이 고생햇어요?

안: 까자흐(Казах)덜두 고생햇지 까자흐(Казах)덜.

소: 똑같이?

안: 그룽기 까자끄(Казах) 체첸:(Чечен)덜두.

소: 음.

안: 뚜르키(Турки)덜 다수 잇엇소 꼬호즈(колхоз)에. 그것덜두 다 그렇게 고생햇소. 다아 그렇기 고, 거 거기 잇는 사름 다 고생햇지. 마우재구 미시기구. 개두 마우재덜으느 로씨이(Россия)서 살앗지.

소: 음.

안: 그룽기 이 이 까자끄스딴(Казахстан)이랑 그룽기 우리 살직이느 에: 노시앗사름덜이 없을때.

소: 그래요?

안: 거저 체첸(Чечен) 뚜르끼(Турки).

소: 에.

안: 그담에 까자끄(Казах), 그렇게 잇엇소.

소: 어:.

안: 그담에 이 우즈벡스딴(Узбекистан)으 와서두 냐˘? 어 우즈벡스딴(Узбекистан) 온까데 노시앗사름덜이 잇습데.

소: 그러면 우리만 그런 거야 우리 동포들만 그런 거야? 소련 사람들 다 그랬어요?

안: 어 당신 엄마랑 그랬지. 당신 어머니랑 그랬을 것이오 응. 그전에는. 당신은 고생 안 했지. 그런 고생을.

소: 네.

안: 안 했지. 어머니가 고생했지.

소: 음.

안: 그렇지.

소: 그러면 러, 러시아 사람들도 다 그렇게 똑같이 고생했어요?

안: 카자흐 사람들도 고생했지 카자흐 사람들.

소: 똑같이?

안: 그렇게 카자흐 사람, 체첸 사람들도.

소: 음.

안: 튀르키예 사람들이 다수 있었소, 콜호스에. 그 사람들도 다 그렇게 고생했소. 다 그렇게 고(생), 그 거기 있는 사람이 다 고생했지. 러시아 사람이고 무엇이고. 그래도 러시아 사람들은 러시아에서 살았지.

소: 음.

안: 그렇게 이 카자흐스탄이랑 그렇게 우리 살 적에는 에 러시아 사람들이 없을 때.

소: 그래요?

안: 그저 체첸 사람, 튀르키예 사람.

소: 에.

안: 그다음에 카자흐 사람, 그렇게 있었소.

소: 어.

안: 그다음에 이 우즈베키스탄을 와서도 응? 어 우즈베키스탄 오니까 러시아 사람들이 있데.

소: 여깃사람들이 로시앗사람들을 좋아해요 나, 싫어해요?

안: 여기서 노얏사름덜으?

소: 예. 까작이나 뭐 끼르기즈(Кыргыз)나 이런 사람들이.

안: 아.

소: 노시앗사람들.

안: 아이 좋아하오.

소: 아니 좋아해요?

안: 아이 좋아하오. 걔두 고렷사름가는 일없는데:: 노시앗사름덜 건 아
이 좋아하오.

소: 으음.

안: 어째 그런지 그러우.

소: 음.

안: 아, 우리네느 이 끼르기즈(Кыргыз) 사름덜이 우리네르 좋아하오.

소: 음.

안: *11전에 우즈벡스탄(Узбекистан)에 이실 적에두 우즈벡스딴(Узбек
истан)덜이 거 스딴에 잇으메서두 우리 조선사름덜 좋아하오.

소: 음. 어릴때애.

안: 야.

소: 어릴 때 주로 여자들은 뭘 무슨 놀이 하고 놀았어요?

안: 우리네?

소: 에.

안: 그, 어이구! 모르갯소, 나느. 어쨌는지 생객히우두대오.

소: 어릴때 조 조만하고 쪼금 컸을때.

안: 저 컷을적에 어: 나느야 쌔게 울엇댓소. 일굽살꺼지 울엇댓어. 기래
구 야: 어 내 아매 업구 댕곗지. 일굽살꺼지 울었어 내.

소: 왜?

소: 여기 사람들이 러시아 사람들을 좋아해요 싫어해요?

안: 여기서 러시아 사람들을?

소: 예. 카자흐 사람이나 뭐 키르기스 사람이나 뭐 이런 사람들이.

안: 응.

소: 러시아 사람들.

안: 안 좋아하오.

소: 안 좋아해요?

안: 안 좋아하오. 그래도 고려 사람과는 문제가 없는데 러시아 사람들 그건 안 좋아하오.

소: 으음.

안: 어째 그런지 그러오.

소: 음.

안: 아, 우리네는 이 키르기스 사람들이 우리네를 좋아하오.

소: 음.

안: 그전에 우즈베키스탄에 있을 적에도 우즈베키스탄 사람들이 그 우즈베키스탄에 있으면서도 우리 조선 사람들을 좋아하오.

소: 음. 어릴 때에.

안: 응.

소: 어릴 때 주로 여자들은 뭘 무슨 놀이 하고 놀았어요?

안: 우리네?

소: 에.

안: 그 어이구! 모르겠소 나는. 어쨌는지 생각나지도 않소.

소: 어릴 때 쪼만하고 쪼금 컸을 때.

안: 저 컸을 적에 어 나는 응 몹시 울었었소. 일곱 살까지 울었었어. 그리고 응 어 나를 할머니가 업고 다녔지. 일곱 살까지 울었어, 내가.

소: 왜?

안: 모르지.

소: (웃음).

안: 어째 그렇게 우는지.

소: 글면 핵교 다닐때는 주로.

안: 핵고르 열한살에 핵고르 갓소.

소: 열한살에?

안: 열한살에.

소: 일학년을?

안: 냐ˇ?

소: 일학년을.

안: 야아. 열한살에 갔어. 어 마흔해에 가다나이까 열한살에 갓지.

소: 으음:.

안: 그렇기 갔어. 아이구! 아아때 어째서 그릏기 울엇는지 모르지.

소: 으음.

안: 그렇기 내 울엇댓소.

소: 음.

안: 아아때.

박: 싀집 가자구 울엇갯지무.

소: (웃음).

안: (웃음).

소: 그 동네에는.

안: 아하!

소: 안에 살던 동네에는.

안: 다스호이.

소: 우리 우리 동포도 다섯호?

안: 야.

안: 모르지.

소: (웃음).

안: 어째 그렇게 우는지.

소: 그러면 학교 다닐 때는 주로.

안: 학교를 열한 살에 학교를 갔소.

소: 열한 살에?

안: 열한 살에.

소: 1학년을?

안: 응?

소: 1학년을.

안: 응. 열한 살에 갔어. 어 1940년에 갔으니까 열한 살에 갔지.

소: 음.

안: 그렇게 갔어. 아이고! 아이 때 어째서 그렇게 울었는지 모르지.

소: 으음.

안: 그렇게 내가 울었었소.

소: 음.

안: 아이 때.

박: 시집을 가자고 울었겠지 뭐.

소: (웃음).

안: (웃음).

소: 그 동네에는.

안: 아하!

소: 안에 살던 동네에는.

안: 다섯 호가.

소: 우리 우리 동포도 다섯 호?

안: 응.

소: 다른사람들은.

안: 어, 없지. 다른 데르 가구야. 으 번도~[vəndõ]에느: 원도~[wəndõ]에
는 *너돗 노시앗사름덜이 잇재오?

소: 에.

안: 아:, 다른사름덜 못밧소 노시앗사름덜밖에 못밧소, 원도~서느. 걔 거
기서느 그전에 어째, (곁에 있는 남편에게) 아바이! 제러이 제러이 하지?
제레브냐(деревня)르.

박: 제레, 제레브냐(деревня)르 제레브냐(деревня)르.

안: 제레브냐(деревня)지. 초이지.

소: 어.

안: 촌으 우리 고렷사름덜으 어, '제러이' '제러이' 이릏기 말했어.

박: 번지지[26] 못해 그런 게지.

안: 아하! 기래 거기르 가구야 어 노시야사름덜 잇지. 우리네느 다스호
이 딱 살앗소.

소: 그 까작에서요?

안: 야. 우리 원도[vəndo]서.

소: 원동에서?

안: 원도에서 딱 다스호이 살앗어.

소: 오:.

박: 우리느.

안: 게 다스호이 사는데 에: 우리네 그런거 그 산벤죽이텍에다 우리 그
때 일은 나 하나투 모르오. 지금:우 긔게: 에: 마흔 마흔두해때 세해때 그
때 내 아매 기래구 말하지.

소: 음.

안: 우우리 그 촌에서 다스호이 살 직[찍]에 거기다가서리 무스거 조이
두 **시뉴무구 피낟이두 시무구. 그담에 코~이두 시무구. 그때 나느 보지

소: 다른 사람들은.

안: 어 없지. 다른 데를 가야만. 어 원동에는, 원동에는 러시아, 러시아 사람들이 있잖소?

소: 에.

안: 아, 다른 사람들은 못 봤소 러시아 사람들밖에 못 봤소, 원동에서는. 그래 거기서는 그전에 어째, (곁에 있는 남편에게) 할아버지! '제러이', '제러이' 하지? 제레브냐(деревня, 농촌 마을)를.

박: 농촌, 농촌 마을을 농촌 마을을.

안: 농촌 마을이지. 촌(村)이지.

소: 어.

안: 촌(村)을 우리 고려 사람들이 어, '제러이', '제러이' 이렇게 말했소.

박: (러시아어를) 제대로 입으로 옮기지 못해 그런 것이지.

안: 아하! 그래 거기를 가야만 어, 러시아 사람들이 있지. 우리네는 다섯 호가 딱 살았소.

소: 그 카자흐스탄에서요?

안: 응. 우리 원동에서.

소: 원동에서?

안: 원동에서 딱 다섯 호가 살았어.

소: 오.

박: 우리는.

안: 그래 다섯 호가 사는데 에 우리네 그런 거 그 산 가장자리 언덕에다, 우리 그때 일은 나 하나도 모르오. 지금은 그게 에 1940, 1942, 1943년 그때 내 할머니가 그렇게 말하지.

소: 음.

안: 우리 그 촌에서 다섯 호가 살 적에 거기에다가 뭐 조도 심고 피도 심고. 그다음에 콩도 심고. 그때 나는 보지

못했소. 아이 알기우,27) 그게. 지내.

소: 음.

안: 그담에 그 마흔세해때 마: 그때 우리 아매 내 말해서 내 아오. 걔두 그땟건 난 하나투 모르갰어.

소: 음. 아매 아매가 그쪽에서 이쪽으로 올때가 멫살인데! 여덟살이문, 여덟살이죠?

안: 우리 아매?

소: 아니.

안: 내?

소: 에.

안: 아이 내사 컷지. 그때 **여드, 원도~에 이시직이[찌기] 야듧살[야듭쌀]에 왔는데.

소: 그러니까.

안: 야아.

소: 여덟[여덥] 살이면은 원동 그 생각이 날거 아녀?

안: 기랜데 거저: 똘리꼬(только) 거저 그거   그거밖에 애이생객히오. 어: 산에가서 그 달기 잇재오? 그게 땅딸기지28) 야?

소: 에.

안: 땅딸기 뜯어먹던게랑 그런게랑 생객히우지 다른건 아이생객히우.

소: 어.

안: 아, 아, 우리 다슷인게 야 우리 싹 우리 재비 식기덜이 잇어, 잇엇소, 거기.

소: 아: .

안: 우리: 고모 잇엇지.

소: 아.

안: 그다음에 고모 둘이 거기 잇엇지.

못했소. 안 알아지오(=알 수 없소), 그게. 전혀.

소: 음.

안: 그다음에 1943년 때 어 그때 우리 할머니가 나에게 말해서 내가 아오. 그래도 그맷 것은 난 하나도 모르겠어.

소: 음. 할머니 할머니가 그쪽에서 이쪽으로 올 때가 몇 살인데! 여덟 살이면, 여덟 살이죠?

안: 우리 할머니?

소: 아니.

안: 나?

소: 에.

안: 아니 나야 컸지. 그때 여덟, 원동에 있을 적에 여덟 살에 왔는데.

소: 그러니까.

안: 응.

소: 여덟 살이면 원동 그 생각이 날 거 아냐?

안: 그런데 그저 오직 그저 그거 그거밖에 안 생각나오. 어 산에 가서 그 딸기 있잖소? 그게 딸기지 응?

소: 에.

안: 딸기를 따 먹던 것이랑 그런 게랑 생각나지 다른 건 안 생각나오.

소: 어.

안: 아, 아, 우리 다섯인데 응, 우리 싹 우리 자기 식구들이 있어, 있었소, 거기.

소: 아.

안: 우리 고모가 있었지.

소: 아.

안: 그다음에 고모 둘이 거기 있었지.

소: 어.

안: 그담에 서, 거기 또 촌으르 간 댕기메 선새임이 둘 잇엇지. 걔 다 우리네 다스호밖에 없엇댔어.

소: 어:.

안: 그렇게.

소: 아바이는, 그때는 아바이 동네는 몇 몇호나 있었어요?

박: 옐일굽호이. 옐일굽호이.

소: 그먼 그때는 좀 큰데네.

박: 그 그전에느 그 옐일굽호이무 긔게 크다구서 기랫지. 기랜것두 거 저 사이 뺵 돌과가메 맥헷지. 그런 두무산골에 살다나이 이 노시아 민족이랑 보지못했짐. 호옥시 그 노시앗사름덜 무슨 일이 잇어 우리 촌으르 지나가게데무 그게 보게 뎀 저 마우재덜 아덜으 잡아먹는다구서리. 기래메 무섭어서 달아둘와 집에 고방29) 구석에서 이불으 쓰구 곰치왓지무 우리네.

소: 어:.

박: '저 마우재덜은 아르 잡아먹는다'. 저 마우재두 저게 아매 중국말이 갯지. '마우재', '마우재' 하는 게.30)

박: 노시앗사람덜으 '마우재'라구 원도서 기랫지.

소: 오:.

박: 중국말이갯소, 저게. 심토이.31)

소: 어.

박: 필경, '마우재', '마우재'.

안: 중국사름덜 많앳소.

소: 중국 사람들이 많았어요?

안: 야:. 중국사름덜 많앳소.

소: 그러면 나중에 그 스딸린이 이릏게 이쪽으로 싹 글케 원동에서 우리

소: 어.

안: 그다음에 셋, 거기 또 촌으로 간, 다니며 (가르치는) 선생님이 둘이 있었지. 그래 다 우리네 다섯 호밖에 없었었소.

소: 어.

안: 그렇게.

소: 할아버지는, 그때는 할아버지 동네는 몇 몇 호나 있었어요?

박: 열일곱 호. 열일곱 호.

소: 그러면 그때는 좀 큰 데네.

박: 그래 그전에는 그 열일곱 호면 그 마을이 크다고 그랬지. 그랬는데 그저 산이 뺑 돌아가며 막혔지. 그런 두메산골에 살다 보니 이 러시아 민족은 보지 못했지 뭐. 혹시 그 러시아 사람들이 무슨 일이 있어 우리 촌으로 지나가게 되면, 그것을 보게 되면 저 러시아 사람들이 아이들을 잡아먹는다고 그러며 무서워서 달려 들어와 집에 고방 구석에서 이불을 쓰고 숨었지 뭐, 우리네.

소: 어.

박: '저 러시아 사람들은 아이를 잡아먹는다'. 저 '마우재'도 저게 아마 중국말이겠지. '마우재', '마우재' 하는 게.

박: 러시아 사람들을 '마우재'라고 원동에서 그랬지.

소: 오.

박: 중국어겠소, 저게. 심통이.

소: 어.

박: 필경, '마우재' '마우재'라고 하는 말이.

안: 중국 사람들이 많았소.

소: 중국 사람들이 많았어요?

안: 응. 중국 사람들 많았소.

소: 그러면 나중에 그 스탈린이 이렇게 이쪽으로 싹 그렇게 원동에서 우리

도, 우리 동포들 이렇게 그 할때 중국사람들도 같이 했어요?

안: 아이 *같, 중국 사름덜 아이 왔어.

소: 중국사람들.

안: 아이 왔지 야? 중국 사름덜. 중국 사름덜 아이 와. 단:지 고렷사름마 들어왔소.

소: 아아.

박: 기래구 저기 우리 그 연해주에서 우리 조선사람 이줄 시기구.

안: 이거 빼 놔.32)

박: 이짝에 이래.

안: 야! 얘기 하는데.

소: 괜찮아 이런말두 할라고 지금.

안: 아! (웃음).

박: 이짝 여기 구라파 그짝에서느 체첸(чечен)덜이.

소: 네.

박: 그다음번에 크림스끼 따따르(Крымский Татар), 네메쯔(Немец).

소: 네.

박: 그 에 쁘리볼스끼이 네메쯔(Немец)라구33) 그 볼가(Волга), 볼가(Волга)강 그.

소: 예예예.

박: 그 거기 네메쯔(Немец)덜이 몇 밀리온(миллион) 살앗소. 그 네메쯔(Немец)덜으 싹 이주르 시기재앳소? 기래구서르 에 까라차이(Карачай)덜두 이줄 시기구. 그다음번에 으

소: 독일 사람들도 있고요.

박: 독 독일사람덜 글쎄. 그 쁘리볼스끼이 그 네메쯔(Немец). 게 독일 독일 사람덜.

소: 독일 사람들이에요 그게?

도, 우리 동포들을 이렇게 이주 시킬 때 중국 사람들도 같이 이주 시켰어요?

안: 같이 안, 중국 사람들 안 왔어.

소: 중국 사람들.

안: 안 왔지 응? 중국 사람들. 중국 사람들 안 와. 단지 고려 사람만 들어왔소.

소: 아아.

박: 그리고 저기 우리 그 연해주에서 우리 조선 사람 이주를 시키고.

안: 이거 빼 놔.

박: 이쪽에 이래.

안: 야! 얘기 하는데.

소: 괜찮아 이런 말도 하려고 지금.

안: 아! (웃음).

박: 이쪽 여기 구라파 그쪽에서는 체첸 사람들이.

소: 네.

박: 그 다음번에 크림반도의 타타르인, 독일인.

소: 네.

박: 그 에 쁘리볼스끼이 독일 사람이라고 그 볼가, 볼가강 그.

소: 예, 예, 예.

박: 그 거기 독일인들이 몇 백만이 살았소. 그 독일인들을 싹 이주를 시키지 않았소? 그리고 에 카라차이 사람들도 이주를 시키고. 그 다음번에 음.

소: 독일 사람들도 있고요.

박: 독일 사람들 글쎄. 그 쁘리볼스끼이 그 독일인. 게 독일 독일 사람들.

소: 독일 사람들이에요 그게?

박: 기래구서르 까바르진(Кабардин)덜이 그 까브까즈(Кавказ) 민족덜 두 많이[마이] 이주르 시겟소, 여긴. 까브까즈(Кавказ) 민족덜, 그 사람덜 으느 우리마 곧게 더 더 다, 더햇단 말이오.

박: 우린 개두 열흘 열흘 시기르 줬지. 그 어간에 음 가주구 못갈 짐우 느 싹 바체라. 바치구.

소: 으음.

박: 에 까금 처서 돈 받아라. 저 사람덜으느 한 수뜨까(сутки) 어간에 스물네시 어간에 이주르 시게서 무스 입울 오, 옷두 방정이 입지 못하구. 그러구 곧게 저 갓소.

소: 오:.

안: 기래두 우리르 그러게 강제 이주르 시게서 고상스럽구 기래두 긔째 준 거이 그렇기 기래 그런지 스딸린이라 하게 데무 정마 하느님마두 더 거햇지. 기래길래 젠, 지난 젠자아 조국전재~ 나실 직에 사람덜이 목숨 내 걸구서르 '조국을 위하여!', '스딸린으 위하여!' 이래메 목숨 내걸구서르 전, 전재~애서 이겟스.

소: 음.

박: 기래 우리두 그런 곧겻다구서르 숙시 지나가이 그 스딸린, 스딸린 아바이게 특벨한 분네라구서 기랫지. 시방 와서 보무 스딸린 볼 데두 없 는 분네. 키 줴꼬맣지.

소: 음.

박: 낯이 어 얽엇지. 아아때 말께서 떨어져서 웨짝팔이 이래 조래팔 이[34] 뎃지. 볼 데도 없는 분네. 갠게 아무래 좀 골이 일햇던[35] 모얘:. 기 래길래 어 쏘비에트 정부르 서른해 도[또]안으 유지르 해 가주구서르 사 업햇지.

소: 음.

박: 기래 긔직[찍]에 거저.

박: 그리고서 카바르딘 사람들, 그 카프카스 민족들도 많이 이주를 시켰소, 여긴. 카프카스 민족들, 그 사람들은 우리보다 곧장 더 더 다, 더 했단 말이오.

박: 우리는 그래도 열흘, 열흘 (준비) 시기를 주었지. 그 사이에 음 가지고 못 갈 짐은 싹 바쳐라. 바치고.

소: 으음.

박: 에 가금(價金)을 쳐서 돈 받아라. (그렇지만) 저 사람들은 한 주야(晝夜) 사이에, 24시간 사이에 이주를 시켜서 무슨 입을 오, 옷도 방정히 입지 못하고 그러고 곧장 저 (이주를 해) 갔소.

소: 오.

안: 그래도 우리를 그렇게 강제 이주를 시켜서 고생스럽고 그래도 그때 준 것이 그렇게 그래 그런지, 스탈린이라 하게 되면 정말 하느님보다도 더 기(巨)했지. 그러기에 전, 지난 전쟁을, 조국선쟁(=독소전쟁)이 났을 적에 사람들이 목숨을 내걸고 '조국을 위하여!', '스탈린을 위하여!' 이러며 목숨을 내걸고 전, 전쟁에서 이겼소.

소: 음.

박: 그래 우리도 그렇게 곧고 바르게 되었다고 해서 숙시(熟視, 눈여겨 잘 살펴봄) 지나가니 그 스탈린, 스탈린 할아버지에게 특별한 분이라고 그랬지. 시방 와서 보면 스탈린은 볼 데도 없는 분네. 키가 조끄맣지.

소: 음.

박: 낯이 어 얽었지. 아이 때 말에서 떨어져서 왼쪽 팔이 이래 짧은 팔이 됐지. 볼 데도 없는 분네. 그런데 아마도 좀 머리가 잘 돌아갔던 모양이오. 그러기에 어 소비에트 정부를 30년 동안을 유지를 해 가지고서 사업했지.

소: 음.

박: 그래 그 때에 그저.

안: 흐음.

박: 스딸린 아바이라 하무 거저 기게 큰분넨가 하구. 그 스딸린 아바이 모르구선 못산다구서리.

소: 음.

박: 우리 다 그렇게 얘기햇지.

소: (웃음).

박: 기래 이제 이제 와서 보게 다무 숭허물이 많은 분네.

소: 에.

박: 그분네.

소: 에.

박: 에 제마 더 잘난 사람두 곱아 아이하구 제마 키 더 큰 사람두 곱아 아이하구 그 그런분네. 심술 많은 분네.

소: 으음. 그러면 인자 거기서 맨 처음에 그 아매 오실때는 어디로 오셨어요?

안: 우리네 크즐오르다(Қызылорда)로 왔지.

소: 에?

안: 크즐오르다(Қызылорда)르 왔지. 크즐오르다(Қызылорда)르 왔지.

박: 까작스딴.

안: 까작스딴.

소: 까자흐스탄으로?

안: 까자흐스딴(Казахстан). 이사 이사를.

박: 도시.

안: 아. 이사름덜으느 우즈벡스딴(Узбекистан)으르 오구.

소: 으음.

안: 우리넨 까자흐스딴(Казахстан)으로 왔소.

소: 그러면 거기서 몇:번의 기차가 몇:번 이르게 서로 다르게 출발한 거에요?

안: 흐음.

박: 스탈린 아버지라 하면 그저 그게 큰 분네인가 하고. 그 스탈린 할아버지를 모르고서는 못 산다고 하고.

소: 음.

박: 우리 다 그렇게 얘기했지.

소: (웃음).

박: 그래 이제 이제 와서 보게 되면 흉, 허물이 많은 분네.

소: 에.

박: 그 분네.

소: 에.

박: 에 자기보다 더 잘난 사람도 좋아 아니 하고 자기보다 키 더 큰 사람도 좋아 아니 하고 그런 분네. 심술이 많은 분네.

소: 으음. 그러면 인제 거기서 맨 처음에 그 할머니가 오실 때는 어디로 오셨어요?

안: 우리네 크즐오르다로 왔지.

소: 에?

안: 크즐오르다를 왔지. 크즐오르다를 왔지.

박: 카자흐스탄.

안: 카자흐스탄.

소: **카자흐스탄으로?**

안: 카자흐스탄. 이 사(람) 이 사(람들).

박: 도시.

안: 응. 이 사람들은 우즈베키스탄으로 오고.

소: 으음.

안: 우리네는 카자흐스탄으로 왔소.

소: 그러면 거기서 몇 번의 기차가 몇 번 이렇게 서로 다르게 출발한 거예요?

박: 그래. 그 차래애 몇 백 이 노시앗말르 *말, 말하메 ***입셸론 그
차래: 으 기차 바곤(вагон) ***오즈배께서 이릏기 찬 게.

소: 네.

박: 몇백 차랴~이 왓단말입구마.

안: 개 *하 한 바곤(вагон)씨 떼놓곤 또 달아나구 한 바곤(вагон)씨 떼
놓구 달아나구 이랫댓소.

소: 아.

안: 기래 그것두 내 아매 말해서 알지. 나느 지내 모르지.

소: 그러니까 한 가족 가족이나 동네사람들은.

안: 아.

소: 그냥 한 **바구니에 인제 들어있는데. 내리라 하먼 내린 거여?

안: 기래. 우리네느 이릏게 앉앗댓소. 우리 고모 내 둘이 앉구.36)

소: 음.

안: 우리네 앉구. 그담에 에따(это) 냄이 둘이 앉구. 그렇기 앉앗댓어.
기애 네 네호이, 냄이 한내 앉앗지. 기래 네호씨.

박: 네호씨.

안: 네호씨 앉앗소. 네호씨 한 그런 데 앉앗댓소.

소: 아 네호씩 앉았어요?

안: 야. 네집. 네집씨 앉지무. 한 그런 바곤(вагон) 안에.

박: 그 저기 가축 실는 차랴~에다서리 이 아 한판으 사람 드나들 데르
요마:이 요롷기 짙에[지체]37) 놓구. 앞두 여파레다서리 청대르 이래.

소: 에.

박: 두청대르 만들어서 그 한짝 여파레 또 두 시간씩, 개 네 시가이 옳
지. 기래 식, 식솔이 많, 많구 그런거느 고론 차랴~에 이십에멩씨 거이 들
어앉앗. 기래이 거 무스 마시는 물이 잇갯는가. 칩우이 무스 덥히는 난
로 잇갯는가.

박: 그래. 그 차량(車輛)에 몇 백, 이 러시아 말로 말, 말하며 *** 그 차량이, 음, 기차 차량이 ***** 이렇게 찬 게.

소: 네.

박: 몇 백 차량이 왔단 말입니다.

안: 그래 하 한 차량씩 떼어 놓고는 또 달아나고 한 차량씩 떼어 놓고는 달아나고 이랬었소.

소: 아.

안: 그래 그것도 내 할머니가 말해서 알지. 나는 전혀 모르지.

소: 그러니까 한 가족 가족이나 동네 사람들은.

안: 응.

소: 그냥 한 객차에 인제 들어 있는데. 내리라고 하면 내린 거야?

안: 그래. 우리네는 이렇게 탔었소. 우리 고모 내가 둘이 타고.

소: 음.

안: 우리네 타고. 그다음에 음 남이 둘이 타고. 그렇게 탔어. 그래 네 네 호(戶)가 (탔는데) 남이 하나 탔지. 그래 네 호씩.

박: 네 호씩.

안: 네 호씩 탔소. 네 호씩 태운 그런 차량에 탔었소.

소: 아 네 호씩 탔어요?

안: 응. 네 집. 네 집씩 앉지 뭐. 한 그런 차량 안에.

박: 그 저기 가축 싣는 차량에다 이 아 복판을 사람 드나들 데를 요만하게 요렇게 남겨 놓고. 앞뒤 옆에다 층대를 이래.

소: 에.

박: 두 층대를 만들어서 그 한쪽 옆에 또 두 세대씩, 그래 네 세대가 옳지. 그래 식, 식솔이 많, 많고 그런 거는 고런 차량에 20여 명씩 거의 들어앉았지. 그러니 거 무슨 마시는 물이 있겠는가. 추우니 뭐 덥히는 난로가 있겠는가.

소: 그먼 가매 가매같은 거 이런 거 갖고 왔어 가매 같은 거?

안: 가:매두 없구. 웨드롤(ведро-ㄹ)로두 거저. 거저 달아나가선 무스거 끓이자무 웨드로(ведро)다 끓이지. 오래 서구 잇는담 그 웨드로(ведро)다 끓인단 말이오. 웨드론(ведро-ㄴ)게 아이라 그거 미시게라 하오? 시방?

소: 주전자?

안: 아아.

소: 물끓이는거에요?

안: 물 끓이는 거. 거기다가서리 그저 무스 끓에서 물으 끓에 딜에다가느, 어 떡으느 오메서리 잇엇답데. 거저 우리 빠빠 달아댕기메서 떡으느 싸들엣답데.

박: '떡'이란 게 그 빠~이.

안: 빠이르.

소: 빵이.

안: 야.

소: 어.

안: 그거 싸먹으메서리 어 왓지. 걔 우리네 올직에 냐~? 대애지르.

소: 음.

안: 한나 잡아서 어 노시앗사름덜은 야 그거 이릏게 싹 지내 *영, 자크르와인(закрывать) 해서, 딱 닫아서 기래구, 우리 여기 들으와서 까자그스딴(Казахстан) 들으와서 그거 떼에서 그래 먹엇댓어.

소: 거 안 상해?

안: 아이.

박: 그 도장처르 그렇기 햇어.

안: 냐~.

박: 깐세르(консервы)처리.

소: 그러면 솥, 솥 같은 거 이런 거 갖고 왔어? 솥 같은 거?

안: 솥도 없고. 양동이로도 그저. 그저 달려 나가서는 무엇을 끓이자(=무슨 음식을 끓이려) 하면 양동이에다 끓이지. 오래 (기차가) 서 있는다 하면 그 양동이에다 끓인단 말이오. 양동이가 아니라 그거 무엇이라 하오? 시방?

소: 주전자?

안: 응.

소: 물 끓이는 거예요?

안: 물을 끓이는 거. 거기에다가 그저 무엇을 끓여서 물을 끓여 들이어다가는, 어 빵은 오면서 (구할 수) 있었다데. 그저 우리 아버지가 뛰어 다니면서 빵은 사 들였다데.

박: '떡'이란 게 그 빵(을 말하지).

안: 빵을.

소: 빵이.

안: 응.

소: 어.

안: 그거 사 먹으면서 어 왔지. 그래 우리네 올 적에 응? 돼지를.

소: 음.

안: 하나를 잡아서 어 러시아 사람들은 응 그거 이렇게 싹 아주 넣(어), 밀봉해서, 딱 닫아서 그러고(=가공하는데), (그런 돼지고기를) 우리 여기 들어와서 카자흐스탄에 들어와서 그거 떼어서 그래 먹었었어.

소: 그거 안 상해?

안: 아니.

박: 그 도장처럼 그렇게 했어.

안: 응.

박: 통(桶)조립처럼.

안: 깐쎄르(консервы)처리 그렇게 하지. 그 방끄(банка)다 옇재오? 그런 까시에르(консервы)처르 그릏게 해서. 어 노시앗사름덜으 그렇게 해애서 줘서 대애지르 하나 다 그렇게 옇어서 기래 줘서 이기 까자그스딴(Казахстан) 들어와서 먹엇댓어.

소: 어어. 그먼 그 그러 그러도 쫌 쫌 괜찮았네. 다른 사람들은 숨겼을 판인데.

안: (웃음).

소: 그거 하나 더 와서.

안: 우리네 야 그거 갖, 그래 가주구두 왓댓어. 우리네 까자그스딴(Казахстан) 그 이실 직에느 야 우리 아매 기래는 게 어, 즘시이덜 *대, 세랑 잇엇다오. 세 잇구 대애지 잇구. 닭이덜은[raɾgidərin] 닭으느[다그느]38) 어 그게 생객히우는데, 어, 이릏게 쌀씿는 물함박이 잇소. 그게 이릏게 줄이 쭉:쭈 난 물함박이 여기 잇지 냐̌. 그 조선에두 잇소? 긔게?

소: 예.

안: 그런 물함박에다 냐̌. 닭이가 그 빠아느 구워 그, 우리네는 마우재 뻬찌(печь) 마우재처르 그런 뻬치(печь)에다가서르 굽어서 기래 거긔다가서 가주구 와서, 두 함지, 낭글르 판 함지 그런데다가서리 가주구 왓댓어.

소: 음.

안: 기래 오다가서리 마감이 기게 야 싹 잘못뎁데. 오래 *오, 오메서리 긔게 다 먹지 못하, 기래무 그 아래서, 그 차 질에서 일하는 사름덜으 네레떼레 주구 주구 이래.

박: 그 일하는 사람덜두[뚜] 이 펭민덜 아이구 모도 줴인덜이. 감옥에 가 갠기운 그 사람덜.

안: 그런 사름덜.

박: 통 내애다서리 철도에서 일으 시기지.

안: 아. 일으 시기까39).

안: 통조림처럼 그렇게 하지. 그 통(桶)에다 넣잖소? 그런 통조림처럼 그렇게 해서. 어 러시아 사람들이 그렇게 해서 줘서 돼지를 하나 다 그렇게 넣어서 그래 줘서 여기 카자흐스탄에 들어와서 먹었어.

소: 어어. 그러면 그 그러 그래도 좀 좀 괜찮았네. 다른 사람들은 숨겼을 판인데.

안: (웃음).

소: 그거 하나 더 와서.

안: 우리네 응 그거 갖, 그래 가지고도 왔었어. 우리네가 카자흐스탄에 그 있을 적에는 응. 우리 할머니가 그러는 게 어, 짐승들 돼(지), 소랑 있었다고. 소 이 있고 돼지 있고. 닭들은 닭은 어 그게 생각이 나오, 내가. 어, 이렇게 쌀을 씻는 이남박이 있소. 그게 이렇게 줄이 쭉쭉 난 이남박이 여기 있지 응. 그 조선에도 있소? 그게?

소: 예.

안: 그런 이남박에다 응. 닭과 그 빵은 구워 그, 우리네는 러시아 페치카, 러시아 사람처럼 그런 페치카에다가 구워서 그래 거기다가 가지고 와서, 두 함지, 나무로 판 함지 그런 데다 가지고 왔어.

소: 음.

안: 그래 오다가 막판에는 그게 응 싹 잘못되데. 오래 오, 오면서 그게 다 먹지 못하고 그러면 그 아래에서, 그 기찻길에서 일하는 사람들에게 내려뜨려 주고 주고 이래.

박: 그 일하는 사람들도 이 평민들이 아니고 모두 죄인들. 감옥에 가, 갇힌 그 사람들.

안: 그런 사람들.

박: 모두 내어다가 철도에서 일을 시키지.

안: 응. 일을 시키니까.

박: 기래 그 사람덜두 배고프길 기딱찻지. 기래 노무 그 닭으 같은 거 원도~ **서 잡아서 가주구 오이까 그 냄:새[40] 나서 못먹게 다무 네레떼리게 다무 그거:: 서르 줴에먹느라구서르 거저 그렇….

안: 개두 그사름덜으느 그게 베~이 아이 데길래 그거 먹지.

소: 죽게 생겼으니까 먹겠지. 지금 제 먹어라 하먼 먹겠어요?

안: (웃음).

소: 이~?

박: 전장 직에 이 고기란 게 무 대지고기 어떤거 모르구. 쉐고기 어떤거 모르구. 저어 어디메 가서 거북이르 하나 붙들어오게다무 긔게 큰 대애지르 잡은것만치 그렇기 반갑앗댓소[paŋgaβat'ɛso].

소: 으음.

박: 기래구서르 그 전장시기에 이 국가 그런 저기 에 스똘로브(столовая) 서두, 스똘로브(столовая) 고렷말르 무시라 햇던두 싹 말으 싹 잊엇지. 그 거북이르 뻬짤르(специальный) 사람덜 내놔서 거북이르 잡아딜에서 그 국이랑 거북이 고기르 가주구서르 국으 끓에서 그렇기 사람덜 대접시 겟….

소: 아니 이리가 많았다면서요, 이리는.

박: 이리, 어이구::!

소: 그거 안잡아먹었어요?

박: 노 노인덜이 그 이리고기르 잡으이 그러끼 뇌린내 나메 맛이 없더라메서리 기래. 야아! 그 이리덜이 어디르 싹 갓는지. 거저 깔밭에 개무리처르 바라댕겟어[41] 이리덜이 기래.

안: 게 이리고기 못먹소. 노린내 나서. 그전에 *굧, *순 숭년때두 그거 그거 못먹엇다오.

소: 굶어 죽을 때두?

박: 그래 그 사람들도 배고픈 것이 기가 막혔지. 그래 놓으면 그 닭 같은 것, 원동 **서 (짐승을) 잡아서 가지고 오니까 그게 냄새가 나서 못 먹게 되면, 그래 내려뜨리게 되면, 그거 서로 쥐어(=집어) 먹느라고 그저 그렇게….

안: 그래도 그 사람들은 그게 병이 안 되니까 그거 먹지.

소: 죽게 생겼으니까 먹겠지. 지금 집어 먹어라 하면 먹겠어요?

안: (웃음).

소: 응?

박: 전쟁 적에 이 고기라는 게 뭐 돼지고기가 어떤 것인지 모르고. 쇠고기가 어떤 것인지 모르고. 저 어디 가서 거북이를 하나 붙들어 오게 되면 그게 큰 돼지를 잡은 것만큼 그렇게 반가웠었소.

소: 으음.

박: 그리고 그 전쟁 시기에 이 국가 그 서기 에 스똘로브(столовая = 식당)에서도—'스똘로브(столовая)'를 고려말로 무엇이라 했던지 말을 싹 잊었지—그 거북이를 특별히 사람들을 내놓아서(=풀어서) 거북이를 잡아 들여서 그 국이랑, 거북이 고기를 가지고서 국을 끓여서 그렇게 사람들에게 대접을 시켰….

소: 아니 이리가 많았다면서요, 이리는.

박: 이리, 아이고!

소: 그거 안 잡아먹었어요?

박: 노, 노인들이 그 이리 고기를 잡으니 그렇게 노린내 나며 맛이 없더라면서 그래. 야아! 그 이리들이 어디로 싹 갔는지. 그저 갈대밭에 개 무리처럼 싸돌아다녔어. 이리들이 그래.

안: 그래 이리 고기 못 먹소. 노린내 나서. 그전에 구차할 때, 흉, 흉년 때도 그거 그거 못 먹었다오.

소: 굶어 죽을 때도?

안: 야아. 긔게 그릏기 내앰새 나서.

소: 오오.

안: 그렇다구, 이기.

소: 오오.

안: 승내ˇ:느 일없어두.

소: 승냥이허고 이리허고 따요?

안: 야아. 따오.

소: 어.

안: 따오.

소: 어느것이 더 커 승냥이가 커.

안: 승냐이 더 **키지.

박: 승냐ˇ이 더 크, 더 크짐.

안: 승냐ˇ이 더 크오.

소: 으음. 여, 여끼는 여끼는.

안: 여끼는: 모르갯소.

박: 여끼두 야아! 저 저기 동물원에 가게 다무 그 여끼 잇는 그 그 칸에 가게 담 뇌린내 나서 젙으르 가지 못하오. 기랜 그저 여끼, 여끼 고기두 그릏기 뇌린내.

안: 기게 기랳지.

박: 그래갯지 무스.

안: 그릏게.

박: 그 거저 가죽이 쓰느라구서 기래 그럽지.

소: 으음. 그러면은 그때 당시에 지금, 지금 거던지 그때거던지 간에 주로 여기서 해먹는 반찬은 주로 어떤 반찬을 해먹어요?

안: 우리네 반찬하는⁴²⁾ 것두 물고길르.

소: 아니 반찬 채소 등에 나물 인제 다 합쳐서 주로 어떤 걸 먹냐고?

안: 응. 그게 뭐 그렇게 냄새가 나서.

소: 오오.

안: 그렇다고, 이게.

소: 오오.

안: 승냥이는 괜찮아도.

소: 승냥이하고 이리하고 달라요?

안: 응. 다르오.

소: 어.

안: 다르오.

소: 어느 것이 더 커 승냥이가 커.

안: 승냥이가 더 크지.

박: 승냥이가 더 크, 더 크지 뭐.

안: 승냥이가 더 크오.

소: 으음. 여, 여우는 여우는.

안: 여우는 모르겠소.

박: 여우도, 야아!, 저 저기 동물원에 가게 되면 그 여우가 있는 그 그 칸에 가게 되면 노린내 나서 곁으로 가지 못하오. 그래 그저 여우, 여우 고기도 그렇게 누린내가.

안: 그게 그렇지.

박: 그러겠지 무슨.

안: 그렇게.

박: 그 그저 가죽을 쓰느라고 그래 그러지요.

소: 으음. 그러면은 그때 당시에 지금, 지금 것이든 그때 것이든지 간에 주로 여기서 해 먹는 반찬은 주로 어떤 반찬을 해 먹어요?

안: 우리네 반찬(＝물고기 요리)하는 것도 물고기로.

소: 아니 반찬 채소 등에 나물 인제 다 합쳐서 주로 어떤 걸 먹냐고?

안: 아아!

소: 여기에 있는 우리 동포들은.

안: 여기서느 그저 채 채시르[43) 어따(это) 그런거 야 전체르 그 조선에서 중국에서 오오.

소: 채소가?

안: 채소 냐˘. 무슨 채소 오는가 말리와서 가제오는 거르.

소: 아.

안: 기래 가제오무 이 구일때무,[44) 그 그 중국에서 오는 그거 나물으어 그걸르 잏게 구일때무 하구. 우리 재빌르 여기서 이래 먹재이오? 개 물고길르 반찬하구. 그담에 고칫잎[고친닙]이 잇재오?

소: 예.

안: 고칫잎우르 채실하구.

소: 에.

안: 그담에 감질르 채실하구.

소: 음.

안: 감지르. 감질.

소: 예.

안: 아지 냐˘?

소: 예.

안: 그 감질르 채시르 하구. 그래두 기래오, 여기서느.

소: 깨는? 깨, 깨, 꽤.

안: 깨느 야. 우리 여기다 시멋지 야.

소: 에.

안: 깻잎우 조선에 사름덜이 그릏게 잘 잡수재오?

소: 예.

안: 개 내 우리 여기 리목사네 잇소.

안: 아아!

소: 여기에 있는 우리 동포들은.

안: 여기서는 그저 반찬, 반찬을 음 그런 거 응 모두 그 조선에서 중국에서 오오.

소: 채소가?

안: 채소 응. 무슨 채소가 오는가 (하면) 말려서 가져오는 것으로.

소: 아.

안: 그래 가져오면 이 큰일 때면 그 그 중국에서 오는 그 나물을 어 그걸로 이렇게 큰일을 치를 때면 하고 우리가 직접 (가꾸어서) 여기서 이렇게 먹잖소? 그래 물고기로 반찬(=물고기 요리)하고 그다음에 고춧잎이 있잖소?

소: 예.

안: 고춧잎으로 반찬을 하고.

소: 에.

안: 그다음에 감자로 반찬을 하고.

소: 음.

안: 감자를. 감자를.

소: 예.

안: 알지, 응?

소: 예.

안: 그 감자로 반찬을 하고. 그래도 그래오, 여기서는.

소: 깨는? 깨, 깨, 깨.

안: 깨는 응. 우리 여기에다 심었지, 응.

소: 에.

안: 깻잎을 한국의 사람들이 그렇게 잘 잡숫지 않소?

소: 예.

안: 그래 내 우리 여기 이 목사네 있소.

소: 예.

안: 내 멘목으 잘 아오, 목사이네르. 기래서 그 목사이네르 개애다주오, 그거.

소: 예에.

안: 이거 깻잎우.

소: 음.

안: 한번에 가제가자무 야 이러:한 양푼으로 하나 꼬올똑 뜯어가오, 내.

소: 에.

안: 기래구서리 에 고치두 가제가구.

소: 음.

안: 그단에 에따(это) ㄱ 배채잇재오? 배채. 풀.

소: 에.

안: 그런 우리네 이, 이쩍이 그양: 배채르 거저 어이어이 시무다나 기양 잇지.

소: 음.

안: 기래무 그집우 가제가오.

소: 그러면은 그 깻잎 같은 경우는: 그:: 장에다가 잏게 넣어놓먼 맛있는데 여기는 그거 안먹어요?

안: 아이. 좋아 아이하오.

소: 음.

안: 어따(это) 음 그거 냐~, 에따(это) (입술 마주치는 소리) 한 한 아바 이라구 여기 잇소 아오?

소: 몰라요.

안: 밧소? 못밧소?

소: 예.

안: 에따(это), 노인단에서 한 아바이 못밧소?

소: 예.

안: 내 면목을 잘 아오(=잘 알고 지내오), 목사네를. 그래서 그 목사네를 가져다주오, 그거.

소: 예.

안: 이거 깻잎을.

소: 음.

안: 한 번 가져가자면 응 이러한 양푼으로 하나 가뜩 뜯어 가오, 내가.

소: 에.

안: 그리고서 에 고추도 가져가고.

소: 음.

안: 그다음에 음 그 배추가 있잖소? 배추. 풀(=푸성귀).

소: 에.

안: 그런 우리네 이 일찍이 그냥 배추를 그저 얼른얼른 심다 보니 그냥 있지.

소: 음.

안: 그러면 그 집을 가져가오.

소: 그러면은 그 깻잎 같은 경우는 그 장에다가 이렇게 넣어 놓으면 맛있는데 여기는 그거 안 먹어요?

안: 아니. 안 좋아하오.

소: 음.

안: 음, 음 그거 응, 음 (입술 마주치는 소리) 한, 한 할아버지라고 여기 있소 아오?

소: **몰라요.**

안: 봤소? 못 봤소?

소: 예.

안: 음, 노인단에서 한(韓) 씨 할아버지 못 봤소?

소: 못봐, 안가봤어요, 아직.

안: 못가밧소?

소: 이번에 가볼라고, 인자.

안: 아아. 그 한 아바이 그 깻잎울르 해서 냐~? 내 아는 사림인데르 가제왓습데 냐~. 간자~을르 햇습데.

소: 예에.

안: 간자~을르. 기래 해서 가제온게 어째 싹싹한게 우리네느 못먹겟습데.

소: 그래요?

안: 야~아.

소: 으음.

안: 개 구.

소: 맛있는데.

안: 맛이 잇다구서리. 기래 또 저 리목사이.

소: 네.

안: 그 목사이 하, 저 저기 네느 그 그양 거 저기 이래지. 아 이게 우리 아덜으느 이것마 잇으문 다른 해앰이르[45) 요구 아이 덴다구.

소: 에 어.

안: 이 햄이르 제일 좋아한다구. 기래구 이거 동삼에두 그릏게 좋아한다지, 아덜이. 아 동삼때꺼지 잇어야 이래메서리.

소: 어, 그렇죠.

소: 아아! 깻잎이 있냐고?

안: 깻입우 구거 동삼때꺼지 두지 못하지. 다 잡솨:서.

소: 아 아 아.

안: 개 사모님 기래짐. 아, 우리 아덜 그 조꼼 두자: 하무 아덜 거저 어트기 좋아 반갑아하는지. 그거 다 없이자네까데 그 동삼때꺼지 못두갯다구.

소: 못 봐, 안 가봤어요, 아직.

안: 못 가봤소?

소: 이번에 가 보려고, 인제.

안: 응. 그 한 씨 할아버지가 그 깻잎으로 (반찬을) 해서 응? 내가 아는 사람한테 가져왔습디다, 응. 간장으로 했습디다.

소: 예.

안: 간장으로. 그래 해서 가져온 게 어째 깔깔한 게 우리네는 못 먹겠데.

소: 그래요?

안: 응.

소: 으음.

안: 그래 그.

소: 맛있는데.

안: 맛이 있다고 (하더군). 그래 또 지 이 목사.

소: 네.

안: 그 목사가 하, 저 저기네(=저 분네)는 그 그냥 그 저기 이러지. 아 이게 우리 아이들은 이것만 있으면 다른 반찬이 필요 없다고.

소: 에 어.

안: 이 반찬을 제일 좋아한다고. 그리고 이거 겨울에도 그렇게 좋아한 다지, 아이들이. 아 겨울 때까지 (그 깻잎이) 있어야 (한다고) 이러면서.

소: 어, 그렇죠.

소: 아아! 깻잎이 있냐고?

안: 깻잎을 그거 겨울 때까지 두지 못하지. 다 잡수어서.

소: 아 아 아.

안: 그래 사모님이 그러지 뭐. 아, 우리 아이들이 그 조끔 두자고 하면 아이들이 그저 어떻게 좋아서 반가워하는지. 그거 다 없애자 하니까 그 겨울 때까지 못 두겠다고.

소: 으음.

안: 걔 내 뻬짠느(специальный) 그거 내 시멋댓소, 여기다가. 그 집우 주느라구. 걔 어전 여기르 니기 완주46) 아오? 여기 요 우리 울리짜(улиц a) 왔어, 조선사림이.

소: 으음.

안: 기래 온게 어전 올해느 그 그분네르 조꼼 줘야 데갯어.

소: 으음. 어느 지역, 어디 조선 사람? 북조선?

안: 아이.

소: 남조선?

안: 남조선 사림이 왔소.

소: 여기는 북, 북조선이나 남조선이나 다 '조선사림'이라고 그래?

안: 에, 야아.

소: 에.

안: 기래: 그.

소: 그 오늘 또 온 사람은 뭐하는 사람이에요?

안: 에따(это) 엥게서 냐˙. 집우: 우리 저 아바이 누비에 집우 쌋어, 여기다가서리 냐˙. 걔 싸구서리 저엉게 아정, 아 아동공원 그런 집이 큰 게 잇엇댓소. 그집우 건축하구 그집에다가서리 야 아: 쩨르꾸(церковь) 열엇소.

소: '쩨르끄'가 뭐여?

안: 야아. 그거 그 노시아, 고려, 조선말르 미시겐가?

소: 뭐하는 덴데.

안: 어, 그 뼤수[vyesu]르 믿재오? 그런, 그런….

소: 아:아. 교헤?

안: '궤햐'오? 아, 그거 열었어.

소: 으음.

소: 으음.

안: 그래 내 특별히 그걸 내가 심었었소, 여기다가. 그 집을 주느라고. 그래 이제 여기를 누가 왔는(=온) 줄 아오? 여기 요 우리 거리에 왔어, 한국 사람이.

소: 으음.

안: 그래 왔는데 이제 올해는 그 그 분에게 조끔 줘야 되겠어.

소: 으음. 어느 지역, 어디 조선 사람? 북한?

안: 아니.

소: 남한?

안: 남한 사람이 왔소.

소: 여기는 북, 북한이나 남한이나 다 '조선 사람'이라고 그래?

안: 에, 응.

소: 예.

안: 그래, 그.

소: 그 오늘 또 온 사람은 뭐하는 사람이에요?

안: 음 여기에서 응. 집을 우리 저 할아버지 누이의 집을 샀어, 여기다가 응. 그래 사고서 저기 아동, 아동공원(=어린이 공원)에 그런 집이 큰 게 있었소. 그 집을 건축하고 그 집에다가 응, 어 교회를 열었소.

소: '쩨르끄'가 뭐야?

안: 응. 그거 그 러시아 (말이), 고려, 조선말로는 무엇인가?

소: 뭐하는 덴데.

안: 어, 그 예수를 믿잖소? 그런, 그런….

소: 아, 아. 교회?

안: '교회'라고 하오? 아, 그거 열었어.

소: 으음.

안: 게 크:게 야아!. 엊그제 가보이. 나르 오라 해서 그 내 갓다왓소. 야
아! 잘 졋습데.

소: 교헤 안 다니세요?

안: 음, 아이 댕기우.

소: 왜?

안: 모르지 어째 댕기는지:.

소: 다니세요.

안: 댕기오? 저두47) 댕기오?

소: 예.

안: 댕기오?

소: 네.

안: 아아.

소: 저렇게 아들을 먼저 보냈으면은 보내가지고 하늘나라에 가서 만나야지!

안: 에그:! 쯧. 그저 아무렇기나 죽엇으무 좋겟소.

소: 어, 죽는다고 그래서 마음대로 죽을 수 있는 것도 아니잖어.

안: (웃음).

소: (웃음). 그면은.

안: (한숨).

소: 여기서는 그: 민물고기는 주로 어떤 고기를 먹어요? 생선은 어떤 거
요? 바닥, 바다 거여? 민물 거여?

안: 없지. 바닷거느 없지. 거저 싹 민물게오[민물께오].

소: 여기 여기 반찬에 들어가는 다 민물 게여?

안: 이게 야. 민물게오[민물께오] 저게. 야: '슈까(щука)'라구서리 그런
고기오. 기겐 비린내 애이 나오.

소: 음.

안: 기래 반찬으 하지. 그전에느: 그런게 바당물 고기덜이

안: 그게 크게 야. 엊그제 가 보니. 나를 오라고 해서 거길 내가 갔다 왔소. 야! 잘 지었데.

소: 교회 안 다니세요?

안: 음, 안 다니오.

소: 왜?

안: 모르지 어째 다니는지.

소: 다니세요.

안: 다니오? 당신도 다니오?

소: 예.

안: 다니오?

소: 네.

안: 응.

소: 저렇게 아들을 먼저 보냈으면, 보내 가지고 하늘나라에 가서 만나야지!

안: 에구! 쯧. 그저 아무렇게나 죽었으면 좋겠소.

소: 어, 죽는다고 그래서 마음대로 죽을 수 있는 것도 아니잖아.

안: (웃음).

소: (웃음). 그러면은.

안: (한숨).

소: 여기서는 그 민물고기는 주로 어떤 고기를 먹어요? 생선은 어떤 거요? 바다, 바다 거에요 민물 거에요?

안: 없지. 바다 것은 없지. 그저 싹 민물 것이오.

소: 여기 여기 반찬에 들어가는 다 민물 것이야?

안: 이게 응. 민물 것이오 저게. 아 '슈까'라고서 그런 고기오. 그거는 비린내가 안 나오.

소: 음.

안: 그래 반찬(=물고기 요리)을 하지. 그전에는 그런 게 바닷물고기들

바서[vasə], 들어왔소.

소: 으음.

안: 게 눅어서 그거르 반찬했지.[48]

소: 음.

안: 어, ***옥고니랑 가재미랑.

소: 음.

안: 기래 시반 기게 없재오? 오기느 오오. 그러나 모:지 비싸오.

소: 비싸요?

안: 모:지 비싸오.

안: 걔다나이 그걸르 *반, 그전에느 가재미 반차이 제일이라 했소. 우리네 여기서 여기서.

소: 여기서.

안: 여기서 그 가재밋반찬으 제일이라 했소.

소: 맛있지. 가재, 가재미 반찬.

안: 야. 걔던게 시바:느 그거. 그러구 오나? 그렇게 아이 오오. 작게 오오. 그전마. 이 쏘유즈(Союз) 마사지구[49] 다아 미시기던지 다 다 못 못쓰갯소. 아이 좋소.

소: 그러문 쏘비에트 때는마 잘 들어왔다고?

안: 잘: 잘 들어왔지. 미시기던지 먹을것두 많구. 거저 조선에서 미시기 아이 오지 냐~, 저어 원도~에서 싹 들어오오.

소: 으음.

안: 원도~에서 그 고 고기덜이 다 들어왔지.

소: 그렇죠.

안: 기랜게 거저 그 알이랑.

소: 음.

안: 싹 *들. 시바~ 없소, 그런 게.

이 와서, 들어왔소.

소: 으음.

안: 그게 값이 싸서 그것으로 반찬(＝물고기 요리) 했지.

소: 음.

안: 어, ***랑 가자미랑.

소: 음.

안: 그래 시방 그게 없지 않소? 오기는 오오. 그러나 아주 비싸오.

소: 비싸요?

안: 아주 비싸오.

안: 그렇다 보니 그걸로 반(찬), 그전에는 가자미 반찬(＝물고기 요리)이 제일이라 했소. 우리네 여기서, 여기서.

소: 여기서.

안: 여기서 그 가자미 반찬을 제일이라 했소.

소: 맛있지. 가재, 가자미 반찬.

안: 응 그러던 게 시방은 그거. (또) 그러고 오나? 그렇게 안 오오. 적게 오오, 그전보다. 이 소비에트 연방이 무너지고 다 무엇이든지 다 다 못 못 쓰겠소. 안 좋소.

소: 그러면 소비에트 때는 잘 들어왔다고?

안: 잘 잘 들어왔지. 무엇이든지 먹을 것도 많고. 그저 조선에서 무엇이 안 오지,50) 응, 저 원동에서 싹 들어오오.

소: 으음.

안: 원동에서 그 고, 고기들이 다 들어왔지.

소: 그렇죠.

안: 그런 게 그저 그 알이랑.

소: 음.

안: 싹 들(어 왔지). 시방 없소, 그런 게.

소: 그먼 그거 다 로시아로 가는 거야 지금?

안: 모르지, 어찌는지.

소: 으음.

안: 시바~ 없소.

소: 음.

안: 기래기라 우리 우리 시방 우리 나아 먹은 사름덜께느 쏘유즈(Союз) 마사지구 나이 아무것두 아이오. 우리네느. 그전에느 우리 뻰시(пенсия)르 에엔 큰 뻰시르 탓소 두울이서.

소: 으음음.

안: 기래 타서 그게에기마 하무 야. 먹구두 짙엇소.

소: 음.

안: 어 기랜게 시바:느 우리 뻰시(пенсия)르 우리네두 일없다 하오.

소: 음.

안: 두천 백이오. 두천백이.

소: 으음음.

안: 일없다 해애두 쏘론느(всёрано) 구일 집이랑 다른 지[51] 이래 댕기자무 모자라오.

소: 그 쏘비에트 때도.

안: 아.

소: 쏘비에트 때도 다른집에 잔치허고 가면은 이 돈들고 가고 그랬어요?

안: 구러지. 그러재잏구.

소: 그때도 다들?

안: 아아.

소: 부이하고 부조하고 그랬어요?

안: 데게 햇엇지. 아이 일백스무얘기마[52] 하무 일없엇댓소. 아, 대:지고기 한 한

소: 그러면 그거 다 러시아로 가는 거야 지금?

안: 모르지, 어찌하는지.

소: 으음.

안: 시방 없소.

소: 음.

안: 그래서 우리 우리 시방 우리 나이 먹은 사람들에게는 (소비에트) 연방이 무너지고 나니 아무것도 아니오. 우리네는. 그전에는 우리가 연금을, 가장 큰(=많은) 연금을 탔소, 둘이서.

소: 으음음.

안: 그래 타서 그거이기만 하면 응. 먹고도 남았소.

소: 음.

안: 어 그런데 시방은, 우리 연금을 우리네도 그저 그 정도면 괜찮다 (하기는) 하오.

소: 음.

안: 2,100이오, 2,100.

소: 으음음.

안: 괜찮다 해도 어쨌든 큰일 집이랑 다른 집을 이래 다니자면 모자라오.

소: 그 소비에트 때도.

안: 응.

소: 소비에트 때도 다른 집에 잔치하고 가면은 이 돈 들고 가고 그랬어요?

안: 그러지 않고. 그러지 않고.

소: 그때도 다들?

안: 응.

소: 부의(賻儀)하고 부조(扶助)하고 그랬어요?

안: 되게 했었지. 아니 120냥만 하면 괜찮았었소. 아, 돼지고기 한 한

낄로에 석냥씨 햇소 그때느. 아 기래 일백스무얘~이무 대지고기 멫낄로. 아 시바~아느 야 아 천냐~ 타느데두 대:지고기 열낄로.

소: 어.

안: 기래이까데 어떻소.

소: 음.

안: 바쁘오 시바.

소: 으음.

안: 기래 조선에서 온 이사 이래지.

소: 북조선에서 온 이사?

안: 북조선에서 온 이사 이래짐. 아이구! 일없소. 이거 다: 조꼼 조꼼 팔아시 잡솨:두 상세날때.

소: (웃음).

안: 상새날때거지느 벤벤하다구 이래지. 이거 쉐꼼 쉐꼼 팔아서.

소: (웃음).

안: 상새날때꺼지 벤벤하다구 이래짐.

소: (웃음).

안: 기래.

소: 그렇지.

안: 야.

소: 조선으로 놓고 보면.

안: 그래 이 일없다구. 아: 한어머니 일없게 보낸다구. 우리네르 이렇게 보낸다구. 기래 구차하다 해애두 이거 조꼼씨 팔아먹어두 어 일없다구서리 이래메서리 그렇기.

소: 집이 없는 사람들은 바쁘겠네이~.

안: **이시(←이쌔) 여기?

소: 네.

킬로그램에 석 냥씩 했소, 그때는. 아 그래 120냥 돼지고기 몇 킬로. 아 시방은 웅 아 천 냥 탄다 해도 돼지고기 10킬로그램.

소: 어.

안: 그러니까 어떻소.

소: 음.

안: 힘드오 시방.

소: 으음.

안: 그래 조선에서 온 의사가 이러지.

소: 북한에서 온 의사?

안: 북한에서 온 의사가 이러지 뭐. 아이고! 괜찮소. 이거 다 조끔 조끔 팔아서 잡수어도 돌아가실 때.

소: (웃음).

안: 죽을 때까지는 넉넉하다고 이러시. 이거 조끔 조끔 팔아서.

소: (웃음).

안: 죽을 때까지 넉넉하다고 이러지 뭐.

소: (웃음).

안: 그래.

소: 그렇지.

안: 응.

소: 조선으로 놓고 보면.

안: 그래 이 괜찮다고. 아 할머니 괜찮게 보낸다고. 우리네느 이렇게 보낸다고. 그래 구차하다 해도 이거 조끔씩 팔아먹어도 괜찮다고 이러면서 그렇게.

소: 집이 없는 사람들은 힘들겠네, 응.

안: 요즈음 여기?

소: 네.

안: 그래 방천으⁵³⁾ 맡구 사지.

소: 그러니까.

안: 그 집우.

소: 바쁘겠다고.

안: 그런 사름덜은 바쁘지.

소: 으으음.

안: 그래 그거 사름덜으느 어 돈으 엠매 벌 데 없단 말이오 벌 데 여기.

소: 음.

안: 영게서 어트게 벌무 어, 먹구살구 집값이 거저 물갯소.

소: 음.

안: 기래 시방 조선사름덜이, 바자르(базар) 가봤소? 자에 가봤소?

소: 예.

안: 그 자에서 그 무슥으 파는거 밧소?

소: 예.

안: 어 그 조선 사름덜 조선 아, 여자덜이 그 채실 해 파는 거 보오.

소: 어, 몰라요.

안: 못밧소?

소: 예.

안: 이따가 보오. 이게 이 오쉬(Ош) 바자르(базар) 가서 보오. 그 여자 덜이 채시르 해 파는 거 보오.

소: 뭐 어떤 것을 팔아. 채소?

안: 채소르 여러가지르 파오. 벨란가지 다 있소.

소: 어떤 조선 사람들이?

안: 이 이 여기 여기 조선사름덜이.

소: 아, 우리:. 여기 고렷사람들.

안: 그래 셋방을 얻어 살지.

소: 그러니까.

안: 그 집을.

소: 힘들겠다고.

안: 그런 사람들은 힘들지.

소: 으으음.

안: 그래 그거 사람들은 어 돈을, 얼마 벌 데가 없단 말이오. 벌 데가 여기서.

소: 음.

안: 여기서 어떻게 벌면 어, 먹고 살고 집값을 그저 물겠소.

소: 음.

안: 그래 시방 조선 사람들이 시장 가 봤소? 장에 가 봤소?

소: 예.

안: 그 장에서 그 무엇을 파는 거 봤소?

소: 예.

안: 어 그 조선 사람들 조선 아, 여자들이 그 반찬을 해 파는 거 보오.

소: 어, 몰라요.

안: 못 봤소?

소: 예.

안: 이따가 보오. 이게 이 오슈 시장에 가서 보오. 그 여자들이 반찬을 해 파는 거 보오.

소: 뭐 어떤 것을 팔아. 채소?

안: 반찬 음식을 여러 가지를 파오. 별난 (여러) 가지가 다 있소.

소: 어떤 조선 사람들이? (북조선)

안: 이 이 여기 여기 조선 사람들이.

소: 아, 우리. 여기 고려 사람들.

안: 여기 여기 고렷사름덜. 여기 고렷사름덜.

소: 여기 사람들 많이 팔데 엉.

안: 야. 파는 거 밧소?

소: 예에에.

안: 아. 그 벨란 채시르 다 파오.

소: 으음.

안: 이따가 그거 좀 저 바사르(базар) 좀 가보오. 어떻는가: 하구.

소: 음.

안: 댕기메서리. 그 그렇소. 여기 고렷사름덜으 그릏게 사오.

소: 그러면 여기 사는 사람들 중에서 우리 고렷사람이 제일 지금 바쁘게 사는 거여?

안: 어: 잘사는게 모:지 잘사오. 여기 고렷사름덜이. 영게, *영 본래 여기 사는 사름덜이 잘사는 거느 맬:같이[맬가치] 잘사오.

소: 고렷사람들이.

안: 고렷사름덜이. 엥게 집이 잇지,

소: 음.

안: 알마따(Алмаата) 집이 잇지, 모스끄바(Москва) 집이 잇지. 개두 그 깐떼니르(контейнер)라 하재이오? 깐떼니르(контейнер)란게 기에 야? 어: 물품우.

소: 음.

안: 이런 데다가 놓구서르 파는, 물품 파는 게 그거 깐떼니르(контейнер)라 하오, 여기서느.

소: 으음.

안: 영게 말르.

소: 어 '상점' 그래? '상점'?

안: 그게 '상점'이라 하오? 어.

안: 여기 여기 고려 사람들. 여기 고려 사람들.

소: 여기 사람들 많이 팔데, 응.

안: 응. 파는 거 봤소?

소: 예.

안: 아. 그 별난 반찬을 다 파오.

소: 으음.

안: 이따가 그거 좀 저 시장 좀 가 보오. 어떤가 하고.

소: 음.

안: 다니면서. 그 그렇소. 여기 고려 사람들은 그렇게 사오.

소: 그러면 여기 사는 사람들 중에서 우리 고려 사람이 제일 지금 힘들게 사는 거야?

안: 어 잘사는 사람이 아주 잘사오. 여기 고려 사람들이. 여기에, 여(기에) 본래부티 여기 사는 사람들이 잘사는 거는 매일매일/한결같이 잘사오.

소: 고려 사람들이.

안: 고려 사람들이. 여기에 집이 있지,

소: 음.

안: 알마티에 집이 있지, 모스크바에 집이 있지. 그래도 그 컨테이너라 하잖소? 컨테이너라는 게 그게 응? 어 물품을.

소: 음.

안: 이런 데다가 놓고서 파는, 물품 파는 거 그걸 컨테이너라 하오, 여기서는.

소: 으음.

안: 여기 말로.

소: 어 '상점'이라고 그래? '상점'?

안: 그걸 '상점'이라 하오? 어.

소: 바자르처럼?

안: 야. 그거느 재비 상점이지.

소: 음.

안: 기래 재비 상점우. 이거마:이 크오. 이래 이거마:이 이릏게 큰데 우리 집이마ˉ:이 이릏기 지지.

소: 음.

안: 이릏기 지오. 거기다가서리 어: 한국 우티덜이.

소: 음.

안: 거 뽀씨(в общий) 한국 우티르 개애다 옇소. 고 조선사름덜으느 여기 조선사름덜으느.

소: 음.

안: 한국 우티르 가제오오. 이 *끼, *조 끼 끼따이(Китаи) 거[꺼] 가제오구.

소: 음.

안: 그그릏기 가제오오. 기래 가지다가서느 팔아 잘사오. 이 저기 이제 큰 바자르(базар) 거 좀 가보오. 경게 가보무 저어기 놀레보이부터 어, 뻬르브이(первый), 브따로이(второй), 뜨레찌이(третий)꺼지 전체르 고렛사름이오.

소: 음.

안: 갠데 그릏게 파오.

소: 음.

안: 잘사오. 그 사름덜은 더 *이거, 영게마 상점이 잇는게 아이라 각 고로드(город)에 상점이 잇소.

소: 음.

안: 그릏게 잘사오. 부재오.

소: 저기 그 *서 한국에 왔다갔다하면서 돈 많이 번 사람들 많이 있드라고.

소: 시장처럼?

안: 물건 가져오는 것이, 사람들이.

안: 응 그거는 자기 상점이지.

소: 음.

안: 그래 자기 상점을. 이것만큼 크오. 이래 이것만큼 이렇게 큰데 우리 집만큼 이렇게 길지.

소: 음.

안: 이렇게 짓소. 거기에다가 어 한국 옷들이.

소: 음.

안: 거 대체로 한국 옷을 가져다 넣소. 고 조선 사람들은. 여기 조선 사람들은.

소: 음.

안: 한국 옷을 가져오우.. 이 중(국), 죠(선), 중 중국 거 가져오고.

소: 음.

안: 그렇게 가져오오. 그래 가져다가서는 팔아서 잘 사오. 이 저기 이제 큰 시장 거길 좀 가서 보오. 거기에 가 보면 저기 놀레보이부터 어, 첫째, 둘째, 셋째 (거리)까지 모두 고려 사람이오.

소: 음.

안: 그런데 그렇게 파오.

소: 음.

안: 잘사오. 그 사람들은 더 (있소) 이것(만이 아니라), 여기만 상점이 있는 게 아니라 각 도시에 상점이 있소.

소: 음.

안: 그렇게 잘사오. 부자이오.

소: 저기 그 서(울) 한국에 왔다 갔다 하면서 돈 많이 번 사람들 많이 있더라고.

안: 냐ˇ.

소: 물건 가서 가져오고.

안: 물건 가제오는 게, 사름덜이.

소: 저 이스쿨(Иссык-Куль) 이스쿨(Иссык-Куль).

안: 냐ˇ.

소: 거기에 갓더니, 이스꿀(Иссык-Куль)에 그 그 집 져놓고 하는 데.

안: 응.

소: 거기도 우리 고렷사람이드라고.

안: 고렷사름두 잇소.

소: 예. 근데 거기 그 그 동생이 한국에 와서 돈 많이 벌어왔다고 그러드라고.

안: 음ˑˑ.

소: 지금도 왔다갔다 하고.

안: 그러오. 기래 그전에 우리네느 이게 싹 구둘애이오?

소: 예.

안: 시반 이 장파이.

소: 예.

안: 기래구 이릏게 놓구 먹자이까데 아이 좋단 말이오. 우리네 저 따시껜뜨(Ташкент) 이실 적에느 이기 싹 이거마 큰게 우리 따시껜뜨(Ташкент)선 구둘이 뎃댓소.

소: 예.

안: 이 구둘이. 기래구서리 어 저기서 끓이기마 하무 여기 들어와서 먹지.

소: 그렇지. 에.

안: 아, 기랜게 이 시바아느 저기 저 한제서 닭이처르 올라앉아 먹자ˇ이까데 아, 아주 아이 좋소.

소: 에. (웃음). 그러면 요기 요기도 불을 때면 그렇게 델 거 아냐? 불으 때두 여기는 아, 여기 구둘 아니에요?

안: 응.

소: 물건 가서 가져오고.

안: 물건 가져오는 것이, 사람들이.

소: 저 이식쿨, 이식쿨.

안: 응.

소: 거기에 갔더니, 이식쿨에 그 그 집을 지어 놓고 하는데.

안: 응.

소: 거기도 우리 고려 사람이더라고.

안: 고려 사람도 있소.

소: 예. 그런데 거기 그 그 동생이 한국에 와서 돈을 많이 벌어 왔다고 그러더라고.

안: 음.

소: 지금도 왔다 갔다 하고.

안: 그러오. 그래 그전에 우리가 사는 이게 싹 방구들이 아니오?

소: 예.

안: 시방은 이 장판이지.

소: 예.

안: 그리고 이렇게 놓고 먹자 하니까 안 좋단 말이오. 우리네 저 타슈켄트 있을 적에는 이게 싹 이거보다 큰데, 우리 타슈켄트에선 구들이었소.

소: 예.

안: 이 구들이. 그러고서 어 저기서 끓이기만 하면 여기 들어와서 먹지.

소: 그렇지. 예.

안: 아, 그런데 이 시방은 저기 저 한데에서 닭처럼 올라 앉아 먹자 하니까 아, 아주 안 좋소.

소: 에. (웃음). 그러면 요기 요기도 불을 때면 그렇게 될 거 아냐? 불을 때도, 여기는 아, 여기는 구들이 아니에요?

안: 아이 아이오. 이게 싹 이게 달아나짐.

소: 아아.

안: 똘리꼬(только) 이게 이게 달아나짐.

소: 이리 들어온다고.

안: 냐아.

소: 따뜻허네. 지금은 이게.

안: 야아. 불 때지.

소: 불 때는가 보네.

안: 저기서 가슬(газ-ㄹ) 때오. 가스(газ)르.

소: 어:.

안: *가 *나 거저 아츰에 저낙에 낭그 때오. 기래구 저 그담에느 낮에느 밤에 낮인 가스르 기양: 그저 야악간 케놓소. 기래무 이게 쮀꼼 오난하오?

소: 예.

안: 아하! 오난하짐.

소: 에.

안: 그렇소.

소: 그면 낭그는 어디 어디서 해 가 해오고.

안: 낭그느, 그전에 여기다가선 낭그, 여기 개실낭기 많앳소, 우리네.

소: 에에.

안: 갠거 다아 찍엇소. 기래구 네해르 불 아이 때재앳소? 여기르.

소: 어:.

안: 네 해르 아이 불때다나이 그 낭기 그 야으르(←양(樣)+으르) 잇엇지.

소: 오.

안: 아니, 아니오. 이게 싹 이게(열(熱)?) 달아나지.

소: 아아.

안: 오직 이게 이게 달아나지.

소: 이리로 들어온다고.

안: 응.

소: 따뜻하네. 지금은 이게.

안: 응. 불을 때지.

소: 불을 때는가 보네.

안: 저기서 가스를 때오. 가스를.

소: 어.

안: 가(스), 낮, 그저 아침에 저녁에 나무를 때오. 그리고 저 그다음에는 낮에는 밤에 낮에는 가서 그냥 그저 약간 켜 놓소. 그러면 이게 조끔 온난하오?

소: 예.

안: 아하! 온난하지.

소: 에.

안: 그렇소.

소: 그러면 나무는 어디 어디서 해 가 해 오고.

안: 나무는, 그전에 여기에다가서 나무를, 여기 과실나무가 많았소, 우리네.

소: 에에.

안: 그런데 다 찍었소(=베어 냈소). 그리고 네 해를 불을 안 때잖았소? 여기를.

소: 어.

안: 네 해를 불을 안 때다 보니 그 나무가 그채로 있었지.

소: 오.

안: 게 그 낭그 시방 올 동삼[똥삼]으 그양 그거 땟지. 새해는 또 어찌 갯는지. 그건 모르갯소. 죽갯는지 살갯는지 그건 뽀까(пока).

안: 그렇소.

소: 인자 딸이 딸이 오면은 또 갠찮겠죠.

안: 기래 기래 글쎄 *달이 오기마 하무 또 어티게 석탄 때나 무스거 어찌나 어찌갯지.

소: 석탄은 그렇게 안 비싸? 까스가 비싸 석탄이 비싸?

안: 석탄이 우리네: 에따(это) 뻰세니얼(пенсионер)덜으느 반 똔(тонна)씨.

소: 음.

안: 오백낄로씨. 거저 주우.

소: 음.

안: 음 그렇기 눅소.

소: 그먼 한동삼에 한번 날라먼 멫 킬로나 있어야 데?

안: 어, 석탄이?

소: 어.

안: 녯똔(тонна) 때오.

소: 네톤.

안: 야, 녯똔(тонна) 때오.

소: 한돈이, 한톤이 얼마에요?

안: 한똔에[한또네] 초이야[ʧʰɔiya] 넘지[넘찌].

소: 천, 넘는다고?

안: 야. 처야ˉ이[ʧʰəyãi] 넘소.

소: 야.

안: 기래, 기래 거저 한 백돌라리(доллар) 가지무 싸오. 백돌라리(доллар)무 석탄 싸오. 백돌라리(доллар)무.

안: 그래 그 나무를 시방 가뜩 삼일을 그냥 그거 땠지. 새해는 또 어찌하겠는지. 그건 모르겠소. 죽겠는지 살겠는지 그거는. 당분간.

안: 그렇소.

소: 인제 딸이 딸이 오면은 또 괜찮겠죠.

안: 그래 글쎄 딸이 오기만 하면 또 어떻게 석탄을 때나 무엇을 어찌나 어찌하겠지.

소: 석탄은 그렇게 안 비싸? 가스가 비싸 석탄이 비싸?

안: 석탄이 우리네 음 연금 수급자들은 반 톤씩.

소: 음.

안: 500킬로그램씩. 거저 주오.

소: 음.

안: 음 그렇게 싸오.

소: 그러면 한겨울에 한번 날려면 몇 킬로나 있어야 돼?

안: 어, 석탄이?

소: 어.

안: 4톤을 때오.

소: 네 톤.

안: 응, 4톤을 때오.

소: 1톤이, 1톤이 얼마에요?

안: 1톤에 1,000이야 넘지.

소: 1,000을 넘는다고?

안: 응. 1,000냥이 넘소.

소: 야.

안: 그래 그래 그저 한 100달러를 가지면 사오. 100달러면 석탄을 사오. 100달러면.

소: 백돌라면?

안: 야아. 석탄 싸. 싸오. 기래 가스다가 한데 섞어 때무 한햇동삼이 때오. 백돌라(доллар)르 치무 석타이. 그렇소.

안: 여게.

소: 백돌라면은.

안: 응.

소: 백돌라면은 그.

안: 네처이.

소: 네천요?

안: 쏨(сом).

소: 네천 쏨(сом)요?

안: 야아. 그렇소.

안: 여기 돌라르(доллар) 기차게 값이 잇소.

소: 음.

안: 기래 저 우리 저 이 조카아덜이.

소: 음.

안: 아즈바이가 아재 그거 돈으 두천가지구 어뜨게 사오. 야덜으느 한 달에 할랄에 처이야 번단말이오. 천냐~아.

소: 누가?

안: 우리 조캐 아덜이.

소: 오: .

안: 기래두 도이 모자란다지.

소: 어떤 조캐애들이.

안: 어따(это) 내 혀~어 아덜이우.

소: 어: .

소: 100달러면?

안: 응. 석탄을 사. 사오. 그래 가스에다가 한데 섞어 때면 한해 겨울을 때오. 100달러어치면, 석탄이. 그렇소.

안: 여기에.

소: 100달러면은.

안: 응.

소: 100달러면은 그.

안: 4,000솜.

소: 4,000솜요?

안: 솜.

소: 4,000솜요?

안: 응. 그렇소.

안: 어기 달러는 기가 막히게 값어치가 있소.

소: 음.

안: 그래 저 우리 저 이 조카아이들이.

소: 음.

안: 작은아버지와 작은어머니가 그거 돈을 2,000(솜을) 가지고 어떻게 사오. 이 아이들은 한 달에 하루에 1,000냥(=솜)이야 번단 말이오. 1000 냥(=솜)을.

소: 누가?

안: 우리 조카아이들이.

소: 오.

안: 그래도 돈이 모자란다 하지.

소: 어떤 조카아이들이.

안: 음 내 형의 아이들이오.

소: 어.

안: 내 헤~이 아덜이.

소: 에.

안: 기랜게 가덜으느 돈 잘 버오. 기앤게.

소: 돈 많이 벌면 또 많이 쓰지요.

안: 야~. 그래 많이 쓰지무.

소: 음.

안: 야아! 나느 그렇게 벌엇으무 야 돈으 모두갯다구 이래짐, 내.

소: 근데 원래 어른들은, 어른들은.

안: 아덜으느 바뿌단 말이지.

소: 아덜, 아덜덜〔떨〕은 많이 벌어도 다 바빠.

안: 이::. 기래 우리네느 늙으이 데서 냐~?

소: 벨로 쓸게 없잖아.

안: 아 단시에 싸오, 식뇨르.

소: 예.

안: 쌀으 거저 작년에, 올해.

소: 네.

안: 봄에 두 커대 쌋소.

소: 음.

안: 걔 이제 한커대 잇어. 한커댄 먹구. 갈그두[54) 두커대 싸오. 싸하르(c axap)두 야. 단거 싸하르(caxap). 고렷, *조.

소: 음음.

안: 거 미시기라 하오 '싸하르(caxap)'?

소: 설탕.

안: 사타~이.[55)

소: 에. 설탕.

안: 아아! 그거 한커대씨 싸오, 단번에.

안: 내 형 아이들이.

소: 에.

안: 그런데 그 아이들은 돈 잘 버오. 그런데.

소: 돈 많이 벌면 또 많이 쓰지요.

안: 응. 그래 많이 쓰지 뭐.

소: 음.

안: 야! 나는 그렇게 벌었으면 응 돈을 모으겠다고 이러지 뭐, 내가.

소: 근데 원래 어른들은, 어른들은.

안: 아이들은 힘들다는 말이지.

소: 아이들, 아이들은 많이 벌어도 다 힘들어.

안: 아. 그래 우리네는 늙은이 돼서 응?

소: 별로 쓸 게 없잖아.

안: 아 단시(短時)에 사오, 식료를.

소: 예.

안: 쌀을 그저 작년에, (아니) 올해.

소: 네.

안: 봄에 두 마대(麻袋)를 샀소.

소: 음.

안: 그래 이제 한 마대가 있어. 한 마대는 먹고. (밀)가루도 두 마대 사고. 설탕도 응. 단 거 설탕. 고려말, 조(선말로).

소: 음음.

안: 그거 무엇이라 하오 '싸하르(caxap)'?

소: 설탕.

안: 사탕.

소: 에. 설탕.

안: 아아! 그거 한 마대씩 사고 단번(單番)에.

소: 음.

안: 기래 싸기마 하무 거저 일년으

소: 일년 먹어요?

안: 아하! 게 어 쌀으느 일년에 한커댐 벤벤하오 둘이서.

소: 에.

안: 좀 갈그 조꼼 더 먹소.

소: 음.

안: 빤, 빤. 하나.

소: 음음.

안: 그릏게 해서 더 먹소, 그거느.

소: 그러니까 먹는 것은 사실 얼마 안 들어가지.

안: 아이 들어가오.

소: 전깃세 무슨.

안: 아하!

소: 물세 뭐.

안: 그래.

소: 이런 것들때매, 까쓰세.

안: 쩰리폰(телефон) 야. 쩰리폰(телефон). 개두 우리네 그 절반으 무.
*무, 절반으 무우.

소: 어.

안: 우리네 어째 그런가하이 원도~서 들어온게 냐~, 그런,

소: 어어어.

안: 돈우 그거 쑤우두(суд)르 해서 냐~?

소: 예.

안: 그거 절반으 돈으 무우. 기랜것두.

소: 그러면은 여기에 있는.

소: 음.

안: 그래 사기만 하면 그저 일년을.

소: 일년 먹어요?

안: 아하! 그게 어 쌀은 일 년에 한 마대면 넉넉하오, 둘이서.

소: 에.

안: 좀 (밀)가루 조끔 더 먹소.

소: 음.

안: 빵, 빵. 하나.

소: 음음.

안: 그렇게 해서 더 먹소, 그거는.

소: 그러니까 먹는 것은 사실 얼마 안 들어가지.

안: 안 들어가오.

소: 전기세 무슨.

안: 아하!

소: 물세 뭐.

안: 그래.

소: 이런 것들 때문에, 가스 세(稅).

안: 전화 응. 전화. 그래도 우리네 그 절반을 무오. 무(오), 절반을 무오.

소: 어.

안: 우리네 어째 그런가 하니 원동에서 들어온 것이 응, 그런,

소: 어어어.

안: 돈(=강제 이주 보상금)을 그거 판결해서 응?

소: 예.

안: 그거 절반을 돈을 무오. 그런데도.

소: 그러면은 여기에 있는.

안: 아아.

소: 끼르기스 끼르기즈들도.

안: 아아.

소: *도. 아주 바뿌겠네.

안: 바뿌게 사는거느 모지 바뿌오. 모:지 바뿌오. 걔 아덜으 글으 아이 이른 게 많지. 글 아이 이르오.

소: 으음.

안: 기래구서 이따가 저 바자르(базар) 가보오. *비, 아덜이 요론게 비는게 엠만가 하구.

소: 으음.

인: 기래: 그: 에따(это) 쎄베르느 꺼레야(Северная Корея) 그 이사덜 오재앳소?

소: 네.

안: 기래 와서 이래오. 이릏게 내 우리네 오래 잇으메 돌아바두 조선사 림이 비는게 어째 없다구. 조선사림이 아이 비오.

소: 에에 안 비지.

안: 야. 아무리 구차해두 비둔 애이오.

소: 음음.

안: 없소.

소: 부지런하니까 그렇지.

안: 아아. 없소. 비는게 없소. 기애 그거 조선 저 쎄베르느 꺼레야(Северная Корея) 사름덜이 와서 이래오. 그릏게 어저느 돌아댕기메 봐두 조선사림이 비는건 하나투 못밧다구.

소: 에.

안: 기래. 그러나 타국 사름덜으느 모:지 비오.

소: 음.

안: 응.

소: 키르기스, 키르기스 사람들도.

안: 응.

소: 돈. 아주 힘들겠네.

안: 힘들게 사는 거는 몹시 힘드오. 몹시 힘드오. 그래 아이들이 공부를 안 한 것이 많지. 공부를 안 하오.

소: 으음.

안: 그리고서 이따가 저 시장을 가 보오. 비(는), 아이들이 요런 게 비는(=구걸하는) 게 얼마인가 하고.

소: 으음.

안: 그래 거 음 북한의 그 의사들이 오지 않았소?

소: 네.

안: 그래 와서 이러오. 이렇게 내 우리네 오래 있으며 돌아봐도 조선 사람이 비는 게 어째 없다고. 조선 사람이 안 비오.

소: 에에 안 빌지.

안: 응. 아무리 구차해도 빌지는 않소.

소: 음음.

안: 없소.

소: 부지런하니까 그렇지.

안: 응. 없소. 비는 사람이 없소. 그래 그 조선, 저 북한 사람들이 와서 이러오. 그렇게 이제 돌아다니며 봐도 조선 사람이 비는 건 하나도 못 봤다고.

소: 에.

안: 그래. 그러나 타국(=타민족) 사람들은 몹시 비오.

소: 음.

안: 여기 와서. 비는 게 많소. 구차한 게 많구.

소: 으음.

안: 더해 그 사름덜은 수울으 먹다나이 구차하지.

소: 으음.

안: 아이 조선사름덜 수울으 그렇게 먹소?

소: 우린 굵게 많이 안먹죠.

안: 그래 아이 먹지. 그러나 이것, 이것덜으: 수울으 데게 먹소. 기래
다나이 구차하지. 엠매 벌엇던 그 수울으 다 먹지.

소: 음:.

안: 기래다나이 구차하짐. 그러나 수울이 여기 엠매 비싸구.

소: 술 비싸요?

안: 비:싸재잏구! 비싸오, 술이.

소: 음. 글먼 술 술 술을 파는 사람들은 잘살겠네.

안: (웃음) 잘사재애구 기래.

소: 아아.

안: 어찌던지 상점에서 일하무 잘사오. 일없게 사오.

소: 술집은 많이 있어요 여기는?

안: 많소. 개장집두 많소. 개자~아 하는 집이.

소: 어어.

안: 개자~아 하무 개자~아 요구르 하무 개자~아 주구. 어: 다른거 요구
르 하무 다른거 여러가지르 주우. 국시두 주구 벨거 다 잇어. 그거 그 그
개장집에느. 여러가지르 임석하오.

소: 개장집은 대개 우리 우리 동포들이 하는 거에요? 고롓사람들이에요?

안: 야아. 아이 이 일으.

안: 더 많소. 이 이 기르기즈.

소: 키르기즈도 개장 먹어요?

안: 여기 와서. 비는 사람이 많소. 구차한 사람이 많고.

소: 으음.

안: (거기다가) 더해 그 사람들은 술을 먹나 보니 구차하지.

소: 으음.

안: 아이 조선 사람들이 술을 그렇게 먹소?

소: 우리는 그렇게 많이 안 먹죠.

안: 그래 안 먹지. 그러나 이 이 키르기스 사람들은 술을 되게 먹소 그러 다 보니 구차하지. 얼마를 벌었든 그 술을 다 먹지(=술 먹는 데 다 쓰지).

소: 음.

안: 그러다 보니 구차하지 뭐. 그러나 술이 여기 얼마 비싸고.

소: 술 비싸요?

안: 비싸지 않고! 비싸오, 술이.

소: 음. 그러면 술 술 술을 파는 사람들은 잘살겠네.

안: (웃음) 잘 살잖고 그래.

소: 아아.

안: 어쨌든 상점에서 일하면 잘사오. 괜찮게 사오.

소: 술집은 많이 있어요 여기는?

안: 많소. 개장국 집도 많소. 개장국을 하는 집이.

소: 어어.

안: 개장을 하면 개장을 요구하면 개장을 주고. 어 다른 거 요구를 하 면 다른 거 여러 가지를 주오. 국수도 주고 별거 다 있어. 그거 그 그 개 장 식당에서는. 여러 가지 음식을 하오.

소: 개장 식당은 대개 우리 우리 동포들이 하는 거에요?

안: 응. 아니 이 일을.

안: 더 많소. 이 키르기스 (사람들이).

소: 키르기스 사람도 개장을 먹어요?

안: 기애! 노시앗사름덜두 먹소.

소: 원래 안 먹었지.

안: 아이 먹엇지. 갠게 시바아느 다 먹소.

소: 오오.

안: 거 이 기르기즈덜이 그전에 대지고기르 아이 먹엇소.

소: 아아.

안: 시방 대지고기르 그렇기 먹소.

소: 에.

안: 잘먹소. 대지고기르.

소: 음.

소: 그러면 인자 그냥 뭐 다 다 우리나 *가, *같 차이가 없네 이제.

안: *어, 없어.

안: 개장두 먹지. 다아 먹소. 이: 조선사름덜 자~아 먹재오? 이 장보구56) 간자아 더 먹소. 이 타국사름덜이.

소: 장 많이 먹어요? 가들도〔또〕?

안: 자~아, 자~아는57) 좀 덜 먹소.

소: 에.

안: 간자~아느 더 먹소 이것덜이. 어쩨 먹는가하이 야. 뻬리메니(пельмени)르 어따(это) 거 물밴세르58) 하재오? 물밴세르.

소: 물밴세.

안: 웅 물밴세에다가서리 간자~아 먹지. 그담에 그 고기르.

소: 에.

안: 간자~아 찍어 먹소, 이것덜이.

소: 에.

안: 걔다나이까데 간자~아느 이것덜이 다아 먹소, 여기.

소: 원래는 간장 안 먹었어요?

안: 그래! 러시아 사람들도 먹소.

소: 원래 안 먹었지.

안: 안 먹었지. 그런데 시방은 다 먹소.

소: 오오.

안: 그 이 키르기스 사람들이 그전에 돼지고기를 안 먹었소.

소: 아아.

안: 시방 돼지고기를 그렇게 먹소.

소: 에.

안: 잘 먹소. 돼지고기를.

소: 음.

소: 그러면 인제 그냥 뭐 다 다 우리나 같이, 차이가 없네, 이제.

안: 없, 없어.

안: 개장국도 먹지. 다 먹소. 이 조선 사람들 장을 먹잖소? 이 장보다 간장을 더 먹소. 이 타국 사람들이.

소: 장을 많이 먹어요? 그 사람들도?

안: 장, 장은 좀 덜 먹소.

소: 에.

안: 간장은 더 먹소, 이 사람들이. 어째 먹는가 하니 응. 만두를 음 그 물밴세를 하잖소? 물밴세를.

소: 물 밴세.

안: 응 물밴세에다가 간장을 먹지. 그다음에 그 고기를.

소: 에.

안: 간장을 찍어 먹소, 이 사람들이.

소: 에.

안: 그러다 보니 간장은 이 사람들이 다 먹소, 여기서.

소: 원래는 간장 안 먹었어요?

안: 아이 먹엇지. 조선사름덜 없으이 여기서 아이 먹엇지. 그 어디메서 먹갯소 개 지금 이 이 기르기즈나 어 노시앗사림이나 다 먹소 그 간자ʾ아.

소: 여기 이 애들 학교 가르치는 돈, *드는, 글, 글 이르는 데는 돈이 얼마나 들어요?

안: 모르지. 많이[마이] 들갯지.

박: 우리느 핵고르 댕기는 아덜이 없다나이 모르오.

안: 그거 모르우. 많이[마이] 들기오[들끼오] 쏘로느(всё paно). 여기 조선 글 베와줄, 기르기즈덜두[뚜] 조선말 하는게 잇소.

소: 예.

안: 아아. 잇소. 조선글으 베와주는 데 여기 잇재오?

소: 예.

안: 핵교 그 대학이 잇소, 여기. 기래다나이, 야.

소: 음. 그러면은 그러면은 학교를 핵교를 다니면 국가에서 돈 안 대줘?

안: 그거느 모르갯소.

소: 원래 사훼주이땐 다 다 무료였죠? 다 안냈죠?

안: 그전에사 아이 기랫지.

소: 쏘비에트땐 안 냈죠?

안: 아이 내, 아이 물구서 글으 일것지 아덜이.

소: 음.

안: 우리 아덜이 글으 이를 직이사 아 돈으 아이 물엇지. 나오보로드(наоборот) 거기서 돈으 줫소.

소: 그래요?

안: 스뻰지(стипендия)르. 야아. 스뻰지(стипендия) 줫소, 그전에.

소: 아.

안: 자덜 싹 스뻰지(стипендия) 타구 싹 글으 일것지.

소: 음.

안: 안 먹었지. 조선 사람들이 없으니 여기서 안 먹었지. 그 어디서 먹겠소. 그래 지금은 이 키르기스 사람이나 러시아 사람이나 다 먹소. 그 간장을.

소: 여기 이 애들 학교 가르치는 데 돈(이 얼마나 들어요), 공부를 하는 데는 돈이 얼마나 들어요?

안: 모르지. 많이 들겠지.

박: 우리는 학교를 다니는 아이들이 없다 보니 모르오.

안: 그거 모르오. 많이 들 것이오, 어쨌든. 여기 조선 글을 가르쳐 줄, 키르기스 사람들도 조선말을 하는 사람이 있소.

소: 예.

안: 응. 있소. 조선 글을 가르쳐주는 데가 여기 있잖소?

소: 예.

안: 학교 그. 대학이 있소 여기. 그러다 보니 응.

소: 음. 그러면은 그러면은 학교를 학교를 다니면 국가에서 돈 안 대 줘?

안: 그거는 모르겠소.

소: 원래 사회주의 때는 다 다 무료였죠? 다 안 냈죠?

안: 그전에야 안 그랬지.

소: 소비에트 때는 안 냈죠?

안: 아니 내가. 안 물고서 공부를 했지, 아이들이.

소: 음.

안: 우리 아이들이 공부를 할 적에야 아 돈을 안 물었지. 반대로 거기서 돈을 줬소.

소: 그래요?

안: 장학금을. 응. 장학금을 주었소, 그전에.

소: 아.

안: 저 아이들 싹 장학금을 타고 싹 공부를 했지.

소: 음.

안: 어 그런게 시바~으느 데비 돈 물어야지.

소: 그러면은 그러면은 돈 돈 웬마끔 벌어가지고는.

안: 아아.

소: 애들을 못 가르치겠네.

안: 바뻐어.

박: 이 쏘비에트 국가때느 핵고르 댕길 연려~이[열려~이] 덴 아덜으 핵고르 보내재이무 어시네 **책별으 받앗소.

소: 어어.

박: 기랜데 시바~아느 핵고르 댕길 연려~이[열려~이] 덴 아덜이 어시네 구차해노이, 핵고르 댕길 헹페이 못데서 이 책살돈두 없지.

소: 네.

박: 무슨 신발 옷으 쌀 돈두 없지 해노이 이 시방 시자~에 나가서 비락질하나 그 무슨 물품 파는일이라는 게 요런 핵고르 갈 연려~이[열려~이] 덴 아덜이 전체르.

안: 물으 파오.

박: 거기 나옵데.

안: 야아. 바자르(базар)서 물으 파오.

소: 물?

안: 물으. 물으 요만:한 깔라(коляска) 그런거 술기르 가주구 댕기메서리 야 거기다가서 펭재에 옇어서 물으 파, 물으 파는 일으 하오, 가덜이. 개무 돈 받짐.

소: 하루에 얼마나 벌어?

안: 모르지 그거 엠매나 버는지. 기래 거저 물으 파지.

소: 음.

안: 그릏게[그께] 바뿌오. 시방 잘사는 건 쎄게 잘사구 구차한거느 모지 구차하구 그릏소.

안: 어 그런데 시방은 도리어 돈을 물어야지.

소: 그러면, 그러면 돈 돈을 웬만큼 벌어 가지고는.

안: 응.

소: 애들을 못 가르치겠네.

안: 힘들어.

박: 이 소비에트 국가 때는 학교를 다닐 연령이 된 아이들을 학교를 보내지 않으면 부모가 책벌(責罰)을 받았소.

소: 어어.

박: 그런데 시방은 학교를 다닐 연령이 된 아이들이 부모가 구차하다 보니, 학교를 다닐 형편이 못 돼서 이 책 살 돈도 없지.

소: 네.

박: 무슨 신발, 옷을 살 돈도 없지 하다 보니 이 시방 시장에 나가서 비럭질을 하거나 그 무슨 물품 파는 일이라는 게, 요런 학교를 갈 연령이 된 아이들이 모두.

안: 물을 파오.

박: 거기 나오데.

안: 응. 시장에서 물을 파오.

소: 물?

안: 물을. 물을. 요만한 유모차(乳母車), 그런 거 수레를 가지고 다니면서 응 거기에다가 병에 (물을) 넣어서 물을 파, 물을 파는 일을 하오, 그 아이들이. 그러면 돈을 받지 뭐.

소: 하루에 얼마나 벌어?

안: 모르지 그거 얼마나 버는지. 그래 그저 물을 팔지.

소: 음.

안: 그렇게 힘드오. 시방은 잘사는 건 아주 잘살고 구차한 거는 몹시 구차하고 그렇소.

소: 그먼 끼르기즈가 까작, 까작보다 더 잘살아요? 못살아요? 까자흐스딴보다.

박: 까자그스딴(Казахстан).

안: 까자그스딴(Казахстан)이 낫게 사오.

박: 아, 까자그스딴(Казахстан) 낫게 사오.

소: 음.

안: 기르기즈 못하오.

소: 알마타는 까자흐스딴(Казахстан)서 잘사는 데죠?

안: 그래 아. 잘사지.

소: 까자흐스딴(Казахстан) 중에서도 알마타는?

안: 이아.

소: 또 더 더 좋은 데죠? 살기가.

박: 시방 에 그전에.

안: (한숨).

박: 까자그스딴(Казахстан) 수도 알마따(Алмаата)던게 그 옮게서[욍게서] 아스따나(Астана)르, 아스따나(Астана)란 데르 *갗(←가즈), 이 이주르하재앳소?59)

소: 예.

박: 거기 시방 정부 앉구 잇지.

소: 그러면 여기는 지금: 여기는 그러면은 농민들이나: 공원들이나 이런 사람들은 그 돈 벌 일이 별로 없어? 일할 데가 거이 없어?

안: 쯧, 일할 데 없소. 일으 못해서 노는 게 많지. 저: 이래 가메서르 보오. 저어 저기 그 어디 그 질이 냐?

소: 네.

안: 쳥녀이덜이 가뜩 앉앗소. 기래 마시나(машина) 와 서재잇갯소? 일으 시기자구. 마시나(машина) 와선. 거저 거기 거저 막 그 매달기오.

소: 그러면 키르기스스탄이 카자흐, 카자흐스탄보다 더 잘살아요? 못살아요? 카자흐스탄보다.

박: 카자흐스탄.

안: 카자흐스탄이 낫게 사오.

박: 아, 카자흐스탄이 낫게 사오.

소: 음.

안: 키르기스스탄이 못하오.

소: 알마티는 카자흐스탄에서 잘사는 데죠?

안: 그래 응. 잘 살지.

소: 카자흐스탄 중에서도 알마티는?

안: 응.

소: 또 더 더 좋은 데죠? 살기가.

박: 시방 에 그전에.

안: (한숨).

박: 카자흐스탄 수도가 알마티이던 것이 그 옮겨서 아스타나로, 아스타나란 데로 갓 이 이주를 하지 않았소?

소: 예.

박: 거기에 시방 정부가 자리하고 있지.

소: 그러면 여기는 지금 여기는 그러면 농민들이나 공원(工員)들이나 이런 사람들은 그 돈 벌 일이 별로 없어? 일할 데가 거의 없어?

안: 쯧, 일할 데가 없소. 일을 못해서 노는 사람이 많지. 당신이 이래 가면서 보오. 당신이 저기 그 어디 그 길에 응?

소: 네.

안: 청년들이 가뜩 앉았소. 그래 자동차 와서 서지 않겠소? 일을 시키자고. 자동차가 와서는. 그저 거기에 그저 막 매달리오.

거기 좀 이리 제두 가서 거그가 하자구. 야아! 그런거 보무 기차오.

안: 거저 이 에엔 이 다른 데는 난 모르갯소. 이 말라다야 *꼬*바르지야(у
л. Молодая Гвардия).

소: 음.

안: 앞두에 햐아:! 청녀이덜이 기차오. 나서 댕기는게.

소: 그러니까 다들 뭐. 담배는 다 피우고 술도 다 먹는거 같애요.

안: 다 담배르 피우재잏구.

소: 담뱃값도 비쌀거 아니에요.

안: 어우:! 비싸갯지. 우리네 아바이 담배르 애이 피우다나이 모르오.

박: 그 길가에 앉아서 일자릴 얻어보느라 앉구 잇는 사람덜으느 다쑤루
주정자덜.

소: 아아.

박: 어쩨 기래는가 하무 어느 기관에 들어가 일하무 한달으 일해애야
그 월급 받습지. 저거느 이래 앉아서 이 개앤 사름덜 와서 집우 **수레르
한다던지, 무스 어찐다던지 이 패온다던지.[60] 기래 그날 가 일하무 그날
즉실르 돈 일한거마이 받아서.

소: 예.

박: 술 인차 싸먹짐. 그러나 국가 기관에 들어가 일하자무 아, 한달 도~
안 기달가야 그 돈으 제에보갯지.

소: 예.

박: 기래노이 그 수울으 좋아하는 분네덜으느 일자리 잇어두 그런 기관
일 아이 들어가오. 아이 들어가구 저 길가에 앉아서 어느 사름덜 와서 무
슨 일이 잇다구서르 데려갈거 앉아 기다립짐.

소: 그먼 여깃사람들은 그걸 데려다가 일 많이 시켜요?

안: 어.

소: 일을?

거기에 좀 일을, 저도 거기 가서 하자고. 야! 그런 거 보면 기가 막히오.

안: 그저 이 가장, 이 다른 데는 난 모르겠소. 이 말라다야 크바르지야 거리의.

소: 음.

안: 앞뒤에 하야! 청년들이 기가 막히오. 나와서 다니는 게.

소: 그러니까 다들 뭐. 담배는 다 피우고 술도 다 먹는 거 같아요.

안: 다 담배를 피우지 않고.

소: 담뱃값도 비쌀 거 아니에요?

안: 어우! 비싸겠지. 우리네 할아버지가 담배를 안 피우다 보니 모르오.

박: 그 길가에 앉아서 일자리를 찾아보느라 앉아 있는 사람들은 대부분 주정뱅이들.

소: 아아.

박: 어째 그러는가 하면 어느 기관에 들어가 일하면 한 달을 일해야 그 월급을 받지요. 저거는 이래 앉아서 이 개인 사람들이 와서 집을 수리를 한다든지, 뭐 어찌한다든지 이 파게 한다든지. 그래 그날 가서 일하면 그 날 즉시로 돈을 일한 것만큼 받아서.

소: 예.

박: 술을 이내 사먹지 뭐. 그러나 국가 기관에 들어가 일하자면 아, 한 달 동안을 기다려야 그 돈을 손에 쥐어 보겠지.

소: 예.

박: 그러하나 보니 그 술을 좋아하는 분네들은 일자리가 있어도 그런 기관의 일에는 안 들어가오. 안 들어가고 저 길가에 앉아서 어느 사람들이 와서 무슨 일이 있다고 데려갈 것을 앉아 기다리지 뭐.

소: 그러면 여기 사람들은 그 사람을 데려다가 일 많이 시켜요?

안: 어.

소: 일을?

안: 일으?

소: 예.

안: 여기 사름덜으?

소: 어.

안: 어째.

소: 그사람들이 일 헐일이 있냐고? 뭐 고치고 이런 일이 많이 있냐고.

안: 아하. 아이 시기지.

박: 저기 이게 무스 이 정치에 위반데는 말 가툴해두 이 이 잇는 사실이오. 이전에 이 끼르기즈(Кыргыз) 민족덜이 어쨌는가이 이 둥간(Дунгане)[61] 민족이나 이 고렛사람 민족이나 다 따패기 하는 일으 잘한다구. 용사질[62] 잘한단 말입지.

소: 예.

박: 기래노이.

소: 따패기 일을?

박: 예. 조선사람가 둥간(Дунгане) 위구르(уйгур) 민족덜으느 따아 패우구.

소: 음.

박: 이 노시앗사람덜으느 에 에따(это) 공자~에 들어가서 노력 잘한다. 기래 *마우, 노시앗사람두 공자~에 다닐수 잇구. 우리 끼르기즈(Кыргыз)느 앉아서 불레멕기르[63] 하자.

소: '불레멕기'가 뭔 말이야.

박: 예. 이 *쩌 앉아서 거저 양반처리, 너느 이래라.

소: 아아!

박: 앉아서, 앉아서 너네 일하구 우리 메, 멕에줘야 덴다구.

소: 예.

박: 이렇게 궁니르 햇던 겐데 시방 배끼왓졋습굼[져쓰꿈].

안: 일을?

소: 예.

안: 여기 사람들을?

소: 어.

안: 어째.

소: 그 사람들이 일 할 일이 있냐고? 뭐 고치고 하는 이런 일이 많이 있냐고.

안: 아하. 안 시키지.

박: 저기 이게 무슨 이 정치에 위반이 되는 말 같아도 이 이 있는 사실이오. 이전에 이 키르기스 민족들이 어찌했는가 하니 이 둥간 민족(=중국으로부터 이주한 민족)이나 이 고려 사람 민족이나 다 땅파기 하는 일을 잘한다고. 농사일 잘한다는 말이지요.

소: 에.

박: 그러하다 보니.

소: 땅파기 일을?

박: 예. 조선 사람과 중국, 위구르 민족들은 땅을 파게 하고.

소: 음.

박: 이 러시아 사람들은 에 음 공장에 들어가서 노력을 잘 한다. 그래 러시아, 러시아 사람도 공장에 다닐 수 있고. 우리 키르기스 사람은 앉아서 앉아 먹기를 하자.

소: '불레메끼'가 무슨 말이야.

박: 예. 이 앉아서 그저 양반처럼, 너는 이래라.

소: 아아!

박: 앉아서, 앉아서 너희는 일하고 우리를 먹, 먹여 줘야 된다고.

소: 예.

박: 이렇게 궁리를 하던 것인데 시방 바뀌었습니다.

소: 오:.

박: 조선사람이나 둥간(Дунгане)덜이 너느 이거 어쩨라 저래라. 끼르기즈(Кыргыз)덜이 시방 복조~하오. 그렇게 떡 뎃소.

안: 거저 키르기즈느 싹 저 바자르(базар)서 어: 그런거 술기르 끄스구 거기다 까사(коза)르 팔라나가는 거 싹 싫구[실꾸] 그거 그래서 돈으 받스. 받구 사짐.

소: 어:.

안: 기래 키르기즈덜이 야아! 고사~하메 살어, 사오. 그거 그저.

소: 쫌 키르기즈가 게을른가, 일을 않는가? 게을러? 일을 잘 잘 못해요?

안: 잘못하기래 그릏기 그래지. 아우! 이 밭엣일은 잘 못하우. 잘 못하우, 일하는 건 잇지만해두[읻지마내두]. 기래두 잘, 잘 그릏기 못하오.

소: 그럼 원래 원래 끼르끼즈들은 주로 무슨 일 하고 살았어요?

박: 목축업우 햇습지.

안: 즘시이 재래왓지. 즘시이.

소: 그럼 지금두 짐승 재래우무 델 거 아녀?

박: 이 끼르기즈(Кыргыз)덜이 시방 이 쎄쎄(СССР, =Союз Советских Социалистических Республик) 마사진 후부터 저어 산골짝에 들어가 다쑤루 거기서 목축업 하던 사람덜이.

소: 에

박: 야~이나 몇백마리씨 치구 기래던게 싹 어전 바라네레와 이 도시에 네레와서 시방 입살일 한단 말이오 시방.

소: 어어.

안: 그릏게 아이데기라 기래지. 그릏게: 그전마 아. 그 즘시이르 멕일 머거리 아이 데기라 그렇게 싹 즘시이 없지. 작지. 기래구 싹 비싸지. 이 *짐, 고기덜이 엠매나 비싸오. 그거 다 그것덜이느 거 그것덜이 그 고기르 즘시이르 많이[마:이] 재래우다나이 고깃값이 눅엇지.

소: 오.

박: 조선 사람이나 둥간족들이 너는 이거 어째라 저래라. 키르기스 사람들이 시방 복종하오. 그렇게 떡 됐소.

안: 그 이제 키르기스 사람은 싹 저 시장에서 어 그런 거 수레를 끌고, 거기다 염소를 팔러 나가는 거 싹 싣고 그거 그래서 돈을 받소. 받고 살지 뭐.

소: 어.

안: 그래 키르기스 사람들이 야! 고생하며 살아, 사오. 그거 그저.

소: 좀 키르기스 사람이 게으른가? 일을 않는가? 게을러? 일을 잘 잘 못해요?

안: 잘 못하기에 그렇게 그러지. 아우! 이 밭일은 잘 못하오. 잘 못하오, 일하는 사람은 있지만. 그래도 잘, 잘 그렇게 못하오.

소: 그럼 원래, 원래 키르기스 사람은 주로 무슨 일하고 살았어요?

박: 목축업을 했지요.

안: 짐승 키웠지. 짐승.

소: 그 친 거 짐승을 키우면 될 거 아냐?

박: 이 키르기스 사람들이 시방 이 소련이 무너진 후부터 저 산골짝에 들어가 대부분 거기서 목축업을 하던 사람들.

소: 에.

박: 양이나 몇 백 마리씩 치고 그러던 게 싹 이젠 기어 내려와 이 도시에 내려와서 시방 입에 풀칠하며 산단 말이오, 시방.

소: 어어.

안: 그렇게 안 되기에 그랬지. 그렇게 그전보다 응. 그 짐승을 먹일 먹이가 안 되기에 그렇게 싹 짐승이 없(지), 적지. 그리고 싹 비싸지. 이 짐(승), 고기들이 얼마나 비싸오. 그거 다 키르기스 사람들은, 거 키르기스 사람들이 그 고기를, 짐승을 많이 기르다 보니 고기 값이 쌌지.

소: 아아.

안: 그러나 시바아느 그것덜이 싹 이 고로드(город)르 네레왔어. 산에
사림.

소: 아아.

안: 그러나 시방은 그것들이 싹 이 도시로 내려왔어. 산에 (살던) 사람이.

■ 주석

1) 루꾸(лук)+지이+-ㄹ(대격 조사). '지이'(＝농사)는 '짛-'[作]에 명사 파생 접미사 '-이'가 결합된 파생어. 중세국어 '지ᅀᅵ'에 대응된다. 고려말, 동북 및 육진방언에서는 이 '지이'가 매우 생산적으로 쓰인다. 예: 베지이(벼농사), 수박지이(수박 농사), 왜지이 (오이 농사), 집지이(집짓기), 파지이(파 농사).

2) CCCP=Союз Советских Социалистических Республик(소비에트사회주의연방 공화국).

3) '모지'는 '모질이'가 줄어든 말. '모질이'는 '모질다'(<모딜다)에서 파생된 부사로 정도 가 매우 심한 모양을 나타낸다.

4) '멫 알 못 (동사)', '멫 알 아니(또는 아이) (동사)'처럼 '멫 알'은 관용 표현에 사용되며, 뒤에 대개 '못', '아니'와 같은 부정하는 말을 동반한다. 양이나 수가 적거나 변변치 않음을 나타낼 때 이 관용 표현을 쓴다.

5) '띡'은 '직'(<적)의 과도교정형.

6) '처세우다'(<츠-+-어 세우다)는 '힘 있게 일으키거나 흥하게 만들다'의 뜻.

7) 큰아들의 사망으로 슬픔에 잠긴 모정(母情)을 엿볼 수 있다. 구술자는 대화 도중 '죽고 싶다'는 말을 자주 하였다.

8) '곱아하다'는 '곱-'에 '-어하다'가 결합되어 파생된 동사. '예뻐하다', '귀여워하다' 따 위의 뜻을 갖는다.

9) '글(으) 이르다'(＝글을 읽다)는 '공부하다'의 뜻.

10) '음식'의 방언. 20세기 초 육진방언 자료를 참고하면 '임석'은 '음셕>임셕>임석'의 변화를 거친 것이 된다. 직운자(職韻字) '食'의 자음(字音)이 '셕'으로 반사된 것인데 '셕'은 '식'보다 더 고음(古音)이다. 이 밖에 '곡셕이(穀食)', '셕기(食器)' 등이 있다.

11) '새애기'를 좀 다정하게 이르는 말. 대략 초등학교로부터 중고등학교에 다니는 여자아 이를 이르는 말이나 혼전의 처녀를 이르기도 한다.

12) '면목이 없다'는 표준어의 의미(＝부끄러워 남을 대할 용기가 나지 않다)와 달리 '얼굴 을 익혀 알고 지내는 바가 없다'의 뜻.

13) 잔치[宴]>잔체. 함북방언에서는 치찰음 뒤의 이중모음 /ㅑ/가 주로 /ㅔ/로 변화하였다. '잔체'는 흔히 '결혼' 또는 '혼인'을 뜻하는 말로 쓰인다. '잔체한 게'라고 하면 '결혼 한 사람'이라는 뜻이 된다.

14) ＝돌피+-을르(부사격 조사). '돌피'는 벼 사이에서 자생하는 '피'를 말한다. 그러나

두만강 유역에서 재배하던 '피낟' 또는 '피'는 이 '돌피'와는 다르다. '피낟'은 함경도 지방의 주식(主食)의 하나였다. 뿐만 아니라 가축의 사료, 땔감으로도 유용하게 쓰였다.

15) '찰떡'은 함경도의 대표적인 음식의 하나이다. 찹쌀(이전에는 주로 차좁쌀)을 쪄서 떡메로 친 다음, 네모지게 썰거나 혹은 손으로 적당히 떼어내 그것을 고물이나 꿀, 물엿에 묻혀 먹는다. 접시나 사발에 떡과 고물을 함께 놓으면, 먹는 사람이 떡에 고물을 알맞게 찍어서 먹는다. 혹은 떡을 물에 넣었다 먹기도 한다. 고물이 쉬기 때문에 고물을 묻히지 않는다 한다.

16) 구술자가 말하는 '시애비', '시에미'는 낮춤말이 아니라 중립적인 표현으로 '시아비' 와 '시어미'를 말한 것이다. 대역에서는 '시아버지', '시어머니'라 한다. 할아버지를 이렇게 중립적으로 말할 때에는 '한애비'라 한다.

17) '에우다(<외우다)'는 표준어의 '외우다'와 달리 '잊지 않고 되풀이하여 말하다'란 뜻을 지니고 있다. 대개 과거에 겪은 고맙고 감사한 일 등을 잊지 않고 되풀이하여 말할 때 '에우다'란 말을 쓴다.

18) '궁니(궁리)'는 표준어와 약간 의미가 다르다. 대략 '깊은 생각' 정도의 의미를 지닌다.

19) '오래 앉다'는 관용구로 '오래 살다'의 뜻.

20) '딸이'의 '-이'는 주격 조사가 아니다. 함경도 방언에서, 명사에 결합되는 '-이'이다.

21) '에유'는 어떤 의미를 가진 문법 형태인지 알기 어렵다. 발화 실수가 아닌가 한다.

22) 표준어와 달리 고려말이나 함경도 방언에서는 '쟁기'가 '연장' 또는 '도구'라는 뜻으로 쓰인다. 이는 고어의 잔재이다. 북한의 문화어 '쟁기'도 그와 뜻이 같다.

23) 찧-+-은>찧인[찐:].

24) 굶->굶-. 함북방언의 두드러진 음변화 가운데 하나는 어간말자음군 'ㄿ>ㄻ'의 변화이다.

25) '새<새'는 '싫증'의 방언. 육진방언권에서는 '새'라 한다. 본문의 '새-번다'는 '싫증이 뻗치다'의 뜻. '새나다'(=싫증이 나다)라는 동사를 많이 쓴다.

26) 번지다<번디다. 북한 지역에서 널리 쓰이는 사용 빈도가 높은 다의어이다. 함경도의 북부와 평안도에서는 '번디다'라 한다. 땅을 갈아엎다, 종잇장을 넘기다, 남이 말한 것을 그대로 옮기어 말하다, 끼니를 거르다, 번역하다 등 여러 가지 뜻이 있다.

27) '알기다'는 함경도 지역에서 쓰이는 '알다'의 피동사. 예: 내 저게 무스겐두 알기오!(내 저것이 무엇인지 알아지오(=생각이 나오)!)

28) 표준어의 '땅딸기'는 식용하지 않는 '뱀딸기'를 말하지만, 고려말의 '땅딸기'는 밭에서 키우거나 산에서 자생하는 딸기를 이르는 말이다. 단, 가시나무 딸기는 제외.

29) 고방(庫房). 함경도의 8칸 집 '田' 자형 가옥 구조에서 맨 뒤쪽 있는 북향(北向)의 방. 그릇, 이불, 농, 도구 따위를 보관하기도 하고 쌀독 등을 두기도 한다.

30) '마우재'는 중국어 '毛子'[máozi]를 차용한 말. '마우재(毛子)'는 본디 '老毛子'가 줄어든 말이다. 淸末 중국 동북 지방에서 쓰이기 시작하였는데 당시 중국을 침략한 러시아인을 경멸적으로 이르던 말이다. 20세기 초 육진방언에 보인다. 일제강점기에 쓰인 이용악, 오장환의 시와 안수길의 소설 『북간도』에도 보인다. 중국 및 중앙아시아 한인들도 일상적으로 이 말을 쓴다. 여기서 파생된 말로 '마우재말'(러시아어), '마우재바람'(북풍), '마우재술'(스푼), '마우재떡'(빵), '마우재절당'(러시아정교 교회), '마우재법'(러시아의 관습) 등이 있다. '얼마우재'는 '二毛子'[èrmáozi]를 차용한 말이다(곽충구 2019b 참조).

31) '심통'은 '마땅치 않게 여기는 나쁜 마음'을 뜻한다.

32) 정치적으로 민감한 사안에 대해서는 말을 삼가려는 구술자가 자신의 몸에 부착된 마이크 핀을 빼라며 한 말.

33) 'ПОВÓЛЖСКИЕ НÉМЦЫ'를 말한 것으로 보인다.

34) 어원은 알 수 없으나 '한 쪽이 짧은 팔'을 '조래팔'이라 한다. 스탈린은 어린 시절에 마차에 치여 왼팔을 다쳤다. 이로 인해 한 쪽 팔이 짧게 되었다 한다.

35) 러시아어 'ГОЛОВА РАБОТАЕТ'(=머리를 쓰다)를 번역 차용한 말.

36) 함경도 방언 및 고려말에서는 버스, 기차, 택시 등 운송 수단에 오를 때는 '앉다'라는 말을 쓴다.

37) '짙에'는 '짙-(<긑-)+-이-+-어'로 분석된다.

38) 동북 및 육진방언과 고려말에서는 휴지 또는 자음 앞의 'ㄹ'이 탄설음 [ɾ]로 조음되는 경우가 많다. 특히 고려말에서 그러하다.

39) '시기까'는 '시기-+-니까'로 분석된다. '시기-'는 '시키-'의 방언이자 고어. 시기니까>시기이까>시기까.

40) 구술자 두 분 모두 '냄새[nɛémsɛ]'의 첫 음절을 상승조로 발음한다.

41) '바라댕기다'는 '여기저기 마구 싸돌아다니다'의 뜻을 지닌 동사.

42) 동북, 육진, 서북방언 및 고려말에서 '반찬'은 대개 '물고기로 요리한 음식'을 뜻한다.

43) 함경도 방언 및 중국 조선어에서는 '반찬'을 흔히 '채', '채소/채수'라 한다. 또 '채'는 '나물'을 뜻하기도 한다. 고어에서도 '채'를 볼 수 있다. ':채 蔡'(『訓蒙字會』). 이에 대해서는 곽충구(2019a)를 참고할 것. 한편, '채시'는 '채소>채수+-이>채쉬>채시'의 변화이다. '채시'(반찬)가 조선(한국)과 중국에서 들어온다고 하였는데 이는 가공한 식품을 두고 한 말일 것이다. 한편, 조사자는 '채, 채시'를 '채소(菜蔬)'로 이해하고

조사를 진행하여 전후 맥락이 매끄럽지 못하게 되었다.

44) 혼인, 상사(喪事)와 같은 큰일을 '군일'이라고 한다. '군일'에서 'ㅣ' 모음 앞의 'ㄴ'이 탈락하여 '구일'이 되었다.

45) '해얌'은 반찬을 뜻하는 순수 고유어로, 함경도 방언이다. 지금은 노년층에서만 근근이 쓰인다.

46) '완주'는 '오-+-안 줄'로 분석된다. '-안/-언'은 앞말이 관형사 구실을 하게 하고 동작이 과거에 이루어졌음을 나타내는 어미. 주로 의존명사가 뒤따른다(곽충구 2019a).

47) '저'는 하오할 자리에서 쓰이는 이인칭대명사. 표준어의 '자네', '이녁', '당신' 따위에 대응된다.

48) '반찬'에 대해서는 미주 42 참조.

49) '마사지다'의 본뜻은 '부서지다'이다. 그 밖에 '망가지다', '조직이나 단체가 와해되다'의 뜻이 있다. 고려말, 함경도 지방에서 널리 쓰인다. '마스다'(부수다, 깨뜨리다)는 북한의 문화어이다. '마스-[碎]+-아 지다>마사지다'. '마스-'의 선대형은 'ᄆᆞᅀᆞ-'이다.

50) 소비에트 연방 시절에는 한국 제품이 들어오지 않았다는 말.

51) '지'는 '집'의 속격형. 자음으로 시작하는 명사 앞에서는 '짓', 모음으로 시작하는 명사 앞에서는 '지'로 실현된다.

52) 일백스무 냥(兩)+이-기-마. 중앙아시아 및 중국의 한인들은 거주국의 기본 화폐 단위를 전통적인 용어를 써서 '냥'이라 한다. 구술자는 '120솜'을 '120냥'이라 하였다.

53) '방천'은 연해주 시절부터 쓰였던 말이다. 사글세를 받는 셋방을 말한다. 뒤바보(1920)의 「俄領實記」에 보인다. 임대인은 '방천으 주다'라 하고 임차인은 '방천으 맡다'라 한다.

54) '가르[粉]'는 비자동적교체를 보이는 명사로서, 본디 자음으로 시작하는 조사 앞에서는 '가르', 모음으로 시작하는 조사 앞에서는 '갊'으로 교체된다. 주격형은 '갈기(갊-이)', 대격형은 '갈그(갊-으)', 처격형은 '갈게(갊-에)', 조격형은 '갈글르(갊-을르)'. 그런데 자음 조사 앞에서는 '가르' 외에 주격형 '갈기'가 나타나기도 한다. 함경도 방언과 고려말에서는 명사가 단독으로 실현될 때에는 '-이'가 결합되어 주격형과 동일한 형태가 된다. 이것이 단독형으로 인식되어 자음 조사 앞에서 '갈기'가 출현하는 것이다. 그런데 드물지만 대격형이 나타나기도 한다. 본문의 '갈그두'가 그 예이다. 중부방언에서 '나무'를 '낭구'라 하는 것도 같은 유형이다.

55) 함경도 방언에서는 '설탕'을 '사탕'이라 하기도 한다. 이는 중국어 '砂糖'을 차용한 말이다.

56) '-보구'는 전통적인 함북방언의 조사이다. 20세기 초에 간행된 육진방언 문헌에는 '-보구'만이 보인다. 그러나 현대의 육진방언 화자(중국 조선족)는 대부분 '-보다'를 쓴다.

57) 장(醬)+-으는>자ᄀ아는(완전순행동화).

58) 물벤세는, 밀가루 또는 입쌀가루를 반죽해서 밀대로 민 다음 반달 모양의 거죽을 만들고, 돼지고기나 닭고기 따위를 칼로 잘게 친 것과 샐러리 따위를 싸서 물에 삶은 음식. 최근에는 주로 입쌀가루로 만든다. 속에는 돼지고기 외에 연어나 송어 따위를 넣기도 한다[곽충구(2019a)에서 전재]. '벤세'는 함경도의 대표적인 음식의 하나이다. 본디 한어 '匾食, 騙食'을 차용한 말이다.

59) 아스타나는 카자흐스탄의 북부에 위치한 카자흐스탄공화국의 수도. 인구는 2021년 현재 약 118만 명이다(주 카자흐스탄 대한민국 대사관 제공 「카자흐스탄 약황(2021.07.)」). 1997년에 알마티에서 이곳으로 옮겼다. 한인 이주 당시에는 '아크몰린스크(Акмолинск)'로 불렸다. 1991년 카자흐어 '아크몰라(Акмола)'로 고쳤다가 1997년 카자흐어로 '수도'라는 뜻의 '아스타나'로 개명하였다. 그러다가 2019년 누르술탄 나자르바예프 전 대통령의 이름을 따 '누르술탄'으로 다시 고쳤다. 2007년 통계 자료(알마티 한국종합교육원)에 의하면 3,659명의 한인이 거주한다.

60) '패오다'는 '파다[堀]'의 사동사. '파-+-이+-오-'로 분석된다.

61) '둥간'은 19세기 후기 중국에서 이주한 회족(回族)을 이르는 말. 중앙아시아의 카자흐스탄, 키르기스스탄, 우즈베키스탄에 약 11만 명의 둥간족이 거주하고 있다. 이들이 사용하는 둥간어는 중국의 산시성(山西省)과 깐수성(甘肅省)에서 쓰던 한어(漢語) 방언의 변종이다. '둥간족'에 대해서는 이기갑(2008: 1055)을 참고할 것.

62) 용사질(<농사질). '農'의 자음(字音)이 함북방언에서는 '농'이다. 예: 농새(農事), 농막(農幕) 등.

63) '부려먹기'를 '불레멕기'라 하였다.

03 윤베라의 이주와 정착 생활

소: 자아 혹시::

윤: 야~.

소: 그:: 혹시, 그:: 원동에서::,

윤: 음:

소: 원동에서 기 제일 이롷기 들엇던 야:기 중에서::

윤: 야~.

소: 쫌 이롷게 기억에 남는 야:기 있으면 쫌 해 줘 바이~.

윤: 기억에 남는 얘:기르?

소: 예, 옛날 얘:기.

윤: 무슨 옛날 얘:기. 기럼. 아, 그저 옛말 아, 들은 거 옛말 *하.

소: 옛말에 젤:, 제일 기억에 남는 게 뭐여?

윤: 야~?

소: 제일 머, 머릿속에 남아 있는 게 뭐가 잇나구.

윤: 헤이그! 그런 옛말해 무실[1]하갯어. 야~.

소: 원동에서::, 원동에서 좀 했, 그 했던 일 좀 얘기해 줘 봐.

윤: 원도~에서 하던 일으?

소: 예.

윤: 무스거 한 일이. 무: 무스거 한 일이 잇어? 아아때. 무스거 한 일이 잇어?

소: 열다섯 살, 열다섯 살까지 먹었다메?

윤: 열다슷살꺼 먹엇는데 무슨 내 아깨 제가[2] 말하재앱데? 아, 아, 어, 앞서 말하재앱데? 아: 때느:: 우리 아부지하구[ɦaɣu] 소술기 타구 지심매라 댕기우. 그 낭기[3] 비슬으 느재[4]두 뜯구 야. 아::, 어 그래 또 술기 타구 집우루 오구 야. 아, 어 그래구 아, 그 담에 아, 기우 그 담에 어전 그거 다:: 없애구 자치 꼴호즈 대앳지. 자치 꼴호즈 대이 (기침) 집에는….

소: 원동에서, 원동에서?

소: 자, 혹시

윤: 응.

소: 그 혹시, 그 원동에서,

윤: 음

소: 원동에서 제일 이렇게 들었던 이야기 중에서

윤: 응.

소: 좀 이렇게 기억에 남는 이야기 있으면 좀 해 줘 봐.

윤: 기억에 남는 이야기를?

소: 예, 옛날이야기.

윤: 무슨 옛날이야기. 그럼. 아, 그저 옛말 아, 들은 거 옛말 하(갯소).

소: 옛말에 제일, 제일 기억에 남는 게 뭐야?

윤: 응?

소: 제일 머릿속에 남아 있는 게 뭐가 있냐고.

윤: 어이구! 그런 옛말을 해서 무엇을 하겠어. 응.

소: 원동에서, 원동에서 좀, 그 했던 일 좀 이야기해 줘 봐.

윤: 원동에서 하던 일을?

소: 예.

윤: 무엇을 한 일이. 무엇을 한 일이 있어? 아이 때. 무엇을 한 일이 있어?

소: 열다섯 살, 열다섯 살까지 먹었다면서?

윤: 열다섯 살까지 먹었는데 뭐 내가 아까 당신에게 말하지 않습디까? 아, 아, 어, 앞서 말하지 않습디까? 아이 때는 우리 아버지하고 소 수레 타고 김매러 다니오. 그 (옥수수 따위의) 곡식 줄기 끝의 볏처럼 생긴 꽃이삭도 뜯고 응. 아, 어, 그래 또 수레 타고 집으로 오고 응. 그러고 그 다음에 이제는 그거 다 없애고 자치 콜호스가 되었지. 자치 콜호스가 되어 (기침) 집에는….

소: 원동에서, 원동에서?

윤: 야˜, 원도˜에서. 집에는 소도 없구 말도 없구 아무것두 없지.

소: 왜?

윤: 꼴호즈(колхоз)르 다 데레 갓지.

소: 꼴호스에, 꼴호스는 그, 그 멫, 멫 집이 모였어?

윤: 조합이지.

소: 조합에는 멫, 멫, 멫 개가 모여…?

윤: 싹 모두지.5)

소: 모두 다?

윤: 그::래! 개인으르 잇는 거 그것 다 몰아 한 조, 조합으, 조합에다. 게
조합이라는 게지.

소: 그 때가.

윤: 야˜.

소: 스딸린 때야? 스딸린 때?

윤: 스딸린 때. 개 조합에다 싹 걷어 옇지. 기래 조합에다 걷어 옇이
(기침) 즘스으 조합이 싹 바치구. 싹 조합이 바치구. 조합에서느 페르마(ф
ерма) 마가이(гай), 마 들이는 게 마가이(гай). 기래 싹 걷어 영구 조합에
서 재래오는 사람 잇구. 아, 그 담에는 우리 아부지구 어머 그 싹 조합 일
하메 어 뜨루드(труд)6)라는 거 받:지. 뚜루두(труд).

소: '뚜루드'가 뭐여?

윤: 어 '뚜루드(труд)'라는 게 기 무신가 **하, 거 뚜루드(труд)르 가주
구 일년의[일려느] 게산해애서 아:: 가을에 가서 먹을게랑[mɔgilk'eɾaŋ]
싹 타짐. 야˜ 먹을게랑 싹 다. 야˜ 그래애짐. 그:: 그런 아, 그렇게 (기침)
개앤농사르 하다가 그런 조합농, 조합이 들엇지. 개 그 조합울로 싫게[실
께] 왓짐, 올 적에.

소: 가맜어 봐. 그면은.

윤: 응, 원동에서. 집에는 소도 없고 말도 없고 아무것도 없지.

소: 왜?

윤: 콜호스로 다 데려 갔지.

소: 콜호스에, 콜호스는 그, 그 몇, 몇 집이 모여 있었어?

윤: 조합이지.

소: 조합에는 몇, 몇, 몇 개가 모여…?

윤: 싹 모이지.

소: 모두 다?

윤: 그래 개인에게 있는 거 그것 다 몰아 한 조합에다 넣지. 그게 조합이라는 것이지.

소: 그때가.

윤: 응.

소: 스탈린 때야? 스탈린 때?

윤: 스탈린 때. 그래 집단농장에다가 싹 거두어 넣지. 그래 집단농장에다가 거두어 넣으니 (기침) 짐승을 집단농장에 싹 바치고 싹 집단농장에 바치고. 집단농장에서는 짐승만을 거두어 기르는 특별 농장, 말을 기르는 초지(草地)가 있지. 말을 들이는 게 '마가이(-rań, 말을 기르는 초지)'지. 그래 싹 거기에 거두어 넣고, 조합에는 기르는 사람이 있고. 그다음에는 우리 아버지며 엄마가 싹 그 조합 일을 하며 트루드라는 것을 받지, 트루드

소: '트루드'가 뭐야?

윤: '트루드'라는 것이 그게 무엇인가 하면, 그거 트루드를 가지고 일년을 계산해서 아 가을에 가서 먹을 거랑 싹 타지 뭐. 먹을 거랑 싹 다. 응 그래지 뭐. 그 그런 아, 그렇게 (기침) 개인 농사를 하다가 그런 집단농장, 집단농장에 들었지. 그래 그 집단농장에서 일하다 중앙아시아로 실려 왔지 뭐, 올 적에.

소: 가만있어 봐. 그러면.

윤: (기침).

소: 그때 개인 농사할 때 하고.

윤: 개인농사할 때. (기침).

소: 그다음에.

윤: (기침) 조합, 조합농사.

소: 조합 농사할 때 하고.

윤: 야ˇ. (기침).

소: 어느 때가 살기가 좋았어?

윤: 개앤농사라는게 살기 좋지. 제 하고싶은대르 하짐 야.

소: 먹을 것은 어떠, 어떨 때 가 더 풍부해?

윤: 많지. 머을것도 많지.

소: 개인 농사 때가?

윤: 야ˇ 개앤농사 때 많지, 야ˇ.

소: 아니::, 조합으로 하면 많::이 모여 있는데 왜 쪼끔밖에 안 줘?

윤: 많::이[마이] 모여 하다나이 아, 아, 그것도 조합에서 준 그 버어럼 주는거 가주군 넉넉하짐[넝넉하짐]. 기라 많짐. 넉넉하짐[넝넉하짐]. 야.

소: 넉넉했어?

윤: 야 넉넉하짐[넝넉하짐]. 이때:: 가서 아, 토오청사이라는게 이때 가서 사름이 몇십명씨 조ˇ오 걷어옇고 종살이 하지. 아, 제 일 하는거느 아 토오 암놀따이하고 싹 종덜으 부려먹엇지. 이때:: 가서 조선에서 오재애앳소? 조선에서 큰 따로 오는 사름덜 와 잇을 대[때] 없으무 아 그런 집에 가서 종질 하지. 긔래.

소: 큰 땅에 와 갖고?

윤: 냐ˇ 큰 따에. 기래 야, (기침) 긔래 (기침) 어 **노라드, 노래두 잇재이오? 시뻘건 세월에 큰 불덩이[불떵이], 원동에 폐져서 그날부터 열두해 묵은 머슴군이 핵교에 뽑혀서 공부한다 그래앳짐.

윤: (기침).

소: 그때 개인 농사할 때 하고.

윤: 개인 농사할 때. (기침).

소: 그다음에.

윤: (기침) 조합, 조합 농사.

소: 조합 농사할 때 하고.

윤: 응. (기침).

소: 어느 때가 살기가 좋았어?

윤: 개인 농사라는 게 살기 좋지. 자기가 하고 싶은 데로 하지 뭐 응.

소: 먹을 것은 어떠, 어떨 때가 더 풍부해?

윤: 많지. 먹을 것도 많지.

소: 개인 농사 때가?

윤: 응 개인 농사 때가 많지, 응.

소: 아니, 조합으로 하면 많이 모여 있는데 왜 쪼끔밖에 안 줘?

윤: 많이 모여 하다 보니 아, 아, 그것도 조합에서 준 그 벌어들인 것을 분배해 주는 것 가지고는 넉넉하지 뭐. 그래 많지 뭐. 넉넉하지 뭐. 응.

소: 넉넉했어?

윤: 응 넉넉하지 뭐. 이때에 가서 아 토호 청산(土豪淸算)이라는 게, 이 때 가서 사람이 몇 십명씩 종을 거두어 넣고 종살이를 시키지. 아 자기 일하는 것은, 아 토호 아무 때나 놀고먹고 싹 종들을 부려먹었지. 이때에 가서 조선에서 오지 않았소? 조선에서 큰 땅(＝원동)으로 오는 사람들이 와 있을 데가 없으면 아 그런 집에 가서 종질을 하지.[7] 그래.

소: 큰 땅에 와 가지고?

윤: 응 큰 땅에. 그래야, (기침) 그래 (기침) 어 노래도, 노래도 있지 않 소? 시뻘건 세월에 큰 불덩이 원동에 펴져서 그날부터 열두 해 먹은 머슴 꾼이 학교에 뽑혀서 공부한다 그랬지 뭐.

소: 그러며는: : ….

윤: 그래 토오 싹, 토오 **청사르 없앳짐 싹.

소: 토호가: : ….

윤: 야~.

소: 우리 고렷사람이었어?

윤: 야~. 고렷사름이 애이구 기래! 고렷사름이, 싹 고려 사람 토호짐. 그 사람우느 아:: 말이 몇백마리구 세[牛] 몇 백마리구, 사름우는 백에메~에게 싹 조~이지. 기래 크나큰:: 집우 져어 놓고 아, 그저 큰 조합덜으 그릏게 해애 놓고, 그건 해마다 종덜이가 버얼어서 곡식이 짐잭이 없짐. *집, 짐잭이 없이 많:짐. 걔 그것들으 싹 종덜이 버어지. 종, 머슴꾼덜이 버어지 야. 야~. 그게 토호짐 야. 기래 그거 토오 청산하재애햇어? 이십구연. *토 청산에서 싹 정배르 실어갓지.

소: 워디로 실어 갔어, 다?

윤: 멀리 정배애 실어 갓어.

소: 아, 정배애 실어 갔다고?

윤: 야, 정배르 실어 갓지 야.

소: 다 죽었어 그 사람들?

윤: 아이! 죽을게레 그거 고사~하메 살지. 정배살이 하지. 정배애 가. 그래고 토오 애인거느:: 아:: 싹 조합에다 걷어옇지. 조합에.

소: 토호만 하고 토호, 애, **애이들은 그냥 남겨 놨어?

윤: 아이, 그 토오:: ….

소: 토호 애인 것들은?

윤: 토오:: 식솔덜은 싹 정배르 보냇데.

소: 고 식솔들은 다?

윤: 애이구 무시기 그 짓 식솔 **작 정밸 보내. 그 담에 거기 머슴꾼덜으 싹 조합에서 자유르 찾아 자, 자유: 노력하지. 부모

소: 그러면….

윤: 그래 토호 싹, 토호 청산을 해 없앴지 뭐 싹.

소: 토호가….

윤: 응.

소: 우리 고려 사람이었어?

윤: 응. 고려 사람이 아니고 그래! 고려 사람이, 고려 사람 토호지 뭐. 그 사람은 아 말이 몇 백 마리이고 소 몇 백 마리이고, 사람은 백여 명인데 그게 싹 종이지. 그래 크나큰 집을 지어 놓고, 아 그저 큰 농장들을 그렇게 해 놓고, 그것은 해마다 종들이 가 벌어서 곡식이 엄청나지 뭐. *집(에 재물이), 엄청나게 많지 뭐. 그래 그것들은 싹 종들이 벌지. 종, 머슴꾼들이 벌지 응. 응 그게 토호지 뭐. 그래 그거 토호를 청산하지 않았소? 1929년에. 토호를 청산해서 싹 정배(定配)를 해 실어 갔지.

소: 어디로 실어 갔어, 다?

윤: 멀리 정배를 해 실어 갔어.

소: 아, 정배를 해 실어 갔다고?

윤: 응, 정배를 해 실어 갔지 응.

소: 다 죽었어 그 사람들?

윤: 아니! 죽도록 그거 고생하며 살지. 정배살이를 하지. 정배를 해 가서. 그리고 토호 아닌 것은 아 싹 조합에다 거두어 넣지. 조합에.

소: 토호만 하고 토호, 아, 아닌 것들은 그냥 남겨 놨어?

윤: 아니, 그 토호 ….

소: 토호 아닌 것들은?

윤: 토호 식속들을 싹 정배를 보냈데.

소: 고 식솔들은 다?

윤: 아이고 무엇이고 그 집 식솔을 싹 정배를 보내. 그다음에 거기 머슴꾼들은 싹 지주의 농장에서 자유를 찾아 자, 자유로 노력하지. 부모가

버는 것마 먹고 그렇지 야. 그렇소. 그러고 음.

소: 뭐, 이십구년에서 멫 년까지?

윤: 이십구연 삼, 이십구년, **삼십넘, 삼십이연 이때 기야 토오 청산 해앳어. 어:. 토오. 그래 우리 내, 우리 어머니 우리 웨가:: 친척이 아, 이십구년에 중국으르[tsuŋugiri] 싹 갓어.

소: 왜?

윤: 어쩨 갓는가이.

소: 토호야, 토호였어?

윤: 아이! 토오르 아이 하지. 토오르 아이 하는게 토오라는게 아이 하고 재빌루 잘 벌:어서 잘 사지. 기애 잘 사는데 아들이, 우리 어머이 한내하구 아들이라 딱 오누이지. 걔 오누이 아, 우리 어머니는 시집가구 우리 웨삼촌으느 아, 서바~ 가서 아, 아들 삼형제 낳지. 아들 삼형제 딸 하나, 아 아 너이지. 그른거 원도~에 그런 소무이 잘못낫지. '아아덜으 매수르 한다::.' 이런 소무이 낫지. 아아르.

소: 워디로 매수를 해?

윤: 아:덜으 저 국가에다 매수르 한다:: 기래 그 못쓸 소무이 나짐 야. 걔 못쓸 소무이 나, 아아덜으 매수한단 바람에 웨아들에 *소, 송구이 너인거 우리 웨클아바이 *웨캄 아들 싹 가져 중국을 싹 넘어갓지. 중국을 넘어가서 그애 중국에 넘어갓다 우리 웨클아바이 왓습데. 기래 와서 우리 웨클아바이 아, 삼십일년, 이연 이때 와서 아:., 헷말이 난데 그쎄 싹 가이 어찌개. 그래 우리 어머니 생니별햇지. 걔 생니별으 핸:데.

소: 그게 어머니하고, 어머니가 외할아버지하고 ** 쌩니별했구만.

윤: 아, 그::래! 재기 어머니 아버지 오래비 싹 생이별[생니별], 기래 생이별[생니별]인데 아:., 음:: 사십:: 육십:: 육십년 때, 때애야 아, 기별이 들엇지. 그:: 아 거그서 중국에 에따(это) 그 친척덜 잇는 게 야. 긔래 우리 어머니 아 만조캐느::

버는 것만 먹고 그렇지 응. 그렇소. 그러고 음.

소: 뭐, 1929년에서 몇 년까지?

윤: 1929년 삼, 1929년, 1930년, 1932년 이때 그냥(＝계속) 토호 청산을 했어. 토호. 그래 우리 내, 우리 어머니 우리 외가 친척이 1929년에 중국으로 싹 갔어.

소: 왜?

윤: 어떻게 갔는가 하니.

소: **토호야, 토호였어?**

윤: 아니! 토호를 안 하지. 토호를 안 하는데 토호라는 것은 아니 하고 자기 스스로 잘 벌어서 잘 살지. 그래 잘 사는데 아들이, 우리 어머니 하나하고 아들이랑 딱 오누이지. 그래 오누이 아, 우리 어머니는 시집가고 우리 외삼촌은 아, 장가가서 아, 아들 삼형제 낳지. 아들 삼형제 딸 하나, 아이가 넷이지. 그랬는데 원동에 그런 소문이 잘못 났지. '아이들을 매수를 한다.' 이런 소문이 났지. 아이를.

소: **어디로 매수를 해?**

윤: '아이들을 저 국가에다 매수를 한다.' 그래 그 몹쓸 소문이 나지 뭐 응. 그래 몹쓸 소문이 나, 아이들을 매수한다는 바람에 외아들에 손자 손녀가 넷인데 우리 외할아버지, 외할머니가 아들 싹 데리고 중국으로 싹 넘어갔지. 중국으로 넘어가서 그래 중국에 넘어갔다 우리 외할아버지 왔습디다. 그래 와서 우리 외할아버지 아, 1931년, 1932년 이때 와서 아, 헛말이 났는데 글쎄 싹 가니 어떡해. 그래 우리 어머니 생이별했지. 그래 생이별을 했는데.

소: **그게 어머니하고, 어머니가 외할아버지하고 생이별했구먼.**

윤: 아, 그래 자기 어머니 아버지 남동생 싹 생이별, 그렇게 생이별했는데 아, 음, 1940년, 1960년, 1960년 그 때에야 기별을 들었지. 그 아 거기서 중국에 음 그 친척들 있는 것을 응. 그래 우리 어머니 아 맏조카는

앓아서 죽구 아 넷째 아들이 너인데, 아 넷째아들은, 둘째아들으느 전재에 나가 죽구. 어 그래 아들 두울에 딸 하나 잇답데. 기래 잇는데 가아덜이 잇는 데르 내 편질 썻지. 그래 내 편질 써두 내 모르고 썻지. 아 중국에 기린이라는 데 거기 고렷사람 많이[마이] 사지. 기린 야. 아, 걔 **기린인다르 쓰갯는 거 중국에서 여기서 중국 이사 와서, 이야 치문 오문 내 그 치로르 받앗지. 걔 치로르 받으메서, 그 사름이 중국으로 가지. 걔 중국 간: 데다 그 사름한테 내 편질 쓰는데 그 전에 우리 웨클아바이 이름이 웨큰아매 이름이 웨삼촌 그 이름으 **싸 아다나이 그거 싹 적어서 아, 원도~엔 또 그 아 고모 잇는데 아무깨오 아무깨고 그거 싹 적어서 편지르 이룷기 편지르 이룷기 내 가뜩 써서 그래 보내앳지. 기래 보내앳는데 야: 강씨지, 우리 어마 강씨에요.. 강썬데 기랜대 그 사름이 가주구 가서 어티기 찾갯소? 그어:: 중국에 고렷사람 많안데 기린이라는 데르 가야 *차, 어, 보내야 데지 야. 이 사름은 기린인두 무시긴두 모르지. 걔 중국에 와서 아드레스(адрес)르 이래 글으 찾는 데 잇지. **안드레(адрес) 찾는 데 이제 거긔다 이 사름이 줫지. 개애다 줘, 주구서 와서 그래 제 거긔 줫다 하지. 줫는데. 그 사람덜이 아, 지금우 사는 사름 이름 알아야 **데개 지금 사는 사람 이름 없다나이 무 어티기 찾갯어. 기래 못 *찾. 기래 그 생이별[생니별]이지. 기랜대 야:: 우리, 내 에떠(это) 조선으로 내 점 웨엔 처음이, 이 노인반 열엇을적에 저:: 우리 쁘리지젠뜨(президент) 야 아 그 조선으로 패야~으로 보내자구 **** 한번 떼구 세버~이나 뗏어. (기침) 세번 떼고 난 다 가기 준비르 해앤데 우리 사름 너어 보내자, 너어. 준비르 해앳는데 우리 여기, 여기 대통려~이, 아까애비야 그 사람은 아 무슨 일 햇는가이 전츠 이 농사에 대한 데, 아:: 그런 그런 큰 사람이지. 그앳거 아까애비 그 일으 다 해애놓구 가라메 보내재얳지. 걔 그 사람 아이 보내, 우리 그 사람 이름울 우리 너이 가야 데지.

앓아서 죽고. 아 넷째아들이 넷인데, 아 넷째아들은, 둘째아들은 전쟁에 나가 죽고 어 그래 아들 둘에 딸 하나 있답디다. 그렇게 있는데 그 아이들이 있는 데로 내가 편지를 썼지. 그래 내가 편지를 써도 내가 (그 아이들이 어디 있는지도) 모르고 썼지. 중국에 기린이라는 데 거기에 고려 사람들이 많이 살지, 기린 응. 아 그래 기린이 있는 데로 쓰려는데, 중국에서 여기로 중국 의사(醫師)가 와서 이 응 진료를 오면 내가 그 치료를 받았지. 그래 치료를 받으면서, 그 사람이 중국으로 가지. 그래 중국으로 가는 편에다 그 사람한테 내가 편지를 쓰는데, 그 전에 우리 외할아버지 이름 외할머니 이름 외삼촌 그 이름을 싹 알고 보니 그거 싹 적어서 아 원동에는 또 그 고모가 있는데 아무개요 아무개고 그거 싹 적어서 편지를 이렇게 편지를 이렇게 내가 가득 써서 그리해서 보냈지. 그리해서 보냈는데, 아 강(姜) 씨지, 우리 엄마는 강 씨예요. 강 씨인데 그런데 그 사람이 가지고 가서 어떻게 찾겠소? 그 중국에 고려 사람이 많은데 기린이라는 데로 가야 찾지. 그곳으로 보내야 되지 응. 이 사람은 기린인지 무엇인지 모르지. 그래 중국에 와서 주소를 이래 주소가 적힌 책자로 (주소를) 찾는 데가 있지. 주소를 찾는 데, 거기다 이 사람이 주었지. 가져다 줘. 주고서 돌아와서 그래 거기다 줬다고 하지. 줬는데. 그 사람들이 지금 사는 사람 이름을 알아야 되겠는데 지금 사는 사람 이름이 없다 보니 뭐 어떻게 찾겠어. 그래 못 찾았어. 그래 그 생이별이지. 그런데 아 우리, 내 음 조선으로 내 좀 맨 처음 이, 이 노인반을 열었을 적에 저 우리 대통령이 응 그 조선으로 평양으로 보내자고 **** 한 번 떼고 세 번이나 뗐어. (기침) 세 번 떼고 난 갈 준비를 다 했는데 우리 사람 넷을 보내자, 넷을. 준비를 했는데 여기, 여기 대통령이, 아까애비 응 그 사람은 무슨 일을 했는가 하면 전체 이 농사에 대해서 잘 아는 그런 대단한 사람이지. 그랬는데 (대통령이 말하기를) 그 아까애비가 그 일을 다 해 놓고 가라면서 보내지 않지. 그래 그 사람을 안 보내, 우리 그 사람 이름 아래 우리 넷이 가야 되지.

긔래 못 가재앳소? 그래 아 한번 *오, 그래 내 가문 갓다가 조선에 갓다 가 올즉에 내 중국에 들자햇지[들짜핻지]. 중국에 들어서 조선말 잘 하이 까네 기린인데르 들러서 강촌집우 찾지. 강촌집덜 찾아서 아 차차차차 긔 래 조사르 하무 알갯는두 그래자는게. 아, 그래 어전 생이별[생니별]이지. 어전 내만 죽재앤캣어? 내 동새:~ 두울이 잇구 오래비 두울이 다 죽엇지. 내게 동새:~ 두울 잇짐. 아, 동새:~ 둘밖에 없지. 우리 삼형제 짙엇어. 우리 오형제서야 오, 오남매서 오래비 두울 죽구 삼형제 짙엇는데 그 내 동새:~ 들으 그 한::나투8) 이름두 *모르 아무것두 모르오. 내마 없으문 모르지. 그래 그저 생이별이짐 야. 싹 다 생이별이지.

소: 그 원동에서는:: 그 웨갓집허구 같은, 같은 동네에 있었어?

윤: 한::동네 살앗지. 웨하, 웨클아바이, 웨큰아매 한동네 살앗지. 걔 우 리, 우리 우리 웨큰아매네 (기침) 또줴(Тоже) 부재요. 어째 부쟁가~:이 아, 일으 잘해 부재지. 재빌르 일으 잘해. 농구이9) 하나토 없지. 기래 일으 잘 해서 응:: 돈으 많이[마이] 모닷지. 돈 많이[마이] 모다서 돈 많이[마이] 모도둔 그 돈으 개애다서야.

소: 그땐 다 로시얏 돈이었어?

윤: 그전에 아~이~ 그전이무 ***신하구 무시기구 조선도[조선또]이지. 아, 그란데 거기 무시기 왓는가 그전에 원동에 호오적(紅鬍賊)이라는게 잇 어, 호오적이란게. 그 호오적이라는게 들어와서 음 사름우 싹 이릏게 집 에 들어와서 주유두 내앳고 강차이 찜질하며 돈 내라하지. 돈 내라구 조 사르 하지. 원도~에 호오적이라는게 잇재오? 아::, 원동두 야:: 원동두 깨 지 못해, 중국사름덜이 기게 싹 호오적이지 중국사름덜이 야. 기래 아, 그 호오적이 들어서 강차이10) 찜질해 돈 내라는거 어, 돈 어, 그양, 아, 아이 말하지. 아이 말하이 기래 찜질하매 서이 너이 와 다른건 집우 드추지. 집 우 드추 우리 웨큰아매

(그런데 아까애비가 못 가는 바람에) 그래 못 가지 않았소? 그래 아 한번 오, 그래 내가 가면 갔다가, 조선에 갔다가 올 적에 내가 중국에 들르자고 했지. 중국에 들어가서 내가 조선말을 잘 하니까 기린이 있는 데를 들러서 강촌 집을 찾지. 강촌 집들을 찾아서 차차 차차 그래 조사를 하면 알겠거니 그렇게 하자던 것이. 아 그래 이제는 생이별이지. 이젠 나만 죽지 않겠어? 내 (여)동생이 둘이 있고 남동생 둘이 다 죽었지. 내게 동생이 있지 뭐. 동생 둘밖에 없지. 우리 삼형제(=삼자매) 남았어. 우리 오형제에서 응, 오남매에서 남동생 둘이 죽고 삼형제(=삼자매) 남았는데 그 내 동생들을 그 하나도 이름도 모르고 아무것도 모르오. 나만 없어지면 모르지. 그래 그저 생이별이지 뭐 응. 싹 다 생이별이지.

소: 그 원동에서는 그 외갓집하고 같은, 같은 동네에 있었어?

윤: 한 동네에서 살았지. 외할아버지 외할머니와 한 동네에서 살았지. 그래 우리, 우리 외할머니는 (기침) 역시 부자요. 어째 부자인가 하면 아, 일을 잘 해서 부자지. 자기 스스로 일을 잘 해. 농군(=일꾼)이 하나도 없지. 그래 일을 잘 해서 응 돈을 많이 모았지. 돈을 많이 모아둔 그 돈을 가져다가서 응.

소: 그때는 다 러시아 돈이었어?

윤: 그전에 아니 그전이면 ***신하고 무엇이고 조선 돈이지. 아, 그런데 거기 무엇이 왔는가 하면 그전에 원동에 홍호적(紅胡賊)이라는 강도가 있어, 홍호적이라는 것이. 그 강도가 들어와서 음 사람을 싹 이렇게, 집에 들어와서 술이나 기름도 내갔고 삽으로 몹시 매질하며 돈을 내라고 하지. 돈 내라고 조사를 하지. 원동에 홍호적이라는 강도가 있지 않소? 아 원동도 응 원동도 깨지 못해서(=미개해서), 중국 사람들이 그게 싹 홍호적이지. 중국 사람들이 응. 그래 아, 그 홍호적이 들어서 삽으로 매질하며 돈을 내라는 거 어, 돈 어, 그냥 말하지 않지. 말하지 않으니까 그래 매질하며 셋이 넷이 와 다른 놈은 집을 들추지. 집을 들추지. 우리 외할머니가

잘 사이까더나 그전에 배낀 원도~ 도이 자꾸 배끼재이오? 그 도이 배낀 도이 이 베개통만한게 두울이 잇엇지. 그 돈 가주구 싹 달아낫지. 어전, 기야 달아나 산으로 산꼭대게 가다가서 날이 밝갯구나 그 돈 떼애보이~ 그 그전에 못쓸 도이지. 그래이까나 음 그 돈 가주고 이만한 도이 낡은 도이 잇으이 이 집에 새 돈, 새 도이 또 잇갯다는 거 가주구 또 들어올 수 잇지. 기래 또 들어올 수 잇으이, 그래 또 피햇짐. 피해 달아낫짐. 그랬어. 그릏게 고토~오 받았어, 그릏게 고토~오 *바. 그래 우리 아, 음, 웨큰아매. 그래 우리 아부지네 내력으느 칠형제지. 칠형제. 칠형젠데 우리 아부지네 내력은 칠형젠데 우리 아부지 넷째지. 그래 넷짼데, 음, 우리 어머닌 맴:이 없는데 시집갔어. 우리 어머니 남페이 매앰이 *엄:. 우리 어머니 맴:이 잇는 사람운 우리 어머니네 앞두집에 살앗지. 그 집에서 삼년 동안 으 혼말 대 혼샛말 댕겟지. 우리 웨큰아매 아이 줬짐. 어제 (헛기침) 옛날에 깨지 못하다나이 이 사람운 그때애 발써 아::, 그 원도~에서 우리 수찬 (Cучан) 나가는 데 그 수찬(Cучан) 탄광이라는 데 발써 노세앗글으 이르오. 기래 이 사람 발써 그 노세앗글 일라 댕기지 야. 그래 댕기구 어, 우리 아부지사 아 노세앗글 일라 아이 댕기지. 개 아이 댕기이까 아 사름이 그립은 집안이[지바이] 데 우리 아부지 칠형제 한결[항결]이 많다 해서 아 이 집이 삼년 동안 혼샛말 하는 거 아이대 아이 주구 우리 아부지 줬지. 개 우리 아부지 줘서 우리 아부지가 혼새 대앳지. 그래 그 우리 칠형제 이:: 따슈껜드 와서 다 *사. 이제 일곱째 삼쫀꺼 상세나 다 상세났어 어전.

소: 그러면 그때 올 때 인제 그 조합으로, 조합으로 다, 다 한번에 온 거야?

윤: 야~ 조합에 사람우 이 살론(caлoн)이다[11] 실어 가져왓지. 조합에 사람우.

소: 그때 조합의 사람은 몇 명이나 됐어?

잘 사니까, 그전에 바뀐, 원동 돈이 자꾸 바뀌지 않소? 그 돈이, 바뀐 돈이 이 베개통 만한 것이 둘이 있었지. 그 돈을 가지고 싹 달아났지. 이젠, 그래 달아나 산으로 산꼭대기에 가다가 날이 밝겠구나 하고서 그 돈을 떼어 보니 그것이 그전에 못쓸 돈이지. 그러니까 음 그 돈을 가지고 (생각하기를) 이만한 돈이 낡은 돈이 있으니까 이 집에 새 돈, 새 돈이 또 있겠다는 생각을 갖고 또 들어올 수 있지. 그래 또 들어올 수 있으니, 그래 또 피했지 뭐. 피해 달아났지. 그랬어. 그렇게 고통을 받아서, 그렇게 고통을 받았지. 그래 우리 아, 음, 외할머니. 그래 우리 아버지네 내력(來歷)은 칠형제지. 칠형제. 칠형제인데 우리 아버지네 내력은 칠형제인데 우리 아버지는 넷째지. 그래 넷째인데, 음, 우리 어머니는 마음이 없는 데로 시집갔어. 우리 어머니 남편은 마음에 없는 사람이지. 우리 어머니 마음에 있는 사람은, 우리 어머니네 앞뒤 집에 살았지. 그 집에서 삼년 동안을 혼삿말이 다녔지(=오갔지). 우리 외할머니가 안 딸을 안 주었지 뭐. 어째 (헛기침) 옛날에는 깨지 못하다 보니 이 사람은 그때에 벌써 아, 그 원동에서 우리 수찬 나가는 데, 그 수찬 탄광이라는 데는 벌써 러시아 글을 공부해. 그래 이 사람 벌써 그 러시아 글을 공부하러 다니지 응. 그래 다니고 어, 우리 아버지야 러시아 글 공부하러 안 다니지. 그래 안 다니니까 아, 사람이 그리운 집안이 돼서, 우리 아버지가 칠형제 한 핏줄이 많다고 해서, 이 집이 3년 동안 혼삿말 한 것도(=했는데도) 아니 주고 우리 아버지에게 딸을 줬지. 그래 우리 아버지에게 줘서 우리 아버지와 혼사가 되었지. 그래 그 우리 칠형제 이 타슈켄트 와서 다 살다가 이제 일곱째 삼촌까지 돌아가셔서 다 돌아가셨어 이젠.

소: 그러면 그때 올 때 이제 그 조합으로, 조합으로 다, 다 한 번에 온 거야?

윤: 응 조합에 사람을 이 객실에다 실어 가져왔지. 조합에 사람을.

소: 그때 조합의 사람은 몇 명이나 됐어?

윤: 많::지 무슨. 아, 인구덜은 많짐. 조합이 크다나이 조합이 아, 그란 거 이 조합 사람덜으 아:: 지금 가축차랴[12]이란게 무시긴가 아오? 즘스~으 싫는[실른] 따바르니 바곤(товарный вагон). 객차 아이구. 그 가축차랴~이 거그다서 우리네르 실어 왓는데, 개 실어 완데 이때 우리네 내가:: 내 두째 동새~ 잇구. 오래비 한내 낳았어. 오래비 한내 네살 댔어. 네살이구. 아, 내 동새애느 그때 열두살이구 내 열다슷살이구 그렇지. 기래, 그, 그 가축차랴~이다 실어오는데 한달 동안 왓지 그 차에.

소: 한 달 동안?

윤: 그래! 기애 어따(это):: 가축차량~ 따바르니 바곤(товарный вагон)이다 나이 (기침) 객차가 질이 맥히므 그거 **한수, 한나라두 이틀이라두 세와놓구 잇지. 그거 지내보내고야 가지. 기래다나이 음 이르꾸스까(Иркутск) 바이깔(Байкаль) 이르꾸스꾸(Иркутск) 지나 이릏게 아, 그래 한달 동안에 까사흐스딴으 왔지. 기래 까사흐스딴으 떡 오이~, 그래 오는 어간에 거그서 아이덜이 앓아 죽는것두 잇구, 그래 그 시월에 왓거든, 시월에. 시벌달[šiβəlt'al]에 오다나 시월. 아.

소: 이불이랑 이런 거 갖고 왔어?

윤: 야~?

소: 이불이랑 이런 건 갖고 왔어?

윤: 다 가젰:지. 재비 짐 다 가젰지. 기래 (기침) 그래 그 이불으나 잇구. 따바르니 바고(товарный вагон)다 덩때르 매놨어 우리 잘 데랑. 야~. 그라구 또 그 난로라 핫재오? 난로란 거. 그 차이랑 끓여먹는거 그런것두까지 바곤(вагон)마다 놔았어. 우리 싫게두[실께두] 야~. 그래 이거 스딸린 때, 스딸린 때 우리 아 강제이주르 해앳지. 이 강제이주르 한거 아, 저 스베에따 여그서 대:핵교서 나르 데려다가서 거그다 강제이주르 한거, 나르 그거 아 이른거 위즉(видик) 찍는 사름 가지구와서 쩰레비전 찍는 사름 가져와서 노세앗말으 잘 모르지. 조선말으 남게[남께] 하지. 기앤데 나르

윤: 많지 뭐. 아, 인구들은 많지 뭐. 조합이 크다 보니 조합이 아, 그랬는데 이 조합 사람들을 아, 지금의 가축 차량(車輛)이라는 것이 무엇인지 아오? 짐승을 싣는 화물차. 객차가 아니고. 그 가축 차량 거기다가 우리네를 실어 왔는데, 그래 실어 왔는데 이때 우리네 나와 내 둘째동생이 있고. 남동생 하나 낳았어. 남동생 하나가 네 살 됐어. 네 살이고. 아, 내 동생은 그때 열두 살이고 내가 열다섯 살이고 그렇지. 그래 그 그 가축 차량에다 실어 오는데 한 달 동안 왔지 그 차에.

소: 한 달 동안?

윤: 그래! 그래 음 가축 차량 화물차로 오다 보니 (기침) 객차가 길이 막히면 그거 하나라도 (보내고) 이틀이라도 세워 놓고 있지. 그것을 지나 보내고서야 가지. 그리하다 보니 음 이르쿠츠크 바이칼 이르쿠츠크를 지나 이렇게 아, 그래 한 달 동안 카자흐스탄을 왔지. 그래 카자흐스탄을 떡 오니, 그래 오는 사이에 거기서 아이들이 앓아 죽는 것도 있고, 그래 그 시월에 왔거든, 시월에. 시월 달에 오다 보니 시월. 아.

소: 이불이랑 이런 것 갖고 왔어?

윤: 응?

소: 이불이랑 이런 것은 갖고 왔어?

윤: 다 가졌지. 자기 짐을 다 가졌지. 그래 (기침) 그 이불이나 있고. 화물차에다 시렁을 매놓았어. 우리 잘 데랑. 응. 그리고 또 그 난로라 하잖았소? 난로라는 것. 그 차(茶)랑 끓여 먹는 것 그런 것까지도 차량마다 놓았어. 우리가 비록 실려와도 응. 그래 이것 스탈린 때, 스탈린 때 우리 강제 이주를 당했지. 이 강제 이주를 당한 것을, 저 스베타가 여기 대학교에서 나를 데려다가 거기다가(=텔레비전에다) 강제 이주를 한 것을, 나에게 그거 아 이런 비디오 찍는 사람을 데리고 와서, 텔레비전 찍는 사람을 데려와서, 러시아 말을 잘 모르지. 조선말을 더 많이 하지. 그런데 나에게

노세앗말루 그 말하라[마라라] 하지. 기애 노세앗말르 내 그거 말해서 싹 위직(видик) 찍엇지. 기래 찍어서 아, 이 쩨레비즌다야 한주일에 한번씨 기양 배왔어.[13] 그양, 그양 배와. 그래 배온데 사름덜 그거 보고 내게 싹 전해[저나]르 하지. 나르 그랫다는 거. 기래 그거 그러고 또 날 신문에꺼 지 내앳어, 신문에꺼지.

소: 한국 신문에?

윤: 아, 애이::! 여기 이 '뵈쵸르까 비슈께лл(Вечёрка Бишкек)' '뵈체 르니이 비슈께лл(Вечерний Бишкек)'라그 여그 이 끼르기즈 신문에 *여. 그 신문에 내 우리 집에 와서 또 이래 이래 찍어갓지. 개 찍어간게 아::, 내 저, 즈, 증손재 잇재이오? 증손네르 데리고 저 신문이 잇어 시장 한나. 증손자르 데리고 노시앗글으 싹 또 **늫구 나문 **젯구. 그래 신문에 내 앳어. 그래 신문에 낸게 나르 처음으로 아, 내 아 때부터 원도~서 어티기 자라 기래 와서 여기 와서 처음으로 일하다서 어전 칠십살 대이 이 노인 반 열엇다는거. 노인반 열구 아, 아매덜 조선 노래, 조선 춤에, 조선 습관 배와 준다는 거 그거 신문에 썼지 야. 기래 썼어. 그래, 그 담에….

소: 따슈껜트에 왔을 때::…:.

윤: 야.

소: 따슈껜트에는 그….

윤: 또 자치조합이 잇엇지. 꼴호즈(колхоз).

소: 다른 사람들이 살고 있었어?

윤: 야~.

소: 따슈껜트 그 내린 데는:: 다른 사람들이 살고 있었냐구.

윤: 아:::, 어저느 따슈껜드(Ташкент) 사름으르 가뜩하지::[가뜨가지]. 그랜데 우리느 삼십칠년[삼집칠련] 어디로 왔는가이~ 까자лл스탄(Казахст ан)으르 왔지. 기래 까자лл스탄(Казахстан)으르 와서 (기침) 저 까라간다 (Караганда)란데르 왓지. 개 까자흐스딴(Казахстан)에 삭 들왓지. 기래

러시아 말로 그 말을 하라고 하지. 그래 러시아 말로 내가 그거 말해서 싹 비디오로 찍었지. 그래 찍어서 아, 이 텔레비전에다 응 한 주일에 한 번씩 계속 보였어. 계속, 계속 보여. 그래 보였는데 사람들이 그걸 보고 내게 싹 전화를 하지. 나에게 (내가) 그랬다는 것을. 그래 그거 그러고 또 날 신문에까지 냈어, 신문에까지.

소: 한국 신문에?

윤: 아, 아니! 여기 이 '베쵸르니까 비슈케크', '베쵸르니이 비슈케크'라고 여기 이 키르기스스탄 신문에, 여기. 그 신문에, 내 우리 집에 와서 또 이래 이래 찍어 갔지. 그래 찍어 간 것이 아, 내 저 증손자가 있잖소? 증손녀를 데리고, 저기 그 신문이 있어 지금 하나가. 증손자를 데리고 러시아 글을 싹 또 ****. 그래 신문에 냈어. 그래 신문에 낸 것이, 나를 처음으로 아, 내가 아이일 때부터 원동에서 어떻게 자라서 그래 와서 여기 와서 처음으로 일하다가 이젠 칠십 살이 되니 이 노인반을 열었다는 것. 노인반을 열고 할머니들에게 조선 노래, 조선 춤에, 조선 관습을 보여 준다는 거 그것을 신문에 썼지 응. 그래 썼어. 그래, 그 다음에….

소: 타슈켄트에 왔을 때….

윤: 응.

소: 타슈켄트에는 그….

윤: 거기도 또 자치조합(=집단농장)이 있었지. 콜호스.

소: 다른 사람들이 살고 있었어?

윤: 응.

소: 타슈켄트 그 내린 데는 다른 사람들이 살고 있었냐고.

윤: 아, 이제는 타슈켄트가 사람으로 가득하지. 그런데 우리는 1937년에 어디로 왔는가 하면 카자흐스탄으로 왔지. 그래 카자흐스탄으로 와서 (기침) 저 카라간다(Караганда)라는 데로 왔지. 그래 카자흐스탄에 싹 들어왔지. 그래

왔는데 거기 와서 어: 우리 친척덜으느 어, 옛날에 거 원도˘ 홍실라란데서 살앗어. 홍실라란데서 사다나이 그 **홍실랑 살론(салон)으느 싹 어, 저, 아, 까자ㄲ스딴(Казахстан)으 ㄲ즐오르다(КзылОрда)르 왓지. 걔 ㄲ즐오르다(КзылОрда)르 오구 어, 우리느 까라간다(Караганда)로 왓지. 우리느 혼자 까라간다(Караганда)로 왓지. 홍남동. 우리게, *흐, 우리 꼴호즈느 홍남동 꼴호즈란게 홍남동 꼴호즈. 걔 우리 꼴호즈르 신곗지. 걔 꼴호스서 싹 사름들 실어다아서 아, 그 전에 그거 가마르니ㄲ(Гамарник)라 햇어. 원도˘ 그 가마늑(Гамарник) 정거자˘ 싹 실어왓지. 걔 싹 실어다 그 정거자˘에서 와서 싹 그 차에 앉앗지. 기래 차에 앉고 그 시별[šiβəl] 초이렛날 초, 시월 초칠잇날[초치린날] 우리네르 다:: 실어다 그 살로˘(салон)이 다 차재잏갯어? 그럼 그 차 떠나지. 기래 떠낫는데 먹구[mɔkk'u] 다, *집, 우리 사흘 어간을르 먹구[mɔkk'u] 준빌 하래[준비라래]. 사흘 어간에 먹고[məkk'o] 준빌 하문 어띠기 하갯어. 대애지랑 잇던거 잡앗지. 기래 잡아서 그 고기르 소금에다가 첫지. 기래 가주구 그댐은 두루 에따(это) 가싸가주구 아, 그래 식뇨르 싸가주구 아, 쌀으랑 싹 가주구 집이랑 싹 내애 삐리구 오다가서 오매서리 아: 우리 아 어머니 아주 역빠른, 역빠러. 우리 어머니 아주 역빨. 기래 우리 어머니 네려가서 정거자˘에 가 그거 오래 서고 잇으무 우리 어머니 네려가 쌀거 싸오. 돈 가지고 싸오. 걔 우리게 도˘이라 잇엇짐, 야. 기래 싸가주고 와서 아, 우리네르 아아덜 서인거 메기매 우리 어머니가 *아버 다섯이 오는데 그렇게 왓지. 기래 오는데 기래 오다가서 아, 차에서 사름이 무스 싸라갓다가 그 바고(вагон)이14) 떠나고 떨어지재잏갯어? 그럼 또 그거야 떨어졋다고 말하무 거 객차에다 실어도 두우 쫓아 오게 하오. 우리 엄마 이르꾸스꾸(Иркутск), 우리 마마(мама) 이르꾸스꾸(Иркутск) 와 떨어졋지. 이루꾸스(Иркутск) 와 떨어진거 아, 우리느 그저 우느라구 난시지 엄마 잃어뻐렷다. 아, 그래놓그[그래노ㄲ] 객차에다 데까닥 신구[시꾸]. 아! 객차야 빨리 오재이오? 따바르닌(товарный-ㄴ)

왔는데 거기 와서 어, 우리 친척들은 어, 옛날에 거 원동 홍실라라는 데서 살았어. 홍실라라는 데 살다 보니 그 홍실라 사람을 실은 차량은 싹 어, 저, 아 카자흐스탄의 크즐오르다(Кзыл Орда)로 왔지. 그래 크즐오르다로 오고 어, 우리는 카라간다로 왔지. 우리는 혼자 카라간다로 왔지. 홍남동. 우리에게 홍남동, 우리 콜호스는 홍남동 콜호스라고 하는데, 홍남동 콜호스. 그래 우리 콜호스 사람이 함께 실렸지. 그래 콜호스에서 싹 사람들을 실어다가, 아, 그 전에 그거 가마르니끄라 했어. 그 가마르니끄 정가장으로 싹 실어 왔지. 그래 싹 실어다가 그 정거장에 (내려놓아) 그 정거장에서 싹 그 (중앙아시아로 가는) 차에 앉았지(=탔지). 그래 차에 앉고 그 시월 초이렛날 초, 시월 초이렛날 우리를 다 실어다 그 차량이 다 차지 않았겠어? 그럼 그 차가 떠나지. 그래 떠났는데 먹고 다, 집, 우리 사흘 사이에 먹고 준비를 하래. 사흘 사이에 먹고 준비를 하라면 어떻게 하겠어. 돼지랑 있던 것을 잡았지. 그래 잡아서 그 고기에다가 소금을 쳤지. 그래 가지고 그 다음은 두루 음 사 가지고 아, 그래 식료(食料)를 사 가지고 아, 쌀이랑 싹 가지고 집을 싹 내버리고 오다가 오면서 아, 우리 아, 어머니 아주 역빠른, 역빨라. 우리 어머니가 아주 역빨라. 그래 우리 어머니 내려가서 정거장에 가, 그 기차가 오래 서 있으면, 우리 어머니가 내려가 살 것을 사오. 돈 가지고 사오. 그래 우리에게 돈이야 있었지 뭐, 응. 그래 사 가지고 와서 아, 우리네를 아이들이 셋인 것을 먹이며 우리 어머니와 아버지 다섯이 오는데 그렇게 왔지. 그래 오는데, 그렇게 오다가 아, 기차에서 사람이 뭐 사러 갔다가 그 기차가 떠나고 떨어지지 않았겠어? 그럼 또 그거 응 떨어졌다고 말하면 거 객차(客車)에다가 실어서 뒤를 쫓아오게 하오. 우리 엄마 이르쿠츠크, 우리 엄마 이르쿠츠크에 와서 떨어졌지. 이르쿠츠크 와 떨어진 것을, 아, 우리는 그저 우느라 난시(亂時)지(=난리지). 엄마 잃어버렸다고. 아, 그래 놓고 객차에다 제꺼덕 싣고. 아! 객차야 빨리 오잖소? 화물차(貨物車)는 노올메 오구. 기래다 데깍 실어왓지. 기래 왓지.

소: 아, 객차는 또 따로 다니고?

윤: 객차느 야 다른 질로 댕기고 우리 따바르니 바곤(товарный вагон)은 온 질 따지. 아, 그래 그 객차가 떨어진 사람우느 거그서 국가에서 인차 실어서 그 살론(салон) 딸과 가서 네리와놓지. 기애 네리와노이 우리 어머이 찾아왓지. 기래 우리 어머니 노세앗말은 잘 모르는게 노세앗말은 잘 모르는게 더어:: 말 없이 총끼 좋지. 걔 총끼 좋다나이 아::, 우리 어머니 어드메 보모 이래 보모 아지. 아, 글 한자 모르는게 아, 그래, 그래서 까자끄스딴(Казахстан) 실어왓지. 기애 실어다서 구락부15)에다 걷어옇엇어. 우리 구락부에다. 기래 구락부에 개애다 걷어 옇어이 구락부 그게 시월달에 불두 아이 땐 게 칩지.16) 기래 어전 우리 살론(салон) 야 내 싫게 들어오던 얘기르 하지. 내 이거 야 여긔서 보고르 해앳어. 여그서 큰:: 찌아뜨르(театр) 써 고렛사름 싹 모다 이거 보고르 할 적에두 조선말로 내 그 싹 보고르 해앳어 야. 내 우리 원도˜서 어티기 싣게 왓다는거. 기래 보고르 해. 기래 보고르 하는데, 야:, 이거 그래서 아, 까자끄스딴(Казахстан)에 턱 개애다 어쩐 차르 세왓지 그 가축차랴˜. 노래애 잇소. 가축차량에 앉아 *왓. 기래 그 가축차랴˜에 기래 *앉. 어제 사진 본 데 그, 내 사므이(самый) 아, 부혜자˜ 하는 사름 남자 같 찍재입데? 이 사름 노래르, 저 이 사름 교오(敎友)요. 교오인게 이 사름 노래르 져었어. 노래르 져어서 우리 그 노래르 이렇게 기양 불럿지. 아, 기랜게 그 가축차랴˜ 앉아서 아, 그래 ***세련 실어왓는데 처음 원동서 들어오던 질루 들어오던 **노라두 잇소 야˜ 차에 오는거야. 기래 그담엔 척 네리이꺼나 우리르 무시기 나오는가이 약대 파리.17) 약대 잇재? 약대라 아오? 약대.

소: 큰:: 거 낙타.

윤: 야. 큰 게, 이런 *불 둘. 그 약대 파리르, 시월이 여긴 벌써 깍자끄스탄은 칩지. 기래 약대 파리르 가죽 이 인민덜으 실라 왓지.

천천히 오고. 그렇다 보니 제격 실어 왔지. 그래 (엄마가) 왔지.

소: 아, 객차는 또 따로 다니고?

윤: 객차는 응 다른 길로 다니고 우리 화물차는 오는 길이 다르지. 아, 그래 그 객차와 떨어진 사람은 거기서 국가에서 이내 실어서 그 기차를 쫓아서 내려놓지. 그래 내려놓으니 우리 어머니가 찾아왔지. 그래 우리 어머니 러시아 말은 잘 모르는데, 러시아 말은 잘 모르는데 더 말할 필요 없이 총기(聰氣)가 좋지. 그래 총기 좋다 보니 아, 우리 어머니 어디를 보면 이렇게 보면 알지. 아, 글 한 자도 모르는 사람이 아, 그래, 그래서 카자흐스탄에 실어 왔지. 그래 실어다 클럽에다 거두어 넣었어. 우리 클럽에다. 그래 클럽에 가져다 거두어 넣으니 구락부 그게 시월 달에 불도 안 때니 춥지. 그래 이젠 우리 기차 응 내가 실려 들어오던 이야기를 하지. 내가 이거 응 여기서 보고를 했어. 여기서 큰 극장에 고려 사람을 싹 모아서 이거 보고를 할 적에도 조선말로 내 그 싹 보고를 했어 응. 내가 우리 원동에서 어떻게 실려 왔다는 것을. 그래 보고를 해. 그래 보고를 하는데. 아, 이거 그래서 아, 카자흐스탄에 턱 가져다 이젠 차를 세웠지. 그 가축 차량을. 노래에 있소. 가축 차량에 앉아 왔지. 그래 그 가축 차량에 그래 앉아 왔지. 어제 사진 본 데에서, 그 바로 내 … 아, 부회장 하는 사람, 남자가 같이 찍지 않습디까? 이 사람이 노래를, 저 이 사람은 교우(敎友)요. 교우인데 이 사람이 노래를 지었어. 노래를 지어서 우리 그 노래를 이렇게 그냥 불렀지. 아, 그런데 그 가축 차량에 앉아서 아, 그래 *** 실어 왔는데 처음 원동에서 들어오던 길로 들어오던 노래도 있소, 응. 차에 실려 오는 거, 응. 그래 그다음에는 척 내리니까 우리를 맞으러 무엇이 나오는가 하니 낙타(駱駝), 낙타가 있잖소? 낙타라고 아오? 낙타.

소: 큰 것이야? 약대.

윤: 응. 큰 것이 이런 뿔(=혹)이 둘. 그 낙타 발구를, 시월이 여기는 벌써 카자흐스탄은 춥지. 그래 낙타 발구를 가지고 이 인민들을 실려 왔지.

기래 이 인민덜으 (기침) 약대 파리에다가 싹 실어서 아::, 긔게 아:: 마 메낄로메뜨(километр)나 대앤두 그런 데는 실어다 구락부에다가 걷어영지. 쿨루부(клуб)에다 걷어영지. 그래 쿨루부(клуб)에다 걷어영이 제 짐은 딸로 놓고 제 식귀 딸로 놓고 이래 막후서 구럭 구렁구 *살. 그래 거그 살다 그렇기 어떻기 살개? 그렇기 못 살지. 그러이꺼나 아, 우리 아부지가 어머니, 우리 아버진 노세앗말두 좀 알구 우리 어머니 역빠르이꺼나 우리 어전 도시르 나간다. 기애 도시라는건 지금 '까라간다(Караганда)'라 하재이오? 까라간다(Караганда). 까라간단(Караганда-ㄴ)게[까라간당게] 석탄과~이 큰 도시짐 야. 그래 그 까라간다(Караганда)르 아, 우리느 나왔어. 우리 식귀 싹 나왔어. 기래 나와서 까라간다(Караганда) 와서 어, 또 집우 잡앗지. 기래갓구 오는 사람덜은 그 간 데마다 무시 집이랑 헌거 주읍데 야. 기래 그거 집우 잡고 그래 잇다가서 우리 아부지가 어머닌 삭두질해앳어. 삭두 삭.

소: '삭두질'이 뭐여?

윤: 석탄 파는 데. 야. 석탄 파는 데 그. 개 우리 아버지느 석탄 꾸란(кран)스 일하구 우리 어마니느 근처에서 가리는 일하구 기랬어. 기애 나느 그때 *어지 엘에슷살으 먹엇지. 기애 예레슷살으 먹엇는데 그담엔 거기르 고렷사름덜 많이[마이] 왔지. 기래 많이[마이] 와서 어전 핵교르 노시아 핵교르 가갯는데 각, 각 곤[18]에 여러 곤에서 모다 왔지. 그래이 그저::, 그때느 그저 엘일굽살, 옐야듧살, 옐아웁살, 스무살 먹은 그런 아:새끼덜이 가뜩하지[가뜨가지]. 그런 아새끼덜 가뜩한게[가뜨강게] 우리 서이 댕게 저, 저기, 아, 지금 저: 앓는다는 육촌 헤~이 내 아, 또 가깝운게 한동네서 온게 가깝운게 우순서이라구 야 서이. 서이 핵교르, 핵교르 댕기는데 학교 가서 책이라 탓지. 책이라 타고 한주일 글 읽엇지. 개 한주일 글 읽은데 야:: 글으느 수학은 알아두 구악으 그거, 노시앗글으 모르고 보이 국어랑 국어나 ***룰리지라뚜라나 이스또리아(история)나 그거야 *해, 버역

그래 이 인민들을 (기침) 낙타 발구에다가 싹 실어서 아 그게 아 몇 킬로 미터나 되었는지 그런 데는 실어다 클럽에다 거두어 넣지. 클럽에 거두어 넣지. 그래 클럽에다 거두어 넣으니 제 짐은 따로 놓고 제 식구를 따로 놓고 이렇게 칸을 나누어 막고서 그렇게 그렇게 살았지. 그래 거기 살다, 그렇게 어떻게 살겠소? 그렇게 못 살지. 그러니까 아 우리 아버지와 어머니, 우리 아버지는 러시아 말도 좀 알고 우리 어머니는 역빠르니까 우리 이젠 도시로 나간다. 그래 도시라는 건 지금 '카라간다(Караганда)'라 하 잖소? 카라간다. 카라간다인데 큰 석탄 탄광이 있는 도시지 뭐, 응. 그래 그 카라간다를 아, 우리는 나왔어. 우리 식구가 싹 나왔어. 그래 나와서 카라간다 와서 어, 또 집을 잡았지. 그래 갖고 오는 사람들은 그 가는 곳 마다 무슨 집이랑 헌 것을 줍다, 응. 그래 그거 집을 잡고 그렇게 있다 가 우리 아버지와 어머니는 삭두(索道)질 했어. 삭두(索道) 삭.

소: '삭두질'이 뭐야?

윤: 석탄 파는 데. 응. 석탄 파는 데 그. 그래 우리 아버지는 석탄 옮기 는 크레인에서 일하고 우리 어머니는 근처에서 (석탄과 돌을) 가리는 일 을 하고 그랬어. 그래 나는 그때 이제 열여섯 살을 먹었지. 그래 열여섯 살을 먹었는데 그 다음에는 거기로 고려 사람들이 많이 왔지. 그래 많이 와서 이제는 학교를 러시아 학교를 가게 되었는데 각, 각 곳에 여러 곳에 서 모여 왔지. 그러니 그저 그때는 그저 열일곱 살, 열여덟 살, 열아홉 살, 스무 살 먹은 그런 애새끼들이 가득하지. 그런 애새끼들이 가득한데 우리 셋이 학교를 다니는데 저, 저기, 아, 지금 저, 앓는다는 육촌 언니 내, 또 가까운 것이, 한 동네에서 온 것이, 가까운 것이 우순성이라고 응 셋이. 셋이 학교를, 학교를 다니는데 학교 가서 책은 탔지. 책은 타고 일주일 글 을 읽었지. 그래 일주일 글을 읽는데 아, 글은 수학은 알아도 구학(舊學) 을 그거, 러시아 글을 모르고 보니 국어랑 국어나 룰리지라뚜라나 역사나 그거 응 해석, 번역을

못하지. 이르기야 이르지. 원도~서 조끔 노시앗글으 이르다나이 이르, 읽어두 잘 못 이르고[몬니르고] 마알으 모르지, 마알. 어, 자치조합에 촌에 산 게 노시앗말으 잘 모르지. 걔 말으 몰라서 그거 잘 버역도 못하고 아, 그래 그저 그랑저랑 댕기면 한 열흘[한여를] 댕겟지. 아, 기래 각처에서 모든 야:새끼덜 어띠끼 집자한두 야 하익교 **오저느 아, 두낄로메떠나 이래 데지. 그래 그 학교 갓다올적엔 이 아:새끼덜 어띠끼 집자한두 야::! 집자해서 그담 우리 서이 공자애, 우리 공부도 못하고 우리 나이 어리지. 아, 나느 옐예숫살이고 아, 우리 헤~이느 옐야듧살이구 이 여자두 옐야듧살이구. 걔 새애기지 어째. 아, 기랜게 이게 이 핵교르 우리 부모덜 공부르 시기자. 이 핵교르 댕기다가 아, 우리네 공부두 못하구 우리 야덜께 우리 그저 웃기우구 말갯다구, 우리 그만두자구. 기래 서이 다 그만 뎠어. 그래 글으 더 아이 읽엇지. 기래다나이….

소: '집자한다'는 말은 무슨 말이야?

윤: 야?

소: '집자한다'는 말은 무슨 말이야?

윤: 집다한단 말이 우리 자꾸 지껄이짐 야 우리 *지 ….

소: 그 노시아, 노시아 애들이?

윤: 고려아:덜이.

소: 고려 아들이?

윤: 야::! 노시아 아덜사 아이 지껄이지. 고려아덜으 원도~서 각처서 모닷지, *각. 각처 모드이 거 벼라별란 아덜 다….

소: 선서나 아들이? 선서나 아들이?

윤: 고 벼라별란 아덜 가:덜두[뚜] 열야듧살, 열아읍살, 스무살 이러 먹은 아덜 야.

소: 머, 남, 머시매들이, 남자들?

못하지. 읽기야 읽지. 원동에서 조금 러시아 글을 읽다 보니 읽, 읽어도 잘 못 읽고 말을 모르지, 말. 어, 자치조합에 촌에서 산 것이 러시아 말을 잘 모르지. 그래 말을 몰라서 그거 잘 번역도 못하고 아 그래 그저 그럭저럭 다니면 한 열흘 다녔지. 아, 그래 각처에서 모인 애새끼들이 어떻게나 집적거렸는지 응 학교 오자면 아 2킬로미터나 이렇게 되지. 그래 그 학교 갔다 올 적에는 이 애새끼들이 어떻게나 집적거렸는지 야! 집적거려서 그 다음 우리 공장에, 우리 공부도 못 하고, 우리 나이 어리지. 아, 나는 열여섯 살이고 아, 우리 언니는 열여덟 살이고 이 여자도 열여덟 살이고. 그러니 처녀지 뭐. 아, 그런데 이게 이 학교를 우리 부모들이 공부 시키자 (해서) 이 학교를 다니다가 우리네 공부도 못 하고 우리 이 아이들에게 우리 그저 웃음거리가 되고 말겠다고, 우리 그만두자 (했어). 그래 셋이 다 그만 뒀어. 그래 공부를 더 못 했지. 그러다 보니…

소: '집자한다'는 말은 무슨 말이야?

윤: 응?

소: '집자한다'는 말은 무슨 말이야?

윤: '집자한다'는 말이 우리를 자꾸 집적거리지 뭐 응 우리를 집(적거려).

소: 그 러시아, 러시아 아이들이?

윤: 고려 아이들이.

소: 고려 아이들이?

윤: 야! 러시아 아이들이야 안 집적거리지. 고려 아이들은 원동에서 각처에서 모였지, 각처. 각처에서 모이니 그 별나고 별난 아이들 아 다….

소: 머슴아이들이? 머슴아이들이?

윤: 고 별나고 별난 아이들 그 아이들도 열여덟 살, 열아홉 살, 스무 살 이렇게 먹은 아이들 응.

소: 뭐, 남, 머슴아이들이, 남자들?

윤: 야, 남자들 야. 아, 이루 옐일굽살[예릴굽쌀] 이릏기 먹은 선스나[19] 덜. 우리네 간나덜 다 나이까나 아, 야덜은 무리짓어 많이[마이] 댕기지. 우리 간나 섯밖에덜. 아, 이 간나르 아 놀라 가자구두 하고. 아, 이 간나, 이 간나아덜으 야 아, 우리, 우리가 집작하지. 혼샛말두 하구 집작하지 야. 그래이까나 우리, 우리 서이 공주 우리 이래다가느 그저 우리 핵교 공부두 못하고 웃기우구 말갯다구 제에뿌리자구.[20] 그래 제에뿌랫어. 그래 제에뿌리고, 제에뿌리고 고레핵고 잇으문 꼭 고레핵교르 가지. 기래 이 까라간다(Караганда)란데는 고레핵교 없지. 저어:: 저 크즐오르다(Кызыло рда)랑 거기는 고레핵교 잇지. 그애 원도~서 고레대학두 들어오재앳어? 야. 아, 기래 없다나이 제에뿌렛다나이 더 공부르 못햇지. 공부르 못하구 아, 집에 앉구 잇지. 일 하자이~ 간데마담 매 노시앗사름 까자끄 세새~이지. 까작. 까자끄 **해무 세새~인데 까자끄말으 모르지. 노시앗말으 잘 *못. 기래 두루 두루 그저 대수 알다나이 아, 그담에 기애 내 무슨 일 햇는가 식다~에 식다~에서 이런, 이러, 노나주는 일으 했어. 식다~서 일햇다가 에떠(это)…‥.

소: 그럼 거기는 로시아 사람 식당이야?

윤: 노시앗사람 식다~에서 삭 떠러 일하는 사름덜 와 정슴 먹지. 기앤데 식모 음식 끓에서 그거 내앤데 *냄 내 그거 이러 어 ***뻬로이나 떠나 그거 퍼주지. 퍼 농가주지. 그런 일 해앳어. 그래 그런 일으 그런 일도 어티기 해앳는가 우리 어머니 바느질 잘 하오. 우리 어머니 옴판 원도~서도 옴팍 큰 바느질재~애제. 개 우리 어머니 바느질으 하다나 그 멘목(面目)으로 나를 거기다 부쳿지. 기래 부쳐 그런 일 해. 기래 거그서 좀 월급두 받구 먹으것두 좀 가져오고 야. 그래 내 제 **섬생데이까나 내 기래 조꼼 이러오. 그담 아부지라 어머이. 그담 우리 와서 야 아, 삼십팔년에 가 아, 오래비 한내 또 낳았어. 우리 두 형제 오래비 네 살 먹은거 가주구 왓지. 아, 그 삼십팔년에 가 아 한내 또 낳았어.

윤: 응, 남자들 응. 아, 모두 열일곱 살 이렇게 먹은 머슴아이들. 우리네 계집아이들 다 나다니까 아, 이 아이들은 무리 지어 많이 다니지. 우리 계집 아이들은 셋밖에. 아, 계집아이에게 놀러 가자고도 하고 이 계집아이, 이 계집아이들 응 우리에게 집적거리지. 혼삿말도 하고 집적거리지 응. 그러니까 우리, 우리 세 공주 우리 이러다가는 그저 우리 학교 공부도 못 하고 웃음거리가 되고 말겠다가 집어치우자고 그래 집어치웠어. 그래 집어치우고, 집어치우고 고려 학교가 있으면 꼭 고려 학교를 가지. 그래 이 카라간다라는 데에는 고려 학교가 없지. 저어 저 크즐오르다랑 거기는 고려 학교가 있지. 그래 원동에서 고려 대학도 들어오지 않았어? 응. 아, 그래 없다 보니 집어치우고 보니 더 공부를 못 했지. 공부를 못 하고 아, 집에 앉아 있지. 일하자니 가는 곳마다 러시아 사람과 카자흐 사람 세상이지. 카자흐, 카자흐 ** 세상인데 카자흐 말을 모르지. 러시아 말을 잘 못(하지). 그래 두루 두루 그저 대충 알다 보니, 그 다음에 그래 내가 무슨 일 했는가 하면 식당에, 식당에서 이런, 이렇게 나누어 주는 일을 했어. 식당에서 일했다가 음….

소: 그럼 거기는 러시아 사람 식당이야?

윤: 러시아 사람 식당에서 삯을 받고 일하는 사람들이 와 점심 먹지. 그런데 식모가 음식을 끓여서 그거 나한테 내밀면 내가 그거 이렇게 어, ***으로나 떠 놓아 그거 퍼 주지. 퍼 나눠 주지. 그런 일을 했어. 그래 그런 일을, 이런 일도 어떻게 했는가 하면 우리 어머니 바느질을 잘 하오. 우리 어머니 원래 원동에서도 원래 큰 바느질꾼이지. 그래 우리 어머니 바느질을 하다 보니 그 안면으로 나를 거기다 부쳤지. 그래 부쳐 그런 일을 해. 그래 거기서 좀 월급도 받고 먹을 것도 좀 가져오고 응. 그래 내가 당신의 선생이 되니까 내가 그래 조금 이러오. 그다음 아버지랑 어머니 (이야기). 그다음 우리 (여기) 와서 응 아, 1938년에 가서 아 남동생 하나를 또 낳았어. 우리 두 자매 남동생 네 살 먹은 것을 데리고 왔지. 아, 그 1938년에 가서 아이를 하나 또 낳았어.

소: 그럼 몇 살이여? 그럼 몇 살 차이나 나? 그때 아매는 몇 살이야?

윤: 그때 내 옐에슷살[예레슫쌀] 열일굽살 먹엇지.

소: 열일굽살 차이가 나네?

윤: 야, 열일굽살 먹엇는데.

소: 그럼 애, 그럼 애기나 마찬가지네?

윤: 야, 그 오래비 떡 낳앗는데 우리 어머니 일할라 댕기다나이 그 애기르 볼 데 없어 내 집이서 그 애기르 재래왓지. 그 오래빌 재래왓지. 그래 재래운 게 모스크바(Москва)서 싹 죽재앳어? 내 오래비 둘 다 모스크바(Москва)서 죽었어 야.

소: 왜?

윤: 앓아시.

소: 앓아서?

윤: 것두 술 먹기 좋아. 아, 간애라그 죽었어. 큰오래비느 술으 먹어두 한갑[항갑]으 지나 죽구 야. 이 오래비느 술 먹기 좋아 마흔살에[마은사레] 죽었어. 그래 둘 다 죽엇지. 기래 죽구 내게 오래, 그래 저 덕호 윤개 다 저거 내 오래비라 하지 야̆. 하, 그래. 그래 (기침) 기래서 까라간다(Караганда) 와 살다가 까라간다(Караганда) 얼매 살앗는가이 한해르 살았어. 한해르 살고 삼십팔녀이[삼집팔려이] 대앳어. 삼십칠년에 들와 삼십구여이 대앳어. 삼십구여이 대애 어디르 갓는가이 아, 씨비리아(Сибирь)르 갓어. 옴스카(Омск).

소: 시베리아?

윤: 오옴스카(Омск).

소: 옴스크 저:기 무진장 추운 데지?

윤: 야̆. 그 추운 옴스끄(Омск)르 아, 우리네 싹 모다 거기 어저느 좋다구 가자:: 해앳지.

소: 누가 갔어? 그러니까 한 가족만 간 거야?

소: 그럼 몇 살이야? 그럼 몇 살 차이나 나? 그때 할머니는 몇 살이야?

윤: 그때 내가 열여섯 살 열일곱 살 먹었지.

소: 열일곱 살 차이가 나네?

윤: 응, 열일곱 살 먹었는데.

소: 그럼 아기, 그럼 아기나 마찬가지네?

윤: 응, 그 남동생을 떡 낳았는데 우리 어머니가 일하러 다니다 보니 그 아기를 볼 데 없어 내가 집에서 그 아기를 길렀지. 그 남동생을 길렀지. 그렇게 길렀는데 모스크바에서 싹 죽지 않았어? 내 남동생이 둘 다 모스크바에서 죽었어, 응.

소: 왜?

윤: 앓아서.

소: 앓아서?

윤: 그것도 술 먹기 좋아했어. 아, 간해(肝咳?/肝害?)라고 하는 병으로 죽었어. 큰남동생은 술을 먹어도 환갑을 지나 죽고 응. 이 남동생은 술 먹기 좋아해 마흔 살에 죽었어. 그래 둘 다 죽었지. 그래 죽고 내게 남동(생)이, 그래 저 덕호 윤가(尹哥)가 다 저거 내 남동생이라 하지, 응. 하, 그래. 그래 (기침) 그래서 카라간다 와 살다가 카라간다에서 얼마를 살았는가 하면 한 해를 살았어. 한 해를 살고 1938년이 됐어. 1937년에 들어와 1939년이 됐어. 1939년이 되어 어디로 갔는가 하면, 아, 시베리아로 갔어. 옴스크.

소: 시베리아?

윤: 옴스크(Омск).

소: 옴스크 저기 무척 추운 데지?

윤: 응. 그 추운 옴스크(Омск)로 우리네 싹 모여 거기가 이제는 좋다고 가자 했지.

소: 누가 갔어? 그러니까 한 가족만 간 거야?

윤: 아이~, 여라 가정덜이 야. 그래 옴스끄(Омск)르 다슷집 한시에 떠났어. 아, 우리 친척두 잇구. 다섯집 한시에 떠나 저 뻬뜨라빨로브스끄(Петр опавловск) 해서 아, 그 춥운 데 옴스크(Омск) 갔어. 걔 옴스크(Омск) 가이까나 우리 받아들입데. 집두 저레 주구 야~. 밭도 주구 일도 주고 야~. 기래 어떤 데 가나 핏장 사뵤드(завод) 가서 피르 친데.

소: 뭐 치는 데?

윤: 야 피르 치는 데. 피르, 피르.

소: '피르'가 뭐여?

윤: 아 '피' 무시기 끄리뻬치(кирпич)지. 이 이 이런거. 흙을르 맨들구 그 담엔 고 구웁소. 집우 짛는 거.

소: 아! 아! 아! ***비루, ***삐루 짓는 거, 이거?

윤: 야, 야. 그런 데서 아, 우리 아부지가 어머니 아, 거그서 그 핏장 사뵤드(завод)서 일하지. 그래 일하문 저레 월급 주는 겐데 개 우리 집두 다 아 줫지. 그래구 우리 거어 가서 집우 잡고 거 가서 사는데 아주 잘 살았어. 어째 잘 살앗는가 하면 아, 밭에다 심엇는데 아, 그 씨비리아(Сибирь) 옴스끄(Омск) 농사 좋아서 야~ 감재느 한 붂우 뻬무 한 메뜨르씨 나오야. 그래 우리 감자랑 가뜩 젖엇지. 기래 감자랑 가뜩 짛구 아, 어머니 아버지 거그서 일하구 월급 받구. 아, 그래 잘 사는데 아, 어저느 야~ 어이구::! 고상도 하기두 했어. 어저느 까자끄스딴(Казахстан)에서 살라우 우리 원도~ 시절 까자끄스딴(Казахстан)에서 살란 빠스뽀드(паспорт) **따찌 야 내개 왓지. 아, 그랜거 허가 없이 씨비리아(Сибирь)르 갓다고 우리르 까, 다만 까자끄스딴(Казахстан)에 와서 살라 하지. 쓰레드냐아시아(Средняя Азия)만 살라 하지. 그랜거 씨비리아(Сибирь) 갓다구 아, **도방 못 갈라구 우리 아부지 붙들어갓어. 우리 아부지. 개 우리 아부지 붙들어 가고 야::, 나는, 옐야듧살[예랴듭쌀] 먹은 새아가덜두[뚜]21) 붙들고, 난 그때 옐일굽살이지. 기래 나르 아이 붙들어가고 다 붙들어. 그때 뼬루

윤: 아니, 여러 가정들이 응. 그래 옴스크로 다섯 집이 한시에 떠났어. 아, 우리 친척도 있고. 다섯 집이 한시에 떠나 저 페트로파블로브스크를 경유해서 그 추운 데 옴스크로 갔어. 그래 옴스크를 가니까 우리를 받아 들입디다. 집도 바로 주고 응. 밭도 주고 일도 주고 응. 그래 어떤 데 가나 벽돌 공장을 가서 벽돌을 찍는데.

소: 뭐 치는 데?

윤: 응 벽돌을 찍는 데. 벽돌을, 벽돌을.

소: '피르'가 뭐야?

윤: 아 '피'라는 것이 뭐 (러시아 말로) кирпич지. 이 이 이런 거. 흙으로 만들고 그 다음엔 고거 굽소. 집을 짓는 거.

소: 아, 아, 아 ***, *** 짓는 거, 이거?

윤: 응, 응. 그런 데서 우리 아버지와 어머니가 거기서 그 벽돌 공장에서 일하지. 그래 일하면 바로 월급을 주는 것인데 그래 우리 집도 다 줬지. 그리고 우리 거기 가서 집을 잡고 거기 가서 사는데 아주 잘 살았어. 어째 잘 살았는가 하면 밭에다 심었는데 아, 그 시베리아 옴스크는 농사가 잘 되어서 응 감자는 한 북(=포기)를 빼면(=뽑으면) 1미터가 나오오, 응. 그래 우리 감자를 가득 지었지. 그래 감자를 가득 짓고 어머니 아버지가 거기서 일하고 월급을 받고. 아, 그래 잘 살았는데 이제는, 응, 어이 구::! 고생도 하기도 했어. 이제는 카자흐스탄(Казахстан)에서 살라고 우리 원동 시절 (이주 후) 카자흐스탄에서 살라는 신분증 딱지가 응(?) 내게 왔지. 아, 그랬는데 허가 없이 시베리아로 갔다고 우리를 카, 다만 카자흐스탄에 와서 살라 하지. 중앙아시아에서만 살라고 하지. 그랬는데 시베리아 갔다고 아, 도망 못 가게 하려고 우리 아버지를 붙들어 갔어. 우리 아버지를. 그래 우리 아버지를 붙들어 가고 아 나는, 열여덟 살 먹은 계집아이들도 붙들고, 난 그때 열일곱 살이지. 그래 나를 안 붙들어 가고 다 붙들어 (갔어). 그때는 별로

그저 무시 옐일굽살두 채 아이 먹엇어. 내, 그래 나르 아이 *붙, 그래 아부지르 붙들어다가서 (기침) 가다엏구 이 식기느 이십사시 어간을르 가끔 떠나가라 하지. 이십사시 어간으르 가끔 떠나, 지잘 까라간다(Караганда)르 가라 하지. 지잘 똘구지. 기래 아부지르 붙들어가고 그 담에느 아:: 기래 내 옐일굽살으 먹엇지. 기랜데 거그서 아, 우리는 우리 어머니 우린 아아덜은 개다나 아, 그저 조꼬만 그거 오래비 여기 와 난 거이, 큰오래비, 내 동새:~ 아 어전 너이지. 기래 아아 너이. 우리 어머니 야아덜 너어 다 가주구 어전 옴스끄(Омск) 정거자~으르 나왓어. 정거자~을 나오이[라오이] 그저 사들덜 또 우운게 우린 짐 그저 싹 똘개. 기래 정거자~으 나와서 거그서 아, 차에다 앉헤. 차에다 그저 실어가짐 우리네. 기래 차에 어떤 차에 앉으라구 싹 기래지. 기래, 오:! 빌레뜨(билет)르 떼엤어. 빌레뜨(билет)르 떼고. 차표르 떼엤어. 기래 떼고 거그다 앉혀서 까라간다(Караганда)로 대비 보냇지. 기래 까라간다(Караганда)로 또 싫게 왓지. 대비. 그 애 싫게 와서 우리 어머니 까라간다(Караганда) 와 집우 잡앗지. 아:: 그래 집우, 우리 어머니 집은….

소: 아버지는 지금 거기 감옥에 있구?

윤: 감옥 잇고. 그래 감옥 잇는데 줴 없는 사람으 감옥에 그거 하나씩 둘씩 다아 내애놔야 데지 야. 걔 옴스끄(Омск) 잇지. 걔 우리 옴스끄(Омск) 인데 우리 아부지게느 소옥빼~이 잇어. 기래 소옥빼~이 잇는데 웨엔 첫 감을 어, 뽀 부꾸바(буква)르, 이 우리 노시앗글르 '아(А), 버(Б), 버(Б), 워(В)…' 이 싹 부꾸바(буква) 잇재이오? 이 부꾸바(буква)르 대해서 그것덜 딱딱 고래 내애보내. 사름 하나씨 둘씨 이릏기 내애보내지. 아, 기앤데 우리는 우린 윤가이까나 부꾸바(буква) 마감애 잇재이오 야? 기래 우리 아부지 마감에 오는데 내 그때 야 그 까라간다(Караганда) 칩은, 엔께베데란 데르 거절 매일 댕게도 칩운거 모르고 댕겟지. 엔께베데가 그때 철: 으 모르다나이 엔께베데르, 엔께베데란 데느 아, 거 우에 층대르 아무깨나

그저 뭐 열일곱 살도 채 안 먹었어. 내, 그래 나를 안 붙들어갔어. 그래 아버지를 붙들어다 가둬 넣고 이 식구는 24시 사이에 즉시(卽時) 떠나가라 하지. 24시 사이에 즉시 떠나, 바로 카라간다로 가라 하지. 바로 내쫓지. 그래 아버지를 붙들어 가고 그 다음에는 아::, 그래 내가 열일곱 살을 먹었지. 그런데 거기서 아, 우리는 우리 어머니 우리 아이들은, 그렇다 보니 그저 조그마한 그 남동생 여기 와 난 것이며, 큰남동생, 내 여동생, 아이들이 이젠 넷이지. 그래 아이가 넷. 우리 어머니가 이 아이들 넷을 다 데리고 이제 옴스크 정거장으로 나왔어. 정거장으로 오니 그저 사람들이 또 우는데, 우리는 짐이 있는데 그저 싹 쫓아. 그래 정거장을 나와서 거기서 아, 차에다 앉혀. 차에다 그저 실어 가지 뭐 우리를. 그래 차에 어떤 차에 앉으라고 싹 그러지. 그래, 오! 표를 떼고. 표를 뗐어. 그래 떼고 다 거기다 앉혀서 카라간다(Караганда)로 되돌려 보냈지. 그래 카라간다로 또 실려 왔지. 도로. 그래 실려 와서 우리 어머니 카라간다에 와 집을 잡았지. 아, 그래 집을, 우리 어머니 집은….

소: 아버지는 지금 거기 감옥에 있고?

윤: 감옥에 있고. 그래 감옥에 있는데 죄 없는 사람을 감옥에서 그거 하나씩 둘씩 다 내놓아야 되지, 응. 그래 옴스크에 있지. 그래 우리 옴스크에 있는데 우리 아버지한테는 속병이 있어. 그래 속병이 있는데 맨 처음을, 어, 러시아 자모(字母, 철자)를, 이 우리 러시아 글로 '아(А), 버(Б), 버(Б), 워(В)…' 이런 자모가 싹 있잖소? 이 자모 순서로 해서 그것들이 딱 딱 그렇게 내보내(=석방해). 사람을 하나씩 둘씩 이렇게 내보내지. 아 그런데 우리는 우린 윤가(尹哥)이니까 자모가 마지막에 있잖소 응? 그래 우리 아버지가 마지막에 나오는데 내가 그때 응 그 카라간다 추운, 엔께베데란 데를 그저 매일 다녀도 추운 것을 모르고 다녔지. 엔께베데가 그때 철을 모르다 보니 엔께베데를, 엔께베데란 데는 아, 거 위 층을 아무나

모 올라가. 막 달아올라가오. 어째 달아올라가는가˜이 거그서 만저 온 사름덜께 들으무 우리 아버지느 소옥베˜이 잇어서 주루머(тюрьма) 우이 우 주루마(тюрьма)이란 데느 그, 아, 그런, 물 쭈 툭 떨어지는 그런 데다 우리 아버지 개애다 아, 소옥베˜이 잇어 **일얼나 못 나 거:다 옇엇지. 그래 옇이까나 아, 그담엔 우리 아버진 하룻밤마 더 잇으문 죽갯더라 하지. 나와 우리 사둔가 그렇기 말해. 사두˜이랑 이 어제 까짜 오재앳데? 야 아부지가. 그래 말한데 그 소리르 듣구나 야, 야:: 지내.

소: 음:∶.

윤: 엔께베데 막 바라올라가22) 막 차 두디메 말하오. 아, 우리 옴스꾸(Омск)르 가, 갓는데 우리르 거 가서 우리르 받아들엣지 야. 받아들이고 쁘리마(премия)르 핸 무슨 젤루 감옥에 옇고 우리 아쩨뜬(отец-은) **창세난데(←상세난데) 좀 내놓재인가. 넘:: 기애 야:: 내 그때 잊어아이져. 드바찌뜨레쩌까보냐 아바끼로브라구 그런 사름이. 저짝에 주루만(тюрьма)서 내놓온 사름은 꼬발리오바라고 그래지. 긔란데 그, 그, 아바끼로방 그, 이 나찰리닉(начальник)에 들어가 너엄 기래 *해아 하이까나 이 사림아, 거: 내애놓는 사름이게네 전해[저나]르 하지. 이런 사름이 왓음 내애놓으라구[내애노라구]. 아, 내애놓으라[내애노라] 하이 와야 내놓지. 유 부꾸바(буква), 유개다 레마(Рема) 옴스크(Омск)서 아이 왓지. 옴스크(Омск)서 오무 인차 인차 놓지 야. 그래고 그담에느 아, 그래, 이, 그래 이래 날마지구 엔께베데 야:: 그저 빤::하짐 거. 거저 거, 앤끼베데 날마 대며 그 아부지르 내 모 와서 그러다 마감울르 아부지 떡 나왓지. 기애 아버지 나와 어전 이런기 이러지. 아, 그래 앓아서 일으 못 하이 까째르(катер)다 걷어옇다가 그담엔 병원에 가, 배우이23) 확실이 속베˜이 잇지. 기래 속˜베이 잇어 체질이 잇어. 그래 속베˜이 이시이꺼나 아, 어전 무승 식다˜에 가서 야 아, 감재도 깎구 음식 그런거 이시이 야. 그래 식다˜에

못 올라가. 막 뛰어서 올라가오. 어째 뛰어 올라가는가 하면, 거기서 먼저 온 사람들로부터 들으면, 우리 아버지는 속병이 있어서 감옥 위가, 위 감옥이라는 데는 그, 아, 그런 물이 쭈르르 툭 떨어지는 (곳인데) 그런 데다 우리 아버지를 데려다가, 아, 속병이 있어 일어나지 못해 거기다 넣었지. 그래 넣으니까 아, 그다음에는 우리 아버지는 하룻밤만 더 있으면 죽겠더라 하지. 나와 우리 사돈에게 그렇게 말해. 사돈이랑, 이 어제 까짜가 오잖았데? 응, 아버지가 그렇게 말하는데 그 소리를 듣고 나서 응, 응, 너무.

소: 음.

윤: 엔께베데 막 높은 곳으로 기어올라가 막 발로 차 드디며 말하오. 아, 우리 옴스크로 가 갔는데 우리를, 거기 가서(=거기서) 우리를 받아들였지, 응. 받아들이고 상을 주었는데 무슨 죄로 감옥에 넣고 우리 아버지는 죽는데(=죽게 생겼는데) 좀 내놓지 아니하는가. 너무 그래 응 내가 그때가 잊히지 않아. 드바찌뜨레쩌까보냐 아바끼로브라고 그런 사람이 저쪽에 감옥에서 내놓는 사람은 꼬발리오바라고 그래지. 그런데 그, 그, 아바끼로브 그 사람이 이 책임자에게 들어가 너무 해 놓으니까(=항의를 하니까) 이 사람이 거 내놓는(=석방하는) 사람에게 전화를 하지. 이런 사람이 왔으면 내놓으라고(=석방하라고). 아, 내놓으라 하니 와야 내놓지. 유(Ю)자(字), 성이 유(Ю)가 이고 이름이 례마(Рема)인 사람을 석방하라고 해야 하는데 옴스크서 안 왔지. 옴스크에서 오면 이내 이내 내놓지, 응. 그리고 그다음에는 아, 그래, 이, 그래 이렇게 날마다 엔께베데 응 그저 빠하지, 뭐, 그거. 그저 거 엔께베데 날만 되면 그 아버지를 내가, 아버지가 못 와서, 그러다가 마지막으로 아버지가 떡 나왔지. 그래 아버지가 나와 이젠 이런 것이 이렇지. 아, 그래 앓아서 일을 못 하니 배[舟]에 거두어 넣었다가 그다음에는 병원에 가 보이니(=진찰을 받으니) 확실히 속병이 있지. 그래 속병이 있어 체질이 있어. 그래 속병이 있으니까 이젠 무슨 식당에 가서 응 감자도 깎고 음식 그런 것 있으니 응. 그래 식당에

들어가서 감자도 깎고 이런 이런 일으 하이꺼나 배부르게 많이[마이] 잡 숫구 고새~ 없구 그랬지. 그래다가 석달만에, 석달만에. 걔 우린 먼저 완: 데 걔 우리 아버진, 다른 사람 한달만에 나와. 달반만에. 두달만에. 우리 아버지 석달만에.

소: 맨 마감이.(웃음).

윤: 야. 에 유우개 대서. 서~이 유개 대서. 아, 기래 그담에느 그래 마감 에 온데 그래 아버지가 오~이 옛말 햇지. 걔 아버지가 식솔 다 모드이 옛 말. 기래 옛말해애서 아부지두 삭두질 일하구 어머니도 하고 난 집에서 그 작은오래비 재래왓지. 걔 재래오다나 그저 글도 못이르구[몬니르구] 그저, 그저 그래구 말앗지. 긔래다 스무살으 먹으이 시집갓지 야~.

소: 거기, 거기서?

윤: 야. 까라간다(Караганда)서.

소: 까라한다서?

윤: 거기 또 금점 있어. 저어 저 금점 있어. 그애 그 금점이란데르 우리 우리 육촌혜~이 잇재이오? 우리 육촌혜에 아 어마이 육촌혜~이느 아부지 르 모르고 세살에 애비르 때왔어. 기래 그 어마이 데리고서르 금점에 돈 벌이[돔뻐리] 좋다 해 또 거기르 갓지. 기래 거어 가서 돈벌이[돔뻐리] 좋 다 거어 가이까나 거어 가이까나 내 저 육촌혜~이가 내 같이[가치] 자랐 어. 원도~서 한집에. 같이, 같이 자라구. 그 혜~이 가서 아, 서르가라 펜지 글으 하매 아, 난 또 그 오래 하는 데르 갔어. 그래 거어 가서 이 아이덜 아부지르 만낫는데 걔 그 아부지르 만나 나는 어전 까라간다(Караганда) 로 왔어. 기래 얼른 거어 가서 오구. 아: ***주차 아덜 아부지 아: 까라간 다(Караганда) 우리 부모 든:데 혼샛말 와서 혼새르 허락허구[허라허구] 우린데서 잔체르 하고 또 거기르 갓지. 거어 가 잔체. 기애 내 분시없는 사름이. 아, 기래 거어 가이까나 석, 가서 내 석달만에 가 스헤 떡 상세났 어, 스~헤.

에 들어가서 감자도 깎고 이런 이런 일을 하니까 배부르게 많이 잡숫고 고생이 없고 그랬지. 그러다가 석 달만에, 석 달만에. 그래 우리는 먼저 왔는데, 그래 우리 아버지는 (그랬는데), 다른 사람은 한 달만에 나와. 달 반만에, 두 달만에. 우리 아버지는 석 달만에.

소: 맨 마지막에. (웃음).

윤: 응. 에 유(Ю) 가(哥)가 돼서. 성이 유(Ю) 가(哥)가 돼서. 아 그래 그 담에는 그래 마지막에 왔는데 그래 아버지가 오니 지난 일을 말했지. 그래 아버지와 식솔 다 모이니 옛말을 했지. 그래 옛말해서 아버지도 삭도 (索道)질하고 어머니도 하고 난 집에서 그 작은남동생을 길렀지. 그래 기르다 보니 그저 공부도 못 하고 그저 그저 그러고 말았지. 그러다 스무 살을 먹으니 시집갔지 응.

소: 거기, 거기서?

윤: 응. 카라간다에서.

소: 카라간다에서?

윤: 거기 또 금점(金店)이 있어. 저어 저 금점이 있어. 그래 그 금점이란 데를 우리 우리 육촌언니가 있잖소? 우리 육촌 언니의 어머니, 육촌언니는 아버지를 모르고 세 살에 아비를 잃었어. 그래 그 어머니를 데리고서 금점에 돈벌이 좋다고 해서 또 거기를 갔지. 그래 거기 가서 돈벌이 좋다 해서 거기 가니까, 저 육촌언니와 내가 같이 자랐어. 원동에서 한 집에서. 같이, 같이 자라고 그 언니가 가서 아 서로서로 편지글을 주고받으며 아, 난 또 그 오라(?) 하는 데를 갔어. 그래 거기 가서 이 아이들의 아버지를 만났는데, 그래 그 아버지를 만나 나는 이제 카라간다로 왔어. 그래 얼른 거기 가서 오고. 아, ** 저 아이들 아버지, 아, 카라간다 우리 부모가 계신 데로 혼삿말이 와서 혼사를 허락하고 우리 있는 데서 잔치를 하고 또 거기를 갔지. 거기 가 잔치를 했어. 그래 내가 분복(分福)이 없는 사람이지. 아, 그래 거기 가니까 석, 가서 내가 석 달만에 가 시형(媤兄)이 떡 돌아가셨어, 시형이.

소: '승혜'가 누구여?

윤: 스헤. 남펴이 혀~이.

소: 아, 아:. 스헤:.

윤: 남펴이 맏째 스헤. 그래 스헤 떡 상세나이 아, 그 우리 스, 동새라는거느 야~. (갑자기 언성을 높이며) 이것 다 내것마아 싹 쓰오.

소: 예, 괜찮아요. 일없어요.

윤: 야! 어인 말으, 이 원도~에서.

소: 그래가지고?

윤: 글쎄 원. 그래 그거 (기침) 우리 스헤 상새나이 우리 동세느 야~ 아, 그 석달 데 다른 남편하오. 다른. 석달, 남펴이 상새나 석달 다 다른 남편하이 니느 시어마이 한낸 시어마이 모시지. 시어마이 모시구 이래 살다가서.

소: 아, 긍게 그, 그, 저 뭐야, 손위에 그 뭐야, 그, 저, 저, 저, 동서가, 동서가 바로….

윤: 동서가 **출구(←출가), 다른 남펴인데 갓지. 기래 가고 야: 서이지. 세 노이. 새아간 두울 데리구 가구 선스나 한내 잇지. 야아느 아이 가갯다 하지 거길. 에, 이붓애빈[이부대빈]데르 아이 가구. 그때 네살이오. 걔 내 아 하낳도 내 아 아 없소. 기래 없는데 그다음 야아는 네살인게 내가 같이[가치] 살았어. 야 내 재래왔어. 지금 따스겐뜨 있어. 가아 내 재, 그 시조카 내 재래온게. 걔 내 재래와서 야아르 재래오메 아, 차차 또 그래 저 맏아들이 낫지. 긔래 맏아들이 그 둘째앝, 그저 딸이 그저 이래. 그래 아, 가아….

소: 그면은 그 셋, 그 스어미허구 같이 있었어?

윤: 시어마이 같이[가치] 잇엇짐 야~. 걔 우리 시어마이 그렇기 마음이 곱지. 그래 시어마이 예순넿에 상세낫어. 우리 시엄머이 예순네에 상세나. 아, 예순네에 상세나고 우리….

소: '승혜'가 누구야?

윤: 시형(媤兄). 남편의 형.

소: 아, 아. 시형.

윤: 남편의 첫째 형. 그래 시형이 또 돌아가시니 아, 그 우리 동생이라는 것은 응. (갑자기 언성을 높이며) 이것 다 내 것만 싹 쓰오(나에 관한 것만을 쓰오).

소: 예, 괜찮아요. 괜찮아요.

윤: 야! 어찌 된 말을. 이 원동에서.

소: 그래가지고?

윤: 글쎄 원(동에서). 그래 그거 (기침) 우리 시형이 돌아가시니 우리 동서는, 응, 그 석 달이 되어 다른 남편을 얻소. 다른. 석 달, 남편이 죽어 석 달이 되니 다른 남편을 얻으니 나는 시어머니 한 분을, 시어머니를 모시지. 시어머니 모시고 이렇게 살다가.

소: 아, 그러니까 그, 그, 저 뭐야, 손위에 그 뭐야, 그 저, 저, 저, 동서가, 동서가 바로….

윤: 동서가 ** 다른 남편에게로 갔지. 그래 가고 아이 셋이지. 세 놈이. 계집아이는 둘을 데리고 가고 머슴아이 하나가 있지. 이 아이는 안 가겠다 하지 거기를. 에, 의붓아비한테로 안 가고. 그때 네 살이오. 그래 내 아이가 하나도, 내 아이 아이가 없소. 그래 없는데 그다음 이 아이는 네 살인데 나와 같이 살았어. 이 아이를 내가 길렀어. 지금 타슈켄트에 있어. 그 아이 내가 길(렀는데), 그 시조카 내가 길렀는데, 그래 내가 길러서, 이 아이를 기르며 아, 차차 또 그래 저 맏아들이 태어났지. 그래 맏아들, 그 둘째아들, 그저 딸이 그저 이렇게 태어났지. 그래 아, 그 아이….

소: 그러면 그 셋, 그 시어미하고 같이 있었어?

윤: ·시어머니 같이 있었지 뭐, 응. 그래 우리 시어머니 그렇게 마음이 곱지. 그래 시어머니 예순 넷에 돌아가셨어. 우리 시어머니 예순 넷에 돌아가셨어. 아, 예순 넷에 돌아가시고 우리….

소: 스아바이는?

윤: 야˜?

소: 스아바이는? 시아바이는?

윤: 시아바이느:: 아 벌써 오십구년에 상세낫어. 따슈껜(Ташкент)서 상세낫어. 걔구 시어마인 좀 더 오래잇다 상세낫지. 걔구 저 시조카 내 모스끄바(Москва)도 굴이라 일겟지. 그랫어. 그래고 아, 그담 우리 아버지느 오십칠년에 상세나구. 아::, 우리 오십팔년에느 오십구년에 여그로 왔어. 비슈께끄(Бишкек)로 왔어, 따슈껜(Ташкент)서. 그래 비슈께끄(Бишкек) 여그 와서 살.

소: 그때부터는 인제 마음대로 왔다갔다 해도 됐어?

윤: 맘:대르, 그때사 맘대르.

소: 몇, 몇년도부터 맘대로 왔다갔다 할 수 있었어?

윤: 아, 그양 마음대르 댕겟지. 가즈 이렇지. 가즈 질이 맥혀.

소: 근데 그 옴스크만 그때만, 그때만 옴스크만 못 가게 됐어?

윤: 야::! 옴스끄(Омск)사 씨비리아(Сибирь) 애이오? 씨비리(Сибирь). 옴스끄(Омск)느 씨비리아(Сибирь)고. 우리 *쓰, 이기다 쓰레드냐아시아(Средняя Азия) 애이오? 쓰레드냐아시아(Средняя Азия)느 암데나 가라 하지 야. 야 쓰레드냐아시아(Средняя Азия)느 암델 가나 일없지.

소: **'쓰레니아'가 뭐여?

윤: '쓰레드냐아시아(Средняя Азия)'란 게 따시껜:뜨(Ташкент), 까자끄스딴:(Казахстан), 알마:따(Алмаата), 끼르기스딴:(Кыргызстан), 따지끄스딴:(Таджикистан), 이거 싹 쓰레드냐아시아(Средняя Азия)짐.

소: **쓰레니 아시아?

윤: 야. 쓰레드냐아시아(Средняя Азия)고 그담엔 나마지느 싹 어로시아지[ərosiaʤi]. 로시아. 원동도 로시아. 걔 로시아이꺼나 아, 어로시아[ərosia]로 가지 말고 그담엔 삼녀이 지나가 다 뺏어졌어 어저느.

소: 시아버지는?

윤: 응?

소: 시아버지는? 시아버지는?

윤: 시아버지는 아 벌써 1959년에 돌아가셨어. 타슈켄트에서 돌아가셨어. 그리고 시어머니는 좀 더 오래 있다 돌아가셨지. 그리고 저 시조카 내 모스크바에서도 공부를 시켰지. 그랬어. 그리고 아, 그다음에 우리 아버지는 1957년에 돌아가시고. 아, 우리 1958년에는, 1959년에 여기로 왔어. 비슈케크로 왔어, 타슈켄트에서. 그래 비슈케크 여기 와서 살(고).

소: 그때부터는 이제 마음대로 왔다 갔다 해도 했어?

윤: 마음대로, 그때야 마음대로.

소: 몇, 몇 연도부터 마음대로 왔다 갔다 할 수 있었어?

윤: 아, 그냥 마음대로 다녔지. 최근에 이렇지. 최근에 길이 막혔지.

소: 그런데 그 옴스크만 그때만, 그때만 옴스크만 못 가게 됐어?

윤: 야! 옴스크야 시베리아가 아니오? 시베리아. 옴스크는 시베리아고 우리 중(앙아시아), 여기가 다 중앙아시아 아니오? 중앙아시아는 아무데나 가라고 하지, 응. 응, 중앙아시아는 아무 데를 가나 괜찮지.

소: '쓰레니아(=중앙)'가 뭐야?

윤: '중앙아시아'라는 게 타슈켄트, 카자흐스탄, 알마티, 키르기스스탄, 타지키스탄 이게 다 싹 중앙아시아지 뭐.

소: 중앙아시아?

윤: 응. 중앙아시아고 그 다음엔 나머지는 싹 러시아지. 러시아. 원동도 러시아. 그래 러시아니까 아, 러시아로 가지 말고(=러시아로 갈 수 없고), 그 다음에는 3년이 지나가니 (그 금지 사항이) 다 해제되었어. 이제는.

소: 음, 러시아도 인자 일없어졌 …?

윤: 야. 노시아 가, 아, 그래서 어, 우리 따스껜(Ташкент)서 **다름이 윈도:~로 얼매르[ɔlmɜri] 간가 아오? 윈도:~ 대비 싹 갔어. 야~ 대빌 싹 갓짐 야~.

소: 많은 사람들이 원동으로 갔어?

윤: 많은 사름덜 윈도:~ 가. 지금 윈도~오 가 많이[마이] 사오. 야~. 윈도~에 많이[마이] 잇지. 갠게 윈도~…. 농사 달아야 데. 어떨 적에느 바름이라는 게 에떠(это) 비 자꾸 와 마해. 또 가물어 숭녀 따이푸~(тайфун)이라 그른 게 와 아이 데 야.

소: 근데 원동이:: 살기가 여기보다 좋아?

윤: 윈도~이, 윈도~이, 윈도~서, 아, 태어나서 윈도~ 살다나이 그기[kiɣi] 우리 고해~이지 야~. 고해~이고. 그러고 아, 살기느 여긴 낫다하지. 여그 어째 낫은가 하이 야~ 그래 윈도~이 공기랑 좋지, 공기랑. 여그느 어째 좋은가 아, 우리 농사질으 하는 사름덜은 야~ 아, 농사르 비르 아이 기다리우. 천처이 무우 밭에다 대애짐. 지금 수박질하는 게 싹 무울으 대애짐. 대애다나이 숭풍녀~이 없지. 숭녀이 없고 풍녀이 없고. 개 낫게 살짐. 낫게. 여그, 여그, 여그터러 낫게 살아.

소: 그럼 여기 와서는 뭐했어 인젠, 여기 와선?

윤: 여그 와서, 아::.

소: 오십팔년에 여기 오셨어요?

윤: 어, 이 키르기시야 늦어24) 왔지. 오십구연에 왔지. 끼르기즈느 오십구년에 오고 그러고 삼십팔년에 저, 저어끼리 저 옴스크(Омск) 갓다 똘기와왓지 야. 그랬어. 그래고 오십년도에 따시껜뜨(Ташкент)르 왔어. 취잭(чужак)이사 따시껜뜨(Ташкент)에 잇짐. 오십년도에 따시껜(Ташкент). 우리 스펜네랑.25) 내 페~이 시페~이 싹 따시껜뜨(Ташкент)에 잇지. 기래 서르가라 기라 따스껜(Ташкент)서 또 객차에 열사을 동안 오, 열사을으 왔어.

소: 음, 러시아도 이제 괜찮아졌(어)?

윤: 응. 러시아도 가, 아, 그래서 어, 우리 타슈켄트에서 사람이 원동으로 얼마나 갔는지 아오? 원동으로 도로 싹 갔어. 응. 도로 싹 갔지 뭐, 응.

소: 많은 사람들이 원동으로 갔어?

윤: 많은 사람들이 원동으로 가. 지금 원동을 가 많이 사오. 응. 원동에 많이 있지. 그런데 원동…. 농사를 지어야 돼. 어떨 적에는 바람이라는 것이, 음 비가 자꾸 와 장마가 져. 또 가물어 흉년(이 들고), 타이푼(=태풍)이라는 그런 것이 와 농사가 안 돼, 응.

소: 그런데 원동이 살기가 여기보다 좋아?

윤: 원동이, 원동이, 원동에서, 아, 태어나서 원동에서 살다 보니 그게 우리 고향이지, 응. 고향이고. 그리고 아, 살기는 여기는 낫다 하지. 여기가 어째 나은가 하니 응 그래 원동이 공기랑 좋지, 공기랑. 여기는 어째 좋은가 하니 아, 우리 농사를 짓는 사람들은 응 아, 농사를 짓는데 비를 안 기다리오. 천천히 물을 밭에다 대지 뭐. 지금은 수박 농사를 짓는데 물을 싹 물을 대지 뭐. 물을 대다 보니 흉년과 풍년이 없지. 흉년이 없고 풍년이 없고. 그래 낫게 살지 뭐. 낫게. 여기, 여기, 여기처럼 낫게 살아.

소: 그럼 여기 와서는 뭐했어 이제, 여기 와서는?

윤: 여기 와서, 아.

소: 1958년에 여기 오셨어요?

윤: 어, 이 키르기스스탄이야 늦게 왔지. 1959년에 왔지. 키르기스스탄은 1959년에 오고. 그러고 1938년에 저, 저희끼리 옴스크를 갔다가 쫓겨왔지, 응. 그랬어. 그리고 1950년도에 타슈켄트로 왔어. 다른 사람이야 타슈켄트에 있지 뭐. 1950년도에 타슈켄트에 왔지. 우리 시집 편(=시댁 쪽), 내 편(=친정), 시댁이 싹 타슈켄트에 있지. 그래 서로서로 그래 타슈켄트에서 또 객차로 열사흘 동안을 오(고), 열사흘을 왔어.

소: 따슈켄트서 어디로? 여기까지?

윤: 까라간다(Караганда)서.

소: 까라간다서 어디로?

윤: 긔 까라간달(Караганда-ㄹ) 우리….

소: 까라간다는:: 따슈껜뜨도 더 지나가는 거야?

윤: 까라간다(Караганда)는 까사흐스따(Казахстан)이 알마따(Алмаат
a)르 지나가는 거야.

소: 알마따를 지나가?

윤: 야, 야, 야, 야. 그런거. 그래 그 까라간다(Караганда)서 열사흘 또
~아느 객차에 앉아서 따스껜뜨(Ташкент)로[ro] 왔어. 기애 따스껜뜨(Таш
кент)로 와서 친척덜 싹 만나. 싹 만나 친척덜 다 만나고 그댐도 자치 꼴
호즈(колхоз)에 잇엇지. 걔 자치 꼴호즈(колхоз) 잇다:서 내 그 아 때부터
부실하지. 기래 부실해 앓으이꺼나 야::….

소: '부실해 앓다'는 게 무슨 말이야?

윤: 약하짐, 약해. 자꾸 즈끈하문[즈끄나문][26] 앓짐 야. 기애 앓으이꺼
나 야:, 우리 부모덜이 이, 이 따스껜뜨(Ташкент)느 모질이 덥운 **곧으,
이 끼르기스딴은 그릏기 아이 덥소. 기래이꺼나 이 끼르기스딴은 비슈께
끈(Бишкек-ㄴ) 저 따슈껜(Ташкент)마 공기 낫지. 걔 공기 **낫도 여기
르 가자::! 그래 우리 호새비랑 싹 여기 뜩 따라왓지. 그래 오십구년에 왔
어 우리. 오십구연에 온기 이때꺼지 우리 토백이야 이때꺼지 잇어.

(구술자, 다른 여성과 러시아어로 대화)

윤: 무, 무슨 여자 와선 날 또 찾….

(녹음 끊김)

윤: 옴스크(Омск) 갓다 똘게와 와서, 기래 거그 살던거.

소: 그래갖고 인자 시, 시집갈 때까지. 시집을, 시집을 갈 때까지 **했기.

윤: 냐::~. 옴슥(Омск) 갓다와서 그래 와 잇다 한해: 삼십칠년, 삼십팔년

소: 타슈켄트에서 어디로? 여기까지?

윤: 카라간다(Караганда)에서.

소: 카라간다에서 어디로?

윤: 그 카라간다(Караганда)를 우리….

소: 카라간다는 타슈켄트도 더 지나가는 거야?

윤: 카라간다는 카자흐스탄이 알마티를 지나가는 거야.

소: 알마티를 지나가?

윤: 응, 응, 응, 응. 그런 거. 그래 그 카라간다에서 열사흘 동안은 객차에 앉아서 타슈켄트로 왔어. 그래 타슈켄트로 와서 친척들을 싹 만나. 싹 만나 친척들 다 만나고 그 다음에도 자치 콜호스에 있었지. 그래 자치 콜호스 있다가 내가 그 아이 때부터 부실하지. 그래 부실해서 앓으니까아….

소: '부실해 앓다'는 게 무슨 말이야?

윤: 몸이 약하지 뭐, 약해. 자꾸 걸핏하면 앓지 뭐, 응. 그래 앓으니까아, 우리 부모들이 이, 이 타슈켄트는 몹시 더운 곳인데, 이 키르기스스탄은 그렇게 안 덥소. 그랬는데 이 키르기스스탄의 비슈케크는 저 타슈켄트보다 공기가 낫지. 그래 공기가 낫다고 여기로 가자! 그래 우리 남편이랑 싹 여기로, (남편을) 뚝 따라왔지. 그래 1959년에 왔어, 우리. 1959년에 온 게 이때까지 우리 토박이로 이때까지 있어.

(구술자, 다른 여성과 러시아어로 대화)

윤: 어떤 여자가 와서는 날 또 찾….

(녹음 끊김)

윤: 옴스크 갔다가 쫓겨 와서 그래 거기 살던 거.

소: 그래갖고 이제 시, 시집갈 때까지. 시집을, 시집을 갈 때까지 했지.

윤: 응. 옴스크 갔다 와서 그래 와 있다가 한 해 1937년, 1938년

에 옴슥(Омск) 갓다와선 똘게왓지. 그애 어전 쫓아와서 잇으이 두루두루 어전 기래 지나가이까 어전 이십살 대앳지. 이십살 대애 시집갓지. 시집 가서 내 그랫잽데?²⁷⁾ 금점에 가 저런 사람 만나 기래 시집갓는데.

소: '금쩜'이라고 하는 게 무슨 말이에요?

윤: '금점'[금점]이란 게 금우, 금으 하는 그런.

소: 금오 파는 데?

윤: 야. 그런 게 원도~에 잇엇지 야. 아! 까라간다(Караганда)에 잇엇지. 까라간다(Караганда).

소: 까라간다는∷ 까라간다는….

윤: 까라간다(Караганда)느 그 까자그스딴(Казахстан), 까자그스딴(Казахстан), 까자그스딴(Казахстан), 까자그스딴(Казахстан)이지.

소: 까자그스탄에서 저, 저, 뭐야, 그 우즈베키스탄 쪽으로 더, 더 가까워?

윤: 야~?

소: 그 알마타 지나서?

윤: 알마따(Алмаата) 지나서.

소: 얼마나 가?

윤: 알마따(Алмаата) 지나서∷ 몇 소뜨까(сотка)르 가는둥. 알마따(Алмаата) 그게 다, 알마따는 수부지. 수부고 아, 까라간다(Караганда)느 큰 도시오. 까라간다(Караганда)서 석탄 싹 파내지. (기침) 까라간다(Карага нда)야 석탄과~이지. (말을 바꾸어) 기래 행불이 아이 들었어?

소: 예.

윤: 잘댔어. 아이 들무. 나도 그저 그러하오. 내 저런 자알 자꾸 먹지 야. 그래고 (기침) 에따(это) 빠샤! 아, **쁘스 마스까 차이 자바리 쁘리니 샤 따?(Паша! а, ** маска, чай заварить и принести (его), да?) 하. 그래 아, 기래 까라간다(Караганда)느 큰 수분데 까라간다(Караганда)에 아, 내….

에 옴스크 갔다 와서는 쫓겨 왔지. 그래 이젠 쫓아 와서 있으니 두루두루 이젠 그렇게 지나가니까 이제 스물 살이 됐지. 스무 살이 돼 시집갔지. 시집가서 내 그러지 않던가요? 금점(金店)에 가 저런 사람(=남편)을 만나 그래 시집갔는데.

소: '금점'이라고 하는 게 무슨 말이에요?

윤: '금점'이란 게 금을, 금을 하는 그런.

소: 금을 파는〔堀〕 데?

윤: 응. 그런 게 원동에 있었지, 응. 아! 카라간다에 있었지. 카라간다.

소: 카라간다는 카라간다는….

윤: 카라간다는 그 카자흐스탄, 카자흐스탄, 카자흐스탄, 카자흐스탄인지.

소: 카자흐스탄에서 저, 저, 뭐야, 그 우즈베키스탄 쪽으로 더, 더 가까워?

윤: 응?

소: 그 알마티 지나서?

윤: 알마티 지나서.

소: 얼마나 가?

윤: 알마티 지나서 몇 소트카를 가는지. 알마티 그게 다, 알마티는 수부(首府, =수도)지. 수도이고 아, 카라간다는 큰 도시요. 카라간다에서 석탄을 싹 파내지. (기침) 카라간다야 석탄 광산이지. (말을 바꾸어) 그래 감기 안 들었어?

소: 예.

윤: 잘 됐어. 감기 안 들면 나도 그저 그러하오. 내 저런 장(醬, 장물=국)을 먹지 응. 그리고 (기침) 음, "빠샤! 아 마스크를 내놓고 차를 끓여서 가져와 응? 음. 그래 아, 그래 카라간다는 큰 수도인데 카라간다에 아, 내….

소: '수부'라는 말은 무슨 말이야? '수푸'?

윤: '수부'라는게 스똘리짜(столица)지. 스똘리짜(столица)라는 거느 야::, 알마::따(Алмаата)나:: 아스따나(Астана)느:: 아, 에따(это) 자치공하 국이지 야. 서울이나 이리(или) 서울이나 이릏지. 그라구 알마따(Алмаат a)나 알마따(Алмаата) 아스따나(Астана)란데로 옮게[옹게] 갓지. 그래 아 스따나(Астана)란게 그게 지금….

소: 수도지?

윤: 야. 스똘리짜(столица)지. 그애 스똘리짜(столица), 까라간다(Кара ганда)라는 거느 큰: 도시오, 까라간다(Караганда)에 오블라스찌(област ь) 가악 그런게 많지. 많안데 우리 까라간다(Караганда) 어떠한 한 촌으 로 실어왓지, 우리르. 개 실어와 까라간다(Караганда)로 우리 재빌루 왓 지. 개 재빌루 와서 옴쓰(Омск)두 가구 여귀두 가구. 기래 옴쓰(Омск) 갓 다 똘게에 까라간다(Караганда) 사다 그담에 이리 따시껜뜨(Ташкент)로 재빌루 왓지. 친척이 잇으이 재빌루 왓지. 기래 재빌루….

소: 따시켄트도 까자흐스탄이지?

윤: 아이, 건 우즈벡스딴(Узбекистан).

소: 우즈벡스딴.

윤: 야˜ 건, 어, 야. 어. 건, 그거느 야˜ 우즈베크, 우즈베크란 민족이 우 즈베끼스딴(Узбекистан). 까사끄스딴(Казахстан)에느 까사끄란 민족이:: 까사끄스딴. 여기느[yɔgini] 끼르기시 민족이 사이 끼르기스스딴. 기르기 스스딴이짐 야. 야˜. 기래. 음. 그런데 까자끄스딴(Казахстан)에느 인구가, 내 알앗는데.

소: 까자흐스딴?

윤: 많이[마이] 사지 조선사름이. 자! 아옵, 아옵천, 어 구백 얼맨데 그 렇기 많이[마이] 사오. 내 쫌 잊엇아. 내 저 신문엡 아옵천 구백 그렇기 많이[마이] 살구. 여기야 모두 스물두천이 사지, 여기야.

소: '수부'라는 말은 무슨 말이야? '수푸'?

윤: '수부(首府)'라는 게 스똘리짜(столица, ＝수도)지. 스똘리짜(＝수도)라는 것은 아, 알마티나 아스타나(Астана)는 아, 음 자치공화국이지, 응. 서울이나 또는 서울이나 이렇지. 그리고 알마티나, 알마티에서 아스타나라는 데로 옮겨 갔지. 그래 아스타나라는 데가 그게 지금….

소: 수도지?

윤: 응. 수도(首都)지. 그래 수도, 카라간다라는 것은 큰 도시오, 카라간다에 주(州)가 각(各) 곳에 그런 것이 많지. 많은데 우리는 카라간다의 어떠한 한 촌으로 실어 왔지, 우리를. 그래 실어와 카라간다 시로 우리가 스스로 왔지. 그래 스스로 와서 옴스크도 가고 여기도 가고. 그래 옴스크 갔다가 쫓겨 와 카라간다에서 살다가 그 다음에는 이리 타슈켄트로 스스로 왔지. 친척이 있으니 스스로 왔지. 그래 스스로….

소: 타슈켄트도 카자흐스탄이지?

윤: 아니, 그건 우즈베키스탄(Узбекистан).

소: 우즈베키스탄.

윤: 응 그건, 어, 응. 어. 그건, 그거는 응 우즈베크, 우즈베크라는 민족이 우즈베키스탄. 카자흐스탄에는 카자흐라는 민족이 있어 카자흐스탄. 여기는 키르기스 민족이 사니 키르기스스탄. 키르기스스탄이지 뭐, 응. 응. 그래. 음, 그런데 카자흐스탄에는 인구가, 내가 알았는데.

소: 카자흐스탄?

윤: 많이 살지 조선 사람이. 자! 9, 9천, 어 9백 얼마인데 그렇게 많이 사오. 내가 좀 잊었어. 내 저 신문에서 봤는데 9천9백 그렇게 많이 살고. 여기야 모두 2만 2천이 살지. 여기야.

소: 구십천, 구십천? 구십천?

윤: 아, 구천 구백. 그렇기 많이[마이] 사오, 까자그스딴(Казахстан). 그 많이[마이] 사는 데르 한국에서 어티기 거기 사는 사름, 구천구백 어매 살아두 이런 아이들사 아이 주지. 이런 내같은 나 잇는 거 주지, 돈으 야̌. 아, 그애 돈. 그릏기 많안거 어티기 거 서울에서, 거 서울에서 자기 인민으 어트기 크게 헤긴 헤는가 봐 야. 그 자기 인민으 크게 헤기 때문에 자기 인민[임민]덜이 우리 원도̌서 올적에 집이랑, 집에, 집 가사에 물론 미시기 잇는 거 싹 데뎃지. 싹 두고 아::, 즘승개느 아 사흘 어간을르 준비르 하느레 즘승 대애지 잇는 집은 대애지르 잡아 가주 오고, 세: 잇는 집도 세: 잡아가져 오고. 그 한달 동̌안 오매 먹자고. 그라고 우리느 (기침) 다아 데디고 옷이나 이불짐이나 그릇이나 먹을 그릇이나 다 가조고왓지, 거그서. 그래 가주고 아, 그거, 그, 가, 가축 차랴̌에 앉아왓지. 그래 한달 동안으 거그서 먹으매 싸알이나 먹을거, 쌀….

소: 그 머 화장실 같은 건 어티기 갔어? 변소 같은 건 어티기 가?

윤: 야̌?

소: 변소랑은 어티기 갔냐고, 거기서.

윤: 아::, 변소는 네려가 하지. 네려가. 변소는 없지 그안에. 변소는 그 차르 세우지. 차를 세울적에 아, 발씨[28] 동안도 세고 한시 동안도 세고. 기래 오래 세우다나이 거기 네려가서, *베 아, 그 차덜이 여그도 차 가뜩하고[가뜨가고] 저기도 차. 이기 다 찻질이지. 이 찻질인데 이 우리 차 오다가 떡 서. 그래 떡 섬 아, 변소르 하라구 네리문 네리가. 그저 암데나 그저 그 차 배우잰 데 그거 그저 그저 그래 한달 동안으 그래그 왓지. 야::!

소: 따시껜뜨에 가가고는 뭐 했어요?

윤: 아, 따시껜(Ташкент) 가서느 음, 따시껜뜨(Ташкент) 무시기 잇는 가이, 그런게 있어.

소: 9만, 9만? 9만?

윤: 아, 9천9백. 그렇게 많이 사오, 카자흐스탄에. 그 많이 사는 데를 한국에서 어떻게 거기 사는 사람, 9천9백 얼마가 살아도 이런 아이들이야 안 주지. 이런 나 같은 나이 있는 사람에게 주지, 돈을, 응. 아, 그래 돈. 그렇게 많은 거 어떻게 거 서울에서, 거 서울에서 자기 인민을 어떻게 크게 헤아리긴 헤아리는가 봐, 응. 그 자기 인민을 크게 헤아리기 때문에 자기 인민들이 우리 원동에서 올 적에 집이랑, 집에, 집 가사(家事)에 물론 무엇이 있는 거 싹 버렸지. 싹 두고 집짐승은, 사흘 사이에 떠날 준비를 하느라 짐승 돼지 있는 집은 돼지를 잡아 가지고 오고, 소가 있는 집도 소를 잡아 가지고 오고. 그 한 달 동안 오며 먹자고. 그러고 우리는 (기침) 다 버리고 옷이나 이불 짐이나 그릇이나 먹을 그릇이나 다 가지고 왔지, 거기서. 그래 가지고 그거, 그, 가, 가축 차량에 앉아 왔지. 그래 한 달 동안을 거기서 먹으며 쌀이나 먹을 것, 쌀….

소: 그 뭐 화장실 같은 것은 어떻게 갔어? 변소 같은 것은 어떻게 가?

윤: 응?

소: 변소는 어떻게 갔냐고, 거기서.

윤: 아, 변소는 내려가 용변을 보지, 내려가서. 변소는 없지 그 안에. 변소에 가려면 그 차를 세우지. 차를 세울 적에 아, 발씨(=잰 걸음으로 오갈) 동안도 세우고 한 시간 동안도 세우고. 그래 오래 세우다 보니 거기 내려가서 변(소를 보는데), 아, 그 차들이 여기도 차가 가득하고 저기도 차. 이게 다 찻길이지. 이게 다 찻길인데 이 우리 차가 오다가 떡 서. 그래 떡 서면 변소를 가라고 내려 주면 내려가. 그저 아무 데나 그저 그 차가 보이지 않는 데서 그거 그저 그저 그렇게 한 달 동안을 그러고 왔지. 야!

소: 타슈켄트에 가서는 뭐 했어요?

윤: 아, 타슈켄트 가서는 음, 타슈켄트 무엇이 있는가 하면, 그런 게 있어.

소: 그 뭐냐 거기는 그::, 결혼 해 가지고 갔지~? 따시껜뜨는?

윤: 야::!, 따시껜뜨(Ташкент)로 올적에 벌써 내 아이르 두울으 나가주구 왔지 야. 아, *아빱, 에떠(это) 맏아들가 저 딸가 두울으 나가주구 왔어. 기래 우리 딸이 그 따시껜뜨(Ташкент) 오 돓생진 지나갔어. 그래 따시껜뜨(Ташкент)느 우리 시펜에 야 시할머니, 시할머니느 시 할아버지느 사망데고 시할머이 생조이고 아, 시할머니느 내 와서 상새나고 어, 그담엔 시삼촌. 우리 시아부지가 육형제서 맏이[마디]오. 제일 맏이[마디]. 기애 맏이[마디]다 나이 음 그담에 이짝에 우리 맏아들에 내 그 재래온 암 게 우, 우리 전체 집안 안에 장소이야. 그래고 우리, 우리 아바이 맏이[마디]다나이 둗째 양반은 상새나고 셋째부터 살아잇습데. 기래 셋째, 넷째, 다슷째, 여슷째 다 생존했어. 그래 여그와 한데 살앗지. 그래 살다가서 아, 꼴호스(колхоз) 일햇지. 거그도, 거그도, 거그도 꼴호즈(колхоз)지. 거그도 뚜루둘(труд-르) 받구 야.

소: 그모 꼴호츠가:: 대개 사람이 몇 명이나 데?

윤: 많지 무.

소: 가족이, 집으, 집으로 치, 하면 몇 집이나 데?

윤: 그::래! ….

소: 몇 백집 데?

윤: 아::, 그래! 몇 백 호씨, 몇 백 호씨 데오 야. 그래.

소: 그면 그게 한 동네에 살안 거야, 크::게?

윤: 아, 한:: **동게. 저 꼴호즈(колхоз)느:: 아, 뿌라우다(Правда) 꼴호즈(колхоз)고 우리 꼴호즈(колхоз)느:: 빨리또젤(Политотдел) 꼴호즈(колхоз)고 그담에 스웰로브스크(Свердловск)란 거느 원동, 원동 시홍도~이란 데서 원동 싦겨 온 사름 거기 다 모닷지. 그거느 시홍동 꼴호즈(колхоз) 스웰로브스크(Свердловск). 그래 저기 큰 자치조합이지. 저기 큰 자치조합이, 여긔 큰 자치조합, 여그 큰. 그릏기 살앗짐.

소: 그럼 자치 조합허구 자치 조합허구 얼마나 떨어졌어?

소: 그 뭐냐 거기는 그∷, 결혼 해 가지고 갔지? 타슈켄트는?

윤: 야! 타슈켄트로 올 적에 벌써 내가 아이를 둘을 낳아 가지고 왔지, 응. 아, 음 맏아들과 저 딸과 둘을 낳아 가지고 왔어. 그래 우리 딸이 그 타슈켄트에 와 돌이 지나갔어. 그래 타슈켄트는 우리 시가(媤家) 쪽에 응 시할머니, 시할머니는 시할아버지는 돌아가시고 시할머니는 생존해 계시고 아, 시할머니는 내가 와서 돌아가시고. 어, 그 다음에는 시삼촌. 우리 시아버지가 육형제에서 맏이오. 제일 맏이. 그래 맏이다 보니 음 그 다음에 이쪽에 우리 맏아들에, 내가 그 기른 아이는 그게 우리 전체 집안에서 장손이야. 그리고 우리, 우리 할아버지가 맏이다 보니 둘째 양반은 돌아가시고 셋째부터 살아 있습디다. 그래 셋째, 넷째, 다섯째, 여섯째 다 생존했어. 그래 여기 와 함께 살았지. 그래 살다가 아, 콜호스에서 일했지. 거기도, 거기도, 거기도 콜호스지. 거기도 트루드를 받고, 응.

소: 그러면 콜호스가 대개 사람이 몇 명이나 돼?

윤: 많지 뭐.

소: 가족이, 집으(로), 집으로 치(면) 하면 몇 집이나 돼?

윤: 그래! ….

소: 몇 백집 돼?

윤: 아, 그래! 몇 백 호씩, 몇 백 호씩 되오, 응. 그래.

소: 그러면 그게 한 동네에 산 거야, 크게?

윤: 아, 한 동네. 저 콜호스는 프라우다 콜호스고 우리 콜호스는 폴리토젤 콜호스고 그 다음에 스베르로브스크란 것은, 원동, 원동의 시흥동이란 데서 원동으로 실려 온 사람들이 거기 다 모였지. 그거는 시흥동 콜호스 즉, 스베르로브스크. 그래 저기 큰 자치 조합(=집단농장)이지. 저기 큰 자치 조합이 있고, 여기 큰 (자치 조합이 있고). 그렇게 살았지 뭐.

소: 그럼 자치 조합하고 자치 조합하고 얼마나 떨어졌어?

윤: 아, 그 어가이?

소: 어, 어가이.

윤: 어가이 머재이오. 다슷 낄로메뜨르(километр)도 데구. 야˜ 세 낄로(кило). 머재이 세 낄로(кило).

소: 그러면은 그러면은:: 그:: 밭, 밭이나 논, 논이 얼마나 대?

윤: 거그서느:: 아::, 밭으두 많지. 기애 밭으두 많안데 무스 싱것는가 하무 목하르 시무고 게납(конопля)우 싱것어. 이땐 벌써 목하가 게나부(коноплля)르, 게나부(конопля)란게 한국에서 짐 시무오. 껍질 뺏게 *흐, 그런 거 헝겊으29) 하재이오? 그런 거. 그런 거 싱겄어. 그 자치조합으 그거.

소: 삼베?

윤: 야˜?

소: 삼베?

윤: 아, 게나(конопля), 그 게나브(конопля)라 하오. 게나브(конопля). 게나브(конопля) 노시앗말[노시암말]로 무스….

소: 게나부로 하면 긓게 그 옷이 쌧하야? 그 쌧하얀 거야?

윤: 그::래! 그으서 국가에서 그거 우리 게나불(конопля) 싱거서 국가 바치. 국가 기겔르 싹 헝겊으 맨드짐 야. 그담 목하도, 목하느 소캐르 맨들고 국가에서. 그르짐. 그래 따시껜뜨(Ташкент)란 우즈벡(Узбек), 우즈베끄(Узбек)선 우즈벡딴(Узбекистан)이란 건 그런 데오. 게나브(конопля)도 짖고 목하도 짖구 베도 짖고. 지금도 그렇소. 베도 짖고. 끼르기스딴(Кыргызстан)에느 목하, 옥쓰라고 저:: 아, 덥운, 오, 끼르기스딴(Кыргызстан) 쪼꼼 가 덥운 지대애 좀 있어. 고 덥운 지대. 이 끼르기스딴(Кыргызстан)에 매온 게. 거그서 좀 목하르 심어. 그래곤 잇기, 이, 이, 비슈, 여긔느 끼르기즈(Кыргызн) 안 없어, 여긔느. 목하도 없고 게나부(конопля)도 없고 베도 없고. 없어 여긴. 그래 없고 베느 혹시 어드매 잇답데, 베느 야. 그랴구 그담에 여그서야 산에다 채밀으 시무구. 채밀으.

윤: 아, 그 사이가?

소: 어, 사이가.

윤: 사이가 멀지 않소. 5킬로미터도 되고. 응 3킬로미터. 멀지 않으면 3킬로미터.

소: 그러면, 그러면 그 밭, 밭이나 논, 논이 얼마나 돼?

윤: 거기서는 아, 밭도 많지. 그래 밭도 많은데 무엇을 심었는가 하면 목화를 심고 삼[麻]을 심었어. 이땐 벌써 목화와 삼을, 삼이라는 것이, 한국에서 지금 심소. 껍질을 벗겨서 그런 천을 만들잖소? 그런 거. 그런 거 심었어. 그 자치 조합을 그거.

소: 삼베?

윤: 응?

소: 삼베?

윤: 아, 삼, 그 삼이라 하오. 삼, 삼을 러시아 말로 무엇(이라고 하나).

소: 삼으로 옷을 지으면 그러니까 그 옷이 새하얘? 그 새하얀 거야?

윤: 그래! 거기서 국가에서, 그거 우리 삼을 심어서 국가에 바치지. 국가가 기계로 싹 천을 만들지 뭐, 응. 그다음 목화도, 목화는 솜을 만들고, 국가에서. 그러지 뭐. 그래 타슈켄트란, 우즈베크, 우즈베크에서는, 우즈베키스탄이라는 건 그런 데오. 삼도 짓고 목화도 짓고 벼농사도 짓고. 지금도 그렇소. 벼농사도 짓고. 키르기스스탄에는 목화, 옥스라고 저 더운, 키르기스스탄에서 쪼끔 가 더운 지대에 좀 있어. 고 더운 지대. 이 키르기스스탄에 매인(=속한) 데. 거기서 좀 목화를 심어. 그리고는 여기 이 이 비슈케크 여기는, 키르기스 안에는 (짓는 곳이) 없어, 여기는. 목화도 없고 삼도 없고 벼도 없고 없어, 여기는. 그래 없고, 벼는 혹시 어딘가에 짓는 곳이 있답디다 벼는, 응. 그리고 그 다음에 여기서 응 산에다 밀을 심고. 밀을.

소: 채밀?

윤: 야. 채밀. 갈그 해 떡30)으 하는 거. 야~ 채밀두 시무구 보리두 시무구 채밀두 심어. 그담 저 이식꿀리(Иссык-Куль) 같은 데느 감자두 시무고

소: 여기 이스쿨?

윤: 야. 여기 이식꿀리(Иссык-Куль). 감자도 시무고 배차도 시무고 야. 채소르 시무지 야~ 차사르 시무오. 아, 그렇소.

소: 차조도 심어?

윤: 채소르 시무. 채소라는 게 아, 그 채소도 시무고 그래.

소: 그면 인자 우즈베키스탄 그 꼴호즈에서::.

윤: 꼴호즈(колхоз)서.

소: 그때는 뭐했어, 아매는?

윤: 아, 아, 그때 나느 꼴호즈(колхоз)에서 아::, 게나부(конопля)밭이 [바티] 잇재? 게나부(конопля)밭에서, 이….

소: '게나부'를 우리는 '모시'라고 하는 것 같애, '모시'.

윤: 마, 모신두. 그, 아, 노란풀 잇재이오? 그 헐한 일으 내가….

소: 케나부가 키가 얼마나 해? 한 요 정도 대?

윤: 크으짐. 이릏기 크으짐 야. 키 크오.

소: 사람 키만큼 대?

윤: 사람 키마 더 크오. 야~ 사람 키마 더. 그 게나부(конопля)밭에 게나부(конопля)에 무시기 갱긴 거, 그 노란 풀이란 게 게나부(конопля) 갱기지. 그럼 게나부(конопля) 아이 데지. 고 노란풀, 노란풀 아오? 야~ 노라~. 걔 그 노란풀으 뜯는 일이 헗지. 걔 뜨루드(труд)르 받고 그런 일 해. 나 일 많이[마이] 아이 해앴어.

소: 그면은 그릏게 하면은 게나부에 그 노란 풀 그 하룻, 할랄, 할랄 뜯으면, 할랄 뜯으면 그 뚜르드, **뚜르부?

윤: 야~. 뜨루두(труд), 뜨루두(труд)란 거 받지 야.

소: 밀?

윤: 응. 밀. 가루를 해서 떡을 하는 거. 응 밀도 심고 보리도 심고 밀도 심어. 그 다음은 저 이식쿨(Иссык-Куль) 같은 데는 감자도 심고.

소: 여기 이식쿨?

윤: 응 여기 이식쿨. 감자도 심고 배추도 심고 응. 채소를 심지 응 채소를 심소. 아, 그렇소.

소: 차조도 심어?

윤: 채소를 심지. 채소라는 게 아, 그 채소도 심고 그래.

소: 그러면 이제 우즈베키스탄 그 콜호스에서.

윤: 콜호스에서.

소: 그때는 뭐 했어, 아매는?

윤: 아, 아, 그때 나는 콜호스에서 삼밭이 있잖소? 삼밭에서, 이….

소: '게나부'를 우리는 '모시'라고 하는 것 같아, '모시'.

윤: 아, 모신지 뭔지. 그거 아, 노란 풀이 있잖소? 그 쉬운 일을 내가….

소: 모시가 키가 얼마나 해? 한 요 정도 돼?

윤: 크지, 뭐. 이렇게 크지 뭐, 응. 키가 크오.

소: 사람 키만큼 돼?

윤: 사람 키보다 더 크오. 응 사람 키보다 더. 그 삼밭에 삼에 무엇이 감긴 거, 그 노란 풀이라는 것이 삼에 감기지. 그럼 삼이 안 되지. 고 노란 풀, 노란 풀 아오? 응 노란. 그래 그 노란 풀을 뜯는 일이 쉽지. 그래 트루드(=노임)를 받고 그런 일을 해. 나 일 많이 안 했어.

소: 그러면 그렇게 하면 모시에 그 노란 풀 그 하룻, 하루를, 하루를 뜯으면 그 트루드, 트루드?

윤: 응. 트루드, 트루드라는 거 받지 응.

소: 뜨루드, 뜨루드 몇 개 받아?

윤: 아::, 그 뜨루드(труд)르 아, 노이, 뜯는거 많이[마이] 받지. 그 고라:˘. 이 고라알르 나가고 저 고랄. 걔 고래애 가뜩한데[가뜨간데] 많이[마이] 고라:˘ 뜯으문 많이[마이] 받구 작게 뜯음 작게 받구 그래지. 기애두 그거 아, 조합 일꾼덜은 일할 만한 사름은 집에 앉구 잇지 말라 하지. 걔 집에 앉구 잇지 말라 해 내 그 어린 아이가 그때, 그때 저, 아, 저, 아, 이, 이 집에 잇는 저 아들으 아이 낳았어. 내가 아: 두울이 잇었어. 기래 집에 잇지 말라 나아 하래 나가서 거그서 그으, 일 시기는 브리가질(бригадир) 뉘 햇는가 우리 시삼추이 햇어. 기래 시삼추이 해매 나느 아, 그때에두 발써 몸 약해 부실해앳어. 약햇어. 부실해. 그래다나 나르 야 헐한 일 시게서 게나부 뜯는 일두 많이[마이] 아이 햇어. 일 아이 햇어. 일 아이 햇어.

소: 그문 일 않고 어퉁기 먹고 살았어? 나가내가 많이 벌어 왔어?

윤: 그 남편이 일하짐.

소: 남편이?

윤: 남편 그 기게[kiɣɪ] 뜨락또르(трактор) 타.

소: 아, 남편이 뜨락또르(трактор)···.

윤: 뜨락똘(трактор) 타구, 그:: 좌우치[31] 조합에 뜨락똘(трактор) 타구 신구 댕겟지 야.

소: 아, 뜨락또르 이렇게 운전했어?

윤: 야, 야. 뜨락또르(трактор) 운전술 햇어. 그라구 그때 시어마이 잇었어.

소: 그면 뜨락또르 운전수는 돈 많이 받았나?

윤: 많이[마이] 받제. 많이[마이] 받소 야. 그러고 음, 집에서 대애지르 쳤어, 대애지르. 걔고 내 어제 그 앞서 첫날에 책으 쓴 데 그거 하나 고치오 야˘. 게 므시긴가˘이 대애지느 '주두리'구 개두 '주두리'지. 그라고 거기 꼬˘이나 오리사 이기사 '부부리'지. 그거.

소: 트루드, 트루드 몇 개 받아?

윤: 아, 그 트루드를 아 뜯는 거 많이 받지. 그 고랑을. 이 고랑으로 나가고 저 고랑으로. 그래 고랑에 가득한데 고랑을 많이 뜯으면 트루드를 많이 받고 적게 뜯으면 적게 받고 그러지. 그래도 그거 아, 조합 일꾼들은 일할 만한 사람은 집에 앉아 있지 말라 하지. 그래 집에 앉아 있지 말라 해서 내가, 그 어린 아이가 그때, 그때 저, 아, 저, 아, 이, 이 집에 있는 저 아들을 안 낳았어. 나와 아이 둘이 있었어. 그래 집에 있지 말고 나와 일하라 해서 나가서 거기서 그, 일을 시키는 작업반장을 누가 했는가 하면 우리 시삼촌이 했어. 그래 시삼촌이 하며, 나는 그때에도 벌써 몸이 약해 부실했어. 약했어. 부실해. 그러다 보니 나를 응 쉬운 일을 시켜서 삼밭에서 풀을 뜯는 일도 많이 안 했어. 일 안 했어. 일 안 했어.

소: 그러면 일 안 하고 어떻게 먹고 살았어? 남편이 많이 벌어 왔어?

윤: 그 남편이 일하지 뭐.

소: 남편이?

윤: 남편이 그 기게 트랙터 타.

소: 아, 남편이 트랙터….

윤: 트랙터를 타고, 그 조합의 안팎에서 트랙터를 타고 물건을 싣고 다녔지 응.

소: 아, 트랙터를 이렇게 운전했어?

윤: 응, 응 트랙터 운전수를 했어. 그리고 그때 시어머니가 있었어.

소: 그러면 트랙터 운전수는 돈 많이 받았나?

윤: 많이 받지. 많이 받소 응. 그리고 음, 집에서 돼지를 쳤어, 돼지를. 그리고 내가 어제 그 앞서 첫날에 책에 쓴 데 그거 하나 고치오 응. 그게 무엇인가 하면 돼지는 '주둥이'고 개도 '주둥이'라 하지. 그리고 거기 꿩이나 오리 같은 것이야 이게 '부리'지. 그거.

소: '부부리'지. '부부리'.

윤: 야. '부부리', '주두'라 하지 말구 '부부'라 고치오 야ˇ. 잊어뿌리지 말구 적어 놓사 대, 야, 야. 그래 놔.

소: 그걸 '부부리'라 그래?

윤: '부부리'라 하지 야. 개 대애지나 개르 '주두리'라 하지 야. 그렇스.

소: 그러면은 돼지나, 돼지나 그 발에∷ 여기 여, 여기 그 딱딱한 거 있지?

윤: '바톱'이지.

소: 그건 똑같이 '발톱'이여?

윤: 것도 발톱이지 야. 그것도 발톱이, 야ˇ. **밟, '대애지 발 족'이라 하지.

소: '돼지 발 족'?

윤: 야ˇ. '대애지 발쪽'. 세무 '세 발쪽', 그렇지. 기래 그 내, 내 가마∷이 책으 앞서 쓴거 내 궁니르 하이까 대애질 '주두리'라 하구 개두 '주두리'라 하는데 아, 꼬ˇ이랑 거그랑 게사이랑 그른거 그거 '주두리'라 **해앳 것 주둘 '부부리'라 해야 데. 거 그렇게 아오, 야? 야, 야. 그라구.

소: 음, 그래가지고 인자, 돼지를 키면 돼지 몇 마리나 키었어, 집에서?

윤: 두마리이사 못치짐. 두 마리 치짐.

소: 두 마리만 쳐?

윤: 그∷래! 두, 많이[마이] 무 다, 그 무엇을 먹이겠어? 두 마리 치지.

소: 그문 나머지는 다 엇다 **치고?

윤: 아ˇ?

소: 그 꼴호즈에는 돼, 돼지 친 데가 넙∷게 있어?

윤: 페르마(ферма)라는 게 큰게 잇지 무.

소: **페르바?

소: 부리이지. 부리.

윤: 응 '부리', '주둥이'라 하지 말고 '부리'라 고치오 응. 잊어버리지 말고 적어 놓아야 돼, 응 응. 그리해 놔.

소: 그것을 '부부리'라 그래?

윤: (새는) '부부리'라 하지 응. 그래 돼지나 개(의 입을) '주두리'라 하지 응. 그렇소.

소: 그러면 돼지나, 돼지나 그 발에 여기 여, 여기 그 딱딱한 거 있지?

윤: '발톱'이지.

소: 그건 똑같이 '발톱'이야?

윤: 그것도 발톱이지 응. 그것도 발톱이, 응. **밟, '돼지 발쪽'이라 하지.

소: '돼지 발쪽'?

윤: 응. '돼지 발'쪽. 소는 '소 발쪽', 그렇지. 그래 그 내가, 내가 가만히 앞서 책에 쓴 것에 대해서 궁리를 하니까, 돼지를 '주두리'(=주둥이)라 하고 개도 '주두리'라 하는데 아, 꿩 그것과 거위랑 그런 새의 입을 '주두리'라 했는데, (그 새들은) 주둥이를 '부부리'(=부리)라 해야 돼. 거 그렇게 아오(=그런 줄 아오) 응? 응, 응. 그리고.

소: 음, 그래서 이제, 돼지를 키우면 돼지는 몇 마리나 키웠어, 집에서?

윤: 두 마리 이상 못 치지 뭐. 두 마리 치지 뭐.

소: 두 마리만 쳐?

윤: 그래! 두 마리만. 많이 먹으니 다, 그 무엇을 먹이겠어?

소: 그러면 나머지는 다 어디다 치고?

윤: 응?

소: 그 콜호스에는 돼, 돼지 치는 데가 넓게 있어?

윤: 페르마(=특별 농장)라는 게 큰 게 있지 뭐.

소: 페르마(ферма)?

윤: 그::래! 잇짐. 개 우리사 두마리 친 적에느 한마린 집에서 고기르 잡
아먹고 한마린 동네에다 팔지 무. 동네에다 팔고 그러짐. 야̂.

소: 으음. 그먼 그: 새끼도 새끼를 나면.

윤: 야̂.

소: 새끼가 많이 나잖아?

윤: 많이[마이] 나재잉구!

소: 그 많이 나면 그 나머지 새끼는 어트겨?

윤: 아, 거 파알지 무. 그 사름덜 싹 싸가지. 야̂. 새끼르 열개 열두개
많이[마이] 낳재. 야̂. 우리 시삼춘댁이 대애지치기르 했어. 개 대애지 **
새끼와 나서 그 새끼르 쪼끔 젖으 떼무 싹 파알지 무. 그래 돈 하짐ㅁ. 야̂.
그래 돈.

소: 그면 그때도:: 그:: 이, 이 표 받는 거::, 아까 뭐라고 그랬지? 일하면
주는 거 뭐라고 그랬지? **따불이?

윤: 무스거?

소: 일을 하면 주는 거 뭐라고 그러지?

윤: 아, '뜨루드(труд)'.

소: '뚜루두'.

윤: 야̂.

소: 뚜루두(труд). 그면 뜨루두(труд), 뚜루두(труд)도 따로 있고.

윤: 야̂.

소: 돈도 따로 있었어?

윤: 아이̂, 그 뜨루드(труд)루….

소: 돈으로 바꿔?

윤: 이런 기과이 잇지. 껀또라(контора) 잇지. 그 껀또라(контора)서 사
름덜 책임자덜 가뜩한데[가뜨간데] 그 뜨루두(труд)루 가주고 한 뜨루두
(труд) 엄매로 엄매로 돈 농가놓지.

윤: 그래! 있지 뭐. 그래 우리야 두 마리를 친 적에는 한 마리는 집에서 잡아 고기를 먹고 한 마리는 동네에다 팔지 뭐. 동네에다 팔고 그러지 뭐. 응.

소: 그러면 그 새끼가 또 새끼를 낳으면.

윤: 응.

소: 새끼가 많이 나잖아?

윤: 많이 나고 말고!

소: 그 많이 낳으면 그 나머지 새끼는 어떻게 해?

윤: 아, 그거 팔지 뭐. 그 사람들이 싹 사 가지. 응. 새끼를 열 마리, 열두 마리 많이 낳지. 응. 우리 시삼촌댁이 돼지치기를 했어. 그래 돼지가 새끼를 낳아서 그 새끼를 조금 젖을 떼면 싹 팔지 뭐. 그래 돈을 만들지 뭐. 응. 그래 돈.

소: 그러면 그때도 그 이, 이 표 받는 거, 아까 뭐라고 그랬지? 일하면 주는 거 뭐라고 그랬지? 트루드(труд)?

윤: 무엇?

소: 일을 하면 주는 거 뭐라고 그러지?

윤: 아, '트루드'.

소: '트루드'.

윤: 응.

소: 트루드. 그러면 트루드, 트루드도 따로 있고.

윤: 응.

소: 돈도 따로 있었어?

윤: 아니, 그 트루드를….

소: 돈으로 바꿔?

윤: 이런 기관(機關)이 있지. 사무소가 있지. 그 사무소에는 사람들, 책임자들이 가득한데 그 트루드를 가지고 한 트루드를 얼마로, 얼마로 돈을 나눠 놓지.

소: 아::.

윤: 기랴문 거그서 돈 주지.

소: 아::.

윤: 그랫지 야.

소: 뚜루두(труд)를 가져가서 돈을 받아와?

윤: 야아! 그러재오 야 그러재. 그런데 야˘, 우리 안즉 열한시 아이 대앳지?

소: 나 열두시 반에 가야 대.

윤: 열두시 반에? 아, 점슴우 잡수구 가요.

소: 아니! 아니! 오기로 했어요. 또 어디 가야 대, 오늘. 내일 가니까 뭣 좀 사 갖구, 모레 가니까 뭣 좀 사야지.

윤: 시두 점슴 잡. 점슴 끓이오 시자˘.

소: 아니요, 아니요.

윤: 아::이오! 점슴 아이 잡사무 못 가오.

소: 점슴 나가서 먹기로 했어.

윤: 야˘?

소: 점심 나가서 같이 먹기로 했다고, 목사님하고.

윤: 아이구! 여그서 먹고 가오 글쎄. 아이! 그 점슴 이정 끓이는데 어티기, 아이! **가이요?

소: 아니, 그게 끓이지 말라고 허라니까.

윤: 아이구! 이젠 끓이우, 야. **오늘 마감날인데 즘슴 어티기 아이 끓이 야? 가 말하오[마라오] (기침) 거 가서. 아, 거그서 모다 같이[가치] 먹는 데 가서. 그건 한국 음식인데 무스 으이, 으이그. 이 여기 음식으 아, 끓인거 여그서 아, 할머, 할머니 기래 잡삿다 하지 무슨. 니나다(не надо) 네트(нет)!

소: 자! 그리고.

윤: 야. 그리고 아, 무 싸가지구 가는데 짐이 많어?

소: 아.

윤: 그러면 거기서 돈 주지.

소: 아.

윤: 그랬지 응.

소: 트루드를 가지고 가서 돈을 받아 와?

윤: 응! 그렇지. 응 그렇지. 그런데 응, 우리 아직 열한 시 안 됐지?

소: 나 열두시 반에 가야 돼.

윤: 열두시 반에? 아, 점심은 잡숫고 가요.

소: 아니, 아니. 오기로 했어요. 또 어디 가야 돼, 오늘. 내일 가니까 뭣 좀 사 갖고, 모레 가니까 뭣 좀 사야지.

윤: 사더라도 점심을 잡(숫고) 가오. 점심을 하고 있소, 지금.

소: 아니요, 아니요.

윤: 아니요! 점심 안 잡수면 못 가오.

소: 점심 나가서 먹기로 했어.

윤: 응?

소: 점심 나가서 같이 먹기로 했다고, 목사님하고.

윤: 아이고! 여기서 먹고 가오 글쎄. 아이! 그 점심을 이제 끓이는데 어떻게, 아이! 가요(=가려고 해요)?

소: 아니, 그게 끓이지 말라고 하라니까.

윤: 아이고! 이제 밥을 하오, 응. 오늘이 마지막 날인데 점심을 어떻게 안 해, 응? 가서 말하오, (기침) 거기 가서. 아, 거기서 모여 같이 먹는 데 가서. 그건 한국 음식인데 뭐 어이구. 이 여기 음식을 한 거 여기서 아, 할머, 할머니와 함께 잡쉈다 하지 뭐. 안 돼! 아니!

소: 자! 그리고.

윤: 응 그리고 아, 무얼 싸 가지고 가는 데 짐이 많아?

소: 인자 모르겠어요, 이자. 가 봐야지. 아, 그리고 인자.

윤: 야ꞈ.

소: 자! 그래서 뒈지를 그릏기 팔, 팔아서.

윤: 냐.

소: 그 뒈지 돈을 많이 몰, 몰, 모다, 모담 뭐했어?

윤: 집에서 쓰짐. 가정에서 쓰짐, 그 돈. 옷도 싸오고 쌀도 싸고 쓰지무 야.

소: 뭐, 그런 것은, 먹을 것은 많았어?

윤: 많재이ꞈ쿠!

소: 돈만 있으면 다 살 수 있었어?

윤: 돈마 잇으무 따시껜뜨(Ташкент), 아, 따시껜드(Ташкент) 시자ꞈ엔야ꞈ 찹쌀에, 매쌀이 좋::은기 지금 긔양 파오. 여긔느 없어. 여긔느 **따시께(Ташкент)서 장사꾼덜 싫구 와 비싸오. 내 쥠 찹쌀으 먹재이오? 찹쌀 멍:거 그거 한낄로에 얼매씨 하는가 삼십오원씨 하오, 삼십오원씨. 따시껜 쓰(Ташкент)선 십오원씨 하오. 그른거 사름덜 장시꾼덜 싹 실어다 여그서 찰떡으 해애 파는 집에서 그런걸 싹 싸지. 그렇소. 기앤데 내 말으 듣소. 음::, 아::, 우리 손녀가, 손녀가, 앓던 손녀가 오놀으느 음, 미루:: 미루 여그서 이 노오:고드(Новый год)라는 거 크게 새지. 기애 음, 각 기관마다 싹 그 기럼우 새지. 기래 새는데 아, 가아덜 일하지. 일하는 데서 오늘으 그 기럼우 모다 아드메쳴(отмечать-ㄹ) 한다. 긔애 그 기럼우 모다 아드메체엘(отмечать-ㄹ) 한다. 기래 기럼 모다 아드메쳴(отмечать-ㄹ) 하는데, 아::.

소: 기름을 모다서 무슨 채를32) 한다고?

윤: 기럼우 모다 진행으 하지. 기럼 모다서 오늘 미루 모다 진행한다는 게 사ꞈ아 갖차놓구 수울33) 갖다놓구 노오고드(Новый год)르 이릏기 진행하지. 기래 하는데.

소: 이제 모르겠어요, 이제. 가 봐야지. 아, 그리고 이제.

윤: 응.

소: 자! 그래서 돼지를 그렇게 팔, 팔아서.

윤: 응.

소: 그 돼지 팔아서 번 돈을 많이 모아, 모아 뭐 했어?

윤: 집에서 쓰지 뭐. 가정에서 쓰지 뭐 그 돈. 옷도 사고 쌀도 사고 쓰지 뭐 응.

소: 뭐, 그런 것은, 먹을 것은 많았어?

윤: 많고 말고!

소: 돈만 있으면 다 살 수 있었어?

윤: 돈만 있으면 타슈켄트, 아, 타슈켄트 시장엔 응 찹쌀에 멥쌀이 좋은 것을 지금 그냥 파오. 여기는 없어. 여기는 타슈켄트에서 장사꾼들이 싣고 와 비싸오. 내가 지금 찹쌀을 먹잖소? 찹쌀 먹는 거 그거 1킬로에 얼마씩 하는가 하면 35원씩 하오, 35원씩. 타슈켄트에서는 15원씩 하오. 그런 것을 사람들, 장사꾼들이 싹 실어다 (놓으면) 여기서 찰떡을 해 파는 집에서 그런 걸 싹 사지. 그렇소. 그런데 내 말을 듣소. 음, 아, 우리 손녀가, 손녀가, 앓던 손녀가 오늘은 음, 미리 미리 여기서 이 새해[新年]라는 것을 크게 쇠지. 그래 음, 각 기관마다 싹 그 기념을 쇠지. 그래 쇠는데 아, 그 아이들 일하지. 일하는 데서 오늘은 그 기념을, 모여서 기념한다 (하지). 그래 그 기념을 모여서 기념하는데, 응.

소: 기름을 모아서 무슨 반찬을 한다고?

윤: 기념을 모여서 진행을 하지. 기념을, 모여서, 오늘 미리 모여서 진행한다는 것이 상을 갖추어 놓고 술을 갖추어 놓고 새해를 이렇게 진행하지. 그렇게 하는데.

소: '기름'은, '기름을 모둔다'는 말은 뭐여? '기름'이 뭐여?

윤: '기림'이?

소: 에ˉ.

윤: '기림'이 무시기갰어? '기림'이 지림이지, 무시기.

소: 지름이지?

윤: 야ˉ 지름.

소: 기름을 모다 갖고 뭐해? 체를 한다고?

윤: 지름 무시리 모도갰어?

소: 그면 아까 뭘 모돈다고 그랬어?

윤: 사름덜으 모다.

소: 아::! 사람들을 모다 놓꼬?

윤: 야ˉ. 아, 사람덜으 모다. 기랜데 어찌갰소. 그러무 수고스럽운대르, 사진틀으 가지고 왔어?

소: 가져 왔어.

윤: 가져, 가그 전에 그러문 사진 찍소 야. 지금 야? 울 집에서 찍소. 야ˉ 그래. 야ˉ 야. 그러기오. 그럼 내 나가, 가맜어 내가 (마이크 조정) 이런 내게서 이 보통말으 적어 가주 가갰소? (기침) 아이! 챜이 이래 이거 보통 말이 이거 적어서 어찌우?

소: 괜, 일없어요. 근데 그러면:.

윤: 야ˉ.

소: 그때애는 그때::.

윤: 응.

소: 그:: 따슈껜트에서::.

윤: 야ˉ.

소: 따슈껜트에서 언제까지가 그렇게 먹고살기가 좋았어?

소: '기름'은, '기름을 모둔다'는 말은 뭐야? '기름'이 뭐야?

윤: '기름'이?

소: 예.

윤: '기름'이 무엇이겠어? '기름'이 기름이지, 무엇이긴.

소: 기름이지?

윤: 응 기름.

소: 기름을 모아 갖고 뭐해? 체를 한다고?

윤: 기름을 무엇하러 모으겠어?

소: 그러면 아까 뭘 모은다고 그랬어?

윤: 사람들을 모아.

소: 아! 사람들을 모아 놓고?

윤: 응. 아, 사람들을 모아. 그런데 어쩌겠소. 그러면 수고스럽지만, 사진기를 가지고 왔어?

소: 가져 왔어.

윤: 가져 왔어? 가기 전에 그러면 사진 찍소, 응. 지금 응? 우리 집에서 찍소. 응 그래. 응, 응. 그럽시다. 그럼 내 나가, 가만있어 내가, (마이크 조정) 아이! 이런 내게서 이 보통으로 쓰는 말을 적어서 가져가겠소? (기침) 아이! 책(=조사 책자)이, 이렇게 이거 보통 말을 이거 적어서 어찌하오?

소: 괜(찮아요). 괜찮아요. 그런데 그러면.

윤: 응.

소: 그때는 그때.

윤: 응.

소: 그 타슈켄트에서.

윤: 응.

소: 타슈켄트에서 언제까지가 그렇게 먹고살기가 좋았어?

윤: 이:: 쏘비에트(совет) 국가야 댱 먹기 살기 좋았짐. 쏘비에트(совет) 국가야 좋았지. 이 거저 쏘비에트(совет) 국가 아이재이오? 그래 여긔두 쏘비에트(совет) 국간 좋았어. 상점에 식뇨 눅고 바자르(базар)에 식뇨 눅고. 지금운 못쓸 세월이 망탕 세월이야.

소: 아니, 그때 쏘비에트 시절에는:: 쏘비에트 시절에도 꼴호즈가 있었어?

윤: 꼴호즈(колхоз) 잇엇지. 꼴호즈(колхоз), 우리 꼴호즈(колхоз) 어, 부자오. 뽈리따젤(Политотдел)이란 꼴호즈(колхоз) 그기 아, 신문에라 나고 큰 부자 꼴호즈(колхоз). 게나뷔(конопля)르 많이[마이] 하고 목하르 해서 국가다 많이[마이] 바치, 돈 많이[마이] 타짐. 사름덜 돈 많이[마이] 탔어.

소: 근데 왜 그러면:: 왜 쏘비에트가::,

윤: 야~.

소: 왜 쏘비에트가 그때 그:: 머야, 음:: 쏘비에트 그때 마지막 그, 거시기가 누구지? 브레지네폰(Брéжнев-ㄴ)가?

윤: 야~. 브레지넵(Брежнев). 쁘레지넵 때,

소: 브레지네프 그 앞에.

윤: 야~. 쁘레지네프(Брежнев) 앞에 가르바초바(Горбачёв)지.

소: 가르바초프.

윤: 가르바초브(Горбачёв),

소: 가르바초프가 그때 쏘비에트 인자,

윤: 아, 가르바초브(Горбачёв) 이르기 맨들엇지.

소: 그렇지.

윤: 야~.

소: 근데 까르바초프가 왜 그러면 이렇게 만들었어?

윤: 어, 어째….

소: 쏘비에트가 그리 좋았는데.

윤: 이 소비에트 연방 때야 늘 먹고살기 좋았지 뭐. 소비에트 연방 때는 좋았지. 이건 그저 소비에트 연방이 아니잖소? 그래 여기도 소비에트 연방 때는 좋았어. 상점에 식료(食料)가 싸고 시장에 식료가 싸고. 지금은 몹쓸 세월이오. 엉망인 세월 응.

소: 아니, 그때 소비에트 시절에는 소비에트 시절에도 콜호스가 있었어?

윤: 콜호스 있었지. 콜호스, 우리 콜호스는 어, 부자이오. 폴리타젤(Политотдел)이란 콜호스는 그게 신문에랑 나오. 큰 부자 콜호스. 삼을 많이 하고 목화를 해서 국가에다 많이 바쳐 돈을 많이 타지 뭐. 사람들이 돈을 많이 탔어.

소: 그런데 왜 그러면 왜 소비에트가,

윤: 응.

소: 왜 소비에트가 그때 그 뭐야, 음 소비에트 그때 마지막 그, 거시기가 누구지? 브레즈네프(Брежнев)인가?

윤: 응. 브레즈네프 브레즈네프 때,

소: 브레즈네프 그 앞에.

윤: 응. 브레즈네프 앞에 고르바초프(Горбачёв)이지.

소: 고르바초프.

윤: 고르바초프,

소: 고르바초프가 그때 소비에트 이제,

윤: 아, 고르바초프가 이렇게 만들었지.

소: 그렇지.

윤: 응.

소: 그런데 고르바초프가 왜 그러면 이렇게 만들었어?

윤: 어, 어째….

소: 소비에트가 그리 좋았는데.

윤: 아, 쏘비에뜨 국가가 좋안:데 아::, 가르바초오(Горбачёв)가 어:: 무
슨: 골이 이래서 그랫든두 기래. 걔 가르바촙(Горбачёв) 이릏게 자유르
주다나이 조선 사름우느 가르바촙(Горбачёв) 찬성해 신문에서 써실 때
어찐가. 싸할린(Сахалин)에 아::, 그전에 싸할린(Сахалин) 사름덜 일본
때 많이[마이] 실어 오재앴어? 그래 싸할린(Сахалин) 실은거 그거 자기
가 고햐으르 못가게 하지. 가르바촙(Горбачёв) 긔래니꺼나 그거 막 고햐
으르 가지, 싸할린(Сахалин) 사름덜이 야̃. 긔래서 그 사름덜은 가르바촙
(Горбачёв) 그릏게 찬성하고 야̃. 찬성하고. 아::, 그담에 하, 우리느 어찌
아이 좋은가 쏘비에트(совет) 국가는 싹 공자̃에 나가 버얼이르 하지. 그
러고 장싯법이 없지. 장싯법이. 장싯법, 이거느 자유 주다나이 거젼 제
마::음::대루 그저 장시르 하고. 도이 많아 사람운 집두 두울 싸게 못했어,
쏘비에트(совет) 국가는 야̃. 그랜게 지금 어저느 이, 어젼 자유르 아, 주
다나이 도이 많안[마난] 사름 집우 두개두 싸구 세개두 하, 사름 하나에
집이 세개 네개 잇어두 말, 말공비[말꽁비] 없구. 집우 두개 세개 막 짛소.
그럼 막 짛소. 도이 많안건 집우 짛지. 기래 쏘비에트(совет) **구따느,
국가느 그런 허가 없엇지. 아, 걔 지금, 지금 그런 세월이여. 거저 집두 짛
갯음 짛구 집두 많이[마이] 싸갯으무, 도이 많안 사람운 야̃ 그담에느 (기
침) 지금 차에 댕기메서도 장새르 하고 시자̃에 가 싹 장시르 하지. 장실
해애야 아, 돈벌이[돔뻐리]르 하지. 장시르 아이 하무 할 노릇이 없지. 공
재̃이 없다나이. 공자̃에서 일해[이래] 공자̃에서 월급 받아가주구 쏘비에
트(совет) 국가느 그릏게 살앗지.

소: 그면 여기도:: 옛날에는 공장이 있었을 거 아나?

윤: 많:앴지.

소: 근데 다 어디 갔어?

윤: 없짐. 일 아이 하지.

소: 왜?

윤: 아, 소련이 좋았는데 아, 고르바초프가 어 무슨 머리가 이래서 그랬는지 그래. 그래 고르바초프가 이렇게 자유를 주다 보니 조선 사람은 고르바초프를 찬성해서 신문에다 썼을 때 어찌했는가 하면, 사할린에 아, 그 전에 사할린 사람들 일제 때 많이 실려 오지 않았어? 그래 사할린으로 실어 온 그 사람들은 자기가 고향으로 못 가게 하지. 고르바초프가 그리하니까 그 사람들 막 고향으로 가지, 사할린 사람들이, 응. 그래서 그 사람들은 고르바초프를 그렇게 찬성하고 응. 찬성하고. 아, 그 다음에 우리는 어째 안 좋은가 하면 소련에서는 싹 공장에 나가 벌이를 하지. 그리고 장사하는 법이 없지. 장사하는 법이. 장사하는 법 이거는 자유를 주다 보니 그저 제 마음대로 그저 장사를 하고. 돈이 많은 사람은 집도 두 채를 사지 못하게 했어, 소련은 응. 그런데 지금 이제는 이, 이젠 자유를 아, 주다 보니 돈이 많은 사람은 집을 두 채도 사고 세 채도 하, 사람 하나에 집이 세 채, 네 채 있어도 말, 말공부가 없고. 집을 두 채, 세 채 막 짓소. 그럼 막 짓소. 돈이 많은 사람은 집을 짓지. 그래 소련은 그런 허가를 안 내주었지. 아, 그래 지금, 지금은 그런 시절이야. 그저 집도 짓겠으면 짓고 집도 많이 사겠으면 돈이 많은 사람은 응. 그 다음에는 (기침) 차를 타고 다니면서도 장사를 하고 시장에 가 싹 장사를 하지. 장사를 해야 아, 돈벌이를 하지. 장사를 안 하면 할 노릇이 없지. 공장이 없다 보니. 공장에서 일을 해 공장에서 월급을 받아 가지고 소련에서는 그렇게 살았지.

소: 그러면 여기도 옛날에는 공장이 있었을 거 아냐?

윤: 많앗지.

소: 그런데 다 어디 갔어?

윤: 없지 뭐. 일 안 하지.

소: 왜?

윤: 서구 있어. 아, 사름덜 싹 그 **어쩌 장시르 하다나이. 개구 헝겇 짜는 공자~이 하나 있어, 헝겇.

소: 돈이, 그러면 돈, 다른 공장은 해 봤자 돈이 안 벌린다는 얘기 아냐?

윤: 아이! 그 아, 지금 고 쏘비에트(совет) 국가 아이 데:: 니기 공자~:서 일 하자우? 아이 하지. 도이 많안 사름 장시르 해, 장사르 해 돈 더 버어는 게, 장사르 해서. 그전에느 밀리쯔(милиция)가 야~ 거어 장사르 하게 못하짐. 막 붙들어 주루만(тюрьма)에 넣지. 아, 그런게 지금우느 그저 아, 장새르 하다나 도이 많안건 암:짓이나 하는데, 그래이 거기 또 도독이란건 더 많지. 그래 그저 아, 사름우 그저 그 돈으 위해서 칼르 **지그 그러구 또 그 전에느 쏘비에트(совет) 국가에느 (기침) 사람 집에 사영하는 초~이 잇재이오? 그 사영하는 촌[chon]34) (기침) 사영책이 다 있어야 대, 사영꾼책. 그 검열[검녈]하고 야. 아, 그저 **비지, 집이다 초~오 좀 붙들어 앉지. 기앤데 지금우 냐~ 집집마다 초~이 잇구 단포~오35) *지 그 **지게 다 있어.

소: 그래요?

윤: 그러재잉구! 그 못::쓴 나쁜 세월. 긔래다나이 이:: 아이덜이 쩍 하문 싸 죽이구 쩨레비(телеви)선 쩨리비(телеви)서 *똑같. 쩍 하문 싸 죽이고 싸 죽이고 싸 죽이구 이래지. 그런 나뿐 세월이.

소: 아 잉게 총, 그 저, 군대가 가지고 있는 총을 집에서 가지고 있어?

윤: 아이, 글쎄 지금은 초~오 가주구 잇어두 벨일 없다 하재이오? 아, 쏘비에트 국가느 집에서 초~:이 나주면36) 그 사름 붙들어다 주루만(тюрьма)에다 앉혓짐. 지금운 그러, 그런 세월, 아::주 나쁜 세월이여. 그담에느 아, 바사르(базар)서 지금 파는데 아, 어, 고기르 파는데 세나 대애지나 이릏게 파는데 그게 값은 매일 올라가오. 자꾸 값이 높아지구 높아져. 그게 적다나이 그게 많애야 데갯는게 그거 니기 소치기나 대애치기르 하오? 그 저 싹 바사르(базар) 장시르 하지. 따시껜뜨도 가고 알마따아도 가고 모스끄바도 가고 차에다 물거을 싹 싣구 댕기메 장시르 하지. 헐한 일 하지.

윤: 서 있어. 아, 사람들이 싹 그 어쨌든 장사를 하다 보니. 그리고 천을 짜는 공장이 하나 있어, 천.

소: 돈이, 그러면 돈, 다른 공장은 해 봤자 돈이 안 벌린다는 얘기 아냐?

윤: 아니! 그 아, 지금 소련이 아니 돼니 누가 공장에서 일을 하자고 하오? 안 하지. 돈이 많은 사람은 장사를 해, 장사를 해서 돈을 더 버는데, 장사를 해서. 그 전에는 민경(民警)이 응 그 장사를 못하게 하지 뭐. 막 붙들어 감옥에 넣지. 아, 그런데 지금은 그저 아, 장사를 하다 보니 돈이 많은 사람은 아무 짓이나 하는데, 그러니 거기 또 도둑이란 건 더 많지. 그래 그저 아, 사람을 그저 그 돈을 위해서 칼로 찌르고 그러고 또 그 전에는 소련 시절에는 (기침) 사람이 사는 집에 사냥하는 총이 있지 않소? 그 사냥하는 총 (기침), 사냥하가서가 다 있어야 돼, 사냥허가서. 그 검열을 하고, 응. 아, 그저 집에다 총을 좀 붙들어 앉히지. 그런데 지금은 응 집집마다 총이 있고 단총(短銃)을 지금 그 집에 다 있어.

소: 그래요?

윤: 그렇고말고! 그 몹쓸 나쁜 시절. 그러다 보니 이 아이들이 걸핏하면 쏴 죽이고 텔레비전에서, 텔레비전에서와 똑같이. 걸핏하면 쏴 죽이고 쏴 죽이고 쏴 죽이고 이러지. 그런 나쁜 시절.

소: 아, 이렇게 총, 그 저, 군대가 가지고 있는 총을 집에서 가지고 있어?

윤: 아니, 글쎄 지금은 총을 가지고 있어도 별일 없다 하잖소? 아, 소련은 집에서 총이 나타나면 그 사람을 붙들어다 감옥에 가두었지 뭐. 지금은 그런, 그런 시절, 아주 나쁜 시절이여. 그 다음에는 아, 시장에서 지금 물건을 파는데 아, 어, 고기를 파는데 소나 돼지나 이렇게 파는데 그게 값이 매일 올라가오. 자꾸 값이 높아지고 높아져. 그게 적다 보니. 그게 많아야 되겠는데 그저 누가 소 치기나 돼지치기를 하오. 그저 싹 시장에서 장사를 하지. 타슈켄트도 가고 알마티도 가고 모스크바도 가고 차에다 물건을 싹 싣고 다니며 장사를 하지. 쉬운 일이지.

소: 그럼 알마타는::.

윤: 야~.

소: 알마타는:: 그때가 따, 타슈켄트에 있을 때.

윤: 야~.

소: 따슈켄트에 있을 때는 돈을 많이 벌었어?

윤: 야~.

소: 근데 왜 이쪽으로 왔어?

윤: 야~?

소: 왜 따슈켄트 있다가 이리 왔냐고.

윤: 어째 이리 왔는가무 내 어제도 말해앳지만 내 기야~ 앓앗지. 내 앓으이꺼나 (기침) 따슈껜뜨(Ташкент)는:: 덥운 곧이오. 지금도 덥소. 따슈껜뜬(Ташкент-ㄴ) 덥운 곧이오. 여기느:: 좀 선선한 곧이오. 개 선선하이 공기 낫지. 선선한데 공기 낫지. 기래 내 앓으이꺼나 우리 부모나 우리 저 아:들 아버지나 여기 공기 좋은데르 간다구. 기래 왓지 무. 기래 공기 좋은 데 **아나오 아, 오십구연에 여그로 오재앳소? 그래 여그로 오이 내 낫짐. 나 낫지. 그래 우리 시삼춘네 엔치 잇는 분덜 싹 따슈껜뜨(Ташкент) 게시지.

윤: 기래 게신게 우리 여긔르 갈직에 홀로 여긔르 간다구 반대르 해앳지. 그애 반대르 햇는데 아::, 내 여그 와 앓잰는다 하이 우리 시삼추이 좋다 하지. 반델 하던게. 그 다음 여긔르 우리 식기 만저 여라호에 왓짐. 동생네 식기도 오고 동미덜또 오이 이때, 이때. 기래 와 여그 와 재배르 하고 사이~ 내가 따시껜뜨(Ташкент)느 꼴호스서 일하매 우리 어머니 아버지 없이 고사하지, 아버지. 기애 동새애도 꼴호즈(колхоз). 내가 여긔르 모세왓어. 긔애 모세와서 저 밭에서 어저느 아렌드(аренда)르 가주고 이르 떡 농사르 해앳짐.

소: 아랜드(аренда) 가지고?

소: 그럼 알마티는.

윤: 응.

소: 알마타는 그때가 타, 타슈켄트에 있을 때.

윤: 응.

소: 타슈켄트에 있을 때는 돈을 많이 벌었어?

윤: 응.

소: 그런데 왜 이쪽으로 왔어?

윤: 응?

소: 왜 타슈켄트에 있다가 이리 왔냐고.

윤: 어쩌 이리 왔는가 하면 내가 어제도 말했지만 내가 그냥 (계속) 앓았지. 내가 앓으니까 (기침) 타슈켄트는:: 더운 곳이오. 지금도 덥소. 타슈켄트는 더운 곳이오. 여기는:: 좀 선선한 곳이오. 그래 선선하니 공기가 낫지. 선선한데 공기가 낫지. 그래 내가 앓으니까 우리 부모나 우리 저 아이들 아버지나 여기 공기 좋은 데로 간다고. 그래서 왔지 뭐. 그래 공기 좋은 데 *** 아, 1959년에 여기로 오지 않았소? 그래 여기로 오니 내가 (병이) 나았지 뭐. 내가 나았지. 그래 우리 시삼촌네 연세 있는 분들이 싹 타슈켄트에 계시지.

윤: 그래 계신데 우리가 여기로 갈 적에 홀로 여기를 간다고 반대를 했지. 그래 반대를 했는데 아::, 내가 여기 와 앓지 않는다 하니 우리 시삼촌이 좋다고 하지. 반대를 하던 분이. 그 다음 여기로 우리 식구며 먼저 여러 호가 왔지 뭐. 동생네 식구도 오고 동무들도 오니 이때, 이때, 그래 와 여기 와 있을 곳을 정하고 사니, 내가 (생각하기에), 타슈켄트의 콜호스에서 일하며 우리 어머니가 아버지(=남편) 없이 고생하지, 아버지. 그래 동생도 콜호스(에서 일하고). 내가 여기로 모셔 왔어. 그래 모셔 와서 저 밭에서 이제는 임차(賃借)한 농지를 가지고 이렇게 떡 농사를 지었지.

소: 임차를 해 가지고?

윤: 냐~. 아렌드(аренда).

소: '아랜드'가 뭐여?

윤: 아, 따값우[따깝수] 물매.

소: 아ː, 그 '아랜드'라고?

윤: 야. 따값으[따깝쓰] 물매스리.

소: 그럼 땅값을 누구한테 물어?

윤: 국, 어….

소: 국가에다 물어, 잃게 사람에다…?

윤: 야, 야 국가에다 무지, 국가에. 그담엔 파지이르 했어, 파지일.

소: 파질.37)

윤: 야~. 파에….

소: 그 파질, 파질을 할라면ːː 그 땅으 밭으ːː 밭으 아랜드해야지?

윤: 야~.

소: 아랜드를ːː 국가에다 해ːː, 사람에다 해?

윤: 국가에다아서. 그 아, 아랜드르 가진 데 파아 시무재이오? 그 파아 밭이[바치] 엄매만한가 바치라.

소: 아ːː. 그래 가지고.

윤: 응.

소: 음. 아렌드(аренда)르 하면은, 파이르 파지38)하면.

윤: 아, 파이르 져어서 멫 똔(тон) 만한 거 국가 바체라. 게 거 먼저 국가 바치짐. 바치구 나머지르 우리가 파지. 아 그래 차차차차 그 싸재이이까네 값이 없지. 줴에뿌렛지, 그담에.

소: 왜? 왜? 왜?

윤: 아, 국가에서 잘 받재잏지. 국가서 잘 싸야 데지. 기래 열 똔(тон) 열 똔(тон) 스무 똔(тон) 서른똔(тон) 쉰 똔(тон) 백 똔(тон) 이룽기[이르끼] 무꾸르 많이[마이] 짛지 야. 져어서 그거 국가다

윤: 응. 임차.

소: '아랜드'가 뭐야?

윤: 아, 땅값을 물며.

소: 아: :, 그 '아랜드'라고 하는 것?

윤: 응 땅값을 물면서

소: 그럼 땅값을 누구한테 물어?

윤: 국(가), 어⋯.

소: 국가에다 물어, 이렇게 사람에다⋯?

윤: 응, 응 국가에다 물지, 국가. 그 다음에는 파 농사를 했어, 파 농사.

소: 파 농사.

윤: 응. 파에⋯.

소: 그 파 농사를, 파 농사를 지으려면 그 땅을 밭을, 밭을 빌려야 하지?

윤: 응.

소: 임차를 국가로부터 해, 사람으로부터 해?

윤: 국가에다. 그 임차 농지에다 파를 심잖소? 그 파밭이 얼마 만한가에 따라 (거기에 상응하는 생산량을) 바치라고.

소: 아. 그래 가지고.

윤: 응.

소: 음. 토지를 임차(賃借)해서 파를 파 농사를 지으면

윤: 아, 파를 농사지어서 몇 톤의 양을 국가에 바쳐라. 그게 먼저 국가에 바치짐. 바치고 나머지를 우리가 팔지. 아 그래 차차차차 그걸 사지 않으니까 값이 없지. (그래서) 내던졌지, 그담에.

소: 왜? 왜? 왜?

윤: 아, 국가에서 잘 받지 않지. 국가에서 잘 사야 되지. 그래 10톤, 20톤, 30톤, 50톤, 100톤 이렇게 무를 많이 농사를 짓지. 지어서 그거 국가에다

한 낄로(кило) 두 돈(тон)씨나 서 돈(тон)씨 개 국가다 거 싹 우리 바치
무 아 거기서 우리 돈 타지. 그러구 국가서 잘 받재이무 그 파이 그 많안
거 그거 쎈이갯어? 시장에서 많이[마이] 못 파지. 시장이 많다나 값으 못
받지. 그런 농사질해앳어.

윤: 그런 농사질하메 우리 아이덜 아부지가 칠십삼년에 사망뎃지 야.
십년 해앳어. 우리 우리 아 우리 남페이가 십년 동안 그 부리가질(бригад
ир) 하다가서 칠십삼년 사월에 가 상새낫어. 상새나이 그 삼년에 마치문
따아 아 사연에 오연에 삼년으 내 했어. 내 브리가질(бригадир)한 게. 아,
기래 *메 열두 호 열다서 호 이런 호덜으 데리구 저 밭에 나가 막으 짛구
그러구 시무구. 그러구,

소: 아아! 여, 그문, 집은 여기 잇구.

윤: 집은 여기 잇구.

소: 막으 짓구.

윤: 거기서 일시 집우 짛구 살메서리 기관 일 일햇짐. 그랬어.

소: 그럼, 막 열다섯 호 이릏기 같이 가는 거여?

윤: 야, 야.

소: 그먼 사람이 막 한 삼십명 오십명 이렇게 데겟네?

윤: 아, 그래. 그래 글쎄 열다슷 호이무 남자 홀르 열둘이지 야. 식솔
많지. 기래.

소: 애, 애기덜두 데리구 가?

소: 애기덜 싹 데리구 가. 제마끔 집우 짛구 사지. 거긔 가.

윤: 기란데 아 여자몸을르 아 그 브리가질(бригадир)이라는 거 열다스
호에 그거 남자덜 다 히우자무 바쁘지. 그래 그래 삼년 동안 그러나 저러
나 내 드살이 세길래39) 내 해앳지. 하다, 에에! 마감에 여자 할 일이 아이
라구 줴에뿌렛지. 그래 그거느 그 일으 하자무 이 우리 에따(это) 따아 맡
은 그 솝호즈(совхоз)

1킬로, 2톤씩이나 3톤씩 국가에다 싹 우리가 바치면 아 거기서 우리가 돈을 타지. 그리고 국가에서 잘 받지 않으면 그 파를 그 많은 것을 그거 썩히겠어? 시장에서 많이 못 팔지. 시장이 많다 보니 값을 못 받지. 그런 농사를 지었어.

윤: 그런 농사를 지으며 우리 아이들 아버지가 1973년에 사망했지 응. 10년을 했어. 우리, 우리 아이, 우리 남편이 10년 동안 그 고본질의 작업반장을 하다가 1973년 4월에 가 돌아가셨어. 돌아가시니 그 3년에 마치면 땅을 아 4년 5년에 3년을 내가 했어. 내가 작업반장한 것이. 아, 그래 몇, 12호 15호 이런 가호(家戶)를 데리고 저 밭에 나가 농막(農幕)을 짓고 그러고 심고. 그러고,

소: 아! 여기, 그러면, 집은 여기 있고.

윤: 집은 여기 있고.

소: 농막을 짓고.

윤: 거기서 일시(一時) 집을 짓고 살면서 기관(機關) 일을 했지 뭐. 그랬어.

소: 그럼, 막 15호가 이렇기 같이 가는 거야?

윤: 응, 응.

소: 그러면 사람이 막 한 30명, 50명 이렇게 되겠네?

윤: 아, 그래. 그래 글쎄 15호(戶)이면 남자 호(戶)로 말하면 열둘이지 응. 식솔(食率)이 많지.

소: 아, 아기들도 데리고 가?

소: 아기들을 싹 데리고 가지. 제각기 집을 짓고 살지. 거기에 가서.

윤: 그런데 여자 몸으로 아 그 작업반장이라는 것이 15호에 그거 남자들을 다 휘어잡자면 힘들지. 그래 그래 3년 동안 그러나 저러나 내가 억척스럽기에 내가 했지. 하다가, 에! 마지막에 여자가 할 일이 아니라고 내던졌지. 그래 그것은 그 일을 하자면 이 우리가 음 땅을 임차한 그 국영농장

야 숍호즈(совхоз)에 지렉또라(директор) 잇지. 지렉또라(директор) 큰사람덜 잇지. 거기르 내가 거기르 자다 아츰이무 이찍이 가서 차르 가질 일 잇으무 차르 가주구 뭇을 일이무 거기가 허가르 맡아야 데지. 기래 내 아츰에 기양 이찍이 댕기다가, 에이히! 그담에 삼년하구 쉐에뿌렜어.

소: 그까 거기 가서 그문 뜨랙똘(трактор)두 빌릴라문, 거기서 차두 …?

윤: 그으래! 뜨락똘(трактор) 빌릴라, 차르 거기서 싹 비짐 야. 그러 물으 대두 허가르 맡구.

소: 그문 자 거기서 빌려 가지구 쓰고 나중에,

윤: 야˘.

소: 그 파이 얼마라구 주면 데는 거야?

윤: 아, 그래 그 거 거 거기 가서, 나리야드(наряд)40)라는 거 주구야 거기서 내애보내지.

소: 에, 에.

윤: 그럼 그거 가주구 우리 쓰짐, 야˘. 게 가서. 게 이 할머니 젊어서 그런 일으 다아 햇어.

소: 그러면은 우리 조선사람들은 그런 일으 마 잘 했어요?

윤: 조선사람덜마 다 해애 지끔. 다른 사람덜 그거 못하오.

윤: 파이 지심 매는 거 뉘기 매겠어. 바늘 같은데, 풀이 가뜩 나는 거. 개 싹군이 언구 매앳짐. 싹으 옇짐[여쩜]. 싹군.

소: 여기 저 끼르기스나 머 다른 민족은 못해?

윤: 아이구! 그것덜 끼르기스(Кыргыз) 민족은 옴판 노다리우. 그것덜으는 바라이(баран)만 자래와 먹구 이 이 시무는 거 모르우. 끼르기스(Кыргыз) 민족은 노다리. 우즈베크 민족으느 일으 많이[마이] 하오. 일으 잘 하오, 우즈베끄는. 이 깍지르 이 이마아이 넙운 거 잘게 이 찍헤, 베께덜 깍지우 야. 베께덜으는 일으 잘 하오.

소: 다들 '베께들'이라구래?

응 국영농장의 지배인이 있지. 지배인이라고 높은 사람들이 있지. 거기를 내가, 거기를 자다가 아침이면 일찍 가서 차를 가질 일이 있으면 차를 갖고 또 무을(=관계를 맺을) 일이 있으면 거기에 가서 허가를 맡아야. 그래 내 아침에 그냥 일찍이 다니다가, 에이! 하고 그다음에 3년을 하고 내던졌지.

소: 그러니까 거기 가서 그러면 트랙터도 빌리려면, 거기서 차(車)도?

윤: 그래! 트랙터를 빌리려(면), 차를 거기서 빌리지 뭐 응. 물을 대도 허가를 맡고.

소: 그러면 자 거기서 빌려 가지고 쓰고 나중에,

윤: 응.

소: 그 파 얼마를 주면 되는 거야?

윤: 아 그래 그 거 거기 가서, 작업 지시서(指示書)라는 것을 주어야만 거기서 차를 내보내지.

소: 예, 예.

윤: 그럼 우리가 그 트랙터 따위의 차를 가지고 쓰지 뭐, 응. 거기 가서. 게 이 할머니가 젊어서는 그런 일을 다 했어.

소: 그러면 우리 조선 사람들은 그런 일을 잘 했어요?

윤: 조선 사람들만 다 해 지금. 다른 사람들은 그거 못 하오.

윤: 파 김매는 것을 누가 매겠어. 바늘 같은 풀이 가득 나는 것을. 그래 삯꾼을 얻어 맸지 뭐. 삯을 넣지 뭐. 삯꾼.

소: 여기 저 키르기스나 뭐 다른 민족은 못 해?

윤: 아이고! 그것들 키르기스 민족은 원래 노라리오. 그것들은 양(羊)만 키워서 먹고 이 심는 것은 모르오. 키르기스 민족은 노라리. 우즈베크 민족은 일을 많이 하오. 일을 잘 하오, 우즈베크인은. 이 괭이를, (날이) 이 이만큼 넓은 게 잘게 이게 찍히는데, 그게 우즈베크 괭이오, 응. 우즈베크인들은 일을 잘 하오.

소: 다들 우즈베크 사람을 '베께'라고 해?

윤: 야. '베께'라. 우즈베끄르 '베께'라 하오. 야, '베께'라.

소: 그머는 까 까자으스딴은 뭐라구래?

윤: 아, '까자끄'라 하짐. 이건 '기르기스(Кыргыз)'라구 그래. 음 그렇
소.

소: 그럼 베께덜은 잘 사나?

윤: 아, 베께덜은… 일 잘하는 게 잘 사오? 일 못 하는 게 못 살구 *그
러. 아무데도 일 잘하는 게 잘 살지. 일 못하는 게 어티기 잘 사오.

소: 그럼. 여기 끼르기스(Кыргыз)는 원래 양이나 머 염소나 머,

윤: 그으래! 그건 거 재래우구 살짐.

소: 자래우면 지금두 자래우면 양 같은 거 많이 키우면 부우잴 거 아냐!

윤: 아, 그렇재이. 부재구야 많이[마이] 치지. 걔 그야~이라 팔아먹지.
염소도 팔구 양도 팔구 그래 팔구 그거 잡아먹구 기래짐.

소: 겐데 왜 안 치는가구?

윤: 왜 아이 치는가 하구? 바쁘지 머. 그것두 치자무 승냥이 무리덜 와
그 야~아 물어가. 그래. 아아, 그담에느 아 야~아 치잠 바쁘이꺼나 거 그
줴에뿌리구서 야 어저느 그 산에서 야~아 쳐서 이렇게 산에서 짐승처리
살던 사름덜이 차츰차츰 깨애서 이 고로드(город) 끼르기스(Кыргызста
н) 비슈케크 고로드(город) 와서 총각덜안 대학에서 글으 이르우. 대학에
서 글으 이르구 차츰차츰 그 깨지 못한 게 산에서 싹 바라내레오지. 옴판
내레와다서 공부르 시게서 야 걔 공부르 시게서 아: 무슨 재비 재가이 장
기[장끼] 잇는 대르 기관일두 하구 재가이 없는 건 장세르 하구 그러짐.
장세르 하지. 지금 매일 바자르(базар)에 장사꾸이 앉구 잇지.

소: 아니, 그 메리쯔(милиция)는 메리쯔(милиция)는 우리 우리 조선
사람도 메리쯔(милиция) 있, 가 덴 사람이 있어?

윤: 있어 야. 혹시 있어. 많재이오. 혹시 있어 야~.

윤: 응. '베께'라고. 우즈베크 사람을 '베께'라 하오. 응, '베께'라고.

소: 그러면 카자흐스탄 사람은 뭐라고 해?

윤: 아, '까자끄'라고 하지 뭐. 이건 '키르기스'라고 그래. 음 그렇소.

소: 그럼 우즈베크 인은 잘 사나?

윤: 아, 우즈베크 인들은… 일 잘하는 사람이 잘 사오? 일을 못 하는 것이 못 살고 그렇지. 아무데서나 일을 잘 하는 사람이 잘 살지. 일 못 하는 것이 어떻게 잘 사오.

소: 그럼. 여기 키르기스는 원래 양이나 뭐 염소나 뭐,

윤: 그래! 그건(=키르기스인) 양을 기르고 살지 뭐.

소: 양을 기르면 지금도 양을 기르면 양 같은 것을 많이 키우면 부자(富者)일 것 아냐!

윤: 아, 그렇잖고. 부자라야 많이 치지. 팔아먹지. 염소도 팔고 양도 팔고 그렇게 팔고 그거 잡아먹고 그러지 뭐.

소: 그런데 왜 안 치느냐고?

윤: 왜 안 치느냐고? 힘들지 뭐. 그것도 치자면 승냥이 무리들이 와 그 양을 물어가. 그래. 아 그다음에는 아 양을 치자면 힘드니까 그거 내던지고서 응 이제는 그 산에서 양을 쳐 이렇게 산에서 짐승처럼 살던 사람들이 차츰차츰 머리가 깨어서 이 도시 키르기스 비쉬케크 시로 와서 총각들은 대학에서 공부를 하오. 대학에서 공부를 하고 차츰차츰 그 깨지 못한 사람이 산에서 싹 여기저기로 내려오지. 원래 내려와 가지고서 공부를 시켜서 응 그래 공부를 시켜서 무슨 자기 재간이 장기(長技)가 있는 대로 기관일도 하고 재간이 없는 사람은 장사를 하고 그렇지 뭐. 장사를 하지. 지금 매일 시장에 장사꾼이 나와 앉아 있지.

소: 아니 그 경찰은 경찰은 우리 우리 조선 사람도 경찰이 있, 경찰이 된 사람이 있어?

윤: 있어 응. 혹시 있어. 많지 않소. 혹시 있어 응.

소: 그냥, 그건 그면 어티기 데는 거야? 시험 봐서 가두 데는 거야?

윤: 메리쯔(милиция)르? 공부르 하지. 그것두 공부르 해 가지. 그 멜리쯔(милиция)라는 것두 돈만 옇어주지애잏갯어? 어징간한 이래 ***및 으르41)

소: 그러니까.

윤: 그건 나뿐 세월이짐. 그저 돈만 돈밖에 모르오. 그렇소. 우리 아들 차르 타구 가다가 조끔 잘못하재잏겠어? 메리쯔(милиция) 질에서 세오. 세우구서 아 이래 쁘라브다(правда) 도자~아 찍자무 우리 아들 거르만(карман)에 돈으 옇어주문 그러면 스스로 **보래.42) 그런 세월이. 지금 지금 세월이 그런 세월. 아주 나쁘고 망탕 세월이란 말이지.

소: 로시아도 그래? 로시아도?

윤: 로시아두, 아이! 노시아느….

소: 로시야 로시야 메리쯔(милиция)도 마찬가지야?

윤: 노시아 멜리츠(милиция)야 마찬가지지만 해두 여기마 조끔 법이 드세구. 그래구 노시아느… 공자~이 많지. 공장에서 일하구. 야~. 지금 뿌찐(Путин)을르 하재이오? 뿌찐(Путин)으느 그 사름 어 뿌찐(Путин)은 페야~으르 오구. 김대주~이 페야~으르 가구. 그거 내게 사진이 싹 있어 큰 사지이 잇어 보겠어?

소: 아니! 한국에서 밨으니까. 뿌찐이, 여기 로시아 사람덜은 뿌찐 좋아하오?

윤: 좋아하오. 잘한다 하지. 그 사름 여기두 왔다갓어.

소: 그래요?

윤: 야~. 그 사름 잘 하지 야~.

소: 그래요?

소: 으~: 어~:. 자 그러면, 자 그러면 여기서 그랬고. 농사느 그렇게 했고. 그담에 그담에 인제 우리 우리 그 사람덜끼리 모이면 우리 민족들끼리 모이면 주로 뭐하구 놀아? 어떻게 놀아?

소: 그냥, 그건 그러면 어떻게해서 되는 거야?

윤: 경찰을? 공부를 하지. 그것도 공부를 해서 가지. 그 경찰이라는 것도 돈만 넣어 주지 않겠어? 어지간한 일은 이렇게 ***.

소: 그러니까.

윤: 그건 나쁜 세상이지 뭐. 그저 돈만 돈밖에 모르오. 그렇소. 우리 아들이 차를 타고 가다가 조끔 잘못하지 않았겠어? 경찰이 길에서 차를 세우오. 세우고서 아 이렇게 사실 확인 도장을 찍자면 우리 아들이 주머니에 돈을 넣어 주면 그러면 스스로 보내. 그런 세상이야. 지금 지금 세월이 그런 세월. 아주 나쁘고 엉망인 세월이란 말이지.

소: 러시아도 그래? 러시아도?

윤: 러시아도, 아니! 러시아는….

소: 러시아 러시아 경찰도 마찬가지야?

윤: 러시아 경찰이야 마찬가지지만 여기보다 조끔 법이 드세고. 그리고 러시아는… 공장이 많지. 공장에서 일하고. 응. 지금 푸틴으로 대통령을 삼지 않았소? 푸틴은 그 사람은 어 푸틴은 평양으로 오고. 김대중이 평양으로 가고. 그거 내게 사진이 모두 있어. 큰 사진이 있어. 보겠어?

소: 아니! 한국에서 봤으니까. 푸틴이, 여기 러시아 사람들은 푸틴을 좋아하오?

윤: 좋아하오. 잘한다고 하지. 그 사람 여기도 왔다 갔어.

소: 그래요?

윤: 응. 그 사람이 잘 하지 응.

소: 그래요?

소: 자 그러면, 자 그러면 여기서 그랬고. 농사는 그렇게 했고. 그다음에 그다음에 이제 우리 우리 그 사람들끼리 모이면 우리 민족들끼리 모이면 주로 뭐하고 놀아? 어떻게 놀아?

윤: 어티기 놀갯어. 아 한갑우 쇄내[sʷɛna].

소: 한갑은 어떻게 세?

윤: 한갑오 원동식을르 하지. 한갑우 동갭이 겉에 앉히구[안치구] 사둔 앉히구[안치구] 동미두 앉히구[안치구] 기래 사~아 받짐. 걔 사~아 받아 그 동갭이나 그 사둔께다 이런 사~아 싹 해애놓소. 사~아 해애놓구 사~아 받지. 자석덜이 싹 들와 제마끔 들와서 수울으 붓구 그렇기 하짐. 한갑우느 그렇기 하오.

윤: 자석덜이 제마끔 들와서 한 한갑우느 그땐 이런 위지끄(видик)란 벱이 없었어. 위지끄(видик)라는 벱이. 위지끄(видик)라는 게 이렇기 찍는 게 애이오? 찍는 거.

소: 에, 에.

윤: 그거 쩨레비조르(телевизор)다 보는 거. 그때느 없어서 못 긔래구. 내 (기침) 우리 아덜 나르 까페(кафе)[43]서 야 칠십생진 샜어. 칠십 칠십 살으 먹은. 칠십 생진으 샌거 까세뜨(кассетта)다 찍은 게 있어. 그담에 넙다 팔십 새, 팔십 샌 거 싹 까세뜨(кассетта)다 찍엇지. 야아, 그런 게 있어.

소: 그러면 팔십 때도 상 받아?

윤: 아이! 팔십 때느 상이사 받지. 사~이다느 특별하게 갖촤 놓지. 그래 거기다서 내 그저 동갭이랑 벨루 아이 그저 아 가깝운 사름덜은 내 친척이나 이래 앉히지. 그래 앉히구[안치구]. 특별이 딸르 앉짐 야. 기래문 저 짝에서 싹 에따(это) 군중[44]덜 오는 게 앉구 기래지. 한갑이야 특별하지[특벼라지]. 한갑우느 맏아들부터 **새길해서[45] **채채빌르[46] 이상 지하[47]르 차렐에서 절차대르 하지. 수울 붓어 올리구 절으 하구 수울 붓어 올리구 절으 하구.

소: 절은 어떤 절으 해?

윤: 그저 엎댓다[48] 이나지[49] 머.

윤: 어떻게 놀겠어. 아 환갑을 쇠거나.

소: 환갑은 어떻게 쇠어?

윤: 환갑은 원동식으로 하지. 환갑을 동갑이를 곁에 앉히고 사돈을 앉히고 동무를 앉히고 그렇게 해서 환갑상을 받지. 그래 상을 받아 동갑이나 사돈에게다 이런 상을 싹 해 놓소. 상을 차려 놓고 상을 받지. 자식들이 싹 들어와 제각기 들어와서 술을 붓고. 그렇게 하지 뭐. 환갑은 그렇게 하오.

윤: 자식들이 제각기 들어와서 환갑은 그때는 이런 비디오로 촬영하는 법이 없었어. 비디오로 촬영하는 법이. 비디오라는 것이 이렇게 찍는 것이 아니오? 찍는 것.

소: 예, 예.

윤: 그거 텔레비전에다 넣어서 보는 거. 그때는 없어서 못 그러고(=찍고). 내 (기침) 우리 아이들이 나를 카페서 응 70 생일을 쇠었어. 70, 70살을 먹은. 70 생일을 쇤 거 카세트테이프에다 찍은 것이 있어. 그다음에 냅다 80이 되어 생일을 쇄, 80 쇤 거 싹 카세트테이프에다 찍었지. 야, 그런 것이 있어.

소: 그러면 80세 때도 상을 받아?

윤: 아이! 80 때는 상이야 받지. 상에다 특별하게 갖추어 놓지. 그래 거기다 내 그저 동갑이랑 특별히, 아이 그저 가까운 사람들은 내 친척이나 이런 사람들은 이렇게 앉히지. 그렇게 앉히고. 특별히 따로 앉지 뭐, 응. 그럼 저쪽에서 싹 음 군중(群衆, =하객)들이 오면 앉고 그러지. 환갑이야 특별하지. 환갑은 맏아들부터 시작하여 채비를 하여 손위와 손아래를 차례를 지어 절차대로 하지. 술을 부어 올리고 절을 하고, 또 술을 부어 올리고 절을 하고.

소: 절은 어떤 절을 해?

윤: 그저 엎드렸다 일어나지 뭐.

소: 큰절르 엎댓나 이렇게 하는 거어?

윤: 아이! 그전에두 원동두 절이 잇엇짐.

소: 여기는 여기는 지금두 여기두 원동에서 했던 거처럼 그렇게 해?

윤: 원동에서 햇던 절차르, 여기 여긴 여기는 세배라는 것두 없고 절이라는 게 없어.

소: 아니! 한갑 때 말야.

윤: 한갑 때는 꼭 절하오.

소: 한갑 때는 꼭 절해?

윤: 머 할 줄 알구 모르구 절무이구 무시기구 다 절하오. 야˘ 시기는 겐데. 그렇게 하오. 기래구.

소: 상에느 주로 뭔머를 채려?

윤: 사˘에다 (기침) 한갑사˘에다는 좋은 음식으 싹 놓지. 좋은 음식으 놓고 야. 거나 한국에서 저 페야˘에서 한갑이나 그런 거 새는 거 내 많이[마이] 보지. 내 책으 많이[마이] 개애다 놔. 마. 기래 거기서는 이릏기 막 장처놓구 장처놓구 이릏기.

윤: 아, 여기서는 그릇에다 싹 담아 놓지. 걔 담아 놓구 그담엔 사˘에다 좋온 음식으 담아 놓는 게 딸구. 찰떡이랑 증펴이랑 싹 놓구. 그담엔 저 식당칸에서 어 따갑운 국으 해서 또 이래 내다 주구 야. 그렇게 먹으라구 야. 거기 해앰이 해앰이 가뜩하구[가뜩·하구] 야. 그렇기 새지. 그래구 한갑우느, 잔체느50) 잔쳇상51)으는 수탉으 수탉으 새애기 신랑새애기 두 울이 같이 앉은 데다 수탉으 두울으 해 놓소. 수탉으 두울으 맨들어 놓구.

소: 살아 있는 거요?

윤: 야˘?

소: 살아 있는 거?

윤: 아이! 잡은 거. 벳에다 고치르 물기구 청실 홍실 실두 늘이구 아 잔쳇상으느 그렇기 받소. 잔쳇상으느 그렇기 받소.

소: 큰절로 엎드렸다 이렇게 하는 거?

윤: 아이! 그전에도 원동도 절이 있었지 뭐.

소: 여기는 여기는 지금도 여기도 원동에서 했던 것처럼 그렇게 해?

윤: 원동에서 했던 절차를, 여기 여기는, 여기는 세배라는 것도 없고 절이라는 것이 없어.

소: 아니! 환갑 때 말이야.

윤: 환갑 때는 꼭 절하오.

소: 환갑 때는 꼭 절을 해?

윤: 뭐 할 줄 알고 모르고 젊은이고 무엇이고 다 절하오. 응. 시키는 것인데. 그렇게 하오. 그리고.

소: 상에는 주로 무엇 무엇을 차려?

윤: 상에다 (기침) 환갑상에다는 좋은 음식을 싹 놓지. 좋은 음식을 놓고 응. 그러나 한국에서 저 평양에서 환갑이나 그런 거 쇠는 것을 내가 많이 보지. 내가 책을 많이 가져다 놔. 많[마]. 그래 거기서는 이렇게 막 쟁여 놓고 쟁여 놓고 이렇게.

윤: 아, 여기서는 그릇에다 싹 담아 놓지. 그래 담아 놓고 그다음에는 상에다 좋은 음식을 담아 놓는 것이 다르고. 찰떡이랑 증편이랑 싹 놓고. 그다음에는 저 식당칸에서 어 뜨거운 국을 해서 또 이렇게 내다 주고 응. 그렇게 먹으라고 응. 거기 반찬 반찬이 가득하고 응. 그렇게 쇠지. 그리고 환갑은, 혼인잔치의 잔칫상(=초례상)은 수탉을, 수탉을 신부, 신랑 신부 둘이 같이 앉은 데다 수탉을 둘을 해 놓소. 수탉을 둘을 만들어 놓고.

소: 살아 있는 거요?

윤: 응?

소: 살아 있는 거?

윤: 아니! 잡은 것. 볏에다 고추를 물리고 청실 홍실 실도 늘이고 아 혼인 초례상(醮禮床)은 그렇게 받소. 초례상은 그렇게 받소.

소: 한갑상?

윤: 아이! 잔쳇상.

소: 잔쳇상.

윤: 야̄. 그담에 이 자석덜으는, 부모덜이 아 아이가 나문 첫돐이르 뽑기구,[52] 한갑상으 잔쳇상으 뽑겨야지. 그담에 이 자석덜은 자라서 어저는 부모르 한갑우 한갑사̄아 뽑게야 데지. 그렇쥠. 그건 우리 조선사람 법이쥠. 원동서도 그랫지.

소: 그러면,

윤: (러시아어로 다른 사람과 대화).

소: 머라구요?

윤: 에이구! 저것덜 사진말햇다구 왓다우. 무시기 와. 우리 손비 왓다우. 야. 사진. 준빌하구 잇다우. 그럼 또 가서 찍지. (사진 촬영으로 잠시 쉼)

소: 보내 가지구.

윤: 야̄. 그럼 보내우. 그래 보내무 데는데 그 보내는 데 돈이 많이[마이] 애이 드우.

소: 아니! 안 들어.

윤: 많이[마이] 드무 내가 슳다구 그러재. 내 무시게 저르[53] 자꾸 돈 쓰게 하갯소.

소: 아니! 크게 뽑아서 (보내드리갯어요).

윤: 야̄. 야̄. 크게 해서 야 그래 보내오. 그램 우리 게 우리 가정사지이 좋짐 야. 가정. 내 죽기 전에 우리 아들메느리가 게 이제 가정사진으 찍엇지. 야. 가정사진으 찍엇어.

소: 나두 기념이 데지이. 여기와서 아매와, (찻잔 부딪히는 소리) 아이구! 아매랑 보냈는데.

윤: 그담에 아 저 부인네가 같이 찍은 그 사진도 하나 보내오. (웃음) 야̄. 보내오!

소: 환갑상?

윤: 아니! 초례상.

소: 초례상.

윤: 응. 그다음에 이 자식들은, 부모들이 아이가 나면 첫돌 상을 차려 주고, (자식들은) 환갑상을 잔칫상을 차려 줘야지. 그다음에 이 자식들은 자라서 이젠 부모를 환갑을 환갑상을 차려 주어야 되지. 그렇지 뭐. 그건 우리 조선 사람의 법이지 뭐. 원동서도 그랬지.

소: 그러면,

윤: (러시아어로 다른 사람과 대화)

소: 뭐라고요?

윤: 어이구! 저것들이 사진, 사진 찍는다고 했더니 사진 찍으러 왔다오. 무얼 하러 와. 우리 손자 며느리가 왔다오. 응. 사진. 준비를 하고 있다오. 그럼 또 가서 찍지. (사진 촬영으로 잠시 쉼)

소: 보내 가지고.

윤: 응. 그럼 보내면. 그럼 보내면 되는데 보내는 데 돈이 많이 드우.

소: 아니! 안 들어.

윤: 많이 들면 내가 싫다고 그러잖소. 내가 뭐 때문에 자네에게 자꾸 돈을 쓰게 하겠소.

소: 아니! 크게 뽑아서 (보내드리겠어요).

윤: 응. 응. 크게 확대해서 응 그렇게 해서 보내오. 그럼 우리 그게 우리 가정사진(=가족사진)이 되어 좋지 뭐 응. 가정. 내가 죽기 전에 우리 아들며느리와 그거 이제 가족사진을 찍었지. 응. 가족사진을 찍었어.

소: 나도 기념이 되지. 여기 와서 할머니와, (찻잔 부딪히는 소리) 아이고! 할머니랑 같이 보냈는데.

윤: 그다음에 아 자네 부인과 같이 찍은 그 사진도 하나 보내오. (웃음) 응. 보내오!

소: 네! 알았어요.

윤: 야? 이따 보내오 야? 거기다 한데 보내오. 부인네 같이 찍은 거. 아. 자네가 가문… 내가 답답해 어찌갯소.

소: 왜 답답해. 시원하지!

윤: 어째 씨원하겠소. 젬젬 일하이 내게 좋지.

소: 매일매일 바쁘지. 바빴는데.

윤: 바빠두 젬젬 하기 좋은데, 야아! 그 자네가 없으문 즉 이제 가마이 눕구 잇음 쩰레비서르(телевизор) 보구. 그거 나쁘짐. 일하는 게 내게 아주 좋소. 걔 내게 일할 일 잇으무 내한데르 보내오. (웃음).

소: 거시기는, 그 여그 있는 여기 있는 아매나 아바이들은 주로, 주로 무슨 일으 하세요? 주로?

윤: 암놀따이. 집두 지키구 이래 내처르. 아아암, 일하는 게 없어. 아매 아바이가 일하는 게 없짐. 야. 조선사람 아매가 아바이사 일하는 게 없짐. 이래 집에 앉아 집도 지키고 젊은이덜 팔라 가무 아이두 보고 그러짐. 아이두 보고 그래지. 걔 젊은덜은 집이 잇을 시가이 없지. 누이 똑 떨어지문 물건 가주구 마시나(машина)다 싫구[실꾸] 차에 싫구[실꾸] 바자르(базар) 가지. 바자르(базар) 가서 오온 종일 그거 팔다가 저녁이무 오지.

소: 그러면 바자르(базар) 가서 그렇게 오온할랄 그렇게 가지구 한 달 한 달 벌면 그 얼마나 벌어?

윤: 그래 거기서 잘 팔아 잘 버는 사람 잇구 못 팔아 못 버는 사람잇구. 물건으 중국에 가 가져오. 씨리야(Сирия) 가 가져오. 한국에 가, 한국 물건 한국이 비싸다나이 여기와서 잘 못 파오. 여기선 비싼 건 아이 싸지. 걔 한국 물건 값이 잇지 야.

윤: 그래서 한국, 한국 중국 한국 여기 씨리야(Сирия)란 나라잇제오? 거기서 거기서 물건으 가서 처다54) 막 이래 비행기나 이래 실어다아서 걔 이 시장에서 팔짐. 기래 파는 사람우느 으음 조끔 낫게 벌구.

소: 네! 알았어요.

윤: 응? 이따 보내오 응? 거기다 한데 보내오. 부인과 같이 찍은 것. 아. 자네가 가면… 내가 답답해 어하겠소.

소: 왜 답답해. 시원하지!

윤: 어째 시원하겠소. 점점 일을 하니 내게 좋지.

소: 매일매일 힘들지. 힘들었는데.

윤: 힘들어도 점점 하기 좋은데, 야! 그 자네가 없으면 즉 이제 가만히 누워 있으면 텔레비전을 보고. 그거 나쁘지, 뭐. 일하는 것이 내게 아주 좋소. 그래 내게 일할 일이 있으면 나한테로 보내오. (웃음).

소: 거시기는, 그 여기 있는 여기 있는 할머니나 할아버지들은 주로, 주로 무슨 일을 하세요? 주로?

윤: 백수건달. 집도 지키고 이렇게 나처럼. 아무, 일하는 것이 없어. 할머니와 할아버지가 일하는 것이 없지 뭐. 응. 조선 사람 할머니와 할아버지야 일하는 것이 없지 뭐. 이렇게 집에 앉아 집도 지키고 젊은이들이 팔러 가면 아이도 보고 그러지 뭐. 아이도 보고 그러지. 그래 젊은이들은 집에 있을 시간이 없지. 눈이 뚝 떨어지면 물건을 가지고 차에다 싣고 차에 싣고 시장을 가지. 시장을 가서 온 종일 그거 팔다가 저녁이면 오지.

소: 그러면 시장에 가서 그렇게 온종일 그렇게 해서 한 달 한 달을 벌면 얼마나 벌어?

윤: 그래 거기서 잘 팔아 잘 파는 사람 있고 못 팔아 못 버는 사람 있고. 물건을 중국에 가 가져오고 시리아에 가 가져오고 한국에 가, 한국 물건 한국이 비싸다 보니 여기 와서 잘 못 파오. 여기선 비싼 것은 안 사지. 그래 한국 물건 값이 있지 응.

윤: 그래서 한국, 한국 중국, 한국 여기 시라아란 나라가 있잖소. 거기 가서 거기 가서 물건을 가서 추어서 막 이렇게 비행기로나 이렇게 실어다가 그래 이 시장에서 팔지. 그렇게 파는 사람은 음 조끔 낫게 벌고.

그담에는 공자~으 열어 놓구 반:질하지. 저 우리 손네라 대 개 반:질해애서 그 바안질한 거 개애다서 또 따시껜뜨나 알마따두 와 가져가는 사람 잇지. 개 그거 막 넹게 주지. 그래두 벨라게 다 벌짐. 벨라게 다 버 야. 그래,

소: 그렇게 해서 만약에 공장 같은 데 가서 바느질하구 그렇기 하면 한 달에 얼마나 벌어?

윤: 아, 한달에,

소: **보통, 보통.**

윤: 보통 많이[마이] 못 버오. 아 많[마] 많이[마이] 못 버오. 그래 많이[마이] 버는 사람이 잇구, 많이[마이]….

소: **한 삼천쏨 벌어?**

윤: 아, 삼천 쏨을 야 버지. 삼천 쏨으 버오, 음. 우리 아들이 지금 일하는 게 한 쏘뜨까(сотка)무 스물넷이 한 쏘뜨까(сотка)지. 우리 아들이 나가무 스물엿새 동안으 가서 에따(это) 그런거 일하지. 스물엿새 동안. 기래고 그. **하 그게 쏘뜨까(сотка)라는 게 스물넷이오. 한 쏘뜨까(сотка) 열 쏘뜨까(сотка) 하재잏갯어. 열 쏘뜨까(сотка). 열 쏘뜨까(сотка) 하무 백 솜우 버오. 아, 백 돌라(доллар)르 버오. 야 백 달라.

소: **열 쏨 하면?**

윤: 열, 열 쑤뜨깔(сотка) 하구야, 하구야 아 백 달라르 버오. 기래문 삼십 쏘뜨까(сотка)르 해애야 삼백 달라르 벌지. 우리 아들이 지금 일하는 게. 개 차에 지름이 많이 드재이오? 그 지름 값은 거기서 물어 주구 야. 걔구 밤에 저녁이나 점심이나 스물넷에 어간을 집우르 아이 오다나이 점심으 먹구 기래우.

소: **저녁은 거기서 주구?**

윤: 야~, 야~. 거기서 먹, 저녁도 거기서 멕이구 야~. 그래오.

윤: 기래 그거 우리 아들이 우리 우리 동미 가깝운 동미, 우리 아들이 동미 여자 그 까지노(казино)서 일하지. 개 일하는데

그다음에는 공장을 열어 놓고 바느질하지. 저 우리 손녀가 그래 바느질해서 그 바느질한 것을 가져다 또 타슈켄트나 알마티에서도 와서 가져가는 사람이 있지. 그래 그거 막 넘겨주지. 그래도 별나게 다 (돈을) 벌지 뭐. 별나게 다 버오 응. 그래.

소: 그렇게 해서, 만약에 공장 같은 데 가서 바느질하면 한 달에 얼마나 벌어?

윤: 아, 한 달에,

소: 보통, 보통.

윤: 보통 많이 못 버오. 아, 많, 많이 못 버오. 그래 많이 버는 사람이 있고, 많이[마이]….

소: 한 3,000솜 벌어?

윤: 아, 3,000솜을 응 벌지. 3,000솜을 버오, 음. 우리 아들이 지금 일하는 게 한 소트카면, 스물넷이 한 소트카지. 우리 아들이 나가면 스물엿새 동안을 가서 음 그런 거 일하지. 스물엿새 동안. 그리고 그. 그게 소트카라는 것이 스물넷이오. 한 '소트카, 열 소트카'라고 하지 않겠어. 열 소트카, '열 소트카'라 하면 100솜을 버오. 아, 100달러를 버오. 응 100달러.

소: 10솜 하면?

윤: 열, 열 소트카를 해야만, 해야만 아 100달러를 버오. 그러면 30소트카를 해야 300달러를 벌지. 우리 아들이 지금 일하는 것이. 그래 차에 기름이 많이 들잖소? 그 기름 값은 거기서 물어 주고 응. 그리고 밤에 저녁이나 점심이나 24시간 사이를 집으로 오지 않다 보니 점심을 먹고 그러오.

소: 저녁은 거기서 주고?

윤: 응, 응. 거기서 먹, 저녁도 거기서 먹이고 응. 그러오.

윤: 그래 그거 우리 아들이 우리 우리 동무, 가까운 동무, 우리 아들이 그 여자 동무가 운영하는 그 카지노에서 일하지. 그래 일하는데

그 **짜리르 전활하지. 걔 우리 아들 하는 일이 임시 일이지. 임시적이지. 아아 장차 일해야지. 걔 임시르 삼얼 달이무 발써 밭으 가지. 기래 가갰는 데 그 어간에 일해야 일해야 **싸찌. 걔 일해야 데갰는데 작년에느 돈 벌 어온 거 가주구 우리 동삼에 아 식뇨르 싸서 먹고 아, 그담에 이 아 밭을 갈 쁠리욘까(клеёнка)랑 이런 게랑 쌀 도이 대앳지. 올헤[오레]느 저 딱 집우 싼다구 저기다 다아 밀어옇엇지. 기래다나이 일하지.55)

소: 그러문 그::: 저 인제 로시아로 일하러 갈라면,

윤: 야˜.

소: 돈으 얼매나 가지구 가야 데?

윤: 많이[마이] 가지구 가야 데오. 오백 달라씨 이릏기 가지구 가오.

소: 한 번 갈 때?

윤: 야˜. 아, 그래 어찌는가이 거기가서, 따아,

소: 아렌다(аренда)해야지.

윤: 아렌다(аренда)하는 거 그 값으 물어야 데지.

소: 땅, 아렌다(аренда)는 바로 가서 가자마자 주는 거야?

윤: 저레56) 물어야지. 기래 물구 그담에는 또 어찌는가 하면 아 싻군덜 일 시기야 데지. 밭으 수박 시문데 야듧[야들] 젝따르(гектар) 시머, 야듧 [야들]. 야듧[야들] 젝따르(гектар) 잏기 밭이 어찌 많소. 두울이서 두 집 이서. 걔 그거 시무문, 그 수박 심어야 데지. 기움우 매애사 하지. 수박으 뜯어야 데지. 그거 싹 쌌꾸이 하짐. 걔 쌌꾸이 하다나 그거 쌌꾼으 값으 물어주구. 쌌군으 멕에주구. 쌌군 집우 짛소 졑에다. 쌌꾼집우 졑에다 짛 구 거기다 쌌꾼덜으 너이나 서이 너이다 다슷이나 걔 두지. 걔 두구 그 사람덜으 끓에서 멕에주구. 우리 우리 메느리나 손녀가 끓에 멕에 주구 그담엔 멕에줌 일할라 내보내짐. 그럼 또 정슴 먹으라 들어오지. 정심 먹 구 저녁 먹구 그러지.

그 일할 자리를 전화하지. 그래 우리 아들이 하는 일이 임시 일이지. 임시 적이지. 아 (그러니) 장차 일해야지. 그래 임시로 3월 달이면 벌써 (고본질을 할) 밭으로 가지. 그래 갈 것인데 그 사이에 일해야, 일해야 살지. 일해야 되겠는데, 작년에는 돈을 벌어온 거 가지고 우리 겨울에 아 식료(食料)를 사서 먹고 아 그다음에 이 밭으로 (갈 때 가지고 가는) 비닐이랑 그런 것을 살 돈이 되었지. 올해는 딱 저 집을 산다고 저기다 다 밀어 넣었지. 그렇다 보니 일하지.

소: 그러면 그 저 이제 러시아로 일하러 가려면.

윤: 응.

소: 돈을 얼마나 가지고 가야 돼?

윤: 많이 가지고 가야 되오. 500달러씩 이렇게 가지고 가오.

소: 한 번 갈 때?

윤: 응. 아, 그래 어찌하는가 하면 거기 가서, 땅을,

소: 임차(賃借)를 해야지.

윤: 임차(賃借)하는 거 그 값을 물어야 되지.

소: 땅을, 임차는 바로 가서 가자마자 하는 거야?

윤: 가자마자 이내 곧바로 임차료(賃借料)를 지불해야지. 그래 물고 그다음에는 또 어찌하는가 하면 아 삯꾼들 일을 시켜야 되지. 밭을 수박을 심는데 8헥타르를 심어, 8헥타르. 8헥타르라 하면 이렇게 밭이 얼마나 많소. 둘이서 두 집에서. 그래 그거 심으면, 그 수박을 심어야 되지. 김을 매야 하지. 수박을 따야 되지. 그거 싹 삯꾼이 하지 뭐. 그래 삯꾼이 하다 보니 그거 삯꾼의 값(=임금)을 지불하고. 삯꾼을 먹여 주고. 삯꾼 집을 짓소, 곁에다. 삯꾼 집을 곁에다 짓고 거기다 삯꾼들을 넷이나 셋, 넷이나 다섯이나 그래 두지. 그래 두고 그 사람들을 음식을 만들어 먹여 주고. 우리 우리 며느리나 손녀가 끓여 먹여 주고 그다음에는 먹여 주면 일하러 가도록 내보내지 뭐. 그럼 또 점심 먹으러 들어오지. 점심 먹고 저녁 먹고 그러지.

소: 그 사람덜은 다아 다아 우리 조선사람이여 아니면,

윤: 아이이! 쌱 타국사람. 조선사람이 쌌꾼질하는 게 없소. 조선사름 언지 못 대오. 쌌꾼질 아이 하오. 이게 쌌꾸이지. 타국 사름덜이지. 노시아 사람. 거기 시기 노시아땅에다나이 노시아사람덜이지. 기래 그것덜이 그 쥐정배나 그 돈벌이 못하는 것덜이 일 쌱군질하라 댕기지.

소: 그 사람들은 그면은 한 달에 얼마 얼마씩 줘?

윤: 그 사람은 한 달에 일하구… 모르지, 얼매나 버는 거 내 거 모르오. 내 아이 데리구 일하다나이 모르 그. 그렇지. 그래다나이 야 아 갈 적에 돈으 가지구 가구 또 무시기가사 차에 세 쏘뜨까(сотка)씨 이릏기 저 여기서 가, 야 차르 타구 가오. 개 차르 타구 가는데 어: 기래 가구. 그담에느 가서 여기서 무스거 보내는가무야 쁠리욘까(клеёнка) 잇재이오? 쁠리욘까(клеёнка) 저 둘둘 만 거. 쁠리욘까(клеёнка) 그거. 쁠리욘까(клеёнка) 알지 야?

소: 쁠라스띡, 보이는 거 치는 거.

윤: 야, 야. 보이는 거,

소: 치는 거.

윤: 야, 야. 치는 거 그거.

윤: 그거 여기서 그거 여기서 쁠리욘까(клеёнка) 싸서 깐뗀(контейнер)에 보내오.

소: '깐뗀(контейнер)'이 뭐야?

윤: '깐뗀(контейнер)'이라는 거 무시긴가 하무 큰 물건으 실어서 세르탁 채와서 그래 그거 보곤(вогон)이다 차에 실어서 차 그건 어떤 차 가는감: 객차 아이 가구서르 에 이 우리 저 가축 차래~에다 한 달씨 가지. 기래 거기다 미루 발써 싸서 싫게[실게] 보내지. 개 싫게[실게] 그 쁠리욘까 (клеёнка) 그 값이 비싸 그게 도이. 그 쁠리욘까(клеёнка)르 중국에 여깃사름덜 중국에 가서 실어오이. 여기서 아이 맨들지. 외국에 가,

소: 그 사람들은 다 다 우리 조선 사람이야 아니면,

윤: 에이! 싹 타국 사람. 조선 사람으로서 삯꾼질하는 사람이 없소. 조선 사람을 얻어서 못 대오. 삯꾼 노릇을 안 하오. 이게 삯꾼이라면, (그건) 타국 사람들이지. 러시아 사람. 거기 (일을 시키는 곳이) 러시아 땅이다 보니 러시아 사람들이지. 그래 그것들이 그 주정뱅이나 그 돈벌이 못하는 사람들이 일을, 삯꾼 노릇을 하러 다니지.

소: 그 사람들은 그러면 한 달에 얼마 얼마씩 줘?

윤: 그 사람은 한 달에 일하고… 모르지, 얼마나 버는지를 내가 그거 모르오. 내 데리고 일을 하지 않다 보니 모르지 그걸. 그렇지. 그래다 보니 응 갈 적에 돈을 가지고 가고 또 무엇인가 차에 3소트카씩 이렇게 저 여기서 가, 이 아이 차를 타고 가오. 그래 차를 타고 가는데, 어 그렇게 가고. 그다음에는 가서 여기서 무엇을 보내는가 하면 응 비닐이 있잖소? 비닐 저 둘둘 만 것. 비닐 그거. 비닐을 알지 응?

소: 플라스틱 합성수지 제품, 투명한 것, 둘러 치는 것.

윤: 응 응. 투명하게 비치는 것.

소: 치는 것.

윤: 응, 응. 치는 거 그거.

윤: 그거 여기서, 그거 여기서 비닐을 사서 컨테이너에 보내오.

소: '깐뗀'이 뭐야?

윤: '깐뗀(=컨테이너)'라는 것이 무엇인가 하면 큰 물건을 실어서 자물쇠를 탁 채워서 그래 그것을 기차의 차량에다, 차에 실어서, 차 그건 어떤 차인가 하면 객차(客車)는 안 가고 에 이 우리 가축 차량에다(=차량으로) 한 달씩 가지. 그래 거기다 벌써 미리 실려 보내지. 그래 실려, 그 비닐 그 값이 비싸 그게 돈이 (많이 들지). 그 비닐을 중국에, 여기 사람들이 중국에 가서 실어오니. 여기서 안 만들지. 외국에 가,

개 외국 하다나이 게 비싸지. 이릏기 둘둘둘둘 말아서 이마아이 툭한, 이마아이 툭한 게 아 질썬 이릏기 진 게 그렇지. 그거 덮어야 수박이 데지.

소: 그렇지.

윤: 그거 안 덮우문 아이 데지.

소: 그거 덮어가지구 이릏기 구멍 뚫어 가지구 씨 놓지.

윤: 그으래! 그거 싹 덮어 가조: 아 그거 우우 아 거 빠르니ㄲ(парник) 노시아말은 무시기라 하갯지. 빠르니까(парника), 빠르니까(парника)라는 게 그거 그거 가지구 집우 짚소, 야. 그거 가지구 이르 이릏기 자아 집우 지으무 기게 그 아이 덥어서, 저긴 칩운 곧이 애이오? 수박이 인차 나지. 빨리 나지. 기래 빨리 나 그담에 차참 차츰 따따사무 그 그 집우 뺏기구, 여기서두 그렇기 하오. 개 그 집우 뺏기구 아 거저리 같은 널르 덮지. 널루. 널루 우에 덮우문 수박 너출이 그 뻗어 나오게 데무 거기 궁구 뚫어 노이 일이 많지 머, 거기 궁구 뚫지. 수박덜이 그 쁠리욘까(клеёнка) 우우르 이릏기 페지. 개 이게 마약에 그 조애르 여기다 싹 펫는데 여기 하나 여기 하나 수박 그 뚫어 노무 거그서 나와서 그 너출이 쁠리욘까(клеёнка) 우이르 벋어나가지. 개 여그는 풀이 아이 나지.

소: 그렇지.

윤: 야˜. 그렇기 하오.

소: 으음∶∶.

윤: 그 그렇기 우리 아들가 메느리 손재 손비 일은 많이[마이] 하오. 일은 마이. 그렇기 가지.

소: 그렇기 한번 갔다 오면,

윤: 야˜.

소: 갔다 오면 얼마나 벌어? 일년 딱?

윤: 어이그! 그래 가서. *사 그래 삼 월 달에 가서 사월 오월 유월

외국에서 만들다 보니 그게 비싸지. 이렇게 둘둘둘 말아서 이만큼 굵은, 이만큼 굵은 것이 아 길이는 이렇게 긴 것이 그렇지. 그걸 덮어야 수박이 되지.

소: 그렇지.

윤: 그거 안 덮으면 안 되지.

소: 그거 덮어 가지고 이렇게 구멍을 뚫어 가지고 씨를 놓지.

윤: 그래! 그거 싹 덮어 가지고 그거 위를 아 거 빠르니끄(＝온실(溫室))라는 이 러시아 말은 (조선말로) 무엇이라 하는지. 온실, 온실이라는 것이 그거 가지고 집을 짓소, 응. 그거 가지고 이렇게 저 아이가 집을 지으면 그게 그 안이 더워서, 거긴 추운 곳이 아니오? 그래서 수박이 이내 나지. 빨리 나지. 그래 빨리 나 그다음에 차츰차츰 따뜻하면 그 그 집을 벗기고 (＝비닐을 걷어내고), 여기서도 그렇게 하오. 그래 그 집을 걷어내고 아 거저리 같은 널로 덮지. 널로. 널로 위에 덮으면 수박 넝쿨이 뻗어 나오게 되면 거기다(＝비닐에다) 구멍을 뚫어 놓아야 되니 일이 많지 뭐. 거기다 구멍을 뚫지. 수박들이 그 비닐 위로 이렇게 펴 나오지. 그래 이게 만약에 그 종이를 싹 폈는데 여기 하나 여기 하나 수박이 난 (그곳에) 구멍을 뚫어 놓으면 거기서 나와서 그 넝쿨이 비닐 위로 뻗어 나가지. 그래 여기는 풀이 안 나지.

소: 그렇지.

윤: 응. 그렇게 하오.

소: 으음.

윤: 그 그렇게 우리 아들과 며느리, 손녀 손녀사위가 일은 많이 하오. 일은 많이. 그렇게 가지.

소: 그렇게 한 번 갔다 오면,

윤: 응.

소: 갔다 오면 얼마나 벌어? 딱 1년 동안?

윤: 어이구! 그렇게 가서. 삼(월), 그렇게 3월 달에 가서 4월, 5월, 6월,

칠월 팔월 구월 구월말에나 시월이나 여슷달이나 일곱달 가서 일하지. 아, 그래문 잘 벌면 열천 돌라(доллар)르 벌구 열천 으 야̌, 못 벌무 야듧 천 으 벌구. 더 못 벌무 일곱 천으 벌구 그렇지. 개.

소: 잠깐만. '일곱 천'이면 칠천 달라. 천 만 십만 백만.57)

윤: 야̌. 그렇기 벌어. 기래 그담에느.

소: 두 집이 합쳐서?

윤: 아이! 한내. 개 야.

소: 양쪽이 합치면 그만 천오백 딸라?

윤: 그래. 야 야덜 두 집에서,

소: 이천오백.

윤: 이천오백 딸라르 벌어왔지. 기래 이천오백 딸라르 왔는데.

소: 다아 **돌아, 돈 들어 간 거 다아, 다 물고?

윤: 다아 물고 짙은 거. 그러구 돈 타구 수박 바치구 그거 타. 수박은 밭에 와서 막 실어가구. 개 그 돈은 이천오백 딸라르 가주구 왔는데 이집은 이 이천오백 딸라르. 열다슷 천 딸라르 야̌.

소: 열다슷 천 딸라가 제 딱 넣어버린 거야?

윤: 다 거기다 줫짐.

윤: 개 주다나이 음: 내가 약 달라, 약 쌀라느, 약으 싸자는 돈 말으 못 하지. 개 내 제 재빌르 약으 싸다 먹엇지. 그러구 그담에느 아 우리 아들 이 일해야 데지. 기래 아들이 일하지. 그담 우리 손녀 야 까시노(казино) 서 일하오, 까지노(казино)서. 오쉬(Ош) 가 일하구. 거 보내서. 개 우리 손녀느 아 아 까시노(казино) ***까딱하주 노재이? 이런 일으 아이하구 어저는 깐따랄(контора-르) 지키는 거 그런 일으 하오. 어전 일으 오래 하다나이. 우리 손녀 스물세살인게 시집 아이 갔어. 스물세 살인게 어전 시집가야 데지. 어전 스물네 살채 가오. 시집가야지. 저 큰 건 저건 아 한 내 잇재? 작은 게. 이집에 아들 둘 딸 둘인데

7월, 8월, 9월 9월 말에나 시월, 여섯 달이나 일곱 달을 가서 일하지. 아, 그러면 잘 벌면 1만 달러를 벌고 못 벌면 8천 달러를 벌고 더 못 벌면 7천 달러를 벌고 그렇지. 그래.

소: 잠깐만, '일곱 천'이면 7,000달러. 천, 만, 십만, 백만.

윤: 응. 그렇게 벌어. 그래 그다음에는.

소: 두 집이 합쳐서?

윤: 아니! 한 집. 그래 이 아이,

소: 양쪽이 합치면, 그러면 1,500달러?

윤: 그래. 이 아이 이 아이들 두 집에서,

소: 2,500.

윤: 2,500달러를 벌어 왔지. 그래 2,500달러를 벌어 왔는데.

소: 다 들어, 돈 들어 간 것 다? 다 물고?

윤: 다 물고 남은 거. 그리고 돈 타고, 수박 바치고 그거 타. 수박은 밭에 와서 막 실어가고. 그래 그 돈은 2,500달러를 가지고 왔는데 이 집은 이 2,500달러를. 1,500달러를 응.

소: 1,500달러가 자기가 딱 넣어 버린 거야?

윤: 다 거기다 줬지 뭐.

윤: 그래 주다 보니 음 내가 약을 달라고, 약 사려는, 약을 사려는 돈을 달라고 말을 못 하지. 내가 내 스스로 약을 사다 먹었지. 그리고 그다음에는 우리 아들이 일해야 되지. 그래 아들이 (다시 이곳에 와서) 일하지. 그 다음에 우리 손녀가 응 카지노서 일하오, 카지노서. 오쉬가 가서 일하오. 거기서 보내서. 그래 우리 손녀는 아 카지노서 **** 놀잖소? 이런 일을 안 하고 이제는 사무실을 지키는 거 그런 일을 하오. 이젠 일을 오래 하다 보니. 우리 손녀는 스물세 살을 먹었는데 시집을 안 갔어. 스물세 살인 것이 이젠 시집가야 되지. 이젠 스물네 살째 접어드오. 시집가야지. 저 큰 놈은 저 놈은 아이가 하나 있잖소? 작은 놈. 이 집에 아들 둘 달 둘인데

아이 가구. 기래 가가 까지노(казино)서 벌어서, 아아 가 한달에 삼백 딸라르 버오. 가아.

소: 그럼 아버지보다 더 버네?

윤: 더 많이[마이] 버오. 그래 벌어서 가아 번 돈으 가져오오 여기르. 우리 집에 도이 없다나이. 가져오. 그래 가져다 야덜 주지. 그래 쁠리욘까(клеёнка)랑 싸야 데지 야. 걔 우리 딸이 우리 손녀가 아 지금 까지노(казино)서 일해서 그렇기 도배르 하오.

소: 그러면, 그면은 한 삼백 딸라 벌면은,

윤: 야ˉ.

소: 벌면은 거기 갈 때 쁘리욘까(клеёнка) 같은 거 살라면은 얼마 한 한 오백 딸라ㅓ 한 천 딸라나 들어? 열 천, 열 천 딸라.

윤: 쁠리욘까(клеёнка)르 쌀라문 한 한 사백 딸라나 오백 딸라나 그렇기 드지 야ˉ. 그렇기 드오. 야 야 그렇기 드오. 걔 그렇기 드는데.

소: 거기 가서도 먹고 살라면 그것도 돈이 있어야 데지?

윤: 도이 잇어야 데지. 더 말이 있어? 그담 차 타구 댕기니 차에 빈진(бензин) 값이 비싸지. 차르 그양 타구 댕. 걔 기래 먹구 사는 거 여름이 여름이 돌아오문 웬: 먼저 무스거 시무는가 하 물외58)르 시무지, 물외. 오이르 시무지. 걔 그거 시무문 여기서는 한 낄로(кило)에 극상하무59) 열 쏨 하지 야. 눅으무 그저 다섯 쏨 두 쏨꺼지 하지.

윤: 그게 거기는 게 러시아다나이 값이 많안 때느 야. 삼십 쏨 이십오 쏨 그렇기 하오. 기래 그거 그 물외르 가주구 가 팔아 돈 해서 그담에 식뇨르 싸가지구 오짐 야. 기래 두루두루 여름으 살아서 수박으 다 데무 큰 이런 삼십 뜬(тон) 이십 뜬(тон) 실은 그런 차 밭으로 막 들오오. 막 들오오. 밭으로 들어와 쌌군덜 실어서 저래 돈 주구 가져가. 그래 거길 댕기지. 여긴 팔기 바뿌단 말이. (기침)

소: 그러면 거기 가서 인제 돈 벌면, 거기가 사람덜이 많:이 있어?

시집 안 가고. 그래 그 아이가 카지노서 벌어서 아, 그 아이가 한 달에 300달러를 버오. 그 아이가.

소: 그럼 아버지보다 더 버네?

윤: 더 많이 버오. 그래 벌어서 그 아이가 번 돈을 가져오오, 여기로. 우리 집에 돈이 없다 보니. 가져오오. 그렇게 돈을 가져다가 이 아이들(=아들 부부)에게 주지. 그래 비닐이랑 사야 되지 응. 그래 우리 딸이 우리 손녀가 지금 카지노서 일해서 그렇게 도움을 주오.

소: 그러면, 그러면 한 300달러를 벌면,

윤: 응.

소: 벌면 거기 갈 때 비닐 같은 것을 사려면 얼마, 한 한 500달러나 한 천 달러나 들어? 1,000달러, 1,000달러.

윤: 비닐을 사려면 한 한 400달러나 500달러나 그렇게 들지 응. 그렇게 드오. 응, 응 그렇게 드오. 그래 그렇게 드는데.

소: 거기 가서도 먹고 살려면 그것도 돈이 있어야 되지?

윤: 돈이 있어야 되지. 더 말할 필요가 있어? 그다음에 차를 타고 다니니 차에 드는 석유 기름 값이 비싸지. 차를 그냥 타고 다니니. 그래 먹고 사는 거, 여름이 여름이 돌아오면 가장 먼저 무엇을 심는가 하면 오이를 심지. 오이를 심지. 그래 그래 그거 심으면 여기서는 1킬로그램에 값이 가장 좋으면 10솜 하지 응. 쌀 때면 그저 5솜, 2솜까지 하지.

윤: 그게 거기는 게 러시아다 보니 값이 많은 때에는 30솜 25솜 그렇게 하오. 그래 그거 그 오이를 가지고 가 팔아 돈을 받아서 그다음에 식료(食料)를 사 가지고 오지 뭐, 응. 그래 두루두루 여름을 살아서 수박이 다 되면 큰 이런 30톤 20톤 실은 그런 차가 밭으로 막 들어오오. 막 들어오오. 밭으로 들어와 삯꾼들이 실어서 이내 돈을 주고 가져가. 그래 거길 다니지. 여긴 팔기가 힘들단 말이오. (기침)

소: 그러면 거기 가서 이제 돈을 벌면 거기에 사람들이 많이 있어?

윤: 아, 사름덜이 또줴(тоже) 열다서 호요. 열다서 호요.

소: 거기도?

윤: 야. 열다서 열다서 호이 하는데. 여기 사람덜 가는 게 잇지.

소: 여기서 열다서 호가 가는 거야?

윤: 아이! 거기 가서 사오. 거반.

소: 그 사람들은?

윤: 사오! 사는데 우리 메느리 오래빈 구연 구연 동안 거기서,

소: 살고 있어, 지금?

윤: 야. 살고 잇으면서 브라가질(бригадир)하지. 따아 맡아 가주구. 그 앤 또 고건 또 고기랑 흔하오. 고기란 국가에서 개애다 잡아서 사름덜 농가두 주구 기래. 개두 구내 개두 잡아먹구 야. 그래. 기란데 그 메눌오래비 홀: 상새났어. 환갑인게 홀: 상새낫어. 그 사람 심장벼ᵕ어 앓아 상새나. 걔 그 사람이 사망데에 그 사람 부인네 엊그제 와서 우리 우 야덜 갓다온다구 하재입데? 그사람 부인네. 기래구 그 사람 아들이 어저는 서방가서 일하는, 걔 아들이 그 대신 일하구. 음. 기래,

소: 아들이 몇 살인데?

윤: 아들이 어저느 이십 한 칠팔 데오. 그런게. 기래이 여긔서 기래 이렇지. 내 어전 나 잇지. 걔 나 잇는게 내 여기 잇음 딸이 와 보던지 맏아들이 날 혼자 아이 두지. 마 맏아들이 와 보나 딸이 보나 그래지. 기래 나 혼자 잇으무 내 혼자 아덜 간다무 죽으까바 겝이 나지 야덜이. 걔 겝이 나서, 이 ***안지하 농사질, 여긔두 하는 사람 ***안지하 하는 게 많지. 걔 야덜이 이 이 비시케크(Бишкек) ***안지할 햇으무 좋겟는게. 그렇기 벌이 아이 데오 여기서. 벌이, 바쁘구두 벌이 아이 데지. 걔 야 차르 타구 가다 그담에 벌어가주구 아: 손비가 둘이 서르서르 차르[tʃʰar] 타구 야 이틀에도 오구 사흘 빨리 오오 야. 그래.

윤: 아, 사람들이 역시 15호요. 15호요.

소: 거기도?

윤: 응. 15호, 15호가 하는데. 여기 사람들이 가는 사람이 있지.

소: 여기서 15호가 가는 거야?

윤: 아이! 거기 가서 사오. 거의.

소: 그 사람들은?

윤: 사오! 사는데 우리 머느리 오라비는 9년, 9년 동안 거기서,

소: 살고 있어, 지금?

윤: 응. 살면서 작업반장을 하지. 땅을 맡아 가지고. 거기는 또 고기랑 흔하오. 고기랑 가져다 잡아서 나누어도 주고 그래. 그래도 그냥 개도 잡아먹고 응. 그래. 그런데 그 며느리 오라비 홀 죽었어. 환갑인데 홀 죽었어. 그 사람 심장병을 앓아 죽어. 그래 그 사람이 사망해 그 사람 부인네 엊그제 와서 우리 이 아이들이 갔다 온다고 하지 않습디까. 그 사람 부인네. 그리고 그 사람 아들이 이제는 장가가서 일하는, 그래 아들이 그 대신 일하고. 음. 그래.

소: 아들이 몇 살인데?

윤: 아들이 이젠 이십 한 칠팔 세 되오. 그런 것이. 그래 여기서 그래 이렇지. 내 이젠 나이가 있지. 그래 나이가 있는 것이 내 여기 있으면 딸이 와 보든지 맏아들이 날 혼자 두지 않지. 맏아들이 와 보거나 딸이 보거나 그러지. 그래 나 혼자 있으면 나를 혼자 두고 아이들이 간다면, 죽을까 봐 겁이 나지, 이 아이들이. 그래 겁이 나서 이 ***안지하 농사질, 여기도 하는 사람, ***안지하 하는 사람이 많지. 그래. 이 아이들이 이 이 비슈케크 ***안지하를 했으면 좋겠는데. 그렇게 벌이가 안 되오, 여기서는. 벌이, 힘들고도 벌이가 안 되지. 그래 응 차를 타고 가다가 그다음에 벌어 가지고 아 손녀사위와 둘이 서로 서로 차를 타고 응 이틀에도 오고 사흘 빨리 오오. 응. 그래.

소: 손비도 운전해?

윤: 야ͯ. *소 그 사름두 운전. 그 사름두 차 있던 거 팔았어. 그러다나 이 둘이서 운전하다나이 우리 메느리가 아들가, 그저 손녀느 아르 핵교르 보내길래 만저 오구. 저 손녀느. 아 잇잽데? 기래구 아 그담에느 우리 손비 짗어서 그래 같이 그 차르 타구 그러구 빨리 오짐. 기래 오무 겨울에 와 놀아야 데지. 기랜게 손녀느 저 집으 싸다나 올헤[오레] 돈으 다 밀어 옇엇지.

소: 그래두 집우 싸갖구 그러니까 그러도 좋네.

윤: 좋지 머. 요 젙에다 집우 싸다나이 기래 바로 이 젙에 잇어서 좋은 데,

소: 지금도 값이 막 올라가잖아 막.

윤: 올라가. 자꾸 올라가 그렇짐 야아. 더 말이 없소. 작년에 이거 칠팔천 해앳어. 개 올헤[오렌]느 십오처이오. 기래이 이렇게 값이 올라가이 아 저 지금 제 제가 대무 주인집 양바이 서른한 천 돌라(долла)르 그게 얼매야.

소: 어떤게요? 아아.

윤: 그 쌋다는 게 야. 그 어드메 또꾸막으르 다 아이가구 잇습데? 또꾸막으르 안 가구 야. 음. 또꾸막 안 가구 어떤 집에 잇지. 그래 이 사람덜이,

소: 그문 여기다 금년에 사났으면 내년 가면 저거 또 십오천두 한 이천 이천 아 이십천 갈지 몰르것네.

윤: 아, 또 더 얼매 더 올라갈지 모르지. 올라가갯는지 모르지. 기래 아, 음 엄매던지간에 어 벌어서 집우 쌋으이 좋지. 기래 자기 집이 잇으이 좋지. 그러구.

소: 저 나이에 저 나이에 자기 집우 싼 것이 많지 않것구만! 저 스물한 몇 살 먹었어, 스물 일곱 살?

소: 손녀사위도 운전을 해?

윤: 응. 손(녀 사위), 그 사람도 운전하지. 그 사람도 차 있었는데 팔았어. 그러다 보니 둘이서 운전하다 보니 우리 며느리와 아들과 …. 그저 손녀는 아이를 학교에 보내야 하기에 먼저 오고. 저 손녀는. 아이가 있지 않습디까? 아 그담에는 우리 손녀사위가 남아서 그래 같이 그 차를 타고 그러고 빨리 오지 뭐. 그래 오면 겨울에 와 놀아야지 되지. 그런데 손녀는 저 집을 사다 보니 (고본질을 해서 번) 돈을 다 밀어 넣었지.

소: 그래도 집을 사 가지고 있으니까 좋네.

윤: 좋지 뭐. 요 곁에다 집을 사고 보니, 바로 이 곁에 있어서 좋은데,

소: 지금도 값이 막 올라가잖아 막.

윤: 올라가. 자꾸 올라가 그렇지 응. 더 말할 필요가 없소. 작년에 이거 7, 8천 달러 했어. 그러니 올해는 15,000달러이오. 그래 이렇게 값이 올라가니 아 저 지금 자네 자네가 대면 주인집 양반이 31,000달러를 그게 얼마야.

소: 어떤 게요? 아!

윤: 그 샀다는 것이 응. 그 어디 또꾸막으로 다 안 가고 (그냥) 있습디까? 또꾸막으로 안 가고 응. 음. 또꾸막으로 안 가고 어떤 집에 있지. 그래 이 사람들이,

소: 그러면 여기다 금년에 사 놓았으면 내년 가면 저것이 또 15,000달러도 한 2천, 2천 아 20,000달러가 갈지 모르겠네.

윤: 아 또 더 얼마가 더 올라갈지 모르지. 올라가겠는지 모르지. 그래 아, 음 얼미든지 간에 벌어서 집을 샀으니 좋지. 그래 자기 집이 있으니 좋지. 그러고.

소: 저 나이에, 저 나이에 자기 집을 싼 사람이 많지 않겠구먼! 저 스물한 몇 살 먹었어, 스물일곱 살?

윤: 스물여듧 살이오.

소: 스물여듧살짜리가 십오천짜리이 집 가지구 잇는 사람이 별로 없겠구먼, 여긴.

윤: 아:이! 그 잘 사는 것덜이사 잇지.

소: 잘 사는 사람 말구.

윤: 그저 보통 사람은 없짐. 기래 어저는 집우 싸다나이.

소: 저 집은 방이 몇 개여?

윤: 야˜?

소: 방이 몇 개?

윤: 이렇소. 우리집 같소.

소: 똑같소.

윤: 야˘. 우리집 같소.

소: 그 원래, 원래 저 사람들은 워디로 다녔어?

윤: 아 원래 잇던 사람으느,

소: 이리 이리 다녔어? 이 길루?

윤: 여길르 댕기다 댕게 여기르 댕겠어. 저짝은 질이 나쁜 질이지. 개 여그르 댕갯는데 저사람덜 팔구 저 사람덜 저 집에 아이 살구 우리 딱 막 앗지. 기래 막앗다가 우리 아들사 열엇지. 열다나 우리 집우르 할랄으 댕 기지. 기래 댕기는데 아 에따(это) 저 집에 임재느 저 조정재 그 교헤에서 집삿님 하오. 걔구 세미나르(семинар) 글이라 일것어. 여잔 게. 여자 남 자.

소: 원래 우리 원래 우리 조선사람이었어?

윤: 조선사름인데 그런데 남펴이 상새나 혼자 잇는데 아 어저는 교헤 댕게멘서리 차츰차츰 어저는 집삿님하다가 아 어전 다음에느 다락방 열 어 가주구 사람덜 다락반 쪼금 배와두 주구 이러메서리 어전 저 저 우리 그 세미나르(семинар) 선생 잇재이오? 세미나르(семинар). 그런 굴두

윤: 스물여덟 살이오.

소: 스물여덟 살짜리가 15,000달러짜리 집을 가지고 있는 사람이 별로 없겠구먼, 여기는.

윤: 아이! 그 잘 사는 사람들이야 (자기 집이) 있지.

소: 잘 사는 사람 말고.

윤: 그저 보통 사람은 없지 뭐. 그래 이제는 집을 사다 보니.

소: 저 집은 방이 몇 개야?

윤: 응?

소: 방이 몇 개?

윤: 이렇소. 우리 집과 같소.

소: 똑같소.

윤: 응. 우리집과 같소.

소: 그 원래, 원래 저 사람들은 어디로 다녔어?

윤: 아, 원래 있던 사람은,

소: 이리 이리 다녔어? 이 길로?

윤: 여기로 다니다, 다녀, 여기로 다녔어. 저쪽은 길이 나쁜 길이지. 그래 여기로 다녔는데 저 사람들이 팔고 저 살마들 저 집에 안 살고 우리가 딱 막았지. 그래 막았다가 우리 아들이야 열었지. 여니까 우리 집으로 하루 내내 다니지. 그래 다니는데 아 음 저 집의 임자는 조정자는 그 교회의 집사님의 일을 하오. 그리고 신학교에서 공부를 했어. 여자인데. 여자 남자.

소: 원래 우리, 원래 우리 조선 사람이었어?

윤: 조선 사람인데 그런데 남편이 죽어 혼자 있는데 아 이제는 교회를 다니면서 차츰차츰 이제는 집삿님을 하다가 아 이젠 다음에는 다락방을 열어 가지고 사람들에게 다락방에서 쪼끔 가르쳐 주고 이러면서 이젠 저 저 우리 그 신학교 선생이 있잖소? 신학교. 그런 공부도

하나 일겄어. 개 일거 가지구 거저 정신은 교혜마 두구 잇어. 이 이 집 여자는 야 그렇소.

윤: 그런 게 아 재비 집에다 다락반으 열구 사람덜 거 가르치갰는게 일주일에 한번이나 두 번씨. 그러갰는데 제 이 집이 에따(это) 츠벽하구[60] 머다나이 저 고르드(город)다 야, 저 비슈케끄 저 고로드(город) 나가서 세 칸짜리 아빠뜨 집우 일곱천 주구 쌌어. 그때 어째 눅엇는가 일곱 천 주구 쌌어. 일곱 천 주구 싸구 이 집에다느 그런 거 그 교혜 댕기는 사름덜 막 걷어 옇지. 교혜 막 거더 옇다나이 그 집으느 벡에다 이 조애르 싸구 도배했어 아보이(обой). 아보이(обой) 도배 그거 다 다 뜯구 다 낡아문지 그 때 잇구 해서 싹 뜯구 싹 다른 거 붙엤어[부체써]. 싹 다른 거 붙이구[부치구] 싹 수리르 하구 그러구 들었어. 개.

소: 아매느 왜 교혜 안 다녀?

윤: 야!

소: 아매는 교혜 다니셔야지!

윤: 내 다넛짐 야. 교혜 교헬 다니메 하느님 아부지 삼차신경통 내 벼~어 벼~어 *떼엣사오. 내 응답 받았어. 그러길래서 내 가서 그 교혜에 가서 조선말르두 하고 노시아말루두 하고 사람들 앞에 다아 말햇어. 십오연 동안 아 삼차신경통 하던 이 벼~어. 그 못덴 벼~. 삼차 신경토~이라구 못덴 벼~. 게 노시아말로 삼차신경통 이게 그런 게 이 베~이 못덴 베~이오.

윤: 그런 거 십오년 동안으 우리 병원으 댕겨. 한국 이사덜 침두 맞아 별란 즛으 해애두 아이 떨어져. 그랜거 하나님 아부지 펫:는데, (기침) 하느님 아버지두 일없소. 그래 내 교혜 즘 아 댕기지 못하구 아 댕기지 못해두 내 에따(это) 그런 거 딱 딱 에따(это) 그 우리 즘 에따(это) 아 그 교혜에서 우리 아우! 이릏기 다아…. 그랜거 그거 이전에, 이전에 이 교혜 내 들어갈 적에 이 집에 한국에서 아아 그런, 그런 사름이 둘이 와 있었어.

한 과정(課程)을 공부했어. 그래 공부를 해서 그저 정신은 교회에만 두고 있어(=교회에만 정신이 팔려 있어). 이 이 집 여자는 그렇소.

윤: 그런 사람이 아 자기 집에다 다락방 교회를 열고 사람들을 거 가르 치자고 하는데, 일주일에 한 번이나 두 번씩. 그러고자 하는데 제 이 집이 음 너무 외진 곳이고 멀다 보니 저 시내에다 응, 저 비슈케크 저 사내로 나가서 세 칸짜리 아파트 집을 7,000을 주고 샀어. 그때 어쩨 그리 쌌는 지 7,000을 주고 샀어. 7,000을 주고 사고 이 집에다는 그런 거 그 교회 다니는 사람들을 막 거두어 넣지. 교회 신자를 막 거두어 넣다 보니 그 집은 벽에다 이 종이를 사서 도배(塗褙)를 했어, 도배. 도배, 도배 그거 다 다 뜯고 다 낡아 먼지와 그 때가 있고 해서 싹 뜯고 싹 다른 것을 붙였지 [발랐지]. 싹 다른 거 붙이고 싹 수리를 하고 그러고 들었어. 그래.

소: 할머니는 왜 교회를 안 다녀?

윤: 야!

소: 할머니는 교회를 다니셔야지!

윤: 내가 다녔지 응. 교회 교회를 다니며 하느님 아버지가 삼차 신경통 내 병을, 병을 떼었다오. 내 응답(應答)을 받았어. 그러기에 내 가서 그 교 회에 가서 조선말로도 하고 러시아 말로도 하고 사람들 앞에 나아가 다 말했어. 15년 동안 아 삼차 신경통을 앓던 이 병을 (고쳤다고). 그 못된 병을. 삼차 신경통이라고 못된 병을. 러시아 말로 삼차 신경통 이게 그런 게 있는데 이 병이 못된 병이오.

윤: 그런 거 15년 동안을 우리 병원을 다녔어. 한국 의사들 침도 맞아 보고 별난 짓을 해도 안 떨어져. 그랬는데 하나님 아버지가 병을 고쳤는 데, (기침) 하느님 아버지도 그저 그렇소. 그래 내 교회를 좀 다니지 못하 고 아 다니지 못해도 내 음 그런 거 딱 딱 음, 그 우리 좀 음 그 교회에서 우리 아오. 이렇게 다…. 그런데 그거 이전에, 이전에 이 교회에 내 들어 갈 적에 이 집에 한국에서 아 그런, 그런 사람이 둘이 와 있었어.

소: 전도사들?

윤: 야˘. 그 아 목사 아래, 목사 아래에서 일하는 사름이.

소: 전도사들.

윤: 야˘. 두울이 두울이 와 잇어 그래 와 잇엇는데 나르 이 집에서 일하는 여자 나르 이거 교헤에다 어 나르 그런 거 영접받으라구 야. 영접받아. 아이 말 듣지. 반대 했지. 정반대 반대르 햇어. 개 반대르 하이 나르 무시기라 하는가 나무 콤무니스뜨(коммунист)라 했어. 콤무니스뜨(коммунист)라구.

소: **콤무니스뜨(коммунист)지요이˘.**

윤: 야, *꼬무니(коммунист). 반대, 반대르 햇지. 기래 반대르 하구 아고 ***상서에 이랫으 그러던 게 자여이 어띠기 데 그 사름이 두울이 왓지. 이 집에 한국에서 와 살지. 개 사는데 이 사름덜이 여자 두울이 온 게 나르 붙들구 이래지 야아. 아아, 어머니 이거 응답받구 아 예숫님이 믿어야 덴다는 거. 예숫님 믿어야 어머니 좋다는 거 기래지. 듣두댾구 막 뿌리치구. 그때 우리 집으르 뿌리치구 나. 기랜데 개 집이 가찹다구 자꾸 들어가메 나가메 하지.

윤: 아 기랜데 아 할럴으느61) 가이꺼더나 아 어티기 데 야 이 양반덜 둘이 나르 바르 홀 끌꾸 야 끌꾸 그 장재62) 넘음 이게 우리 우리 터이지. 우리 터에 나아 턱 앉거든. 기래 *앉다서 둘이서 나르 영접, 영접받지 내게서.63) 아 그래두 그 어째 내 또 그때 가마이 잇엇는두 가마이 잇엇지. 개 가마이 잇구 나이까나 이 사름덜은 나르 이제 영접 받앗다고 어머니 영전 받았으니 저 조선글 아이꺼나 조선책으 보내 저기 인차 보냈어.

윤: 조선책으 보내갯다. 개 조선책으 보내고 아 에떠(это) 나르 기도르 디렷다. 개 기도르 디리는데 아츰 야듧시 저녁 야듧[야듭]시 할랄에 두번으 아 하느님 아부지게다 기도르 디리는데 일으 하다가두 한 분두 어기지 애잏구 달아들어오지. 고 시가이 어기지 말. 딱딱 제 시간에 아츰에 디리구

소: 전도사들?

윤: 응. 그 목사 아래, 목사 아래에서 일하는 사람이.

소: 전도사들.

윤: 응. 둘이, 둘이 와 있어 그렇게 와 있었는데 나를 이 집에서 일하는 여자가 나를 이거 교회에서 어 나에게 그런 거 영접을 받으라고 응. 영접 받아. 말을 안 듣지. 정반대 반대를 했어. 그래 반대를 하니 나에게 무엇이라 하는가 하면 공산주의자고 했어. 공산주의자라고.

소: 공산주의자이지요 응.

윤: 응, 공산주의자. (교회에) 반대, 반대를 했지. 그렇게 반대를 하고 아 고 ***상처에 이랬어. 그러던 게 자연히 어떻게 돼 그 사람 둘이 왔지. 이 집에 한국에서 와 살지. 그래 사는데, 이 사람들 여자 둘이 와서 나를 붙들고 이러지, 응. 아, 어머니 이거 응답 받고 아 예수님을 믿어야 된다는 거. 예수님을 믿어야 어머니가 좋다고 그러지. 듣지도 않고 막 뿌리치고. 그때 뿌리치고 우리 집으로 나가. 그런데 그래 집이 가깝다고 자꾸 들어가며 나가며 하지(=들락날락하지).

윤: 아, 그런데 하루는 가니까 어떻게 돼서 응 이 양반들 둘이 나를 끌고 응 끌고 가는데 판자를 댄 울타리를 넘으면 우리 집 터가 되지. 우리 터에 턱 나아가 앉거든. 그래 앉아서 둘이서 나에게 영접, 영접 받지 내게서. 아 그래도 그 어째 내 또 그때 가만히 있었는지 가만히 있었지. 그래 가만히 있으니까 이 사람들은 나에게 이제 영접 받았다고, 어머니가 영전(榮典)을 받았으니 저 조선 글을 아니까 조선 책을 보내겠다고 하면서 저기 곧바로 보냈어.

윤: 조선 책을 보내겠다. 그래 조선 책을 보내고 음 나를 위해 기도를 드렸지. 그래 기도를 드렸는데 아침 여덟 시 저녁 여덟 시 하루에 두 번 하느님 아버지에게다 기도를 드리는데 일을 하다가도 1분도 어기지 않고 달려 들어오지. 고 시간에 어기지 않게. 딱딱 제 시간에, 아침에 드리고

저녁에, 아츰에 디리기 전에 아이 나오. 잊어뿌린다. 그댐 저녁에 디린다 구. 요렇게 삼월 사월 오월 유월 칠월 다섯 달 동안 이룧기 기도르 디려. 다슷달 동안 데이 이 벼~어 대까닥 떼에갓어.

윤: 이 약으 먹던 거 야. 개 약으 먹던 거 이 이거 그양 약으 먹엇지. 이게 아파서 약으 먹엇지. 아 그댐 기 아이 아파 벼~이 떨어졌지. 약으 쥐에뻬렛지. 약으 쥐에뿌리구 어전 하나님 아부지 내 벼~어 떼에갓지. 기래 떼에 가이 교혜에 가서 교혜에 가서 거기 키르기스두 잇구 노헷 사름 잇 구 벨게 다 잇짐. 고렷사름 많재이오. 기래 거기 가서 노시아말르 가서 고 렷말르 고렷사름 들으라구 고렷말르 하고, 노시아 말르, 아 십오연 동안 에 앓던 이 벼~어 병원에서 병원으르 내 오연동안 댕겟어. 오연.

윤: 이게 이거 사진이랑 다 찍엇지. 찍어두 벼~이 없짐. 그런게 삼차. **기대 그담에는 그거 십오연 동안 아 그런 거 내 오연 동안 댕게두 이 베~에 낫재잇구 그담에 한국에서 온 이사덜게 침이랑 맞앗지 뜸우 떳지 기래두 소요, 요긔다 뜸이랑 떳어. 그래두 소용없어. 소용 없던 거 이거 다만 아 하느님 아버지 나르 고쳣지. 기래 내 거기 가서 그렇게 사름덜가 싹 말하지. 그렇게 내.

소: 간증한다구 하지, 간증.

윤: 그래 내 응답받앗다는 거 진정스레 예시 하느님 아부지르 믿으라무 진정스레 믿어야지. 아이 믿으무 그만 둬야지 야. 그래 내야 한 분두 어기 지 애잏고[애이꼬] 딱딱 제 시간에 아 고 기도르 드리야 기도르 드리구 고담에 저 저 책으, 저 책으 다 일것지. 저 책으 다 일거. 개 내 기래 벼~ 어 **떼엣사오.

소: 지금두 읽어! 심심허먼.

윤: 심심하무 이르지. 기래.

소: 계속 읽어요! 게에속! 매일매일 시간을 정해놓고 저 책을 좀 읽으세요.

윤: 아이! 저 책은 다 읽은 책이우. 지금.

저녁에, 아침에 드리기 전에는 나가지 않소. (기도 드리는 것을) 잊어버린 다고. 그다음에 저녁에 드린다고. 이렇게 3월, 4월, 5월, 6월, 7월 다섯 달 동안 이렇게 기도를 드려. 다섯 달 동안이 되니 이 병을 제꺽 떼어갔어.

윤: 이 약을 먹던 거 응. 그래 약을 먹던 거 이거 그냥 약을 먹었지. 이 게 아파서 약을 먹었지. 아, 그다음에 그래 아프지 않아 병이 떨어졌지. 약을 내버렸지. 약을 내버리고 이젠 하느님 아버지가 내 병을 떼어갔지(= 고쳤지). 그래 병을 떼어 가니(=고치니), 교회에 가서, 거기 가면 키르기 스인도 있고 노회(老會) 사람도 있고 별게 다 있지 뭐. 고려 사람은 많지 않소. 그래 거기 가서 러시아 말로, 가서 고려말로 고려 사람 들으라고 고 려말로 하고 또 노시아 말로, 아 15년 동안에 앓던 이 병을 병원에서 병 원으로 내 5년 동안 다녔어. 5년.

윤: 사진이랑 다 찍었지. 찍어도 병이 없지. 그런 게 삼차 (신경통이지). 그래 그다음에는 그거 15년 동안 그런 거 내 5년 동안 다녀도 이 병이 낫 지 않고 그다음에 한국에서 온 의사들에게 침이랑 맞았지 뜸을 떴지 그래 도 소용이, 요기다 뜸이랑 떴어. 그래도 소용이 없어. 소용없던 거 이거 다만 하느님 아버지가 나를 고쳤지. 그래 내 거기 가서 그렇게 사람들에 게 싹 말하지. 그렇게 내가.

소: 간증한다고 하지, 간증.

윤: 그래 내가 응답 받았다는 거 진정스레 예수 하느님 아버지를 믿으려 면 진정스레 믿어야. 안 믿으면 그만 뒤야지 응. 그래 내가 응 1분도 어 기지 않고 딱딱 제 시간에 기도를 드려야 기도를 드리고 고 다음에 저 저 책을, 저 책을 다 읽었지. 저 책을 다 읽어. 그래 내 그래 병을 떼었다오

소: 지금도 읽어! 심심하면.

윤: 심심하면 읽지. 그래.

소: 계속 읽어요! 계속! 매일매일 시간을 정해 놓고 저 책을 좀 읽으세요.

윤: 아이! 저 책은 다 읽은 책이오. 지금.

소: 몇 번 읽어야 데. 나는 매일매일 읽어!

윤: 글쎄 매일 일거야 기게…. 저두 저두 예수르 믿소?

소: 에.

윤: 믿소?

소: 에.

윤: 야˘. 걔 그거 매일 일거야 골속에 다 들어가지. 기래.

소: 매일매일 읽어야지 좋아.

윤: 야˘. 일거야 좋지. 기래 저게 조선글으 이르기두 좋지. 야. 걔 조선
글으 이르기 좋고. 또 이르두라⁶⁴⁾ 그것두 재미 잇는 게 잇어. 그래구 저
책에서 수 쏠로몬이라는 거 내 저 책 가지구 연극꺼지 놀았어. 우리 노인
반 연극으 놀앗어 야. 연극두 놀앗지. 기래 조성재˘이라는 이 목사가 지
금, 엊그제 저 사름 아재입데? 알구 아또마 사는데 집우, 이 이 사람이 이
조성재란 목사 나르 그렇기 곱아하지.⁶⁵⁾ 어째 곱아하는가 하이 조선글으
알구 이런 이런 칠판으 저기다 이래 턱 놓고 칠판에다 그 글으 싹 쓰지.
해석해서 야. 싹 해석 해. 이래 해석해 싹 써 내 그 글으 내 다 이르지.
걔 그 글으 일거보구 그 사람 말한 거 내 속에 싹 들어가지. 그렇기 내
맘에 맞지. 그렇기 딱 내맘에 맞고 내 속에 들어가지. 기래 내 거기서 고
려말루 대답두 하구˘. 기래구 그렇기 댕겟지. 그렇게 빼애 애이 놓구 딱딱
주일마다 댕갯지. 그러고.

소: 몇 년간 댕겼어?

윤: 한 삼년 댕겼어, 야. 그래 댕기는데 빼애 애이 놓구 댕기는데 그거
저어 아 기래 나르 이 뺀씨(пенсия)르 조꼼 타이 나르 적게 물라 하지.
그거 거기다. 개 적게 물라 하는 거 나느 적게 아이 물지. 음: 십원두 물
구 이십원두 물구 내 기양 이롷기 물엇지.

소: 몇 번 읽어야 돼. 나는 매일매일 읽어!

윤: 글쎄 매일 읽어야 그게…. 자네도 자네도 예수를 믿소?

소: 예.

윤: 믿소?

소: 예.

윤: 응. 그래 그거 매일 읽어야 머릿속에 다 들어가지. 그래.

소: 매일매일 읽어야지 좋아.

윤: 응. 읽어야 좋지. 그래 저게 조선글을 읽기도 좋지. 응. 그래 조선글을 읽기 좋고. 또 읽을수록 그것도 재미있는 것이 있어. 그리고 저 책에 나오는 솔로몬이라는 것을 가지고, 내가 저 책 가지고 연극까지 놀았어. 우리 노인반이 연극을 공연했어 응. 연극도 공연했지. 그래 조성재라는 이 목사가 지금, 엊그제 저 사람(=목사)을 (내가) 알지 않습디까? 알고 아 또마 사는데, 집을, 이 사람이 이 조성재란 목사가 나를 그렇게 좋아하지. 어째 좋아하는가 하면 조선글을 알고 이런, 이런 칠판을 저기다 이렇게 턱 놓고 그 칠판에다 글을 싹 쓰지. 해석해서 응. 싹 해석해. 이렇게 해석해서 싹 써 놓으면, 내가 그 글을 내가 다 읽지. 그래 그 글을 읽어 보면 그 사람이 말한 것이 내 머릿속에 싹 들어가지. 그렇게 내 마음에 맞지. 그렇게 딱 내 마음에 맞고 내 머릿속에 들어가지. 그래 내가 거기서 고려 말로 대답도 하고. 그리고 그렇게 다녔지. 그렇게 빼놓지 않고 딱딱 주일마다 다녔지. 그리고.

소: 몇 년간 다녔어?

윤: 한 3년 다녔어, 응. 그래 다니는데 빼놓지 않고 다니는데 그거 저, 그래 나에게 (내가) 이 퇴직 연금을 조끔 타니 나에게 (헌금을) 적게 물라 (=내라) 하지. 그거 거기다(=헌금함에다). 그래 적게 물라 하는 거 나는 적게 안 물지. 음 10솜도 물고 20솜도 물고 내 그냥 이렇게 물었지(=헌금을 했지).

윤: 개 이릏기 물구 댕기다서 이 목삿님이가 우리 집으루 멫 번 왔다갓어. 내 때랑 해앳짐. 걔 내 때르 해애서 그 사람두 조선에서 갓다옴 메에 기랑 가조구 내한데르 가조고 기래. 기래서 저 목사님두 내게르 또 선물도 이런 좋은 한국 수거이랑 내게르 가져와.

윤: 기래 그래서 이 목삿님이 아 내가 아이 댕게… 조선말으 아는 게, 모르짐.66) 서분하짐. 걔두 어전 베~이 나다나 못 댕겨. 기래 내 집에서 아츰에 야듧세 일굽세 깨애나서 늡구잇다 내 미루 깨애낫으무 댕기지 애잏 겟어? 잊어뿌레, 잊어뿌레. 야듧세 내 기도르 드리구 지금 일어나오.

소: 요즘도?

윤: 지금도! 그담에느 저녁 여듧시[여듭씨] 데무 쩨레비조르(телевизор) 보다두 달아들와서 이 방문으 닫구 이 고바~에서67) 본래 디려야 데지. 지금두 맹심해68) 디리우. 지금두 디리우.

소: 하루에 성경책을 하루에 한 시간씩 읽어 봐아!

윤: 한 시간씩 읽어 보무 좋겟는데 그 읽어 보는가? 아이 보오. 노시아 신문 이 이 이 노시아 신문두 보구 아 조선 신문두 보구 신문으 자꾸 본단말야.

소: 겐데 신문보다도 더 중요한 게 성경책이지.

윤: 그 성경책이 중하지::! 성경책이 중.

소: 자꾸 읽어 봐. 그믄 재밌지. 처음에는 어려운데.

윤: 아이! 재밌어. 야아::! 저거 아주 재밌어 야. 저거 아들이 여래앤데 거기서 절먹아들으 특별이 곱아했지. 곱아한다 해서 그 절먹아들으 이 큰아들덜 데리구 가서 구러:다 가알 차옇지[차여찌]. 기래 차 옇은 거 하느님 아부지 돕다나이 야 구러에 차 연 거 지나가다 무시기 거레서69) 기래 가져갓지. 기래 가져가서 야 큰:: 사람이 댓. 큰:: 사람이 대애서 아암 형덜이 거길 어저는 구차하게 대이 먹을 게 없어 떡

윤: 그래 이렇게 물고 다니다가 이 목사님이 우리 집으로 몇 번 왔다 갔어. 내 때(=끼니 밥)를 했지. 그래 내가 때를 해서 그 사람도 한국에 갔다오면 미역이랑 가져오고 나한테로 가져오고 그래. 그래서 저 목사님도 내게 선물도 이런 좋은 한국 수건이랑 내게로 가져와.

윤: 그래 그래서 이 목사님이 내가 안 다녀서… 조선말을 아는 사람이, 모르지 뭐. 서운하지 뭐. 그래도 이젠 병이 나서 못 다녀. 그래 내 집에서 아침에 여덟 시 일곱 시에 깨어나서 누워 있다, 내 미리 깨어났으면 다니지 않겠어? 잊어버려, 잊어버려. 여덟 시에 내 기도를 드리려고 지금(도) 일어나오.

소: 요즘도?

윤: 지금도! 그다음에는 저녁 여덟 시가 되면 텔레비전을 보다가도 달려 들어와 이 방문을 닫고 이 골방에서 드려야 되지. 지금도 유의해서 (기도를) 드리오. 지금도 드리오.

소: 하루에 성경책을 하루에 한 시간씩 읽어 봐!

윤: 한 시간씩 읽어 보면 좋겠는데 그렇게 읽어 보는가? 안 보오. 러시아 신문, 이 이 러시아 신문도 보고 조선 신문도 보고 신문을 자꾸 본단 말이야.

소: 그런데 신문보다도 더 중요한 것이 성경책이지.

윤: 그 성경책이 중(重)하지! 성경책이 중(하지).

소: 자꾸 읽어 봐. 그러면 재밌지. 처음에는 어려운데.

윤: 아이! 재밌어. 야! 저거 아주 재밌어 응. 저거(=성경에), 아들이 여럿인데 거기서 막내아들을 특별히 사랑했지. 사랑한다고 해서 그 막내아들을 이 큰아들들이 데리고 가서 구렁에다 그 아이를 차 넣었지. 그래 차 넣은 것을 하느님 아버지가 도우니까 응 구렁에 차 넣은 것을 지나가다 무엇이 건져내서 그래 가져갔지. 그래 가져가서 응 큰 사람이 됐지. 큰 사람이 돼서 아무 형들이 거기로, 이제는 구차하게 되니 먹을 게 없어 떡

오이꺼나 와서 온 거 몰라보짐. 몰라. 야 이 가연 재밌어. 그 가연 이르두라 재밌어 그게 야. 기래 마감엔 부모르 만나는가? 부모. 그 이름이랑 싹 겨으 햇지. 기래 차차차차 잊어지지. 걔 자꾸 일거야. 이르두라 저 책 재밌어. 성경책이. 처음으로 웨엔 처음으로.

소: 성경책에서 하는 얘기는,

윤: 야˜.

소: 성격책에서 하는 얘기는 어떤 얘기냐면 이런 얘기에요.

윤: 야˜.

소: 사람이 이 세상에서 태어났는데 우리는 다아 우리가 우리가 태어나고 싶어서 태어난 게 아니잖아아.

윤: 아˜! 그래.

소: 그렇지이. 부모님도 뜻에 으해서 태어난 거잖아.

윤: 그래.

소: 하나님이 우리를 세상에 태어나게 하신거란 말야.

윤: 구:래! 그래.

소: 우리가 세상을 살아가면서 우리가 우리 마음대로 머가 데는 줄 아는데 우리 마음대로 데는 게 없어.

윤: 없어.

소: 다 하나님이,

윤: 하나님이,

소: 우리를 인도하신단 말이지.

윤: 그래지.

소: 그러니까 우리가 이 세상에는 왔다가 오십 살을 먹구 죽건 육십을 먹구 죽건 팔십을 먹고 죽건 백 살을 먹구 죽든 간에 다 이 세상에 태어난 사람은 다 죽는단 말야. 그래.

윤: 그래.

오니까, 와서 온 것을 몰라보지 뭐. 몰라. 정말 재밌어. 그 정말 읽을수록 재밌어 그게 응. 그래 마지막엔 부모를 만나는가? 부모를. 그 이름이랑 싹 겨우 공부했지. 그래 차차차차 잊어지지. 그래 자꾸 읽어야 하지. 읽을수록 저 책이 재밌어. 성경책이. 처음으로 맨 처음으로.

소: 성경책에서 하는 얘기는,

윤: 응.

소: 성경책에서 하는 얘기는 어떤 얘기냐 하면 이런 얘기에요.

윤: 응.

소: 사람이 이 세상에서 태어났는데 우리는 다 우리가 우리기 태어나고 싶어서 태어난 것이 아니잖아.

윤: 응! 그래.

소: 그렇지. 부모님도 뜻에 의해서 태어난 것이잖아.

윤: 그래.

소: 하나님이 우리를 세상에 태어나게 하신거란 말이야.

윤: 그래! 그래.

소: 우리가 세상을 살아가면서 우리가 우리 마음대로 뭐가 되는 줄 아는데 우리 마음대로 되는 것이 없어.

윤: 없어.

소: 다 하나님이,

윤: 하나님이

소: 우리를 인도하신단 말이지.

윤: 그래지.

소: 그러니까 우리가 이 세상에 왔다가 오십 살을 먹고 죽건 육십을 먹고 죽건 팔십을 먹고 죽건 백 살을 먹고 죽든 간에 다 이 세상에 태어난 사람은 죽는단 말이야. 그래.

윤: 그래.

소: 안 죽는 사람은 한 명도 없잖아. 다 죽어. 죽으면서 땅에 묻히면은 그게 끝난다, 사람들이 그렇게 생각하는데,

윤: 천국으 가지, 우리. 천국에 가지.

소: 그렇지. 그런데 만약에 만약에 이 세상에서 끝나는 게 아니고 천국이 있다면,

윤: 야. 천국이 잇다면,

소: 천국이 분명이 있는데.

윤: 야.

소: 여기서 와서 잇다가 잘못허고 가가주구 천국에 가서 천국에 못 가구 지옥에 간다면,

윤: 지옥 거기 가문 죄르 짖지 그럼. 죄진 사람이 그러지, 야.

소: 그리면 얼마나 얼마나 불쌍하냐고. 음.

윤: 기래 그렇지.

소: 우리처럼, 아매처럼 아! 그래 천국이 있다. 하나님이 우리를 천국으로 인도해 주신다.

윤: 기래.

소: 그런 것을 믿구 잇는 사람은 내가 좋아하는 사람 사랑하는 사람 곱아하는 사람을 보면 마음이이 아픈 거야. 저 사람이 여기 있다가 아이구! 나중에 그냥 하나님을 모르고 그냥 가면 천국에 못 가는데,

윤: 못가재구.

소: 그러니까 하나님을 알고 하나님을 영접하고 그리고 나서 하늘나라에 가서 만납시다아.

윤: 그으래!

소: 그렇게 얘:기르 하는 거란 말이야.

윤: 그으래!

소: 그리구 가족들이이 좋은 가족들이 같이 있다가 아 나는 천 천국 갔는데 저 아들은 천국을 못 오고 있으면,

소: 안 죽는 사람은 한 명도 없잖아. 다 죽어. 죽으면서 땅에 묻히면 그게 끝난다고 사람들이 그렇게 생각하는데,

윤: 천국을 가지, 우리가. 천국에 가지.

소: 그런데 만약에 만약에 이 세상에서 끝나는 것이 아니고 천국이 있다면,

윤: 응. 천국이 있다면,

소: 천국이 분명 있는데.

윤: 응.

소: 여기에 와서 있다가 잘못하고 가 가지고 천국에 가서 천국에 못 가고 지옥에 간다면,

윤: 지옥 거기를 가면 죄를 짓지 그럼. 죄진 사람이 그러지, 응.

소: 그러면 얼마나 얼마나 불쌍하냐고. 음.

윤: 그래 그렇지.

소: 우리처럼, 할머니처럼 아! 그래 천국이 있다. 하나님이 우리를 천국으로 인도해 주신다.

윤: 그래.

소: 그런 것을 믿고 있는 사람은 내가 좋아하는 사람 사랑하는 사람 좋아하는 사람을 보면 마음이 아픈 거야. 저 사람이 여기 있다가, 아이고! 나중에 그냥 하나님을 모르고 그냥 가면 천국에 못 가는데,

윤: 못 가고말고.

소: 그러니까 하나님을 알고 하나님을 영접하고 그리고 나서 하늘나라에 가서 만납시다.

윤: 그래!

소: 그렇게 얘기를 하는 거란 말이야.

윤: 그래!

소: 그리고 가족들이 좋은 가족들이 같이 있다가 아 나는 천국을 갔는데 저 아들은 천국을 못 오고 있으면,

윤: 못 가지!

소: 그러면 서로 간에 보고 있으면 얼마나 마음이 얼매나 아프겄어.

윤: 그으래! 그래.

소: 그러니까 믿는 사람들이 자꾸 그런 말을 하는 거고. 또 그 하나님을 믿으면 거기는 그 나라는 하나님을 믿지 않으문 갈 수가 없단 말이야.

윤: 없재. 없재이. 없재잉구. 야~.

소: 그렇죠? 아까 그 요셉이거든 요셉.

윤: 야~. 요셉이, 요셉이.

소: 요셉이.

윤: 야~.

소: 요셉이. 요셉이 그 아들이 예뻐, 아버지 이삭이 예뻐해 주니까,

소: 형, 형덜이 다 가르 믿어하잖아.

윤: 믿어하짐. 특별히 그 아부지 그 점멕이르 곱아하지. 이복두 딸르 해 입히구.

소: 그 애가 애급이란 나라에 먼저 팔 팔려가잖아. 종으로 팔 팔려가서,

윤: 야~, 야! 팔려,

소: 종살이 하잖아. 어~? 야 종질하다가 나중에 제일 높은 대통령이 덴단 말여, 어~.

윤: 음.

소: 그러면 그 그 우리 사람이 생각해 보면: 아 종 노릇허던 사람이 그 나라에 제일 높은 사람이 데는 것은,

윤: 기래.

소: 사실은 어려운 어려운 일이지.

윤: 어려운 일이지.

소: 거이 불가능한 일이지.

윤: 그:러재!

윤: 못 가지!

소: 그러면 서로 간에 그걸 보고 있으면 얼마나 마음이 얼마나 아프겠어.

윤: 그래! 그래.

소: 그러니까 믿는 사람들이 자꾸 그런 말을 하는 것이고. 또 그 하나님을 믿으면 거기는 그 나라는 하나님을 믿지 않으면 갈 수가 없단 말이야.

윤: 없잖고. 없잖고. 없잖고. 응.

소: 그렇죠? 아까 할머니가 말씀한 이야기는 그게 요셉이거든, 요셉.

윤: 응. 요셉, 요셉.

소: 요셉이.

윤: 응.

소: 요셉이. 요셉이 그 아들이 예뻐, 아버지 이삭이 예뻐해 주니까,

소: 형, 형들이 다 그 아이를 미워하잖아.

윤: 미워하지 뭐. 특별히 그 아버지가 그 막내아들을 사랑하지. 의복도 따로 해 입히고.

소: 그 아이가 애급이란 나라에 먼저 팔, 팔려가잖아. 종으로 팔, 팔려가서.

윤: 응, 응! 팔려,

소: 종살이를 하잖아. 응? 이 아이가 종질하다가 나중에 제일 높은 대통령이 된단 말이야, 응.

윤: 음.

소: 그러면 그 우리 사람이 생각해 보면, 아 종 노릇을 하던 사람이 그 나라에 제일 높은 사람이 되는 것은,

윤: 그래.

소: 사실은 어려운, 어려운 일이지.

윤: 어려운 일이지.

소: 거의 불가능한 일이지.

윤: 그렇지!

소: 그런데 하나님이 그 일으 하시니까 이렇::게 거기까지 올려놓셨단 말이야.

윤: 그:래!

소: 근데, 그문 올려놔 가지구 그문 너는 혼자 너만 잘 먹고 너만 잘 살아라고 한 게 아니고,

윤: 아이고.

소: 하나님이 미리, 미리 그리 보내 가지구 나중에 이 형제들이 굼 굶어 죽게 생겼으니까 이 사람덜이 이:리 와서 여기서 이 사람이 미리 자리를 잡아 놓오니까 돕아 줘. 이 사람들이 잘 살잖아. 아매도 마찬가지여. 저어 그 머야 따쉬껜트에서 있다가,

윤: 야~.

소: 몸이 안 좋아서 여기 왔지만,

윤: 그래!

소: 여기 와서 아매가 잘 농사를 짛고 또 자리를 잘 잡구 있으니까 부모님도 모셔오고 형제도 데리고 와서 여기서 같이 살고 있는 것처럼, 그러니까 미리 가는 사람은 가서 고생을 많이 하지만 그 사람이 거서 자리를 잡으면 잘 살면 다른 사람덜도 좋잖아.

윤: 그래.

소: 그러니까 그렇기 보내주는 것은, 사람은 아! 내가 가고 싶어서 간다 내가 나는 가문 할 수 있다 그러지만, 사실은 하나님이 그렇기 잘 해 주시면 덴단 말여. 그러니까 그 나중에 그 요셉이 머라고 하느냐면, 형제덜한테 머라고 하냐면 형님덜이 나를 팔아서 보낸 것이 아니고 하나님이 나를 보내 먼저 여기를 보내서 나를 형님덜이 오게 다 준비시키기 위해서 먼저 보냈습니다. 그러니까 나는 당신들을 미워하지 않습니다.

윤: 그러재이.

소: 머 그렇기 얘길 허잖아?

소: 그런데 하나님이 그 일을 하시니까 이렇게 거기까지 올려놓으셨단 말이야.

윤: 그래!

소: 그런데 그러면 올려놓아 가지고 그러면 너는 혼자 너만 잘 먹고 너만 잘 살아라 하고 한 것이 아니고.

윤: 아니고.

소: 하나님이 미리, 미리 그리로 보내 가지고 나중에 이 형제들이 굶어 죽게 생겼으니까 이 사람들이 이리 와서 여기서 이 사람이 미리 자리를 잡아 놓으니까 도와 줘. 이 사람들이 잘 살잖아. 할머니도 마찬가지여. 저 그 뭐야 타슈켄트에서 있다가,

윤: 응.

소: 몸이 안 좋아서 여기 왔지만,

윤: 그래!

소: 여기 와서 할머니가 농사를 잘 짓고 또 자리를 잘 잡고 있으니까 부모님도 모셔 오고 형제도 데리고 와서 여기서 같이 살고 있는 것처럼, 그러니까 미리 가는 사람은 가서 고생을 많이 하지만 그 사람이 거기서 자리를 잡으면 그리고 잘 살면 다른 사람들도 좋잖아.

윤: 그래.

소: 그러니까 그렇게 보내 주는 것은, 사람은 아! 내가 가고 싶어서 간다, 내가 나는 가면 할 수 있다 그렇지만, 사실은 하나님이 그렇게 잘 해 주시면 된단 말이야. 그러니까 그 나중에 그 요셉이 뭐라고 하느냐 하면, 형제들한테 뭐라고 하느냐면 형님들이 나를 팔아서 보낸 것이 아니고 하나님이 나를 보내 먼저 여기를 보내서 나를 형님들이 오게 다 준비시키기 위해서 먼저 보냈습니다. 그러니까 나는 당신들을 미워하지 않습니다.

윤: 그렇잖고.

소: 뭐 그렇게 이야기를 하잖아?

윤: 그으래!

소: 그러니까 그게 하나님을 믿는 사람들이 생각하는 거란 말여. 하나님이 우리를 다아 그렇게 인도하구 가시는 거여.

윤: 그래 그 꿈우 해석하는 것도 그 사람 골로야 못하지. 다 하나님 가르쳐 기래지 야. (기침) 그래고 신체는 따에 묻게두 아: 신체는 따에 묻게두 우리 정신은 천국에 가 잇지. 걔 내 기전에 기랫지. 어찌기 내 반대르 햇는가 내가 음 조꼼 고려공부르 할 적에 고려책에도 잇고 노시아 책에도 잇지. 어찐가 우리 사름우 처엄 사름 맨들 적에 아 무슥으르 맨드는가 하무 원수~이, 원수~이. 아 지금 잰내비 잇재애? 그 원수~이 벤해서 사름이 대앳다.

윤: 기애 내 그전에느 에 하느님이 이랫달 적에 아 내 고재이 들엇지. 그 싹 워 원수~이 벤해 사름 데고 아 그담에는 하느님이 하나님이 잇으면 아: 도독이랑 이런 거 다아 잡아가지 이 나쁜 걸 잡아 아이 가갯는가 그래지. 그랫지. 긔랜데 그래 내 *하나 교혜 책으 많이[마이] 일거 보구 아지. 기래 아는데 그거 내 어전 이름 이름으 싹 알앗지. 내 이름. 이름 내 그거 싹 웬 참,

윤: (아매가) 총기 있어서 잘 아실거야.

윤: 총기 잇어 게 무스 아부라함호 요셉이구 싹 아지. 기랜데 내 거기서 어전 조꼼 잊어뿌렛지. 그책으 내 이르재앻다나. 기래 노시아 책가 고려책 **갔어. 노 노시아책두 이르구 고려책두.

윤: 그래 그 하나 무시긴가 하문, 아아 그 니기 내 보구 그 사름 이름 잊어뿌렛어. 그 사름이 음 어디메 갓다가서 딸 두울인데 딸 두울으 가지구 어 쫓겨서 산으르 갔어. 그 사람은 음 것두 하나님이 가르쳐 줘, 그 사람은 아 주 딸덜이랑 잃어 아이 뿌리구 그렇기 고 곰치우라는 거. 개 곰치우자구 산으르 올라갓지. 개 산에 처어:올라가서70) 아 산에다, 어전 가서, 산집우 맨들구 딸으 둘으 데리구 살지.

윤: 그래!

소: 그러니까 그게 하나님을 믿는 사람들이 생각하는 거란 말이야. 하나님이 우리를 다 그렇게 인도하고 가시는 것이야.

윤: 그래 그 꿈을 해석하는 것도 그 사람 머리로야 못하지. 다 하나님이 가르쳐서 그러지 응. 그리고 신체는 땅에 묻혀도 아 신체는 땅에 묻혀도 우리 정신은 천국에 가 있지. 그래 내가 그전에 그랬지. 어떻게 내가 반대를 했는가 하면, 내가 음 조끔 고려 공부를 할 적에 고려책에도 있고 러시아 책에도 있지. 어떤가 하면, 우리 사람을 처음 만들 적에 무엇으로 만드는 가 하면 원숭이, 원숭이. 아 지금 원숭이가 있잖아? 그 원숭이가 변해서 사람이 되었다.

윤: 그래 내 그전에는 에 하느님이 이랬다고 할 적에 아 내가 고지듣지 않았지. 그 싹 원숭이가 변해서 사람이 되고 그다음에는 하느님이 하나님이 있으면 아 도둑이랑 이런 거 다 잡아가지 이 나쁜 것을 안 잡아가겠는가 그러지. 그랬지. 그런데 내가 교회 책을 많이 읽어 보고 알지. 그래 아는데 그거 내 이젠 (성경에 나오는) 이름, 이름을 싹 알았지. 내가 이름, 이름 내가 그거 싹 맨 처음,

윤: (할머니가) 총기가 있어서 잘 아실거야.

윤: 총기 있어 그거 무슨 아브라함이고 요셉이고 싹 알지. 그런데 내가 거기서 이젠 조끔 잊어버렸지. 그 책을 내가 읽지 않다 보니. 그래 러시아 책과 고려책을 가졌어. 러 러시아 책도 읽고 고려 책도.

윤: 그래 그 하나가 무엇인가 하면, 아 누구인지, 내가 보고서 그 사람 이름을 잊어버렸어. 그 사람이 음 어디 갔다가 딸 둘인데 딸 둘을 가지고 쫓겨서 산으로 갔어. 그 사람은 음 그것도 하나님이 가르쳐 줘, 그 사람은 딸들을 잃어버리지 않고 그렇게 숨으라는 것을. 그래 숨자고 산으로 올라 갔지. 그래 산에 위로 올라가서 아 산에다, 이젠 산에 가서, 산에다 집을 만들고 딸 둘을 데리고 살지.

윤: 걔 딸덜두 데리구 딸덜두 나아 잇지. 기래 딸덜이 이러지. 우리 아 버지는 늙어서 아 우리 여기 살메서리 우리르 어디서 남편 얻어 **둘 아 부지게는 그런 힘이 없다. 걔 없으이까나 우리는 아아 아버지게는 딸 둘 밖에 없는데 이 딸덜이, 우리 살아서 우리 어찌 대르 끈갯는가. 걔 대르 끈갯는가 하메 아 그담에느 그 맏딸이 애비 수울으 멕에 놓구. 첫날밤 애 비가 **자라 사 살아서 아 아이르 낳앗지. 기래 그 아이 난 거 가아르 무 시기라 하오?

윤: 그담에 다음엔 둘째딸이 가서 애빈 술으 먹으이 뉘기 들어가구 나 가는 거 모르지. 술취하게 멕이구 아 둘째딸두 살아. 기래 기래 낳아서 그 이 새애기[71] 둘 애비가 살아 그 자석 뿔것지.[72] 그런게 잇지 야? 야야::! 첫감에 기랬어. "에이! 모르갰다. 이 무스 어티기 애비가 살아!" 애비가 살아서 그런 게 애이라, 이 이 여자덜은 남펴이 없다나이 머 대리꾸 못 나가지. 그렇기 대앳지. 그런 거. 야!

소: 지금 그게 그 *자, 그 후손덜이: 저기 저 저 시리아 머 아랍 여기 살 아:.

윤: 야˜. 후손덜이 살아 잇어?

소: 그렇죠. 그래서 지금도,

윤: 야˜.

소: 이스라엘하구 이렇기 전쟁하구.

윤: 야˜. 이스라엘. 이스라엘 야 음. 옳소. 지금도 그 후손, 그래앗지. 기 래서 아,

소: 노벨.

윤: 야˜.

소: 노벨.

윤: 재밌어::::. 재밌어 야.

소: 그 총기가 좋으니까 다아 기억을 하시네.

윤: 그래 딸들도 데리고 갔는데 딸들도 나이가 있지. 그래 딸들이 이러지. 우리 아버지는 늙어서 아 우리 여기 살며 우리에게 어디서 남편을 얻어 줄 힘이 아버지에게는 없다. 그래 없으니까, 우리는, 아버지에게는 딸둘밖에 없는데 이 딸들이 (말하기를) 우리가 살아서 우리가 어찌 대(代)를 끊겠는가. 그래 대를 끊겠는가 하며 아 그다음에는 그 맏딸이 아비에게 술을 먹여 놓고. 첫날밤 아비가 살아 사 살아서 아이를 낳았지. 그래 그 아이를 난 거 그 아이를 무엇이라 하오?

윤: 그다음 다음에는 둘째딸이 가서 애비는 술을 먹으니 누가 들어가고 나가는 것을 모르지. 술 취하게 먹이고 둘째딸도 살아. 그래 그래 낳아서 그 이 처녀 둘과 아비가 살아 그 사식을 불어나게 했지. 그런 이야기가 성경에 있지 응? 야! 처음에는 그랬어. "에이! 모르겠다. 이 뭐 어떻게 아비가 살아!" 아비가 살아서 그런 것이 아니라, 이 이 여자들은 남편이 없다 보니 뭐 데리고 못 나가지. 그렇게 됐지. 그런 거. 야!

소: 지금 그게 그 자(식), 그 후손들이 저기 저 저 시리아 뭐 아랍 여기 살아.

윤: 응. 후손들이 살아 있어?

소: 그렇죠. 그래서 지금도,

윤: 응.

소: 이스라엘하고 이렇게 전쟁하고.

윤: 응. 이스라엘. 이스라엘 응 음. 옳소. 지금도 그 후손이, 그랬지. 그래서 아,

소: 노벨.

윤: 응.

소: 노벨.

윤: 재밌어. 재밌어 응.

소: 그 총기가 좋으니까 다 기억을 하시네.

윤: 총기 좋으이, 내 그 기 그 거반 아 다아 해앳지. 어저는 책으 줴에 뿌리구.

소: 왜 줴에뿌레! 자꾸 읽어!

윤: 신문보느라구.

소: 아이! 천국에 갈라무 그것을 읽어야지! 이~?

윤: 어째 그러는가 하무 내 일것지. 내 일것다 해서, 에이! 이런 거 자꾸 이러갯는가구 다른 거 본다구. 걔 내 아주 내 글보기 좋아하지. 내 좋아하는데,

소: 저것은 자꾸 읽으면 읽을수록 읽으면 읽을수록 이르면 이를수록,

윤: 헤갈리지. 헤갈.

소: 나한데 힘이 데.

윤: 힘이 덴다구? 그럼 내 또 읽어야지. 내 어저느 이 신문으 다아 보구. 조선에서 오는 신문 황선새~ 가져오무 그 신문은 다아 보구. 노시아 신문으느 다아 보구. 아 이 신문으 쓰자하이 글쎄 한 달에 뻰시(пенсия)르 삼 삼백 쏨 타는데 글쎄 아 이게 이른닷냥[73] 이른닷냥.

소: 이른 닷냥?

윤: 칠십오워이오, 이거 칠십오워이이꺼나 이 칠십오원으 그거 내 제하구 나무 양백오십원 타지.

소: 요 요 요 끼르기스스탄(Кыргызстан)이야?

윤: 끼르기스스딴(Кыргызстан) 이 비슈켁(Бишкек).

소: 이거 머 머라구 써져 있어? 여기가?

윤: 이거 '웨체르니이 비슈케크(вечерний Бишкек)'라구. 이게 끼르기스(Кыргыз)에서 제일 큰 신문. '웨체르니이 비슈케크(вечерний Бишкек)'라구.

소: 아니! 요 요 요 머라구 씨어 있어? 이게 이게?

윤: **이거다 이거 이거사 이게 '끼르기스', '끼르기스딴(Кыргызстан)'

윤: 총기가 좋으니, 내가 그걸 기억, 그 거의 다 했지. 이제는 책을(=성경을) 다 내던지고.

소: 왜 내던져! 자꾸 읽어!

윤: 신문을 보느라고.

소: 아이! 천국에 가려면 그것을 읽어야지! 응?

윤: 어째 그러는가 하면 내가 다 읽었지. 내가 읽었지. 내가 읽었다 해서, 에이! 이런 것을 자꾸 이러겠는가 하고 다른 것을 본다고. 그래 내 아주 내 글 보기를 좋아하지. 내가 좋아하는데,

소: 저것은 자꾸 읽으면 읽을수록 읽으면 읽을수록 읽으면 읽을수록,

윤: 헷갈리지. 헷갈.

소: 나한테 힘이 돼.

윤: 힘이 된다고? 그럼 내가 또 읽어야지. 내가 이제는 이 신문을 다 보고. 한국에서 오는 신문을 황 선생이 가져오면 그 신문은 다 보고. 러시아 신문은 다 보고. 아 이 신문을 쓰자 하니(=用, 계속 구독하고자 하니) 글쎄 한 달에 퇴직 연금을 300솜을 타는데 글쎄 아 이게 75솜, 75솜.

소: 75솜?

윤: 75솜이오. 이거 75솜이니까 이 75솜을 그거 내 제하고 나면 250솜을 타지.

소: 요 요 요게 키르기스스탄이야?

윤: 키르기스스탄 이 비슈케크.

소: 이거 뭐, 뭐라고 씌어 있어? 여기가?

윤: 이거 '베체르느이 비슈케크'라고. 이게 키르기스에서 제일 큰 신문이지. '베체르느이 비슈케크'.

소: 아니! 요 요 요 뭐라고 씌어 있어? 이게 이게?

윤: 여기다 이거 이거야 이게 '키르기스', '키르기스스탄'이라

썼짐. 아무 날꺼. 아무 달에 아무 날짜르 썼지. 이게 이거느 '웨체르니이 비쉬케ㄲ(вечерний Бишкек)'. 요게 '웨체르니이 비쉬케ㄲ(вечерний Бишкек)'.

윤: 요게 내가 배우덜 데리구 춤우 추는 게. 배우덜 춤우 추는 게. 그렇소.

윤: 기래, 아 그래이까나 야: 이거 받다가서 내 글으 썼지. *시, 이 이거 신문사에서 나와 이랫지. 걔 신문사로 글으 쓰메서리 (기침) 내 **뼨시**(пенсия) 작은데 **뼨시**(пенсия) 그렇기 많안 사람덜뚜 신문 아이 쓰는데 나는 열성적으로 십년채 네레오메 이 신문으 일거 아 칠십오원씨 내 기양 쓴다는 거 기래 쓰이꺼나 이거 조꼼 아 내게다서 값으 절반 값으 네리와 달라구.

윤: 걔 절반 값 네리자무 *절, 칠십오원, 기래 네리와 달라구 하는데 내 쓰무:: 나느 개인사람[싸람]이구 내한데두 배달 배달 잇으무 더 좋지. 기래 배달에 쓰라구 봉투지두 주구 이거 싹 기래 말햇는데 썼다구 하는게 썼는지 아이 썼는지 아이 네리와 주지. 걔 아이 네리와 주무, 아이덜 다아 돈 어전 돈 집에 밀어엏구 없지.

윤: 내 한갑집이서나 아 어디메서 내 가깝운 데서 오라구 하무 내 또 가야 데지. 거기르 돈 부제르 가주구 가야 데지. 아 그래 내 삼백원 타는 데서 아 칠십오원 물구 나무 짙지 애잏지. 기래 아이 쓴다구. 기래 내 줴에뿌리구 아이 썼지. 아이 쓰구.

소: 아니! 거시기 머야. 그 잔칫집에 가면:,

윤: 응.

소: 대개 부제르 얼마 얼마르 가지구 가?

윤: 어 나는 이거 **뼨시오니르**(пенсионер)다나이, 할머니다나이 백원 주는 집두 잇구 이백원 주는 데도 잇구. 우리 아덜으는 오백원씨 주구 가. 우리 지금 그렇기 올라갔어. 우리 아덜으는 동미덜 잔체르 하재잃갯어.

썼지 뭐. 아무 날 것. 아무 달에 아무 날짜를 썼지. 이게 이것은 '베체르니이 비슈케크'. 요게 '베체르니이 비슈케크'.

윤: 요게 내가 배우들을 데리고 춤을 추는 것이지. 배우들이 춤을 추는 것. 그렇소.

윤: 그래, 그러니까 이 신문을 받아 보다가 내가 (신문사로) 글을 썼지. 신(문), 이 이거 신문사에서 나에게 이랬지. 그래 신문사로 글을 쓰면서 (기침), 내가 퇴직 연금이 적은데 연금이 그렇게 많은 사람들도 신문을 안 보는데 나는 열성적으로 10년째 내려오며 이 신문을 읽어 보는데, 아 75 솜씩 내가 계속 쓰며 본다는 사실을 그렇게 쓰니까, 이거 조끔 내게다 값을, 절반 값으로 내려 달라고.

윤: 그래 절반 값을 내리자면 절(반), 75솜인데, 그래 내려 달라고 하는데, 내가 신문을 받아 보면 나는 개인 사람이고 하니 나한테도 배달, 배달이 있으면(=배달해 주면) 더 좋지. 그래 배달에 쓰라고 봉투도 주고 싹 그렇게 말했는데, 썼다고 하는데 썼는지 안 썼는지 안 내려 주지. 그래 안 내려 주면, 아이들이 다 돈을 이젠 돈을 집에(=집을 사는 데) 밀어 넣고 없지.

윤: 내 환갑잔치를 하는 집에서나 어디서, 나와 가까운 데서 오라고 하면 내가 또 가야 되지. 거기로 부조(扶助) 돈을 가지고 가야 되지. 아 그래 내가 300솜을 타는 데서 75솜을 물고(=치르고) 나면 남지 않지. 그래 안 본다고. 그래 내 집어치우고(=신문을 끊고) 안 보았지. 안 보고.

소: 아이! 거시기 뭐야. 그 잔칫집에 가면,

윤: 응.

소: 대개 부좃돈을 얼마 얼마를 가지고 가?

윤: 어 나는 이거 연금 수령자이다 보니, 할머니다 보니 100솜을 주는 집도 있고 200솜을 주는 데도 있고. 우리 아이들은 500솜씩 주고 가. 우리 지금 그렇게 올라갔어. 우리 아이들은 동무들이 잔치를 하지 않겠어?

오백원 부제르 하오.

윤: 기래 내사 늙으이다나이 아 우리 생진으 내 동갭이 생진 센다무 내 이백원으 가제가오. 그담 엔 또 어징간한 집이서 장세낫다 하지애잉갯어? 장, 가깝운 집이 장세나무 그 집은 백원으 가져 가구 그래. 아 그래 내게 소비 많이[마이] 나가지 야 그래서. 기래 어저는 아 제 준 돈으 가지구 내 약으 싸구 이 소빗도이 근심 없지. 아이덜 주이 아이 가지지, 아덜. 날 두 구 소빗돈 하라 하지. 그래고 이 이 신문,

소: 그 돈 그 돈 그 돈 갖다가 아들 주니까 아들이 안 가지고.

윤: 안 가주구 나 날 가져 날 두구 쓰라 하오. 기래 아들이게 도이 없는 데 이 쁠리욘까(клеёнка)랑 싸갯는거 그거 이거 보태 밭으로 농사자금에 가시라이까 아들이 아이 가져. 이들 아이 가져 메눌아이 가질 생각이 잇 갯지. 그러나 메누리 아이 주구 아들 줬지.

윤: 걔 아들이 안 가주구 이거느 날 두구 쓰라 하지. 걔 두구 쓰라 하이 그담에는 그날에 저거 내거 고무신으, 개털이라 비싸, 게 발이 시리구 발 이 다 다리 아픈게 개털이 약이 데지. 저 개털이 그런 것두 싸구 내 바지 두 싸오구. 그래 저 거 내 저거 메눌이 싸왓지. 기래 싸오구 그담에 내 그 돈으 두구서르 아: 내 써야 데지. 걔 내 써야 데는데 내야 못 쓰짐.

윤: 그거 내 에떠(это) 에 야아덜은 이따가 쁠리욘까(клеёнка)르 쌀적 에 도이 많이[마이] 드이 내 줘야 데지. 가아덜으 줘야 데지. 아 줘야데지. 그래이 팔십먹은 할머니가 집에 앉어서 어 누가 나르 한 한냥 돈 주갯소, 야.

윤: 그래 내 그담에 제 거기다 봉투지에다 글 쓴 거 그거 그거 저 저기 다 내 옇어두구 자꾸 이르지. 그 글씨르 보문 저르 보는 같지. 그렇소 야 아. 봉투에. 게 그런 봉투지 제게 더 없소? 더? 야?

500숌 부조를 하오.

윤: 그래 나야 늙으니이다 보니 아 우리가 생일을, 내 동갑이가 생일을 쇤다면 내가 200숌을 가져가오. 그다음에는 또 어느 어지간한 집에서 장사(葬事)를 치른다(=상사(喪事)가 났다) 하지 않겠어? 장사, 가까운 집에 상사(喪事)가 있으면 그 집은 100숌을 가져가고 그래. 아 그래 내게 용돈이 많이 나가지 응 그래서. 그래 이제는 아 자네가 준 돈을 가지고 내가 약을 사고 하니 이 용돈이 근심이 없지. 아이들을 주니 안 가지지, 아이들. 나에게 (그 돈을) 두고서 용돈을 하라고 하지. 그리고 이 이 신문,

소: 그 돈을 그 돈을 그 돈을 갖다가 아들을 주니까 아들이 안 갖고.

윤: 안 갖고 나, 나에게 가지라고, 나에게 두고서 쓰라 하오. 그래 아들에게 돈이 없는데 이 온상용 비닐을 살 것인데 그거 사는데 이 돈을 보태서 밭으로 갈 때 농사 자금으로 가지라 하니까 아들이 안 가져. 아들이 안 가져서, 며늘아기가 가질 생각이 있겠지. 그러나 며느리 안 주고 아들을 주었지.

윤: 그래 아들이 안 갖고 이거는 나에게 두고서 쓰라 하지. 그래 두고 쓰라 하니 그다음에는 그 날에 저거 내 것 고무신을, 개털이라 비싸. 그게 발이 시리고 발이, 다 다리가 아픈 데에 개털이 약이 되지. 저 개털이. 그런 것도 사고 내 바지도 사오고. 그래 저 거 내 저거 며느리가 사왔지. 그래 사오고 그다음에 내가 그 돈을 두고서 아 내가 써야 되지. 그래 내가 써야 되는데 나야 못 쓰지 뭐.

윤: 그거 내가 음, 이 아이들은 좀 있다가 비닐을 살 적에 돈이 많이 드니 (그때) 내가 줘야 되지. 그 아이들에게 주어야 되지. 줘야 되지. 그러니 팔십 먹은 할머니가 집에 앉아서 어 누가 나에게 한 푼이라도 돈을 주겠소 응.

윤: 그래 내 그다음에 자네가 거기 그 봉투에다 글 쓴 거, 그거, 그거 저 저기다 내가 넣어 두고 자꾸 읽지. 그 글씨를 보면 자네를 보는 것 같지. 그렇소 응. 봉투에. 그래 그런 봉투가 자네에게 더 없소? 더? 응?

소: 에.

윤: 황선생 그런 봉투지 나르 많이[마이] 줫는데. 그 봉투지에다 아아 몽농하게 뉘기 돈으 그저 돈냥 이래 거르마니에 옇지 마오. 나느 거기다 옇어서 글으 써서 기래 내 부제르 할 적에 줘. 걔 다아 썻짐. 그 야.

소: 에.

윤: 그, 그 봉 그따우 봉튀[투이], 그런 봉투지 내게 황선생 이마이 이 마이 가져왓소. 저 황. 이마이. 덕호 오무 덕호가 달라하지. 그러이 안죽 은 죽기 전에 이렇지 야. 마약에 내 어전 야든한내지. 팔십일센데 딸두 아푸다 아 메누리두 아푸다 두루 여기저기 아푸다 하지. 걔 아푸다 하는 데 이 팔십일세 먹은게 이거 약 먹구 번드디구[74] 살아서 무실 하갯소. 죽 어야 데지 야. (웃음) 이 기래 죽어야 데갯는게 아아 나르 가제가오? 가제 애이 가는게 야. 아 기래 *하느 나르 나르 가제가서 죽엇으무 좋갯는데. 또 죽지 애이는 바에는 앓지 말아야 데지.

소: 그렇지.

윤: 죽지, 앓지 말아야 아이들게 시름이 없지. 애르 맽기지 않지. 그래 서 내 약으 먹지.

소: 근데에 지금 팔십한낸데에 아매처럼 이룽기 총기 잇구 이룽게에 건강하 신 분이 없는 것,

윤: 흔채이오. 잇기사 잇갯지. 흔채이오. 걔 흔채인데. 내 에떠(это) 그 런 거 약으 먹구 이 약은 한나르 먹지. 저 세 토~오. 저거 한달이무 사십 돌란(доллар-ㄴ)데. 저거 내 한달으 내 저거 먹구 음: 점 아아 모새가 대 에서 나오문 모새가 대애 나오는가 내 그거 지키야 데지.

윤: 걔 내게 이게 열이으 돌으 부시와서 모새 데 나오문 내가 이런 거 우시(узи)라는 게 잇어. 찍어야 데지 가서. 그것두 삼백원씨 무오. 작년에 삼백원 올해느 또 사백워이갯는두 모르. 걔 그거 물구 가서

소: 예.

윤: 황 선생이 그런 봉투를 나에게 많이 주었는데. 그 봉투에다 아 몽롱하게, 누가, 돈을 그저 돈 푼을 이렇게 주머니에 넣지 마오. 나는 거기다 넣어서 글을 써서 그래 내가 부조를 할 적에 줘. 그래 다 썼지. 그 (봉투를) 응.

소: 예.

윤: 그, 그 봉(투) 그와 같은 봉투, 그런 봉투를 내게 황 선생이 이만큼 이만큼 가져왔소. 저 황 (선생이) 이만큼. 덕호가 오면 덕호에게 달라 하지. 그러니 아직은 죽기 전에 이렇지 응. 만약에, 내가 이제 여든하나지. 81세인데 딸도 아프다 아 며느리도 아프다 두루 여기저기 아프다 하지. 그래 아프다 하는데 이 81세 먹은 것이 이거 약 먹고 벋디디고 살아서 무엇을 하겠소. 죽어야 되지 응. (웃음) 아 그래 죽어야 되겠는데 아 나를 가져가오? 가져가지 않는데 응. 아 그래 하느(님)이 나를 나를 가져가서 죽었으면 좋겠는데. 또 죽지 않을 바에는 앓지 말아야 데지.

소: 그렇지.

윤: 죽지, 앓지 말아야 아이들에게 시름이 없지. 애를 맡기지 않지. 그래서 내가 약을 먹지.

소: 그런데 지금 여든하나인데 할머니처럼 이렇게 총기가 있고 이렇게 건강하신 분이 없는 것,

윤: 흔치 않소. 있기야 있겠지. 흔치 안소. 그래 흔치 않은데. 내가 음 그런 거 약을 먹고 이 약은 하나를 먹지. 저 세통을. 저거 한 달이면 40달러인데. 저거 내가 한 달을 내가 저거 먹고 (결석(結石)이) 좀 모래가 되어서 나오면, 모래가 되어 나오는가 내가 그거 지켜봐야 되지.

윤: 그래 내게 이게 쓸개의 돌을 부숴서 모래가 되어 나오면 내가 이런 거 초음파(진단기)라는 것이 있어. 찍어야 되지, 가서. 그것도 300솜씩 무오. 작년에 300솜 올해는 또 400원이 아닌지 모르오. 그래 그거 물고 가서

찍어야 개 이거 찍어서 익 보지. 기래 보무 아 돌이 잇구 없는 거 아지.

윤: 기래 그랜 적에느 돌이 많이[마이] 기게 아 없어 아이 지무 내 저 거 또 싸 먹어야 데 또 싸먹어야 데지. 기래구 그담에 돌이 없어지무 제게르 내 소식으 전해야 데갯는데. 나는 전화할 줄두 모르구 아 내 쩨레고 보르(телефонныйразговор)할 줄 모르지.

윤: 그래 아 그거 앞우르 돌이 없으무 제게르 전해야 데갯는데 그래 혹시 아 도이 많채이무 혹시 앞우르라두 아 내게 전화르 하무 내 소식으 전하지 야. 야. 내 저 그러갯소. 그러이 아 그러이 그 거기 대해서[대애서] 아 자네가 와서 내가 같이 일하구 이랫다 해서 나르 저렇기 많이[마이] 선물 준 것이 그 내 죽어두 잊어 아이 뿌리짐. 내 죽어야 내 죽어야 잊어 뿌리지.

소: 저도 그렇지. 저도 이렇게 와서 이렇게 자알 저 **도배지 준 분이.

윤: 다른 데르 가무 잇갯지 무. 기래 그거 내,

소: 나이가 드신 분이 총기가 없어 가지구,

윤: 야˜. 모루지 야. 개 내가 총기 좋지. 개이까나 총기 그전에 좋앗지. 생사 무스 야. 내가 그거 죽어야 잊어뿌리지 야. 자넬 죽어야 잊어뿌리지. 기래 내 살아서는 난 집에 가마이 눕구 잇는 사름이 제 궁니[75])르 하구 잇지. 기랜데 내 이,

소: 가만이 누어 있으면 가끔 친구분덜 놀러와요?

윤: 오오. 야˜, 오오. 오는게 친구덜두[뚜] 여름에 오지, 여름에. 질이 미끄럽운게 자뿌러지문 큰일이지. 우리 육춘 헤˜이 내한데르 오다 이 갈비르 부찔거,[76) 갈빈게 애이라 에 굴루치째(ключица)라는 거 여기 저 이 다리에 이 붙재앳소?[77) 그건 ***불. 병원에 한달 동안 눕구 잇엇어.

소: 언제?

윤: 아아 우리 육춘 헤˜이 삼년전에 기랬어.

찍어야 되는데, 그래 이거 찍어서 이렇게 보지. 그래 보면 아 돌이 있고 없는 것을 알지.

윤: 그래 그랜 적에는 돌이 많이 그게 안 없어지면 내가 저거 또 사 먹어야 데지. 또 사 먹어야 되지. 그리고 그다음에 돌이 없어지면 자네에게 내가 소식을 전해야 되겠는데. 나는 전화할 둘도 모르고 아 나는 통화할 줄 모르지.

윤: 그래 그거 앞으로 돌이 없으면 자네에게 소식을 전해야 되겠는데, 그래 혹시 돈이 많지 않으면 혹시 앞으로라도 내게 전화를 하면 내가 소식을 전하지 응. 응. 내가 자네에게 그렇게 하겠소. 그러니 아 그러니 거기 대해서 자네가 와서 나와 같이 일하고 이랬다 해서 나에게 저렇게 많이 선물을 준 것이 그 내 죽어도 안 잊어버리지 뭐. 내 죽어야 내가 죽어야 잊어버리지.

소: 저도 그렇지. 저도 이렇게 와서 이렇게 잘 저 도움을 준 분이.

윤: 다른 데를 가면 있겠지 뭐. 그래 그거 내가,

소: 나이가 드신 분이 총기가 없어 가지고,

윤: 응. 모르지 응. 그래 내가 총기가 좋지. 그러니까 총기가 그전에는 좋았지. 생사(生死), 뭐, 응. 내가 그거 죽어야 잊어버리지 응. 자네를 죽어야 잊어버리지. 그래 내가 살아서는, 난 집에 가만히 누워 있는 사람이(어서) 자네에 대한 생각을 하고 있지(＝있겠지). 그런데 내 이,

소: 가만히 누워 있으면 가끔 친구 분들이 놀러와요?

윤: 오오. 응 오오. 오는데 친구들도 여름에 오지, 여름에. 길이 미끄러운데 자빠지면 큰일이지. 우리 육촌 언니가 나한테로 오다가 갈비를 분질러, 갈비가 아니라 에 쇄골(鎖骨)이라는 것, 여기 저 다리에 붙지 않았어? 그건 ***. 병원에 한 달 동안 누워 있었어.

소: 언제?

윤: 아 우리 육촌 언니가 삼 년 전에 그랬어.

소: 어~.

윤: 기래이까나 야 차에다 실어와야 데지. 차에 실어와야 데갰는데, 지금 여기 헹페이 이렇소. 날 우리 아들이 야 내 노인반 갈 적이문 차에 실어가지. 차에 실어가구 또 올 적이문 차에다 실어오지.

윤: 기앤데 우리 혀~이 아 내인데르, 같이[가치] 자라다나이 그저 내 내가 만나기, 그저 그렇기 만나길래 만날 그저 어떤 적엔 오래 못 보봄 울기두 하구 그래지. 기래 우리 자꾸 전할르 말하지. 기래 전하르 말하는데 이 혀~이 차에다, 아르 이 차에다 우리집에 아 실어, 아이딜가 아들가 말으 못하지.

윤: 어째 아딜가 못함 아들 유형제야. 한내 죽구 오형제. 오형제 잇는데 맏아들이 힌갑이 지났어 발써. 어전 팔십삼세 덴, ***한, 기란데 어째 말으 못하는가 하이 싸::악 살자구 헤매지.

소: 아, (다 바빠)?

윤: 차르[čʰarr] 타구 바자르(базар)가 팔구. 바자르(базар) 가 팔군 또 가져오구. 물건 싸라 가구. 이래구 저래구 시가이 없짐. 싹 이렇기 사지.

소: 돈은 많아?

윤: 많, 그래 그저 입살이해 사짐. 그 무 무슨 많. 기래 그렇기 살지. 그래 살아야 자식이 잇는 거 혼세두 지내구 한갑 돌아오무 한갑두 지내구 그래야 데지. 기래 그 버얼이르 하느라구 시가이 없지. 시가이 없나? 아덜이.[78] "야 내 아재[79]인데르 놀라가갰다. 나르 실어가가라." 내내 그 말으 못하지. 그 말 못하구.

윤: 그담에느 그러다나이 만나지 못하지. 전하[저나] 전하가 없음 못 만나지. 그런게 전화 내 칸에 나는 가마이 늫어 늫어 전하르 하지. 전하를 가지구 사철으 말하지. 기래 야 내 팔재 좋은 사람이지.

윤: 어째 팔재 좋은가 하문, 아아 아들이 좋고 아들이 좋고

소: 어.

윤: 그러니까 응 차에다 실어 와야 되지. 차에 실어와야 되겠는데, 지금 여기 형편이 이렇소. 나를 우리 아들이 응 내가 노인반에 갈 적이면 차에 실어 가지. 차에 실어 가고 또 올 적이면 차에다 실어 오지.

윤: 그런데 우리 형이 나한테로, 같이 자라다 보니 그저 나와 만나기를 바라는데, 그저 그렇게 만나기에 만날 그저 어떤 때에는 오래 못 보면 울기도 하고 그러지. 그래 자꾸 전화로 말하지. 그래 전화로 말하는데 이 언니가 차에다, 아이(=아들)에게 이 차에다 우리 집에 실어 (달라는 말을), 아이들에게 아들에게 말을 못 하지.

윤: 어째 아이들에게 못하는가 하면 아들이 육형제야. 하나가 죽고 오형제. 오형제 있는데 맏아들이 환갑이 지났어, 벌써. 이젠 83세 된, *** 한, 그런데 어째 말을 못하는가 하니 (아들들이) 싹 살자고 바쁘게 나다니지.

소: 아, (다 바빠)?

윤: 차를 타고 시장에 가 팔고. 시장에 가 팔고는 또 가져오고. 물건을 사러 가고. 이러고 저러고 시간이 없지. 싹 이렇게 살지.

소: **돈은 많아?**

윤: 많, 그래 그저 입에 풀칠해 살지 뭐. 그 뭐 무슨 많기는. 그래 그렇게 살지. 그렇게 살아야 자식이 있는 거 혼사도 지내고 환갑이 돌아오면 환갑도 지내고 그래야 되지. 그래 그 벌이를 하느라고 시간이 없지. 시간이 없나? 아이들이. "야! 내가 이모한테로 놀러 가겠다. 나를 실어가거라." 내내 그 말을 못 하지. 그 말을 못 하고.

윤: 그다음에는 그러다 보니 만나지 못하지. 전화 전화가 없으면 못 만나지. 그런데 전화, 내 방에서 나는 가만히 누워, 누워 전화를 하지. 전화를 가지고 사철 말하지. 그래 응 내 팔자가 좋은 사람이지.

윤: 어째서 팔자가 좋은가 하면, 아 아들이 사람이 좋고, 아들이 좋고

메느리두 좋고. 그담에 내가 맘이 불펜하재잇게 사지. 기래 사는데 내 하고 싶은 대르 하지. 기래 아 전하[저나]르 그저 기래 하구서. 그런데 우리 아들으느 내 어드르 가겟담 내 딱시(такси)에 가야 내가 도이 잇으무 딱시에 가야 데지. 딱시(такси)르 지금 내 전하르 하재잉갯어? 데까닥 우리 마다에 와 서. 우리 마다에 와 서 제 제엔[80] 집으로 가재잉갯어? 가자무 일흔닷냥 물어야지. 칠십오솜 물어야 데오, 음.

윤: 우리 노인바이 잇재이오? 노인반으 가두 칠십오 솜 물어야 데구. 기래이까나 딱시(такси)르 내 그 전하르 말하무 데까닥 우리 ***목녹에 와 서. 그래. 기래서 내 어떨 적에 도이 잇으무 내 딱시(такси)에 가자구 예산하무, 우리 아들 당췌 못간다. 아 당췌 못 가구 어머니 돈 쓰지 말구 제 실어가겟다구.

윤: 기래 우리르 실어, 멫 시에 실라 오라는가구. 거기서 또 까페(кафе)에 가 전하르 하지. 기래 멫 시에 실라 오무 제 때 아들 딱 오지. 기램 또 거기에 앉아오지. 그래 앉아 오지. 그렇소. 기래 나느 그렇기 댕기지. 우리 혁~은 못 댕겨. 어전 다리르 아파서. 다리 아파 못 댕겨. 다리르 앓구 혈압이 올라가구. 아아 그렇기 나쁘오. 걔 나빠두 아 어저는 팔십삼센데 아 그거 아아덜가,

소: 그 형부는 돌아가셨어요? 상새났어?

윤: 남페이? 돌아간지 오라지. 돌아갔어 야. 걔 돌아가구 자석이 열이이꺼나 야.

소: 야! 열이나 데?

윤: 남녀 열이 나이 게 독한 사람이지. 열이 나이 ***나야리지. 하나투 아이 죽엇지. 그 열으 다아 재래와서 아들 유형제 딸 사형제. 기랴 기란게 그 열이 다 자라서 다아 조선사름게르 서바~아가구 조선사름게 시집가구. 여기서 다 끼르기스랑 가오. 끼르기스끼리[81] 시집가지 끼르기스 메느리 삼지 그렇소 지금 야. 아 이 고려남자덜

며느리도 좋고. 그다음에 나와 맘이 불편하지 않게 살지. 그래 사는데 내가 하고 싶은 대로 하지. 그래 전화를 그저 그렇게 하고서. 그런데 우리 아들은 내가 어디를 가겠다 하면 내가 택시에 가야, 내가 돈이 있으면 택시에 가야 되지. 택시를 (오라고) 지금 내가 전화를 하지 않겠어? 제격 우리 마당에 와 택시가 서. 우리 마당에 와서 제 손님이 (가자고 하는) 집으로 가지 않겠어? 가자면 75솜을 치러야 하지. 75솜을 치러야 되오, 음.

윤: 우리 노인반이 있잖소? 노인반을 가도 75솜을 치러야 되고. 그러니까 택시를 내 그 전화로 말하면 제격 우리 집으로 들어서는 길목에 와서. 그래. 그래서 내가 어떨 적에는 돈이 있으면, 내가 택시를 타고 가려고 예산하면, 우리 아들이 당최 못 간다고 하지. 아 당최 못 가고 어머니 돈을 쓰지 말고, 자기가 실어가겠다고 하지.

윤: 그래 우리를 실어, 몇 시에 실러 오라 하는가 하고 말하지. 거기서 또 카페에 가 전화를 하지. 그래 몇 시에 실러 오면 제 때에 아들이 딱 오지. 그러면 또 거기에 앉아 오지. 그래 앉아 오지. 그렇소. 그래 나는 그렇게 다니지. 우리 언니는 못 다녀. 이제는 다리가 아파서. 다리가 아파 못 다녀. 다리를 앓고 혈압이 올라가고. 아 그렇게 (건강이) 나쁘오. 그래 나빠도 아 이제는 83세인데 아 그거 아이들에게,

소: 그 형부는 돌아가셨어요? 돌가셨오?

윤: 남편이? 돌아가신지 모래지. 돌아가셨어 응. 그래 돌아가고 자식이 열이니까 응.

소: 야! 열이나 돼?

윤: 남녀 열 명을 낳으니 게 독한 사람이지. 열을 낳으니 ***지. 하나도 안 죽었지. 그 열을 다 길러서 아들 육형제 딸 사형제. 그래 그런데 그 열이 다 자라서 다 조선 사람에게로 장가를 하고 조선 사람에게 시집가고 여기서 다 키르기스인에게 (장가 시집을) 가오. 키르기스인에게 시집가지 키르기스인을 며느리로 삼지 그렇소 지금 응. 아 이 고려인 남자들이

끼르기스 여자덜께 서방아 가구 막 기래오 지금 야.

소: 그럼 바쁘잖아?

윤: 에이그! 그런 망탕 세월이짐 야. 에 기랴 그런게 조선사름게르 서바
~아 가구 조선사름게르 시집가구 우리 혀~이 그렇기 팔재 좋은82) **사람
언데 구십꺼정 야, 구십이, 아! 팔십꺼정.

윤: 팔십이 넘으이 아 에따(это) 셋째 아들이, 아들이 떼깍 죽었어. 아
들이 떼깍. 술먹기 좋아하는 게 술 먹으러 저녁에 가다가서 차 지나가메
끼와서. 기래 셋째아들 떼깍 하나 죽엇지. 열에서 하나 죽에 아홉이지. 어
홉이 짙엇는데 아 재작년에, 재작년엔 야~ 딸 어 어 둘째, 셋째딸이, 셋째
딸이 또 떼깍 죽었어. 옳아서 죽었어. 기래 셋째딸이 죽다나이 어저느 열
에시 둘이 죽구 야듧이오. 야듧.

윤: 기래 야듧이 짙는데 이 죽인 아이르 두울래서83) 밤낮 속으 태우지.
기래 속으 태우다가 이때꺼지 자랄 때부터 이런 일으 못 밧는데 기래 죽
이구 기래 속이 타서 아 벼~어 벼~어 고체서 아파두 고치갯단 말이 없구
그 집이 늡어 그저 다리 아푸무 다리 아푸구 혈앱이 올라가무 올라가구
이사르 **불려오구 그저 그렇기 사오. 그렇기 사오. 걔 그렇기 사는데.

소: 빨리 빨리 죽, 빨리 죽을, 죽는다구 그려?

윤: 빨리 죽갯다 하는데 글쎄 가제가오? 가제가지 애잏지 야. 걔 저런
양반은 죽구 싶어하는 양반은 아 가제가오? 아이 가제가제. 기래 내같은
건 그렇지. 세 오느이지. 세 오느이. 그 세 오느이 아 이 절먹아들가 잇지.
딸가 아들은 갈가져 잇지.

윤: 갈가져 잇는 게 주일:마다 이 전하르 하오. 모스크바(Москва) 손,
**손저 손녜 이 아들 딸에 주일:마다 전하르 하오. 내 건가~이 어떤가 주
일마다. 페레고보르(переговоры) 하지. 걔 전하르 해서 소식으 듫지[들
찌]. 소식으 듫고[들꼬] 내 생진

키르기스인 여자에게 장가를 가고 막 그러오. 지금 응.

소: 그럼 힘들잖아?

윤: 어이구! 그런 엉망이 된 세월(=시대)이지 뭐, 응. 에 그래 그런데 조선 사람에게 장가를 가고 조선 사람에게 시집가고, 우리 형이 그렇게 팔자가 좋은 사람인데, 구십까지 응, 구십이, 아! (구십이 아니고) 팔십까지.

윤: 80이 넘으니 아 음 셋째 아들이, 아들이 제꺽 죽었어. 아들이 제꺽. 술 먹기를 좋아하는 것이 술 먹으러 저녁에 가다가 차가 지나가는데 거기에 끼워서. 그래 셋째 아들을 제꺽 하나를 죽였지. 열에서 하나를 죽여 아홉이지. 아홉이 남았는데 아 재작년에, 재작년에 응 딸 어 둘째, 셋째 딸이, 셋째 딸이 또 제꺽 죽었어. 앓아서 죽었어. 그래 죽다 보니 이제는 열에서 둘이 죽고 여덟이오. 여덟.

윤: 그래서 여덟이 남는데 이 죽인 아이 둘 때문에 밤낮 속을 태우지. 그래 속을 태우다가 이때까지 자랄 때부터 이런 일을 못 봤는데 그래 죽이고 그래 속이 타서 아 병을 병을 고쳐서 (건강을 찾아야 하는데), 아파도 고치겠다는 말이 없고 그 집에 누워 그저 다리가 아프면 다리가 아프고 혈압이 올라가면 올라가고 의사를 불러오고 그저 그렇게 사오. 그렇게 사오. 그래 그렇게 사는데.

소: 빨리 빨리 죽, 빨리 죽겠다고 그래?

윤: 빨리 죽겠다고 하는데 글쎄 가져가오? 가져가지 않지 응. 그래 저런 양반은, 죽고 싶어 하는 양반은 아 가져가오? 안 가져가지. 그래 나 같은 것은 그렇지. 세 오누이지. 세 오누이. 그 세 오누이 중에서 나는 막내아들과 있지. 딸과 아들은 갈라져 있지.

윤: 갈라져 있는 것이 주일마다 이 전화를 하오. 모스크바에 있는 손자 손녀며 이 아들과 딸이며 주일마다 전화를 하오. 내 건강이 어떤지 주일마다. 통화를 하지. 그래 전화를 해서 소식을 듣지. 소식을 듣고 내 생일

이무 싹 모다 오짐. 모로기[84] 싹 오오. 기래 오구. 기래 오구 야: 그담에 는 음 집에서 이룽기 펜아:이 나는 사는 사람이지. 펜아이 야.

윤: 그저 모로:기 안죽은 다 잇다나이 펜안하지. 기래 그 우리 혀~이 아 팔십꺼장 고렇게 모로기 덴 게 자식이 죽어 속으 태우는 거 보무 아 나두 이룽기 페안하구 속타는 일이 없이 죽어야 데지. 아 기래 *아부 하느님 아부지 나르 가제가오? 아이 가져가는게. (웃음)

윤: 사람덜은 날 백 살 살라하지. (웃음) 내가 백살 살아 무엇하겠소. 구 십 살이무 구신, 구시이오. 팔십은 안죽은 조꼼 아 정시이 좀. 오매~이라 는 거 아이 쓰이 정시이 마알쑥하지 응. 옛날에 오매, 지금은 오매~이 벨 루 없지. 옛날에는 오마~아 썻짐. 정시이 없어.

소: 오망 많이 썼지요.

윤: 아이! 옛날에사 그 오마~아 써서 늙으이덜이 애르 맽겟지. 기래구 조선에서 이렇게 썻거든 야. 자석덜게 짐이 데지 말게 자살해야 한다. 이 룽기 썻거,

소: 그것은 잘못 덴 거야. 문제가 있는, 문제가 있는 아매지 머어.

윤: 그렇기 아 아이 자석덜게 짐이 데지 마구 자살해야 덴다. 기래이 기게 육십이 넘는 양반덜은 조선 벌이 있어? 무슨 벌이르 하게. 도새:, 서 울 도시에 앉아 아빠트 집에 올라앉아 무슨 벌이오? 벌이 없짐. 걔 벌이 없다나이 벌이 없이 그냥 자석덜 신세에 살아야 데지. 자석덜 신세에 살 아야 데갯는데 자석덜기[끼] 짐이 데지 말게 자살해야 한다 저기다 그렇 기 썻어.

소: 자식들도: (쯧) 자식들이 잘 살든지 못 살든지: : (쯧) 머 부모가 또 그 렇기 키워줬으니까 일없는데 부모 마음이지이.

윤: 부모 맘이 그렇지.

이면 싹 다 모여 오지 뭐. 한데 모여서 싹 오오. 그렇기 오고. 그렇게 오고, 아 그다음에 음 나는 집에서 이렇게 편안히 사람이지. 편안히 응.

윤: (자식들이) 그저 모두 한 오롯이 아직은 다 있다 보니 편안하지. 그래 그 우리 언니가 아 팔십까지 고렇게 모두 오롯이 있던 것이 자식이 죽어 속을 태우는 것을 보면 아 나도 이렇게 편안하고 속타는 일이 없이 죽어야 되지. 아 그래 하느님 아버지 나를 가져가오? 안 가져가는데. (웃음)

윤: 사람들은 날 보고 백 살을 살라 하지. (웃음) 내가 백 살을 살아 무엇하겠소. 구십 살이면 귀신, 귀신이오. 팔십은 아직은 조끔 정신이 좀 (있지). 노망(老妄)이라는 것을 안 부리니 정신이 맑지 응. 옛날에 노망(을 많이 부렸지만), 지금은 노망이 별로 없지. 옛날에는 노망을 부렸지 뭐. 정신이 없어서.

소: 노망을 많이 부렸지요.

윤: 아이! 옛날에야 그 노망을 부려서 늙은이들이 애를 먹였지. 그리고 한국에서 이렇게 썼거든 응. 자식들에게 짐이 되지 말게 자살해야 한다. 이렇게 썼거(든),

소: 그것은 잘못 된 거야. 문제가 있는, 문제가 있는 할머니지 뭐.

윤: 그렇게 아이 자식들에게 짐이 되지 말고 자살해야 된다. 그러니 그게 육십이 넘는 양반들은 한국에서 벌이가 있어? 무슨 벌이를 할 수 있어. 도시에, 서울 도시에 앉아 아파트 집에 올라 앉아 무슨 벌이를 하오? 벌이가 없지. 그래 벌이가 없다 보니 벌이가 없이 그냥 자식들에게 신세를 지며 살아야 되지. 자식들에게 신세를 지며 살아야 되겠는데 자식들에게 짐이 되지 말게 자살해야 된다고 저기(＝한국 신문)다 썼어.

소: 자식들도 (쯧) 자식들이 잘 살든지 못 살든지 (쯧) 뭐 부모가 또 그렇게 키워 주었으니까 (사는 것이) 괜찮은데 (자살을 생각하는 것은) 부모 마음이지.

윤: 부모 마음이 그렇지.

소: 부모 마(음이야 그렇겠지).

소: 기래. 부모 마음이 그렇고[그러꼬]. 그담 여기 일백, 일백 지금 에떠(э то) 세 살인두 사는 아매 잇재이오? 이 아매느 손재가 오십 멫 살이, 손재 손재 재래우는데 손재 무 좋은 사름, 무던한 사름이지. 아 할머니느 이룽기 앞우르 정정하게 '오래오래 게시라' 하지. 빨리 죽으란 말으 오래오래 게시라. 기래 게시라구. 어징간:한 노옵운85) 일이 잇어두 이래 그저 노옵아 아이 하지. 이래 성질이 이런 게구 오래. 이 할머니 술두 좋아 고기두 좋. 아이! 글쎄 일백 멫. 야아! 이건 너무 오래: 사오 야. 오래 사오. 걔 정시이랑 말:같다오.

소: 원래 사람은 제대로 살면은 백이십살까지 살아야 덴대요.

윤: 백이십 살꺼지 어티기 사오?

소: 원래 그렇게 살게 데어 있데.

윤: 야ˇ.

소: 사람덜이 몸을 막 망태기로 함부로 허니까,

윤: 음.

소: 굻게 빨리 죽는 거지.

윤: 빨리 죽지, 야ˇ.

소: 지금 내 야. 어제 내 동미가 내게 전하[저나]르 하는데, 그 내 쩰리뽄(телефон) 저거 요사이 벌써 내가 말해앳어. 내 미루 당불:햇:어. 우리 집으르 전하지 말라. 우리 집이 손님이 와서 내 일한다. 아, 걔 기래이까나 전하[저나]르 하지. 그저 불뚝에나 쩰레뽄(телефон) 내게르 오짐. 이 쩰레뽄(телефон)두 야 원동에서 온 아 그 에따(это) 깜부사찌(компенсация) 타가주구 내 저 저 쩰레뽄(телефон) 논 데 가서 내 거그 가서 **총으 **싸가주구가서86) 이 쩰레뽄(телефон)으 비소제(безожидать?) 오체르(очередь) 없이 났어, 이거. 걔.

소: 뭐라고요? '오체'가 무슨 말이에요?

윤: 오체르(очередь)란 게 무시긴감 십년이나 십오연 기다려야 데지.

소: 부모 마(음이야 그렇겠지).

소: 그래. 부모 마음이 그렇고. 그다음에 여기 일 백, 일 백 지금 음 세 살 이지 사는 할머니가 있잖소? 이 할머니는 손자가 오십 몇 살인데, 손자가 손 자를 기르는데 손자가 뭐 좋은 사람, 무던한 사람이지. 아 할머니는 이렇게 앞 으로 정정하게 오래오래 계시라 하지. 빨리 죽으라는 말을 '오래오래 계시라' 하지. 그렇게 계시라고. 어지간한 노여운 일이 있어도 이래 그저 노여워하지 않지. 이렇게 성질이 이런 사람이어야 오래 (살지). 이 할머니 술도 좋아 고기 도 아이! 글쎄 일 백 몇. 야! 이건 너무 오래 사오 응. 오래 사오. 그래 정신 이랑 말갛다오.

소: 원래 사람은 제대로 살면 120살까지 살아야 된대요.

윤: 120살까지 어떻게 사오?

소: 원래 그렇게 살게 되어 있데.

윤: 응.

소: 사람이 몸을 막 엉망으로 함부로 하니까,

윤: 음.

소: 그렇게 빨리 죽는 것이지.

윤: 빨리 죽지, 응.

소: 지금 내가 응. 어제 내 동무가 내게 전화를 하는데, 그 내 전화 저거로 요사이 벌써 내가 말했어. 내가 미리 당부를 했어. 우리 집으로 전화하지 말라 고. 우리 집에 손님이 와서 내가 일을 한다. 아, 그래 그러니까 전화를 하지. 그저 불쑥 전화가 내게로 오지 뭐. 이 전화도 응 원동에서 온 아 음 배상금을 타 가지고 내 저 전화를 논 데 가서, 내 거기 가서 신청서를 써 가지고 가 이 전화를 없이 대기 순서 없이 났어, 이거. 그래.

소: 뭐라고요? '오체(르)'가 무슨 말이에요?

윤: '오체르'가 무엇인가 하면 10년이나 15년 기다려야 되지.

소: 어어!

윤: 이건 담 **담광 놨어. 담방 놨는데. 여기 우리 따 손녜 집우 싸재앳어? 이지 아들은 저거 열천 주구 놨어. 열천. 열천,

소: 열천 솜?

윤: 열천 쏨 주구. 점 저 지금두 그 지금 열 열두 열세천 열네천 그렇기 하오. 이거 이거 저 이 쩰레쁜 딜에오는데.

소: 아매는 그냥 그냥 무료로?

윤: 거저느 무욜르 놋지 야.

소: 으:티게서?

윤: 아 원동에서 온 책이 잇재이오? 그 책으 가지구 그 책에다 아 원동서 온 이린 사람덜은 쩰레쁜(телефон)두 오체르(очередь) 없이 놔아라. 놔아줘라. 아 병원에서두 오체르(очередь) 없이 바라. 어: 그담엔 이 집세 집세 제 무시기던지 싹다 싹 절반 물라. 기래 우리 지 집세 저 싹 절반 무오. 뽀까(пока) 내 살아서 절반 물구.

윤: 그 책으 가지구 **총오 써 가지구 인처 그저 아 벌써 그 책으 다 인차 달아가서 벌써 이거 이 이런 거 저 전보 **나다가지, 내 나 잇지. 내 쩰레쁜(телефон) 아이 쏨 여름에 내 혼자 사지 그렇다구. 앓지 그렇다구.

윤: 아 그래서 한 번 가이 노메르(номер) 안즉 없다. 노메르(номер) 오무 뻬르브이(первый) 첫쩰르 놓갯. 두 번 가이 또 그래 노메르(номер) 없다구, 첫 번. 이래매 아이 놔주거든 야. 그 자꾸 댕갯짐. 그때무 제발르 암데나 바라댕기메, 아 그저 제발르 암데나 바라댕기메 자꾸 가서 그담에 나차니(начальник)가 말햇지. 내 혼자 살구 내 늙으이지. 내 베~이 잇다구. 베~이 잇는게 난 이 집에 혼자 죽어두 모른다. 그러이꺼나 이 저 쩰리쁜(телефон) 잇어야 내 소식으 전한다이까. 지금 시대 아 아이들 앉아

소: 어!

윤: 이건 단 단박 놓았어. 단박 놨는데. 여기 우리 손녀가 집을 사지 않겠어? 이 집 아들은 저거 1만 솜을 주고 놓았어. 1만. 1만.

소: 1만 솜?

윤: 1만 솜을 주고. 좀 저 지금도 그 지금 1만 2천, 1만 3천, 1만 4천 솜 그렇게 하오. 이거 이거 저 이 전화를 들여놓는데.

소: 할머니는 그냥 그냥 무료로?

윤: 그저 무료로 놓았지, 응.

소: 어떻게 해서?

윤: 아 원동에서 왔다는 것을 적은 책(=證書)이 있잖소? 그 증서를 가지고 그 증서에다 아 원동에서 온 이런 사람들은 전화도 대기 순서 없이 놓아라. 놓아 주어라. 아 병원에서도 순서 없이 바라(=진찰해라). 어 그다음에는 이 집세,[87) 집세는 죄다 무엇이든지 싹 다 싹 절반을 물어라. 그래 우리 집세 절(반) 싹 절반을 무오. 내가 살아 있는 동안에는 절반을 물고.

윤: 그 증서를 가지고 신청서를 써 가지고 이내 그저 벌써 그 증서를 가지고 이내 달려가서 벌써 이거 이 이런 거 저 (식구가) 전부 다 나가지, 내 나이가 있지. 내 전화 안 쓰면 (안 된다고), 여름에 나 혼자 살지 그렇다고. 앓지 그렇다고.

윤: 아 그래서 한 번 가니 전화번호가 아직 없다. 번호가 나오면 첫 번째로, 첫째로 놓겠다. 두 번 가니 또 그래. 번호가 없다고, 첫 번째처럼. 이러며 안 놓아 주거든 응. 그래 자꾸 다녔지. 그때는 제 발로 아무 데나 싸돌아다니며, 아 그저 제 발로 아무 데나 싸돌아다니며 자꾸 가서 그다음에 책임자에게 말했지. 내가 혼자 살고 또 늙은이지. 내가 병이 있다고. 병이 있는데 난 이 집에서 혼자 죽어도 모른다. 그러니까 이 저 전화가 있어야 내가 소식을 전한다고 하니까. 지금 시대에 아 아이들이 앉아서

늙으이덜 붙들구 잇는 게 없다구. 싹 나가 나가 일한다구. 벌이르 한다구. 아 그래 자꾸 댕게. 그담에 드르르 와서 놔아줫어. 기래 놔앗어.

윤: 첫감엔 노메르(номер) 없다구 전길르 여 여긔다 전길르 놨어. 이게 이 이 이게 쩰리뽄(телефон) 들어오는 줄이야. 야 이 줄루. 첫감에느 전기 잇으무 말하구 전기 없으무 말으 못하지. 그담 또 고쳇짐, 또. 전기 없이 말하게. 그래 고쳣어.[88] 그래 쩰리뽄(телефон) 잇으이 우리 손녜 말하는 거[89] 저거 또 쌋지. 애 애비르 선물하느라구.

윤: 아, 우리 저 까지노(казино) 가 일하는 그 작은 손녜. 기래 싸 저짝 방안에두 잇구 내게두 잇구. 기래 전하 오는 건 전체 이 시간에 내게 전하르 하지 말. 자꾸 오지 각지에 작. 그래 어제 전하르 하는데 어제 저낙에 내게르, 내 내 일으 넹게줫어. 내 후보[90]르 하다가. 내 그 여자 내게 전하르 하는데 여자느 똑똑한 여자. 아: 무스거 무슥운 옷으 아 끼르기스(Кыргыз) 춤우 추무 끼르기스(Кыргыз) 옷으 해입구 고려춤우 추무 고려옷이야 다아 잇지. 그래구 무슨 춤우 추구 무슨 노래르 부르구 이런 거 연습하는 거 내가 싹 말하지. 걔 내가 싹 모르는 거 내가 싹 뭃구[물꾸] 기래지.

윤: 기란데 이 여자 내게 소식으 전하는데, 아아 이제 예순다슷이오, 여 그 점문 사람이, 데깍 죽어 어제 장녜르 햇다오. 그담엔 또 아 육십이 아이 덴 여자두 죽어서 야 장녜르 햇:다우. 아 싹 다 육십이 육십이 넘구 육십이 좀 아이 이런 거 장세르. 그런 거 모두 서이나 장녜르 햇다. 내 모르게 아: 그렇게 서이나 장녜르 햇다.

윤: 그러나 내 나르 아이 알긴다구.[91] 나르 알기지 말아야지 내 어띠기 가겟소 야. 아 그래서 아 그래서 쩰리뽄(телефон)으 소식으 듣짐. 쩰레뽀(телефон)이 없으무 아 밤중이지. 아무것두 모르짐.

늙은이들을 붙들고(=곁에서 보살피고) 있는 것이 없다고. 싹 나가 일한다고. 벌이를 한다고. 아 그래 자꾸 다녀. 그다음에 드르르 와서 놓아 주었어. 그래 전화를 놓았어.

윤: 처음에는 번호가 없다고 전기로 여 여기다 전기로 놓았어. 이게 이 이게 전화가 들어오는 줄이야. 응 이 줄로. 처음에는 전기가 있으면 말하고 전기가 없으면 말을 못 하지. 그다음 또 고쳤지 뭐, 또. 전기가 없이 말하게. 그래 고쳤어. 그래 전화가 있으니 우리 손녀가 말하는 거 저걸 또 샀지. 아비에게 선물하느라고.

윤: 아 우리 저 카지노에 가 일하는 그 작은 손녀가. 그래 사서 저쪽 방 안에도 있고 내게도 있고. 그래 전화를 걸어오는 사람에게는 모두 이 시간에 내게 전화를 하지 말라고 했지. 자꾸 오지, 각지에서 자꾸. 그래 어제 전화를 하는데 어제 저녁에 내게로, (내게 전화를 한 그 사람에게) 내가 하던 일을 넘겨주었어. 내 후보(候補)를 하다가 (일을 넘겨받았지). 내, 그 여자 내게 전화를 하는데, 여자는 똑똑한 여자. 아 무엇 무슨 옷을, 아 키르기스 춤을 추면 키르기스 옷을 해 입고, 한국 춤을 추면, 한국 옷이야 다 있지. 그리고 무슨 춤을 추고 무슨 노래를 부르고 이런 거 연습하는 것을 나에게 싹 말하지. 그래 나에게 싹 모르는 것을 나에게 싹 묻고 그러지.

윤: 그런데 이 여자 나에게 소식을 전하기를, 아 이제 예순다섯이오, 여기 젊은 사람이, 제격 죽어 어제 장사(葬事)를 치렀다오. 그다음에는 또 아 60이 안 된 여자도 죽어서 응 장사를 치렀다오. 아 싹 다 60이, 60이 넘고 60이 좀 안 된 이런 사람 장사를. 그런 사람 모두 셋이나 장례(葬禮)를 치렀다고. 내가 모르게 아 그렇게 셋이나 장례를 치렀다고.

윤: 그러나 내가 나에게 아니 알린다고. 나에게 알리지 말아야지 내가 어떻게 가겠소 응. 아 그래서, 그래서 전화를 통해 소식을 듣지 뭐. 전화가 없으면 아 밤중이지(=아무것도 전혀 알 수 없지). 아무 것도 모르지.

기래 쩰레뽄(телефон) 좋짐. 기래 한국에서 저 황선새~이 가서 아 한국울 자석덜 집우르 갓는데 서울에 가 살메서르 야 내게르 세 번 전해[저나]르 햇어.

윤: 일본 일본에두 갓다우. 기랜게 아 그거 아주 나르 생각하구 쉽재인 일이지. 아 한국에 그 멀리 가서 내 건가~이 어떤가. 그러이 내 이거….

윤: 오문, 목사님 어째 날 그런 거 아이 주오? 쩰레뽄(телефон) 아이 주오? 야~?

소: 아 이따 주시것지 머, 에.

윤: 제 달란 말 아이 했어?

소: 아니! 말씀 드렸어. 이따 오시면 주시겠지 머. 가끔, 가끔 목삿님두 여기 아매한테 놀러오고 그러겠지. 그러실꺼야 아마.

윤: 아: 그거 날 줘야 내 오놀오느 제옷92)에 전해[저나]르 그 집에 하갯는게. 내게 전하번호 없지. 기래 그거 목삿님 그거 주문 덕호 사흩날 와 우리 새해르 샐 적에 내 그 양반 오라해야 데지 야~. 걔 그 양반 오라하갯는게 그 전하번호 꼭 잇어야 데지 야~. 그래 그 사람 어제느 내 늦어 나가 부인네 왓다 부인네르 나가 밧갯는 거 야 못 봤어. 그래 같이 오까? 혼자 오까?

소: 같이 오실꺼에요.

윤: 아! 같이 오무 좋소. 우리 집에 와서 나가 멘목 익히게 야. 좋소 야. 난 여기 사는 사름 그 사름두 여기 살재이오? 그래 난 멘목 익히무 좋짐 야. 같이 우리집 밥 잡수무 좋짐 야. 야. 그 그렇게[그러게] 내 오늘은 같이 오는두 아이 오는두, 내 그렇갯다. 같이 오이 좋소 야. 그래 아츰에느 자네가 오재이 근심이 나지.

소: 왜애?

윤: 볼 일이 잇어 다른 델 갓는가. 좀 이래 앉아 얘:기르 해:야데갯는데 야아. (박수 소리) 야아! 앉아 얘:기르.

그래 전화가 좋지. 그래 한국에서, 저 황 선생이 아 한국의 자식들 집으로 갔는데 서울에 가 살면서 응 내게로 세 번 전화를 했어.

윤: 일본에도 갔다오. 그런데 아 그거 아주 나를 생각해 주는 것이 쉽지 않은 일이지. 아 한국으로 그렇게 멀리 가서 내 건강이 어떤지. 그러니 내 이거….

윤: 오면, 목삿님이 어째 나에게 그런 것을 안 주오?

소: 아 이따가 주시겠지 뭐, 예.

윤: 자네가 달라는 말을 안 했어?

소: 아니! 말씀 드렸어. 이따 오시면 주시겠지 뭐. 가끔, 가끔 목삿님도 여기 할머니한테 놀러오고 그러겠지. 그러실 거야, 아마.

윤: 아 그걸 나에게 줘야 내가 오늘은 바로 자네에게 전화를 (자네가 있는) 그 집에 할 수 있겠는데. 내게 전화번호가 없지. 그래 목사님이 그걸 주면, 덕호가 사흗날 와서 우리가 새해를 쇨 적에 (그 전화로) 내가 그 양반 오라고 해야 되지 응. 그래 그 양반을 오라고 하려 하는데 그 전화번호가 꼭 있어야 되지 응. 그래 그 사람이, 어제는 내가 늦어, 나가서, 부인이 왔다고 하는데 그 부인을 나가서 보았어야 했는데 응 못 봤어. 그래 같이 올까? 혼자 올까?

소: 같이 오실 거예요.

윤: 아! 같이 오면 좋소. 우리 집에 와서 나와 얼굴을 익히게, 응. 좋소, 응. 난 여기에 사는 사람이고 또 그 사람도 여기에 살잖소? 그래 난 얼굴을 익히면 좋지 뭐, 응. 우리 집에서 같이 밥을 잡수면 좋지 뭐, 응. 그 그렇게 내가 오늘은 같이 오는지 아니 오는지 (궁금했는데), 내 그렇겠다. 같이 오니 좋소, 응. 그래 아침에는 자네가 오지 않으니 근심이 나지.

소: 왜?

윤: 볼 일이 있어 다른 델 갔는가. 좀 이렇게 앉아 얘기를 해야 되겠는데. 야! 야! 앉아서 얘기를.

윤: 이거 아주 많소. 이거 책으 써 가준 거 저거 어티기 다 해석해야 데지. 책으 해석 그 해석해야 데지, 매일 가 일해야 데지. 대학에 가 매일 일해야 데지 응.

소: 바뻐요.

윤: 응, 바쁘지 일이 밨.

소: 우리는 바쁘문 여깃말로는 분망하단 말야. '분망하다'는 말.

윤: 분망하다구?

소: 막 달아다녀, 달아댕기느라구 우리는 바쁘다구 그래.

윤: 야. 달아댕게. 우 우 우리 말르 바쁘다구 하지. 우리 보통말로 바쁘다구 하지. 야.

소: 우리는 여기 보통 여기 '바쁘다'는 말을 우리는 '힘들다'구래.

윤: '힘든다' 하지. 옳소. **오뚜 우리두 '힘드다' 하오. 힘드나 바쁘나 한가지우.

소: 우린 '힘든 거'하구 '바쁜 거' 따아.

윤: 아아 따다구?

소: 우리는∷ 이 일이 힘들어 막 일을 많이 해 갖구 힘들어 그건 힘든 거고 바쁜 것은 시간이 없어 막 시간이 없이,

윤: 아, 그것두 옳소.

소: 그런 건 바쁜 거구.

윤: 그것두 옳소. 힘이 든 거는 일이 무겁운 게.

소: 고덴 거여어.

윤: 옳소. 그 말 그 말이 옳습니다.

소: 우리하고 여기는.93)

윤: 옳:소. 그 말이 옳소! 야. 음 그러구 이 책마 내가 좀 더러 물어볼 거 내 이 책에 아이 잇구. 한국이, "인터넷 십녀이 데문 한국으 다 따라

윤: 이거 아주 양이 많소. 이거 책을 써 가진 거(=조사한 내용을 기록해서 가진 책) 저거 어떻게 다 해석해야 되지. 책을 해석해야, 그것을 해석해야 되지, 매일 가 일해야 되지. 대학에 가서 매일 일해야 되지, 응.

소: 바빠요.

윤: 응, 바쁘지 일이. 바쁘(지).

소: 우리가 '바쁘다'고 하는 말은 여기 말로는 '분망(奔忙)하다'는 말이야. '분망하다'는 말.

윤: 분망하다고?

소: 막 뛰어다녀서, 뛰어다니느라고 우리는 바쁘다고 그래.

윤: 응. 뛰어다녀. 우, 우리 말로 바쁘다고 하지. 우리가 보통 쓰는 말로 바쁘다고 하지. 응.

소: 우리는, 여기서 보통 쓰는 '바쁘다'는 말을, 우리는 '힘들다'고 그래.

윤: '힘든다' 하지. 옳소. 우리도, 우리도 '힘들다' 하오. 힘드나 바쁘나 한가지오.

소: 우린 '힘든 것'하고 '바쁜 것'이 달라.

윤: 아! 다르다고?

소: 우리는 이 일이 힘들어, 막 일을 많이 해 가지고 힘들어. 그건 힘든 것이고 '바쁜 것'은 시간이 없어 막 시간이 없이,

윤: 아, 그것도 옳소.

소: 움직이는 그런 것은 바쁜 것이고.

윤: 그것도 옳소. 힘이 드는 것은 일이 무거운 것.

소: 고된 것이야.

윤: 옳소. 그 말이 그 말이 옳습니다.

소: 우리하고 여기는 (말뜻이 다르지요).

윤: 옳소. 그 말이 옳소! 응. 음, 그리고 이 책보다, 내가 좀 더러 물어볼 것이 이 책에 안 있고. 한국이, "인터넷 10년이 되면 한국을 다 따라,

따라 옵니다."[94] 이 이거 보세요 이거. 이건 한국인데 한국기 내겐 이런 기두 잇소. 이게 태국기오!

소: 태극기?

윤: 내겐 태국,

소: 어서 났어? 이건?

윤: 조선사름덜 날 줘엇지. 내 조선사름 많이[마이] 만나 (기침) 태국,

소: 조선 기는? 저 저 인공기는?

윤: 야~. 태국기두 내게 잇구 아아 에따(это) 저 지도, 지도, 지도르 아 깨 노시아, 조선말르 무시라 하는가? 그거? 보는 거 야. 그 지도도 지도는 황선새~이 개앳다[95] 주구. 이 태국기는 한국에 온 사람이 날 개앳다 줬어. 아 기래구 아이 그담에,

소: 로시아가 어떤 게야? 로시아 기가.

윤: 이 이 이게,

소: 아니, 로시아가 요건가?

윤: 요게 노시아. 요게 노시아.

소: 요게 노시아?

윤: 이거느 한국이거던 이건 아메리까. 이 이 싹 여기 따라온단 말야.

소: 이게 독일이야 독일.

윤: 야 이게 독일이. 이 싹 여그르 따라온단 말야. 싹 여. 여기보. 여긔 르 싹다. 십녀이. 아 인터넷 십녀이 대한민국 인터넷이 역사합니다. 갠데 이 이 책으 내가 이 책으 일것지. 걔 이 책으 일것는데 아 그 자네 말하 는 게 아아 옳습니다. 내가 저어 교혜 저 교혜책으 저거 자꾸 일거야 데 지.

소: 성경, 성경!

윤: 성경책으 자꾸 일거야 데지 야. 성경책으 야.

따라 옵니다." 이 이거 보세요, 이거. 이건 한국인데 한국 국기, 내겐 이런 기(旗)도 있소. 이것이 태극기오!

소: 태극기?

윤: 내게는 태극기,

소: 어디서 났어? 이건?

윤: 한국 사람들이 나에게 주었지. 내가 한국 사람을 많이 만나 (기침) 태극기를,

소: 북한의 기(旗)는? 저 인공기는?

윤: 응. 태극기도 내게 있고, 아 음 저 지도, 지도, 지도를 아까 그 러시아, 조선말로 무엇이라 하는가? 그거? 보는 거 응. 그 지도도, 지도는 황 선생이 가져다주고. 이 태극기는 한국에서 온 사람이 나에게 가져다주었어. 아 그리고 아 그다음에,

소: 러시아가 어떤 것이야? 러시아 기(旗)가?

윤: 이 이 이게,

소: 아니, 러시아가 요것인가?

윤: 요게 러시아. 요게 러시아.

소: 요게 러시아?

윤: 이건 한국이거든. 이건 미국. 이, 이 싹 여기 따라온단 말이야.

소: 이것이 독일이야 독일.

윤: 응, 이것이 독일. 이것이 싹 여기를 따라온단 말이야. 싹 여기를. 여기 보오. 여기를 싹 다. 10년이. 아, 인터넷 10년이 대한민국 인터넷이 역사합니다. 그런데 이 이 책을 내가 이 책을 읽었지. 그래 이 책을 읽었는데 아 그 자네가 말하는 것이 옳습니다. 내가 저 교회 저 교회 책(=성경)을 자꾸 읽어야 되지.

소: 성경, 성경!

윤: 성경을 자꾸 읽어야 되지 응. 성경책을 응.

소: 그리고, 그리고 성경책 읽으면서어 자식들을 위해서 기도를 많이 하세요.

윤: 아, 자식덜을 위해 기도르 많이[마이] 하라구? 그 자식덜게다 내 어떻게 기도르 하는가. 하무,

윤: 대개 어떤 기도 하셔?

윤: 아.

윤: (차를 가져옴) 아이구::! 이렇게 많이[마이] 놔. 조금 놓라 햇는데야. 반 꾸루시깬(кружка). 이 사람 차는? 따갑운 거 옇어 얹어라. 그 따갑운 거 어째. 쌍화차라는 거 그거 옇소. 내 그 어제 어제부터 그 차르 먹지. 저 우리 한국에 손네 개애왓는데 아무개두 아이 먹지.

소: 손녀가 갖구 온 거야?

윤: 손네 손녀. 맏아들 두쩨손녀 한국에 지금 시집가잇재:? 남편으느 선우 선우. 남성 이름이 선우 선우.

소: 손녀가 갖구온 거야? 저게?

윤: 그래 소 손예가 보내앳지. 손예가 자기 부 부모 알마따에 잇는데 거기 자꾸 보내지. 기래 보내무 거거서 또 약이든지 이런 게다 하무 우리 아들두 내인데르 개애오지. 야 기래가지구 온 게오. 기란데 책 일거, 책 일거 보이 감기에두 좋구 어떻구 어떻구.

소: 참, 그 아들은 알마아따에 잇는 큰아들은 맏아들은::,

윤: 맏아들.

소: 맏아들은 머해?

윤: 바사르(базар) 장시르 하지. 따시껜뜨서 큰 사보드(завод) 지렉또르(директор)햇다구 하재이오? 엿이라 맨든. 기랫다가 그거 예브레(Еврей)랑 베께 다 그거 자 자아게서 다아 앗아뺏지.96) 야.

소: 어?

소: 그리고, 그리고 성경책을 읽으면서 자식들을 위해서 기도를 많이 하세요.

윤: 아, 자식들을 위해 기도를 많이 하라고? 그 자식들에게다 내 어떻게 기도를 하는가 하면,

윤: 대개 어떤 기도를 해서?

윤: 아.

윤: 아이고! 이렇게 많이 놔. 조금 놓으라고 했는데 응. 반 컵이 아닌가. 이 사람 차는? 뜨거운 것을 넣어 얹어라. 그 뜨거운 것은 어째 (안 넣었나). 쌍화차라는 거 그걸 넣소. 내가 그 어제 어제부터 그 차를 먹지. 저 한국에 있는 우리 손녀가 가져왔는데 아무도 안 먹지.

소: 손녀가 가지고 온 거야?

윤: 손녀가 손녀. 맏아들 둘째 손녀가 지금 한국에 시집가 있잖소? 남편은 선우, 선우. 남성 이름은 선우, 선우.

소: 손녀가 가지고 온 거야? 저게?

윤: 그래 손녀가 보냈지. 손녀가 자기 부모가 알마티에 있는데 거기로 자꾸 보내지. 그래 보내면 거기서(=알마티에서) 또 약이든지 이런 것이다 하면 우리 아들도 또 나한테로 가져오지. 응 그렇게 해서 가지고 온 것이오. 그런데 책(=제품 설명서)을 읽어, 책을 읽어 보니 감기에도 좋고 어떻고, 어떻고.

소: 참, 그 아들은, 알마티에 있는 큰아들은 맏아들은,

윤: 맏아들.

소: 맏아들은 뭘 해?

윤: 시장에서 장사를 하지. 타슈켄트에서 큰 공장의 공장장을 했다고 하잖소? 엿을 만드는. 그랬다가 그거 유태인이랑 우즈베크 인이 다 그걸 저 아이에게서 빼앗았지. 응.

소: 어?

윤: 그 그 사름덜 차지라구 하지. 예브레(Еврей)사림이나 우즈베끄사름이나 그사름덜 차지라구 하지. 기래다 야느 거기서 아이 하구 나왓지. 기래 나와서.

소: 알마따서 장사해 지금?

윤: 야, 알마따. 개 알마따 작은 손녀가. 딸 삼형제. 맏딸으느 모스끄바(Москва)가 대학으 필하구 모스끄바서 출가가 거기서 일하구 아이 한내 있어.

소: 거기두 그문 거기두 우리 저 고렷사람하고 결혼했어?

윤: 야. 고렷사람 결혼해서 기래 출가르 가서 아들 한내 낳:구 모스크바서 일하구. 그담 내 웨손재느 모스끄바(Москва) 가서 서방간 게 타국사람 게르 깃이. 이르메안가 노시앗 사람 자고배. 그런 자고배애 가서 아들이 형제, 쌍디이 아들 두울으 낳어.

윤: 기래구. 그담에 맏아들에 고게 큰 딸으느 모스크바에 잇구. **일차에 마셔. 저 저거 따가, 따갑운 거 마셔! 그담에 이 둘째 딸으느 한국으 시집갓지. 한국사람 만나 한국에 가 사는데 고게 둘째 손녀고. 기게 맏아들 둘쨋딸. 셋째딸으는 알마따서 이 이것두 ***번역극으르 조선글으 이르우. 번역하는 그런 글으 이르우.

소: 어디에서?

윤: 알마따에 있어. 알마따느 대사관두 잇구. 기래이꺼나 알 알마따 잇으이 얀 알마따 와 그 글으 붙엇지. 열한 반 필하구. 기래 그 글으 붙으이까나 가 거기서 글으 이르이 그 새아가 아이오? 그래 우리 아들이 집은 쩜 따쉬껜뜨에 있어 지금. 집우 막 두구 알마따 와 방천집에 있어. 방천집에 잇으메서르 그 아이르 공부르 시기지. 고 작은딸. 시집 아이 가구 출가 아이 한 게 고게 한내 잇지.

소: 그러문 고 작은 딸으 지금 학교 학교 다녀?

윤: 핵교 다녀. 곱소, 고거. 지금 삼학녀이오 에떠(это) 대학에 삼학녀이오.

윤: 그 그 사람들 차지라고 하지. 유태인이나 우즈베크인이나 그 사람들 차지라고 하지. 그러다 이 아이는 거기서 일을 안 하고 나왔지. 그래 나와서.

소: 알마티에서 장사해 지금?

윤: 응, 알마티에서. 그래 알마티의 작은 손녀가. 딸 삼형제 중에서. 맏딸은 모스크바에 가 대학을 마치고 모스크바에서 출가해서 거기서 일하고 아이가 하나 있어.

소: 거기도 그러면 거기도 우리 저 고려 사람하고 결혼했어?

윤: 응. 고려 사람하고 결혼해서 그래 출가를 해서 아들 하나를 낳고 모스크바에서 일하고 그다음에 내 외손자는 모스크바 가서 장가간 것이 타국 사람에게로 갔어. 아르메니아인과 러시아 사람 사이에서 태어난 혼혈인. 그런 혼혈인에게 장가를 가서 아들이 형제, 쌍둥이 아들 둘을 낳았어.

윤: 그리고. 그다음에 맏아들의 고 큰딸은 모스크바에 있고. 차를 마셔. 저 저거 뜨거운 거 마셔! 그다음에 이 둘째 딸은 한국으로 시집갔지. 한국 사람 만나 한국에 가 사는데, 고게 둘째 손녀고. 그게 맏아들의 둘째 딸. 셋째 딸은 알마티서, 이놈도 번역을 하기 위해 한국어를 공부하오. 번역하는 그런 공부를 하오.

소: 어디에서?

윤: 알마티에 있어. 알마티는 대사관도 있고. 그러니까 알마티에 있으니 이 아이는 알마티에 와 그 공부하는 학과에 붙었지. 11학년을 마치고. 그래 그 학과에 붙으니까 그 아이 거기서 공부를 하니 그 여자아이가 아니오? 그래 우리 아들 집은 좀 타슈켄트에 있어, 지금. 집을 그냥 두고 알마티에 와 셋집에 있어. 셋집에 있으면서 그 아이를 공부를 시키지. 고 작은 딸. 시집 안 가고 출가 안 한 것이 고게 하나가 있지.

소: 그러면 고 작은 딸은 지금 학교, 학교 다녀?

윤: 학교 다녀. 곱소, 고놈이. 지금 3학년이오. 음 대학의 3학년이오.

소: 알마따 무슨 대학에?

윤: 무슨 대학인가 하문? 아,

소: 까자흐스딴 국립대학이 있고.

윤: 야, *까자그스[k'adzaɣis], 까자그스딴 에떠(это).

소: 또 그 에국인이 세운 대학이 잇는데.

윤: 야. 조선글으 조선말으,

소: 조선말 배우는 학교 다녀?

윤: 야! 조선말 다녀 핵교. 그런 핵교서 이르우. 기래이꺼나 조선말으 우리 손녀랑 다 아지.

소: 그럼 원래 그 손녀느 집에서 조선말 썻었어?

윤: 썻어.

윤: 조선말 지금두 우리 맏아들가 맏메느리는 조선말으 쓰오.

소: 가맜어바.

윤: 야ᵕ.

소: 그애가 나중에 그문 내가 혹시 도배해 줄지 도배해 줄 수 있을지 몰라. 한국어를 한국어를 배우면 한국어 공부하는 데르, 조선글 이르는 데르 다니면 그 그 그 손네 이름 좀 써 줘바.

윤: 성명 이름우?

소: 손녀 이름.

윤: 야아. 가아사 리, 리. 이름사 노시아 이름. 올랴(Олля).

소: 리올랴(Олля)?

윤: 야. 리올랴(Олля). 기래 리올랴(Олля)구. 그담에 우리 한국에 잇는 손녀느 리마린나.

소: 거기는 인제 거기는 한국에 있는 그 사람은 잘 모르겠구 리올랴(Олля) 느 지금 그러면은 한국 대사관 같은 데두 왓다갓다 해?

윤: 그건 내 잘 모르겠어. 야ᵕ. 아 대사관 댕기는 어쩐두.

소: 알마티 무슨 대학에?

윤: 무슨 대학인가 하면? 아,

소: 카자흐스탄 국립대학이 있고.

윤: 응, 카자흐스탄, 카자흐스탄 음.

소: 또 그 외국인이 세운 대학이 있는데.

윤: 응. 한국어로 쓰인 글, 한국어를,

소: 한국어를 배우는 학교에 다녀?

윤: 응! 조선말을 배우는 학교를 다녀. 그런 학교서 공부하오. 그러니까 한국어를 우리 손녀가 다 알지.

소: 그럼 원래 그 손녀는 집에서 한국어를 썼었어?

윤: 썼어.

윤: 한국어를, 지금도 우리 맏아들과 맏녀느리는 한국어를 쓰오.

소: 가만있어 봐.

윤: 응.

소: 그 애가 나중에, 그러면 내가 혹시 도움을 줄지 도움을 줄 수 있을지 몰라. 한국어를 한국어를 배우면 한국어 공부하는 데를, 한국어를 공부하는 데를 다니면 그 그 그 손녀 이름 좀 써 줘 봐.

윤: 성명 이름을?

소: 손녀 이름.

윤: 응. 그 아이야 성은 리, 리. 이름이야 노시아 이름이지. 올랴.

소: 리올랴?

윤: 응. 리올랴. 그래 리올랴고. 그다음에 우리 한국에 있는 손녀는 리 마린나.

소: 거기는 이제 거기는 한국에 있는 그 사람은 잘 모르겠고 리올랴는 지금 그러면 한국대사관 같은 데도 왔다 갔다 해?

윤: 그건 내가 잘 모르겠어. 응. 대사관을 다니는지 어찌하는지.

소: 우리말 잘하는가? 한국말?

윤: 우리말. 우리 우리말으 노시아말으 이 말으 배워서 버역하재이오? 우리 버역하는 이런 핵교르 우리 손녀 한국 간 손녀 따시껜뜨서 일것어. 그래 일거서 우리 우리 손녀는 노시아말으 개앳다 조선말르 버역하지. 기래 조선사름 만나 갓지. 기래 만나 가구. 그런데 그담에 야는 또 이런 글으 알마따 와 이르지.

윤: 개 이르무 아 또 조선에 가, 조선으로 가갯는등 모르지. 그런 게. 고웁소. 내 셋째. 맏딸두 곱구 둘째 손녀두 셋째 손녜두 곱소. 올랴(Олля)라구 야. 그렇소. 그런게 지금 아들 낳아두 다아 잊어뻐리구 몰라. 가아 지금 몇 살인가. 가아두 어전 스무 살 넘었어. 가아두 스무.

소: 리올랴(Олля)?

윤: 야ˉ. 리올랴(Олля). 그거 마시우.

소: 어느 대학 다니는가 좀 알아바요.

윤: 야ˉ?

소: 어느 대학 다니는가 알아바!

윤: 무스거 대학으 다니는가?

소: 무스거 대학에 다니는가.

윤: 야, 옳소. 내 알아보갯소. 내 저 새해 데문 내 맏아들이 맏아들이 내게 전하르 하오. 나르 노고이고드(Новый год) 야. 내 그 전하르 할 때 그땐 내가 꼭 물어보갯소. 올랴 대학이 무슨 대학인가 야.

소: 그래 가지구 내가 나중에 언제 전화하면 무슨 대학인가 좀 가르쳐 줘.

윤: 야 옳소. 그러오. 그러오. 야, 그러.

소: 한국에서 어어 나도 작년에도 재작년에 그 알마따에 갔다 왔어요.

윤: 알마따 왔다갓다구? 알마따 와 어떤 대학에 왔다갓어?

소: 알마따에 가서 그으 알마따에 한국어교육원 여기처럼 까레이스끼이 쩬뜨르(Корейский центр) 있어.

소: 우리말을 잘하는가? 한국말?

윤: 우리말. 우리 우리말을 러시아 말을 이 말을 배워서 번역하잖소? 우리말 번역하는 이런 학교를 우리 손녀가 한국 간 손녀가 타슈켄트에서 공부했어. 그래 공부해서 우리 우리 손녀는 러시아 말을 한국어로 번역하지. 그래 조선 사람을 만나 시집갔지. 그렇게 만나 가지고. 그런데 그다음에 이 아이는 또 이런 글을 알마티에 와서 공부하지.

윤: 그래 공부하면 또 한국에 가, 한국으로 가겠는지 모르지. 그런 놈인데 곱소 내 셋째 손녀. 맏딸(=맏손녀)도 곱고 둘째 손녀도 셋째 손녀도 곱소 올랴라고 응. 그렇소 그런데 지금 아들 낳아도 다 잊어버리고 몰라. 그 아이가 지금 몇 살인가. 그 아이도 이젠 스무 살이 넘었어. 그 아이도 스무 살이.

소: 리올랴?

윤: 응. 리올랴. 그거 마시오.

소: 어느 대학에 다니는지 좀 알아 봐요.

윤: 응?

소: 어느 대학을 다니는지 알아 봐!

윤: 무슨 대학을 다니는가?

소: 무슨 대학에 다니는지.

윤: 야, 옳소. 내가 알아보겠소. 내가 저 새해가 되면 내 맏아들이, 맏아들이 내게 전화를 하오. 나에게 새해가 되면 응. 내 그 전화를 할 때 그 땐 내가 꼭 물어보겠소. 올랴 올랴가 다니는 대학이 어느 대학인지 응.

소: 그래 가지고 내가 나중에 언제 전화하면 무슨 대학인기 좀 가르쳐 줘.

윤: 응 옳소. 그러오. 그러오. 응, 그러오.

소: 한국에서 어 나도 작년에 재작년에 그 알마티에 갔다 왔어요.

윤: 알마티에 왔다 갔다고? 알마티에 어떤 대학을 왔다가 갔어?

소: 알마티에 가서 그 알마티에 한국어교육원, 여기에도 있는 것처럼 까레이스끼이 **쩬뜨르**가 있어.

윤: 야, 야. 그런 게 잇어, 잇어.

소: 거기 가서 두 주 두 주 동안,

윤: 어어 그랫어?

소: 여기 저 그 한국어 공부허는 사람들 선 선생님들 그으 머야 그으 꼴리 진가? 스꼴라(школа) 스꼴라(школа)에서 한국어 가르치는 사람들,

윤: 야ˇ.

소: 대학에 있는 쁘로뻬써(профессор) 그런 사람덜으 모아놓구 한국어 가르치는 거에 대해서. 내가 가르쳤었어요.

윤: 야아! 그랫구만. 기랜데 야 알마따서 지금 그 교혜에서 야 그 교혜에서 아 집삿님우 하는 게 뉘긴가 하무 우리 메느리, 우리 맏메느리 오래비 안끼이.97) 오래비 안까이 거언 거저 절당98)이만 멩심하구 잇어. 직금 교혜에만 멩심. 교혜에만 멩심하구 잇는 이 여자 이 여자 어저는 집삿님 이지. 집삿님두 하구 더 올라갓는둥 모르갯어. 그렇소. 그러구.

소: 그러문 이 올랴(Олля)두 그 교혜 다니구?

윤: 아아, 우리 올랴(Олля)랑 싹 예수르 믿소 야ˇ.

소: 잘 뎄네.

윤: 야ˇ. 우리 올랴(Олля)두 예수 믿고. 우리 아들이 반대지. 내처리. 우리 아들이 반대르 하다가서 내 예수르 믿으이 반대르 아이 하오. 개도 교혜르 댕긴다 댕긴다 모로오 야. 그러구 우리 아 올랴(Олля) 고다음에는 내 딸이. 우리 딸은 또 어떤 교혜르 댕기는가 마우재 교헬 댕게. 마 마우 재 절다ˇ아. 마우재절다ˇ은 게 마우재말르 하무 쁘라바슬라브네(правосла вная) 쁘라바슬라브네 웨에라(православная вера) 진짜. 개 우리 하느님 이 한내:지. 개 쁘라브슬라브(православие) 사름두 잇구. 우리느 쁘로지 스딴뜨(протестант)두 잇구 그렇지. 개 그런데. 아 우리.

윤: 가맜어바 좀. 오셧는가 보네.

윤: 응, 응. 그런 것이 있어, 있어.

소: 거기 가서 두 주 두 주 동안,

윤: 어 그랬어?

소: 여기 저 그 한국어 공부하는 사람들 선생님들 그 뭐야 그 꼴리진가? 학교, 학교에서 한국어를 가르치는 사람들,

윤: 응.

소: 대학에 있는 교수 그런 사람들을 모아 놓고 한국어 가르치는 것에 대해서. 내가 가르쳤었어요.

윤: 야! 그랬구면. 그런데 응 알마티서 지금 그 교회에서 응 그 교회에서 아 집사님을 하는 사람이 누구인가 하면 우리 며느리 우리 맏며느리 오라비의 아내. 오라비 아내 그 사람은 그저 교회에만 관심을 쏟고 있어. 지금 교회에만 관심을 두고. 교회에만 관심을 두고 있는 이 여자, 이 여자가 이제는 집사님이지. 집사님도 하고 더 올라갔는지 모르겠어. 그렇소. 그리고.

소: 그러면 이 올랴도 그 교회에 다니고?

윤: 아, 우리 올랴랑 싹 예수를 믿소 응.

소: 잘 됐네.

윤: 응. 우리 올랴도 예수를 믿고. 우리 아들이 반대지. 나처럼. 우리 아들이 반대를 하다가 내가 예수를 믿으니 반대를 안 하오. 그래도 교회를 다니는지 어쩌는지 모르오 응. 그리고 우리 올랴 고 다음에는 내 딸이. 우리 딸은 또 어떤 교회를 다니는가 하면 러시아정교를 다녀. 러시아정교를. 러시아정교 그게 러시아 말로 하면 'православная, православная вера (=러시아정교 러시아정교 신앙) 진짜. 그래 우리 하느님이 하나지. 그래 러시아정교 신자도 있고. 우리 개신교도 있고 그렇지. 아 우리.

윤: 가만있어 봐 좀. 오셨는가 보네.

■ 주석

1) 이 말은 '무스[何]+일[事]'(무슨 일)에서 변화한 것이다. '무스+일>무싀일>무실'로 줄어들어 마치 한 단어처럼 쓰인다. 여기에 처격 조사 '-에'가 결합되어 '무시레'(무슨 일에>무엇 때문에)라 하기도 한다.

2) '제가'는 '저+-이+-가'로 분석된다. '저'는 '자네, 이녁, 당신'의 뜻을 가진 이인칭대명사. '-가'는 공동격 조사 '-과'의 방언. '말하다'와 같은 동사와 공기할 때에는 '-가'가 '-에게'의 뜻을 지닌다. '명사+-가 (무엇을) 말하다'는 전형적인 함경도 방언의 구문이다. 예: 동미가 말하오(동무에게 말하오). 그 일으 아바니가 닐거라(그 일을 할아버지에게 말해라).

3) 함경도 방언에서는 '가지', '고추', '옥수수'와 같은 곡식의 줄기도 '나무'라 한다. 뒤에 '느재(누재)'가 나오므로 본문의 '낭기'는 '옥수수'를 말한다.

4) '누재'는 옥수수나 갈대의 꽃이삭. 흔히 '느재'라 한다. '비슬'은 볏을 말한다. '비슬으 누재'는 옥수수 줄기의 맨 끝에 난 꽃이삭이 마치 닭의 볏처럼 생긴 것을 형용하여 이른 말이다. '비슬으'의 '으'는 속격 조사.

5) '모두-'는 '모이-', '모으-'의 뜻을 지닌 동사. 자동사와 타동사로 쓰인다.

6) '트루드(труд)'는 трудодень(집단 농장원의 노동을 계산 하는 단위. 노동일수)를 말한다. 복수형은 '트루드드니(трудодни, 총노동일수)'이다. 사회주의 시절에는 집단농장에서 그 해에 거두어들인 총수익을 개인이 노동한 일수로 나누어 분배를 받았다.

7) 1863년 한인이 러시아 극동 연해주로 이주한 후, 이주민은 땀을 흘려 척박한 황무지를 일구어 농사를 지었다. 그리하여 20세기가 되면 이들 초기 이주 한인은 부요한 생활을 하는 이들도 많았다. 이들은 러시아 국적에 편입되어 일정한 토지를 분배 받았는데 이들을 원호인(原戶人, 元戶人)이라고 부른다. 반면 비교적 늦게 연해주에 이주해서 러시아 국적에 편입되지 못하고 토지도 없는 가난한 한인은 여호인(餘戶人) 또는 유호인(流戶人)이라 불렸다. 러시아 혁명 전후에 연해주 한인은 이 두 계층이 존재하였는데 여호인은 주로 원호인이나 러시아인에 고용되어 머슴살이를 하거나 토지를 빌려 농사를 지었다. 때문에 러시아 혁명 전까지 이 두 계층은 서로 사이가 좋지 않았다. 혁명기에도 이들 한인은 서로 적대적인 관계였다. 혁명 후에 원호인들은 '꿀락크(kulak, =土豪)'로 몰려 청산 대상이 됐다. 위 구술자는 이러한 연해주 한인의 역사를 압축해서 말하고자 한 것이다.

8) '한나투'는 '한나+ㅎ+-두'로 분석된다. '한나'는 '하나'[一]의 방언형이다. '한나투'를 공시적으로 기술하게 되면, '한나'와 보조사 '-두'가 결합할 때 'ㅎ'이 삽입되었다고

해야 하는데 이러한 기술은 몇 가지 점에서 용인되기 어렵다. 그 하나는 'ㅎ' 삽입이 이루어지는 환경이나 조건을 말하기 어렵다는 점이고 다른 하나는 '한나투'가 '하나'라는 뜻보다는 '조금도', '전혀'라는 뜻을 갖는다는 점이다. 따라서 '한나투'는 통시적으로 'ㅎ' 종성 체언을 가진 '한낳'와 보조사 '-두'가 결합하여 한 단어로 굳어진 부사라고 해야 한다. 구술자는 뒤에서 '하나토'라 하였다.

9) '농구다'는 '나누다'의 방언형.

10) '강차이'는 '삽'의 방언형. 한어(漢語) '鋼錣'을 차용한 말. 함경도 지방에서 널리 쓰인다.

11) 화물차(товарный вагон)에 실려 왔으므로, 사람을 싣는 살론(салон)에 실려 왔다는 것은 정확한 표현이 아니다. 여기서는 단순히 기차의 '한 차량(車輛)'을 뜻하는 말로 쓰였다. '바곤(вагон)'이라고 해야 옳다.

12) 구술자는 '화물차', '화차(貨車)', '짐차' 따위의 말을 몰라 '가축을 싣는 차량'이라 한 것이다. 러시아어 '따바르니 바곤(товарный вагон)'은 화물차를 말한다.

13) '배우다'는 '보이다'의 방언. 보+-이-+-우->뵈우->배우-. 동북방언 및 고려말에서는 '배우다'와 '베우다'가 함께 쓰인다.

14) 바곤+-이→바고이. 'ㅣ' 모음 앞에서 'ㄴ'이 탈락하였다.

15) 구락부(俱樂部). 사회주의 국가에서 주로 근로자들을 위한 문화 교양 사업을 하는 데 쓰는 공공건물을 말한다. 본디 'club'의 일본어 음역어이나 사회주의 혁명 후 콜호스 내에 설치된 '문화, 교양 사업을 하는 건물'이란 뜻을 갖게 되었다.

16) '칩-'은 '춥-'의 방언형이자 중세국어형 '칩-'의 반사형이다. 중세국어 시기의 'ㅸ'이 육진방언에서는 대체로 'ㅂ'으로 반사되어 있다. '칩-', '덥-'[暑], '깁-'[補] 따위와 같이 끝소리가 'ㅸ'이었던 어간은 모두 '칩-', '덥-', '깁-'이 되어 규칙 활용을 한다. 형태소 내부에서는 중세국어보다도 더 고어적인 모습을 보여준다. 예컨대, 중세국어 '온'[全]은 '오분', '구을-'[轉]은 '구불-', '기울-'[仄]은 '기불-'이라 한다.

17) 말이 끄는 발구. '파리'는 발구의 방언형. 눈이 많이 내리는 산간오지에서 짐을 실어 나를 때 사용하는 바퀴 없는 수레를 '발구'라 한다. 동북 및 육진방언권 화자들은 '발귀'와 '파리'를 모두 쓴다. 단, 저자의 경험에 의하면, 어찌된 일인지 중국의 동북 및 육진방언 화자들은 주로 '발귀'를 쓰고 중앙아시아의 한인들은 주로 '파리'라는 말을 쓴다.

18) '곳'[處]의 방언형. 중세국어의 명사 말음 'ㄷ'은 고려말과 동북방언에서 'ㄷ>ㅅ'의 변화를 겪지 않았다. '몯'[釘], '붇'[筆] 따위가 그러한 예이다. 동북방언이 보수적인 성격을 지니고 있음을 보여 준다.

19) '선스나'는 '사내아이'의 방언형. <선+스나.

20) 쥐-+-어 버리->줴에뻐리->줴에뿌리->제에뿌리-. 다의어로 '힘차게 던지다. 물건 따위를 아주 버리다. 하던 일이나 하고자 한 일을 그만두다.'의 뜻이 있다. =내던지다. =집어치우다.

21) 혼전의 여자를 귀엽게 이를 때 '새아가'라 한다. 또 혼전의 10대 여자 또는 처녀를 '새애기'라 한다. '갓 시집온 새댁'도 '새애기'라 한다. 낮춤말은 '간나', '에미나'이다.

22) ① 기어 올라가다. ② 가파르거나 높은 곳을 애써 오르다.

23) '병원에 가, 배우이'는 '병원에 가서 진찰을 받으니'의 뜻이다. '이사르 배우다'(=의사 에게 (병을) 보이다, =진찰을 받다)는 관용구이다. '배우다'는 '보이다'의 방언.

24) 동북, 육진방언과 고려말에서는 '늦-게'라 아니 하고 '늦-어'라 한다.

25) 싀편(媤便)>시펜. '시댁 쪽'을 뜻한다.

26) 쩍하면. 지끈하다(<즈끈하다). '쩍하다, 지끈하다'는 '매우 빠른 시간에 번쩍하거나 부러지다'의 뜻. =쩍하면(걸핏하면).

27) 그래-+-앗-+지+아이-+-읍데>그랫재입데>그랫잽데.

28) 길을 걸을 때 발걸음을 옮겨 놓는 모습. 발을 놀리는 새쥬(『표준국어대사전』).

29) '헝겇'은 '천'(실로 짠 물건)의 방언.

30) '떡'은 '빵'을 말하는 것이다. 중앙아시아 한인들은 '러시아 빵(хлеб)'을 '떡'이라 한 다.

31) 고려인의 조언에 의하면, '좌우치'는 '좌우의 것'을 뜻하는 말로 보인다. '조합의 좌우 치'는 '조합 안팎의 이것저것'의 뜻이 될 것이다.

32) 동북 및 육진방언에서는 '반찬'을 흔히 '채'라 한다. 그 밖에 '채소', '채수'란 말도 쓰인다. 그리고 '햄:'이라는 말도 있는데 이는 노년층에서만 근근이 쓰인다. '반찬'은 '물고기로 요리한 음식'만을 가리킨다. 조사자가 제보자에게 친숙한 '채'라는 함경도 방언형을 써서 질문한 것이다.

33) '수울'은 '술'의 방언형으로 저저조의 성조를 갖는다. 저조의 '술'이 함께 쓰인다.

34) '촌'은 '총(銃)'을 말한 것이다. 고려말에서는 어간말 위치의 'ㅇ'을 'ㄴ'으로 발음하는 경우가 흔하다. 종전에는 이것이 음소 /ㅇ/이 존재하지 않는 러시아어의 영향으로 보았으나, 소신애(2010)에 의하면, 중국의 육진방언 화자에게서도 발견되므로 동북, 육진방언의 일반적인 특징으로 볼 수 있다. 1902년 러시아의 카잔에서 간행된 한국어 문헌 *Первоначальный Учебникъ Русскаго Языка для Корейцевъ*(『한 국인을 위한 초등 러시아어 교과서』, 1902, 카잔)에서도 이러한 예가 다수 발견된다 (소신애 2010).

35) '단풍'은 '단포(短砲)', 즉 단총(短銃)을 말한다. '단풍'이라 하기도 한다. 중앙아시아

한인들의 말에 의하면, 어릴 때 철이나 알루미늄 따위로 단총을 만들어 놀았다 한다. 그리고 '단포를 쏘다'를 흔히 '단포: 다불린다', '단포: 놓앗다'라 하였다 한다. 그때 그 장난감을 '단포'라 하였다 하는데 구술자는 '단퐁'이라 한 것이다.

36) '나지다(<나디다)'는 '어떠한 현상이 나타나다', '잃었던 물건 따위가 나타나다', '새로운 물건이 세상이 나오다' 따위의 뜻을 갖는 동사. 특이하게도 구술자는 'ㅈ' 뒤의 'ㅣ'모음을 'ㅜ'로 발음하는 경우가 있다. 본문의 '나주다', '가주다'(가지다) 따위가 그런 예이다.

37) 조사자는 '파지이'(파+지이)를 파질로 잘못 알고 있다. '파질'은 '파지이+-ㄹ/르(대격조사)'이 줄어든 말이다.

38) 파지이. 조사자가 짧게 발음한 것이다. 본디 '파지이(<파+짚-+-이)'이다. 파 농사를 말한다.

39) '드살이 세다'는 '힘이나 기세가 매우 강하고 사납다'라는 뜻.

40) 긴급을 요하거나 특정 작업 임무의 수행, 물자 생산 재료의 지급 발송 등에 관한 지령, 명령, 지시, 지령서, 명령서(고려대학교 러시아문화연구소 편 1987).

41) 슬그머니 돈을 집어 주는 시늉을 하면서 한 말.

42) '보내'의 발화 실수.

43) '카페'는 대규모 연회 장소이다. 고려인 교포들은 회갑 잔치, 생일잔치 등 큰 행사를 이 카페라는 곳에서 치른다.

44) '군중(群衆)'은 그 의미나 용법이 표준어와 다르다. 중국과 북한에서 흔히 쓰이는 말인데 고려말 화자인 제보자가 이 말을 쓰고 있다. 이는 제보자가 북한어를 많이 알고 있다는 증거이다. 북한 및 중국 교포들은 10여 명 정도가 모여도 '군중'이라 하고, 그 숫자의 사람들이 모여 하는 회의를 '군중회의'라 하고 달리 '군중대회를 한다'고도 한다. 위 본문의 '군중'은 '모여든 하객(賀客)'을 두고 한 말이다.

45) 흔히 함북방언이나 고려말에서는 '시작하다'를 '시잭이르 하다'라 한다. 본문의 '새길 하다'는 '시재길 하다'의 발화 실수이다.

46) '채비+-을르'. 채비를 지어. '채채비'는 '채레(=차례)'를 말하려다 발화 실수를 한 것.

47) '지하'는 '기하'에서 변화(구개음화)한 말이다. '손아래'라는 뜻을 가진 방언이다. 반대어는 '이상'(<이샹)이다.

48) '엎대다'는 '엎드리다'의 방언.

49) '일-(<닐-, 起)+-나+-지. =일어나지.

50) 구술자가 환갑잔치를 말하다가 갑자기 혼인잔치를 말하였다. 함경도 방언이나 고려말

에서는 혼인잔치를 흔히 '잔체, 잔치, 잔채'라 한다.

51) '잔쳇상'은 초례상(醮禮床)을 말한다.

52) '뻗기다'는 '받다'의 사동사. '상을 뻗기구'는 관용적 표현으로 '잔치상을 차려 주다'라는 뜻이다.

53) '저르'의 '저'는 하오할 자리에서 쓰이는 이인칭대명사이다. 표준어의 '자네', '이녁' 따위에 대응된다.

54) '처서'는 '츠-+-어서'으로 분석된다. '츠-'는 '들거나 지거나 한 것을 위로 치밀어 올리다'의 뜻.

55) 먼 곳으로 가 농사를 짓기 전에, 즉 고본질을 하기 전에는 카지노에 나가 일을 해 돈을 벌어서 농사를 짓는데 필요한 비닐 따위를 산다는 말.

56) '저레(<결에)'는 '어떤 일을 하는 김에 이내, 또는 곧바로'의 뜻을 지닌 부사.

57) 조사자가 한화(韓貨)로 계산하기 위하여 한 말로 보인다.

58) '뭄외'의 'ㅚ[ö]'는 원순성이 미약함.

59) '극상(極上)하다'는 '수나 양, 정도 따위가 가장 크다'의 뜻.

60) '츠벽하다'는 '외진 곳에 치우쳐서 구석지다'의 뜻.

61) 할릴+-으느. '-으느'는 특수조사 '-은'. '하루'가 단독형으로 쓰일 때에는 '할릴' 또는 '할랄'이라 한다. 그러나 합성어의 선행어기는 '하르'이다. 그리고 파생어에서는 '하르-/핥-'과 같은 비자동적 교체를 보여 준다. 예: 하르살이(하루살이), 하르갈이(하루갈이), 초하룻날(초하룻날), 초하르-두(초하루도)/초할리(초하루-가).

62) 널빤지를 대서 만든 울타리. 흔히 '장재'라 한다.

63) 본문의 '영접'은 기독교에서 흔히 쓰는 용어로서 대략 '주님을 받아들여 믿고 따름'의 뜻을 지닌다. '영접 받다'는 '기독교인이 되다'의 뜻인 듯하다. 위 본문은 두 선교사의 기도로 구술자가 '영접 받아' 기독교인 되었다는 사실을 말한 것이다.

64) '-두라'는 '-도록'의 방언.

65) '곱아하다'는 '좋아하다', '예뻐하다'의 뜻.

66) 한국인 목사의 설교를 러시아어로 번역해 줄 이가 없어 설교를 해도 신도들이 무슨 말인지 모른다는 뜻으로 한 말로 생각된다.

67) '고방'은 본디 함경도의 '田' 자형 팔칸집에서 맨 뒤편의 북쪽에 위치한 방을 이르는 말이다. 위 본문에서는 안방이나 거실에서 많이 떨어진 곳에 위치한 방을 지칭한 것으로 보인다. 편의상 '골방'으로 번역한다.

68) '멩심하다'는 흔히 '주의하다, 유의하다, 조심하다'의 뜻으로 쓰인다.

69) '거리다'는 '건지다'의 방언이자 고어(古語)이다.

70) 츠-+-어+올라가-. 위로 추면서 올라가다.

71) 혼전의 10대 여자 또는 처녀를 '새애기'라 한다. 낮춤말은 '간나', '에미나'이다. '갓 시집온 새댁'도 '새애기'라 한다.

72) '뿔구다'는 '뿔다'의 사동사. 불어나게 하다.

73) 중앙아시아의 한인들은 거주국의 기본 화폐 단위 대신 전통적인 우리의 화폐 단위를 써서 '냥'(또는 '원')이라 한다. 키르기스의 화폐 단위는 '솜'이다. 따라서 구술자가 말하는 1냥은 1솜을 말한다.

74) '벋드디다'는 '벋디디다'의 방언. '벋디디다'는 '발에 힘을 주고 버티어 디디다'의 뜻.

75) '궁니[궁리]'는 표준어와 약간 의미가 다르다. '깊은 생각' 정도의 뜻을 지닌다.

76) '부찌르다'는 비자동적 교체 어간으로서 어미 '-어X' 앞에서는 '부젎-'으로, 자음으로 시작하는 조사 앞에서는 '부찌르-'로 교체된다.

77) '쇄골'은 가슴 위쪽 좌우에 있는 뼈이므로 다리에 연결된 것이 아니다. 따라서 이는 발화 실수이다.

78) 문맥상 말이 잘 통하지 않지만 그대로 대역해 둔다.

79) '아재'는 '어머니보다 나이가 어린 여동생(=어머니보다 나이가 어린 이모)', '아버지보다 나이가 어린 여동생(=아버지 손아래 고모)', '숙모'를 가리키는 친족어이다. 본문에서는 구술자 자신을 가리켜 말한 것이다.

80) '제인(<줴인)'은 '주인'의 방언이다. 본문에서는 택시에 탄 손님을 가리키는 말로 쓰였다.

81) 문맥상 '끼르기스게(키르기스인에게)'라 해야 옳다.

82) 고려인들은 이민족과의 결혼을 금기시해 왔다. 때문에 구술자는, 자녀가 모두 같은 민족끼리 결혼한 자신의 육촌 언니가 팔자가 좋은 사람이라 말한 것이다.

83) '-을래서'는 이유나 원인을 나타내는 보조사.

84) '모로기'는 '흩어져 있지 않고 모두 한 곳에 다소곳이 모여 있는 모양'을 뜻한다.

85) '노옵다'는 '노엽다'의 방언. 동사는 노옵아하다(=노여워하다).

86) '총으 싸 가지구'는 그 뜻을 알기 어렵다. 뒤에서는 '총오 써 가지구'라 하였는데 문맥으로 보아 '총'은 '청(請)'인 것으로 생각된다. '신청서(申請書)'를 '청'이라 한 것이 아닌가 한다.

87) 구술자는 집을 소유하고 있으니 '집세'는 '재산세'를 말한 것으로 보인다.

88) 유선 전화를 무선 전화로 바꾸었다는 말.

89) 송수화기를 말하는 듯하다.

90) 앞으로 일정한 직위, 직무, 자격 등을 받을 수 있는 대상으로 인정을 받은 사람.

91) 이 문장의 주어 '내'는 구술자의 업무를 승계한 사람을 말하고, '나르'의 '나'는 구술자를 가리킨다. '나르'의 '르'는 대격 조사로 이중 목적어 구문의 간접 목적어이다. 동북방언이나 고려말에서 '누구-에게 무엇-을'의 구문은 '누구-르, 무엇-의'처럼 이중 목적어 구문으로 실현된다.

92) '옷'은 중세국어 '곳'과 같은 첨사로 보인다.

93) '바뿌다'(또는 '바쁘다')는 함경도 방언과 고려말에서 자주 쓰이는 다의어로 표준어와 뜻이 좀 다르다(곽충구 2007b). 다음과 같은 뜻을 지닌다. ① 하기가 까다로워 힘에 겹다. =어렵다. ② 힘에 부치거나 참기가 어렵다. ③ 병 따위가 깊어 고치기 힘들다. ④ 몸이 몹시 피곤하다. =고단하다. ⑤ 생활 형편이 지내기 어렵다. ⑥ 열이 나거나 하여 몸이 괴롭다. ⑦ 일이 많거나 하여 딴 겨를이 없다. 고려말에서는 주로 ⑤의 뜻으로 쓰이고 중부방언에서는 ⑦의 뜻으로 쓰인다.

94) 구술자가 한국에서 간행된 신문 또는 잡지의 머리기사를 읽은 것으로 보인다.

95) '개애다'는 '가지다'의 방언.

96) '앗아빼다'는 '빼앗다'의 방언.

97) '안까이'는 '아낙네'의 방언. 흔히 '아내'를 홀하게 이를 때에도 이 말을 쓴다. 안깐이>안까이.

98) '절당'은 '교회'를 이르는 말. 본디 '사찰(寺刹)'을 이르던 말이나 고려말에서는 '교회'를 가리키는 말로 쓰인다. 달리 '결당'이라 하기도 한다.

04 박블라디미르와 윤베라의 이주와 일상생활

소: 그러면 대학은 우즈벡스탄(Узбекистан)에서 나오셨어요?

박: 예.

소: 음. 우즈벡스딴(Узбекистан) 어디서 사셨어요?

박: 우즈벡스딴(Узбекистан) 내 아께 말씀햇지만 그 가와닌스끼(Гавад инский)란 구역에 그 조 조합에서 내 살앗습니다.

소: 그러면은 그 따시껜트(Ташкент)에서 멀리 떨어져 있어요?

박: 따시껜트(Ташкент)서 한 육십 낄로메뜨르(километре).

소: 그럼 가까운 데네요.

박: 예. 악또부스(автобус)두, 뻐스 그양 쉴새없이 댕기지. 댕길 손[1]은 좋았습니다.

소: 그러면 거기는 그 우리 우리 동포들이 몇 명이나 있었어요?

박: 많앳습니다.[2] 많앳습니다. 거기 큰 조합으느[3] 싹 고렷사람덜이 헤장질하구 위원장질하구 싹 기랫습니다. 걔 내 아께 세자햇던 그 엥겔스(Э нгельс) 조합, 사라꼬무니즘(Заря коммунизма), 레닌(Ленинский пут ь), 레닌그라드(Ленинград), 지미뜨로(Дмитро), 뽈랴르나 스웨따(Поляр ная звезда),[4] 세베르나야(Северная), 우즈벡스딴(Узбекистан), 뽈리또젤(Политотдел),[5] 스베뜰로(Светло) 이게 싹 큰 고렷사람덜 조합인데에 저기 위원장질을 싹 고렷사람덜이 햇습니다.

소: 어어 따시껜뜨(Ташкент) 그 근방에 있는 거에요?

박: 따시껜뜨(Ташкент) 근방입니다.

소: 그러면은 그 그분들은 주로: 주로 그 조합에서는 주로 무슨 일을 했어요?

박: 그 목하두 수무구 옥수수두 수무구. 옥수수 저 북조선서 개명이라구서는 예 그 옥수수 ***모짜이 심엇는가이 그 후르시쵸쁘(Хрущёв) 주간할 적에 그분네 아메리까(Америка)가[6] 루미니아(Румыния) 가보구서르 그 갱닝이르[7] 숨은 게 그렇기 마음에 들구 기래서 와서 논의햇습지.[8]

소: 그러면 대학은 우즈베키스탄에서 나오셨어요?

박: 예.

소: 음. 우즈베키스탄 어디서 사셨어요?

박: 우즈베케스탄, 내가 아까 말씀드렸지만 그 가와딘스끼라는 구역에 있는 그 집단농장, 집단농장에서 내 살았습니다.

소: 그러면, 그곳은 타슈켄트에서 멀리 떨어져 있어요?

박: 타슈켄트에서 한 60km.

소: 그럼 가까운 데네요.

박: 예. 버스도, 버스가 그냥 쉴 사이 없이 다니지. 다닐 형편은 좋았습니다.

소: 그러면 거기는 그 우리, 우리 동포들이 몇 명이나 있었어요?

박: 많았습니다. 많았습니다. 거기 큰 집단농장(=콜호스)은 싹 고려 사람들이 회장을 하고 위원장을 하고 싹 그랬습니다. 그래 내가 아까 (우즈베키스탄에 있는 고려인 집단농장을 하나하나) 세려고 했던 그 엥겔스 집단농장, 사라콤뮤니즘, 레닌의 길, 레닌그라드, 지미트로, 뽈리야르스웨따, 세베르나야, 우즈베키스탄, 폴리타젤, 스베틀로 이게 싹 큰, 고려 사람들의 집단농장인데 예 저 위원장직을 싹 고려 사람들이 했습니다.

소: 어 타슈켄트 그 근방에 있는 거예요?

박: 타슈켄트 근방입니다.

소: 그러면 그 분들은 주로, 그 집단농장에서 주로 무슨 일을 했어요?

박: 그 목화도 심고 옥수수도 심고. 옥수수는, 저 북한에서 '개명'이라고 하는 옥수수를 어째 심었는가 하면 그 후르시쵸프가 주관(主管)할 적에 그 분이 미국과 루마니아를 가 보고서 그 옥수수를 심은 것이 그렇게 마음에 들고 그래서 돌아와 논의했지요.

어떤 조합이던지 다 수무라구. 그 옥수수 숨어 가서 이 노력영웅이 덴 사람덜두[뚜] 많앳습니다.

소: 벼농사는 안 하, 안 하셨어요? 벼는? 벼농사는 안 하셨냐구.

박: 내? 벼농사는 아이 햇습니다.

소: 거기서 그 조합에서.

박: 나느 그 조합이서 영화기술루 구락부에서 일하다나이 벳밭으⁹⁾ 일으 벨루 아이 했습니다. (러시아어 대화)

박: 베르 수무는. 긔게 긔게 그전에느 이 삼십칠년도 이줄해 들어와실 적에느 삼십팔년도부터 다만 베밖에, 깔밭으 이르구서 다만 베밖에 아이 수멋댓습니다. 기랜게 차차 그 따이 좋개데니까 거기다 목하두 수무구 그 담번에 께납(конопля)우, 삼이 그런 게 께납(конопля) 께납(конопля)우두 시무구. (사담(私談))

소: 그러면 거이 어디 안 나가시구 계속 집이 게시는거에요?

박: 벨르 나댕기지 못하구 그저. 그저 댕긴다는 게 그 시방 노인단 무궁화르 혹:시 댕깁짐.¹⁰⁾

소: 그럼 가서 주로 뭐 하세요?

박: 이잉?

소: 가서 주로 뭐하시냐구요. 무얼 제일 잘하세요? 노래 잘하세요?

박: 노래애 무스 잘하갯소. (웃음) 한 여슷달 전에 그런 끼므(гумн)르 낌(гумн), 그 조선말르 무시기라 하는지. 나라의 노래인데.

스: 그런데 애국가 잇지? 애국가. 그거느 그 애국가 맨들엇단 말이오.

박: 그거 끼무(гумн)르 그거 쓰라구서르 내 그런 사단이(задание) 받앗습지.¹¹⁾ 기랜게 내만 받은 게 애이라 여자분네 둘이 받앗습지. 기래 그 위원자~이 사단이(задание) 주는가하이 델 수 잇는대르 무궁화에 대해서 말마디 많게서리 그렇기 그 애국가르 꾸미라구서르 기랩지. 겐데 저짝 여자들으느 기래 시가이 돌아오이까데 우리게서 정말 그 그 저기 노래르 꾸민 거

어떤 집단농장이든지 다 심으라고. 그 옥수수를 심어서 이 노력영웅이 된 사람들도 많았습니다.

소: 벼농사는 안 하, 안 하셨어요? 벼는? 벼농사는 안 하셨냐고.

박: 나? 벼농사는 안 했습니다.

소: 거기서 그 집단농장에서.

박: 나는 그 집단농장에서 영화를 상영하는 기술을 가지고 클럽에서 일하다 보니 논 일을 별로 안 했습니다. (러시아어 대화)

박: 벼를 심는. 그게, 그게 그전에는 이 1937년도에 이주해 들어왔을 때에는 1938년도부터 다만 벼밖에는, 갈대밭을 일구고서 다만 벼밖에는 안 심었습니다. 그랬는데 차차 그 땅이 좋아지니까 거기다 목화도 심고 그다음 번에는 삼[麻]을, 삼, 그런 삼, 삼을 심고. (사담(私談))

소: 그러면 거의 어디 안 나가시고 계속 집에 계시는 거예요?

박: 특별히 나다니지 못하고 그저. 그저 다닌다는 것이 그 시방 무궁화 노인단을 혹시 다니지요.

소: 그럼 그 노인회에 가서 주로 무엇을 하세요?

박: 응?

소: 가서 주로 무엇을 하시느냐고요. 무엇을 제일 잘 하세요? 노래를 잘 하세요?

박: 노래를 뭐 잘하겠소. (웃음) 한 여섯 달 전에 그런 국가(國歌)를 국가, 'гумн'(=국가)를 한국어로 무엇이라 하는지. 나라의 노래인데.

스: 그런데 애국가 있지? 애국가. 그거 그 애국가를 만들었단 말이오.

박: 그 국가를 작사(作詞)하라는 그 과제를 내가 받았지요. 그런데 나만 받은 것이 아니라 여자분네 둘이 그 과제를 받았지요. 그래 그 위원장이 과제를 어떻게 주는가 하면 될 수 있는 대로 '무궁화'에 대해서 말마디가 많이 들어가게끔 그렇게 애국가를 꾸미라고 그러지요. 그런데 저쪽 여자들은 그래 시간이 돌아오니까, 우리가 정말 그 (여자들이) 노래를 꾸민 것

듧갯는데[들깬는데]. 날 웬 첫감 부룹지. 난 웬: 마감에 나가갯다구 햇소.
(웃음) 기래 이짝 여자 두울이 노시아말르 그 말다디르 짛인 게 게 그렇기
아주 유식하게 짛엇어. 기란데 내 앉어서 궁리르 한 바에 무궁화에 대해
서는 적당하지 못한 그런 게지. 기래 사람덜 모도 거절합데. 요구 아이 덴
다구. 저 사람덜 노래느 잘 꾸미는데 적당하지 못하다구서. 기래 내 마감
을르 내 나가서 고레말르 그 노래르 짛인 거 에왓습지. 기래이까데 모도
거기 앉은 분네덜이 일절 손으 드웁지. (웃음) 적당하다구서. 기랫는데 그
그 몇 달 몇 달이 지나서 서울에서 동포덜 오옵셋는데 그 이 노래르 꾸민
그 분네르 좀 밧으문 좋갯다구서. 기래 내 앓는데 그렇기 전화 오더라이
까데 갓습지. 기래 가이까데 세 분이 와서 그 싹 사람덜 일어서서 그 노
래르 무궁화 그 헤원덜 그 노래르 불럿습지. 기래 부르이까드 그 후렴이
어떤 말마디 잇는가이 아름답은 무궁화 피구 피어라. 기래 그날에 우리
위원장과 그랫습지. 나느 그 조선글으 육학년 필햇는데. 그 오창화이 문
전12) 가지구서르 베우다나이까13) 말마디 그렇기 유식하게 못 덴다. 그래
구두 우리 평양 말쎄다. 그러니까데 서울 말쎄르 기래문 그분네덜 와서
웃을 수 잇다구서. 기랫는데 한 분 일어나 마감에 노래 부르는 거 듧구서
[들꾸서] 야 이게 아름답운 무궁화 피고 피어라. 어찌 이 말마디 곱게 뎃
는가. (웃음) 기래 시방두 일주일에 한 번씨14) 모두는데15) 꼭 일어나서
이 노래르 꼭 부르재임둥 거기서.

　소: 어.
　스: 보통 화요일 날에 모두는 거 같습디다.
　박: 시간이 잇으무 오옵십소. 아주 유쾌하게 잘 놉니다.
　소: 몇 시간 놀아요? 가면?
　박: 열한 시부터 시작하무 거저 한 시나 한 시 반꺼지. 사람덜 모두긴

을 듣겠는데, 날 맨 처음으로 부르지요. 그래 나는 맨 마지막에 나가겠다고(=나가서 발표하겠다고) 했소. 그래 이쪽 여자 둘이 러시아어로 그 말마디를 지은 것이 그게 그렇게 유식하게 지었어. 그런데 내가 앉아서 생각을 한 바에 의하면 무궁화에 대해서는 적당하지 못한 그런 것이지. 그래 사람들이 모두 거절합디다. 과제가 요구하는 바에 부응이 안 된다고. 저 사람들이 지은 노래는 잘 꾸며지기는 했지만 적당하지 못하다고. 그래 내가 마지막으로 내가 나가서 고려말로 그 노래를 지은 것을 읊었지. 그러니까 모두 거기 앉은 분들이 일체 손을 들지. 적당하다고서. 그랬는데 그 그 몇 달 몇 달이 지나서 서울에서 동포들이 오셨는데 그 이 노래를 꾸민 그 분네를 좀 봤으면 좋겠다고. 그래 내가 않는데 그렇게 전화가 오더라고 하니까 내가 갔지요. 그래 가니까 세 분이 와서 그 싹 사람들이 일어서서 그 노래를 무궁화 노인회 그 회원들이 그 노래를 불렀지요. 부르니까 그 후럼에 어떤 말마디가 있는가 하면 '아름다운 무궁화 피고 피어라'. 그래 그 날 우리 위원장에게 그랬지요. 나는 그 조선 글을 육학년을 마쳤는데. 그 오창환 선생의 문전(文典)을 가지고 배우다 보니 말마디(=가사)가 그렇게 유식하게 못 된다. 그리고 또 우리는 평양 말씨다. 그러니 서울 말씨를 (써야지), 그러면(=평양 말씨를 쓰면), 그 분네들이 와서 웃을 수 있다고서. 그랬는데 한 분이 일어나 마지막 부분의 노래를 부르는 것을 듣고서 야 이게 '아름다운 무궁화 피고 피어라'. 어쩌면 이렇게 가사가 곱게 됐는가. (웃음) 그래 시방도 일주일에 한 번씩 모이는데 꼭 일어나서 이 노래를 꼭 부르잖습니까? 거기 노인회서.

소: 어.

스: 보통 화요일 날에 모이는 것 같습니다.

박: 시간이 있으면 오십시오. 아주 유쾌하게 잘 놉니다.

소: 몇 시간을 놀아요? 노인회에 가시면?

박: 열한 시부터 시작하면 그저 한 시나 한 시 반까지. 사람들이 모이기는

발써 열시 전에 모다서 발써 음악 놀게다무 춤우 추웁구마. 거저 쉴새없이. 야아! 노인덜이 오금짝16) 쓰지 못해 이래 뒤주자 하메 젤젤 왔다가두 그 음악만 돌게다무17) 그 오금 아푼 게 다 어디 갓는지! (웃음)

소: 다들 그 옛날 러시아 때 배웠던 춤 추세요?

스: 여러 가지 춤 추지.

박: 기래 우리네 웃습꾸마. 노인덜 재빌르18) 기랩꾸마. 여기만 오게다무 앓던 게 어디 달아낫는지. (웃음).

박: 기래 이 저기 새해르 셀 젝이무 우리 그 그 무궁화 그 저기 헤원덜이 장책에 적은 게 일백 오십여명이 넹게 댑니다. 그러나 이 새해르 셀 적에무 자리 장소 좀 배잡다구 사람 모두무 배잡다구 기랜데두 기고 오느라ᄀ 기래 양백어명씨 모둔 때 잇습구마 예. 기래구 조선 설날에두 많이 모둡니다, 사람덜이.

소: 새해는 여기서는 새해는 무엇이라구 하구 조선 설날은 머라구 해요?

스: 설날은 설날이라구 하구 새해는 노보이고드(Новый год)라구 하지.

소: 새해느 무.

스: 설날은 설날.

소: 노보이 고드(Новый год).

스: 그저 새해.

소: 그때는 메칠간 놀아요?

박: 그저 할릴19)으 쉬입지.

소: 할랄 쉬구.

박: 여기 시방 어 이 노력하는 분네덜으느 초하룻날가 초이튿날 이틀은 아무래 휴식할 겝니다.

소: 설날에는요?

벌써 열 시 전에 모여서 벌써 음악을 틀고 놀게 되면 춤을 춥니다. 그저 쉴 새 없이. 야! 노인들이 다리를 잘 쓰지 못해 이렇게 잦바듬하고 겨우겨우 왔다가도 음악만 돌게 되면 다리 아픈 것이 다 어디 갔는지! (웃음).

소: 다 그 옛날 소련 시절에 배웠던 춤을 추세요?

스: 여러 가지 춤을 추지.

박: 그래 우리네 웃습니다. 노인들이 자기들 스스로 그럽니다. 여기만 오게 되면 앓던 병이 어디로 달아났는지.

박: 그래 이 저기 새해를 쉴 적이면 우리 그 그 무궁화 그 저기 노인회 회원들이 장책(帳冊, =회원 명부)에 적은 것이 150여 명이 넘습니다. 그러나 이 새해를 쉴 적이면 자리가, 장소가 좀 비좁다고, 사람 모이면 비좁다고 하지만 그런데도 기어코 오느라고 그래 200여 명씩 모인 때가 있습니다, 예. 그리고 조선 설날에도 많이 모입니다, 사람들이.

소: 새해는, 여기서는 새해는 무엇이라고 하고 조선 설날은 무엇이라고 해요?

스: 설날은 '설날'이라고 하고 새해는 러시아어로 'Новый год'라고 하지.

소: 새해는 뭐.

스: 설날은 설날.

소: 새해(Новый год).

스: 그저 새해.

소: 그 때는 며칠 간 놀아요?

박: 그저 하루를 쉬지요.

소: 하루를 쉬고.

박: 여기서 시방 이 노력하는 분네들은 초하룻날과 초이튿날 이틀은 아마도 휴식할 겁니다.

소: 설날에는요?

박: 설날에는 이 다른 민족덜은 아이 세구 우리 조선사람만 세엡지 무. 설날에두 아주 겡장이 겡장하게 지나갑니다. 싹 저 여자 분네덜은 싹 한복하구. 개 남자덜두 돓에 한복 우티르 입구 오는 분네덜두 잇습니다. 혹시.

소: 한복 우티 갖구 게신 분들 있어요?

박: 이잉? 여기서 저기 그 서울에서 옷으 많이[마이] 가져다 농가줫다. 옷감두 개애다 농가주구.

스: 윤덕화 윤덕화 선생님 그 사년 오년 발써 이릏기 도와주구 해마다 가져오구. 그담에 한복 천들으 거이 이백 명 삼백 명 그렇기 처음 보내줬어. 그래서 우리 사람덜 다어 그거 천으 가지구 해앳지.

소: 그럼 그 한복 우티는 재빌르 만들어요?

스: 재빌르 다아 햇지. 재빌르두 옷으 다 햇지.

박: 재빌르 옷으 지어 입는 사람덜이 많습니다. 겐데 내 앓아서 가지 못한 때 한 번 또 서울에서 여러분네 와서 숱한 선물으 두구 가구 가멘서리 한복우티르 보내주겟다구서. 저 여 노인덜 입게서 보내주겟다구 기래구 갓답니다.

스: 그런데 남재 **한복은덜은 없어요.

소: 남자 것은.

스: 여자덜 거반 다 잇는데 남자덜이 없어요, 한복이. 할 사람두 없구. 어티기 해애 데는지 깜두 안 보내구.

소: 지금 지금 그 아매는20) 한복우티 못 만들어요?

박: 재빌르 입는 건 아무래 재빌르 만든 같습더구마.21)

소: 당자꺼느 못 만들구?

박: 아매!22) 아매! 오오!, 여기르.

박: 아매! 저 한복이 어디메 잇소? 한복 보자.

스: 누그 햇소?

박: 설날에는 이 다른 민족들은 설을 안 쇠고 우리 조선 사람만 쇠지요 뭐. 설날에도 아주 굉장히 굉장하게 지냅니다. 싹 저 여자 분들은 싹 한복을 입고. 그래 남자들도 돌(=周年)에 한복 옷을 입고 오는 분들도 있습니다. 혹시.

소: 한복 옷을 가지고 계신 분들이 있어요?

박: 응? 여기서 저기 그 서울에서 옷을 많이 가져다 나누어 주었다. 옷 감도 가져다 나누어 주고.

스: 윤덕화, 윤덕화 선생님 그 4년, 5년 벌써 이렇게 도와주고 해마다 옷을 가져오고. 그다음에 한복 천들을 거의 200명, 300명 그렇게 처음 보내줬어. 그래서 우리 사람들 다 그 천을 가지고 옷을 했지(=지었지).

소: 그럼 그 한복 옷은 자기 스스로 만들어요?

스: 자기 스스로 다 했지. 자기 스스로 옷을 다 했지.

박: 자기 스스로 옷을 지어 입는 사람들이 많습니다. 그런데 내 잃어서 가지 못한 때가 있는데 그 때 한 번은 또 서울에서 여러분네가 와서 숱한 선물을 두고 가고, 가면서 한복 옷을 보내주겠다고 하고. 저 여자 노인들이 입을 수 있게 보내 주겠다고 그러고 갔답니다.

스: 그런데 남자 한복 옷은 없어요.

소: 남자 것은.

스: 여자들은 거의 다 있는데 남자들이 없어요, 한복이. 할 사람도 없고. 어떻게 해야 되는지 알 수 없고. 옷감도 안 보내고.

소: 지금 지금 그 할머니는 한복 옷을 못 만들어요?

박: 자기가 입는 것은 아마도 자기 스스로 만드는 것 같습니다.

소: 당자(當者)의 것은 못 만들고?

박: 할머니! 할머니! 오오, 여기로.

박: 할머니! 저 한복이 어디에 있소? 당신 한복을 한 번 보자.

스: 누가 했소?

소: 누가 했어?

안: 아이! 세베르꺼레이(Северная Корея)서 한 게지. 재빌르 한 게사 없지. 거기서 해서 보내서. 게 초매는 짤가서 초매는 다른 거 햇댔어.

소: 아니, 재빌르 지금 못 만들 못 맨들어요?

안: 재빌르 반질으 재 재비 옷으 할 줄 모르는 게 무스거 그렇기 하겟 소. 초매르 기래 이리 햇지. 기래 그야 이게. 이런 게.

스: 이건 조선에서, 다(да)?

안: 이거는 조선게오. 이게.

소: 북조선거여?

안: 야ˇ. 북조선에서. 그전에:: 그전에 오라우. 그전 그때께구. 북조선엣 게구. 이래 이래 왓댔어. 거기서 냐ˇ.23)

스: 아, 윤덕화 보내 준 깜이 없소? **어짱?

안: 야ˇ. 여기서 보낸 거? 녯(нет), 녯(нет), 녯(нет) 없어.

스: 없어.

소: 조선엣 거하구 저 남조선 꺼하구 같아요? 달라요? 옷이. 북조선 꺼하 구 남조선꺼 하구.

안: 녯(нет), 녯(нет), 녯(нет). 거기 꺼 거기 꺼 못 가졌어. 거기서 헝 겇24)으 가져왓지 냐ˇ. 윤덕호 댁이 헝겇으 줏댔어. 개 헝겇으 줘 그거 할 줄 아오? 그래 값으 누구 시기자무 값으 많이[마이] 멕에야지.

스: 삼백 솜 합데. 그땐.

안: 누(ну). 그때 그렇기 한 거, 아! 우리네 뻰시(пенсия)르 아, 양백 솜 (сом)씨 타,25) 두 천으 타서 우리 먹구 살구 하무 그 **누길 우티르 해 입갯소. 개다나이까데. 그래 어없지.

스: 다른 사람덜은 다아 해 입엇습데.

안: 냐ˇ. 해애입잖구.

소: 누가 했어(=누가 지었어)?

안: 아니! 북한에서 한 것이지. 자기가 직접 지은 것이야 없지. 거기서 해서 보내서. 그게 치마는 짧아서 치마는 다른 것으로 했었어.

소: 아니, 스스로 지금 못 만들어요?

안: 자기 스스로 바느질을 해서 자기 옷을 지을 줄 모르는 사람이 무엇을(=무슨 옷을) 그렇게 짓겠소. 치마를 그래 이렇게 했지. 그래 그냥 이게 (이렇지). 이런 게.

스: 이건 북한에서 한 것이지? 그렇지?

안: 이것은 북한 것이오. 이게.

소: 북조선 것이야?

안: 응. 북한에서. 그전에 그전에 오래 되었소. 그전 그 때의 것이고 북한의 것이고. 이렇게 이렇게 (북한에서) 왔었어. 거기서 (준 것이지) 응.

스: 아, 윤덕화가 보내 준 옷감이 없소? 어째?

안: 응. 여기서 보낸 거? 아니!, 아니!, 아니! 없어.

스: 없어.

소: 북한의 한복과 저 남한의 것하고 같아요? 달라요? 옷이. 북한 것하고 남한 것하고.

안: 아니!, 아니!, 아니! 거기 것 거기 것을 못 가졌어. 거기서 천을 가져 왔지 응. 윤덕호 댁이 천을 주었었어. 그래 천을 줬지만 한복을 지을 줄 아오? 그래 수공 값을 주고, 누구를 시키자면 수공 값을 많이 주어야지.

스: 그 때는 (한복을 짓는데) 300솜 합디다.

안: 그때 그렇게 한 거(=그렇게 했는데), 아! 우리네는 연금을 200솜씩 타, 2,000솜을 타서 우리 먹고 살고 하면 그 누가 옷을 해 입겠소. 그러다 보니까. 그래 없지.

스: 다른 사람들은 다 해 입었습디다.

안: 응. 해 입잖고.

스: 없는 사, 한복이 없는 사람덜이야 어떻게 하겠소. 그렇기라두 해야지.

안: -아! 그 사람덜사 자석덜이 다아 여기 잇지. 무스 근심이 없지 무슨. 아, 우리 같은 건 자석이 없다나이 고까짓 돈으 죠꼼씨 보내무 우리 그저 쓴단 말이오. 그래 없지 무.[26]

소: 아니! 어릴 때 이런 거 이런 거 안 만들으셨어요? 재빌르?

안: 우리 아 아매 햇지. 바느질으 내 빠빠(папа) 마마(мама) 바느질으 햇지. 나느 오부셰(вообще) 바느질으 모르우.

소: 으음.

안: 내 오부셰(вообще) 바느질 모르우. 모르우. 아 정심으 여기다가서르 야.

윤: 아이 글쎄 이런 벌어 그래 집 싸다나이 그래서 어전 일해야 데지. 먹 먹구 살길래서. 지금 우리 손녜가 손지 손비두 집우 손질하러 어전 일하구 예 아 우리 아들두 지금 일하쟈: 궁니르 합니다, 지금. 동삼[27]에. 그 담에 또 봄에느 또 농사질 가지. 야들은.

소: 농사느 어디가서 져요?

윤: 오렌부르끄 오블라스찌(Оренбургская область),[28] 로씨야(Россия) 가서.

소: 로시아 가서?

윤: 로씨야(Россия) 가서. 어찌니까 예 우리 아덜이 예 대학으 싹 필햇습니다. 아들두 필하구 메느리두 필하구. 싹 *대. 내게 붙은 게 딸 둘에, 아 딸 한나에 아들 형제 잇습니다. 세 오느비[29] 그게 싹 대학으 필햇어. 그래 필한게 제일으 지금 하는 게 없습니다. 싹 그저 지금.

소: 대학으 필햇는데 왜? 왜?

윤: 지금 제 일, 여기서 지금 대학으 필하구 제 일하는 게 없습니다.

스: 없는 사, 한복이 없는 사람들이야 어떻게 하겠소. 그렇게라도 해야지.

안: 아! 그 사람들이야 자식들이 다 여기 있지. 무슨 근심이 없지, 뭐. 그렇지만 우리 같은 사람은 (여기에) 자식이 없다 보니 (멀리 있는 자식들이) 고까짓 돈을 조끔씩 돈을 보내면 우리 근근이 쓴단 말이오. 그래 없지 뭐.

소: 아니! 어릴 때 이런 거 안 만드셨어요? 스스로?

안: 우리 할머니가 했지. 바느질을. 내 아버지 엄마가 바느질을 했지. 나는 전혀 바느질을 모르오.

소: 음.

안: 나는 전혀 바느질을 모르오. 모르오. 아 점심을 여기다가서 (차리겠소), 응.

윤: 아이 글쎄 돈을 벌어 이런 집을 사다 보니, 그래서 이젠 일해야 되지. 먹고 살기 위해서. 지금 우리 손녀와 손자, 손부(孫婦)도 집을 손질하러 가 이젠 일하고, 예, 아 우리 아들도 지금 일하자 궁리를 합니다, 지금. 겨울에. 그다음에 또 봄에는 농사를 지으러 가지. 이 아이들은.

소: 농사는 어디 가서 져요?

윤: 오렌부르크 관구(管區), 러시아에 가서.

소: 러시아 가서?

윤: 러시아 가서. 어찌하니까 예 우리 아이들이 예 대학을 모두 졸업했습니다. 아들도 졸업하고 며느리도 졸업하고. 싹 대(학을). 내게 딸린 것이 딸 둘에, 아! 딸 하나에 아들 형제가 있습니다. 세 오누이 그놈덜이 모두 대학을 졸업했어. 그래 졸업한 것이 제 일을 하는 놈이 없습니다. 싹 그저 지금.

소: 대학을 졸업했는데 왜? 왜?

윤: 지금 제 일을, 여기서 대학을 졸업하고 제 일을 하는 것이 없습니다.

싹 저 아 버삭(босяк) 장시르 하구 농사질하구. 걔 우리 아들두 메느리두 대학으 필해두 어 대학 필해 그 월급으 가지구 조금씨 가지구 어터기 삽니까. 기래 농사질합니다. 기래 농사질하는데 저기 가서 아:: 지금 오렌부르끄 오블라스찌(Оренбургская бласть) 해마다 가 수박으 싱궈서 예 그래 바치구. 벌써 구월 말에 벌써 옵니다. 다아 필하구 예. 기라 올적에느 아: 그래 저 하 일굽 천이나 야듧 천 이릏:기 법니다, 돌라(доллар)르 예. 기래 벌어 올헨 두 **줍이서(←집이서) 벌어 열다섯천 주구 집우 다 쌌습니다. 그랫습니다. 올헨 예. 그래두 이거 **안주~에르(←안즉으느) 버삭(босяк) 장시느 아이 합니다. 기래 농사질합니다. 예.

소: 한번 나가무 멫 달라 정도 벌어, 번다구요?

윤: 한번으, 한번으

소: 일년에 잘 벌면.

윤: 일년에 가서. 많이[마이] 못 버지 무슨. 아:, 일곱 천이나 야듧 천 이릏기 법니다.

소: 딸라르.

윤: 딸라르. 그래 버는데 여기서 일하무 그만한 것두 못 법니다. 여기서는 아 수박이라 값이 없지. 바치지 못하지. 마약에 파이르 루꾸(лук)르 시문다문:. 루끄(лук)두 바르 바치지 못하지. 이게 바쁘지. 거기 가서 일이 헗습니다. 우리 메느리 오래비 브리가질(бригадир)하는 게 예 그거 어쩨 일이 헐한가이, 전체 싹꾼들 데리구…. (조사자가 녹음기를 다시 조작함) 아이구! 말이 **그러 잇슴?30)

소: 녹음해 볼라구.

윤: 그럼, 이런 야아! 이런 머저리 말으!

소: 머저리 말 아니! 아냐!

윤: 야아! 그래 가서 해마다 일곱 처이나 야듧천[야듭천]으 버무 그 돈 이무 동삼 먹구 살지. 동삼 먹구 살갯는 거. 으음 금년에느 우리 손녀

싹 저 떠돌이 장사를 하고 농사를 짓고. 그래 우리 아들도 며느리도 대학을 졸업해도 어 대학을 졸업해 월급을 조금씩 받아 가지고 어떻게 삽니까? 그래 농사를 짓는데, 저기 가서, 어 지금 러시아의 오렌부르크 관구를 해마다 가 수박을 심어서 예 그래 국가에 바치고. 벌써 9월 말에 벌써 옵니다. 다 마치고 예. 그래 올 적에는 아 그래 저 7,000이나 8,000달러를 이렇게 법니다. 달러로 예. 그렇게 벌어 올해는 두 집에서 벌어 15,000달러를 주고 집을 다 샀습니다. 그랬습니다. 올해는 예. 그래도 이거 아직은 보따리 장사는 안 합니다. 그렇게 농사를 짓습니다. 예.

소: 한 번 나가면 몇 달러 정도 벌어, 번다고요?

윤: 한 번을, 한 번을 나가.

소: 일 년에 잘 벌면.

윤: 일 년에 가서. 많이 못 벌지 뭐. 아 7,000이나 8,000 이렇게 법니다.

소: 달러를.

윤: 달러를. 그렇게 버는데 여기서 일하면 그만한 것도 못 법니다. 여기서는 수박이 값이 없지. 국가에 바치지 못하지. 만약에 파를, 루꾸(=파)를 심는다면, 파도 바로 바치지 못하지. 이게 힘들지. 거기(러시아) 가서 일하는 것이 쉽습니다. 우리 며느리 오라비가 작업반장을 하는데 예 그게 어째 일이 쉬운가 하면, 전체 삯꾼들을 데리고…. 아이고! 말이 그럴 (필요가) 있습니까?

소: 녹음해 보려고.

윤: 그럼, 이런 야아! 이런 머저리 같은 말을!

소: 머저리 말이라니! 아니야!

윤: 야! 그래 가서 해마다 7,000이나 8,000을 벌면 그 돈이면 겨울 동안 먹고 살지. 겨울 동안 먹고 살 수 있는 것이지. 음, 금년에는 우리 손녀가

어티기 한 집에 잇갯습니까? 복잡해. 기래 집우 싸다나이 두 집이서 버언게 십오천 주구 예 십오천 주구 옆에 집우 바루 옆에다 집우 쌌습니다. 기래, 다 사,

소: 십오천 딸라면은 그 솜우르느 멧 솜이나 대?

윤: 쏨(сом)우르 많습니다. 쏨우르 여기서 쏨우 아: 백 딸라라무 여기서 지금 네 천씨 네천입니다. 네 처이. 예. 예. 그래 거 네 천에 열이문…. (테이프 교체로 잠시 녹음 안 됨)

윤: 그 양반덜 조선에 해마다 가 올헤[오레]두 갓다왓습니다. 해마다 조선에 자슥들 조선엔 너이 잇습니다. 남녀 아: 네 부 네 부인데 그래 **자슥던데(←자슥덜게) 댕깁니다 그양. 기애 자슥덜두 댕기메 아: 그 양반 우리집 장31) 댕기고. 아: 내가 이렇게 말합니다. 젊어서 아 오십 살에 혼자 나서 다른 남편 아이하구 진정스레 자슥덜 재래울래서 자슥덜이 나르 그렇게 중하게 받든다구 기래재이. 그게 무슨 그렇갯는가구 그러짐, 예.

소: 그렇지요, 뭐.

윤: 걔 나르 남편 아이하구 아이들 데리구 살앗다구. 남편 무슨 남편. 상새나32) 남펴이랑 한 번 잇으무 대앳지. 다른 남편해 머얼 하갯습니까?

소: 아이! 그런데 얼굴이 곱아서 어?

윤: 에이그! 아이 얼굴이 살다가 백골입니다. 내 이. 열이 열이 잇기 전에사 일없었지. 기랜게 어저느 속에 열이 잇다나이 음 음식으 가래애서 아무게나 못 먹구 딱딱딱 *지 노시아말르 지애뜨(диета, =식이요법)라는 거 예 그거 하다나이 살이 짝 빠져서 백골이지 무시 야. 머. 백골두 살아서…. 그러나 저러나 무스 팔십이 넘으문 또 이러엄 귀두 메에 잘 듣지 못하지. 어전 죽어야 데지 무. (웃음) 어전 죽어야 데구, 젊운이덜 가져가메 가져갑니까? 야. 걔 성씨르 어떻게 씁니까?

어떻게 한 집에 있겠습니까? 복잡해서. 그래 집을 사다 보니 두 집이서 번 것이, 15,000을 주고 예 15,000을 주고 곁에 집을, 바로 곁에다 집을 샀습니다. 그래, 다 사.

소: 15,000달러면 그 솜으로는 몇 솜이나 돼?

윤: 솜으로는 많습니다. 솜으로 여기서, 솜을, 100달러라면 여기서 지금 4000씩, 4000솜입니다. 4천. 예. 예. 그래 거 4천에 열이면…. (테이프 교체로 잠시 녹음 안 됨)

윤: 그 양반들 한국에 해마다 가는데 올해도 갔다 왔습니다. 해마다 한국에 가 자식들을 보는데, 한국에는 넷이 있습니다. 남녀 네 분, 네 분인데 그래 자식들에게 다닙니다, 그냥. 그래 자식들 집도 다니면서, 그 양반 우리 집을 늘 다니고. 아 (그 사람이) 나에게 이렇게 말합니다. 젊어서 아 50세에 혼자되어서 다른 남편을 아니 하고 진정으로 자식들을 키워서 자식들이 나를 그렇게 중하게 받든다고 그러잖습니까. 그게 뭐 그렇겠는가 하고 그러지 뭐, 예.

소: (정말) 그렇지요 뭐.

윤: 그래 나에게 남편을 얻지 않고 아이들 데리고 살았다고. 남편은 무슨 남편. 죽어서 남편이랑 한 번 인연을 맺었으면 되었지. 다른 남편을 얻어서 뭘 하겠습니까?

소: 아이! 그런데 얼굴이 고와서 어?

윤: 어이구! 아이 얼굴이 살다가 보니 백골입니다. 내 이 얼굴이. 쓸개가, 쓸개에 (돌이) 있기 전에야 괜찮았지. 그런데 이젠 속에 쓸개에 돌이 있다 보니 음식을 가려서 아무것이나 못 먹고 딱딱 식이(食餌), 러시아어로 식이요법(食餌療法)이라는 거 그거 하다 보니 살이 짝 빠져서 백골이지 뭐 응. 뭐. 백골도 살아서…. 그러나 저러나 뭐 팔십이 넘으면 귀도 막혀 잘 듣지 못하지. 이젠 죽어야 되지. (웃음) (저승사자가) 젊은이들은 가져가며(=데려가며) (늙은이는 어디) 가져갑니까? 응. 그래 성씨를 어떻게 씁니까?

소: 저는요 소가에요 소.

윤: 소, 고. 야! 그게 드문 성입니다.

소: 예, 그래요 예. '소년' 할 때 소.

윤: 소가 가연 드문 성입니다.

윤: 우리 싸위으 송간데. 소가. 나는 윤씹니다. 윤씨느 지금 한국에 덕
호가 내 한 집아이 대 날 누이라 하구 예 오무 그양 우리집에 옵니다. 이
십삼일날 비행기 온답더마. 우리르, 끼르기스(Кыргызстан)에 잇는 조선
양반덜 한국, 한국 에따(это) 한복으 예 한복으 많이[마이] 많이[마이] 갖
다 싹 농가 줐습니다. 그 양바이.

소: 그 분이?

윤: 그 분이! 예.

소: 어어!

윤: 그분이 한복으 개애다서 비쉬케크(Бишкек)에 잇는 조선 사람 아매
덜 다 농가주구. 그담에 해마다 달력으 저 달력두 저거 그 사름이 가져온
겝니다. 이 달력으 해마다 해마다 우리는 어엄 이 달력이 없으무 우리느
음력 날짜르 모르지.

소: 예, 예. 그러죠.

윤: 기래 우리 이 내 같은 늙으이사 생진두 음력이구 오부세(вообще)
음력 우리 아지. 긔랴구 점문덜은 지금 아무것두 그저 그저 여그 여그 **
젊운으 예 그저 끼르기스(Кыргыз)나 마우재[33]나 한가집니다, 예. 우리
아덜뚜 조선말으 잘 모릅니다. 예. 기란데 저거 달력으 봐야 우리 아 조선
날짜르 아다나 기래 해마다 그 덕호 달력으 가져와서 크게 돕아 줍니다,
예. 기랜게 올헤 달력으 가지구 이 집 앞서 두 번 내게 전화햇습니다. 이
십삼일날 비행기 오갯다구. 개 이십삼일 날 인천에서 야듧시[야듭시]에
떠나무 여기르 아 열한시 반에 쉐스똔 열한시 반에 와 내리는데. 비쉬케
크(Бишкек) 만하쉬(Манас) 와서.

소: 저는요 소(蘇)가에요, 소.

윤: 소(蘇), 고. 야! 그게 드문 성입니다.

소: 예 그래요 예. '소년' 할 때 소.

윤: 소가는 과연(＝정말) 드문 성입니다.

윤: 우리 사위는 송(宋)가인데. (당신은) 소가. 나는 윤 씨입니다. 윤 씨는 지금 한국에 덕호가 나와 한 집안이 돼 나를 누이라고 하고 예 여기 오면 그냥 우리 집에 옵니다. 23일 비행기가 온다더군요. 우리에게, 키르기스에 있는 조선 사람들에게, 한국 한국 음 한복을 예 한복을 많이 많이 갖다 싹 나누어 주었습니다. 그 양반이.

소: 그 분이?

윤: 그 분이! 예.

소: 오오!

윤: 그 분이 한복을 가져다가 비슈케크에 있는 조선 사람 할머니들에게 다 나누어 주고. 그다음에 해마다 달력을, 저 달력도 그 사람이 가져온 것입니다. 이 달력을 해마다, 해마다 우리는 음 이 달력이 없으면 우리는 음력 날짜를 모르지.

소: 예, 예. **그렇죠.**

윤: 그래 우리 이 나 같은 늙은이야 생일도 음력이고 전적으로 음력으로 알지. 그리고 젊은이들은 지금 아무것도, 그저 그저 여기 여기 젊은이는 예 그저 키르기스 인이나 러시아 사람과 한가지입니다.[34] 예. 우리 아이들도 조선말을 잘 모릅니다. 예. 그런데 저 달력을 보아야 우리 조선 날짜를 알다 보니 그래 해마다 그 덕호가 달력을 가져와서 크게 도와줍니다, 예. 그런데 올해는 달력을 가지고 이 집으로 앞서 두 번이나 내게 전화를 했습니다. 23일 날 비행기 오겠다고. 그래 23일 날 인천에서 8시에 떠나면 여기로 11시 30분에 쉐스톤 11시 반에 와 내리는데. 비슈케크 만하쉬에 와서.

소: 직접 오문 그렇게 오죠.

윤: 직접 예 직접 오는 게 아: 인천에서 이십 **시간에 떠나무 여기와 서 이십이 반에가 여기와 들어서는데 예. 그렇게. 그러나 직접 오무 그런데, 걔 직접 모35) 오구 따쉬껜뜨르 해 와서 고상스레 왔습니다. 걔 따시껜트(Ташкент) 여기르 오는데 일없이 왔습니까?

소: 따시껜뜨(Ташкент)에서 네 시간 기다렸다가,

윤: 네 시간 가다렷다가.

소: 지둘렸다가 두 시간, 한 시간 사십분 또 타구 왔어요.

윤: 아 그 길에서 따모슈(таможенный досмотрщик)인두 무시긴두 그것덜이 일없습덤? 일없습니까?

소: 비행기로 왔어요, 비행기로.

윤: 비행기 오다 예. 비행기 오다나이, 옳습니다. 비행기 오다나. 우즈벡스딴(Узбекистан) 까자끄스딴(Казахстан) 끼리기스스딴(Кыргызстан)이 사람덜이 이게 싹 그전에 형제가이라 했습니다. 형제가이라 한 게 지금으는 질으 막아놓구 가고오고 못합니다. 가고오게 못 합니다. 삽하야36) 합니다. 그러구 사람덜께서 돈: 많이[마이] 받아내지. 아:! 못쓸 세상. 세월이 아주 못쓸 세월이 돌아와. 해마다 식뇨품이 올라가지. 아 물건은 거저 사람덜 싹 물건으 팔아 장세르 해야 삽니다. 싹 바자르(базар)서 물건으 팔구 이 바자르(базар)서 거저 이래 무시기던지 시장에서 무스거 판매르 그렇기 식솔으 입살해[입쌀해]37) 살구. 그전에 우리 소베스끼이 소유즈(Советский Союз) 때느 전체르 국가 일해 살앗습니다. 국가 일해. 우리 같은 거는 나두 젊어두 젊어서두 나두 에떠(это) 밭에서 농사질 햇습니다. 농사질으 농사질햇습니다. 그러다 지금 어저느 칠십 살에 칠십 칠십 내가 칠십 살에 가 이 노인반으 처음으로 비쉬케끄(Бишкек) 조직했습니다. 처음으로. 이 비쉬케크(Бишкек) 노인바이라는 거 이름두 없구 없엇습니다. 걔 처음으로 조직해서 칠십삼년에 조직해서 어전 십년이

소: 직접 오면 그렇게 오지요.

윤: 직접 예 직접 오는 게 인천에서 20시에 떠나면 여기 와서 22시 반에 여기 와 들어서는데 예. 그렇게. 그러나 직접 오면 그런데, 그래 직접 못 오고 타슈켄트를 거처 와서 고생스럽게 왔습니다. 그래 타슈켄트에서 여기로 오는데 별일 없이 왔습니까?

소: 타슈켄트에서 네 시간 기다렸다가,

윤: 네 시간을 기다렸다가.

소: 기다렸다가 두 시간, 한 시간 40분 또 타고 왔어요.

윤: 아 그 길에서 세관원인지 무엇인지 하는 것들이 괜찮았습니까? 괜찮았습니까?

소: 비행기로 왔어요. 비행기로.

윤: 비행기 오다 보니 예. 비행기로 오다 보니, 별일이 없었군요. 옳습니다. 비행기로 오다 보니. 우즈베키스탄, 카자흐스탄, 키르기스스탄 이 사람들이 이게 싹 그전에는 형제간이라 했습니다. 형제간이라 한 것이 지금은 길을 막아 놓고 오고 가고 못 합니다. 오고 가게 못 합니다. 무섭고 두렵습니다. 그리고 사람들에게서 돈을 받아내지. 몹쓸 세상. 세월(=時代)이 아주 몹쓸 세월이 돌아와. 해마다 식료품이 올라가지. 아 물건은 그저 사람들이 싹 물건을 팔아 장사를 해야 삽니다. 싹 시장에서 물건을 팔고 이 시장에서 그저 이렇게 무엇이든지 시장에서 무얼 판매를 그렇게 해서 식솔(食率)을 입에 풀칠하도록 해 살고. 그전에 우리 소비에트 연방 때는 국가 전체가 국가 일을 해 살았습니다. 우리 같은 것은, 나는 나도 젊어도 젊어서도 나도 음 밭에서 농사를 지었습니다. 농사질을. 농사를 지었습니다. 그러다 지금 이제는 70살에 70, 70 내가 70살에 가 이 노인반을 처음으로 비슈케크에서 조직했습니다. 처음으로. 이 비슈케크 노인반이라는 것은 이름도 없고 없었습니다. 그래 처음으로 조직해서 73년에 조직해서, 조직해서 이젠 10년이,

어저는 에따(это), 무슨 소리하구, 구십삼년에.

윤: 구십삼년애.

소: **구십삼년에.**

윤: 구십삼년.

소: **칠십에. 칠십에.**

윤: 예에! 칠십에. 구십삼년에 이거 조직해서 내 십년 햇습니다. 개 십년 일하다가 어전 나 이시 팔십 먹으무 어전 점 점문 사람 넹게 주구 일하짐. 베~이 잇지 어전 살다가 백골같이 그런 게 아: 넹게줫습니다. 용:해 나 내 후부르 하던 사림게다 넹게놓구. 그러구 내 이제 이 동삼은 집에 잇습니다. 이 동삼은. 내 집에 없엇습니다. 기양 일했지. 일햇어.

소: **무슨 일으 주로 하셨어요?**

윤: 노인반에서 글쎄,

소: **노인반 일.**

윤: 노인반에서. 노인덜으 누(ну) 조선식두 배와주구. 조선노래두 배와주구 춤두 배와주구 아아 그런 거.

소: **원래 춤은 어디서 배웠어요? 노래랑.**

윤: 아:때 원동서.

소: **원동에서.**

윤: 공부르 할 적에 아때 춤두 배우구 노래두 배우구. 원동서 다 배와, 아때 배운 겜니다. 기랜 거,

소: **원동에서 칠학년까지 다니셨다메?**

윤: 예?

소: **원동에서 몇 학년까지 다녔다고요? 칠학년?**

윤: 워 원도~이 칠학년으 필으 못하구 칠학년으 공부하는 거 실어왓습니다. 칠학년두 필 못 햇습니다. 기래도 원동서 이르는[38]

이제는 음, (혼잣말로) 무슨 소리 하고 있나! 1993년에.

윤: 1993년에.

소: 1993년에.

윤: 1993년.

소: 70에, 70에.

윤: 예! 70에. 1993년에 이거 조직해서 내 10년을 일했습니다. 그래 10년을 일하다가 이젠 나이가 있어서, 80을 먹으면 이젠 젊은 사람에게 넘겨주고 일하지 뭐. 병이 있지 이젠 살다가 백골 같이 그런 게 되어 넘겨주었습니다. 다행히 내 후보(候補)를 하던 사람에게 넘겨 놓고. 그래 내이제 이 겨울은 집에 있습니다. 이 겨울은. (그전에는) 내 집에 없었습니다. 계속 일했지. 일했어.

소: 무슨 일을 주로 하셨어요?

윤: 노인반에서 글쎄! (일했다니까!),

소: 노인반 일.

윤: 노인반에서. 노인들을 음 조선 관습도 가르쳐 주고. 조선 노래도 가르쳐 주고 춤도 가르쳐 주고 아 그런 것을.

소: 원래 춤은 어디서 배웠어요? 노래랑.

윤: 아이 때 원동에서.

소: 원동에서.

윤: 공부를 할 적에 아이 때 춤도 배우고 노래도 배우고. 원동에서 다배워, 아이 때 배운 것입니다. 그랬는데,

소: 원동에서 7학년까지 다니셨다면서?

윤: 예?

소: 원동에서 몇 학년까지 다녔다고요? 7학년?

윤: 원동에서 7학년을 마치지 못하고, 7학년 공부하는 것을 중앙아시아로 실어왔습니다. 7학년도 마치지 못하였습니다. 그래도 원동에서 공부하는

그 조선글으 알고 조선말으 알고 그담에느 조선노래르 알구 기래다나이 그 노인반에서 내 일햇지. 개 일으 십년 동안 햇으니. 배우덜 데리구서리 이래서 많이[마이] 노래두 배와주구 춤두 배와주구 예. 그래 일하다가 어저느 어전 팔십 데무 어전 나와야지 팔십 덴게 무슨 일으 하겠습니까? 팔십 넘으무 나와야 데지. 조선에느 예 내 이지간에 조선신문으 보는데. 서울에는 일백 열 살 일백 열 살이 난 아매 잇십니다. 일백 열 살. 술도 좋, 고기도 좋고[조꼬] 술도 좋아. (웃음) 기래구 예 내 노시아 신문으 기양 받아밧짐. 노시아 신문으 기양 받아보다서 아 그담에 값이 비쌉니다, 게. **뻰씨**(пенсия) 작지. 기래 어쨋건 노시아 신문 아이 받구 예, 아 한국에 황히보~이라는 그 양바~이 여기서 교민으 교민신무이 잇십니다. 그 신무으 내게다 개애다 주구, 그담 한국 신문으 개애다 줘. 내 기래 한국신문 보구 내가 자세히 아지. 한국 신문으 내 보는데 그 신문에다 옳게 썻는두 아이 옳게 썻는두 우리 조선민족오는 조선민족오느 옛날부터 네레오메 아: 부모르 중해하는 민족인데 본래, 본래.

소: 그렇지요. 에.

윤: 부모르 중해하고 아:: 예절이 잇는 이런 민족인데 하대[39] 서울은 더구나 그게 자본국가 데서. 아 그런데 저 신문에 썬[40] 데느 아 이 늙은 덜이, 젊문덜이랑 아 아기르 낳재애서 이 노인덜이 다 어전 그렇기 자살해 죽는게 그렇기 많십니다. 그렇기 자살해 죽는 게. 개 신문 보구 황선생 어째 이런두 모르겠다 이. 이게 나느 신문이 **옳은다요 그 신문 줴에다 보구 듣구 내 황선생 오무 배웁니다. 황선생, 화 환갑이 늙으이덜은 돈벌이두 못하지 시들시들한 늙은덜가 서울이 시들시들해애진다구. 젊은덜이 애기르 낳쟎인지 이렇다구 예. 아 그래 벨란 거 다 씁니다. 기래 내 그, 그, 참! 글쎄. 여 여기서는.

소: 자본주의는 그런 거 다 써요. 자본주의 신문들은.

윤: 야아:::! 기차! 여기서느 늙은덜 자살하는 게 없십니다. 기래

그 조선 글을 알고, 조선 말을 알고, 조선 노래를 알고 그렇다 보니 노인 반에서 내가 일했지. 그래 일을 10년 동안 했으니까. 배우들을 데리고서 노래도 많이 가르쳐 주고 춤도 가르쳐 주고. 그렇게 일하다가 이제는 이젠 80이 되면 이젠 나와야지 80이 된 것이 무슨 일을 하겠습니까? 80이 넘으면 나와야지. 한국에는 예 내 이즈음에 한국 신문을 보는데. 서울에는 110살, 110살이 된 할머니가 있습니다. 110살. 술도 좋아하고, 고기도 좋고 술도 좋아하고. (웃음) 그리고 예 내 러시아 신문을 그냥 받아 보았지 뭐. 러시아 신문을 그냥 받아 보다가 아 그다음에 값이 비싸집니다 그게. 퇴직 연금은 적지. 그래 어쨌든 러시아 신문을 안 받아 보고 예, 한국에 황희봉이라는 그 양반이 여기서 교민을 대상으로 한 교민신문이라는 것을 내고 있습니다. 그 신문을 내게다 갖다 주고, 그다음에 한국 신문을 갖다 줘. 내가 그래서 한국 신문을 보고 자세히 알지. 한국 신문을 내가 보는데 그 신문에다 옳게 썼는지 안 썼는지 우리 조선 민족은 조선 민족은 옛날부터 내려오며 아 부모를 중하게 여기는 민족인데 본래, 본래.

소: 그렇지요. 예.

윤: 부모를 중하게 여기고 아 예절이 있는 이런 민족인데 하물며 서울은 더구나 그게 자본국가가 돼서. 아, 그런데 저 신문에 쓴 데에는, 아, 이 늙은이들이, 젊은이들이, 아이 아기를 낳지 않아서, (또) 노인들이 다 이젠 그렇게 자살해 죽는 것이 그렇게 많습니다. 그렇게 자살해 죽는 사람이. 그래 신문을 보고 황 선생에게, '어째 이런지 모르겠다, 이게'라고 말합니다. 이것이 나는 신문이 옳은지 그 신문을 쥐어다 보고 듣고 내 황 선생이 오면 배웁니다. 황 선생, 환갑 늙은이들은 돈벌이도 못하지. 시들시들한 늙은이들과 서울이 시들시들해진다고. 젊은이들이 아기를 낳지 않지 이렇다고 예. 별난 것을 다 씁니다. 그래 내 그, 그, 참! 글쎄. 여기서는.

소: 자본주의는 그런 것을 다 써요. 자본주의 신문들은.

윤: 야! 기차서! 여기서는 늙은이들 자살하는 사람이 없습니다. 그래

거기서는 늙은덜이 자살하는 그 그 해마다 게 쁘로(процент) 올라가지 거 아이 좋습니다. 그러구 잘사는 게 잇구 구차한 게 잇구. 북조선에야 똑같이 살재앰니까? 북조선. 기란데 음 이 서울으느 그 신문으 보문 서울 그러나 발달해애서 예 조서에 조선 내가 이 서울으 봅니다. 이 쩰리비(телеви)에서 다(да) 예. 쩰리비(телеви)서 서울으 밧는데 이 노세아서 여길 끼르기스딴(Кыргызстан)서 예 그것 없애구 예 지금 노시아 끼노(кино)르 배웁니다[41]. 이거 예. 이때꺼지 우리 아들이 알마따(Алмаата)서 저걸 기게르 가지구와 저 안떼나 높우게 해애 놓구 내 그렇기 서울으 그릏기 잘 밧습니다. 기래 내 야 서울으 보무 말은 잘 알아 못 들어두 자기 조선 사람 보이 그렇기 좋, 아덜은 다 슳에하지. 기래 내 한내 이거 보지. 아 기래 보는데 지니[42] 없앳습니다. 기래 없앳는데, 저 쩰리비(телеви)서 바두 그렇구 아 저 책으 바두 그렇구 서울이 우리 조서이 아주 발달해 노시아서 못 따릅니다. 에 노시아사람 못 따릅니다. 발달햇습니다. 무슨 아기게랑 무스거 맨드는 저것으 어떻기 맨, 내 쩰리비(телеви)서 그거 본 적으느 아주 발달해 아무 나라두 못 따릅니다. 그러구 저 신문 쓴데 아 아메리까 대통령 이릏기 말햇습니다. 우리두 서울에서 하는 거 다 모른다는 거. 그렇기 햇습니다. 기래 … 그래 서울이 그렇기 발달하구 그런 나래인데 늙은덜이 글쎄 그거 아 자살해 죽는다이까네 그게 게. 어티기 자살해 죽소? 그렇기 예.

소: 잘사는 사람덜은 잘사는데 못 사는 사람덜은 또 어려우니까 그래요 네. 바쁜 게.

윤: 잘사는 사람덜은 부재구 못 사는 사람은 못 살구. 그담에 또 내 그 전에두 서울은 모질이[43] 반대르 햇습니다. 어째 반대르 햇는가 전체르 북에 신문으 보다나이 예 통일신보와 노동신문으 보다나이 아∷ 북에서 아 노인덜까 아아덜은 밤에 비렁배~이 그렇기 잇어서 예 거 그렇기 비렁배 잇구 거리에서 죽기두 하구 그런다구. 기래 내 그거 그래 간대르사

거기서는 늙은이들이 자살하는 그 그 퍼센트가 해마다 그게 올라가지. 그거 안 좋습니다. 그러고 잘 사는 사람이 있고 가난하게 사는 것이 있고. 북한이야 똑같이 살지 않습니까? 북한. 그런데 음 서울은 그 신문을 보면 서울은 그러나 발달해서 예 조선에 조선, 내가 이 서울을 봅니다. 이 텔레비전에서 예. 텔레비전에서 서울을 보았는데 이 러시아에서, 여길 키르기스탄에서 예 그것을 예 없애고 예 지금은 러시아 영화를 보입니다. 이거 예. 이때까지 우리 아들이 알마티에서 저 기계를 가지고 와서 저 안테나를 높게 해 놓고 내 그렇게 서울을 그렇게 잘 봤습니다. 그래 내가 응 서울을 보면 말은 잘 알아듣지 못해도 자기 조선 사람을 보니 그렇게 좋아. 아이들은 다 싫어하지. 그래 나 하나가 이거 보지. 그래 보는데 아주 없앴습니다. 그래 없앴는데, 저 텔레비전에서 봐도 그렇고 아 저 책을 봐도 그렇고 서울이 우리 조선이 아주 발달해 러시아서 못 따릅니다. 에 러시아 사람이 못 따릅니다. 발달했습니다. 무슨 기계랑 무엇을 만드는 저 것은, 어떻게 만드는지, 내 텔레비전에서 그걸 본 적은 아주 발달해 아무 나라도 못 따릅니다. 그러고 저 신문에 쓰인 것에는 미국 대통령이 이렇게 말했습니다. 우리도 서울에서 하는 것을 다 모른다고. 그렇게 했습니다. 그래 서울이 그렇게 발달하고 그런 나라인데 늙은이들이 글쎄 자살해 죽는다니까, 그게 어떻게 돼서 자살해 죽소? 그렇게, 예.

소: 잘 사는 사람들은 잘 사는데 못 사는 사람들은 또 어려우니까 그래요네. 살기가 힘드니까.

윤: 잘 사는 사람들은 부자고 못 사는 사람은 못 살고. 그다음에 또 내 그전에도 서울은 몹시 반대를 했습니다. 어째 반대를 했는가 하면, 전체를 북에서 나오는 신문을 보다 보니, 통일신보와 노동신문을 보다 보니, 아, 북에서 말하기를 '노인들과 아이들은 밤에 비렁뱅이가 그렇게 있어서 예 그렇게 비렁뱅이가 있고 거리에서 죽기도 하고 그런다'고. 그래 내 그거 설마

그렇갯는가구. 갠게 지금 에따(это) 본적엔, 신문으 보무 신문에 본 적은 그렇습니다. 지금 예. 밤에 아 해마 넘어가무 음 어린아이들은 나서서 돈 달라구 빌지. 마시나(машина) 싣느라구 헤매지. 우리 조서이 깬 나래앤데 어째 이거 밤에 비렁배~이라 이거 없애구 못 그래는가. 어티기 다아 잘 살갯습니까. 구차한 사람덜 그래짐. 도이 없는 사람들이 예. 에이.

소: 근데 북에서, 북에서 선전한 것은 사실이 아니에요.

윤: 사실이 아입지. 그래 내 고지 애이 들엇지. 사실이 애이라구 고지 애이 들엇지.

소: 우리 민족덜이 얼마나 부지런한데에.

윤: 아우! 부지런하구 일두 잘하구. 여깃 사람덜 여깃 사람덜 싹 노다립니다[44]. 일 아이합니다. 우리 조선사람 일 잘합니다. 우리 황선생 그래 여기서 도토리 줏짐. 도토리 조끔 여기서 줏어서 한국에 보내지. 돈벌이 하느라구.

윤: 기랜데 일 아이 하짐. 여깃사람덜 노다린데. 일 아이함. 일 아이. 한국 사람덜 일 일으 잘 하압지. 걔 여기서 한국을 일할라 가는 사람두 일으 잘하는 거 시기지 못하는 건 아이 시기지. 걔구 또 이것도 벌:이 좋지. 우리 멘목 아는 아 한나 한국에 가 빠르니끄(парник)서 일하는 게 돈 많이[마이] 할랄에 팔십 돌라르(доллар)르씨 번다는데, 돌라르(доллар)르 한국에 값이 없지, 한국엔 값이 없지. 여기는 아주 값이 많지. 기래 그 사름은 거기서 돈 벌어 가지구 왓다 갓다 기라메 나르 쩨레비(телеви)서 밧답니다. 내 앞서 여기 와서 어 두 부이 와서 예 인떼르비주(интервидею) 이 말해 가지군 기래 ***씨마라 간 거 기래 배우덜 데리구 노래두 부르구 말두 하구 예 그랜 거 그거 어 조선에서 배와서 내 손녜 조선에 잇는 게 어어! 바부쉬까(бавушка)두 쩰리비조르(телевизор)에서 밧다 하지. 이 사름이 갓다 전에 우리 집에 왓다무 나르 밧다구 그랩더구마. 그래 그 기게르 거반 듣습니다. 기래. 그러구.

그렇겠는가 하고 생각했지. 그런데 지금 음 본 적에는, 신문을 보면, 신문에서 본 적은 그렇습니다. 지금 예. 밤에 아 해만 넘어가면 음 어린아이들이 나서서 돈 달라고 빌지. 차에 (손님을) 싣느라고 헤매지. 우리 조선이 깬 나라인데 어째 이거 밤에 비렁뱅이를 없애지 못하고 그러는가. 어떻게 다 잘 살겠습니까. 가난한 사람들이 그렇지, 뭐. 돈이 없는 사람들이 예. 에이.

소: 그런데 북에서, 북에서 선전한 것은 사실이 아니에요.

윤: 사실이 아니지요. 그래 내가 곧이듣지 않았지. 사실이 아니라고 곧이듣지 않았지.

소: 우리 민족들이 얼마나 부지런한데.

윤: 아우! 부지런하고 일도 잘 하고. 여기 사람들 여기 사람들은 싹 다 노라리입니다. 일을 안 합니다. 우리 조선 사람은 일을 잘 합니다. 우리 황 선생은 그래 여기서 도토리를 줍지, 뭐. 도토리를 조끔 주워서 한국에 보내지. 돈벌이를 하느라고.

윤: 일을 안 하지. 여기 사람들은 노라리인데. 일을 안 합니다. 일 아니하지. 한국 사람들 일 일을 잘하지요. 그래 여기서 한국으로 일하러 가는 사람도 일을 잘 하는 사람을 시키지 못 하는 것은 안 시키지. 그리고 또 이것도 벌이가 좋지. 우리가 알고 지내는 아이 하나가 한국에 가 온실(溫室)에서 일하는데 돈을 많이, 하루에 80달러씩 번다는데, 달러가 한국에서는 값이 없지. 한국에서는 값이 없지. 여기서는 아주 값이 많지. 그래 그 사람은 거기서 돈 벌어 가지고 왔다 갔다 그러면서 나를 텔레비전에서 봤답니다. 내 앞서, (한국 사람이) 여기 와서, 어 두 분이 와서 예 국제방송연맹에서 이 말을 해 가지고 그래 ***씨마라 간 거 그래 배우들을 데리고 노래도 부르고 말도 하고 예 그런 것을 어 한국에서 방송으로 보여서 내 손녀 한국에 있는 놈이, 어! 할머니도 텔레비전에서 봤다 하지. 이 사람이 (한국에) 갔다가 (텔레비전에서 나를 보고), 전에 우리 집에 왔다가 나를 보았다고 그러더군요. 그래 그 기계를 거의 듣습니다. 그래. 그러고.

소: 옛날에 농사를 질 때는 주로 무슨 농사 지셨어요?

윤: 파이 농사르 졌습니다. 파이르. 우리 남펴이 칠십삼년에 상새낫는데 칠십이연꺼지 예. 아: 그런 거 맡아 가지구 브리가질(бригадир)⁴⁵⁾햇습니다. 파이 밭에. 사람우 십어: 십어 호에 십에 호에 이래 그 사람덜 데리구서 그 파이농사르 해애서 그 농사르 가을이무 그거 거더서 바치지.

소: 어디다가?

윤: 국가다 바치지. 갠게 국가서 그 마감엔 잘 받지 애애서⁴⁶⁾ 돈벌이두 없지. 그담 우리 호새비⁴⁷⁾ 어 칠십삼년에 사망델 젝에 밭에다 이거 숩호즈(совхоз) 가서 예 이거 파이 다아 싱거놓구 삼월달에 사망을 했어. 걔 상새나이 그 자리에서 우리 호새비 날 알아 내 햇습니다. 내 삼연 햇:습니다. 내 삼년으 아 남자덜 데리구 브리가질(бригадир) 기래하다가 기래 하다가 여자 할 노릇이 애이지. (웃음) 그래 삼년 하구 그 제에뿌렛습니다. 기래 제에뿌리구 아이 햇습니다 음.

소: 그러면 그 때는 역 여기서 주로 여기서 했어요? 이제 따시껜뜨(Ташкент)에서 하셨다고요?

윤: 아이! 따시껜뜨(Ташкент)에서 아 오십구년도에 여길 왔습니다. 온지 오랍니다. 발써 오십구년에 여기르 왔습니다. 따시껜트(Ташкент)느 여기마 공기 나쁩니다. 여기는 공기 좋습니다. 걔 공기 낫으이꺼나 내 그때두 벤벤치 못해서 기래 우리 호새비 데리구 이새르 해왓지. 아이들으 아들 형제 딸하나 아덜 서에 중핵교르 필해 주구 대학으 여기서 싹 필햇습니다. 여기서 싹 필햇습니다. 그랫습니다.

소: 그러면 여기서 여기서 그때두 이 집이서 사신 거에요?

윤: 아이! 다른 집에서 살앗지. 다른 집에서 사다 옮겟지[옹겟지]. 발써 세 번째 집우 바깠어. 에. 첫감에 오십구년에 와실 적에느 저 저 조금 저기 나가서 그거 사다 그담에느 음 우리 아들이랑 조꼼 이래 대학에서 글으 필하구 그담에느 그 대학에서 글으 필한 일으 하자이

소: 옛날에 농사를 지을 때는 주로 무슨 농사를 지으셨어요?

윤: 파 농사를 졌습니다. 파를. 우리 남편이 1973년에 작고했는데 1972년까지 예. 아 그런 거 맡아 가지고 작업반장을 했습니다. 파 밭의. 사람을 십여, 십여 호에 십여 호에 이렇게 그 사람들을 데리고서 그 파 농사를 해서 그 농사를 가을이면 그저 거두어 국가에 바치지.

소: 어디다가?

윤: 국가에 바치지. 그런데 국가에서 마지막에는 잘 받지 아니해서 돈벌이도 없지. 그다음 우리 남편이 어 1973년에 사망할 적에 밭에다 이거 국영농장에 가서 예 이 파를 다 심어 놓고 3월에 사망했어. 그래 죽으니, 그 자리에서 우리 남편이 날 알아(=날 알게 해서, =나에게 가르쳐서) 내가 했습니다. 내 3년을 했습니다. 내 3년을 남자들을 데리고 작업반장을 하다가 그렇게 하다가 여자가 할 노릇이 아니지. 그래 3년을 하고 그 일을 내던졌습니다. 그래 내던지고 안 했습니다. 음.

소: 그러면 그때는 여기서 주로 여기서 했어요? 이제 타슈켄트에서 하셨다고요?

윤: 아니! 타슈켄트에서 1959년도에 여길 왔습니다. 온 지 오랩니다. 벌써 1959년에 여기로 왔습니다. 타슈켄트는 여기보다 공기가 나쁩니다. 여기는 공기가 좋습니다. 그래 공기가 나으니까 내 그때도 넉넉하지 못해서 그래 우리 남편을 데리고 이사를 왔지. 아이들은 아들 형제 딸 하나 아이들 셋을 중학교를 졸업시키고 대학을 여기서 모두 마쳤습니다. 여기서 모두 마쳤습니다. 그랬습니다.

소: 그러면 여기서, 여기서 그때도 이 집에서 사신 거에요?

윤: 아니! 다른 집에서 살았지. 다른 집에서 살다 옮겼지. 벌써 세 번째 집을 바꿨어. 예. 처음에 1959년에 왔을 적에는 저기로 조금 저기로 나가서 그곳에서 살다 그다음에는 음 우리 아들이랑 조끔 이렇게 대학에서 공부를 마치고 그다음에는 그 대학에서 공부를 마친 그 전공으로 일을 하자니

월급이 없지. 그래 두루두루 그래다 어전 농사질햇지. 개 농사질해서 점 벌어 가주구 집우 쌌습니다. 이 집 산지 어저 오랍니다. 이십년 넘습니다, 이 집. 이십년 어전 넘습니다.

소: 아니, 어디나 대학을 필하면: 그 그 전업48) 가지고 하면 다른 나라는 돈을 많이 버는데. 왜 여기는 대학을 필허구 일하는데 돈을 못 벌어?

윤: 못 벌어! 못 법니다. 대학으 필허구 여기두 그저 자본국가나 다름이 없. 그전에 로시야(Россия) 에따(это) 소비에스끼이 소유즈(Советский Союз) 예 소비에스끼이 소유즈(Советский Союз) 때에느 장시르 아이 하구. 싹: 모두 노동일 해 살앗습니다. 대학으 필한게 지뽈롬:(диплом) 가지라. 우리 메느리두 인제니에르(инженер)질했습니다. 예. 딱 기래 기래 가지구 여기서 일으 해앳는데 아아 일으 해서 월급이 그 월급 가주구 개애두 집이 식솔은 멕이매 살앗지. 기랜게 어저느 그 소비에스 소유즈(Советский Союз) 마사지구 예 까라브초프(Горбачов) 어전 들어서구 소비에스 소유즈(Советский Союз) 마사지구 어전 자본국가, 자본국가두 애이구 이 혜국가두 애이구 그저 범벅입니다. 그렇기 범벅이 떡 데다나이 그담에 사람덜은 싹 장시에 나섯지. 그전엔 장시르 못하게 햇는데 어저는 거저 아무 즛이나 하짐 예. 아 그래다나이 음 그 월급 가주구 살기 바쁘지. 기래 살기 바쁘이까네 이 월급 가지구 아이 덴다. 그래 아이 글쎄 우리 메느리 인제니에르(инженер)질해서 버오? 우리 아들이 거그서 아 대학으 필한지 일으 버얼어, 그렇게 벌어 가주구 아이 덴니다. 에에! 그러면 우리두 농새질한다. 고담에 농사질으 우리 아들이 이 절먹아들가 메느리 여름이무 가 농사질하 겨울에는 이래 쉬구. 이 늙으이 집으 보구 예. 그담에느 음 우리 딸으느 싸위느 저 까자끄스딴(Казахстан)에서 사는데 그건 사보드(завод)서 일합니다. 그건 사보드(завод)두 동새이 열다나이 재빌르 열다나이 돈으 잘 벌짐.

소: '사보뜨(завод)'느 머하는 데:요?

월급이 없지. 그래 두루두루 그러다 이제는 농사를 지었지. 그래 농사를 지어서 좀 벌어 가지고 집을 샀습니다. 이 집을 산 지도 이제 오랩니다. 20년이 넘습니다, 이 집. 20년이 이젠 넘습니다.

　소: 아니, 어디나 대학을 마치면 그 전공(專攻)을 가지고 일하면 다른 나라는 돈을 많이 버는데. 왜 여기는 대학을 졸업하고 일하는데 돈을 못 벌어?

　윤: 못 벌어! 못 법니다. 대학을 마치고, 여기도 그저 자본 국가나 다름이 없지. 그전에 러시아, 음 소련 예 소련 때에는 장사를 안 하고 모두 노동을 해서 살았습니다. 대학을 마친 것은 졸업증서를 가지려고. 우리 며느리도 기사(技士)의 일을 했습니다. 예. 딱 그래 그래 가지고 여기서 일을 했는데, 아, 일을 해서 월급이 그 월급 가지고, 그래도 집의 식솔(食率)은 먹이며 살았지. 그런데 이제는 그 소련이 붕괴되고 예 고르바초프가 들어서고 소련이 붕괴되고 이젠 자본 국가, 자본 국가도 아니고 의회주의(議會主義) 국가도 아니고 그저 범벅입니다. 그렇게 범벅이 떡 되다 보니 그다음에 사람들은 싹 장사에 나섰지. 그전엔 장사를 못 하게 했는데 이제는 그저 아무 짓이나 하지, 뭐, 예. 아 그렇다 보니 음 그 월급을 가지고 살기가 힘들지. 그래 살기 힘드니까 이 월급을 가지고는 안 된다. 그래 아이 글쎄 우리 며느리가 기사의 일을 해서 돈을 버오? 우리 아들이 거기서 아, 대학을 마친 후(?) 일을 (해서) 벌어, 그렇게 벌어서는 안 됩니다. 에이! 그러면 우리도 농사질한다. 고 다음에 농사질을 우리 아들이 이 막내아들과 며느리가 여름이면 가 농사를 짓고 겨울에는 이렇게 쉬고. 이 늙은이는 집을 보고 예. 그담에는 음 우리 딸과 사위는 저 카자흐스탄에서 사는데 그것들은 공장에서 일합니다. 그건 공장도 동생이 열다 보니 자기가 열다 보니 돈을 잘 벌지 뭐.

　소: '사보트'는 뭐하는 데에요?

윤: 무슨 돌 가지구 무라모르(мрамор) 무라모르(мрамор) 가지구서르 에 사람덜이 사망덴 대르 그 비석이르 해애 세우재입니까? 그런 그런 사보드(завод). 그런 사보드(завод) 우리 싸위 동새~이 여다나이 둘이서 거기서 싹꾼덜 데리구 일하문 개 일하다나 게 벌이 잇다나이 농사질 아이 하짐. 그담 우리 맏아들으 아 무슨 일 해앳는가이 아 따시껜트(Ташкент)서 예 지금 따시껜트(Ташкент) 집이라[49] 잇는게 잇세 알마아따(Алмаата)르 삼는데 알마아따(Алмаата) 내 작은 손녜 큰손녜느 모스크바(Москва)서 대학으 필하구 모스크바(Москва)서 글으 이르구 예 그담엔 둘째 손녜 모스크바(Москва)에서 일하구 예 그 대학으 필하구. 그담엔 작은 손녜느 둘째 손녜느 한국으 시집가서 거기 살구. 작은 손녜 어저느 아 한내. 우리: 맏아들은 딸 삼형제. 우리 이 절먹아덜은 딸이 형제. 우리 딸으느 아 들 형제. 야덜 아들이 없습니다. 기래서 아 그 절먹딸이 지금 알마아따(Алмаата) 와 조선글으 이릅니다. 조선글으. 통역하는 조선글으 개 알마아따(Алмаата) 알마아따(Алмаата)서 그 글으 이르다나이 가알래서 지금 아 방천[50] 잇습니다, 알마따 와.

소: 방송, 방송에?

윤: 예. 우리 맏아들은 따시껜뜨(Ташкент)서 무슨 일햇는가이 아아 그런거 (기침) 그것두 조선사람덜으 데리구 예 자보드(завод)르 재빌르 짛구 예 그 사보드(завод)서 음 엿으 맨드는 거 여 엿으 엿같은 거 맨드는 거. 그래 맨들어서 아 지금은 *까 사탕이랑 깐때르(кондитерское изделие)랑 맨드는 데 속으 엿재입니까? 그런 것두 하구. 그거 많이[마이] 하지. 그래 값이 잇지. 기래 우리 아들이 아 그래 그거 재비 열었습니다. 개 사보드(завод)르 짛구 엉구 거기 지렉또르(директор)햇습니다. 그 사보드(завод) 열구 지렉또르(директор) 하메서르 사람덜으 많이[마이] 데리구 일 햇습니다. 그래 일햇는데 그 사보드(завод) 기게 파이나문[51] 자꾸 손질하구 손질하구 예 그램 일해앳는데 아아 예브레(Еврей)

윤: 무슨 돌을 가지고, 대리석, 대리석을 가지고서 에 사람들이 사망한 대로(=고인과 관련된 내용을 적어) 그 비석을 해 세우잖습니까? 그런 것을 만드는 공장. 그런 공장을 우리 사위 동생이 열어서 둘이서 거기서 삯꾼들을 데리고 일하면, 그래 일하다 보니 벌이가 있어서 농사를 안 짓지. 그다음에 우리 맏아들은 무슨 일을 했는가 하면 타슈켄트에서 예 지금 타슈켄트에 집이 있는데 요즈음 알마티를 (주로 일하고 거주하는 곳으로) 삼는데, 알마티에 있는 내 작은 손녀와 큰손녀는 모스크바에서 대학을 졸업하고 모스크바에서 공부를 하고 예 그다음에는 둘째 손녀가 모스크바에서 일하고 예 그 대학을 졸업하고. 그다음에는 작은 손녀는 둘째 손녀는 한국으로 시집가서 거기서 살고. 작은 손녀는 이제는 아이가 하나가 있고. 우리 맏아들은 딸이 삼형제. 우리 이 막내아들은 딸이 형제. 우리 딸은 아들 형제. 이 아이들은 아들이 없습니다. 그래서 그 막내딸이 지금 알마티에 와 한국어를 공부합니다. 한국어를. 통역 위주의 한국어를 (공부합니다). 그래 알마티, 알마티에서 그 공부를 하다 보니 그 아이 때문에 지금 사글세를 주고 방을 얻어 삽니다. 알마티에 와서.

소: 방송, 방송에?

윤: 예. 우리 맏아들은 타슈켄트에서 무슨 일을 했는가 하면, 아 그런 거 (기침) 그것도 조선 사람들을 데리고 예 공장을 자기 스스로 짓고 예 그 공장에서 음 엿을 만드는 거, 엿을 엿 같은 것을 만드는 거. 그래 만들어서 지금은 사탕이랑 과자랑 만드는 데 속을 넣지 않습니까? 그런 것도 하고. 그거 많이 하지. 그래 값이 있지. 그래 우리 아들이 아 그래 그거 자기가 개업을 했습니다. 그래 공장을 짓고 넣고 거기서 공장장을 했습니다. 그 공장을 열고 공장장을 하면서 사람들을 많이 데리고 일을 했습니다. 그래 일했는데 그 공장의 기계가 고장나면 자꾸 손질하고 손질하고 예 그러면서 일했는데 아 유태인

예브레(Еврей)라는 민족이 예브레(Еврей) 사름가 우즈베끄(Узбек)가 예베께가 둘이서 아 그게 도이 나오는 사보드(завод)이꺼나 그거 그런거 돈으 암마이 줄께 우리 아들꺼 달라햇지. 기래 아들이 아이 줫지. 기래 아이 줫다 이것덜 떡 물어먹었어.52) 물어먹어 아 그렇기 돈으 그렇기 떼에 먹엇다. 기라 아들 떼에먹엇다구, 아들 우리 자석덜이 체스니(честный)지. 진정한 아덜이지. 기래 떼에먹엇다구 물어 엫으이까나 그거 일년 동안 그거 조사르 해앳는데 우리 메느리 부하뗄(бухгалтер)으 하구, 우리 메느리 대학으 필햇지. 메느리 부하뗄(бухгалтер)으 하구 아 게네랄르이 지렉또르(генеральый директор) 우리 아들이 하구. 그거 물어먹으이까네 그거 싹 일년 동안 싹 검사르 햇는데 거 검사르 햇는데 한 글째53) 떼먹은 게 없짐. 기래 제 없이 나왓지. 기래 일년으 일으 못하구 고상스레 살앗습니다. 집이라 따시껜뜨(Ташкент)에 잇습니다. 그담에 어전 거기서 나와서 아, ****** 음, 기래 그담에 거기서 나와서. 절먹딸이 알마따(Алмаата)와 글으 이르이꺼나 음 가알래서 알마따 잇으메 공부르 시깁니다. 공부르 시기지. 고 담에 둘째딸은 한국으 시집가구 큰딸은 모스크바(Москва)에 잇습니다. 기래구 내 딸으느 아들 둘인데 내 딸에 아들이 내 그 어전 서른너입니다. 어 내 에 손재, 예. 가 어려실 때 내 자래윗습니다. 모스크바(Москва) 가 산제 오랍니다. 한 십년 뎁니다. 기란데 거기서 지금 일하구 아 아들 쌍디ᅳ이 아들 둘이 난 게 아:덜 어전 오학년 사학년쓱 글으 이릅니다. 기래구 기래 모스끄바(Москва) 살구. 한나느 또 둘째아들으느 알마따(Алмаата)서 대학 이릅니다. 걔 알마아따(Алмаата)서 그전에느 어쨋던지 앞우르야 공부르 해야 데지. 기래 가아 대학으 이르구 그 절먹손녜 아 대학 이르구 하이까나 모두 알마따(Алмаата) 사지. 기래 그렇습니다. 기래구 우리느 우리 아:덜으느 농사질 해마다 가는데 아: 우리 이 소 손녜가54) 손비 싸이55) 둘이서 예 기관일 해앳습니다. 기관 일 해 벌이 없지 무슨. 그 머 입셀[입쌀]두 하나마나 하지. 그래이꺼나 야덜 데리구 농장으

유태인이라는 민족이, 유태인과 우즈베크인이 예 우즈베크인과 둘이서 아 그게 돈이 나오는 공장이니까 그거 그런 거 돈을 얼마만큼 줄 터이니 우리 아들 것을 달라고 했지. 그래 아들이 안 주었지. 그래 안 주었다 해서 이것들이 떡 고발했지. 고발해, 아, 돈을 그렇게 떼어먹었다고. 그래 아들이 떼어먹었다고, 아들이 우리 자식들이 정직하지. 진정한 아이들이지. 그래 떼어먹었다고 고발해서 넣으니까 그거 일 년 동안 그거 조사를 했는데, 우리 며느리가 회계원(會計員)을 하고, 우리 며느리는 대학을 졸업했지. 며느리가 회계원을 하고 아 총지배인을 우리 아들이 맡아 하고. 그거 고발하니까 그거 싹 일 년 동안 싹 검사를 했는데 거 검사를 했는데 한 푼도 떼어 먹은 것이 없지, 뭐. 그래 죄가 없이 나왔지. 그래 일 년을 일을 못 하고 고생스럽게 살았습니다. 집은 타슈켄트에 있습니다. 그다음에 이젠 거기서 나와서 아, ******* 그래 그다음에 거기서 나와서. 막내딸이 알마티에 와 공부를 하니까 음 그 아이 때문에 알마티에 있으면서 공부를 시킵니다. 공부를 시키지. 고 다음에 둘째딸은 한국에 시집가고 큰딸은 모스크바에 있습니다. 그리고 내 딸은 아들 둘인데 내 딸의 아들이 그 이 젠 서른넷입니다. 내 외손자가 예. 그 아이 어렸을 때 내가 길렀습니다. 모스크바 가 산 지가 오랩니다. 한 10년 됩니다. 그런데 거기서 지금 일하고 아들 쌍둥이, 아들 둘을 난 것이 그 아들이 이젠 5학년, 4학년이 되어 공부를 합니다. 그리고 그래 모스크바에 살고. 하나는 또 둘째아들은 알마티에서 대학을 다닙니다. 그래 알마티에서 그전에는 어쨌든지 앞으로는 공부를 해야 되지. 그래 그 아이 대학을 공부하고 그 막내손녀 아이가 대학에서 공부하다 보니 모두 알마티에 살지. 그래 그렇습니다. 그리고 우리는 우리 아이들은 해마다 농사를 지으러 가는데 아 우리 이 손녀와 손녀사위는 둘이 예 기관(機關)에서 일했습니다. 기관 일 해 벌이가 없지 뭐. 그 머 입에 풀칠도 하나마나지. 그러니까 이 아이들을 데리고 농장으르 갓습니다. 기래 오렌부르스끼이 오렌부르스끼이 오블라스찌(Оренбург ская область)[56] 머업니다 거긔. 거긔 가서 거기 고렷사람덜 사는 덴데. 우리 메느리 오래비 거기 살메서리 브리가질(бригадир) 따아 떼가지구예 기야 어저는 삼연 사연째 댕게 해마다 가슴 아: 개 일곱 천 야듧[야듭] 천 이릏기 벌어옵니다. 여그서는 그만한 것두 또 못 법니다. 기래 야덜 가서 여름동안으 거 가 일해서 가을에 그만한 거 벌어 가지구 집우르 오무 집 와 레몬뜨(ремонт)르 하구 집에 동삼 또 나서 봄에 또 가지. 기래 가이 살기 일없지. 기래인게 금년엔 집에다 십오천주구 집우 다아 쌌어. (웃음) 첫째 집이 잇어야 데지. 개 집우 싸구 하 한데 복잡해 모 잇습니다. 기래 집우 싸다나이 어저는 손녜 손비 메느리가::[57] 에따(это) 손녜가 손비 싸이가 둘이 어전 어 반질한[반지랑] 공장에서 일합니다.

소: 반지?

윤: 예. 바느질한.

소: 아, 바느질하는?

윤: 바느질하는 데서 우리 손비 싸이 글으 일것습니다. 이래 마르는 거.

소: 으, 음, 마르는 거.

윤: 반지르 마르는 거 예. 반질으 마르는 거 글으 일거서 우리 손녜느 반질으 마르구. 우리 손녜느 반지르 하구. 그래다나이 일하다나이 그래다나이 입살이하지 무스 야. 기래구 우리 아덜으 일 아이하구 이때꺼지 저 집우 거저 레몬뜨(ремонт)라 이거 레몬뜨(ремонт)라 이라구 잇다가, 아 아들두 동삼에 좀 차 잇습니다. 차르 가주구 좀 까지노(казино) 사름 이랑 신자 예산합니다. 까지노 사람이랑,

소: 까지노(казино) 사람은 어디 어디 있어요?

윤: '까지노(казино)'라는 게 미시긴가 여기서 그 노름 노재입니까? 그 노름 노, 그 노시아말.

로 갔습니다. 그래, 오렌부르크, 오렌부르크 관구(管區)가 여기서 멉니다, 그곳이, 거기 가서 거기 고려 사람들이 사는 덴데. 우리 며느리 오라비가 거기 살면서 작업반장을 하며 땅을 떼어 가지고 예 그래 이제는 3년 4년째 다녀 해마다 가서는 아 그래 7,000 또는 8,000 달러를 이렇게 벌어 옵니다. 여기서는 그만한 것도 또 못 법니다. 그래 이 아이들이 가서 여름 동안 거기에 가 일해서 가을에 그만한 것을 벌어 가지고 집으로 오면 집에 와 수선(修繕)을 하고 집에서 겨울을 또 나고 봄에 또 가지. 그래 가니 살기는 괜찮지. 그랬는데 금년에는 집에다 15,000을 주고 집을 다 샀어. (웃음) 첫째, 집이 있어야 되지. 그래 집을 사고, 한 곳에서는 복잡해 못 있습니다. 그래 집을 사다 보니 이제는 손녀 손부(孫婦) 며느리가, 음 손녀와 손녀사위가 둘이 이젠 어 바느질 공장에서 일합니다.

소: 반지?

윤: 예. 바느질하는.

소: 아, 바느질하는?

윤: 바느질하는 데서 우리 손녀사위가 공부를 했습니다. 이래 옷을 마르는(=재단하는) 거.

소: 음, 마르는 거.

윤: 바느질을 해서 옷을 마르는 거 예. 바느질을 하고 마르는 것(=재봉)을 공부해서 우리 손녀는 바느질을 하고. 그러다 보니 일하다 보니 그러다 보니 입에 풀칠은 하지, 뭐, 응. 그리고 우리 아이들은 일 아니 하고 이때까지 저 집을 그저 수리하고 이거 수리한다고 이러고 있다가, 아들도 겨울에 좀―차(車)가 있습니다―차를 가지고 좀 카지노에 출입하는 사람을 싣자 생각하고 있습니다. 카지노 출입하는 사람을,

소: 카지노 사람은 어디 있어요?

윤: '카지노'라는 것이 무엇인가 하면 여기서 그 노름을 놀잖습니까? 그 노름 노는 데를 뜻하는 러시아 말.

소: 아! 카지노?

윤: 예. 까지노(казино). 그 까지노(казино)서 놀음 *노 그런 데서 사람 덜이 아츰에 이찍이 거기서 밤으 이라구 아츰 이쪽이 오는 것두 잇, 저낙에[58)] 늦어오는 것두 잇구. 그거 자 자아게.

소: **차로 실어날르는구만 에.**

윤: 차르 실어가구 실어 **와자(←오자). 기래그 차르 이지간에 금방 에 따(это) 레몬뜨(ремонт)르 싹 해앳습니다. 그게 연명이 받아가[59)] 차르 기양 쓰다나 차 그저 그랜 거 레몬뜨(ремонт) **대하가지구(←해 가지구) 거기서 일하자 예산합니다. 예. 그러구 신용두 너무 비싸 예, 지금 시장은 매일 올라갑니다 예. 그래 비싸다나이 일해야 데지 어티게. 그래. 그러재 임 동삼 집우 와서 펜아이 글쎄 쇠다 멩년 봄에 농사질 가갯는게 내 아깝습니다, 가이덜이. 가아덜 일하자는 게 아깝습니다.

소: **아! 그래두 그렇게서라두 벌어야지 머.**

윤: 그렇게라두 벌어야 데지. 그러고 나는 거저 어저는 내 그러재입니까? "성 싸구 남운 돌"이라구.[60)] 거저 어저는 베~이 없을 직이느 어디메나 아 그래도 남페이 없이 아이들 공부르 다 시기구 다 이룽기 재비르[61)] 해 놓구 내놔서 기래앳지.

윤: 기래던게 내 어저는 팔십이 넘고 어저는 열이, 열에 돌 잇는 거 굳어 어티기 못 빼앱니다. 그 늙어서. 그 점문이덜은 그 오뻬라찌(операть) 하구 빼앱니다. 여기 베에 **데데죠 없슴둥?[62)] 아 개이까네 내 병원에 늡엇는데.[63)] 자 작년에 베~이 낫습니다. 개 그 머 팔십이 너머에 베~이 낫는데. 아아 그거 거기서 오뻬라찌(операть) 하자이까느 오뻬라찌(операть) 늙어서 못하짐. 기래 못하다 지에뜨(диета)르 하다나 이것두 먹지 말라 이것두 먹지마. 이것두 싹 음식으 가리짐. 기래 가레먹다 내 살이 싹, 늘 그막에 아무게나 막 먹어야 데갯는데 아 그래다나이 다 살이 빠젯지.

소: 아! 카지노?

윤: 예. 카지노 그 카지노에서 노름을 하는 그런 데서 사람들이 아침 일찍이 거기서 밤을 지새우고 아침 일찍이 오는 것도 있고, 저녁에 늦게 오는 것도 있고. 그거 저 아이에게.

소: 차로 실어 나르는구먼, 예.

윤: 차로 실어가고 실어오자. 그리고 차를 이즈음에 금방 음 수리를 싹 했습니다. 그게 수명을 연장해 받아서 차를 그냥 쓰다 보니 차가 그저 그렇게 된 것을 수리를 해 가지고 거기서 일하자 예산합니다. 예. 그리고 신용(信用, =상품을 사고파는 일)도 너무 비싸서 예, 지금 시장은 값이 매일 올라갑니다, 예. 그래 비싸다 보니 일해야 되지 어떻게 합니까. 그렇지 않으면 겨울에 집을 와 편안히 글쎄 쇠다가 이듬해 봄에 농사를 지으러 갈 수 있는데 내 안타깝습니다, 그 아이들이. 그 아이들이 일하자고 하는 것이 안타깝습니다.

소: 아! 그래도 그렇게 해서라도 벌어야지, 뭐.

윤: 그렇게 해서라도 벌어야 되지. 그리고 나는 그저, 이젠 내 그러잖습니까? "성 싸고 남은 돌"(=더는 쓸모가 없는 존재)이라고 그저 이제는, 병이 없을 적에는 어디나, 아 그래도 남편이 없이 아이들 공부를 다 시키고 다 이렇게 자리를 잡게 해 놓고 세상에 내 놓고 그랬지(=살도록 했지).

윤: 그래던 것이 내 이제는 80이 넘고 이제는 쓸개가, 쓸개에 돌이 있는 것이 굳어서 어떻게 못 빼냅니다. 늙어서, 그 젊은이들은 수술하고 뺍니다. 여기를 베어 버려야만 없습니까? 아 그래 그러니까 내 병원에 누웠는데. 작년에 병이 낫습니다. 그래 그 뭐 80이 넘어서 병이 낫는데. 아 그거 거기서 수술을 하자 하니까 늙어서 수술을 못하지 뭐. 그래 못 하다가 식이요법(食餌療法)을 하다가 이것도 먹지 마라, 이것도 먹지 마, 이것도 하며 싹 음식을 가리지 뭐. 그래 가려 먹다가 내가 살이 싹, 늘그막에 아무것이나 막 먹어야 되겠는데 아 그렇다 보니 다 살이 빠졌지.

그래 빠지구. 그담에 일하메서르 아아 일하메 내 위대[64]르 많이[마이] 받았습니다, 내. 저어 쩨아뜨르(театр) 가서 쩨아뜨르(театр) 꼰쩨르뜨(концерт)두 놀구 단오 멩절엔 여기서 단오두 세우구. 여기서 에떠(это) 우리 노인반에서 기렴이라: 세는데 조선말 하다나이 첸첸이 난 조선말으 하구 아아 그래다나이 잘 세왓습니다. 그래다가서 어저는 넹게 주구 시름우 싹 놧지. 기래 어전 내 후보라는 여자게다 넹게 놓구 그러구 내 이제 동삼 집에 잇습니다. 집에. 기래 기렘이무 저레 가무 군일집[65]에랑 혹시 갈 데 잇어 가무 아들 실어가구 실어가구 예 재빌르 재빌르 방저이 걸어 못 댕기고 예.

소: 군일집이라니 그 어디?

윤: '군일집'이라는 게 한갑이야 무스 칠십야, 팔십이야 칠십이야 한갑이야 거 여기 어전 산 제 오라다나이 아는 사람이 많다나이 그런 데서 날 자꾸 오라함 어찌할 쉬[66]르 없어 가야 데야 아들이 실어오구 실어와 예.

소: 그럴 때 갈 때 빈손으로 가요? 멀 가져가요?

윤: 아이! 가짐. 돈이사 가져가짐.

소: 얼마씩 가져가?

윤: 아, 그래 이백원 가져가는 데두 잇구 백원으 가져가는 데두 잇구 그렇지. 개 뻰씨(пенсия) 작지. 그,

소: 뻰씨(пенсия) 얼마씩이나 나와요?

윤: 아이! 삼백워이 기게 다 도입니까? 삼백원탑니다. 어째서 삼백워인가.

소: 아까 어떤 집은 천 백원 탄다는데.

윤: 천냥[67]으 타는 것두 잇구 구백냥으 타는 것두 잇구 팔백냥으 타는 것두 잇구 그렇기 많지. 기래 많안데,[68] 나느 그전에 일한 거 이 뚜르드보이(трудовой)르 거더두재잏지. 일한 거.

그래 빠지고. 그다음에 일하면서 아 일하며 내 우대(優待)를 많이 받았습니다, 내. 극장에 가서 극장의 콘서트에도 참여하고 단오 명절에는 여기서 단오도 쇠고. 여기서 음 우리 노인반에서 기념(紀念)을 쇠는데 조선말을 하다 보니 천천히 난 조선말을 하고 아 그러다 보니 잘 쇠었습니다. 그러다가서 이제는 노인반의 일을 넘겨주고 시름을 싹 놓았지. 그래 이젠 내 후보인 여자에게다 일을 넘겨 놓고 그러고 내 이제 이 겨울을 집에서 보냅니다. 집에. 그래 기념일이 되어 계제에 가면, (또) 큰일을 치르는 집에 혹시 갈 데가 있어 가면, 아들이 실어가고 실어오고 예. 스스로 방정하게 걸어 다니지 못하고, 예.

소: '군일집'이라는 그 어디를 말합니까?

윤: '군일집'이라는 것이 그게 '환갑'이요 무슨 '칠순'이요 '팔순'이요 '칠순'이요 '환갑'이요 하는 것인데, 거 여기서 이제는 산 지가 오래다 보니 아는 사람이 많다 보니 그런 데서 날 자꾸 오라고 하면 어찌할 수가 없어 가야 돼 아들이 실어오고 실어와, 예.

소: 그럴 때, 갈 때 빈손으로 가요? 뭘 가져가요?

윤: 아이! 가지, 뭐. 돈이야 가져가지, 뭐.

소: 얼마씩 가져가?

윤: 아, 그래 200솜을 가져가는 데도 있고 100솜을 가져가는 데도 있고 그렇지. 그래 퇴직연금이 적지. 그,

소: 퇴직 연금은 한 달에 얼마씩이나 나와요?

윤: 아이! 300솜이 그것도 돈입니까? 300솜 탑니다. 어째서 300원인가 하면,

소: 아까 어떤 집은 1,100솜을 탄다는데.

윤: 1,000솜을 타는 사람도 있고 900솜을 타는 사람도 있고 800솜을 타는 사람도 있고 그렇게 많지. 그래 많은데, 나는 그전에 일한 거 이 노동 일 한 것을 거두어 두지 않지(=경력으로 인정해 주지 않지). 일한 것.

거 거더두재애서 그게 이 이십 이십녀이 데에야 아: 다만 엄매⁶⁹⁾라두 그 뻰시(пенсия) 나오지. 그게 이십녀이 아이데이까나 어 그저 한달에 그저 백원씨 주는 그런 부에 들엇지. 그애 한달에 백원 주다가 아 일백 십 냥으 주다 양백원 주다 이제 삼백워이 뎃어. 기래구 또 저레 보꼼(боком) 쓰라 조꼼 약 싸는 게랑 도배르⁷⁰⁾ 해 줍니다. 그러고. 그러고 아 그래다나이 이 룽기 뻰씨(пенсия)하구 내 베쵸르까(вечёрка) 신문으 한 달에 이른닷냥씨 한 달에 칠십 오워인데 달마다 칠십오원 달마다 삼백냥 칠십오원 제해두 그래두 내 이거 그룽기 이르길 좋아합니다. 이르기. 신문두 없어 못 이룹니다[몬니룹니다]. 걔 이르기 좋아하다나이 그 소식 아느라구. 그래 그 베쵸르까(вечёрка, 석간(夕刊)) 쓰다아서 내 글으 썼습니다 예. 내게 뻰씨(пенсия) 작구 내 어저 십년채 어저느 베쵸르까르 받는데 날 거 쪼꼼 절반 쫌 네리와 레고뜨(льгота) 해다오 내 펜지르 썼습니다. 아이 해애 줍니다. 지 내 아이 받습니다. 아이 받으이까나 황히보ˇ이라는 그 양바이 예 교민신문 잇습니다. 여기 괴문신문으 그거 가져옴 그거 보모 한국 소식 아지. 여기 소식두 알지[arǰi]. 그담 한국 신문으 가져오문 다아 알아느 못 들어두 원동서 배운 글가 조선 글에느 학문두 많구 조꼼 술어르 잘 모르지. 몰라두 그래두 그 조선 신문 보구야 내게 꼭 매앰이 들지. 기래서 그 조선신문 한국에서 혹시 드문드문 온 적에느 황씨 개애다 나르 주지. 기래 개애다 주문 그 신문 그양 보재임. 그래구 예 한 가지 무시기 우리.

소: 의자를 갖구 와야갯다. 가맜어바. 이게 안 움직인다. (조사자가 의자를 옮겨 옴)

윤: 무겁아서. (조사자가 의자를 나르는 소리). 어째! 내가 마주 앉구 싶습니까? (웃음)

소: 어어. 불편해서.

윤: 팔십이 넘는 그 아매가 마주 앉아서 어찌갯습니까? (웃음) 어찌갯습니까? 예, 엉. 그래오.

거두어 두지 않아서 그게 20년이 되어야 아 다만 얼마라도 그 연금이 나오지. 그게 20년이 안 되니까 어 그저 한 달에 그저 100솜씩 주는 그런 부류에 들었지. 그래 한 달에 100솜 주다가 아 110솜을 주다 200솜을 주다 이제 300솜이 됐어. 그리고 또 그 연금과 함께 가외(加外)로 쓰라고 조끔 약 사는 것이랑 도와줍니다. 그렇고. 그리고 아 그래다 보니 이렇게 연금하고 내 석간(夕刊) 신문을 한 달에 75솜씩 한 달에 75솜인데 달마다 75솜, 달마다 300솜에서 75솜을 제해도 그래도 내 이거 그렇게 신문 읽기를 좋아합니다. 읽기를. 신문도 없어 못 읽습니다. 그래 신문 읽기를 좋아하다 보니 그 소식을 아느라고. 그래 그 석간신문을 받아 보다가서 내가 글을 썼습니다. 내게 연금이 적고 내 이제 10년째 이제는 석간을 받는데 날 쪼끔 절반 좀 내려, 내려달라고 내 편지를 썼습니다. 안 내려 줍니다. 그래서 아주 안 받아 봅니다. 안 받으니까 황희봉이라는 그 양반이 예, 교민신문이 있습니다, 여기 교민신문을 가져오면, 그걸 가져오면, 그걸 보면 한국 소식을 알지. 여기 소식도 알지. 그다음에 한국 신문을 가져오면 다 알아듣지는 못해도 원동에서 배운 글과 조선 글에는 학문도 많고 조끔 술어를 잘 모르지. 몰라도 그래도 그 조선 신문을 보고야 내게 꼭 마음이 들지. 그래서 그 조선 신문이 한국에서 온 적에는 황 씨가 가져다 나를 주지. 그래 가져다주면 그 신문을 그냥 보잖습니까. 그리고 예 한 가지 무엇이 우리.

소: 의자를 가지고 와야겠다. 가만있어 봐. 이게 안 움직인다. (조사자가 의자를 옮겨 옴)

윤: 무거워서. (조사자가 의자를 나르는 소리) 어째! 나와 마주 앉고 싶습니까? (웃음)

소: 어. 불편해서.

윤: 80이 넘는 그 할머니와 마주 앉아서 어찌하겠습니까? (웃음) 어찌하겠습니까? 예, 응. 그리하오.

윤: 무시기 한 가지 예 우리 끼르기스(Кыргызстан)에 사는 사램이 무시기 한 가지 나쁜가 하면 예 내 그 옴판[71] 내 말하자 햇습니다. 이 말. (마이크 조정 소음) 까자끄스딴(Казахстан)에 사는 양반덜은 예 … (마이크 조정 소음. 대화가 일시 끊어짐). 예에! 내말 그 시시껍적 많지. 그 어찌갯습니까. 그래.

윤: 까자흐스딴에 사는 사람은 예 우리두 원동에서 까자흐스딴(Казахстан)으 차에다 싫게[실게]왓습니다. 가축차량 가축차량~이라는 게 무시긴가 하무 내 저기 내 시, 시르 진 것두 잇습니다. 가축차량이란 게 짐스~으 싫는[실른] 그런 따와르바곤이(товарный вагон)다 우리 **싫거(←싫게)왓습니다 우리. 원도~이서. 한 달 동안. 개 싫게 와서 저 스베따 아 그런 거 여기 대학에 예 그 대학에 데리구 가서 아 날 이거 원동서 아 어떤 데다 어떠게 싫게 오구 원동서 어쨋다는 그 사실으 말하랴 그거 말해애서 다아 이래 쩰리비졸(телевизор)에 나왓지. 쩰리비(телеви)서두 그양 배왓습니다. 내 말하는 거 예. 기래 거그다 싫게서 까자흐스딴(Казахстан)으 왓는데. 까자흐스딴(Казахстан)에 왓다가 까자흐스딴(Казахстан)서 살지 못하이 까라간다라는 데 왓다가서 따시껜뜨(Ташкент)르 왓습니다. 개 따시껜트(Ташкент) 왓다가 거기 들우이 이 이 비쉬께끄(Бишкек) 공기 낫으이꺼나 내 자꾸 앓으이꺼나 여긔르 왓습니다, 오십구연에. 오십구년 여기와서 사는데 어저는 원동서 사람덜 싫게 온 거 여기서 아 싹 어 에따(это) 그런 거 리고뜨(льгота)르 하쟵니까. 리고뜨(льгота). 노시아말으 좀 알아 듣습니까?

소: 못 알아들어요.

윤: 모 알아듣습니까?

소: 러시아말 못 알아듣습니다.

윤: 모 알아듣재잉구, 예. 기랜데 그 음 리고뜨(льгота)라는 게.

소: 끄라구 하세요. 끄라구 했으면 좋갰어.

윤: 뭐 한 가지 예 우리 키르기스스탄에 사는 사람이 뭐 한 가지가 나쁜가 하면 예 내 그 원래 내 말하려 했습니다. 이 말을. (마이크 조정 소음) 카자흐스탄에 사는 양반들은 예 … (마이크 조정 소음. 대화가 일시 끊어짐). 에에! 내가 하는 말에는 그 시시껄렁한 것이 많지. 그 어찌하겠습니까, 그래.

윤: 카자흐스탄에 사는 사람은 예 우리도 원동에서 카자흐스탄으로 차에 실려 왔습니다. 가축 차량, 가축차량이라는 것이 무엇인가 하면, 내 저기 내가 시, 시를 지은 것도 있습니다. 가축 차량이란 게 짐승을 싣는 그런 화차(貨車)에다 우리는 실려 왔습니다, 우리. 한 달 동안. 그래 실려 와서 저 스베따 씨가 아 그런 거, 여기 대학에 예 그 대학에 데리고 가서 아 나에게 이 원동서 어떤 데다 어떻게 실려 오고 원동에서 어쨌다는 그 사실을 말하라고 해 그거 말해서 다 이렇게 텔레비전에 나왔지. 텔레비전에서도 그냥 보여 주었습니다. 내 말하는 것을 예. 그래 거기다(=가축 차량, 화차) 실려서 카자흐스탄을 왔는데. 카자흐스탄에 왔다가 카자흐스탄에서 살지 못하니 카라간다라는 데로 왔다가 타슈켄트로 왔습니다. 타슈켄트로 왔다가 거기서 들으니 이 비슈케크가 공기가 나으니까, 내가 자꾸 앓는 까닭에 여기로 왔습니다, 1959년에. 1959년 여기 와서 사는데 이제는 원동에서 사람들이 실려 온 거 여기서 싹 어 음 그런 거 요금이나 납세 등을 감면(減免)을 하잖습니까? 감면. 러시아 말을 좀 알아듣습니까?

소: 못 알아들어요.

윤: 못 알아듣습니까?

소: 러시아 말을 못 알아듣습니다.

윤: 못 알아듣고 말고, 예. 그런데 그 음 감면(減免)이라는 것이.

소: 끄라고 하세요. 끄라고 했으면 좋겠어.

윤: 무시기?

소: 라디오르 틀었는가? 쩨레비죤 켰는가? 애기가. 어어! 텔레비전 켰구나!

윤: 저게 쩰레비죠르(телевизор)지. 그래 예 그 조선에서 온 양반덜은 예 우리 조선에서 싫겨온 삼십칠년 강제이주지 머. 강제이주. 강제이주르 싫겨[실겨] 온 사람덜은 무슥으 줫는가 하무 아:: 에따(это) 지금 아 책72)으 줘서 예 이 집값이던지 가스값에 그 절반 뭅니다. 그게 리고뜨(льгота)란 겝니다. 기래 그거 절반 물구 그래구 그 책으 다 줘서 아 그 책으 다 줘 리고뜨(льгота)르 어전 해마다 해마다 내 리고뜨(льгота)르 받구 예. 아 그러구 또 그런 거 한 번에 돈 천냥씨 주구 예 그 때 예. 그 책으 줄 때.

윤: 기랜데 어저는 까자흐스딴(Казахстан)가 로시아(Россия)에서느 예 어저느 우리 아 우리네 원동으 떠나올 적이 집이구::: 무시기던 싹 줴에뿌리구 오재앳습니까? 아 쉐수또(шесть дней)73) 어간으르 차에다 막 실어다가서 이 강제이주루 지금 예 그때 딸린(Сталин)74) 때 예. 기래 싫게[실께] 오다나이 아 거저 살던 세간살이 무시기구 싹 줴에뿌리구 거저 가축이라는 게 대애질 재래우는 사람은 대애질 잡아 먹게나 가져오구 예 아 세르 자래우는 건 아 세랑 무스 이런 거 더러 잡기두 하구 아이 잡기두 하구 기래. 그래서 그저 거반 다 그저 재비 살던 집이구 무티구 싹 줴에뿌리구 왔어. 그거 까자흐스딴(Казахстан)에서 물어 줍니다. 그거 까자흐스딴(Казахстан)에서 물어주는 데 예, 아:, 이름 성명 어떻습니까?

소: 저요?

윤: 말은 해애두 지금,

소: 그렇지요. 예.

윤: 이름도 모르구 예. 내 이름은 영헵니다. 윤 영혜. 조선 이름은 내 암판 영헵니다. 개 노시아 이름은 베로니까(Вероника)란.

윤: 뭐?

소: 라디오를 틀었는가? 텔레비전을 켰는가? 아기가. 어! 텔레비전을 켰구나!

윤: 저게 텔레비전이지. 그래 예 그 조선에서 온 양반들은 예 우리 조선에서 실려 온, 1937년의 강제 이주지 뭐. 강제 이주. 강제 이주로 실려 온 사람들은 무엇을 주었는가 하면 아 음 지금 아 책(=證書)을 줘서 예 이 집값이든지 가스 값을 절반을 문단 말입니다. 그게 '리고타(льгота)'란 것입니다. 그래 그거 절반을 물고 그리고 그 증서를 다 줘서 아 그 증서를 다 줘 감면(減免)을 이제는 해마다 해마다 내가 감면을 받고 예. 아 그리고 또 그런 거, 한 번에 돈 1,000솜씩 주고 예 그 때 예. 그 증서를 줄 때.

윤: 그런데 이제는 카자흐스탄과 러시아에서는 예 이제는 우리, 우리네 원동을 떠나올 적에 집이고 무엇이고 다 내던지고 오지 않았습니까? 아 엿새 사이로 차에다 막 실어다가 이 강제 이주로, 그때 스탈린 때 예. 그래 실려 오다 보니 아 그저 살던 세간살이고 무엇이고 싹 내던지고 그저 가축이라는 것이 돼지를 기르는 사람은 돼지를 잡아서 먹게끔 해서 가져오고 예 아 소를 기르는 사람은 소랑 뭐 이런 거 더러 잡기도 하고 안 잡기도 하고 그래. 그래서 그저 거의 다 그저 자기 살던 집이고 통나무고 기구고 싹 내던지고 왔어. 그거 카자흐스탄에서 물어 줍니다. 그거 카자흐스탄에서 물어 주는데 예, 아, 이름 성명은 어떻습니까?

소: 저요?

윤: 서로 말은 해도 지금,

소: 그렇지요. 예.

윤: 예 이름도 모르고 예. 내 이름은 영혜입니다. 윤영혜. 조선 이름은 내 본래 영혭니다. 이름은 러시아 이름은 베로니까라고.

윤: 그러구 이름은 *얼 재 재르 어티기 씁니까? 성으느 소개구,

소: 예: .

윤: 이름은 어티기?

소: 강춘요. 강춘.

윤: 강추이라구?

소: 강, 강.

윤: 예?

소: 강춘.

윤: 강추이라구 예. 강추이. 그래 내 얘기르 듣구 예 아 이거 들어두 글쎄 한국에서 … (차(茶)를 가져옴)

소: 고맙습니다.

윤: 에. 이제 차일 마십시오. 이제 스베따 말한 게 점심 잡삿 … 사담 (私談)

소: 밥먹었어요.

윤: 뽀오쉐(пьёшь)! 뽀오쉐(пьёшь)! 아 날래 차이(цай) 마십쇼, 야. 기래 예 기래 내 무슨 말하자 하는가 하문 지금 거 까자그스딴(Казахстан)에 너룹니다. 까자그스딴(Казахстан) 지대. 까자그스딴(Казахстан)가 로시아(Россия)에서 사는 사람은 그 재비 집이구 그 재비 이무쉐스뜨바(имущество) 다아 두구 온 거 예 그거 값으 물어 줍니다. 값으 물어주는 데 팔십먹은 사람부터 만저 주는데 내 동새애 팔십입니다. 알마아따(Алмаата)에 잇습니다. 기랜게 백천으 탓습니다. 까자끄 돈으르 백천으 탓습니다. 걔 백천으 탓는데, 이돈은 어티끼 탓는가무 이제 가즈 알앗습니다. 나느 그저 까자흐스딴(Казахстан)서 주는가. 햇데이 야, 우리 한국에서, 한국에 서울에서 에에 까자그스딴(Казахстан) 대통령이 나자르바에브(Назарбаев)입니다, 나자르바에브(Назарбаев)인데르 한국에서—요거 잡수시오, 요거. 예, 예.—아 그 거그 그 나자르바에브(Назарбаев) 예 개두 우리 한국에서

윤: 그리고 이름은 어떻, 자(字), 자(字)를 어떻게 씁니까? 성은 소가(蘇哥)이고,

소: 예.

윤: 이름은 어떻게?

소: 강춘요. 강춘.

윤: 강춘이라고?

소: 강(姜), 강(姜).

윤: 예?

소: 강춘.

윤: 강춘이라고 예. 강춘. 그래 내 얘기를 듣고 예 아 이거 들어도 글쎄 한국에서 … (차(茶)를 가져옴)

소: 고맙습니다.

윤: 예. 이제 차를 마십시오. 이제 스베따 말한 것이 점심을 잡수셨 … 사담(私談).

소: 밥 먹었어요.

윤: 마십시오! 마십시오! 아 얼른 차를 마십시오, 응. 그래 예 그래 내가 무슨 말을 하려 하는가 하면 지금 거 카자흐스탄이 너룹니다. 카자흐스탄 지대가. 카자흐스탄과 러시아에서 사는 사람은 그 자기 집이고 그 자기 재산(財産)을 다 두고 온 거 예 그거 값을 물어줍니다. 값을 물어주는 데 80 먹은 사람부터 먼저 주는데 내 동생이 80입니다. 알마티에 있습니다. 그런데 10만 텡게를[75) 탔습니다. 카자흐 돈으로 10만 텡게를 탔습니다. 그래 10만 텡게를 탔는데, 이 돈은 어떻게 탔는가 하면 이제 막 알았습니다. 나는 그저 카자흐스탄에서 주는가 했더니, 응, 우리 한국에서, 한국의 서울에서, 에, 카자흐스탄 대통령이 나자르바예프입니다, 나자르바예프한테로 한국에서—요거 잡수시오, 요거. 예, 예.—아 그 거기 그 나자르바예프에게로 예 우리 한국에서

돈 보냈다 합니다. 조선사람덜 돈 주라구. 기래 보낸 거 어언 때 오란 거 이때꺼지 아이 주구 잇다 예. 그담에느 까자그스딴 사람 한국에 나갓지. 서울에 가 알아보이 그런 사실이지. 기래 그 사람이 기랫지—아 이거 차이 씁아서, 이거—기래 기래지. 어떻게 대서 우리 조선에서 우리 조선사람 위해서 조선에서 돈으 보냇는데 네 이때꺼지 어찌 아이 주는가구. 주갯다구. 기래 불쎄르[76] 작년부터 주는데 아 내 동새애게서 내 알마아따(A лмаата)서 백천 탓습니다.

소: 음.

윤: 내 멘목 아는 사람덜이 늙으이덜이 백천씨 탑니다. 아아 그래 타는데, 아아 까자그스딴서 그렇게 타고 로시야에서, 로시야선 로시야선 어티기 주는기 모릅니다. 까자끄스딴(Казахстан)은 우리 조선에서 줘서. 아:: 그래 우리 서울에서 돈으 줘서 그렇기 타지. 그러나 우리사 끼르끼스스딴에느 우리 조선사람운 아이 싫게[실께] 와서 아이 받앗습니다. 이거 내 말 떽떽이 들으십시오. 까자끄스딴(Казахстан)으는 살론(салон)이다 막 싫게[실께] 까자끄스딴(Казахстан) 사람 그거 받았습니다. 받아서 막 이릏기 저 집에 없으이꺼나 짐승굴에두 거더 영구 쿨루부(клуб)두 거더 영구 막 거더 옇지. 우리네두 오이까나 쿨루부(клуб)다 거더 옇엇습니다. 아아,

소: 쿨루부(клуб)느 어떻기 생긴 거야? 그냥,

윤: 예?

소: 쿨루부(клуб)느.

윤: 쿨루부(клуб)라구 이시니까 ***에커나 에 우리 에떠(это) 모다 노는 노는 집이 잇재입니까? 이제. 그런 집이라 빈데 잇으이꺼나 예. 아, 그래 집은 없지. 살론(салон)이다 불쎄르 싣겨 약대 파레다 실어서 예 약대 파레 실어갖구 꿀루부(клуб)에다 막 쓸어옇엇습니다. 그래 쓸어 옇으이 거기서, 야아! 더 말이 잇습니까? 많은 고상햇지. 노인덜은 늙은 노인덜은

돈을 보냈다 합니다. 조선 사람(=고려 사람)들에게 돈을 주라고. 그래 보낸 거 어느 때인가 오래 된 것을 이때까지 안 주고 있다가 예. 그다음에는 카자흐스탄 사람이 한국에 나갔지. 서울에 가 알아보니까 그런 사실이 있지. 그래 그 사람이 그랬지—아 이거 차가 써서, 이거—그래 그러지. 어떻게 돼서 우리 한국에서 우리 고려 사람을 위해서 한국에서 돈을 보냈는데 네 이때까지 어찌 돈을 안 주는가 하고. 그러니까 주겠다고. 그래 갑자기 작년부터 주는데 아 내 동생에게서 알마티에서 10만 텡게를 탔다는 말을 들었습니다.

소: 음.

윤: 내가 면목을 아는 사람들이, 늙은이들이 10만 텡게씩 탑니다. 아, 그렇게 타는데, 아 카자흐스탄에서 그렇게 타고 러시아에서, 러시아에서는 어떻게 주는지 모릅니다. 카자흐스탄은 우리 한국에서 돈을 줘서. 아, 그래 우리 서울에서 돈을 줘서 그렇게 타지. 그러나 우리야 키르기스스탄에는 우리 조선 사람은 안 실려 와서 못 받았습니다. 이 내 말을 똑똑히 들으십시오. 카자흐스탄은 객실에 막 실려 와 카자흐스탄 사람은 그 돈을 받았습니다. 받아서 막 이렇게 저 집이 없으니까 짐승 우리에도 거두어 넣고 클럽에도 거두어 넣고 막 거두어 넣지. 우리네도 오니까 클럽에다 거두어 넣었습니다. 아아,

소: 클럽은 어떻게 생긴 거야? 그냥,

윤: 예?

소: 클럽은.

윤: 클럽이라고 무엇이 있는가 하면, 에 우리가 모여서 노는 집이 있잖습니까? 이제. 그런 집이 빈 데가 있으니까 예. 아, 그래 이주민이 들 수 있는 집은 없지. 객차에 갑자기 실려 와 낙타가 끄는 발구에 실어서 예 낙타 발구에다 실어 클럽에다 막 쓸어 넣었습니다. 그렇게 쓸어 넣으니 거기서, 야! 더 말이 필요합니까? 많은 고생을 했지. 노인들은 늙은 노인들은

베~이 잇는 거느 거저 기래 잃아 상새나는 것두 잇구 아덜두 베~이 나 죽는 것두 잇구 그랫짐.

소: 음.

윤: 내 저 쩨레비조르(телевизор)다 그렇기 말햇습니다. 그렇기 많이 [마이] 그래구, 그저 점 점문덜은 점 숨우 질긴 건 살아나서 자기 살 길으 찾아서 여기저기 가서 재빌하구 살앗지. 기래 살아 에기 네레온 겝니다. 삼십칠년. 기랫는데 까자흐스딴(Казахстан)서 그런 거 막 받구 예, 아, 아 우즈벡스딴(Узбекистан)서두 우즈벡스딴(Узбекистан)은 받앗는데. 그 우즈벡스딴(Узбекистан) 대통령은 아이 준답니다, 조선사람. 기란데 우리 끼르끼스 대통령이 우리르 아이 받앗습니다. 하나두 살론(салон) 실어온 개 없슴. 아이 받구 싹 다 재빌르 왓습니다.[77] 자길르. 자길르[78] 따시껜트르 오구 *까라 까자끄스딴(Казахстан)을 오구 사처에서 자기르 모다서 어전 이집 이처에서 사지 예. 기래 어저는 그렇기 사는데 여기서 아: 그거 그거 아이 받아두 우리르 그 책을 주구 리고뜨(льгота)하는 건 아 여기 대통령이 우리르 줫습니다.

소: 음.

윤: 기래 나두 책두 타구 지금 내 지금 내 가스두 절반 값으 물구. 무시기든지 절반 값으 뭅니다. 기래 물구 그거는 우리 우리 이 끼르기스스딴(Кыргызстан) 대통령이 그 우리게 줫는데. 어전 이 이 어저느 집이구 무시기구 물건 다 데디구[79] 와 이 주는 돈으느 까자흐스딴으느 까자흐스딴서 알마아따(Алмаата)서 지금 주는 거느 예, 잠불(Джабул)에두[80] 조선사람이 많습니다, 그래 주는 거느 우리 서울에서 한국에서 돈으 나자르바에브(Назарбаев)게르 줫답니다. 조선사람덜 이거 주라는 거 예. 기래서 그거 준답니다.

윤: 그러나 까자그스딴(Казахстан)으느 아 조선사름 받앗지만 이 사람은

병이 있는 사람은 그래 앓아서 죽은 사람도 있고 아이들도 병이나 죽은 것도 있고 그랬지, 뭐.

소: 음.

윤: 내가 텔레비전에서 그렇게 말했습니다. 그렇게 많이 그러고, 그저 좀 젊은이들은 좀 목숨이 질긴 사람은 살아나서 자기 살 길을 찾아서 여기저기 가서 자리를 마련하고 살았지. 그렇게 살아서 여기까지 내려온 것입니다. 1937년. 그랬는데 카자흐스탄에서 그런 거(＝보상지원금)) 막 받고 예, 아, 아 우즈베키스탄에서도 우즈베키스탄은 받았는데. 그 우즈베키스탄 대통령은 안 준답니다 조선 사람에게. 그런데 우리 키르기스스탄 대통령은 우리를 안 받았습니다. 하나도 객차에 실어 온 것이 없습니다. 고려 사람을 안 받아 싹 다 제 스스로 왔습니다. 자기 스스로 자기 스스로 타슈켄트로 오고 카자흐스탄으로 오고 사처(四處, ＝사방)에서 자기 스스로 모여서 이젠 이 집 이곳에서 살지 예. 그래 이제는 그렇게 사는데 여기서 아 그거 아 그거 안 받아도 우리에게 그 이주민이라는 증서를 주고 요금이나 납세 등을 감면(減免)하는 건 아 여기 대통령이 그렇게 우리에게 해 주었습니다.

소: 음.

윤: 그래 나도 책(＝證書)도 타고 지금 내 지금 내 가스도 절반 값을 물고. 무엇이든지 절반 값을 뭅니다. 그래 물고 그것은 우리 우리 이 키르기스스탄 대통령이 우리에게 주었는데 이제는 이 이제는 집이고 무엇이고 다 버리고 왔다고 해서 주는 이 돈은 카자흐스탄은 카자흐스탄에서 알마티에서 지금 주는 것은 예, 잠불(Джамбул, 현재의 타라즈(Тараз))에도 조선 사람이 많습니다, 그래 주는 것은 우리 서울에서 한국에서 돈을 나자르바예프에게로 주었답니다. 조선 사람들에게 주라는 것을 예. 그래서 그거 준답니다.

윤: 그러나 카자흐스탄은 아 조선 사람이 받았지만 이 사람은

받재앳습니다. 받재애두 우리 리고뜨(льгота)르 줍니다. 그래 서울에서 아 한국에서 아무리 잘 살아두 아 돈으 어띠게 나라마다 다아 주겟습니까. 우린데두 우린데두 조선인미이 암마이 사는데… (손자에게) 야! 이거 다치지 마라! 니뜨로게이드(не трогай)! 여기두 조선인미이 암마이 사는데 여기두 그거 주라구 결정이 아 그런 나구야 주지. 아이 재비두 살기 바뿐게 무슨 조선사람게 주잡니까. 개 우린 그거 못 탑니다. 못 타구 잇습니다. 그래 그거 글쎄 그거 (차 마시는 소리)

소: 저는 이것만 먹는 게 나은 거 같애요.

윤: 아이! 고거 잡수십시오,

윤: 기래 예. 그래 글쎄 우리 예, 요, 요런 거 잡숩소. 그래 우리 아이! 까자끄스딴(Казахстан)에서는 한국에서 돈으 보내서 조선사람덜 그렇기 주라 해서 기래 줫는데 우리느 끼르기스스딴(Кыргызстан)서 어찌기 또 그우 끼르끼스스딴(Кыргызстан) 또 돈으 보내애서 거그 조선인민덜 주라: 하겟습니까? 그게 그래 차 식재앳습니까? 아이 식엇지? 마셔.

소: 잘 마셔.

윤: 기래 그담에 내 기래지. 내같이 팔십 먹은 늙으이덜이 여기 많습니다. 많이[마이] 삽니다. (차 마시는 소리) 그랴˜ 우리 조서이 서울은 잘 살지. 서울은 잘 사는데 잘 살아도… 어티게 국가마다… (손자에게) 야! 이거 다치지 마라, 빠샤. 국가마다 돈 대이갯습니까. 그렇재입니까? 내 기래 그 애:기르 합니다. 까자끄딴서 줘:두 까자끄 대통령이 자기 돈 주는 게랑 우리 조선에서 보내앳다구 아 그거 감사한 일입니다. 조선에서, 음 까자그스딴(Казахстан)에 조선사람 많이[마이] 삽니다 예. 까자그스딴(Казахстан)에 조선인미이 그렇기 많습니다. 개구 조선은 대사관두 지금 알마따(Алмаата)에 잇습니다. 그런데 음 이 끼르기스스딴(Кыргызстан)은 끼르끼스스딴(Кыргызстан)아부라[81] 어떠끼 돈으 대애 주겟습니까? 예. 그렇재입니까? 예. 도이 많다.

받지 않았습니다. 받지 않아도 우리 감면(減免)을 해 줍니다. 그래 서울에서 아 한국에서 아무리 잘 살아도 아 돈을 어떻게 나라마다 주겠습니까. 우리한테도 우리한테도 조선 인민이 얼마만큼 사는데…. (손자에게) 야! 이거 건드리지 마라, 건드리지 마라! 여기도 조선 인민이 얼마만큼 사는데 여기도 그거 주라고 그런 결정이 나야만 주지. 아니, 자기도 살기 바쁜 것이 무슨 조선 사람에게 주려고 합니까. 우리 그거 못 탑니다. 못 타고 있습니다. 그래 그거 글쎄 그거.

소: 저는 이것만 먹는 것이 나을 것 같아요.

윤: 아이! 고거 잡수십시오.

윤: 그래 예. 그래 글쎄 우리 예, 요런 것 잡수십시오, 그래 우리, 아이! 카자흐스탄에서는 한국에서 돈을 보내서 조선 사람들에게 그렇게 주라고 해서 그래 주었는데 우리는 키르기스스탄에서, 어떻게 또 그 키르기스스탄으로 돈을 보내서 거기 조선 인민들에게 주라고 하겠습니까? 그게 그래 차가 식지 않았습니까? 안 식었지? 마셔.

소: 잘 마셔.

윤: 그래 그다음에 내 그러지. 나같이 80을 먹은 늙은이들이 여기에 많이 삽니다. (차 마시는 소리) 그래 우리 조선이 서울은 잘 살지. 서울은 잘 사는데 잘 살아도… 어떻게 국가마다…. (손자에게) 야! 이거 다치지 마라, 빠샤. 국가마다 돈을 대겠습니까. 그렇잖습니까? 내 그래 그 얘기를 합니다. 카자흐에서 주어도 카자흐 대통령이 자기 돈 주는 것이 다 우리 한국에서 보냈다고. 아 그거 감사한 일입니다. 한국에서, 카자흐스탄에 조선 사람이 많이 삽니다 예. 카자흐스탄에 조선 인민이 그렇게 많습니다. 그리고 한국은 대사관도 지금 알마티에 있습니다. 그런데 음 이 키르기스스탄은, 키르기스스탄조차 어떻게 돈을 대 주겠습니까. 예. 그렇잖습니까? 예. 돈이 많다고 해도.

소: 원동에 살 적에 근동[82]에 살 때요 아버지랑 어머니랑은 무슨 일을 했어요?

윤: 촌에 산 게 농사질했지 머. 촌에 산 게. 아부지랑 어마이랑 싹 농사질했지. 촌에 산 게.

소: 주로 무슨 농사질으 했어? 주로 거기서는?

윤: 꼴호즈.

소: 예?

윤: 꼴호즈.

소: '꼴호즈(колхоз)'가 뭐에요?

윤: 자체조합으.

소: 이아! 자체조합. 그럼 이자 그 그 심 숭궁 건 주로 머 머 싱겄어요?

윤: 조이두 시무구 피낟두[83] 시무구 베두 시무구. 그래 여러 가지 곡석으 숭것지 예. 그러구 아: 그전에 개인 농살 할 직엔 예 개인농살 할 직은 어:: 따아 재비르 거저 이래 파구서 그저 무시기나 다아 싱궈서 그랫지. 그러나 마감에느 자치조합이 데이까네 조합에다서 다; 그런 거 에따(это) 즘승덜 조합에다 싹 옇구 예 조합에다 즘승덜 싹 거더 옇구. 그담에 조합에서 일해서 거기서 타먹구 그랫지. 원도서 마감에느. 그담 우리 그 조합으르 싫겟[실껫]습니다. 예, 그 조합을르 해서 삼십칠년 삼십칠년 싫게[실께]왔습니다.

소: 그면은 조합으로 데기, 델 때가 살기가 좋았어요? 개인으로 살기가, 살 때가 좋았어요?

윤: 아 (기침) 개인으로 살 직이사 그게사 무슨 자본가나 다름애 없지 무슨. 개인으르 살 직에느 세 그저 세구 말이구 무시기구 싹 그저 재빗 거 거더 가지구 예 **그대 그담은 그거 가지구 자기 세르 가지구 밭갈이르 하구 재비 말술기 잇구 그렇기 살앗지. 기래 그게 개인 개 개인농사라는 게지. 그전에 옛날에. 삼십삼년도 삼십년도 삼십이연도 그때애 기랫:지.

소: 원동에 살 적에, 원동에 살 때에 아버지랑 어머니랑은 무슨 일을 했어요?

윤: 촌에 산 사람이 농사를 지었지 뭐. 촌에 산 사람이. 아버지랑 어머니랑 모두 농사를 지었지. 촌에 산 사람이.

소: 주로 무슨 농사를 지었어? 주로 거기서는?

윤: 콜호스(=집단농장).

소: 예?

윤: 콜호스(=집단농장).

소: '콜호스'가 뭐에요?

윤: 자체 조합을.

소: 아! 자체 조합. 그럼 이제 그 그 심는 것은 주로 무엇을 심었어요?

윤: 조도 심고 피[稗]도 심고 벼도 심고. 그래 여러 가지 곡식을 심었지, 예. 그리고 아 그전에 개인 농사를 지을 때에는 개인 농사를 지을 때는 어 땅을 제 스스로 그저 이래 파고서 그거 무엇이나 다 심어서 농사를 지었지. 그러나 마지막에는 자치 조합(=집단농장)이 되니까 집단농장에다 그런 거 음 짐승들을 집단농장에다 싹 넣고 예 집단농장에다 짐승을 모두 거두어 넣고. 그다음에 집단농장에서 일해서 거기서 식량을 타 먹고 그랬지. 원동에서는 마지막에는. 그다음 우리는 그 집단농장을 중심으로 실려 왔습니다. 예, 그 집단농장으로 해서 1937년, 1937년에 실려 왔습니다.

소: 그러면 집단농장으로 되기, 되었을 때가 살기 좋았어요? 아니면 개인으로 살기가, 살 때가 좋았어요?

윤: 개인으로 살 적에야 그거야 뭐 자본가나 다름이 없지, 뭐. 개인으로 살 때는 소, 그저 소고 말이고 무엇이고 싹 그거 자기 것을 거두어 가지고 예 그래 그다음은 그거 가지고 자기 소를 가지고 밭갈이를 하고 자기 말 수레가 있고 그렇게 살았지. 그래 그게 개인 개인 농사라는 것이지. 그전에 옛날에. 1933년도, 1930년도 1932년도 그 때에 그랬지.

소: 으음.

윤: 그담에는 삼십오연이 뎃거나 예 삼십오연이 데이 예 어저느 자체조합이라는 거 맨드럿습니다. 걔 자치조합이라는 거 맨들어 그 즘스이랑 싹 조합에다 싹 거더옇엇지. 말이구 세구 조합에다 싹 거더 옇구. 거더옇구 그담 낮에 나와 조합일 하지. 조합일 하는데 조합에서느 야: 무스거 요구 데는 거 시무지. 무시기던지. 지금 게납(конопля)울 한국에서 지금 게납 우 시무재입니까? 그래서 그래무 따시껜트(Ташкент)같은 데서느 게납(конопля)이라는 게 무시긴가 하무 껍질 발가 가지구 그거 짜서 헝겇이랑 맨드는 거 그게 게나부(конопля)입니다.

소: 머, 헝겇 맨드는 거요?

윤: 그기 한국에서 시뭅니다. 짐 그거느 예.

소: 그 머야 목하 아니고?

윤: 목하는 우즈벡딴(Узбекистан)에서 목하르 시무지 야. 목하야 심어 뜯어서 기래는 게지. 이거느 게나부(конопля)느 이르께 키 크기 삼처르[84] 자래워서 그거 뻬에서 그거 뻬에서 껍지르 발가서 그 껍지르 가주구 싸악 그거느 우리 따시껜뜨(Ташкент) 조합에서느 게나부(конопля)르 뻬에서 국가다 바치지. 국가서 그거 가지구 맨드지. 겐데 이 조선에서느 쩨레비조르(телевизор)에서 보무 그거 어찌는가, 게나부(конопля)르 뻬에서 아 아 껍지르 바르는 거 배우구 그담에 그 그 실으 맨들어서 그 실으 가지구 짜지. 헝겇, 헝겇 짜는 거. 한국은 어째 깨앳다 하는가 하무 야 그담에 짜무 그게 헝겇이 힌 게 싹 데지. 헝겇,

소: 아아! 모시. 모시.[85]

윤: 네. 옳소 어. 힌 거 뎬데다 예 그거 물으 멕에야 데갯는데 따아 파구 따에서 그 흙으 개애다 그 흙으 그거 어 끓에서 거질해서[86] 어티기 데 물으 메게 말리와서 칠으 내지.[87] 기래 칠으 내서 그거 가지구 이복하는 거랑 배우구. 깨앳습니다, 어쨌든지. 어쨌든지 예 내 이 쩰레비조르(телевизор)

소: 음.

윤: 그다음에는 1935년이 됐거나 예 1935년이 되니 예 이제는 집단농장이라는 것을 만들었습니다. 그래 집단농장이라는 것을 만들어 그 짐승이랑 모두 집단농장에다 싹 거두어 넣었지. 말이고 소고 집단농장에다 싹 거두어 넣고. 거두어 넣고 그다음에 낮에 나와 집단농장의 일을 하지. 집단농장의 일을 하는데 집단농장에서는 아 무슨 농장에서 요구되는 것을 심지. 무엇이든지. 지금 삼을 한국에서 지금 삼을 심지 않습니까? 그래서 그러면 타슈켄트 같은 데서는 삼이라는 것이 무엇인가 하면 껍질을 발라 가지고 그거 짜서 천이랑 만드는 거 그것이 삼입니다.

소: 뭐, 천을 만드는 거요?

윤: 그거 한국에서 심습니다. 지금 그것은 예.

소: 그 그 뭐야 목화 아니고?

윤: 목화는 우즈베키스탄에서 목화를 심지, 응. 목화는 응 심어서 (송이를) 뜯어서 옷감을 짜는 것이지. 이 삼은 이렇게 키가 크게 삼처럼 길러서 그거 베어서 그거 베어서 껍질을 발라서 그 껍질을 가지고 싹, 그거는 우리 타슈켄트 집단농장에서는 삼을 베어서 국가에 바치지. 국가에서 그거 가지고 (천을) 만들지. 그런데 이 조선에서는 텔레비전에서 보면 그거 어찌하는가 하면, 삼을 베어서 아 껍질을 바르는 거 보여 주고 그다음에 그 실을 만들어서 그 실을 가지고 천을 짜지. 천, 천 짜는 거. 한국은 어째서 깨었다 하는가 하면 응 그다음에 짜면 그게 천이 흰 것이 싹 되지. 천.

소: 아! 모시. 모시.

윤: 예. 맞소. 어 흰 것으로 짜인 천에다 예 그거 물감을 먹여야 되겠는데 땅을 파고 땅에서 그 흙을 가져다 그 흙을 그거 어 끓여서 걸러서 어떻게 되어 물감을 먹여 말려서 색(色)을 내지. 그래 색을 내서 그거 가지고 의복하는 것이랑 보여 주고. 깨었습니다, 어쨌든지. 어쨌든지 예 내가 이 텔레비전을

보이 내 많이[마이] 압니다. 그러나 우리 아덜은 보두댆구 바두 밤중이지. 내 아지. 아 그래 그거 저거 보구 무슥으 가마이 봄 아주 발달햇습니다. 우리 조서이 발달햇습니다. 이 노시아서 못 따릅니다, 못 따릅니다, 노시아서 예. 그렇게 발달하고. 아아 아주 조서이 깨앳습니다. 조서이 ….

소: 그럼 여기에 도착하신 거 아까 그 알마타에 맨첨에, 타 타시껜트르 맨첨에 오셨다고요? 맨 처음에 맨 맨 **첫감악에 도착한 대가 따 따쉬껜트에요?

윤: 까자그스딴(Казахстан).

소: **까자그딴?

윤: 까자그스딴(Казахстан)! 까자그스딴(Казахстан)은 도착햇걸래 제 살길 찻아 따시껜뜨(Ташкент)엔 재빌르 왓지. 개 따시껜뜨(Ташкент) 재 빌르 와서 거기서 *잇, 거기서.

소: 거기서는 무슨 농사했어요? 무슨 농사?

윤: 또쥐(тоже) 그게 조합이짐. 조합이. 큰 조합이짐. 따시껜뜨(Ташкент)에 큰 조합이지. 목하두 시무구. 이 게나부(конопля)두 시무구. 아:, 그 러구 아 그담에 매일 그 밭에 나가 목하나 그 게나부(конопля) 싱궈서 그 일하는 거 그 일한 쉬고:[88] 어 그거 받아셔 그 어 기관에서 돈으 타지. 그렇기 살 그렇기 살지, 머, 예.

소: 그럼 그때두 그때두 먹구 사는 거, 주로 머 먹었어요? 그때 쌀 먹었어요 밀 먹었어요?

윤: 에에?

소: 그때 먹을 때 쌀밥 먹었어 밀 같은 거 먹었어?

윤: 쌀으 먹엇지이.

소: 그문 쌀으 쌀농사 **쌀아두 농사졌어요?

윤: 베두 짛지. 베두 따시껜뜨(Ташкент)에선 베두 짛습니다. 아 기래 따시껜뜨(Ташкент), 지금 따시껜뜨(Ташкент) 쌀이 좋습니다.

보니 내가 많이 압니다. 그러나 우리 아이들은 보지도 않고 보아도 까막눈이지. 내가 알지. 아 그래 그거 저거 보고 무엇을 가만히 보면 아주 발달했습니다. 우리 조선이 발달했습니다. 이 러시아서 못 따라갑니다. 못 따라갑니다. 러시아서 예. 그렇게 발달하고. 아 아주 조선이 깨었습니다. 조선이 ….

소: 그럼 여기에 도착하신 것이 아까 (말씀하시기를) 그 알마티에 맨 처음에, 타슈켄트로 맨 처음에 오셨다고요? 맨 처음에 맨, 맨 처음에 도착한 데가 타슈켄트에요?

윤: 카자흐스탄.

소: 카자흐스탄?

윤: 카자흐스탄! 카자흐스탄은 도착했기에 제 살길을 찾아 타슈켄트로 스스로 왔지. 그래 타슈켄트로 스스로 와서 거기서 있다가, 거기서.

소: 거기서는 무슨 농사를 지었어요? 무슨 농사?

윤: 역시 그게 집단농장이지 뭐. 집단농장. 타슈켄트에 있는 큰 조합이지. 목화도 심고. 이 삼도 심고. 아, 그러고 아 그다음에 매일 그 밭에 나가 목화나 그 삼을 심어서 그 일하는 거, 그 일한 수공을(공수를) 아 그 수공을 받아서 그 어 기관에서 돈을 타지. 그렇게 살, 그렇게 살지, 뭐, 예.

소: 그럼 그때도 먹고 사는 것은, 주로 무얼 먹었어요? 그때 쌀을 먹었어요, 아니면 밀을 먹었어요?

윤: 에?

소: 그때 먹을 때 쌀밥을 먹었어, 아니면 밀 같은 것을 먹었어?

윤: 쌀을 먹었지.

소: 그러면 쌀을 쌀농사, 쌀도 농사를 지었어요?

윤: 벼농사도 짓지. 벼도, 타슈켄트에서는 벼도 짓습니다. 아 그래 타슈켄트, 지금 타슈켄트의 쌀이 좋습니다.

베르 시무다나이, 예. 여긔서 베르 아이 시무지. 따시껜뜨(Ташкент) 덥운 지대나 각지에서 조선사람덜 베농사질하짐. 우리두 거그서 베농사질 햇습니다. 베르 싱궛습니다, 예. 개 베밭에 가 베르 싱궈 일으 해애두 그게 싹 조합농사지 개인농사 아이짐.

소: 그면은 베는, 베농사를 지우무 그것은 결국은 그 조합에서 싹 가져가?

윤: 조합에 쌀 개:다 싸 쌀으 그거 쪄서 가 우리 그거 노르마(норма)르 타지. 우리 그거 타짐 예. 기래 거 한 사람이 일으 얼매르 해애시니꺼나 그 쉬고~이가[89] 얼매씨 나간다는거 타서 그래: 먹엇짐. 기래이께네 게 조합이짐. 크은 자치 조합이짐, 예.

소: 그면은 일으 열심히 하는 사람두 잇구.

윤: 개래!.

소: 일으 쪼꼼 하는 사람두 잇잖아,

윤: 그러재잏구!

소: 돈 똑같이 **줄 줘?

윤: 똑같이[똑까찌] 아이 줍니다. 똑같이[똑까찌] 줌 옳재잏지. 일한 거 많이[마이] 주짐. 한 거마이. 일 잘하는 사람은 많이[마이] 주구 작게 한 건 작게 주구. 그렇게 주는 게 옳지 머. 예 그래짐.

윤: 이 차이 식어 날래 마셔.

소: 중국은, 중국은 똑같이 줬대요.

윤: 예, 중국으느. 음.

소: 그러니까 일으 안 하는 거야. 똑같이 주니까.

윤: 아이! 중국으느 일년에 농사르 두 번 짛지. 중국으느.

소: 북, 남쪽은 그렇지만 북쪽은 안 그래요. 북쪽은 한번 밖에 못 짛지. 그러구.

윤: 아, 그래구 북조선에서는 그저 한가지지. 그저 잘 사나 못 사나 거저 같이 멕여 주구 같이 입혀 주구, 북조서이야 그저 그렇지.

벼를 심다 보니 예. 여기서 벼를 안 심지. 타슈켄트 더운 지대나 각지에서 조선 사람들이 벼농사를 짓지 뭐. 우리도 거기서 벼농사를 짓었습니다. 벼를 심었습니다 예. 그래 논에 가 벼를 심고 일을 해도 그건 모두 집단 농장의 농사지 개인 농사가 아니지 뭐.

소: 그러면 벼는, 벼농사를 지으면 그것은 결국은 그 집단농장에서 싹 가져가?

윤: 집단농장에서 쌀을 가져다 찧어서 가 우리 그거 임금을 타지. 우리 그거 타지 뭐, 예. 그래 그 한 사람이 일을 얼마를 했으니까 그 공수가 얼마씩 나간다는 거 계산해 타서 그래 먹었지 뭐. 그러니까 그게 조합이지 뭐. 큰 자치조합이지 뭐, 예.

소: 그러면 일을 열심히 하는 사람도 있고.

윤: 그래!

소: 일을 쪼끔 하는 사람도 있잖아,

윤: 그렇잖고!

소: 돈을 똑같이 나누어 줘?

윤: 똑같이 안 줍니다. 똑같이 주면 옳지 않지. 일한 사람에게 많이 주지. 한 것만큼. 일 잘하는 사람은 많이 주고 적게 한 사람은 적게 주고. 그렇게 주는 것이 옳지 뭐. 예 그러지 뭐.

윤: 이 차가 식어 얼른 마셔.

소: 중국은 중국은 똑같이 주었대요.

윤: 예, 중국은. 음.

소: 그러니까 일을 안 하는 거야. 똑같이 주니까.

윤: 아이! 중국은 일 년에 농사를 두 번 짓지. 중국은.

소: 북 아니 남쪽은 그렇지만 북쪽은 안 그래요. 북쪽은 한 번밖에 못 짓지. 그러고.

윤: 아, 그러고 북한에서는 그거 한가지지. 그저 잘 사나 못 사나 그저 같이 먹여 주고 같이 입혀 주고. 북한이야 그저 그렇지.

소: 그러니까 일으 안 하니까 가난해지는 거지.

윤: 아아 그러이꺼나 아 그러구 …. 북조서이 핵무기르 그 핵무길래 내 신문으 기양 보지. 그 핵무길래 그릏기 말이 많앳는데 음 정일이가 말으 아이 듣지. 그 핵무기르 아무리 다스 여슷 나라 모다서 헤이르 하구 그 핵무기르 없애자 해애두 정일이 아이 말으 듭습니다. 그래 아이 말으 듣구.

윤: 아 아메리까(Америка)서 … 북조선 아메리까(Америка) 싹 쳐서 재무질이 맨들엇지 그전에. 기래 재무질이 맨들엇던 거, 앞우로 그거 …, 조선사람덜이 일으 데게 하지. 여기서 이사덜 여기 와서 예 이사 여슷 부이 여기와 잇엇는데. 그 이사덜 내 끓에 멕엣습니다. 내. 내 시걱 끓에 멕이구 이런 이런 저 어떤 집우 하나 방점하군. 걔 그 사람덜 말하는 게 이래짐. 재무질 맨들어 놓은 거 무시기 먹을 게 잇갯는가:. 밥에다서 자˝아부 북장에다 밥우 먹구 허리띠르 졸가매매 그 집우 다아 저엇지. 기래 져어서 어저느 싹다 어전 져어서 어전 북으 저렇게 맨들엇지. 그래 일으 그렇기 맨들엇는데 걔 일으 그렇기 하지, 일으 조선사람덜 일으 잘 하짐. 일으 그렇기 해서, 쳐서.

소: 그러니까 일을 안 하니까 가난해지는 것이지.

윤: 아아, 그러니까 아 그렇고 …. 북한이 핵무기를 그 핵무기 때문에 내가 신문을 그냥 보지. 그 핵무기 때문에 그렇게 말이 많았는데 음 정일이가 말을 안 듣지. 그 핵무기를 아무리 다섯 여섯 나라가 모여서 회의를 하고 그 핵무기를 없애자 해도 김정일이 말을 듣지 않습니다. 그래 말을 안 듣고.

윤: 아 미국에서 … 북한을, 미국이 싹 쳐서 잿더미를 만들었지, 그 전에. 그래 잿더미를 만들었던 것을, 앞으로 그거 …, 조선 사람들이 일을 되게 하지. 여기서 의사들이 여기 와서 예 여섯 분이 여기 와 있었는데, 그 의사들을 내가 밥을 해서 먹였습니다. 내가. 내가 끼니를 해서 먹이고 이런, 이런 저 어떤 집을 하나 방(房)을 정하고. 그래 그 사람들이 말하는 것이 이러지 뭐. 잿더미를 만들어 놓았는데 먹을 것이 무엇이 있겠는가. 밥에다 장을, 북장에다 밥을 먹고 허리띠를 졸라매며 그 집을 다 지었지. 그래 지어서 이제는 싹 다 이제는 지어서 이제는 북한을 저렇게 만들었지. 그래 일을 해서 그렇게 만들었는데 그래 일을 그렇게 하지, 일을. 조선 사람들이 일을 잘 하지 뭐. 일을 그렇게 해서, 쳐서.

1) 육진방언권에서는 '셩', 비육진방언권에서는 '성'이라 한다. '-ㄹ 성질이', '-ㄹ 형편이' 정도의 뜻을 갖는다. '손'은 아마도 그 변종의 하나로 생각된다. 고려인들은 음절말 'ㅇ'을 종종 'ㄴ'으로 발음하기도 하는데 이 같은 현상은 함북방언에서 나타나기도 한다. 이 현상에 대해서는 소신애(2010)을 참고.

2) '많-'은 '-아X' 어미와 통합하면 그 활용형이 '많애X'로 실현되며, '-으X'계 어미와 통합할 때에는 '많아', 자음으로 시작하는 어미와 통합할 때에는 '많'으로 어간이 교체된다. 예: 많애서[마내서](많-아서), 많애두[마내두](많-아도), 많아니[마나니](많-으니), 많구[망쿠](많-고).

3) '-으느'는 순자음을 제외한 자음으로 끝나는 말에 결합되어 '대조', '화제' 또는 '강조' 따위의 의미를 나타내는 보조사이다. 결합 환경이나 그 의미가 표준어 '-은'과 같다. '-으느' 외에 '-은, -으는, -운, -우느, -우는' 따위와 같은 이형태가 있다. 이 중에서 '-은, -으는'은 순자음을 제외한 자음 뒤에 결합되고, '-운, -우느, -우는'은 순자음 뒤에 결합된다. '-은', '-으느', '-으는'은 동일한 결합 환경에서 자유롭게 교체될 수 있는 이형태들이다.

4) 1929년 '폴랴르나야 즈베즈다(полярная звезда)' 콜호스로 창설되었으나, 1940년부터 농장의 책임자가 된 한인 김병화(1905-1974) 씨가 2차 세계대전 중의 어려움에도 불구하고 생산량을 혁신적으로 증대시킴으로써 그의 업적을 기리기 위해 농장 이름을 '김병화 콜호스'로 바꾸었다[국립민속박물관(1999) 참조].

5) 폴리타젤(Политотдел)은 우즈베키스탄 내에서도 잘 알려진 집단농장이다. 이 집단농장은 타슈켄트로부터 15km 정도 떨어진 치르치크 강가에 위치하고 있다. 1925년에 설립되었는데 1953년 한인 교포 황만금 씨가 농장장으로 취임하면서 가장 높은 생산량을 달성하여 유명해졌다. 총 거주 인구 7,000여 명 가운데 한인은 2,300여 명에 달한다. 면화, 옥수수, 황마, 야채, 과일 등을 재배한다. 황만금 씨는 폴리타젤(Политотдел) 콜호스의 농장장으로 노동 영웅 칭호를 받았다. 황만금 씨는 1921년 연해주의 빈농 가정에서 태어났다. 1937년 하바롭스크시(市)의 중학교를 졸업하자마자 부모와 함께 우즈베키스탄으로 강제 이주를 당했다. 1947년 타슈켄트주의 '레닌의 길(Ленинский путь)'이라는 콜호스의 대표가 되었고, 1953년에는 폴리타젤 콜호스의 대표가 되었다. 그는 목화 재배에 과학적인 방법을 도입하여 엄청난 수확고를 올렸다. 1958년 1월 11일 소련 사회주의 노동 영웅 칭호를 받았다. 그는 이 밖에도 10월 혁명 훈장 및 레닌 훈장을 세 번이나 받았다. 그는 '우즈베키스탄공화국 공훈 목화 재배 업자' 칭호

를 받았으며 1983년도에는 식물을 해충으로부터 구제하는 방법을 도입한 공헌으로 소연방인민위원회상을 받았다[한 세르게이 미하일로비치·한 발레리 쎄르게이비치 저, 김태항 역(1999: 322-323). 국립민속박물관(1999: 59-60)을 참조].

6) '-가'는 주격 조사가 아닌 공동격 조사이다. 제보자의 고려말에서는 주격 조사 '-가'가 쓰이지 않는다. 중세국어처럼 두 명사를 이어 줄 때 '-가'가 두 명사에 모두 붙는 경우도 있다.

7) '-르'는 대격 조사 '-를'의 방언이다. 일부 모음으로 끝난 단음절 명사를 제외한 대다수의 모음으로 끝난 체언 뒤에 결합된다. 예: 내르(나-를), 피르(피-를), 배르(배-를), 가매르(솥-을). 일부 받침이 없는 단음절 명사에는 '-으'가 결합된다. 예: '코[鼻]+-으→코오. 코오 푼다(코를 푼다).

8) '-읍지'는 표준어 '-지요'에 대응되는 종결어미로, 합쇼할 자리에서 어떤 사실을 긍정적으로 서술하거나 묻거나 제안하는 뜻을 나타낸다. 선행 어간이 모음, 유음으로 끝나면 '-읍지'가 결합되고 유음을 제외한 자음으로 끝나면 '-습지'가 결합된다. 주로 함북 지방에서 많이 쓰이는 어미인 까닭에 조사가가 써 본 것이다. 함북 북부의 육진방언권에서는 '-읍디/-습디'라 한다.

9) '-으'는 대격 조사 '-을'의 방언. 자음으로 끝난 체언, 또는 모음으로 끝난 일부 단음절 명사 뒤에 결합된다. 예: 책으(책-을), 신으(신-을), 사는 곧으(곳-을), 닙쌀으(입쌀-을), 꽂으(꽃-을), 즘스으(짐승-을), 코오((←코+-으), 코-를). 받침이 순자음인 경우 또는 선행하는 체언의 끝 음절 모음이 'ㅗ', 'ㅜ'인 경우는 수의적으로 '-우'로 실현된다. 예: 밥우(밥-을), 집우(집-을), 문우(문-을).

10) '짐'은 '지 무'가 줄어든 말. '무'는 '뭐'의 방언형. 문장의 맨 뒤에 놓이는 '무'(표준어의 '뭐')는 '어떤 사실을 약간 강조하거나 일깨워 주면서 얼버무리고 넘어갈 때 쓰이는 말'이다. 따라서 종결어미 '-짐(<딤)'은 '-지(<디)'와 약간의 의미차를 보인다.

11) '-습지'는 표준어 '-지요'에 대응되는 종결어미로, '하압소'할 자리에서 어떤 사실을 긍정적으로 서술하거나 묻거나 제안하는 뜻을 나타낸다. 선행 어간이 모음, 유음으로 끝나면 '-읍지'가 결합되고 유음을 제외한 자음으로 끝나면 '-습지'가 결합된다. 함북 북부의 육진방언권에서는 '-읍디/-습디'라 한다.

12) 오창환 선생이 연해주에서 1930년에 지은 국어 규범 문법서 『고려문전(高麗文典)』을 말한 것이다.

13) '베우다'는 '배우다'의 방언. '비호->베우-'.

14) '-씨'는 접미사 '-씩'의 방언.

15) '모두다'는 자동사로도 쓰이고 타동사로도 쓰인다. 즉, '모이다'와 '모으다'의 방언형이 된다. 본문의 예는 자동사로 쓰인 것이다. '모다서(모두-아서), 모두니(모두-으니),

모두-구, 모두-지, …'로 활용한다.

16) 함북방언의 '오금'은 표준어의 그것(=무릎의 구부러지는 오목한 안쪽 부분)과 의미가 다르다. 흔히 발목으로부터 무릎까지의 다리를 이른다.

17) '레코드판이 돌다', 즉 '음악을 틀다'라는 뜻으로 한 말.

18) 재귀대명사 '자기' 또는 '스스로'의 뜻으로 쓰이는 방언.

19) '하루'의 방언. 함북방언에서는 흔히 '할랄' 또는 '할럴'이라 한다.

20) 육진방언, 동북방언, 중국의 조선족자치주, 중앙아시아의 많은 지역에서 쓰이는 '할머니'의 방언.

21) 함북방언에서 '같다, 가툴하다' 앞에서는 의존명사 '것'이 생략된다.

22) '아매'는 '할머니'의 방언. 여기서는 구술자의 아내를 가리킨다.

23) 냥[nyā]>양[yā]. 발화의 맨 앞에 놓일 때는, 대등한 사람 또는 손아래라도 해라할 처지가 아닌 사람의 부름에 대답하거나 묻는 말에 긍정하여 대답할 때 쓰는 말이고, 발화 도중에 쓰일 때는 대등한 사람과 또는 손아래라도 해라할 처지가 아닌 사람과 말을 나눌 때, 말을 이어가면서 중간 중간에 상대방의 주의를 환기하거나 강조할 때 삽입하는 요소로서, 하오할 대상과 어울려 쓰이는 말이다. 발화의 맨 끝에 놓일 때는 상대편의 대답을 재촉하거나 다짐을 두는 말로 쓰인다. 위 세 분의 구술자는 모두 '냐ˇ'과 '야ˇ'을 쓰되 '야ˇ'을 많이 썼다. 표준어에는 마땅히 옮길 만한 대응어가 없다. 표준어 대역에서 '응'이라 하였지만 이것이 적절한 처리가 아님은 물론이다.

24) 헝겊은 '천'의 방언. '헝겊'이 아니다.

25) '양백 솜(COM)씨 타'는 '양천 솜(COM)씨 타'의 발화 실수로 보인다.

26) 문장의 맨 뒤에 놓이는 '무'(표준어의 '뭐')는 '어떤 사실을 약간 강조하거나 일깨워 주면서 얼버무리고 넘어갈 때 쓰이는 말'이다. 따라서 종결어미 '-짐(<딤)'은 '-지 (<디)'와 약간의 의미차를 보인다.

27) '겨울'의 방언형이다. 함경남북도 지방에서는 '저울', '저슬', '겨슬', '경울' 따위의 방언형이 쓰이지만 일반적으로 널리 쓰이는 방언형은 '동삼'이다. '冬三'에서 유래한 말로 보인다.

28) 카자흐스탄의 서북부와 인접한 러시아 영내. 구술자의 아들은 러시아 영내의 토지를 빌려서 고본질(이동식 임차농업)을 하는 것으로 생각된다.

29) '오누이'의 방언형. 동북방언에서는 '누이'를 '누비' 또는 '느비'라 한다. '느븨'에서 변화한 말이다. 구술자는 '오누이'란 말을 쓰기도 하였다.

30) 이런 말을 녹음할 필요가 있느냐고 한 말.

31) 장<댱. '늘', '항상'의 뜻을 지닌 부사.

32) '상새나다'는 '사람이 죽다'라는 뜻의 동사이다. 상ᄉ(喪事)+이>상시>상새. 대체로 '하압소', 하오할 대상에게 이 말을 쓴다. 따라서 표준어로 옮길 때, 주체가 화자의 손위일 때에는 '돌아가시다'라 옮기고 대등할 때에는 '돌아가다' 또는 '죽다'로 옮긴다.

33) '마우재'는 한어(漢語) '毛子[máozi]'를 차용한 말로서, '러시아인'이란 뜻을 지닌 명사. 좀 낮추는 뜻이 있다. 이 밖에 러시아인을 가리키는 말로 '부우덱이, 부우덕눈깔'이라는 말도 있다.

34) 젊은 고려인들은 민족의 전통이나 관습을 전혀 알지 못한다는 말.

35) 부정 부사 '못'의 이형태. 후행하는 용언이 모음으로 시작할 때 '모'가 쓰이고 그 밖의 환경에서는 '못'이 쓰인다. 단, '하다' 앞에서는 '모'가 쓰인다.

36) '삽하다'는 '가슴이 서늘할 정도로 몹시 무섭고 두렵다'라는 뜻의 형용사. 본문의 '삽하야'는 '삽하-+-ㄴ양+-으(대격 조사)'으로 분석된다. '-ㄴ양'은 특이하게도 '냥'으로 발음된다. '냥+-으'는 '냥+-으>냥아>야''이 된다. 무섭고 두려운 양합니다. 무섭고 두렵습니다.

37) '입살이'는 '입에 풀칠하는 삶'의 뜻을 지닌 명사. '입쌀해'는 '입살이+하-+-어'가 줄어든 말.

38) '글으 이르다'는 '공부하다'의 뜻. '글을' 생략하고 '이르다' 동사만을 쓰기도 한다.

39) '하대'는 '하물며'의 방언. '하다'라고도 한다.

40) '-안/-언'은 앞말이 관형사 구실을 하게 하고 동작이 과거에 이루어졌음을 나타내는 어미. 주로 의존명사가 뒤따른다[곽충구(2019a)에서 전재].

41) '배우다'는 '보다'의 사동사. 보이-+-우->뵈우->배우-.

42) '아주', '너무'라는 뜻을 지닌 부사.

43) 형용사 '모질-'(정도가 매우 심하다)에서 파생된 부사. '몹시'의 뜻.

44) '노다리'는 '노라리'의 방언. '노라리'는, "건달처럼 건들건들 놀며 세월만 허비하는 짓. 또는 그런 사람을 속되게 이르는 말."이다[「우리말샘」에서 전재).

45) 조합(꼴호스, колхоз) 내의 주민을 몇 개의 작업반으로 나눈 하나를 '브리가다(брига да)'라 하고, 그 작업반의 반장을 '브리가디르(бригадир)'라 한다.

46) 아이하-(<아니하-)+-어서→아이해서→아이애서→애애서.

47) '호새비'는 한 집의 가장(家長)이 되는 남편을 이르는 말. 남이 한 집의 가장을 가리켜 말할 때 쓰는 말이나, 아내가 남편을 가리켜 말할 때에도 쓰인다. '호새비'는 '나그내' 보다 존중해 주는 뜻이 있다. '호(戶)+-ㅅ+아비'[곽충구(2019a)를 참조].

48) 전공이라는 뜻의 중국어 '專業'을 우리 한자음으로 말한 것. 조사자는 이따금 중국

교포들의 말을 쓰고 있다. 중국 조선어와 고려말의 친근성을 고려하여 이 말을 써본 것으로 생각되나 고려말에는 그러한 중국어가 쓰이지 않는다.

49) '-이라'는 어떤 대상을 들어내어 강조하는 기능을 하는 보조사.

50) '방천'은 '셋방'의 방언. 한어 '房錢'을 차용한 말. 대역자가 카자흐스탄의 탈디쿠르간에서 고려말을 조사할 때 '방천 준다'(=사글세를 받고 방을 주다)를 조사한 바 있다.

51) 판이나다>파이나다. 줄여서 '판나다'라 하기도 한다. ① 옷 따위가 떨어지거나 헤어지다. ② 물건이 못 쓰게 부서지거나 망가지거나 고장나다.

52) '물어먹다'는 '어떤 사실을 고발하다'의 뜻을 지닌 동사.

53) '한글째(<한 글짜+-이)'는 '한문'의 방언.

54) 구술자는 주격 조사 '-가'와 공동격 조사 '-가'를 함께 쓰는데 본문의 '-가'는 공동격 조사이다. 동북방언 화자와 고려인들은 흔히 주격 조사 '-가'를 쓰지 않지만 이 구술자는 많이 썼다. 구술자는 남북한에서 출판된 신문과 잡지를 많이 읽고 또 대외적인 활동을 많이 했기 때문에 표준어를 많이 알고 또 구사하는 것으로 보인다.

55) '손비'는 본디 '손부(孫婦)+-이'에서 변화한 말이다. '싸이'는 손녀의 남편, 즉 손서(孫婿)를 말한다. 따라서 '손비'는 제보자의 발화 실수이다. 함경도 방언 및 고려말에서는 '손서'를 '손세'라 한다.

56) 카자흐스탄의 서북부 지역과 인접한 러시아의 오렌부르스크주(州)를 말한다. 고려인들은 흔히 이렇게 외국에 나가 고본(股本)질(이동식 임차농업)을 하기도 한다.

57) '손비 메느리'는 '손부(孫婦)', 즉 '손자며느리'를 말한 것으로 보인다. 뒤에서는 '손녀가 손비 싸이'라 했는데 이는 '손녀와 손부(孫婦) 사위'가 되므로 말이 되지 않는다. 따라서 '손녀와 손녀사위(손서)'를 말한 것이다.

58) '저녁'의 방언형. 이 방언형은 함북 지방에서 많이 쓰인다. 이 밖에 함북 지방에서는 '지낙', '지냑'이라는 방언형도 쓰인다. 함남 및 함북 남부 지방에서는 중세국어 시기에 쓰였던 '나조'라는 방언형이 널리 쓰인다.

59) '연명(延命)이 받아 가지고'. '연명이'의 '-이'는 주격 조사가 아니라 동북방언이나 육진방언의 명사에 흔히 붙는 접미사.

60) "성 쌓고 남은 돌"은 속담. 성을 다 쌓은 뒤에 남아도는 돌이라는 뜻으로 '더는 쓸모가 없게 된 존재'를 비유적으로 이르는 말이다.

61) 동북방언권에서는 '재배', '재왜'라 하기도 한다. '재비'는 '머물러 있을 적당하거나 적합한 자리'라는 뜻의 명사.

62) 수술을 하지 못하니 환부(患部)를 베어 내야만 병을 없앨 수 있다는 말.

63) 육진방언 및 동북방언권의 일부 지역어에서는 순자음 앞에서 'ㅜ'가 'ㅡ'로 변화하는

비원순화 현상이 있다. '눕다>늡다'도 그러한 예의 하나이다. 예: 두부(豆腐)+이>두
뷔>드비.

64) '우대(優待)'의 방언.

65) 혼사나 상사 등 큰일을 치르는 집. '군일'은 함북방언으로 '큰일'의 방언이다.

66) '쉬(<수+-이)'. 의존명사 '수'의 방언이다.

67) 중앙아시아의 한인들은 거주국의 기본 화폐 단위를 전통적인 용어를 써서 '냥'이라
한다. 위에서 구술자는 1,000숨을 '1,000냥'이라 하고 있다. 윤베라 구술자는 '원'이라
는 말을 쓰기도 하였다.

68) '많-'은 자음으로 시작하는 어미와 통합할 때에는 '많-'으로, '-으X'계 어미와 통합할
때에는 '많아-'로 어간이 각각 교체되고, '-아/어X' 어미와 통합하면 그 활용형이
'많애X'로 실현된다.

69) 동북 및 육진방언에는 '얼마'의 방언형으로서 가장 고어적인 '언매'(중세국어의 '언마
<어느 마')가 있고 이 '언매'에 자음 동화(변자음화) 규칙이 적용된 '엄매', '엠매'
그리고 '얼매'가 있다. 이 구술자의 발화에서는 '엄매'와 '엠매'가 비슷한 빈도로 나타
난다. 보조 제보자는 '얼매'를 쓴다. '(언매>)엄매'는 중세국어에서 볼 수 있는 '언마'
(또는 '언머')에 'ㅣ'가 첨가된 것이다. 동북 및 육진방언에는 주로 명사의 끝에 'ㅣ'가
첨가되어 어간의 일부를 이루는 현상이 있다.

70) '도움'의 방언. '돕-'에 파생 접사 '-애'가 결합된 것으로 보인다.

71) '원판'(원래부터 그렇게)에서 변화한 말이다. 원판>옴판.

72) 고려인들은 '문서(文書)', '증서(證書)' 심지어는 '진료 기록 카드' 따위도 '책'이라 한
다. '책'의 지시 범위가 넓은데 이 같은 현상은 고려말의 두드러진 특징이다. 개념을
세분하여 명명하지 않고 유(類)로 묶어서 표현하는 것이다. 이는 새로운 문화, 문명어
를 러시아어로 표현하게 되면서 생긴 현상이다. 고려말을 언어 정책적인 측면에서
갈고 다듬는 계기를 마련하지 못한 결과이다. 고려말은 이주 당시의 고려말에서 크게
발전하지 못하고 정체되고 말았던 것이다. 같은 기원의 함북방언보다 고려말이 보수
적인 이유가 바로 여기에 있다.

73) 문맥으로 보아 '엿새 동안 시간을 주고 이주 준비를 하도록 했다'는 뜻이므로 'Шесть
дней(=엿새)'라 해야 하는데 구술자는 '쉐수또'라 하였다. 본문에서는 'Шесть дней'
로 표기한다.

74) '스딸린'의 1음절 '스'는 조음이 안 된다. 어두자음군 /st/를 기피하는 현상이다.

75) '텡게(тенге)'는 카자흐스탄의 기본 화폐 단위. 구소련연방의 해체로 1993년 11월
15일에 1텡게 : 500 루블의 비율로 소연방의 화폐인 루블을 대체하고 새로운 카자흐
스탄의 화폐로 도입되었다. '텡게(тенге)'는 '저울'이라는 뜻이다.

76) '불쎄르'는 '갑자기'의 방언. 본디 '불시(不時)+-에+-르'가 결합하여 굳어진 부사이다.

77) 초기 강제 이주 때 한인이 키르기스스탄으로 강제 이주된 예는 없다는 말. 이웃 카자흐스탄이나 우즈베키스탄으로 강제 이주된 한인들이 후에 키르기스스탄으로 재이주하였기 때문에 키르기스스탄은 보상지원금을 줄 필요가 없다는 취지로 말한 것이다.

78) '재비'라는 고려말을 표준어 '자기'로 대치하여 쓴 것이다. 구술자의 표준어에 대한 이해도가 퍽 높다는 사실을 알 수 있다.

79) '데디다'는 '더디다[投]>데디다'의 변화. '버리다'라는 뜻으로 쓰인다. 부령군은 육진 방언과의 접촉 지역이어서 비구개음화형이 나타난 것이다.

80) 카자흐스탄 남부 잠빌(Жамбыл)주의 주도(州都)로 인구는 약 33만 명이다. 알마티 서쪽 키르기스스탄 국경지대에 위치하고 있다. 1993년 '잠빌', 1997년에 '타라즈'로 이름이 바뀌었다. 2007년 통계 자료(알마티 한국종합교육원)에 의하면 13,093명의 한인이 거주한다.

81) '아부라'는 보조사 '조차'의 방언. '아불[竝]-+-아'가 문법화한 것이다.

82) 조사자가 '원동'을 잘못 말한 것이다.

83) 이전에 두만강 유역의 함북 사람들은 피농사를 많이 지었는데, '피'를 '피나디'(또는 '피나지')라 하고 방아를 찧은 피쌀은 '피낟쌀'이라 하였다. 이주 전 연해주에서도 이 피를 많이 심었다. 이 '피'는 벼와 섞이어 자라는 '피'와는 다르다. 벼 사이에서 자생하는 '피'는 '돌피'라 한다.

84) 러시아어 'конопля'를 말한다. 그럼에도 제보자는 삼처럼 가공한다고 말하고 있다.

85) 조사자가 'конопля'를 '모시'로 잘못 이해하였다.

86) '거지(<거쥐)'는 '여과(濾過)'의 뜻. '거지+-ㄹ 해서>거질 해서'.

87) '칠으 내다', '색칠하다'라는 뜻. 제보자는 한국 사람들이 황톳물을 가지고 누른색의 염료를 만들어 물들이는 과정을 텔레비전 방송을 통하여 보고 말한 것이다.

88) 수공+-으(대격 조사)>수고˘오>수고:. 일한 만큼의 공수(工數)를 총 결산하여 그에 따라 이익을 분배 받는다. 본문의 '수공'은 '공수'를 뜻하는 말로 쓰였다.

89) 구술자의 발화에서 주격 조사 '-이가'가 쓰였다. 앞서 박블라디미르의 발화에서도 '-이가'의 출현을 본 바 있다.

05 박블라디미르와 안타샤의 농경 생활

5.1. 박블라디미르의 목화 농사

소: 음. 혹시 목하농사 목, 목하 목하농사요 목하농사 져 보셨어요?

박: 목하농사 재빌르느 그 맡아가주구서르 일 아이햇으나 목하르 뜯는데느 아이구! 쯧(=혀 차는 소리) 새틀하게 뜯, 뜯엇스.

소: 목화농사는 맨 처음 어뚷게 해요? 한번 목화농사를 짓는 것 좀 얘기 좀 해줘보세요.

박: 목하농사르, 거저 따아 뜨락똘(трактор)르 밭으 갈구.

소: 뜨락똘로 갈아요?

박: 예. 자알 그 걸기랑 다 자알 갖구 해서 그담번에 이라아 짖구서르 기겔르 싹 목하르 수뭅지.

소: 기게로 심어요?

박: 기겔르 기겔르 수무.

소: 목화 심는 기게가 있어?

박: 잇재애구.

소: 그문 목화는 심을 때 뭘로 심어요?

박: 그 목하 으 그 송체에(←송치+에) 씨, 씨, 씨잇단 말이, 씨.

소: 예에.

박: 그 씨르 그거 저기 목하 그 소개 그 공자~에서 그 잣아내게데무 그 소~이 싹 다른데르 가구 그 씨 다른 데르 나오짐. 그 씨르 받아서 또 에 벌기친다해서 그 씨르 이런 히믹(химик)간다서리 그거 오부라봇까(обработка)르 해서 기래서 그 그 목하르 시문 기게다서리 고랑들일 해서 수머.

소: 벌기 벌기친다고 하는 말은 벌, 저 벌레가 먹기 먹으니까.

5.1. 박블라디미르의 목화 농사

소: 음. 혹시 목화 농사 목, 목화 목화 농사요 목화 농사 지어 보셨어요?

박: 목화 농사는 내 자신이 그걸 맡아 가지고서 일은 안 했으나 목화를 뜯는 데는, 아이고! 쯧(=혀 차는 소리) 싫증이 나도록 뜯, 뜯었습니다.

소: 목화 농사는 맨 처음 어떻게 해요? 한번 목화 농사를 짓는 것 좀 얘기 좀 해 줘 보세요.

박: 목화 농사를, 그저 땅을 트랙터로 밭을 갈고.

소: 트랙터로 갈아요?

박: 예, 잘 그 써레랑 다 잘 갖고 해서 그다음 번에 이랑을 짓고서 기계로 싹 목화를 심지요.

소: 기계로 심어요?

박: 기계로 기계로 심어.

소: 목화 심는 기계가 있어?

박: 있잖고.

소: 그러면 목화는 심을 때 뭘로 심어요?

박: 그 목화 으 그 송이에 씨, 씨, 씨가 있단 말이오, 씨.

소: 예.

박: 그 씨를 그거 저기 목화 그 솜(을 만드는) 그 공장에서 그 자아내게 되면 그 송이가 싹 다른 데로 가고 그 씨 다른 데로 나오지 뭐. 그 씨를 받아서 또 에 벌레 친다 해서 그 씨를 이런 화학 처리실에서 그거 가공을 해서 그래서 그 그 목화를 심는 기계에다 고랑을 만들어서 심어.

소: 벌레 벌레 친다고 하는 말은 벌, 저 벌레가 먹기 먹으니까.

박: 그 씨, 씨갓에 벌기 치는 페다이 잇습지.

소: 예.

박: 기래무 기게 앞우루 목하 자라나메 그베~에 그 거기르 넘어온다 해서.

소: 에.

박: 씨르 기게, 노시앗말르 뜨라비(травить)나 한다는게. 싹 약을르 그렇기 씨르.

소: 우리 조, 우리 조선말로는요?

박: 조선말르 그 미시라구 핸, 한, 햇으무 좋갠지.

소: 그러니까 씨를 잘 약으로 인자 약으로 해가지고 약, 약을 해가지고 씨, 씨를 잘 놓는거에요?

박: 그 씨르 약물에다서 기래서 그다음 뻬짤로(специально) 이 조이 저기 마대에다서리.

소: 예.

박: 옇어서. 기래서 그 목하르 시문 조합이라던지 이래 통 가 실어오옵짐. 실어오무 그거 이제 그 목하르 시문 그 씨알까(сеялка) 그 파종기에 다서리 그 씨르 옇어서 고랑들이르 해서 이래 수뭅지.

소: 으음.

박: 그다음 수무구서르 그거 시방 이 깍질르 그거 가꿉지. 그 목하르.

소: 꽉지로요?

박: 깍질르.

소: 그것을 그때부턴 사람이 다 하는 거에요?

박: 사램이.

소: 으음.

박: 기래 그거 쩜 목하르 질하자무 아주 힘이 많이[마이] 들구 보, 복잡 한일이오. 기래 그담 가을에 가서 기게 수수께끼두 다 *잇, 한번 시머서 두번 피는게 무시겐가:하구 이래짐. 그 무슨 나무샌가:.

박: 그 씨, 씨앗에 벌레 치는 폐단이 있지요.

소: 예.

박: 그러면 그게 앞으로 목화 자라나며 그 병이 그 거기로 넘어온다 해서.

소: 예.

박: 씨를, 그게 러시아 말로 '뜨라비(травить, =약물로 없애다)'나 한다는 것이지. 싹 약으로 그렇게 씨를 (소독하지).

소: 우리 조, 우리 조선말로는요?

박: 조선말로 그 무엇이라고 했, 했, 했으면 좋겠는지.

소: 그러니까 씨를 잘 약으로 인제 약으로 소독을 해 가지고 약, 약을 해 가지고 씨를 잘 뿌리는 거예요?

박: 그거 씨를 약물에다 그래서(=소독해서) 그다음 특별히 이 종이(로 만든) 저기 마대(麻袋)에다.

소: 예.

박: 넣어서. 그래서 그 목화를 심는 조합이라든지 이렇게 모두 가서 실어 오지요 뭐. 실어 오면 그거 이제 그 목화를 심는 그 파종기(播種機), 그 파종기(播種機)에다 그 씨를 넣어서 고랑에 들여서(=뿌려서) 이래 심지요.

소: 으음.

박: 그다음 심고서 그거 시방 이 괭이로 그 목화를 가꾸지요. 그 목화를.

소: 괭이로요?

박: 괭이로.

소: 그것을 그때부터는 사람이 다 하는 거에요?

박: 사람이.

소: 으음.

박: 그래 그거 좀 목화를 짓자면 아주 힘이 많이 들고 복, 복잡한 일이오. 그래 그다음 가을에 가서, 그게 수수께끼에도 다 있(는데) 어, 한번 심어서 두 번 피는 게 무엇인가? 하고 이러지 뭐. 그게 무슨 남새인가.

소: 으음.

박: 기래 아는 사람덜 그 목하라구.

소: 음.

박: 꽃이 피지 먼저.

소: 예.

박: 그담에 그 꽃이 떨어지무 **목하송지 그 가라토시 같게 파라 파란게.

소: 예.

박: 그런게 달기지. 그다음 기게 또 차차 잇으메서르 벌어지무 그안에 소개 잇습짐.

소: 예.

박: 기래 두번 피입지. 기래 음 이 우즈베키스탄서느 기게 목하 무시라 하는가이 우리 기게 나셰(наше) 보가스보(богатство) 우리 그 재사이라구 그 목하.

소: 으음.

박: 기래 어터기 목하르 씨 이 쎼쎼(СССР, =Союз Советских Социа листических Республик) 때 어터기 목하르 크게 여겟던지 목하르 뜰을 시기 돌아오게다무 그런 *텅(←통) 어떤 오르간(орган)사 뜯는지 그런 **운으 싹 닫게 하구 밤에 일해라.

소: 으음.

박: 기래구 낮에느 싹 목하 뜯기르 나갑짐. 야아! 나두 저기 쏘련 공상 당원에 들어서 에엔 첫고자 이 이 당원덜이 꼭[꽁] 먼저 선줄서 나가야 뎁지. 하아! 목하르 새나게 뜯엇스.

소: 그러면은요 목화가 이제 꽃이 피고 나서 떨어지면 요만하게 생겨서 잋 게 그 올라오는거 있죠?

박: 아!

소: 으음.

박: 그래 아는 사람들은 그게 목화라고.

소: 음.

박: 꽃이 피지 먼저.

소: 예.

박: 그다음에 그 꽃이 떨어지면 목화 송이 그 가래[楸] 같은 게 파란, 파란 게.

소: 예.

박: 그런 게(=목화 다래) 달리지. 그다음 그게 또 차차 있다가 벌어지면 그 안에 솜이 있지요 뭐.

소: 예.

박: 그래 두 번 피지요. 그래 음 이 우즈베키스탄에서는 그 목화를 무엇이라 하는가 하니 우리 그게 우리의 보배, 우리의 재산이라고 (하지). 그 목화.

소: 으음.

박: 그래 어떻게 목화를 소비에트 연방 때 어떻게나 목화를 크게 여겼던지 목화를 뜯을 시기가 돌아오게 되면 그런 모든, 어떤 기관이 뜯든지 그런 문을 싹 닫게 하고 밤에 일해라.

소: 으음.

박: 그리고 낮에는 싹 목화 뜯기를 나가지요 뭐. 야! 나도 저기 소련 공산당원에 들어서 맨 첫 고장(=처음 뜯는 곳)에서 이 당원들이 꼭 먼저 앞줄에서 나가야 되지요. 하하! 목화를 지겹게 뜯었소.

소: 그러면은요 목화가 이제 꽃이 피고 나서 떨어지면 요만하게 생겨서 이렇게 그 올라오는 거 있죠?

박: 아!

소: 그니까 가래토시처럼.

박: 아아. 그 그런 기게 기게 또 또 이래 벌어져서.

소: 또 그걸 그걸 뭐라고 그려?

박: 그거 이 저기 이 시방 노시앗말르느 '꾸라크(коробочка хлопка)'라구서 게 우즈벡말르 '꾸라크(коробочка хлопка)'라구서리 기래.

소: 우리말로는?

박: 우리말른 그게 무시라구선 말. 거저 그사람덜이 그 목하르 저, 다쑤루 주력하다나이 그사람덜 말으 가주구 우리 썼지. 우리 조선말른 그 무시라 하는지. 기래 그때 그 목하르 뜯을 시기 돌아오게다무 어떤 기과이던지 문으 싹 거더매짐. 기래구서르 그 구역 당단체에서 돌아댕기메서리, 꼬미즈(комиссии) 댕기메 보지.

소: 으음.

박: 어느 기관에서 낮에 목하 **뜯라 아이 나가구 일하는가 하구[ɤu].

소: (웃음).

박: 기래 목하 뜯라 아이 나가구 *웃 재비 저기 *치 사무실에서 앉아 일하다 짝들기운 날에느 큰 제르 다 벌으 다하압지. 걔 나두 거 당책이, 거르만 잇어 놓오이 햐아! 그거 목하르 뜨, 뜯는게 거 목하송치 긑이[그티] 뽀다만거 가시같은게 이 소까락 자꾸 질거서 거 이 거저 피, **이거서 그거 피 버얼겋지 양손에.

소: 아아. 그래요?

박: 아˜아.

소: 그게 이룽 이룽 이렇게 벌어지면 이렇게 벌어지면 잏게 네 조각과 같이 벌어지죠잉?

박: 아, 야˜아. 기랜데 기 네칸짜리두 잇구 여슷칸짜리두 잇구.

소: 음.

박: 고 고 소개 칸카이 요렇기 백엣지.

소: 그러니까 가래〔楸〕처럼.

박: 아아. 그 그런 그게(=목화 다래) 그게 또 또 이렇게 벌어져서.

소: 또 그걸 그걸 뭐라고 그래?

박: 그거 이 저기 이 시방 러시아 말로는 '꾸라크'(=목화 다래)라고서 그게 우즈베키스탄 말로 '꾸라크'(=목화 다래)라고서 그래.

소: 우리말로는?

박: 우리말로는 그게 무엇이라고 했는지. 그저 그 사람들이 그 목화를 저, 대부분 주력(注力)하다 보니 그 사람들 말을 가지고 우리가 썼지. 우리 조선말로는 그걸 무엇이라 하는지. 그래 그때 그 목화를 뜯을 시기가 돌아오게 되면 어떤 기관이든지 문을 싹 걷어매지 뭐. 그래고 그 구역 당(黨) 단체에서 돌아다니면서, 위원회가 다니며 보지.

소: 으음.

박: 어느 기관에서 낮에 목화 뜯으러 안 나가고 일하는가 하고.

소: (웃음).

박: 그래 목화 뜯으러 안 나가고 자기 저기 사무실에 앉아 일하다 딱 들키는 날에는 큰 죄를, 다 벌을 당하지요. 그래 나도 거 당원증이 주머니에 있다 보니(=당원이다 보니), 하아! 그거 목화를 뜨, 뜯는 게 그 목화송이 끝이 뾰족한 거 가시 같은 게 이 손가락을 자꾸 찔러서 이게 그 피, 피가 벌겋지 양손에.

소: 아아. 그래요?

박: 응.

소: 그게 이렇, 이렇, 이렇게 벌어지면 이렇게 벌어지면 이렇게 네 조각으로 벌어지죠?

박: 아, 응. 그런데 그 네 칸짜리도 있고 여섯 칸짜리도 있고.

소: 음.

박: 고 고 솜이 칸칸이 요렇게 박였지.

소: 예.

박: 기래 기게 목하 잘대애서 그런거느 이래 거저 홀 손으 이래서 제에 댕기무 실수없이 빠지지.

소: 예.

박: 죄꼼 잘아이 덴거느 거기 떠억 붙어서 방저~이 또 나오재얳지. 기래 그거 저기 깨깟이 뜯재애꾸 기래무 두지 부라다 봄 그게 ***식성 잇게 하앙 이렇기 그렇기 보기실짊[šilč'imm].

소: 아.

박: 기래 발써 그 책임자덜이 와서 보구[pogʊ] 이거 누기 이렇기 뜯엇는가 하구[haɣu] 고체 *뜨, 돌아서 고체 뜯게 기래짐. 기래다서리 그다음 목하르 뜯는 기게르 낫엇지.

소: 음.

박: 기게. 그 목하 뜯는 기게 한번에 두고랑 잽이르 하는것두 잇구 네고랑 잽일 하는것두 잇구. 뜯긴 잘 뜯지 머. 기랜게 낭게두 많이[마이] 짚구 따에 떠, 떨어진 게 많구. 기래 또 따에 떨어지는거 또 줏는 기게 또 노, 나와서. 그 ***심토~이 레지나(резина) 바키 이래 돌메서리 이룽기 ***찜마갠게 기게 이래 이래 댇기메서르 따엣거 ***심토~잇거 주, 줏어 올레오지. 기래구서느 그 낭겟건 또 그 꾸라гц(коробочка хлопка)르 또 홀는 기게라 하구선 그거 거저 목하 ***유곡으 그 싹 훑어서.

소: 아아.

박: 가주. 기래 훑어서 또 그 에유! 그 어전 기게 이름두 잇어뿌렛스. 거기다서리 그거 또 쏟아옇어서 잣아내게다무 그 목하송치 그 요구아이 덴 거느 싹 다른데 나가구 그 샛하얀 목하 또 딸르 나오구. 기래 시반으느 기게화르 해애놓이까데 이전마 많이[마이] 수월하지.

소: 으음. 그먼 인자 그 목하 인자 그 소, 소개를 다 따다가 그걸 갖다가

소: 예.

박: 그래 그게 목화 잘되서 그런 거는 이렇게 그저 훌 손 이래서 쥐어 당기면 실수 없이 빠지지.

소: 예.

박: 조꼼 잘 안 된 거는 거기 떡 붙어서 방정히 또 나오지 않지 뭐. 그래 그거 저기 깨끗이 뜯지 않고 그러면 뒤 지(地)를 바라보면 ** 있게 항상 이렇게 그렇게 보기가 싫지 뭐.

소: 아.

박: 그래 벌써 그 책임자들이 와서 보고 이거 누가 이렇게 뜯었는가 하고 다시 뜯, 돌아서 다시 뜯게 (하고) 그러지 뭐. 그리하고 나서 그다음 목화를 뜯는 기계를 놨었지.

소: 음.

박: 기계. 그 목화 뜯는 기계 한 번에 두 고랑잡이(=두 고랑의 목화를 잡아서 뜯는 일)를 하는 것도 있고 네 고랑잡이를 하는 것도 있고. 뜯기는 잘 뜯지 뭐. 그런데 목화나무에도 (목화가 뜯기지 않고) 많이 남고 땅에 떨어진 게 많고. 그래 또 땅에 떨어지는 거 또 줍는 기계가 또 나와서. 그거 **이 고무바퀴가 이렇게 돌면서 이렇게 *** 게 그게 이래 이래 닫히면서 땅에 있는 거 **엣 것을 주, 주워 올려 오지. 그리고서 그 목화나무에 있는 것은 또 '꾸라끄'(=목화송이)를 또 훑는 기계라 하고서는 그거 그저 목화 **을 그 싹 훑어서.

소: 아아.

박: 가지고. 그래 훑어서 또 그, 어유! 그 이젠 기계 이름도 잊어버렸어. 거기다 그거 또 쏟아 넣어서 자아내게 되면 그거 목화송이 중에서 그 필요 없는 것은 싹 다른 데로 나가고 그 새하얀 목화가 또 따로 나오고. 그래 시방은 기계화를 해 놓으니까 이전보다 많이 수월하지.

소: 으음. 그러면 인제 그 목화 인제 그 소, 솜을 다 따다가 그걸 가져다가

말려요 그냥 그대로 해요?

박: 말리와야 데짐. 말리….

소: 말리와야 데?

박: 그거 습기만 잇게다무 그 목하 가리에 저 누게잇는게 거기 들어가게담 불이난단 말이오. 재빌르 거서 달아나메서리.

소: 불이 나요?

박: 불이, 불이 나짐. 뽀자르(пожар) 나짐.

소: 어 오오.

박: 기래놓이 그거 자알 말리와서 그 가리르 가리는 것두 그 특별이 거기 대해서 잘 아는 사람덜 거 가리르 가리구. 아아! 복잡하오. 저 목하. 그서 목할래서 그 아랄스크(Аральск) 호수 싹 어전 쫄아드째오?

소: 왜요?

박: 우즈벡스탄서 우즈벡딴서 그거 목하 밭으, 더 일구느라구서르 그 시르다리아(Сырдарья)가 아무다리아(Амударья) 그 강물이 아랄스키 모레(Аральское море) 떨어지는데 목하밭에 물으 대느라구서르 그 그 두 가~이 싹 저기 밭으르 페제나가구 아랄스키 모레(Аральское море)가 떨어진 물이 없단 말이오.

소: 아아.

박: 갠 어전 아랄스키 모레(Аральское море) 그전 물이 잇던 지게에서 만낄로메뜨르 만한게 시방 들어간 물입지. 기래 그 엠매 쫄앗갯는가 보오. 앞으루 미내, 다른 정쩍 쓰재애무 미내 마른다 햇소.

소: 그 **오츠, 그 호수가요?

박: 그 호수.

소: 굉장히 커, 커요?

박: 크재애구 기래. 기게 아랄스키 저기 호수는 호순데 커, 지대 커놓이까데 지다이 커놓이까 '아랄스키 모레(Аральское море)'라 하짐.

말려요, 그냥 그대로 해요?

박: 말려야 되지 뭐. 말려야.

소: 말려야 돼?

박: 그거 습기(濕氣)가 있게 되면 그 목화 가리에 저 누기(漏氣) 있는 게 거기 들어가게 되면 불이 난단 말이오. 저절로 거기서 불이 붙어서.

소: 불이 나요?

박: 불이, 불이 나지 뭐. 화재가 나지 뭐.

소: 어 오오.

박: 그래 놓으니 그거 잘 말려서 그 가리를 가리는 것도 그 특별히 거기에 대해서 잘 아는 사람들이 그 가리를 가리고. 아아! 복잡하오. 저 목화. 그거 목화 때문에 그 아랄해가 싹 이젠 줄어들지 않았소?

소: 왜요?

박: 우즈베키스탄에서 우즈베키스탄에서 그 목화밭을 더 일구느라고 그 시르다리아와 아무다리아 그 강물이 아랄해로 떨어지는데(=흘러드는데) 목화밭에 물을 대느라고서 그 그 두 강이 싹 저기 밭으로 퍼져 나가고 아랄해로 흘러드는 물이 없단 말이오.

소: 아아.

박: 그게 이젠 아랄해가 그전 물이 있던 지경(地境)에서 10,000킬로미터 정도가 시방 들어간 물이지요.[1] 그래 그 얼마나 줄었겠는가 보오. 앞으로 아주, 다른 정책을 쓰지 않으면 아주 마른다 했소.

소: 그 아랄해, 그 호수가요?

박: 그 호수.

소: 굉장히 커, 커요?

박: 크잖고 그래. 그거 아랄스키는 저기 호수는 호수인데 커, 지대(地帶)가 크니까 지대(地帶)가 크니까 '아랄스키 모레(Mope)'라 하지 뭐.

바다라구 '아랄스키(Аральское) 바다'라구 그.

소: 아, '모레(море)'란 말이 '바다'란 말이에요?

박: '모레(море)'라구. '바다'라구 했지.

소: 러시, 로시앗말로?

박: 야~ 오제르(озеро)느 오제린(озеро)게 커놓이까데 '바다'라구서리 기랫짐.

소: 오오.

박: 기랜게 어전 싹 싹 쫄아들엇스.

소: 아아. 그러면은 그 우즈벡스탄에서는 소캐가 굉장히 많이 났, 나와요?

박: 전체르 저기 우즈벡스탄으 그 목할르 전체르 쳐, 첫엇짐. 저 우즈벡스탄.

소: 오오. 그러면 인제 목화농사는 목화를 그렇게 그렇게 짓고 나면 인자 그 목스, 목화는 씨, 씨 빼고 그 목화만 따로 빼가지고 실만드는건 사람들이 엣날에 안 만들었어요?

박: 그 기게 싹 가주구 하압지. 기게.

소: 그문 옛날에 처음에 와 오, 오셨을 때도 기게로 했어요?

박: 처음엔 모릅지 어터게 햇는지. 시반 싹 그 저기 목하 그 소오 지방 싹 오부라보뜨까(обработка)야 싹 뻬짠느(специальный)….

바다라고 '아랄스키(Аральское) 바다'라고 그.

소: 아, '모레(море)'라는 말이 '바다'라는 말이에요?

박: '모레(море)'라고. '바다'라고 했지.

소: 러시, 러시아 말로?

박: 응 호수는 호수인데 커 놓으니까 '바다'라고 그랬지 뭐.

소: 오오.

박: 그런데 이젠 싹 싹 졸아들었어.

소: 아아. 그러면은 그 우즈베키스탄에서는 솜이 굉장히 많이 나, 나와요?

박: 전체를 저기 우즈베키스탄을 그 목화로 전체를 쳐, 쳤었지 뭐. 저 우즈베키스탄.

소: 오오. 그러면 인제 목화 농사는 목화를 그렇게 그렇게 짓고 나면 인제 그 목화, 목화는 씨, 씨 빼고 그 목화만 따로 빼 가지고, 옛날에 사람들이 실은 안 만들었어요?

박: 그 싹 기계를 가지고 하지요. 기계.

소: 그러면 옛날에 처음에 와 오셨을 때도 기계로 했어요?

박: 처음에는 모르지요 어떻게 했는지. 시방은 싹 그 저기 목하의 그 솜을 시방 싹 가공하는 것이야 싹 특별히….

5.2. 박블라디미르의 벼농사

소: 그문 베질은 베질은 언제 해보셨어요?

박: 내?

소: 예.

박: 내 베질으 사십윤, 육년 칠년 팔년도 삼년 도~안으 베질 햇짐.

소: 그먼 베질은 그때 어트끼 했어요? 베질을 베질헐럼, 여기 베질허는 방법 쫌 설명 좀 해줘 봐요.

박: 기때느 기땐 어터게 햇는가~이 그 논답우 짖는다구. 이 둑우 만들엇습지.

소: 네.

박: 둑우 만들어서 이렇기 거저 한둑 답이 함 쉰펭방메뜨르(метр)두 데구 함 반펭방메뜨르(метр)두 데구. 고롱기 작게 자롬자롬해서 거기다 그다음번에[그다음버네] 물으 영구서르 번지질한다하구[ɣu] 쉐르 메와서 그넙:죽한 그런걸르 그 바닥으 물밑으 이래 반:드샇게 이릏게 공굽지무.

소: 네.

박: 기래구서르 그 강짓물이[2] 그 일어난데다 그담 손을르 씨르 주구 기랫지. 갠데 시방 어저느 베질한것두 다쑤루 기게화르 하구. 따아 반:드샇게서르 싹 그릏기 만들어놓구서르 그런 베밭이[3] 한 답이 멫 겍따르(гектор)씨 데엡지.

소: 으음.

5.2. 박블라디미르의 벼농사

소: 그러면 벼농사는 벼농사는 언제 해보셨어요?

박: 나?

소: 예.

박: 내가 벼농사를 1946, 1946년, 1947년, 1948년 3년 동안을 벼농사를 했지 뭐.

소: 그러면 벼농사는 그때 어떻게 했어요? 벼농사를 벼농사를 하려면, 여기 벼농사 하는 방법 좀 설명 좀 해줘 봐요.

박: 그때는 그때는 어떻게 했는가 하니 그 논[畓]을 짓는다고. 이 둑을 만들었지요.

소: 네.

박: 둑을 만들어서 이렇게 그저 하나의 둑으로 지어진 답(畓, =논)이 한 50평방미터도 되고. 한 반 평방미터도 되고. 고렇게 작게 자름자름해서 거기에다 그다음 번에 물을 넣고서 번지질을 한다 하고 소를 메워서 그 넙죽한 그런 것으로 그 바닥을 물 밑을 이래 반듯하게 이렇게 고르지요 뭐.

소: 네.

박: 그리고서 그 흙탕물이 그 일어난 데에다 그다음 손으로 씨를 주고 그랬지. 그런데 시방 이제는 벼농사를 하는 것도 대부분 기계화가 되어 기계로 하고. 땅을 반듯하게 싹 그렇게 만들어 놓은 그런 논이, 한 답이 몇 헥타르씩 되지요.

소: 으음.

박: 기래노이 거저 그거 꼼바인(комбайн) 들어가서 그저 마음대르 이룽기 돌아댕기매 가슬두 하구. 기래구 씨르 치는 거느 물 아이 영구서르 마른따에다서리 비행기 날아댕기메서리 그 여기 꾸꾸루지 꾸꾸르스 하는 그 비행기 두날개짜리 그런 비행기 뻬짠느(специальный) 이 ***노천겡 긔서 쓰는 비행기 여기 잇습니다. 그 비행길르, 씨르 비행길르 치구, 씨르 다 친 담에 쳐놓구 그담번[담뻔]에 물으 대지.

소: 아아.

박: 이전에느 물으 먼저 대구 기래구서르 씨르 첫댓짐. 기래 그 씨 뜬 닥해서[뜬다개서] 씨르 하이틀[haitʰil] 물에다서르 장과뒀다서리 그다음번 퍼진 다음에 씨르 첫지. 거저 마른거 치게 데무 씨 뜬다구서리.

소: 에.

박: 갠게 시방 내 베질 아이해두 그 베질한 *뜨, 그 거그서 온 분네딜 까 물어봄 시방은 베질하기 그렇기 수월하다구. 그저 그전에느 낟으 가주구서르 손을르 싹 그거 가슬으 가을하구 기랫는데 시반으느 꼼바인(комбайн) 거저 그 둑이, 답이 크다나이 꼼바인(комбайн) 거저 빙:비~ 돌아댕기메서리.

소: 으음.

박: 싹 삐구 기랫.

소: 으음. 그먼 옛날에 했을 땐 인자 그 그룽기 할때 쉐가 그 그 메고다니는거 그걸 그걸 뭐라 그랬어요?

박: 그거 번, '번지'라구서르 고렷사람덜은.

소: '번지'.

박: 버, '번지'. '번지'라구서.

소: 그먼 번지질 허기 전에 먼저는 뭐, 뭘해야 데요?

박: 번지질.

소: 땅을, 땅을 잏게 잏게 잏게 파야잖아?

박: 그리해 놓으니 그저 그거 콤바인이 들어가서 그저 마음대로 이렇게 돌아다니며 추수도 하고. 그리고 씨를 치는 거는 물을 안 넣고서 마른 땅에다가 비행기가 날아다니며, 그 여기서 그 꾸꾸루지 꾸꾸르스라 하는 그 비행기, 두 날개를 가진 그런 비행기가 전적으로 (씨를 치는데), 이 ***노천 경기에서 쓰는 비행기가 여기 있습니다. 그 비행기로 씨를 치고. 씨를 다 친 다음에 쳐 놓고 그 다음 번에 물을 대지.

소: 아아.

박: 이전에는 물을 먼저 대고 그러고서 씨를 쳤었지 뭐. 그래 그 씨가 뜬다고 해서 씨를 한 이틀을 물에다 담가 두었다가 그 다음번 (물에 담가 둔 씨가) 퍼진 다음에 씨를 쳤지. 그저 마른 거 치게 되면 씨가 뜬다고 해서.

소: 예.

박: 그런데 시방 내가 벼농사를 안 해도 그 벼농사를 짓는 그 거기서 온 분네들과 물어보면 시방 벼농사를 짓기가 그렇게 수월하다고. 그저 그 전에는 낫을 가지고서 손으로 싹 그거 추수를 추수하고 그랬는데 시방은 콤바인, 그저 그 둑이, 논이 크다 보니 콤바인이 그저 빙빙 돌아다니면서.

소: 으음.

박: 싹 베고 그랬(지요).

소: 으음. 그러면 옛날에 했을 때는 인제 그 그렇게 할 때 소가 그 그 메고 다니는 거 그걸 그걸 뭐라 그랬어요?

박: 그거 번, '번지'라고서 고려 사람들은.

소: '번지'.

박: 버, '번지'. '번지'라고서.

소: 그러면 번지질하기 전에 먼저 뭐, 뭘 해야 되요?

박: 번지질.

소: 땅을, 땅을 이렇게 이렇게 이렇게 파야잖아?

박: 뜨락똘(трактор)르 싹 그 가대길르 싹 갈아놓습짐.

소: 뜨락또르가 없을 때는 뭘로 했어요?

박: 손을르 깍지르 가주구 팠습지. 깍지르 가 파재애무 그 내 아깨 *그랫스, 쉐가대길르.

소: 쉐가대기로?

박: 쉐, 저거 쉐르 너어씨 메와서 쉐가대길르 따아 번졋짐.

소: 쉐가다기 혹시 보셨어요? 쉐가, 가다기 보셨냐고?

박: 그거 뻬짠느(специальный) 그렇기 조합에서 그 야장깐에서 그렇기 또 가대기르 그렇기 특별이 만들엇지. 거저 한나짜리 가대기르. 저 뜨락또르(трактор)느 이 일구야들, 열두꺼지 기랜데 기찍에느 쉐가대기 웨 가내기르 쉐너이서 것두 제에구 끄스지. 기래 이래 따아 번제놓짐[4].

소: 으음. 그면은 가대기 앞 밑에가 이룽기 이룽기 쇠가 있죠? 쇠가 붙어있죠이~?

박: 야.

소: 그 쇠르 뭐라고 불러요?

박: 뜨락또르(трактор)에 잇는거 뜨락또르(трактор) 가대긴 그걸 '레미크(лемех)'라구 하는데 고렷사람 말은 게 미시긴두 알수 (웃음).

소: 고렷사람 말로 아 아 아 아. 그면 인자 그렇게 해서 잃기 이룽기 땅을 번져놓으면 거다 물을 대죠이~?

박: 야 물으 대지.

소: 물을 대고 나면.

박: 그 번져논 담에 둑으 만들어야 데지.

소: 둑으 만들어요?

박: 둑으 만들어서 이룽기 네몰 뻔드샇게 물으 가다 옇게서리.

박: 둑으 만들어야 데지. 둑으 만든 담에 그담 논코이라: 하구서르 그 둑으 만든 그 한짝 여파레다가 잏게 또 코오 만들지, 물이.

박: 트랙터로 싹 그 가대기로 싹 갈아 놓지요 뭐.

소: 트랙터가 없을 때는 뭘로 했어요?

박: 손으로 괭이를 가지고 팠지요. 괭이를 가(지고) 파지 않으면 그 내가 아까 그랬던 것처럼, 쇠 가대기로.

소: 소가 끄는 가대기로?

박: 소, 저거 소를 넷씩 메워서 소가대기로 땅을 파 엎었지 뭐.

소: 쇠 가대기 혹시 보셨어요? 쇠 가, 가대기 보셨냐고?

박: 그거 특별히 그렇게 집단농장에서 그 대장간에서 그렇게 또 가대기를 그렇게 특별히 만들었지. 그저 (날, 보습이) 하나짜리 가대기를. 저 트랙터는 (땅을 파 엎는 날이) 이 일고여덟 개, 열두 개까지 있지. 그런데 그 때에는 소 가대기, 외가대기를 소가 넷이서, 그것도 겨우 끌지. 그래 이렇게 땅을 파 엎어 놓지 뭐.

소: 으음. 그러면은 가대기 앞 밑에 이렇게 이렇게 쇠가 있죠? 쇠가 붙어있죠?

박: 응.

소: 그 쇠를 뭐라고 불러요?

박: 트랙터에 있는 거 트랙터의 가대기는 그걸 '레미크'(=보습)라고 하는데 고려 사람 말은 그게 무엇인지 알 수 (없습니다) (웃음).

소: 고려 사람 말로 아 아 아 아. 그러면 인제 그렇게 해서 이렇게 땅을 갈아엎어 놓으면 거기다 물을 대지요?

박: 응 물을 대지.

소: 물을 대고 나면.

박: 그 흙을 파 엎어 놓은 다음에 둑을 만들어야 되지.

소: 둑을 만들어요?

박: 둑을 만들어서 이렇게 네모 번듯하게 (하지). 물을 가두어 넣게.

박: 둑을 만들어야 되지. 둑을 만든 다음에 그다음 물꼬라 하고서 그 둑을 만든 그 한쪽 옆에다 이렇게 또 물꼬를 만들지, 물이.

소: 예.

박: 기래구 거기다 물으 대지.

소: 물 대죠, 그쪽에?

박: 아아. 물으 대구서르 그다음 그 번지질하구 기래구 씨르 치지. 씨르 치
구서르 그 물으 그 바닥에 어, 높우구 얕구 그거 조절하길래서 그 논코이다
서리 또 딸르 그런 짚우 이래 묶어서 *노구 코이다서 또 코오 놓지. 그거 놓
재애무 물에 쌕 그 밀기와 달나지, 또 아이구! 일이 많앴어, 그전에. 시반
이야기르 한거 들으이까 무스 거저 놀옴질이나 한 한가집다.5) 베질하는게.

소: (웃음). 그러면은 한 오십평방정도면은 그 몇 몇 마대나 했어요?

박: ***더:크 … 내 (헛기침) 열다슷 쏘뜨까(сотка)르 오고로드(огород)
가진 데서 한 또(тон)이 낫으이까데 ***더:크 … 로우 한 오십펭방메뜨르
(метр) 덴데서 거저 한마대 바이나 이래 이렇기 나짐. 것두 잘덴게 잇구
못델때 못데무 미내 수확이 없구. (헛기침).

소: 그면은 한마대정도가 그때 돈으론 얼마나 데요?

박: 모르짐. 얼매짜린지. 팔재앴다나이. 게 그 저기 조합에서.

소: 아아. 조합에서.

박: 우리 조합에서 우리 이 기관일 하는 사람덜으 그 터전처리. 이 일
백[일빽] 저기 열다슷 쏘뜨까(сотка)무 기게 일천오백펭방메뜨르(метр)갯
지. 그만한 따아 거저 주지.

소: 예 예.

박: 베르 심어 먹으라구. 기래 재빌르 그거 거그다 수머서 매달아서 수
확거두무 으 밥거린 벤벤하지 무스.

소: 아:: 그 다 재빌르 다 하는 거여?

박: 재빌르 쌕.

소: 예.

박: 그리고 거기다 물을 대지.

소: 물 대죠, 그쪽에?

박: 응. 물을 대고서 그다음 그 번지질하고 그리고 씨를 치지. 씨를 치고서 그 물을 그 바닥에 어, 높고 얕고 그거 조절하기 위해서 그 물꼬에다 또 따로 그런 짚을 이래 묶어서 놓고 물꼬에다 또 코를 놓지. 그거 놓지 않으면 물에 싹 그 밀려 달아나지, 또. 아이고! 일이 많았어, 그전에. 시방 이야기를 한 거 들으니까 뭐 (그렇지만). 그저 노름질이나 한가(지), 한가지지요. 벼농사를 짓는 게.

소: (웃음). 그러면은 한 50평방미터 정도면 그 몇 몇 마대나 (수확을) 했어요?

박: **** 내가 (헛기침) 15소트카의 텃밭을 가진 데서 1톤이 났으니까 저 **** 한 50평방미터가 되는 데서 그저 한 마대 반이나 이래 이렇게 나지, 뭐. 그것도 잘 된 게 있고 못 될 때, 못 되면 전혀 수확이 없고 (헛기침).

소: 그러면은 한 마대 정도가 그때 돈으로는 얼마나 되요?

박: 모르지 뭐. 얼마짜리인지. 팔지 않다 보니. 그게 그 저기 집단농장에서.

소: 아아. 집단농장에서.

박: 우리 집단농장에서 우리 이 기관 일을 하는 사람들을 그 터전(=텃밭)처럼. 이 100, 저기 15소트카면 그게 1,500평방미터겠지. 그만한 땅을 거저 주지.

소: 예 예.

박: 벼를 심어 먹으라고. 그래 자기 스스로 그거 거기에다 심어서 (알이) 매달려서 수확을 하면 어 밥거리는 넉넉하지 뭐.

소: 아 그것을 다 자기 스스로 다 하는 거야?

박: 자기 스스로, 싹.

소: 구러면 온제 낮에 가서 그 단위(單位)에 그거 일하다가 언제 가서 또 농사 져?

박: (웃음) 기래두 달아댕기메서리 저 우리 시반 저 노친 젊어서 낮에느 그 전야에 나가서 목하밭에서 일하구 지약에느 구락부에 와서 그 끼노(кино)르 논, 영화르 논 노는 데서 페끼르 팔구. 표르 팔구 기랫짐.

소: (웃음) 그러면은. 그 목하 같은 것도 많이 따면은 많이 딴 만큼 돈 더 줘요?

박: 그 한 낄로(кило)에 까금잇지. 멫글자란거.[6] 저 목하 장진 목하 한 송치 일굽그람(грамм)우나 제:엘 많이[마이] 가서 아홉그람(грамм) 가지 무게.

소: 예 예.

박: 기랜데 우리 기관서 일한 사람이 할럴에 재비 일은 일대르 하메 할럴에 펭군 쉰낄로(кило)만:한 거 뜯어야 덴다지 목하르. 노르마(норма) 사단(задание)이 그렇지.

소: 음.

박: 기래 그거 쉰낄로(кило)르 뜯자무 아홉그람(грамм)이라 *** 뱅솔찜 **뜨줌 구십그람(грамм) 걸어 천소~이, 일천 한 오백 송치르 뜯어야 한낄로(кило) 한낄로(кило) 데나마나하오.

소: 어어.

박: 기래 쉰낄로(кило)르 뜯자무 멫천송치르 빼앰, 데야 데갯는가 궁닐 해봐! 아이구::! 기딱차오. 기래 내 너무:: 주력하구 멩심하구서르 기래. 그 저기 그 브리가질(бригадир)질한 그분네 **나른 생각해서 기랫갯지. 야 아! 제 내 저기 기관에서 일 잘해서.

소: 네.

박: 그 세바키짜리 모터치끄(мотоцикл) 우라우(Урал)[7] 내,

소: 네.

소: 그러면 언제 낮에 가서 그 직장에 일을 하다가 언제 (자기 밭에) 가서 또 농사를 지어?

박: (웃음) 그래도 뛰어다니면서 저 우리 시방 저 노친이 젊어서 낮에는 그 전야(田野)에 나가서 목화밭에서 일하고 저녁에는 클럽에 와서 그 영화를 상영하는, 영화를 상영한, 상영하는 데서 표를 팔고. 표를 팔고 그랬지 뭐.

소: (웃음) 그러면은. 그 목화 같은 것도 많이 따면 많이 딴 만큼 돈 더 줘요?

박: 그 어 1킬로에 가금(價金, =값)이 있지. 몇 글자(=얼마)라는 거. 저 목화 쟁인 목화 한 송이가 7그램이나 제일 많이 무게가 나가면 9그램이 (나)가지, 무게가.

소: 예 예.

박: 그런데 우리 기관에서 일하는 사람이 하루에 자기 일은 일대로 하며 하루에 평균 50킬로그램 정도를 뜯어야 된다 하지, 목화를. 임금을 받기 위한 과제가 그렇지.

소: 음.

박: 그래 그거 50킬로그램을 뜯자면, (한 송이가) 9그램이니 *** 뜯으면 90그램을 거두어, 천 송이, 1,000송이 하고도 한 500송이를 뜯어야 1킬로, 1킬로가 되나 마나 하오.

소: 어어.

박: 그래 50킬로그램을 뜯자면 몇 천 송이를 빼야 되겠는지 생각을 해봐! 아이고! 기가 차오. 그래 내가 너무 (일에) 주력(注力)하고 명심하고서 그래(=일을 해). 그 저기 그 작업반장질을 한 그 분네 나를 생각해서 그랬겠지. 야! 내가, 자네가 저기 기관에서 일을 잘해서.

소: 네.

박: 그 세 바퀴짜리 오토바이 우라우를 내,

소: 네.

박: 그런 쁘레미(премия)르 탓댓습지. 기래 그 우라우 타구두 저 목하두 아츰 누기에 나가 뜯으무 손두 더 아푸구 무게두 좀 더 가지.

소: 에에에.

박: 기애 이 정습때느 무게두 더가구 그: 말라서 그 소, 손 자꾸 질거뻐리짐.[8] 기래 새박이무.

소: (웃음).

박: 꼴호즈(колхоз) 훼원덜 하나뚜 아이 나오는데 새박임 발써 그 어느 모태르 나르 자릴 지적해달라구서. 기램 그 그 브리가질(бригадир) 어드, 어느 모태서 뜯으라구서. 기래 그 자레에 가서 뜯지. 기래 그야ˇ아르 그렇기 뜯으이까 한번 기래짐. 야아! 제 그렇기 열서ˇ어 쓴게 내 보기 과연 아깝다구 헷으무 좋갯는두. 기래 기래지.

소: 예.

박: 어전 기래지 말구 줴꼼 뜯구서르 그 밤이무 그 목하르 뜯는 기게 목하르 뜯어서느 또 그 뜨락또르(трактор) *수, 술에다서리 그거 이래 기곌르.

소: 음.

박: 이 번져서 그 술게 넴게싫짐[넹게실찜].

소: 예.

박: 게 그 싫던 자레에 더:서너낄로(кило)씨 그 목하 흐르지 늘쌍.

소: (웃음).

박: (웃음). 기래 그분네 기래짐. 모토찔(мотоцикл) 타구 댕기메서리 새박에 훼원덜이 꼴호즈 훼원덜이 나오기 전에 그 목하르 흘린거 그거 싹 주, 줏어 가지라구서. (웃음).

소: (웃음).

박: 그분네 내 너무: 열서ˇ[열써ˇ] 내이까데 야 날 불싸해서 기랫지.

소: 예.

박: 그런 상(賞)을 탔었지요. 그래 그 우랄 오토바이를 타고도 저 목화도 아침 누기(漏氣)에 나가 뜯으면 손도 더 아프고 무게도 좀 더 나가지.

소: 에에에.

박: 그래 이 점심때는 무게도 더 나가고 그 말라서 그 소, 손을 자꾸 찔러 버리지. 그래 새벽이면.

소: (웃음).

박: 콜호즈 회원들이 하나도 안 나오는데 새벽이면 벌써 그 어느 모퉁이를, 나에게 자리를 지적해 달라고서. 그러면 그 그 작업반장이 어디, 어느 모퉁이에서 뜯으라고 하지. 그래 그 자리에 가서 뜯지. 그래 그 모양으로 그렇게 뜯으니까 한번은 그러지 뭐. 야아! 자네가 그렇게 열성(熱誠)을 보인 것이 내 보기에 정말 아깝다고 했으면 좋겠는지. 그래 그러지.

소: 예.

박: 이제 그러지 말고 조끔 뜯고서 그 밤이면 그 목화를 뜯는 기계(로) 목화를 뜯어서는 또 그 트랙터의 숟가락(=버킷)에다 그걸 이래 기계로.

소: 음.

박: 이 뒤엎어서 그 수레에 넘겨 싣지, 뭐.

소: 예.

박: 그래 그 싣던 자리에 두서너 킬로그램씩 그 목화가 흐르지 늘.

소: (웃음).

박: (웃음). 그래 그 분네 그러지 뭐. 오토바이를 타고 다니면서 새벽에 회원들이, 콜호스 회원들이 나오기 전에 그 목화를 흘린 거 그거 싹 주, 주워 가지라고. (웃음).

소: (웃음).

박: 그 분네 내가 너무 열성(熱誠)으로 하니까 응 나를 불쌍하게 여겨서 그랬지.

소: 예.

박: 기래 내 그 그분네 보리스라구 이림이. "아이! 보리스 선생님! 손으르 뜯은것가 기게르 뜯은게 게 또 따오, 발써."

소: 아아::.

박: 거칠게, 내 보기에 발써 따오. 아 기래 그 저 저울에서 그 받는 사람덜이 그 기게 뜯은게 항9) 알긴데 저기 아 그 짝들기무10) 그 어떤 수친가 하구서 기래. 일없다구 일없다구. 내 시긴 야°아르 하라구. 디끝은[디끄든] 내 담당하갯다문서.

소: 에::.

박: 기래 그후부터느 슬금 새박에 나가서느 그 어떤 때느 데11) 밤에 싫 다나이 어떤 때느 대애여슷낄로(кило)씨 떨어진 자리 잇지무.

소: 오오.

박: 기래 그거 커우대애다 옇어서느 그다음 그 받는 사람 나오게 다무 이래 바치짐. 개무 그사람 무슨 무스 득이 따라서 급 …. 손으로 뜯엇지무,12) 그 그렇기 신측하갯소.13) 거저 기래 저울에 떠서 쏟아놓구 쏟아놓구. 기래 마감 옆에 데게 걸씰 했어. 그 브리가질(бригадир)으 그렇기 (웃음).

소: (웃음) 으음.

박: 그러재애무 그러재애무 아이 댓댓소. 그때 까레 열일에 한번씨 그런 당훼이르 저 구역에서 하는데 그 목하 사단(задание)이르 하지 못한 당원덜으느 당책이 왔다갓다 햇소. 기래 그 그찍에느 그 소련 공산당원덜이 당책으 잽히우는거느 잽히우게 데무 그건 죽은 목숨이나 한가지라구 기랫소. 기래 그 당책으 잽히우지 말자구서르, 야아! 애두 썼소. (웃음)

소: 음. 그면 당원이 데면: 소련 공산당 당원이 데면 무슨 뭐 쫌 혜택이 있어요?

박: 그래 내 그 그 분네 이름을 보리스라고 하는데. "아이! 보리스 선생님! 손으로 뜬 것과 기계로 뜬 게 이렇게 또 다르오, 벌써."

소: 아아.

박: 거칠게, 내가 보기에 벌써 다르오. 아 그래 그 저 저울에서 그 (목화 뜬 것을) 받는 사람들이 그 기계가 뜬 것은 환히 알 수 있는데 저기 아 그 들키면 그 어떤 수치(羞恥)인가 하고서 그래. 괜찮다고, 괜찮다고. 내가 시키는 대로 하라고. 뒤끝은 내가 감당하겠다면서.

소: 에.

박: 그래 그 후부터는 슬금슬금 새벽에 나가서는, 그 어떤 때는 밤에 데신다(=어설피 신다) 보니 어떤 때는 대여섯 킬로그램씩 떨어진 자리가 있지 뭐.

소: 오오.

박: 그래 그거 마대(麻袋)에다 넣어서는 그다음 그 받는 사람이 출근하게 되면 이래 바치지. 그러면 그 사람이 무슨 뭐 이득(利得)에 따라서(자기에게 무슨 이득이 있다고) 급(級)(을 따지겠소) …. 손으로 뜯었지 뭐, 그 그렇게 신칙하겠소. 그저 그래 저울에 달아서 쏟아 놓고 쏟아 놓고. 그래 막판에는 되게 빠르게 했소. 그 작업반장이 그렇게 (웃음).

소: (웃음) 으음.

박: 그렇지 않으면 그렇지 않으면 안 됐었소. 그때 시기에 열흘에 한번씩 그런 당(黨) 회의를 저 구역에서 하는데 그 목화를 뜯는 과제를 완수하지 못한 당원들은 당원증(黨員證)이 왔다 갔다 했소. 그래 그 그 때에는 그 소련 공산당원들이 당원증을 잡히는 것은(=당원증을 잃는 것은), 잡히게 되면 그건 죽은 목숨이나 한가지라고 그랬어. 그래 그 당원증을 잡히지 말자고, 야아! 애도 썼어 (웃음).

소: 음. 그러면 당원이 되면 소련 공산당 당원이 되면 무슨 뭐 좀 혜택이 있어요?

박: 거저 벌으 받을 직에느 이 비당원마 곱을 버, 벌으 더 받습지. 그러나 위촌 **데겝세. 위초이 잇지무. 모든 방멘에 들어가서 당원덜이 말하무 그거 실속으로 싹 믿지.

소: 으음. 그거 당원은 공자(工資)를14) 많이 받는 건 아니고?

박: 아이구 (기침).

소: 그먼 저 이룽기 뭐 일 같은거 하면은 쫌 빨리 올라, 올라가기도 하고 그래요?

박: 그런 페단두 잇지무. 그런 페단두 많짐.

소: 당원들이니까.

박: 당원들이. 기래 기때앤느 쏘런공산당 이름 뜨게 다무 그 당책이 이 잇게 디모 발써 실속을르 예깁지. 그 사람으게느 거즛말이 없구 그 그렇다는거. 기래 그 당원으 그렇기 믿지 발써.

소: 으음. 그먼 당원이라고만 내노먼 사람들이 함부로 않겠네?

박: 내 어떤 일이 잇엇는가이 (기침) 긔 직[찍]에 이 쏘런때 여기 시방 첫짜아들이 여기 이실 직에 내 저 따쉬껜뜨서 여기르 비행기에 늘쌍 *앉 댕겟지. 기래 한번 (기침) 따쉬껜(Ташкент) 갓다오다르 올직에 따쉬껜(Ташкент) 아에로쁘르뜨(аэропорт) 가 뜩 비행자~ 와서 비행기 뜰거 지달갓는데 어터끼 사램 많이[마이] 많어서 분자스럽운지 그 말하는게 듣기재잏지. 내 앉아 갈 비행기 어느때 어찐다는거. 기래 그 소리 듣자구서르 그 지붕 우에다서리 그 루쁘르(рупор) 달아맨거 거기 말으 듣자구 한데에 나와서 그 찌리차스(через час) 스까메이까(скамейка) 잇는데르 거기 가 사~이15) 잇는데 앉아서 기랜데. 아이 밀리쪼니라 쎄르잔뜨(милиционный сержант) 어, 뜩 와서 내 그직에 담배르 피왓지. 담밸 피우는데 내 앞에 그 담배꼬토리덜 가뜩 이래 피운거 제에뿌린게 잇짐. 기래 그 따아 보구 나르 보구 하더이 이 따에 담배꼬토리 이거 제에16) 들라구서 기래짐. 기래 내 미시 들겟는가구.

박: 그저 그 벌을 받을 적에는 이 비당원보다 곱으로 벌을 더 받지. 그러나 위신(威信)은 되겠지요. 위신이 있지 뭐. 모든 방면에 들어가서 당원들이 말하면 그거 실속 있게 싹 믿지.

소: 으음. 그거 당원은 임금을 많이 받는 건 아니고?

박: 아니고 (기침).

소: 그러면 인제 이렇게 뭐 일 같은 거 하면 좀 빨리 올라, 올라가기도 하고 그래요?

박: 그런 폐단도 있지 뭐. 그런 폐단도 많지 뭐.

소: 당원들이니까.

박: 당원들이. 그래 그때는 소련 공산당의 이름이 뜨게 되면 그 당원증(黨員證)이 있게, 있게 되면 벌써 실속 있는 것으로 여기지요. 그 사람에게는 거짓말이 없고 그 그렇다는 거. 그래 그 당원을 그렇게 믿지 벌써.

소: 으음. 그러면 당원이라고만 내놓고 다니면 사람들이 함부로 하지 않겠네?

박: 내가 어떤 일이 있었는가 하니 (기침) 그 때에 이 소련 때 여기 시방 첫째아들이 여기 있을 적에 내가 저 타슈켄트에서 여기로 비행기를 늘 타고 다녔지. 그래 한번 (기침) 타슈켄트에 갔다가 올 적에 타슈켄트 공항에, 떡 비행장에 와서 비행기가 뜰 때를 기다렸는데 어떻게나 사람이 많이, 많아서 시끄러운지 그 말하는 게 들리지 않지. 내가 타고 갈 비행기가 어느 때 어찌한다는 거. 그래 그 소리를 듣자고 그 지붕 위에다 그 확성기를 달아맸는데 거기서 나오는 말을 듣자고 한데에 나와서 1시간이 지나도록 그 벤치가 있는 데로 가서, 의자가 있어 앉아 있는데 그런데, 아니 민경대(民警隊) 중사(中士)가 어, 떡 와서, 내가 그 때 담배를 피웠지. 담배를 피우는데 내 앞에 그 담배꽁초들이 가득, 이래 피운 거 내던진 게 있지 뭐. 그래 그 민경이 땅을 보고 나를 보고 하더니 이 땅에 있는 이 담배꽁초를 집어 들라고 그러지 뭐. 그래 내가 무엇 때문에 들겠는가 했지.

기래 들라구서르 밍려~하짐. 아이 들엇짐. 기래 그때 까레17) 여기 아나싸 라구서르 그 고렷사람이 긔게 이 그 역두부 같안 그런 풀이 시반 여기. 저기 에구! 기게 여기서 그풀으 무시기라 하던가. 그 풀이 긔게 그 담배애 다서르 말아서 이 젊운아덜이 제에 피윗짐. 겐 시반 나르꼬칙(наркотик) 나르꼬칙(наркотик) 하는. 나르 그거 피우는가 해서 야 그거 내 피운 담 배꼬토린게 그거 들라구서 기래짐. 기래 아이 들구 기래이. 아이 그 멀재 잏게 밀리쯔(милиция)덜 카인데 거기르 나르 붙들어가오. 거기 가서 해 결하자구서.

소: 으음.

박: 기래 아 비행기느 당금 뜨갯는데 기래 내 그러그렇다 하이까데 아 곧이듣소[고지듣쏘]? 아 기여코 어, 밀리쯔(милиция)르 가저. 기래 그담 피뜩 궁니르 햇짐. 당체 그 안 데 꺼르만서 꺼어내서 이래 척 내애드렷짐. 기래이까, "에뜨바(этого) ***무쓰뜨라이바이뜨개네" 척 보고서 이래 손 이래매서리 용서르 빌지 무스. 게 그럴 직[찍]에느 그 당책이 어트 값이 잇는가 보오.

소: 으음.

박: (기침).

소: 글면은 그으 인자 쏘련 공산당이 쏘련이 끝나고 나서 인자 이 끼르기즈 스탄으로 잏게 따, 나오는 나오고 나면은 끼르기즈스탄 공산당으로 따로 이렇 게 당원이 넘어왔어요?

박: 저기 긔 직[찍]에느 쏘련공산다~이무 다아 한가지지. 끼르기즈구 무 스 까작스딴이구 우즈벡스딴(Узбекистан)이구. 그러나 내 이주르 해오게 데무 구역 그 당간부에 가서 그런 저기 우초뜨(учёт)르 서야 데지.

소: 으음.

박: 그거 거 내 본래 잇던 데서 그 우초뜨느 까르또취까(учётная карт очка)라구서르 조잇자~이 거기 잇지. 거기 싹 내 그 저기 무스게든 싹

그러니 들라고 명령하지, 뭐. 그래도 안 들었지. 그래 그때 무렵에 여기 아나싸라고 그 고려 사람이 그게 이 그 역삼(=들에 나는 삼) 같은 그런 풀이 시방 여기, 저기 에구! 그게 여기서 그 풀을 무엇이라 하던가. 그 풀이 그게 그 담배에다 말아서 이 젊은 아이들이 쥐어 피웠지, 뭐. 그게 시방 '마약', '마약' 하는 것이지. 나에게, 그거 피우는가 해서 응 그거 내가 피운 담배꽁초인 것이니 그거 들라고 그러지, 뭐. 그래 안 들고 그러니, 아니! 그 멀지 않게 민경(民警)들이 머무는 방이 있는데 거기로 나를 붙들어 가오. 거기 가서 해결하자고서.

소: 으음.

박: 그래 아, 비행기는 당금(當今, =이제 바로) 뜨겠는데 그래 내 그러 그러하다 하니까 아 곧이듣소? 아 기어코 어, 민경대에 가자. 그래 그다음 순간 궁리를 했지. 당최 그 안 될 것 같아 안 주머니에서 (당원증을) 꺼내서 이래 척 내드렸지, 뭐. 그러니까, "이것은 *******." 척 보고서 이렇게 손을 이러면서 용서를 빌지, 뭐. 그게 그럴 적에는 그 당원증이 얼마나 값이 있는가 보오.

소: 으음.

박: (기침).

소: 그러면은 그 이제 소련 공산당이, 소련이 끝나고 나서 이제 이 키르기스스탄으로 이렇게 따, 나오는 나오고 나면 키르기스스탄 공산당으로 따로 이렇게 당원이 넘어왔어요?

박: 저기 그 때에는 소련 공산당이면 다 한가지지. 키르기스스탄이고 무슨 카자흐스탄이고 우즈베키스탄이고. 그러나 내가 이주를 해 오게 되면 구역의 그 당 간부에게 가서 그런 저기 등록을 해야 되지.

소: 으음.

박: 그거 거 내가 본래 있던 데서 그 인사기록카드라고 종잇장이 거기 있지. 거기 싹 내가 그 저기 무엇이든 다

거기다 등록햇지. 기래 그거 가주구서르 와서 이 구역 그 당간부에 가서 또 우초뜨(учёт)르 가 서야 데지.

소: 혹시 밀농사는 안 져요 밀? 밀이나 보리농사는 여근 안 지었어요?

박: 여기 여기서, 여기서 시방 밀으 **뜸스, 보릴 수뭅지무. 거 나는 그런 농사두 못해밨소.

소: 으음. 그러면은 여기에서는 끼르기즈스탄에서는 쮀일 많이 많이 하는게 뭐에요?

박: 시방 이.

소: 농사중에.

박: 이 이 이 시방 *씨 시 신게와서 이 밀으 시무구 감자농사두 여기서 하구.

소: 아아.

박: 그다음 열코오 저 에 딸라스(Талас) 그 주같은 데서느 그 열코오 데게 시무짐.

소: 그먼 여기는 열콩같은거 심으면 수무면 여기 끼르기즈스탄에서 다아 소, 다 소, 그 소비를 하는 거에요?

박: 아이 저기.

소: 로시아에 파는 거에요?

박: 뚤째아서. 뚤째아서 싸가지. 뚤째아, 뚤째아가 그 약조르 하구서르 기래구서르 그 열코오 수뭅지.

소: 그러면은 지금 옛날 그 쏘련 땅에 쏘련 땅은 지금도 뭘 어디서 심으면 어디서 사가고 이렇게 그룷게들 해요?

박: 시방 이 여기 우리 지방 나 다른 데느 또 모르나 우리 이 끼르기즈스딴서느 저기 이싀꿀(Иссык-Куль) 오블라스찌(область)서 올해 과질 [kwazil]으 그렇기 특벨이 뎃지. 과실.

소: 과실 네.

거기다 등록했지(=올렸지). 그래 그거 가지고 와서 이 구역 그 당 간부에게 가서 또 등록을 해야 되지.

소: 혹시 밀농사는 안 지어요 밀? 밀이나 보리농사는 여기는 안 지었어요?

박: 여기 여기서, 여기서 시방 밀을 뜯, 보리를 심지요 뭐. 거 나는 그런 농사도 못 해 봤소.

소: 으음. 그러면은 여기에서는 키르기스스탄에서는 제일 많이, 많이 하는 게 뭐예요?

박: 시방 이.

소: 농사 중에.

박: 이 이 이 시방 시 시 실려 와서 이 밀을 심고 감자 농사도 여기서 하고.

소: 아아.

박: 그다음 강낭콩을 저 에 탈라스 그 주(州) 같은 데서는 그 강낭콩을 되게 심지 뭐.

소: 그러면 여기는 강낭콩 같은 거 심으면, 심으면 여기 키르기스스탄에서 다 소, 다 소, 그 소비를 하는 거예요?

박: 아니 저기.

소: 러시아에 파는 거예요?

박: 툴체아에서. 툴체아서 사 가지. 툴체아, 툴체아와 그 약조를 하고서 그러고서 그 강낭콩을 심지요.

소: 그러면 지금, 옛날 그 소련 땅에, 소련 땅은 지금도 무얼 어디서 심으면 어디서 사 가고 이렇게 그렇게들 해요?

박: 시방 이 여기 우리 지방 밖의 다른 데는 또 모르나 우리 이 키르기스스탄에서는 저기 이식쿨주(州)에서 올해 과실이 그렇게 특별히 (잘) 됐지. 과실.

소: 과실 네.

박: 야아. 저기 저 야블로그(яблоко)랑 특벨이 뎃지. 기래 그전에느 이 쏘련 때느 그거 저 로시아두 실어 내가구. 까작스딴두 실어 내가구. 기랜 게 시방 어디르 실어 내가자무 그 차저~이 많지. 그다음 번에 그 국경지 거~어 가서 그 따몰슈네이(таможня) 그 **뽈신(пошлина) 돈 무는게 많 지. 기래놓이 싫구[실꾸]가서 하나투 이익이 없이 나보르(набор) 밑진 행 페이 뎐단 말이. 게 아무 데두 가지 못하구 거저 쎅에버린 페다이 많소 여기서.

소: 아.

박: 기래 재비 그런 에떠(это) 뻬레라바뜨(переработка) 쉬꿈 그거 제 조르 하는 공재~이 잇으무사 와레니(варенье)두 만들구 벨거 다 만들지. 기래 그런 공자~이 우리 이 끼르기즈 없다나이 거저 올해두 이 신문에 난 거 보게뎀 길개[길까]에서 그 무스 한 베드로(ведро) 두 베드로(ведро) 요롱기 팔아서 그 언제 다 팔갯소.

소: 그렇죠.

박: 기래이까 거저 거방 거저 썩어서 제에뿌리짐.

소: 으음. 혹시 여긴 느베, 느베는 안 키워요?

박: 느벨 저 오쉬(Ош) 그짝에서 느베르 치입지.

소: 끼르기즈스탄에서?

박: 끼르기즈스딴서. 이 지방 끼르기즈스딴두 우리 이 비쉬께끄(Бишке к)느 이게 북쪽입지. 저짝 오쉬(Ош) 그 오쉬(Ош) 나바드 밖엔 그건 남쪽 이지. 거기느 이 기후 여기마 더 덥구 기랜나이 그짝에서 누에르 칩지.

소: 그러면 거기는 중국허고 가까운가요?

박: 아아. 중국으 여기 더 가찹지. 여기서 이시꿀(Иссык-Куль) 시(市) 오블라스찌(область)서[18] 그 산은 넘어가무 그 에떠(это).

소: 중국인가요?

박: 아, 중국이.

박: 응. 저기 저 사과랑 특별히 (잘) 됐지. 그래 그전에는 이 소련 때는 그거 저 러시아도 실어 내가고. 카자흐스탄으로도 실어 내가고. 그런데 시방 어디를 실어 내가자면 그 차정(差定, =사무)이 많지. 그 다음 번에 그 국경 지경(地境)을 가서 그 관세 그 통행세 돈을 무는 게 많지. 그래 놓으니 싣고 가서 하나도 이익이 없이 일체 밑진 형편이 된단 말이오. 그래 아무 데도 가지 못하고 그저 썩어 버리는 폐단이 많소, 여기서.

소: 아.

박: 그래 자기가 그런 음 가공하는, 그거 제조를 하는 공장이 있으면야 잼도 만들고 별거 다 만들지. 그래 그런 공장이 우리 이 키르기스스탄에 없다 보니 그저 올해도 이 신문에 난 거 보게 되면 길가에서 그 무슨 한 통 두 통 요렇게 팔아서 그 언제 다 팔겠소.

소: 그렇죠.

박: 그러니까 그저 거의 그저 썩어서 내버리지 뭐.

소: 으음. 혹시 여기는 누에, 누에는 안 키워요?

박: 누에를 저 오슈 그쪽에서 누에를 치지요.

소: 키르기스스탄에서?

박: 키르기스스탄에서. 이 지방 키르기스스탄도 우리 이 비슈케크는 이게 북쪽이지요. 저쪽 오슈 그 오슈 나바드 밖에는 그거 남쪽이지. 거기는 이 기후가 여기보다 더 덥고 그러다 보니 그쪽에서 누에를 치지요.

소: 그러면 거기는 중국하고 가까운가요?

박: 응. 중국은 여기가 더 가깝지. 여기서 이식쿨주(州)에서 그 산을 넘어가면 그 음.

소: 중국인가요?

박: 아, 중국.

소: 거기 중국하고 이스쿨 거기 사이에 높:은 산이 많이 있죠?

박: 많이 잇지.

소: 그먼 그거이 천산 천산인가요? 천산산맥?

박: 긔게 그것두 *어떠 천산 천산에 붙은게엡짐. 기래 시방 여기서 에 중국 이 끼르기즈 까작스딴 세 나라서 시방 합력해서 중국으르 시방 저기 질으 시방 자동찻질이 시방 만, 만드우.

소: 아::.

박: 기래구 앞우르느 이 철롯질두 만든다구서 기랫습니다.

소: 중국쪽에선 안 만들어요? 중국에서는 왜 왜 안 그래요?

박: 어, 중국에서 시방 기랫지. 중국 내게.

소: 중국서도 내오고 여기서도 내오고.

박: 야아.

소: 만나게 하려고.

박: 그 **씨, 세 나라서 시방 까작스딴, 끼르기즈, 끼따이(Китаи) 세군에서 시방 그 질으 만드자구 시방 기랫짐.

소: 거기 중국하고 이스쿨 거기 사이에 높은 산이 많이 있죠?

박: 많이 있지.

소: 그러면 그것이 천산, 천산인가요? 천산산맥(天山山脈)?

박: 그게 그것도 어떻든 천산(天山), 천산(天山)에 붙은 것이지요. 그래 시방 여기서 에 중국 이 키르기스스탄 카자흐스탄 세 나라에서 시방 합력(合力)해서 중국으로 시방 저기 길을 시방 자동차 길을 시방 만, 만드오.

소: 아.

박: 그리고 앞으로는 이 철길도 만든다고 그랬습니다.

소: 중국 쪽에서는 안 만들어요? 중국에서는 왜 왜 안 그래요?

박: 어, 중국에서 시방 그랬지. 중국이 (길을) 내게.

소: 중국에서도 (길을) 내고 여기서도 내고.

박: 응.

소: 만나게 하려고.

박: 그 세, 세 나라에서 시방 카자흐스탄, 키르기스스탄, 중국 세 곳에서 시방 그 길을 만들자고 시방 그랬지 뭐.

5.3. 박블라디미르의 누에치기

소: 음. 여기서 **느베노치 농사는 아, 안해보셨어요?

박: 저 우즈벡스딴(Узбекистан) 이실 직에 느베농사르 해애밧스. 야아! 긔게 그것두 죄꼼 저 잘못하무 벌거지 싹 썩어빼리지. 아이구! 쯧. 그거느.

소: 그래요?

박: 그런 기후르 온전한 기후르 **주그 습기두 또 엠메마나, 지내 집이 탁 덥구 기래두 그 벌거지 잘못 데지. 조꼼 칩아두 잘못 데지. 그 느베 칠 장소 없어서 모자래서 한가레느[항가레느] 어, 조합에서 개앤집 재빗집에서 그 한카이나 두칸 이래 내구서르 재빗집에서 치게서르 그릏기 조직햇지. 기래 그거 치구 나무 거저 집안에서 쌔한 냄새 나지. 기래노이 그 꼴호즈(колхоз)서 돈 대줘서 그 집으 싹 또 레몬뜨(ремонт)꺼지 해주지.

소: 음.

박: 그 느베[nʉβe]르 다 친담에. 우리두 저 노친네 한이티 집에서 그거 느베르 쳐밧소. 야아! 것두 밤우 못자는 일이오 저.

소: 으음.

박: 그 벌에덜 먹긴 어째 그 그리 먹소. 야아! 거저 시룩시룩.

소: 많이 먹어요?

박: 많이[마이] 먹소. 요롷기 그 뽕낭그 요막씨 요롷기 질게 찍어서 이래 어기 태우매서 이렇기 머거리 주지. 기래 그 밑에 잇던 것덜이 새앨르 머거리 주게 담 그 고것만 샐르 그 준 머거리데르 싹 올라온단 말이. 올라와서 그 잎사게: 들어붙어 뜯어먹지. 기램 그 어간에 밑에 그 낡은 거느 어느 **잎사그은

5.3. 박블라디미르의 누에치기

소: 음. 여기서 누에고치 농사는 아, 안 해 보셨어요?

박: 저 우즈베키스탄에 있을 적에 누에 농사를 해 봤습니다. 야아! 그게 그것도 조끔 저 잘못하면 벌레가 싹 썩어 버리지. 아이고! 쯧. 그거는.

소: 그래요?

박: 그런 온도를 온전한 온도를 주고 습기도 또 얼마만큼 (조절하고), 너무 집이 탁 덥고 그래도 그 벌레가 잘못되지. 조끔 추워도 잘못되지. 그 누에 칠 장소가 없어서 모자라서 한 시기에는 어, 집단농장에서 개인 집, 자기 집에서 그 한 칸이나 두 칸을 이렇게 내서, 자기 집에서 치게 그렇게 조직했지. 그래 그거 치고 나면 그저 집안에서 퀴퀴한 냄새가 나지. 그래 놓으니 그 콜호스에서 돈을 대줘서 그 집을 싹 또 수리까지 해 주지.

소: 음.

박: 그 누에를 다 친 다음에. 우리도 저 노친네 한 이태 집에서 그 누에를 쳐 봤소. 야! 그것도 밤잠을 못 자는 일이오, 저.

소: 으음.

박: 그 벌레들 먹기는 어째 그리 먹소. 야! 그저 실룩실룩.

소: 많이 먹어요?

박: 많이 먹소. 요렇게 그 뽕나무를 요만큼씩 요렇게 길게 찍어서 이래 (그 나무에) 번갈아 태우면서 이렇게 먹이를 주지. 그래 그 밑에 있던 것들이 새로 먹이를 주게 되면 그 고것만, 새로 그 준 먹이가 있는 데로 싹 올라온단 말이오. 올라와서 그 잎사귀에 들러붙어 뜯어 먹지. 그러면 그 사이에 밑에 그 낡은 거는(=이미 뜯어 먹은 것은) 어느 잎사귀에 있는

거느 자리르 간다:: 하구 기램 그것두 싹 뽑아내지 살랑:살랑. 야아! 복잡
하오 저.

소: 아, 싹 올라가고 나면.

박: 올라, 올라가구 나무.

소: 예.

박: 어 밑엔 어전 먼저 준 데느 뜯어먹을게 없짐. 기래 새앨르 잎사기
르 주게 데무 그거 뜯어먹느라구 싹 바라올라온 담에 그 밑엣거 잎사기
없이 기랜거 그거 싹 살랑살랑 싹 더 뽑아내지.

소: 그러면 그것이 이러 이룽기 이룽기 데 있는 이걸 뭐라 그래요?

박: 이런 둑으 매앱지, 둑우.

소: 요롷게 그러니까 보면: 이렇게 이렇게 인 낭그를 이룽기 이룽기 세워놓
고 여기다가 이룽기 이룧기.

박: 야~아.

소: 쭉 놓죠이~ 이렇게이~?

박: 야~아.

소: 여기다가 여그 여그다 인자 그 그 **두베 놓고 여기다 인자 누베놓고
잏게 나, 낭그 이룧게 주고.

박: 응.

소: 뽕낭, 뽕낭기.

박: 야. 아, 아, 아.

소: 이파리 잎. 잎사기 주고. 그면은 여기 여기 올려놓는 것이 여기 여기는
어떤 모양으로 데어 있어요?

박: 아, 저기 깔으 뱃아서두 놓구.

소: 어뚷게? 어떠 어떤 식으로 만들어 놓고서는?

박: 이룧기.

소: 여기, 여그다 그냥 하세요. 괜찮아요. 음.

누에는 자리를 간다 하면서 그것도 싹 뽑아 내지 살살. 야! 복잡하오, 저.

소: 아, 싹 올라가고 나면.

박: 올라, 올라가고 나면.

소: 예.

박: 어 밑에는, 이제 먼저 준 데는 뜯어 먹을 게 없지 뭐. 그래 새것으로 잎사귀를 주게 되면 그거 뜯어 먹느라고 싹 위로 기어 올라온 다음에 그 밑에 거 (뜯어 먹어서) 잎사귀가 없게 된 거 그걸 싹 살랑살랑 싹 더 뽑아내지.

소: 그러면 그것이 이렇, 이렇게 이렇게 되어 있는 이것을 뭐라 그래요?

박: 이렇게 덕을 매지요, 덕을.

소: 요롷게 그러니까 보면 이렇게 이렇게 인제 나무를 이렇게 이렇게 세워 놓고 여기다가 이렇게 이렇게.

박: 응.

소: 쭉 놓지요 이렇게?

박: 응.

소: 여기다가 여기 여기에다 인제 그 그 누에를 놓고 여기다 인제 누에를 놓고 이렇게 나, 나무를 이렇게 주고.

박: 응.

소: 뽕나, 뽕나무.

박: 응. 아, 아, 아.

소: 이파리 잎. 잎사귀 주고. 그러면은 여기, 여기에 올려놓는 것은 어떤 모양으로 되어 있어요?

박: 아, 저기 갈대를 엮어서도 놓고.

소: 어떻게? 어떠, 어떤 식으로 만들어 놓고서는?

박: 이렇게.

소: 여기, 여기에다 그냥 하세요. 괜찮아요. 음.

박: 이렇기 앞두에다서 지두~이 이렇기 세우구.

소: 예.

박: 이렇기 둑으 이래 맨 데 여기다서리, 이 둑으 맨 데다서리 깔배재르.

소: 아아!

박: 기래서 놓구서르 그 우에다 이제 머거리 낭그 주구서르 벌거지르 올레놓습지. 그 벌거지 에엔 첫감에 거저 재자부레한 게 눈에 삐베에두 알기쟎게 고렇게 자다만게지 무스.

소: 예.

박: 새까만게. 기랜거 그거 온도르 맞차서 에 그 저기 조에 저런 꼬로브까(коробка) 갖다서 고거 옇어놓게 다무 기게 자라무 샛하얗게 똑똑 그래 티운거처리 샛하얀 색이 나지 차차차차. 그다음 고게 벌에 데서 쉐에 꼼한 것덜이 꼬:울꼬불한 게 저래. 기래 기찍에느 저 뽕낭기르 자다:맣게 쏘올아서 이래 조꼼씨 멕이지.

소: 아아:: 아.

박: 그다음 번에 게 얼마마이 큰 담에 이 둑우르 엥게오짐.

소: 아아! 처음에는 글면 어떤 이런 이런 봉지 속에 들어있어요?

박: 아~아. 처음엔 그 지내 거저 재자부레한게 벌에 같두댾구. 거저 싸, 싸래기처르 고, 고론게. 저 새까만 색이 나는 게.

소: 어어! 그면 그것이 인자 온도를 맞추면 게 뚫고 나와요?

박: 기게 저기 차차차차 자라멘서리 기게 뚧구[뚭구] 나오갯지 아무래. 샛하얀 색이 나지 머. 똑똑 퉤에난거처리.

소: 으음.

박: 기래 기게 그담 자라긴 빨리 자라오. 그다음 기게 차차차차 크무 이만:씨 발써 질게데지.

소: 예.

박: 이렇게 앞뒤에다 기둥을 이렇게 세우고.

소: 예.

박: 이렇게 덕을 이래 맨 데 여기에다가, 이 덕을 맨 데다가 갈대로 엮은 바자를.

소: 아아!

박: 그래서 놓고서 그 위에다 이제 먹이 나무(=뽕나무)를 주고서 벌레를 올려놓지요. 그 벌레가 맨 처음에는 그저 자잘한 게, 눈을 비벼도 알 수 없을 정도로 고렇게 잔다란 것이지 뭐.

소: 예.

박: 새까만 것. 그러한 거 그거 온도를 맞추어서 에 그 저기 종이로 만든 저런 상자를 가져다가 고거 넣어 놓게 되면 그게 자라면 새하얗게 똑똑 그렇게 튀긴 것처럼 새하얀 색이 나지 차차차차. 그다음 고게 벌레가 돼서 조끄만 것들이 꼬불꼬불한 게 저래 (움직이지). 그래 그 직에는 저 뽕나무를 잘게 썰어서 이렇게 조끔씩 먹이지.

소: 아아 아.

박: 그 다음번에 그게 얼마만큼 큰 다음에 이 덕으로 옮겨 오지 뭐.

소: 아아 처음에는 그러면 어떤 이런 이런 봉지 속에 들어 있어요?

박: 응. 처음에는 그 아주 그저 자잘한 게 벌레 같지도 않고. 그저 싸, 싸라기처럼 고, 고런 게. 저 새까만 색이 나는 게.

소: 어어! 그러면 그것이 인제 온도를 맞추면 그게 뚫고 나와요?

박: 그게 저기 차차차차 자라면서 그게 뚫고 나오겠지 아마. 새하얀 색이 나지 뭐. 똑똑 튀겨 낸 것처럼.

소: 으음.

박: 그래 그게 그다음에 자라기는 빨리 자라오. 그다음 그게 차차차차 크면 이만큼씩 벌써 길게 되지.

소: 예.

박: 기래무 그거 이 둑우 맨 데다서르 머거리 줘서 거기다서 살라이 올리와 놓지.

소: 음.

박: 기래 그 누베꼬치르 **두비 툴 직[찍]에느 이 이 벌에 이 이 이막씨, 이막씨 크우.

소: 음.

박: 기랜것두 그거 제때 멕이재잏구 좀 힘이 약한 거느 두~이르 한 절반 트다두 죽어서 시꺼멓게 썩어 나오, 벌에딜.

소: 아.

박: 틀다 채 틀지 못하구서르 그안에서 죽지 무스.

소: 그래요?

박: 아아. 기래 잘 멘바르 온도랑 멘바르 치구서 기랜 거느 실수없이 거저 느베꼬치 샛하얗게 그런기우. 아유! 일이 많소, 저게.

소: 그러면은 그것이 대개 얼마정도나 커요? 저 요, 요기 알에서도 나와가지고 누에꼬치 만들때까지가 기간이 얼마나 걸려?

박: 저기 날수?

소: 예 날수가.

박: 그거나 또즈(тоже) 저 우리 노친네느 그 멫해르 기래다나이 거저 무시게든지 다 알시[알씨] 잇어.

소: 이따 한번 여쭤봐야 데겠네요.

박: 야아 야아.

소: 그거 뽕낭, 뽕낭기는 그먼 누가 그 뜯어.

박: 뽕낭그는 또즈(тоже) 저기 특별이 그런 그 브리가다(бригада) 잇짐. 마쉬나(машина)르 자동차르 타구 댕기메서르 찍어서 네에 집에 그 꼬로브까(коробка)락 하오 그거. 어디메다 즛재애서 그 그 시방 그 벌에 씨르 그거 한 꼬로브까(коробка) ***오마 한 꼬로브까(коробка) 바이오.

박: 그러면 그거 이 덕을 맨 데다 먹이를 줘서 거기다 살짝 올려놓지.

소: 음.

박: 그래 그 누에고치를 둥지(=고치)를 틀 적에는 이 이 벌레가 이 이 이만큼씩, 이만큼씩 크오.

소: 음.

박: 그랜 것도 그거 제때에 먹이지 않고 좀 힘이 약한 거는 둥지(=고치)를 한 절반 틀다가도 죽어서 시꺼멓게 썩어 나오, 벌레들.

소: 아.

박: 틀다 채 틀지 못하고서 그 안에서 죽지, 뭐.

소: 그래요?

박: 응. 그래 잘 똑바로 온도랑 맞춰서 똑바로 친 그런 거는 실수 없이 그저 친 것은 누에고치가 새하얀 게 그런 게오. 아유! 일이 많소, 저게.

소: 그러면은 그것이 대개 얼마 정도나 커요? 저 요, 요기 알에서 나와 갖고 누에고치 만들 때까지가 기간이 얼마나 걸려?

박: 저기 날수?

소: 예 날수가.

박: 그거 역시 저 우리 노친네는 그거 몇 해를 치다 보니 그저 무엇이든지 다 알 수가 있어.

소: 이따가 한번 여쭤 봐야 되겠네요.

박: 응 응.

소: 그거 뽕나, 뽕나무는 그러면 누가 그 뜯어.

박: 뽕나무는 역시 저기 특별히 그걸 (주관하는) 작업반이 있지 뭐. 자동차를, 자동차를 타고 다니면서 (뽕나무를) 찍어서 누구 집에, 그 작은 상자라 하오, 그거. 어디에다 마구 쟁여서 그 그 시방 그 벌레 씨를 그거 한 상자요, 한 상자 반이오.

기래서 농가주짐. 기래 그 엠매만:한 그 그거 네에 집에 엠매만:한 벌에 잇는가 알구서르 그와 같이 그 뽕낭그 단 찍은거 자동차 싣구 댕기메 농가주짐.

소: 아아.

박: 기래무 그거 또 그 느베르 친 집에서 조 식기덜이랑 모다서 요막씨 질게서리 싹 또 도끼르 또 싹 찍, 찍어놓스. 기래서, 아이구! 일이 복잡하.

소: 그러면은 그 잎, 이파리만 먹, 먹 먹잖아요.

박: 이 이 잎사구밖에 아이 먹습니다. 대느 하나뚜 아이 먹구.

소: 그먼 대를 대까지 같이 짤라서 그냥.

박: 아이, **가 한 한데 짤가서.

소: 대략 같이 주는 거에요?

박: 야아. 에엔 첫감에 자다말 직에느 맨 잎사기르 것두 이래 에 나이 어린 그런 잎사기르 자재부레한 잎사기르 뜯어서 칼르 자다아맣게 쏘올지. 싸알아서 주지 머. 그담 큰다음에느 그 대채르 한데.

소: 아아. 대째까지 같이?

박: 대채르 한데. 이래 한줄으 이 이렇게 주구 그다음줄은 또 이룽기 가르태와서 이래 이래 주구. 기래 내 아깨두 그러재오? 그 밑에 줄에 먼저 준거 다 먹으무 잎사기느 하나뚜 없구.

소: 예.

박: 맨 대마 짙지. 기래무 그 수월이 마련하무 그 느베르 짖는 여자덜이, 자 어전 자리르 갈아야 덴다하:메 그 벌에 떨어질깨바 살랑:살랑 그 밑에 먼저 잎사길 다 뜯어먹은 그 나무아채기덜 싹 뽑아내 내떼리지.

소: 아아.

박: 기래 거기 또 그거 뽑을 직에느 그 느베 또~이 새까맣게 자재부레 한 그런 우실우실우실19) 또 떨어지지.

그래서 나누어 주지, 뭐. 그래 그 얼마만한 그 그거, 누구 집에 얼마만한 벌레 있는가 알고서 그와 같이(=그에 따라서) 그 뽕나무 단을 찍은 거 자동차가 싣고 다니며 나눠 주지, 뭐.

소: 아아.

박: 그러면 그거 또 누에를 치는 집에서 조 식구들이랑 모여서 요만큼씩 길게 싹 또 도끼로 또 싹 찍, 찍어 놓습니다. 그래서 (누에를 치지), 아이고! 일이 복잡하(오).

소: 그러면은 그 잎, 이파리만 먹, 먹 먹잖아요.

박: 이 이 잎사귀밖에 안 먹습니다. 대는 하나도 안 먹고.

소: 그러면 대를 대까지 같이 잘라서 그냥.

박: 아니, 같(이) 한 한데 잘라서.

소: 대략 같이 주는 거에요?

박: 응. 맨 처음에 잔다랄 적에는 맨 잎사귀를 그것도 이래 에 나이 어린 그런 잎사귀를 자잘한 잎사귀를 뜯어서 칼로 잔다랗게 썰지. 썰어서 주지 뭐. 그다음 큰 다음에는 그 대(=줄기)채로 한데 주지.

소: 아아. 나무 줄기채로 같이?

박: 줄기채로 한데. 이래 한 줄을 이 이렇게 주고 그 다음 줄은 또 이렇게 가로질러서 이래, 이래 주고. 그래 내 아까도 그러지 않소? 그 밑에 줄에 먼저 준 거 다 먹으면 잎사귀는 하나도 없고.

소: 예.

박: 맨 줄기만 남지. 그러면 그 수월히 마련하면 그 누에를 짓는(=치는) 여자들이, 자 이제 자리를 갈아야 된다 하며 그 벌레가 떨어질까 봐 살살 그 밑의, 먼저 잎사귀를 다 뜯어 먹은 그 나뭇가지들을 싹 뽑아서 내던지지.

소: 아아.

박: 그래 거기 또 그거 뽑을 적에는 그 누에똥이 새까맣고 자잘한 그런 (것이) 우수수 또 떨어지지.

소: 방에서이~?

박: 그 그 둑에서 그렇기 떨어지짐.

소: 으음. 그러면은 그 누에가 인자 다 샛하얗게 꼬치 만들어지면 그양 꼬치채로 다 국가에다 바치는 거에요?

박: 그거 그 두~이르 틀 임시기(臨時期)무 저 시기 많소. 저 우리 노친 멫해르 그거 기래다나 또 그 고치르 트는 그 어간에 두버인두 세버인두 자는 시가이 잇소.

소: 오오.

박: 저 벌에덜. '이제 첫잠우 잔다::' 하구 기래. 긔 직[찍]에느 머거리 아이 줘. 머거리 줘두 벌에덜 자매 아이 먹지, 무스.

소: 어어.

박: 기래 그담은 또 그 잠우 깨무 또 머거리 주구. 또 메츨 후에 어전 '두번채잠우 잔다' 하오 이래지무. 저.

소: 그문 잠을 가들 같이 자?

박: 아?

소: 잘 때 같이 자요 갸들이?

박: 아:이! 그 숱한 벌에덜이 싹 다 고때 잔다하게다무 하나뚜 아이 먹짐 무스.

소: 아아.

박: 기래 그 느베치는 사람덜은 다 아오 발써. '어저 이 두번채 잠우 잔다.' 하오. 기래 그 머거릴 아이 주지, 기 직[찍]에.

소: 오.

박: 기래 그다음 메칠 잇다서리 거기 꿈질:꿈질 또 기래무 어전 잠우 깨앳다서구서 기래 또 머거리 주지. 야아!

소: 아 인자 잠을 잘때는 거이 비슷한 시간에 자요?

박: 기 직[찍]에느 여자덜두 좀 수월하지.

소: 방에서 응?

박: 그 그 덕에서 그렇게 떨어지지.

소: 으음. 그러면은 그 누에가 인제 다 새하얗게 고치가 만들어지면 그냥 고치째로 다 국가에다 바치는 거에요?

박: 그거 둥지(=고치)를 틀 무렵이면 저 잠자는 시기가 많소. 저 우리 노친이 몇 해를 그거 그러다 보니. 또 그 고치를 트는 그 사이에 두 번인지 세 번인지 자는 시간이 있소.

소: 오오.

박: 저 벌레들이. '이제 첫잠을 잔다' 하고 그래. 그 때에는 먹이를 안 줘. 먹이를 줘도 벌레들이 자며 안 먹지, 뭐.

소: 어어.

박: 그래 그다음은 또 그 잠을 깨면 또 먹이를 주고. 또 며칠 후에 이제 '두 번째 잠을 잔다' 하오 이러지 뭐. 저.

소: 그러면 잠을 그 누에들이 같이 자?

박: 응?

소: 잘 때 같이 자요 그것들이?

박: 아니! 그 숱한 벌레들이 싹 다 고 때에 잔다 하게 되면 하나도 안 먹지 뭐, 무슨.

소: 아아.

박: 그래 그 누에를 치는 사람들은 다 아오 벌써. '이제 이 두 번째 잠을 잔다' 하오. 그래 그 먹이를 안 주지, 그 때에는.

소: 오.

박: 그래 그다음 며칠 있다가 거기서 꿈지럭꿈지럭 또 그러면 이제 잠을 깼다고 그래 또 먹이를 주지. 야!

소: 아 인제 잠을 잘 때는 거의 비슷한 시간에 자요?

박: 그 때에는 여자들도 좀 수월하지.

소: <u>오오오.</u>

박: 기래 저기 그다음번에 그 누웨 그 고치르 틀직에무 기게 '문발스' 라구서르 기게 우리 조선말르 버역하게 담, 이 천 가지, 가지 천 개라는 그런 저 풀이 저 잇지. 이마:이 큰 게. 그 풀이두 그 잇는 곧이 잇지머. 기래 그 곧으 저기 자동차르 가주구 가서 그 그거 또 가뜩 빼에다가선 요막씨 요롱기 묶어서느 사적에다 이래 그거 누벳벌거지 잇는 데 **사덕에 **놓놀 담 거기 올라와서 그 새애새 거기다서리 이 누베꼬치르 틀짐.

소: 으음.

박: 기래 그거 틀무 또 인차 그거 또 싹 거기서 또 뜯어내야데지.

소: 으음.

박: 뜯이내서 어러날 걸기게 다무 그 인차 또 실어가야 데지. 그 구역 그 받는 그 장소 잇다. 거기르 실어가무 거기서 저기 빠로보이 까쫄(паро вой котёл) 하구서르 이래 짐울 쎄우느[20] 그 까쫄(котёл)다 그거 옇어서 데와내지. 기렇재애무 메칠 지나가무 그 안에 벌거지 궁구 뚧구[뚧구] 나온단 말이.

소: 아아.

박: 기래무 그 느베꼬치 실이 싹 끊어지지. 끊어진게나 한가지짐. 기래무 발써 브라크바(браковать)오. 모, 못쓸게라 하지. 기래노이 거저 버짝 뜯어서 버짝 개애다 바치지.

소: 으음.

박: 야아! 개 그것두 쏘르뜨(сорты) 많소. 무스 이건 첫 등깁이오 두 번채 등깁이오. 그거 따라서 국가서 돈 물어주지.

소: 으음.

박: 저 우리 노친네 그 문세[21]르 잘 아오. 여러 해르 그 일하다나이.

소: 음.

박: 나느 거저 (기침) 뽀모쉬(помощь) 도앨[22] 해주메서 이래 거저 들은

소: 오오오.

박: 그래 저기 그다음 번에 그 누에가 그 고치를 틀 적이면 그게 '문발스'라고서 그게 우리 조선말로 번역하게 되면 이 천 가지, 가지가 천 개라는 그런 저 풀이 있지. 이만하게 큰 게. 그 풀도 그 있는 곳이 있지, 뭐. 그래 그 곳을 자동차를 가지고 가서 그 그거 또 가뜩 베어다가서는 요만큼씩 요렇게 묶어서 사방에다 이래 그거 누에 벌레 있는 데 사방에 놓게 되면 거기 올라와서 그 새새 거기다가 이 누에고치를 틀지 뭐.

소: 으음.

박: 그래 그 고치를 틀면 또 이내 그거 또 싹 거기서 또 뜯어내야 되지.

소: 으음.

박: 뜯어내서 여러 날 걸리게 되면 그걸 바로 또 실어 가야 되지. 그 구역에 그 받는 장소가 있지. 거기로 실어 가면 거기서 저기 증기 보일러를 하고서 이래 김을 쏘이는 그 솥에다 그걸 넣어서 데워 내지. 그렇지 않으면 며칠 지나가면 그 안에 벌레가 구멍을 뚫고 나온단 말이오.

소: 아아.

박: 그러면 그 누에고치 실이 싹 끊어 지지. 끊어진 게나 한가지지 뭐. 그러면 벌써 불합격이오. 모, 못 쓸 것이라 하지. 그러니 그저 버쩍/바짝 서둘러 뜯어서 버쩍/바짝 가져다 바치지.

소: 으음.

박: 야! 그래 그것도 종류가 많소. 무슨 이건 첫 등급이오, 두 번째 등급이오. 그거 따라서 국가에서 돈을 물어 주지(=지급하지).

소: 으음.

박: 저 우리 노친네 그 이치(理致)를 잘 아오. 여러 해 그 일을 하다 보니.

소: 음.

박: 나는 그저 (기침) 도움, 도움을 해 주면서 이래 그저 들은

푸~웰이지 (웃음).

소: (웃음) 그면은 집에서 실을 만들지 않았고요이~? 집에서 그 실을 뽑진 않았고?

박: 어째 아이 아이 아이 *뽀(помощь) 그 도배르 해줘야데지.23)

소: 오오.

박: 기래구서르 한해느 그 조합우 구락부에서 친겐데 장손 너르지 이 온돌으 잘 멘바르 저기 **지지 못해서, 아, 벌에덜 싹 앓으메서리 아이구! 쯧 그거 거둘 직에 냄새느 거저 무식한 말르 추기내애서르24) 그런 냄새 나. 기래구서르 이 소이 거저 지뻴겄소. 그 벌거지 그 썩어서 기랜 그 기게 묻어나메서리. 기래 그 옛날부터 어떤때 기랜지 그런 저 누뻴[nɥβel]르 칠직에느 상측집두 댕기지 말라. 부부간에 같이두 자지 말라. 무슨 식이 많소.

소: 아.

박: 기래 저 뽕낭기 모자래서 (기침) 밤이무 따쉬껜뜨 도시 안에 이렇기 어떤 집 마단에 저 뽕나무덜 자라는게 잇지 무스. 기래 그 밀리죤에르(милиционер)덜 데리구 댕기메 밤이무 그것두 가서 찍어오짐.

소: (웃음).

박: 기래 그 저 자동차 운전수덜이 그 뽕낭그 거저 뽕낭 또 도적질 할라간다: 하구서리 이 이렇기 말이 나짐.

소: 아.

박: 기래 내 동미 한나느 누기 상재나서 그 관으 그 마쉬나(машина)다 실어서 그 산으 가져갓지. 아 기래 그 우에 그 꼴호즈(колхоз) 저 관리위원자~이 알구서르 누구 **헤, 허가르 해서 자동차에다 관으 실엇는가구. 기래 가아 마쉬나(машина)느, 아이구! 그 뽕나무 도둑질 갓다가[-ɣa]서리 밀리쯔(милиця)르 데리구 댕기메서리 그 찍는 것두 아, 제엔덜이 저 성질이 괄괄한 거느, 아이! 몽동질이 나서 손 그 자동차 운전수덜이 맞아대에

풍월이지 (웃음).

소: (웃음) 그러면은 집에서 실을 만들지 않았고요? 집에서 그 실을 뽑지는 않았고?

박: 어째 안 안 안 도(와 주었겠소). 그 도움을 줘야 되지.

소: 오오.

박: 그러고서 한 해는 그 집단농장의 클럽에서 (누에를) 친 것인데 장소는 넓지 이 온돌을 잘 똑바로 저기 짓지 못해서, 아, 벌레들이 싹 앓으면서 아이고! 쫏 그거 거둘 적에 냄새는 그저 무식한 말로 송장 썩은 내에서 나는 그런 냄새가 나. 그리고서 이 손이 그저 시뻘겋소. 그 벌레가 그 썩어서 그리 된 그 그게 묻어나면서. 그래 그 옛날부터 어떤 때 그랬는지 그런 저 누에를 칠 적에는 상갓집도 다니지 말라. 부부 간에 같이도 자지 말라. 무슨 법식(法式)이 많소.

소: 아.

박: 그래 저 뽕나무 모자라서 (기침) 밤이면 타슈켄트 도시 안에 이렇게 어떤 집 마당에 저 뽕나무들이 자라는 게 있지 뭐. 그래 그 민경들을 데리고 다니며 밤이면 그것도 가서 찍어 오지, 뭐.

소: (웃음).

박: 그래 그 저 자동차 운전수들이 그 뽕나무 그저 뽕나무 또 도적질하러 간다 하고서 이 이렇게 말이 나지, 뭐.

소: 아.

박: 그래 내 동무 하나는 누가 죽어서 그 관을 그 자동차에다 실어서 그 산으로 가져갔지. 아, 그래 그 위에 그 콜호스 저 관리위원장이 알고서 누가 허, 허가를 해서 자동차에다 관을 실었는가 하고. 그래 그 아이 자동차는, 아이고! 그 뽕나무 도둑질 갔다가서, 민경(民警)을 데리고 다니면서 그 (뽕나무를) 찍는데도 아, (뽕나무) 주인들이 저 성질이 괄괄한 사람은, 아니! 몽둥이질을 해서, 그 자동차 운전수들이 맞아서

온걸르 벨게 다 잇엇스. 기래 그 내 동미느 그 송자˘아 싫구[실꾸]서르 기랫다 해서 가아 마쉬나(машина)르 그 뽕낭그 싫는데[실른데] 멘젤햇지머.

소: 어.

박: 송자˘아 실군다구. 그 마쉬나(машина)라구서. 기래 가아 너무 좋아서 (웃음).

소: (웃음) 아, 뽕날 때 한번 관 실었으니까 다음부턴 인자 인자 뽕나무 굵게 하면은 느 느베 죽는다고?

박: 야아. 오부솀(в общем) 느베 좋재앻다구 기래짐. 개 내 기래재? 그 누베친 사람덜이 으 상측집두 댕기지 말라. 두 부부간에 자주두 말라.

소: 으음.

박: 어우! 식이 많으, 많앳소[마앳소]. 무스 더럽은 것두 보지 말라.

소: 으음. 그런데 어따 거따가 관을 실었으니까 그건 뭐.

박: (웃음).

소: 으음.

박: 싸구,25) 어 싸, 싸가르(caxap)두 싸구 그담 떡두 싸구.

소: 어어.

박: 기래구서르 어 거 무스 *하, 저기 한달에 스무쏨(сом) 가주구서르 무스거 싸갯소? 기래노이 다쑤루 에 재빌르 저 정심우 집에서 져어가주구서 기래구 댕깁니다.

소: 그먼 막 각 집에서 다아 막 해오니까 반찬이 여러가지겠네요?

박: 여러가지 아이오. 기래 한사˘에 다아 모두무 야듧[야듭]씨 열씨 이릏기 도리사˘이 이 높은 이래 도리사˘이. 우리 사˘에느 열한내 앉던지. 기랜거 어째 이 나두 저기 이 이 섣달에 한번 딱 갓다오랴르 좀 못갓다 왓지. **이버 지난 두번채날에느 내 저 씨스트라(сестра) 저기 말한 게, 우리 사˘에 보통 열씨 아홉씨 열씨 앉던게 두, 두분밖에 없엇다오.

온 것으로 별게 다 있었습니다. 그래 그 내 동무는 그 송장을 싣고서 그랬다 해서 그 아이의 자동차를 그 뽕나무를 싣는 데에서 면제(免除)를 했지 뭐.

소: 어.

박: 송장을 실린다고. (송장을 실은 바로) 그 자동차라고서. 그래 그 아이 너무 좋아서 (웃음).

소: (웃음) 아, 뽕이 날 때 한번 관을 실었으니까 다음부터는 인제 인제 뽕나무를 그렇게 실으면 누, 누에가 죽는다고?

박: 응. 일반적으로 누에가 좋지 않다고 그러지 뭐. 그래 내 그러지 않소? 그 누에를 치는 사람들이 상갓집도 다니지 말라. 두 부부 간에 자지도 말라.

소: 으음.

박: 어이구! 법식(法式)이 많, 많았소. 무슨 더러운 것도 보지 말라.

소: 으음. 그런데 어디다 거기다가 관을 실었으니까 그건, 뭐.

박: (웃음).

소: 으음.

박: 사고, 어 사, 설탕도 사고 그다음 빵도 사고.

소: 어어.

박: 그리고 어 그 무슨 한, 저기 한 달에 20솜을 가지고 무엇을 사겠소? 그렇다 보니 대부분 에 자기 스스로 저 점심을 집에서 지어 가지고서 그러고 다닙니다.

소: 그러면 막 각 집에서 다 막 해오니까 반찬이 여러 가지겠네요?

박: 여러 가지 아니오(=여러 가지고 말고)! 그래 한 상에 다 모으면 여덟씩 열씩 이렇게 두레상이 이 높은 이런 두레상이. 우리 상에는 열하나가 앉던지. 그런데 어째 이 나도 저기 이 이 섣달에 한번 딱 갔다 오려고 했지만 못 갔다 왔지. 이번 지난 두 번째 날에는 내 저 누이가 저기 말한 것이, 우리 상에 보통 열씩 아홉씩 열씩 앉던 것이 두, 두 분밖에 없었다고.

소: 아아.

박: 어째 어제 모도 오재앳더라 하메서리. 기랜것두 사램이 아흔여슷이 모닷다던지. 기래 내가 기랫지. *올해부 어저느 어 저기 이번 두번챗날 모둘 대신에 첫날에 모두 모둔다구. 기래구 이 섣달엔 어전 한번 더 모다야 데지. 기래길래 섣달에느 더 아이 모두게 하구. 기래구 새해애 정월 초사흗날 새해르 세게서 모둔다구서 기랫지.

소: 으음. 그러면 **우리가쓰나 밥, 밥을 **안싸가면서도 모, 못먹겄네.

박: 기애두 저기 벤벤하게, 그 거그서 무스 그리 무 지내 저기 배터지게 해서 먹겟소? 거기서 차이(uaй)르 주구 떡으 주는 것두 무스 베, 벤벤하오.

소: 으음.

박: 기래 어떤 분네덜으느 저기 그런 노치이 없이 혼자사는 분네덜은 재비 체멘에 정슴으 쓴다 하게 데무 슬그마이 일어서서 가는 사람덜두 잇구. 게 어떤 분네덜으느 정슴 싸가주구 올 헹페이 못데서 그 남자 저기 어트기 뜨 벤베이 그거 정슴 싸들구 댕기갯어. 개 노치이 잇는 집에서느 그 노치이 같이[가치] 들구 댕기지. 기래 어떤 분네덜으느 아 십시일바이라구서르 여라무씨 모둔데서 같이[가치] 거저 앉아서 정슴 먹짐.

소: 으음.

박: 기래 저 수울으 즐거워하는 분네느 또 수울으 또 가주구 와서 또 술먹는 사람덜찌리 한잔씨 또 기래 농가마시구.

소: 으음.

박: 기래구서르 이 근래느 어떤 집에서 구일이 지나무 무스 딸이 출가르 갓다던지 무슨 무슨 다른 일이 잇엇다던지. 기래 다아 청재르 하지 못햇다 해서 지나간 연내래두 저 수울으 다스여슷뼝씨 이렇게 가주구 와서 이게 내 집에 일이 이실 직에 다 처̌하지 못해서 기래 가주구 온 술이라구서 거기서 또 한잔씨 거 또 농가마시, 마시지.

소: 아아.

박: 어째 어제 모두 오지 않았더라 하면서. 그랬지만 사람이 아흔여섯이 모였다던가. 그래 내가 그랬지. 올해부터 이제는 어 저기 이번 두 번째 날 모이는 거 대신에 첫날에 모두 모인다고. 그리고 이 섣달에는 이제 한 번 더 모여야 되지. 그러기에 섣달에는 더 안 모이게 하고. 그리고 새해에 정월 초사흗날 새해를 쇠기 위해 모인다고 그랬지, 뭐.

소: 으음. 그러면 우리 같은 사람은 밥, 밥을 안 싸 가면 못 못 먹겠네.

박: 그래도 저기 넉넉하게 (주지), 그 거기서 무슨 그리 뭐 아주 저기 배가 터지게 해서 먹겠소? 거기서 차를 주고 빵을 주는 것도 뭐 넉, 넉하오.

소: 으음.

박: 그래 어떤 분네들은 저기 그런 노친이 없이 혼자 사는 분네들은 자기 체면에 점심을 산다 하게 되면 슬그머니 일어서서 가는 사람들도 있고. 그래 어떤 분네들은 점심을 싸 가지고 올 형편이 못 되어서, 그 남자가 저기 어떻게 넉넉히 그거 점심을 싸 들고 다니겠어. 그래 노친이 있는 집에서는 그 노친이 같이 들고 다니지. 그래 어떤 분네들은 아 십시일반(十匙一飯)이라고서 여남은씩 모인 데서 같이 그저 앉아서 점심을 먹지 뭐.

소: 으음.

박: 그래 저 술을 즐기는 분네는 또 술을 또 가지고 와서 또 술 먹는 사람들끼리 한 잔씩 또 그래 나눠 마시고.

소: 으음.

박: 그리고서 이 근래는 어떤 집에서 큰일(=경조사)가 지나면 무슨 딸이 출가를 했다든지 무슨 무슨 다른 일이 있었다든지. 그래 다 청대(請待)를 하지 못했다 해서 지나간 연내(年內)라도 저 술을 다섯 여섯 병씩 이렇게 가지고 와서 이게 내 집에 일이 있을 적에 다 청하지 못해서 그래 가지고 온 술이라고 하고 거기서 또 한 잔씩 그 또 나눠 마시, 마시지.

소: 으음.

박: 기래 시바ᅳ으느 가마:이 보무 노인단이 서이 시방 기랜데. 저 우리 노인단 저 무궁하 저 제일 사람 많이[마이] 댕기는데 제일 크지. 기래구서르 그 지도자 아주 무스거 음특:않구26) 성질 없는 분네지. 그렇기 잘 지도르 하오. 기래구서르 기뉼 기뉼이 세지. 무슨 누기 나와서 말한다 하무 거저. 기래 누기 나와서 무스 노래르 부른다던지 무슨 말씀 올린다던지 거저 까딱 소리없지무. 그렇기 기뉼이 세오. 기래구 다른 노인단서 무슨 청재 잇어서 내 가게데무 어제 그 그 웨라 니꼴라에브나 거 나 잡순 분 네.

소: 예.

박: 그분네 그 동백혜에 그거 노인단서 저기 예술 지, 지도원질햇습지. 기랠 직에 나르 기렴데무 자꾸 이 전할르 청재르 하압지. 걔 어뜨 직에 가는 때두 잇구. 햐아! 거기르 다 좋온게 어터끼 기뉼이 문난한지. 시반 다른 장소 넘어가서 마 어트기 데엔지. 누기 나와서 말씀 하재두 아 분자스럽아서 어, 무슨 어터기 말하갯소. 그 저 와아! 하구 거저 벌이둥지[버리뚱지]지. 기래구서르 이짝에 또 그 고려노이이란 그 그 노인단에느 거 기두 사램이 거저 한 사십멩씨 그저 극상(極上) 모다서 한 오십멩씨 모두지. 게 거기느 저 우리 큰 사둔댁이 시방 위원장질하는게 시반 자아 자아 시반 죽은 아 가시에미지. 걔 이 올해 올해 일흔한내갯는가 일흔둘이갯는가 재빌르 자꾸 앓지. 이 시방 이해꺼지 하구서르 새해부터느 다른 사람 게 넴게준다: 하는 말이 잇는게 모르지 어 어터기 데갯는지.

소: 으음.

박: 기래구 시방 또 여기 우리 이 이게 시방 우리 이 지대 여기 레닌스끼이(Ленинский) 구역에 *모, *몓 저기 매왓지 이 구 시방. 그 이 레닌스끼 구역에 그 쿨루브(клуб) 밀로쎄비치(Милошевич) 기 밀로쎄비치란 게 수월이 말하무 거저

소: 으음.

박: 그래 시방은 가만히 보면 노인단이 셋이 시방 활동하는데. 저 우리 저 무궁화노인단이 저 제일 사람이 많이 다니는데 제일 크지. 그리고 그 지도자가 아주 뭐 음특(陰慝)하지 않고 성질이 없는 분네지. 그렇게 잘 지도를 하오. 그리고 규율, 규율이 세지. 무슨 누가 나와서 말한다 하면 그 저. 그래 누가 나와서 무슨 노래를 부른다든지 무슨 말씀을 올린다든지 하면 그저 까딱 소리가 없지, 뭐. 그렇게 규율이 세오. 그리고 다른 노인 단에서 무슨 청대(請待)가 있어서 내가 가게 되면, 어제 그 그 베라 니꼴라에르나 그 나이 잡순 분네.

소: 예.

박: 그 분네 그거 동백회에 그거 노인단에서 저기 예술 지, 지도원의 일을 했지요. 그럴 적에 나를 기념일이 되면 자꾸 이 전화로 청대(請待)를 하지요. 그래 어떨 적에 가는 때도 있고. 야아! 거기를, 다 좋은데 어떻게 규율이 문란하지 시방 다른 노인단으로 넘어가서 어떻게 됐는지. 누가 나와서 말씀을 하자 해도 아 소란스러워서 어, 무슨 어떻게 말하겠소. 그저 와아! 하고 그저 벌의 둥지지. 그리고 이쪽에 또 그 고려노인(단)이라는 그 그 노인단에는 거기도 사람이 그저 한 사십 명씩 그저 최대로 모아서 한 오십 명씩 모이지. 게 거기는 저 우리 큰사돈댁이 시방 위원장 일을 하는데, 시방 저 아이 저 아이 시방 죽은 아이 장모지. 그래 이 올해 올해 일흔하나이겠는가 일흔둘이겠는가 저절로 자꾸 앓지. 이 시방 이 해까지 하고서 새해부터는 다른 사람에게 (위원장직을) 다른 사람에게 넘겨준다 하는 말이 있는데 모르지 어 어떻게 되겠는지.

소: 으음.

박: 그리고 시방 또 여기 우리 이 이게 시방 우리 이 지대(地帶) 여기가 레닌스키 구역에 *모, *몇 저기 속하지 이 구(區)가 시방. 그 이 레닌스키 구역에 그 밀로셰비치 클럽, 그 밀로셰비치라는 게 수월히 말하면 그저

이 앓는 사램이랑 구차한 사람덜이 도배르 해주는 그런 데지.

소: 으음.

박: 그 시방 엘리자베따 니꼴라이브나(Елизавета Николаевна) 그 엘리자베따 저기 저어네르 내인데르 보냇다구만.

소: 으음.

박: 내 아무래 앓구 기랜다구서르. 우리 저 무궁화 노인단에서느 기래 말이 없엇는데. 저 엘리자베따 니꼴라이브나(Елизавета Николаевна) 저어네르 ***에진햇다구서 기래구.

소: 고기서 뭘 보냇다고요? 거기서 뭘 보내줬다고?

박: 어디메서?

소: 거기 그 아까 거기서. **니슬 뭐.

박: 아아 저기. 그 웨 웨라 니꼴라이브나?

소: 음.

박: 웨라 니꼴라이브나. 거기서 오부셰(вообще) 이 노인단으 조직한 분네느, 첫감 조직한 분네 그분네.

소: 음.

박: 그분네 노인덜으 이 한 열두해 전에 이 노인단 열갯는데 노인덜 집우르 집집이 돌아댕기메 선전햇습지.

소: 아! 오.

박: 기래 우리 노인단 열어서 늘그막에 모다서 그렇기 하목하게 해서 유쾌하게 모다 놀자 하구서. 그 조직자ᅳ으느 저분네 저 웨라 니꼴라에브나.

소: 음.

박: 기래 그 따마라 알렉산드로브나 긔 기 시방 그 노인다이 이림이 동백헤. '비쉬께크(Бишкек) 서울'.

소: 서울도 있는가 보데?

박: 아아. 거기 저기.

이 앓는 사람이랑 구차한 사람들 도움을 주는 그런 데지.

소: 으음.

박: 그 시방 옐리자베타 니꼴라이브나, 그 옐리자베타가 당신네를 나한 테 보냈다는구먼.

소: 으음.

박: 내가 아마 앓고 그런다고 해서. 우리 저 무궁화 노인단에서는 그래 말이 없었는데. 저 옐리자베타 니꼴라이브나가 당신네를 ***했다고 그러 고.

소: 고기에서 뭘 보냈다고요? 거기서 뭘 보내 줬다고?

박: 어디서?

소: 거기 그 아까 거기서. 니(꼴라이브나)를 뭐.

박: 아아 저기. 그 웨 웨라 니꼴라이브나?

소: 음.

박: 웨라 니꼴라이브나. 거기서 본디 이 노인단을 조직한 분네는 처음 조직한 분은 그 분.

소: 음.

박: 그분네가, 노인들을 이 한 열두 해 전에 이 노인단을 열 목적으로 노인들의 집으로 집집이 돌아다니며 선전했지요.

소: 아! 오.

박: 그래 우리 노인단을 열어서 늘그막에 모여서 그렇게 화목하게 해서 유쾌하게 모여 놀자 하고서. 그 조직의 장은 저분 저 웨라 니꼴라에브나.

소: 음.

박: 그래 그 따마라 알렉산드로브나 그 사람이 그 시방 그 노인단의 이 름이 동백회. '비슈케크 서울'.

소: 서울도 있는가 보데?

박: 응. 거기 저기.

소: 윤, 윤 누구.

박: 그 항, 한일바라구서르 서울쪽 분네 거그 와서 그사램이, 아이구! 무슨 무슨 그 그 노인단서 책임일 하는데. 에이그! 그.

소: 달력도 갖고 오시고.

박: 그 저기 무슨 일 어특 어트게 하는거 이래 이깨와주짐 그분네.

소: 으음.

박: 기래 그 시방 그 웨라 니꼴라이브나느 그 윤동호라구서르.

소: 음.

박: 그 서울에서 여길 자주루 댕기짐. 기래 그 시방 저 웨라 니꼴라이브나가 그 윤동호 종친가입지.

소: 음.

박: 기래 치우재라구서르 오랍느비르 취햇는. 오부셈(в общем) 기래 그렇기 가깝게 보내구. 그 조선에서 저 서울에서 그 윤동호 오게데무 야 아! 그렇기 서르 반가와서 야 기래. 기래 그 윤동호 신세 많앳소. 그 한복두 가져온다 무슨 으 한복 그 할 그 겐지두 *갖. 오부셈(в общем) 도배 많앳소.

소: 이십칠일날 아니 이십삼일날 온다고 그랫다가 못오고 뭐. 일월 일월 메칠날 온다고 그런가봐요.

박: 아아. 앞서 또 어느 날 온다구서 기래 그날에 그 윤동호라 온다구서르 저 웨라 니꼴라이브나 나르 청잴하는거 내 이제 앓아서 못갓지. 게기 직[찍]에두 오자던 날에 모 오구서르 메칠으 지나서 왓다갓다 하메서르.

소: 음.

박: 어전 그분네 여기르 여러번 댕겟어. 어전 몇번 왓다갓는지.

소: 으음.

소: 윤, 윤 누구.

박: 그 한, 한일바라고서 서울 쪽에서 온 분이 거기 와서 그 사람이, 아이고! 무슨 무슨 그 그 노인단에서 책임 일을 하는데. 어이구! 그.

소: 달력도 갖고 오시고.

박: 그 저기 무슨 일을 어떻, 어떻게 하는 거 이렇게 일깨워 주지 뭐, 그 분이.

소: 으음.

박: 그래 그 시방 그 웨라 니꼴라이브나는 그 윤동호라고서.

소: 음.

박: 그 서울에서 여기를 자주 다니지 뭐. 그래 그 시방 웨라 니꼴라에브나와 그 윤동호가 종친(宗親) 간이지요.

소: 음.

박: 그래 다정하게 지내는 사이라고서 오누이를 삼았는지. 대체로 그래 그렇게 가깝게 보내고. 그 한국에서 저 서울에서 그 윤동호가 오게 되면 야! 그렇게 서로 반가워서 응 그래. 그래 그 윤동호의 신세가 많았소. 그 한복도 가져온다 무슨 음 한복을 그 지을 옷가지도 가져오고. 대체로 도움을 많이 주었소.

소: 27일 아니 23일에 온다고 그랬다가 못 오고 뭐. 1월 1일 며칠날 온다고 그런가 봐요.

박: 응. 앞서 또 어느 날 온다고 해서 그래 그 날에 그 윤동호가 온다고 저 웨라 니꼴라이브나가 나를 청대(請待)를 하는 거 내 이제 앓아서 못 갔지. 게 그 때에도 오자고 하던 날에 못 오고서 며칠을 지나서 왔다 갔다 하면서.

소: 음.

박: 이제 그 분 여기를 여러 번 다녔어. 이제 몇 번 왔다 갔는지.

소: 으음.

박: 한번 왔다서리 저기 집으르 가느라구서르 저 비행자ˇ으르 나가다서리 어드메 어터기 대 자뿌러진게 팔이 저기 절골이 생겟단지 마 그래서.

소: 으음.

박: 기래서 또 여기서 오래 묵재기르 하다서 또 갓습지.

소: 으음. 거기는 그양반은 뭐 한복도 막 싹 갔다주고. 달력도 갔다주고 막.

박: 아아 그.

소: 달력은 동백만 갔다줘요 다른덴 안 갔다주고?

박: 저기 거기서 동백혜에서 또 푼푸이 오게 다무 다른 노인단 또 누(ну) 저 더러 지적해 주웁지. 여 가지라구서.

소: 그 저 아까 에란노 에 네 노까 뭐 아까 성함이 뭐더라 나 이름을 참. 러시아말 이름을 왜 잋게 웨기가 힘든지 (웃음). 니꼴라에바? 에라? 에라니?

박: 웨라 니꼴라이브나.

소: 웨라 웨라?

박: 웨에라 니꼴라이브나.

소: **웨란 **니꼴라이마. 그 할머니는 그ː ː 거기서 그 예술단 지도원 해보셨는가 **보데만요.

박: 그 거그서 예술단 저기 저 그런 지도르 하다서리 재빗몸 펜채잊구 기래노이. 올해 어느달인가 그자레서 나왓지무.

소: 음.

박: 걔 나오멘서리 내가 또 그렇기 친밀이 보냈어.

소: 음.

박: 기래 아, 나간 그 이튿날인두 사흗날인지 저 우리 무궁화노인단 찾아왓다구. 찾아와서 저기 그전에 같이 사업하던 사람딜[뚜] 잇구. 아, 나르 이 노인단에 대해서 무슨 일으 많이[마이] 햇다구, 저기 시방 잇소,

박: 한번 왔다가 저기 집으로 가느라고 저 비행장으로 나가다가 어디서 어떻게 돼 자빠진 게 팔이 저기 절골(折骨)이 생겼다든가 어 그래서.

소: 으음.

박: 그래서 또 여기서 오래 묵다가 또 갔지요.

소: 으음. 거기는 그 양반은 뭐 한복도 막 싹 가져다주고. 달력도 가져다주고 막.

박: 응 그.

소: 달력은 동백회만 가져다줘요? 다른 노인단에는 안 가져다주고?

박: 저기 거기서 동백회에서 또 넉넉하게 오게 되면 다른 노인단(도 주라고) 또 어 저 더러 지적해 주지요. 여기 가지라고서.

소: 그 저 아까 에란노 에 네 노까 뭐 아까 성함이 뭐더라 나 이름을 참. 러시아 말 이름을 왜 이렇게 외우기가 힘든지 (웃음). 니꼴라에바? 에라? 에라니?

박: 웨라 니꼴라이브나.

소: 웨라 웨라?

박: 웨에라 니꼴라이브나.

소: 웨라 니꼴라에브나. 그 할머니는 그 거기서 그 예술단 지도원을 해 보셨는가 보더구먼요.

박: 그 거기서 예술단 저기 저 그런 지도를 하다가 자기 몸이 편치 않고 그러다 보니. 올해 어느 달인가 그 자리에서 나왔지 뭐.

소: 음.

박: 그래 나오면서 나와 또 그렇게 친밀하게 보냈어.

소: 음.

박: 그래 아, (동백회를) 나간 그 이틀 후인지 사흗날인지 저 우리 무궁화노인단을 찾아왔다고 찾아와서 저기 그전에 같이 사업하던 사람들도 있고. 아, 나를 이 노인단에 대해서 무슨 일을 많이 했다고, 저기 시방 있소,

이런 사진으 이런거. 저기 겡치르 그린거. 그런거 나르 또 서, 선물루 내게 두구서르 가, 갓댔어. 기래 내 드문드문 잇다가 신체건강 어떠한가: 저 전할르 물어보지. 또 그분네 내인데르 또 소원이르 하지.

소: 으음. 으음. 그 저 그 누비 누비::허고 친하신같드만요. 에? 그 저 웨란드 껀디 니꼴마에 그 양반하고 그 앗, 어르신네 그 누나하고 두분이 또 친한가 보더만요.

박: 에에! 저 다 가깝운 처지에 잇으이.

소: 예. 거긴 거기는 같은 노인헤에요? 그 두분은 같은 노인회에 소, 속하냐고.

박: 그 저기 웨라 니꼴라이브나느 그 동백헤 거기서 예술지도원질하구. 저 내 누이느 저기 무궁화노인헤에서 거기서 시방 예술지도원질 하구.

소: 아아! 그래요? 으음. 같은 노인헤는 아니고?

박: 아이구.

소: 아아.

박: (기침).

소: 음. 그러먼 그 노인헤는 자기가 가고 싶은 데로 가는거에요?

박: 그렇기 시방 저 우리 노친두 저기 재비 옴판 **지분두 저 무궁하압데. 기래 무궁하두 댕기구 이짝 고레노인 그 그 그 그 노인단두 댕기구 [ɤu] 두 굳우루 *댕기. 세군우르 댕겟댔소. 에엔 첫감 저 저 웨라 니꼴라이브나 잇는데두 댕겟다서르 어전 늙으이 세군으 맥이 없어 못댕기갓다구서.

소: (웃음).

박: 기래 기래 거 한굳으 *내 저 웨라 니꼴라이브나 잇는 데 거기 내애 낫지. 내놓구 시방두 두굳으 댕기우.

소: 아 어어. 이 두군 데 다녀도 일없어요?

이런 사진을 이런 거. 저기 경치를 그린 거. 그런 거 나에게 또 서, 선물로 내게 두고서 가, 갔었어. 그래 내가 드문드문 있다가 신체 건강이 어떠한지 저 전화로 물어보지. 또 그 분네 나한테로 또 (건강하기를) 바라지.

소: 으음. 으음. 그 저 그 누이 누이하고 친하신 것 같더구먼요. 예? 그 저 웨라 니꼴라이브나 그 양반하고 그 어르신네 그 누나하고 두 분이 또 친한가 보더군요.

박: 예! 저 다 가까운 처지에 있으니.

소: 예. 거기는 거기는 같은 노인회에요? 그 두 분은 같은 노인회에 소, 속하냐고.

박: 그 저기 웨라 니꼴라이브나는 그 동백회 거기서 예술 지도원 일을 하고. 저 내 누이는 저기 무궁화노인회에서 거기서 시방 예술 지도원의 일을 하고.

소: 아아! 그래요? 음. 같은 노인회는 아니고?

박: 아니고.

소: 아아.

박: (기침).

소: 음. 그러면 그 노인회는 자기가 가고 싶은 데로 가는 거예요?

박: 그렇게 시방 저 우리 노친도 저기 자기 원래(의 노인단은) 지금도 저 무궁화입니다. 그래 무궁화도 다니고 이쪽 고려노인 그 그 그 그 노인단도 다니고 두 곳을 다니지. 세 곳으로 다녔었소. 맨 처음에 저 저 웨라 니꼴라이브나가 있는 데도 다녔다가 이젠 늙으니 세 곳을 맥이 없어 못 다니겠다고.

소: (웃음).

박: 그래 그래 거 한 곳을 내(놓았는데) 저 웨라 니꼴라이브나 있는 데 거기를 내놨지. 내놓고 시방도 두 곳을 다니오.

소: 아 어어. 이 두 군데 다녀도 괜찮아요?

박: 기래 거저 당비는[27] 기래지. 무슨 말공부르[말꽁부르][28] 날가가주 구[29] 댕이지 말라구. 여기 가서 보구서느 애애! 아는 노인단 어텋드라 어 저 이래 숭질으 하멘서리 기래지 말라구. 거저 기게 당비입지.

소: 으음. 으음. 그 재미있겠네요. 굻게 다니면?

박: 나느 글쎄 나두 글쎄. 나느 이래 저 또 늙은덜이 거 친밀한 늙은덜 어떨 직에느 집에 떠억.

박: 그래 그저 당부(當付)로 하는 말로 그러지. 무슨 말공부를 날라 가지고 다니지 말라고. 여기 가서 보고서는 에! (내가) 아는 노인단이 어떠하더라. 이제 이렇게 흉질을 하면서 그러지 말라고. 그저 그게 당부(當付)이지요.

소: 으음. 으음. 그 재미있겠네요. 그렇게 다니면?

박: 나는 글쎄 나도 글쎄. 나는 이래 저 또 늙은이들이 그 친밀한 늙은이들이 어떨 적에는 집에 떡 (오지).

5.4. 안타샤의 누에치기

소: 그 누베농사 한거 이런것 좀 얘기해줘봐요.

안: 아아!

소: 누베농사 어뜧게 했어요?

안: 아 조선에서느: 어따(это) 어 한국에선 느베르 아이 치오?

소: 해요.

안: 하지.

소: 이 달라.

안: 아아!

소: 따아 지역마다.

안: 아아! 우리네느: 어 내비, 내비르 ***.

소: 네.

안: 그거 에따(это) 고론 꼬꼰(кокон) 잇재이오 냐~?

소: 예.

안: 요론거. 뒤 두오, 그거.

소: 음.

안: 뒤 두기마 함 거기서 내비나오.

소: 아아!

안: 나비나오지.

소: 예. 예.

안: 나비 나오기마 하무 그 나비 냐~.

소: 에.

5.4. 안타샤의 누에치기

소: 그 누에 농사 한 거 이런 것 좀 얘기해 줘 봐요.

안: 아아!

소: 누에 농사 어떻게 했어요?

안: 아 조선에서는 음 어 한국에서는 누에를 안 치오?

소: 해요.

안: 하지.

소: 이 달라.

안: 아아!

소: 달라 지역마다.

안: 아아! 우리네는 어 나비 나비를 ***.

소: 네.

안: 그거 음 고런 고치가 있잖소 응?

소: 예.

안: 요런 거. 뒈 두오 그거.

소: 음.

안: 뒈 두기만 하면 거기서 나비가 나오오.

소: 아아!

안: 나비가 나오지.

소: 예. 예.

안: 나비가 나오기만 하면 그 나비가, 응.

소: 에.

안: 알으 쓿소.

소: 오디다가, 어디다가.

안: 그런 데다가서 떡 돋이지.30) 에: 기걸 뻬짠느(специальный) 오쁘트(опт)라 하재이오?

소: 음.

안: 그런 사름덜이 그거 내비르 고롷게 돋우지.

소: 음.

안: 개무 고기다 알으 쓿소. 기래무 한 꼬로브까(коробка)라는 게 한 꼬로브까(коробка)라 하무 야?

소: 음.

안: 게 몇 그람므(грамм)라 하무 맞아.

소: 음.

안: 몇 그람므(грамм)지. 고거 요, 요론 거저 요만ː한 조애애다가 빠시까(почка)다 고론 알으 옇지.

소: 예에.

안: 기램 고거 개제다가서리 냐ˇ. 쩸뻬라뚜라(температура) 딱 노르말리(нормаль)르 해야 데오.

소: 아아.

안: 쩸뻬라뚜라(температура) 거저 스물한내무 스물한내구 요롷게 집이 **덤, 덥기서리[더끼서리].

소: 덥게.

안: 야아. 덥게 게 덩때르 이룋기 매오.

소: 예에.

안: 고거 깨울적에느 덩때르 요러 우테니(втени)다가 놓구서리 싹 조앨르 요롷게 맨들어서 고기다 쫄ː 페놓군느 거기다.

소: 그 요만끔 들어있는 것이?

안: 알을 슬소.

소: 어디에다가, 어디에다가.

안: 그런 데다가 떡 생겨나게 하지. 에, 그걸 특별히 도매상이라 하잖소?

소: 음.

안: 그런 사람들이 그거 나비를 고렇게 생겨나게 하지.

소: 음.

안: 그러면 나비가 고기에다 알을 슬소. 그러면 한 상자라는 게 한 상자라 하면 응?

소: 음.

안: 그게 몇 그램이라 하면 맞아.

소: 음.

안: 몇 그램이지. 고거 요, 요런 그저 요만한 종이로 만든 갑(匣)에다 고런 알을 넣지.

소: 예에.

안: 그러면 고거 가져다가 응. 온도를 딱 평균을 유지해야 되오.

소: 아아.

안: 온도가 그저 21도면 21도고 요렇게 집이 덥, 덥게.

소: 덥게.

안: 응. 덥게 게 덕을 이렇게 매오.

소: 예에.

안: 고거 알을 까일 적에는 덕을 요렇게 그늘에다가 놓고서 싹 종이로 요렇게 만들어서 고기다 쪽 펴놓고는 거기다.

소: 그 요만큼 들어 있는 것이?

안: 그거 냐~ 거 싹 털어서 놓소.

소: 예에.

안: 기래구 고거 야~ 요렇게 맨드오. 요렇기 요렇기.

소: 종이로.

안: 조애르 조애르 싹 요렇게.

소: 예.

안: 귀때기르 요래 요래서 맨드오. 그래 맨들어서 고안에다 옇어서 그거 까딱 온도에 딱 익게서리. 고기다 낳구서, 기게 기래무: 미츨이? … 한: 달이.

소: 음.

안: 누(ну). 기게 다아 끼지오. 까져서.

소: 그면, 그 알이.

안: 야 고 알이 벌거지 나오지.

소: 알이 쪼그만해요?

안: 으~. 쉐꼬 아. 아… 물고기 알이 **만::앗소.

소: 아아.

안: 물고기 알이 만:한데 거기 벌거지 나오지. *그다 한달 잇으무 그 나오지. 게 그건 또 다른 데다가 또 고거 고럴 직[쩍]에 에따(это) 잎우.

소: 네.

안: 뽕잎우.

소: 예.

안: 고거 이렇게 놓소.

소: 음.

안: *요러 잎이. 그러구 잎이 요렇지. 첫감에 이실 직[쩍]에. 고 잎우 나서 고거 엥기오.

소: 거기 올라가게 해요?

안: 그거 응 그거 싹 털어서 놓소.

소: 예에.

안: 그리고 고거 응 요렇게 만드오. 요렇게 요렇게.

소: 종이로.

안: 종이를, 종이를 싹 요렇게.

소: 예.

안: 귀를 요래 요래서 만드오. 그래 만들어서 고 안에다 넣어서 그거 딱 온도에 딱 익게 해서 고기다 놓고서. 그게 그러면 며칠이, 한 달이 (지나면).

소: 음.

안: 음. 그게 다 까이오, 까여서.

소: 그러면, 그 알이.

안: 응 고 알에서 벌레가 나오지.

소: 알이 쪼그마해요?

안: 응. 조끄(많고) 아. 아아… 물고기 알 만했소.

소: 아아.

안: 물고기 알 만한데 거기에서 벌레가 나오지. 그다음 한 달 있으면 그게 나오지. 그래 그건 또 다른 데에다가 또 고거 고럴 적에 음 잎을.

소: 네.

안: 뽕잎을.

소: 예.

안: 고거 이렇게 놓소.

소: 음.

안: 요런 잎. 그러고 잎이 요렇지. 처음에 (누에가 생겨나) 있을 적에. 고 잎을 놔서 고거(벌레) 옮기오.

소: 거기 올라가게 해요?

안: 야. 거기르, 거기르 올라가기. 올라가 가이 고기 딱 붙소.

소: 에에~.

안: 기래 요래 놔아서 그거 또 다른 조애애다가 또 그렇게 맨드는 고런 조애다 놔아서 기래 그거 한 꼬로브까(коробка)르 *꼬로(коро), 한: 꼴로 브까(коробка)르 그 한 꼬로브까(коробка)대로 놔두우.

소: 그러면.

안: 다른 거 한데다 합하재이우[하파재이우].

소: 어 왜요?

안: 아이 합하오[하파오].

소: 합허문 죽어?

안: 아이! 죽둔애이두 사름덜 가질 직에.

소: 에.

안: 한 꼬로브까(коробка)르 가진 사름이 잇구. 반 꼬로브까(коробка)르 가진 사름이 잇지.

소: 아아.

안: 기래무 그거 가지구서리.

소: 그면은 한 *꼬 한 그 한 꼬로브까(коробка)면.

안: 야~아.

소: 그면은 나중에 고치가 얼마끔이나 대.

안: 아아:, 고치 그거 내 반 *꼬로, 몇 그람(грамм) 가젯던지. 내 뻬르브(первый) 뿡냐~일해서 내 상급 탓소.

소: 음. 그러면은.

안: 많이[마이] 잘 멕이재잏갯소?

소: 에.

안: 벌기 아이 죽구 잘 멕이기마 하무 기게 우로샤이(урожай) 잘 나오. 그러나.

안: 응 거기를, 거기를 올라가게. 올라가, 올라가니 고기에 딱 붙소.

소: 에에.

안: 그래 요래 놔서 그거 또 다른 종이에다가 또 고렇게 만드는 고런 종이에다 놔서 그래 그거 한 작은 상자를, 상(자), 한 상자를 그 한 상자 대로 놔두오.

소: 그러면.

안: 다른 것을 한 곳에다 합하지 않소.

소: 어 왜요?

안: 안 합하오.

소: 합하면 죽어?

안: 아니! 죽지는 않아도 사람들 가질 적에.

소: 에.

안: 한 상자를 가진 사람이 있고. 반 상자를 가진 사람이 있지.

소: 아아.

안: 그러면 그거 가지고서.

소: 그러면은 한 상, 한 그 한 상자면.

안: 응.

소: 그러면은 나중에 고치가 얼마큼이나 돼.

안: 아아, 고치 그거 내 반 상자, 몇 그램을 가졌던지. 내가 일등으로, 뽕, 응, 일해서 내가 상급(賞給)을 탔소.

소: 음. 그러면은.

안: 많이 잘 먹이지 않겠소?

소: 예.

안: 벌레 안 죽고 잘 먹이기만 하면 그게 수확이 잘 되오. 그러나.

소: 음.

안: 그거어 어따(это) 죽은 사름 바두 못쓰구. 모오 쓸 데르 바두 못쓰구.

소: 으음.

안: 그래마 아이 데오. 기게 고렇기 사까롭운 게지.

소: 그러면 이렇게 이렇게는 낭그 이렇게 세워 놓고: .

안: 아아. 덩때르 매지.

소: 이러구 덩때를 매지?

안: 덩때르 매지. 덩때르 매데 고 덩때애다가서 싹 고 잎울루 올리오.

소: 으음.

안: 잎울루 따악따 올레서 그다음에느 그게 어저느: 한달이 넘울기오, 아무(래), 야.

소: 음.

안: 기게 지재빌르 싹 쏠아서 멕이오.

소: 그 맨 첨에 인자 벌레 벌거지 쪼마:이 나올때.

안: 야아~.

소: 그때는 쏠아서 멕여?

안: 아: 그때느 쏠아서 멕이쟎구 싹 쏠아 멕이우.31)

소: 에.

안: 조꼬말 직인 싹 쏠아 멕이우.

소: 음.

안: 걔 쏠아 멕이무 발써 어: 한달이 네:트(нет)! 한달이 한주일이기만 하무 한: 니지아(неделя).

소: 예.

안: 한 주일이기만 하무 게게 싹 까오.

소: 아아.

소: 음.

안: 그거 음 (누에 칠 때는) 죽은 사람을 봐도 못쓰고. 묘를 쓸 데를 봐도 못쓰고.

소: 으음.

안: 그러면 안 되오. 그게 고렇게 까다로운 것이지.

소: 그러면 이렇게 이렇게 나무를 이렇게 세워 놓고.

안: 응. 덕을 매지.

소: 이러고 덕을 매지?

안: 덕을 매지. 덕을 매되, 고 덕에다가 싹 고 잎을 올리오.

소: 으음.

안: 잎으로 딱딱 올려서 그다음에는 그게 이제는 한 달이 넘을 게오, 아마도, 응.

소: 음.

안: 그게 제 스스로(=사람이) 싹 썰어서 먹이오.

소: 그 맨 처음에 인제 벌레, 벌레가 쪼그맣게 나올 때.

안: 응.

소: 그때는 썰어서 먹여?

안: 아 그때는 썰어서 먹이지 않고 싹 썰어 먹이오.

소: 에.

안: 조*끄*말 적에 싹 썰어 먹이오.

소: 음.

안: 그래 썰어 먹이면 벌써 어 한 달, 아니! 한 달 한 주일이 되면, 한 주(週).

소: 예.

안: 한 주일이기만 하면 그게 싹 까오.

소: 아아.

안: 긔게 우리 느베르 치는게 한:달 메칠이기마 하무 오부셰(вообще) 다 데오.

소: 그래요?

안: 야̆아 한달. 두달 아이 데오.

소: 그면 *누, 고치가 데요?

안: 기래 어전 고치 데오.

소: 오오.

안: 고치데오. 그러나 기게: 밤 아이 자구야 기게 잘 데지 밤 자구 밤에 아이 멕이구 이래무 잘 아이 데오.

소: 밤에두 멕여요?

안: 밤:낮으 멕에야 데지. 밤:낮으 세보구 더 먹소.

소: 네. 그러면 아까 그마끔을 가지면:.

안: 으~:.

소: 나중에 고치가 데면 한 이 이정도 방에다 키우는거여?

안: 야야:! 거기 멫그람으 가지무 이런 칸으 두 칸마 첫감에느 그거 이런 칸에다 자래우지.

소: 예.

안: 그담엔 긔게 크기마 하무, 야, 새끼르 잏게 느베르 맨들재이오?

소: 예.

안: 그럴 직엔 한지르 내가오.

소: 어.

안: 이 집에서 치무 한지르 내가오. 한지 저 나베시(навес) 밑 같은 데다 싹 덩때르 매구. 기래구 거기다 빌(быльё)으 주오. 빌(быльё)으. 그런 게 또 잇소. 빌(быльё) 어디 가 먼데 가 캐오오 그거.

소: 에에.

안: 기래 그.

안: 그게 우리가 누에를 치는 게 한 달 며칠만 되면 대개 다 되오.

소: 그래요?

안: 응 한 달. 두 달은 안 되오.

소: 그러면 누에고치가 돼요?

안: 그래 이제는 고치가 되오.

소: 오오.

안: 고치가 되오. 그러나 그게 잠을 안 자고야 그게 잘 되지 잠자고 밤에 안 먹이고 이러면 잘 안 되오.

소: 밤에도 먹여요?

안: 밤낮을 먹여야 되지. 밤낮을. 소보다 더 먹소.

소: 네. 그러면 아까 그만큼을 가지면.

안: 응.

소: 나중에 고치가 되면 한 이 이 정도 방에다 키우는 거야?

안: 야! 거기 몇 그램을 가지면 이런 칸을 두 칸만, 처음에는 그거 이런 칸에다 기르지.

소: 예.

안: 그다음에는 그게 크기만 하면, 응, 새끼를 이렇게 누에를 만들잖소?

소: 예.

안: 그럴 적에는 한데로 내가오.

소: 어.

안: 이 집에서 치면 한데로 내가오. 한데 저 가건물(=또는 창고) 밑 같은 데다 싹 덕을 매고. 그리고 거기다 풀을 주오. 풀을. 그런 게 또 있소, 빌(быльё)이라고. 어디 먼 데 가서 캐 오오, 그거.

소: 에에.

안: 그래 그.

소: 낭그야? 나, 낭그?

안: 낭기 아이구 풀이오.

소: 풀이요?

안: 야아. 풀이. 그런거 개다가서리 이래 주지. 기러재이무 볏짚우 주우.

소: 아아! 볏짚을.

안: 베, 볏짚우 주우. 볏짚우두 또 그건 야 이래 앞두우 쏠아서 그거 한 판에다 그 그런 거 기래서.

소: 이렇게, 이렇게.

안: 야.

소: 해가지고?

안: 기래 그래서 이래 주무 기게 **엉:키사 그 그렇기 이릏기 주우.

소: 음. 그러면 뽕을 뽕을 하루에 얼마나 얼마끔씩이나 먹어요.

안: 엠매 먹는가구?

소: 아.

안: 먹는게.

소: 어.

안: 야아:! 많이[마이] 먹소. 세마 더 먹소.

소: 그래요?

안: 세마 더 먹소.

소: 그게?

안: 거 ***빠양하오. 밤:낮으 멕이다나이 한참 멕일 **떽에(←적에) 아이 멕이재잏갯소? 그거 둥지르 못 트우.

소: 그래요?

안: 아 둥지르 못트우.

소: 으음.

안: 그거 먹을 직에 잘 멕에야 둥지 잘 데오. 잘 데구 그기 으

소: 나무야? 나, 나무?

안: 나무 아니고 풀이오.

소: 풀이요?

안: 응. 풀. 그런 거 가져다가 이래 주지. 그러지 않으면 볏짚을 주오.

소: 아아! 볏짚을.

안: 벼, 볏짚을 주오. 볏짚도 또 그런 응 이래 앞뒤를 썰어서 그거 복판에다 그 그런 거 그래서.

소: 이렇게, 이렇게.

안: 응.

소: 해 가지고?

안: 그래 그래서 이래 주면 그게 엉기어서 그 그렇게 이렇게 주오.

소: 음. 그러면 뽕을 뽕을 하루에 얼마나 얼마큼씩이나 먹어요?

안: 얼마나 먹느냐고?

소: 아.

안: 먹는 게.

소: 어.

안: 야! 많이 먹소. 소보다 더 먹소.

소: 그래요?

안: 소보다 더 먹소.

소: 그게?

안: 그거 빠하오(?) 밤낮을 먹이다 보니. (만약에) 한참 먹일 적에 안 먹이잖겠소? (그러면) 그 누에가 고치를 못 트오.

소: 그래요?

안: 응 고치를 못 트오.

소: 으음.

안: 그거 먹을 적에 잘 먹여야 고치가 잘 되오. 잘 되고 그게 어

땅딴하게 맨드짐.

소: 그럼 그게 그게.

안: 음.

소: 한 일주일 일주일에 인자 까고 나오면.

안: 아.

소: 그담부터 얼마 정〔쩡〕도 멕이면은 잠을 자?

안: 기래 다아 거떠비(готовить) 데잠. 다아. 다 데잠 한달바이구야 다 데오.

소: 한달 반.

안: 야. 한달 바이구.

소: 그러면 맨 처음에 얼마 정〔쩡〕도 먹어야지 한번 잠을 자요?

안: 에, 에엔 첫감에 멕일 직에느 야?… 첫감에 그렇게 많이[마이]아이 먹소 싹 쏠:아서.

소: 음.

안: 쏠:아서 아무래 한: 이지일 쏠:아 멕이오.

소: 으음.

안: 그담에느 낭그 요렇게 주우 그 낭기 어.

소: 아. 그담부터는요.

안: 야. 거저 벌거지 약하다:만 게 냐˜?

소: 예.

안: 요막씨 클 직[찍]이느 오부세(вообще) 에따(это) 낭그 주오.

소: 으음.

안: 낭그 주대, 약한 낭그 주우.

소: 음.

안: 그다음에 크:재잏갯소? 이릏게 크기마하무.

소: 예.

(고치를) 딴딴하게 만들지 뭐.

소: 그럼, 그게, 그게.

안: 음.

소: 한 일주일 일주일에 인제 알을 까고 나오면.

안: 응.

소: 그다음부터 얼마 정도 먹이면 잠을 자?

안: 그래 다 (거둘) 준비가 되자면. 다. 다 되자면 한 달 반이어야 다 되오.

소: 한 달 반.

안: 응. 한 달 반이고.

소: 그러면 맨 처음에 얼마 정도 먹어야지 한번 잠을 자요?

안: 매, 맨 처음에 먹일 적에는 응?··· 처음에 그렇게 많이 안 먹소. 싹 썰어서.

소: 음.

안: 썰어서 아마 한 2주일 썰어 먹이오.

소: 으음.

안: 그다음에는 나무를 요렇게 주오 그 나무가 어.

소: 아. 그다음부터는요.

안: 응. 그저 벌레 아주 약한 것이 응?

소: 예.

안: 요만큼씩 클 적에는 대개 음 나무를 주오.

소: 으음.

안: 나무를 주되, 약한 나무를 주오.

소: 음.

안: 그다음에 크지 않겠소? 이렇게 크기만 하면.

소: 예.

안: 큰 낭그 막 쥐두 거저 다 먹소.

소: 으음.

안: 야아! 잘 먹소 데게. 고:: 먹는 어간에 하 하 한 스무날 도[똥]~안으 그릏게 쭉 먹소 스무날 도[똥]~안으

소: 스무날 동안에.

안: 야 스무날 도[똥]~안으 먹구. 그담에느 기게 어저느 두~이 트자구 시잭일 할 직에느 거저 마알갛소, 거저.

소: 아아.

안: 그 샛하얗재앻구. 거저 노꾸무레:한게 마알갛소.

소: 아.

안: 걔구 이 첫감에느 거저 이릏게 큰:게야 싯하얀게 이릏기 큰게 야아! 보드랍다아만게 그릏게 먹음즉하지.

소: 에.

안: 그담에느 조꼼 밉게 데오.

소: 으음.

안: 밉게 데서 그담에느 두~이 틀적에느 어 노오랗게 데멘서리 두~이 틀 시잭이르 하지.

소: 어어. 근데 실제로:.

안: 응.

소: 그 꼬치를 보면.

안: 아.

소: 누에꼬치를.

안: 아.

소: 벗겨보면 버, 벌레가 이만 기잖아요. 속에 들어있는 거.

안: 속에 잇소. 새까만 게.

소: 예. 새까맣게.

안: 큰 나무를 막 줘도 그저 다 먹소.

소: 으음.

안: 야! 잘 먹소 되게. 고 먹는 사이에 하 하 한 스무날 동안을 그렇게 쭉 먹소 스무날 동안을.

소: 스무날 동안에.

안: 응 스무날 동안을 먹고. 그다음에는 그게 이제는 고치를 틀자고 시작할 적에는 그저 말갛소, 그저.

소: 아아.

안: 그 새하얗지 않고. 그저 노르끄름한 게 말갛소.

소: 아.

안: 그리고 이 처음에는 그저 이렇게 큰 것이 응 새하얀 게 이렇게 큰 게 야! 아주 보드라운 게 그렇게 먹음직하지.

소: 에.

안: 그다음에는 조끔 밉게 되오.

소: 으음.

안: 밉게 되어서 그다음에는 고치를 틀 적에는 어 노랗게 되면서 고치를 시작을 하지(=고치를 틀기 시작하지).

소: 어어. 그런데 실제로.

안: 응.

소: 그 고치를 보면.

안: 응.

소: 누에고치를.

안: 응.

소: 벗겨 보면 버, 벌레가 이만하게 길잖아요. 속에 들어있는 거.

안: 속에 있소. 새까만 게.

소: 예. 새까맣게.

안: 새까맣게.

소: 뻔데기라 그래지, 우리. 뭐라 그래요 여그선?

안: 아아:!

소: 우린 그 뻔데기라고.

안: 우리네느 우리넨 나비라 하오.

소: 나비는 날라가는게 나비지.

안: 야. 이것두 나비라 하지.

소: 그것도 나비라 그래요?

안: 아아 우린데서 나비라지. 기(그+이) 그거 이래 가제가오. 우리네 야? 그거 라이온(район)으 가제가오. 우리 동네서 아이 기래구.

소: 에에.

안: 그거 실어서 싹 거기서 이릏게 우리 이: 큰: 이 교애[32] **야식(ясл и?)에다가 담아서 기래 가제가지. 가애가기만 함 거기서 어찌는가 하이 야̃. 그릏게 큰: 집이 잇소.

소: 음.

안: 겅게다가서리 야 이릏게 찌오. 불우 때메서리 찌오.

소: 아. 죽이는구만, 죽에 다이̃.

안: 죽이오. 그거. 아̃, 아이 죽이구 우리 재빗집에서두 긔게 만저 튼게 잇재오?

소: 네.

안: 나비 데 날아나오.

소: 아아.

안: 궁구 뜹소. 궁구 뜹우무 에따(это) 거저 우제(уже) 브라꼬바늬(брак ованный).

소: 어어.

안: 그렇소.

안: 새까맣게.

소: 번데기라 그러지, 우리는. 뭐라고 그래요 여기서는?

안: 아아!

소: 우리는 그 번데기라고.

안: 우리네는 우리네는 나비라 하오.

소: 나비는 날아가는 게 나비지.

안: 응. 이것도 나비라 하지.

소: 그것도 나비라 그래요?

안: 어 우리가 있는 데서는 나비라 하지. 그게 그거 이래 가져가오. 우리네는 응? 그거 구(區)에서 가져가오. 우리 동네에서 안 그러고.

소: 에에.

안: 그거 실어서 싹 거기서 이렇게 우리 이 큰 이 종이로 만든 여물통(?)에다가 담아서 그래 가져가지. 가져가기만 하면 거기서 어찌하는가 하니 응. 그렇게 큰 집이 있소.

소: 음.

안: 거기에다가 응 이렇게 찌오. 불을 때면서 찌오.

소: 아. 죽이는구먼, 죽여 다.

안: 죽이오. 그거. 안, 안 죽이고, (그냥 두면), 우리 자기 집에서도 그게 먼저 튼 게 있잖소?

소: 네.

안: 나비가 돼 자꾸 날아다니오.

소: 아아.

안: 구멍을 뚫소. 구멍을 뚫으면 음 그저 이미 불합격이지.

소: 어어.

안: 그렇소.

소: 으음.

안: 그렇기 그거 느베치기라 하오.

소: 그러면 잠은 잠은 몇잠 몇번 자?

안: 네번 자오.

소: 네번 자요?

안: 네번 자구 다슷번째 자멘 트오.

소: 아아. 다섯번째 자면은?

안: 야아. 트오. 네….

소: 그게 한번 한번 잘 잠잘 때마다 살.

안: 껍지 뻿어지오.

소: 껍질 벗겨져요?

안: 야. 껍지 뻿어지오. 한번 자무 껍지 뻿어지오. 딱 한번 자무 껍지 뻿어지오.

소: 그러면 그 껍질 같은거는 다 사람이 벳게주는거여?

안: 그거 싹 이거 머거리 줄 직[찍]이 이릏기 주지.

소: 네.

안: 이거 이릏게 세, 네번씨 주오.

소: 하, 하루에?

안: 할랄에 그게 몇번 거저 먹지. 밑엣 건 빼애데지오.[33]

소: 에.

안: 빼데지구. 거기 벌거지 약간 잇음 거 싹 줏어서 고기다 또 올레놓소.

소: 예 에 에.

안: 기래구서르느 빼애데지구느 또 거기다가 또 올레놓구 또 올레놓구. 그릏기 몇 번으 주오. 기애 할랄에 몇번씨 주겟소? 머거리.

소: 하루에 하루도 몇번씩 주는 거에요?

소: 으음.

안: 그렇게 (하는데) 그걸 누에치기라 하오.

소: 그러면 잠은 잠은 몇 잠 몇 번 자?

안: 네 번 자오.

소: 네 번 자요?

안: 네 번 자고 다섯 번째 자면 트오.

소: 아아. 다섯 번째 자면은?

안: 응. 트오. 네 (번).

소: 그게 한 번 한 번 잘 잠잘 때마다 살.

안: 껍질이 벗겨지오.

소: 껍질 벗겨져요?

안: 응. 껍질이 벗겨지오. 한 번 자면 껍질이 벗겨지오. 딱 한 번 자면 껍질이 벗겨지오.

소: 그러면 그 껍질 같은 거는 다 사람이 벗겨주는 거야?

안: 그거 싹 이거 먹이를 줄 적에 이렇게 주지.

소: 네.

안: 이거 이렇게 세, 네 번씩 주오.

소: 하, 하루에?

안: 하루에 그거 몇 번 그저 먹지. 밑에 것은 빼 버리오.

소: 에.

안: 빼 버리고. 거기에 벌레가 약간 있으면 그거 싹 주워서 고기에다 또 올려놓소.

소: 예 에 에.

안: 그리고서는 빼 버리고는 또 거기에다가 또 올려놓고 또 올려놓고. 그렇게 몇 번을 주오. 그래 하루에 몇 번씩 주겠소? 먹이를.

소: 하루에 하루에도 몇 번씩 주는 거에요?

안: 멫:번씨 주잸구! 그거.

소: 오오.

안: 발써:: 어 주구서리 저짝거느 발써 샛하얗게두 맨 낭기데오.

소: 오오오.

안: 저짝건 발써 냉기데오. 그래무 또: 그거 이짝건 마감 거 주는 어가 이무 그것두 다 먹기마 함 인차 또 그거 줘야데지. 게 찍는 사림이 한내 못찍소. 그거 낭그 이래 찍는 사림이. 아아덜이랑 찍기오. 핵생 아덜두 찍기우구. 그 일하는[이라는] 아매덜두 찍기우구. 기래 찍기우구.

소: 어어.

안: 기래 찍기와서느[34] 그거 주짐. 긔래 거저 그릏게 크, 큰 칸에다 이릏기 딜이 재이오.

소: 음.

안: 머거르.[35] 기래구 거저 주는 사름우느 실새없이 주우. 이거 다 주기마함 저짝건 발쎠 다 먹소.

소: 으음.

안: 그릏게 우리네느 그 그거 해앳소.

소: 어.

안: 그담에느 거기서 우리네: 한해르 또 한게 잘 아이 데서.

소: 음.

안: 잘 아이 데서, 잘 아이 데서 다아 썩엇짐. 싹 죽소. **잠목 이라무 **자아 죽소. 잘못멕에.

소: 왜 왜 왜 죽은거에요.

안: 어째 그런지 어, 어째 그런지 야~. 어 쩸뻬라뚜라(температура)르 맞추, 맞추재애두 저 쩨르모메뜨르(термометр) 온도르 아이 맞차두 냐~?

안: 몇 번씩 주고 말고! 그거.

소: 오오.

안: 벌써 어 주고서(=주다 보면) 저쪽 거는 벌써 새하얗게 맨 나무가 되오(=나무만 남소).

소: 오오오.

안: 저쪽 것은 벌써 나무가 되오. 그러면 또 그거 이쪽 건 마지막 것을 주는 사이면 그것도 다 먹기만 하면 이내 또 그거 줘야 되지. 그래 (뽕나무를 도끼로) 찍는 사람이 하나면 못 찍소. 그 나무를 이래 찍는 사람이. 그래서 아이들에게 찍게 하오. 학생 아이들도 찍게 하고. 그 일하는 할머니들도 찍게 하고. 그래서 찍게 하고.

소: 어어.

안: 그래 찍게 해서는 그걸 (누에에게) 주지. 그래 그저 그렇게 크, 큰 칸에다 이렇게 들입다 쟁이오.

소: 음.

안: 먹이를. 그리고 그저 주는 사람은 (그걸 가져다가) 쉴 새 없이 주오. 이거 다 주기만 하면 저쪽 거는 벌써 다 먹소.

소: 으음.

안: 그렇게 우리네는 그 그거 했소.

소: 어.

안: 그다음에는 거기서 우리네가 한 해를 또 누에치기를 한 것이 잘 안 돼서.

소: 음.

안: 잘 안 돼서, 잘 안 돼서 다 썩었지 뭐. 싹 죽소. 잘못 이러면 다 죽소. 잘못 먹여.

소: 왜 왜 왜 죽은 거에요.

안: 어째 그런지 어, 어째 그런지 응. 어 온도를 맞추, 맞추지 않아도 저 온도계의 온도를 안 맞춰도 응?

소: 에.

안: 긔게 아, 아이 데오.

소: 에.

안: 그릏기 아이 데오.

소: 아.

안: 거저 딱 온도르 맞추구. 그저 잘 멕이구. 실시³⁶⁾ 없소.

소: 아.

안: 그릏게 잘 데오.

소: 그 죽으면 어트게 데?

안: 죽으무 그건 어저느 어전 없, 죽으무 다른 것두 다 없어지오. 없어지오. 지내 미두리.

소: 한번 죽기 시작하먼 그냥 다 죽어버려요?

안: 야ˇ아! 다 죽소.

소: 어어.

안: 걔구 어저느 그 해애느 거저 그해는 농새 없소. 느베농새 없소.

소: 어어.

안: 잘 데는 해느 잘 데오:. 잘 데는 핸 기차게. 한해르 그릏게 잘데서리 내 글쎄 쁘레미(премия)르 탓단말이우.

소: 오오.

안: 헝겊으

소: 어어.

안: 게 그저 못쓰게 덴겐 야. 그렇게 많이[마ˇ이] 줘두 몇 낄로 준건 아이 생각히우. 어전 너무 어전 스물다스해 데오. 그거 느베 체본지.

소: 어어.

안: (웃음) 기래 어저느 잊어뿌렛소.

소: 예.

안: 그게 안, 안 되오.

소: 예.

안: 그렇게 안 되오.

소: 아.

안: 그저 딱 온도를 맞추고. 그저 잘 먹이고 (하면) 실수(失手) 없소.

소: 아.

안: 그렇게 잘 되오.

소: 그 죽으면 어떻게 돼?

안: 죽으면 그건 이제는 이젠 없, 죽으면 다른 것도 다 (죽어) 없어지오. 없어지오. 아주 송두리째.

소: 한번 죽기 시작하면 그냥 다 죽어 버려요?

안: 응! 다 죽소.

소: 어어.

안: 그리고 이제는 그 해에는 그저 그 해는 농사가 없소 누에 농사가 없소

소: 어어.

안: 잘 되는 해는 잘 되오. 잘 되는 해는 기가 막히게. 한 해는 그렇게 잘 돼서 내 글쎄 상을 탔단 말이오.

소: 오오.

안: 천을

소: 어어.

안: 그래 그저 못쓰게 된 것은, 응. (누에고치를?) 그렇게 많이 주었는데도 몇 킬로 주었는지는 생각이 안 나오. 이제 너무 (오래 돼서), 이제 스물다섯 해 되오. 그거 누에 쳐 본지가.

소: 어어.

안: (웃음) 그래 이제는 잊어버렸소.

1) 둘레가 1만 킬로미터 줄어들었다는 말이다.

2) '강짓물'은 '강지+-ㅅ+물'로 분석된다. '강지'는 비가 오거나 하여 질퍼덕하게 된 진흙탕 또는 그 흙 부스러기를 이르는 말이다.

3) 고려말의 '밭'은 '식물이 자라는 평평한 곳'이라는 뜻으로 쓰인다. 때문에 '논'을 '논밭' 또는 '베밭'이라 한다. '숲'은 '나무밭'이라 한다.

4) 번지다<번디다. 북한 지역에서 널리 쓰이는 사용 빈도가 높은 다의어이다. 함경도의 북부와 평안도에서는 '번디다'라 한다. 땅을 갈아엎다, 종잇장을 넘기다, 남이 말한 것을 그대로 옮기어 말하다, 끼니를 거르다, 번역하다 등 여러 가지 뜻이 있다.

5) 구술자는 '-읍지/-습지'라는 어미를 쓰나 여기서는 육진방언형으로서 비구개음화형인 '-읍디/-습디'가 쓰였다. 이는 구술자의 원적지가 육진방언과 이웃한 함북 부령이기 때문이다. '-읍디/-습디'는 표준어 '-지요'에 내응되는 종결어미로, '하압소'할 자리에서 어떤 사실을 긍정적으로 서술하거나 묻거나 제안하는 뜻을 나타낸다. 선행 어간이 모음, 유음으로 끝나면 '-읍지'가 결합되고 유음을 제외한 자음으로 끝나면 '-습지'가 결합된다.

6) '글자'는 보통 '글재[글째]'라 한다. '글재'는 본디 '적은 액수를 가진 동전의 수를 세는 단위'이다. 따라서 '몇 글재'라 하면 '몇 푼'이라는 뜻이 된다. 지금도 중국 조선족(함북 방언 화자)의 노년층은 이 말을 관용적으로 쓴다.

7) '우라우'는 3륜 오토바이의 상표(商標). 러시아 Sverdlovsk의 Irbit에서 생산되는 러시아의 대형 오토바이.

8) '지르-[刺]'는 비자동적 교체 어간이다. '-어X' 어미 앞에서는 '짊-'으로 교체되고 그 밖의 환경에서는 '지르-'로 교체된다.

9) '항'은 '(1) 환히, (2) 늘, 항상'의 뜻을 지닌 서로 다른 부사인데 본문에서는 (1)의 부사로 보인다.

10) 덮고 있는 것을 위로 들어 올리면 그 밑에 있던 것이 드러나듯이, 은폐되거나 숨겨진 사실이 드러날 때 '짝들기우다', '짝들기다'라 한다. '짝들기우다'는 '들-[舉]'에 접미사 '-기우-'가 결합된 것이다. '짝'은 벌리거나 드러내는 뜻을 지닌 부사일 것이다. 강원도 방언에서는 '들리다'라 한다. 이는 접미사 '-리-'가 결합된 것이다.

11) 고려말, 함북방언에서는 퍽 생산적으로 쓰이는 접두사이다. '꼼꼼하지 않고 어설픈'의 뜻을 더한다. 예: 데깁다, 데씻다, 데닦다 등.

12) 기계로 뜯은 것을 손으로 뜯은 것처럼 해서 슬쩍 넘어갔다는 뜻으로 한 말.

13) '신측하다'는 '잘 거두어 보살피다'의 뜻을 지닌 동사.

14) '임금(賃金)'을 뜻하는 한어(漢語) '工資[kōngzi]'를 한국 한자음으로 차용한 말. 고려말에서는 쓰이지 않는 말이니 조사자가 이 단어를 사용한 것은 적절하다고 보기 어렵다.

15) '상(床)'은 '의자'를 뜻한다. 달리 '앉는 상-이'라 하기도 한다.

16) 쥐-[執]+-어>줴에>제에.

17) 까리+-에>까레. '까리'는 '시기', '무렵' 등의 뜻을 지닌 명사. 고려말에서는 'ㅣ'로 끝난 명사에 처격 조사가 결합되면 활음화가 이루어진다.

18) 공식 명칭은 'Иссык-Кульская область'[이식쿨주(州)]이며 키르기스어로는 'Ысык-Көл облусу'(따뜻한 호수)이다. 구술자가 시(市)라 한 것은 잘못이다. 유명한 호수가 있다.

19) '우실우실'은 북한어로 '작은 알갱이 따위가 매우 어지럽게 흩어지는 모양(『표준국어대사전』)'을 나타내는 부사.

20) 쏘이-+-우-+-는>쐬우->쌔우-.

21) 문서+-이>문세>문세.

22) 도배+-르(대격 조사)>도밸>도앨(도움을). 'ㅂ>ㅸ>w'의 예이다.

23) 조사자가 '뽑다'는 말을 썼는데 구술자는 이를 러시아어 뽀모쉬(помощь)로 잘못 이해하고 말하였다.

24) 썩은 풀, 썩은 달걀, 시신에서 나는 역한 냄새를 함북방언에서는 '추긴내, 추근내, 츄긴내'라 한다.

25) 화제가 갑자기 바뀌었다. 어떤 사정으로 앞 부분이 녹음이 안 된 것으로 보인다. 이어지는 구술 내용은 현지 '고려인 노인회'의 여러 가지 활동에 대한 것이다.

26) '음특하다(陰慝--)'는 성질이 음흉하고 간사하다는 뜻을 지닌 형용사.

27) 당부(當付)+-이>당뷔>당비.

28) 보통 '말공비(<말공뷔<말+공부+-이)'라 하는데, 사전적 의미와는 약간 달리 쓰인다. "어떤 문제의 해결이나 실천에 도움을 주지 못하고 여기저기 다니며 부질없이 실속이 없는 말을 늘어놓음. 말전주를 해서 말썽을 일으킬 때 주로 쓰인다"(곽충구: 2019a).

29) '나르-[運搬]'는 비자동적 교체 어간이다. 어미 '-아X' 앞에서는 '낣'으로, 자음으로 시작하는 조사와 '-으X' 앞에서는 '나르'로 교체된다.

30) '돋-'의 사동사. '생겨나게 하다'의 뜻.

31) 구술자의 발화 실수로 보인다. 그런데 앞 '쏠아서'는 LLH로, 뒤의 '쏠아'는 HL로

실현되어 차이가 느껴지기는 한다.

32) '죠애'(종이)의 과도교정형으로 보인다.

33) '던지다'와 어원이 같은 '데지다(<데디다<더디다)'는 '버리다[棄]'의 뜻으로 쓰이며 또 보조 용언으로도 쓰인다.

34) '찍기우다'는 '찍다'의 사동사. 함경도 방언, 고려말에서는 이처럼 접사에 의한 사동 사, 피동사 형성이 표준어에 비해 퍽 생산적이다. 이에 대해서는 곽충구(2004b)를 참 고할 것.

35) 머거리+-으(대격 조사)>머걸으. 접미사 '-이'는 모음으로 시작하는 조사 앞에서 대 체로 탈락한다. 예: 져구리+-으>져굴으(저고리를).

36) 실수+-이>실쉬>실시.

■ 참고문헌

고려대학교 러시아문화연구소 편(1987), *РУССКО-КОРЕЙСКИЙ СЛОВАРЬ*, ЧЖУРЮ.

곽충구(1986),「노한회화와 함북 경흥방언」,『진단학보』62, 진단학회, 79-125.

_____(1991),「함경북도 육진방언의 음운론」, 박사학위 논문(서울대)[『함북 육진방언의 음운론』, 國語學叢書 21(國語學會), 태학사, 1994].

_____(1993),「함경도 방언의 친족명칭과 그 지리적 분화」,『진단학보』76, 진단학회, 209-239.

_____(1994),「카자흐스탄의 고려인과 고려말을 찾아서」,『전망』9월호, 대륙연구소, 70-74.

_____(1998a),「육진방언의 어휘」,『국어 어휘의 기반과 역사』, 태학사, 617-669.

_____(1998b),「동북·서북방언」,『문법 연구와 자료』(이익섭 선생 회갑기념논총), 태학사, 985-1028.

_____(2000a),「재외동포의 언어 연구」,『어문학』69, 한국어문학회, 1-41.

_____(2000b),「함북방언의 비자동적 교체 어간과 그 단일화 방향」,『21세기 국어학의 과제』, 월인, 1123-1166.

_____(2000c),「육진방언의 현상(現狀)과 연구 과제」,『한국학논집』34, 한양대학교 한국학연구소, 327-362.

_____(2001),「구개음화 규칙의 발생과 그 확산」,『진단학보』92, 진단학회, 237-268.

_____(2004a),「중앙아시아 고려말의 역사와 그 성격」,『관악어문연구』29, 서울대학교 국어국문학과, 127-168.

_____(2004b),「함북방언의 피·사동사」,『어문학』85, 한국어문학회, 1-34.

_____(2005),「육진방언의 음운변화—20세기 초로부터 1세기 동안의 변화」,『진단학보』100, 진단학회, 183-220.

_____(2006a),「초기 노한사전의 편찬 경위 및 체제와 구조」,『한국사전학』7, 한국사전학회, 35-64.

_____(2006b),「둘오기(兀剌)와 우라초(烏拉草)의 함북 방언」,『이병근선생퇴임기념국어학논총』, 태학사, 1117-1147.

_____(2007a),「중앙아시아 고려말의 자료와 연구」,『인문논총』58, 서울대학교 인문과학연구원, 231-272.

_____(2007b), 「동북방언의 어휘―함북방언을 중심으로」, 『방언학』 5, 한국방언학회, 23-70.

_____(2008a), 『중앙아시아 이주 한민족의 언어와 생활: 카자흐스탄 알마티』, 국립국어원 해외 지역어 총서 1-1, 태학사.

_____(2008b), 『중국 이주 한민족의 언어와 생활: 중국 길림성 회룡봉촌』, 국립국어원 해외 지역어 총서 2-1, 태학사.

_____(2009a), 『중앙아시아 이주 한민족의 언어와 생활: 우즈베키스탄 타슈켄트』, 국립국어원 해외 지역어 총서 1-2, 태학사.

_____(2009b), 「중앙아시아 고려말 소멸과정의 한 양상」, 『방언학』 10, 한국방언학회, 57-92.

_____(2010), 「중앙아시아 고려말의 음운 변이」, 『최명옥 선생 정년 퇴임 기념 국어학 논총』, 태학사.

_____(2014), 「육진방언의 종결어미와 청자높임법-중국 조선조자치주 육진방언을 중심으로」, 『방언학』 20, 한국방언학회, 195-234.

_____(2017), 「육진방언의 종결어미와 청자높임법(2)-중국 조선조자치주 육진방언을 중심으로」, 『방언학』 26, 한국방언학회, 105-134.

_____(2019a), 『두만강 유역의 조선어 방언 사전』, 태학사.

_____(2019b), 「북부방언의 漢語 차용어」, 『방언학』 29, 한국방언학회, 119-149.

국립민속박물관(1999), 『우즈벡스탄 한인동포의 생활문화』, 국립민속박물관.

김태균(1986), 『함북방언사전』, 경기대학교 출판부.

니라리사(2002), 「카자흐스탄 고려말의 문법과 어휘에 대한 연구」, 석사학위논문(서울대).

뒤바보(=계봉우)(1920), 「俄領實記」, 『獨立新聞』(上海版).

소신애(2005), 「공시적 음운변이와 통시적 음운변화의 상관성: 함북 육진방언을 중심으로」, 박사학위논문(서강대)[國語學叢書 64(國語學會), 태학사, 2009].

소신애(2010), 「중자음에 의한 위치 동화에 대하여: 함북 방언의 /ㅇ/→/ㄴ/ 현상을 중심으로」, 『어문연구』 38-4, 한국어문교육연구회, 151-173.

외교부(2018), 『2018 키르기즈 개황』(발행번호: 11-1260000-000373-14), 대한민국 외교부.

이기갑(2003), 『국어방언문법』, 태학사.

이기갑(2008), 「중앙아시아 고려말의 어휘」, 『이숭녕 현대국어학의 개척자』, 태학사, 1055-1081.

이기갑·김주원·최동주·연규동·이헌종(2000), 「중앙아시아 한인들의 한국어 연구」,

『한글』 247, 한글학회, 5-72.

이기문 외(1993), 『한국 언어 지도집』, 대한민국 학술원.

이상근(1996), 『한인 노령이주사 연구』, 탐구당.

전경수 편(2002), 『까자흐스딴의 고려인』, 서울대학교출판부.

킹, 러쓰·연재훈(1992), 「중앙아시아 한인들의 언어-고려말」, 『한글』 217, 한글학회, 83-134.

한 세르게이 미하일로비치·한 발레리 쎄르게이비치 저, 김태항 역(1999), 『고려사람, 우리는 누구인가?』, 재외동포재단 총서 4, 고담사.

Kho, Songmoo(1987), *Korean in Soviet Central Asia. Studia Orientalia* 61. Helsinki: Finnish Oriental Society.

King, J.R.P.(1987), "An Introduction to Soviet Korean," *Language Research* 23-2, Seoul National University. 233-274.

_____(1991), "Russian Sources on Korean Dialects," Doctorial dissertation in Harvard University.

_____(2001), "Blagoslovennoe: Korean Village on the Amur, 1871-1937," *The Review of Korean Studies* 4-2. Academy of Korean Studies (한국학중앙연구원), 133-176.

National Statistical Committee of the Kyrgyz Republic (2012), *Kyrgyzstan Findings of the 2009 Kyrgyz Population and Housing Census*. Vol.7. Bishkek: Agricultural Statistics and Census Unit, National Statistical Committee of the Kyrgyz Republic.

Pak, N.S.(1991), "On Korean Dialects in the USSR," 『이중언어학회지』 8, 이중언어학회, 617-620.

/ 문법 형태 /

먹이
  머거리 654, 706
먹이다
  맥에야 62, 600
  맥이구 452
  맥이매 572
먼저
  만저 590
멀다
  면데 696
  멀게다무 148
멈칫멈칫하다
  주분주분하지 154
메다(막히다)
  귀두 메에 556
메우다(멍에를~)
  메와서 60, 630
메주콩
  메지코~ 262
  메지코~이 260
멥쌀
  매쌀이 422
며느리
  메느리 122
며칠
  메츨 664
  메칠 664
  미츨이 690
면목
  멘목두 234
  멘목으 48

면제
  멘젤햇지 670
명(名)
  백에메~에 360
  스:물스물대앳멩밖에 194
  이십에메~이 52
명령
  밍려~하짐 646
명심하다
  멩심하구서르 638
명절
  멩절엔 582
몇
  멫번씨 706
  멫살으르 40
모두
  모도 72, 152, 544
  통 140, 168, 288
모르다
  모르구 74
  몰라두 584
모를
  세상모를 84
모시다
  모세가주구서 148
  모시지 394
  모신거느 200
모양
  모애~이라구 170
  모애:라구 72
모으다

/ ㄱ /

쓰르다리아(Сырдарья) 258

시장(市場)

바자르(базар) 310, 314, 450, 523

식당

레스뜨란(ресторан)이나 200

스똘로브(столовая)서 230, 290

식이요법(食餌療法)

지애뜨(диета) 556, 580

신학교

세미나르(семинар) 468

/ ㅇ /

아버지

빠빠(папа) 72, 192

아파트

크바르찌라(квартира)지 164

알마티

알마따(Алмаата) 312

얀기욜

양기율(Янгиюль) 44

양(羊)

바라이(баран)덜 54

양동이

웨드로(ведро)다 286

웨드롤(ведро-르)로두 286

양말

노스끼이(носки)던지 166

노스키(носки)르 258

추끼(чулки)르 256

어머니

마마(мама) 74, 192

어쨌든

쏘론느(всё рано) 130, 306

쏠론노(всё равно) 118

여행권

뿌쬬우까(путёвка)르 184

역시

또쮜(тоже) 602, 603

또즈(тоже) 660

연금 수급자

뻰세니얼(пенсионер)덜으느 320

연합

쏘유즈(Союз) 306

염소

까사(коза)르 344

영화

끼노(кино)르 178, 566, 638

예를 들면

나쁘리메르(например) 102

예약

사까스(заказ) 194

싸까슬(заказ) 200

오직

똘리꼬(только) 274, 318

오토바이

모토찔(мотоцикл) 640

온도

쨈뻬라뚜라(температура) 688, 708

온도계

쩨르모메뜨르(термометр) 708

트랙터

　　뜨락또르(трактор)　196, 414

　　뜨락똘(трактор)　414

트렁크

　　체모단(чемодан)다　144

특별 농장

　　페르마(ферма)　356, 416

특별히

　　뻬짠느(специальный)　52, 300, 688

　　뻬짤르(специальный)　290

　　삐짠느(специальный)　194

/ ㅍ /

파[葱]

　　루꾸(лук)르　554

파[葱] 농사

　　루꾸(лук)지일　222

판결

　　쑤우두(суд)르　326

판석(板石)

　　뻴리딸(плита-르)　192

퍼센트

　　쁘로(процент)　566

페치카

　　부리맨까(времянка)　102

평균

　　노르말리(нормаль)르　688

폴리타젤

　　뽈리또젤(Политотдел)이란　64

표(標)

빌레뜨(билет)르　388

풀

　　빌(быльё)으　696

프룬제

　　푸룬세(Фрунзе)　222

/ ㅎ /

할머니

　　바부쉬까(бавушка)두　568

함석

　　쉬피리(шифер)느　100

헥타르

　　겍따르(гектар)　220, 454, 630

혹은

　　일리(или)　256

화덕

　　삐치(печь)에다가서르　288

화물차

　　따와르바곤이(товарный вагон) 586

확성기

　　루뽀르(рупор)　644

회계원

　　부하뗄(бухгалтер)으　576

저자 소개

곽충구

서강대 명예교수
제3·4대 한국방언학회 회장
제16회 일석국어학상 및 제1회 학범 박승빈 국어학상(저술상) 수상

〈주요 논저〉

『함북 육진방언의 음운론』(1994)
『한국언어지도집, *Language Atlas of Korea*』(공편, 1993)
『방언학사전』(편집 책임 및 집필, 2001)
『중앙아시아 이주 한민족의 언어와 생활』(태학사, 2008, 2009)
『두만강 유역의 조선어 방언 사전』(2019)
「구개음화 규칙의 발생과 그 확산」(2001)
「현대국어의 모음체계와 그 변화의 방향」(2003)
「중앙아시아 고려말의 역사와 그 언어적 성격」(2004)
「동북방언의 만주퉁구스어와 몽골어 차용어」(2017) 외

김한별

서강대 부교수
제42회 일석국어학연구장려상 수상

〈주요 논저〉

『역주 의성김씨 학봉 종가 언간』(공역, 2019)
『19세기 전기 국어의 음운사 연구』(2020)
「국어의 음운 변화 'syV>…>sV'에 대한 재고찰」(2014)
「경남 방언의 /ㅈ/ 약화 과정에 대하여」(2016)
「국어 형태·음운사에서의 하향성 활음 /y/ 첨가에 대한 음운론적 해석」(2018)
「≪학봉김션싱힝장(鶴峯金先生行狀)≫의 서지와 언어」(2019)
「19세기 대격 조사 '-을'은 왜 개음절 뒤에도 분포하였을까」(2021) 외

중앙아시아 키르기스스탄 이주 한인의 고려말

초판 인쇄 2022년 12월 20일
초판 발행 2022년 12월 27일

지 은 이 곽충구 · 김한별
펴 낸 이 이대현
펴 낸 곳 도서출판 역락

주　　소 서울시 서초구 동광로 46길 6-6 문창빌딩 2층
등　　록 1999년 4월 19일 제303-2002-000014호
전　　화 02-3409-2058, 2060
팩　　스 02-3409-2059
홈페이지 www.youkrackbooks.com
이 메 일 youkrack@hanmail.net

ISBN 979-11-6742-322-1 94710
　　　 979-11-5686-694-7 (세트)